丁若鏞 易學을 中心으로
周易反正

• 丁若鏞 易學을 中心으로 •

周易反正

改訂版

哲學博士 朴籌丙 著

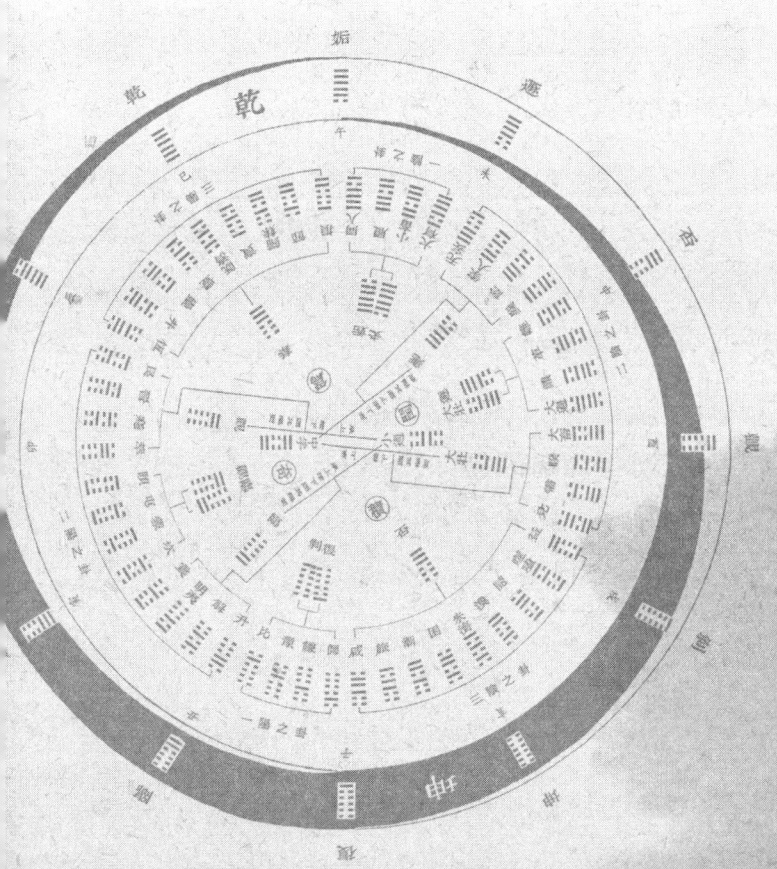

學古房

개정판 서문

❖

  이 개정판에서는 초판의 오류를 바로잡고 덜기도 하고 보태기도 했다. 특히 「물상론」을 추가하고 서론 부분은 새로 쓰다시피 했다. 더 쉽게 풀어쓰기도 했다. 하지만 고도의 철학이론을 소설이나 수필처럼 쉽게 쓸 수는 없는 노릇이었다. 만약 나에게 여운이 있다면 이 책의 몇 배 정도의 부피로 풀어서 소설처럼 써 볼 작정이긴 하지만 우선 이 정도로 만족한다. 사실 소설처럼 풀어서 쓴다고 해서 능사를 필한 것은 아니리라. 가령 도스토옙스키의 「악령」은 분명 소설은 소설인데도 웬만한 철학서적보다도 훨씬 더 어렵지 않던가.
  『周易反正』이라는 이 책을 터득하지 못한다면 역학을 공부했다고 할 수 없을 것이라고 나는 감히 말한다. 왜냐하면 이 책은 다산의 역학을 중심으로 했거니와, 다산이 누군가? 그는 특히 자신의 역학 연구의 성과를 두고 스스로 술회하길 "하늘이 도운 문자를 얻었다."[得天助之文字]라느니 "절대로 인력으로 통할 수가 있거나 지혜와 생각이 다다를 바가 아니다."[萬萬非人力可通智慮所到]라느니 '야광주'라느니 했듯이 선유(先儒)의 학을 종횡무진, 횡행천하하는 과정에서 파천황의 신경지를 얻었기 때문이다. 한 일화를 들기로 한다.

다산이 강진에서 귀양살이할 때 어느 날 기고만장한 천재 혜장선사와 백련사에서 하룻밤 역학 논변을 벌인 적이 있었는데, 몇 마디 문답이 오고가다가 "곤(坤)은 왜 초십(初十)이라고 하지 않았는가?"라고 다산이 묻자 혜장은 한참 생각하다가 벌떡 일어나 옷깃을 여미고 호소하기를, "산승이 20년 동안 역을 공부한 것은 모두 헛된 물거품이었습니다. 곤괘의 초육(初六)은 어찌하여 초육이라 한 겁니까?"라고 했다. 상세한 내용은 이 책 본문에 나오거니와 20년 공부가 한낱 헛된 물거품에 지나지 않을 자가 어찌 혜장선사 하나뿐이라 하겠는가.

이 책은 다산의 역학을 중심으로 하되 거기서 한 걸음 더 나아가 관련되는 역학 전반을 모두 다루었다. 또 다산의 학설을 맹종하는 데 그치지 않고, 잘못 된 부분이나 석연치 못한 부분은 안어(案語)를 달아 놓았다.

세상에는 웬 역학자가 그리도 많은가? 역을 아는 체 하는 자도 많고 역을 가르치는 자도 많다. 문득 소강절 선생의 시가 생각난다.

> 모든 선비가 역을 안다고 분분하게 떠들지만
> 다만 번다한 가지만 보았을 뿐 뿌리는 보지 못했네

> 諸儒談易漫紛紛
> 只見繁枝不見根

이 책의 초판이 나오자마자, 화이트헤드를 전공한다는 서울의 어느 교수한테서, 잔뜩 상기된 목소리로 전화가 걸려온 적이 있었다. 화이트헤드의 이론과 나의 책이 똑같다고 했다. 나는 화이트헤드의 '과정철학'을 잘 모르기도 하거니와 나를 칭찬하는 말이어서 그냥 건성으로 듣고 말았다.

한편, 어느 날 서점에 갔다가 무심코 뽑은 책에서 어느 대학교 선생인지 학생인지는 잘 기억이 나지 않지만, 이 책에서 말하는 '괘를 그은 원리'와 '괘가 존재하는 원리'를 전혀 이해하지 못하는 수준에서 바보 돌 깨는 소릴 하는 걸 보고 고소를 금치 못했다. 이런 자들을 대하면 그때마다 떠오르는 다산의 말이 하나 있다. "샅샅이 찾고 뒤져 흠 하나 잡으려고 이리저리 뛰는 게 원숭이 같다. 왕개미가 큰 나무 흔들어 본들 잎사귀 하나라도 떨어질까 보냐?"1) 괘의 획성과 괘의 존재라는 말 자체를 알아듣지 못하는 모양이니 머리가 나빠도 여간 나쁜 사람이 아니다.

나이가 팔순이 되고 보니 당당해진다. 하는 말이 정직해진다. 나의 이 책은 반드시, 『주역』을 공부하는 모든 학자의 안두에서 百花의 향기를 뿜게 될 것이다.

누가 易東2)을 묻느뇨? 구름만 가던 길 멈추네.

2013년 4월
順行 朴箕丙

---

1) 정약용, 「古詩二十四首」
2) 易東:周易이 동쪽으로 가다. 漢의 丁寬이 田何한테 周易을 배웠는데, 그가 공부를 이룬 뒤 田何를 하직하고 동으로 돌아가자 田何가 말하기를, "역이 이제 동으로 가버렸다."라고 하였다. 『漢書』「丁寬傳」

서문

❖

　누가 『주역』을 『논어』나 『맹자』를 읽듯이 읽으려 하는가? 그렇게 하는 사람들은 『논어』나 『맹자』만큼 『주역』의 문장이 분명하지 못하다고 투덜대거나, 마침내 점치는 책에 지나지 않는다고 개똥 나무라듯 한다.
　『주역』은 본디 『논어』나 『맹자』와 같은 방법으로 이루어진 책이 아니다. 『논어』나 『맹자』 같은 책은 그 일이 있고 그 말이 있었지만 『주역』은 그 일이 있기 전에 그 말이 먼저 있었다. 무슨 소리냐?
　『주역』의 괘(卦)와 경문(經文)은 어떤 일이 있은 뒤에 그것에 말미암아 이루어진 것이 아니다. 물론 경문의 내용이 역사적 실사인 경우도 더러 있긴 하지만 그것은 괘효에 부친 하나의 예시적인 비유일 뿐이지 그 사실 자체가 괘효에 절대적인 것이 아니다.
　그런데 『주역』은 괘(卦)라고 하는 막대기 모양의 부호와 경문으로 구성되어 있지만 이 두 가지가 동시에 이루어진 것이 아니다. 성인이 처음에 창생을 제도하기 위해서 세계(우주)의 원리를 괘로만 나타냈을 뿐인데, 가엽게도 창맹(蒼氓)이 이를 알지 못하자 후세의 성인이 이를 민망히 여겨 괘를 언어로 풀어 놓은 것이다. 따라서 현재의 『주역』 경문은 현재로 봐선 가장 잘된, 괘의 하나의 해석서일 뿐 괘에 대한 전부의 해석서일 수도 없고, 최후의 해석서일 수도 없다. 전부의 해석서가 아니라고 하는 말은 하나의 보기일 뿐이라는 말이 되겠고, 최후의 해석서가 아니라고 하는 말은 다시 성인이 출현하여 다르게 경문을 쓰게 될지도 모른다는 말이다.

　작역자(作易者)가, 우주의 원리를 괘라고 하는 간단한 부호로 나타냈다고 하는 말은, 괘가 우주의 원리를 1 대 1로 나타내도록 하기에는 성인으로서도 불가능한 노릇이기 때문에, 1 대 무한 즉, 괘로써 무한한 만사만물을 형용하려고 했다는 말이다. 탈질료화(脫質料化)라고나 할까. 따라서『주역』을 제대로 읽으려면 괘라고 하는 이 막대기 모양을 한, 부호의 보편적인 원리부터 탐구해야 할 것임은 너무도 당연하다. 예로부터『주역』을『논어』나『맹자』를 읽듯이 읽으려 한 많은 선비들이 벽에 부딪치고 말았다. "『주역』을 잘못 읽으면 미친다."는 말이 있지 않은가. 미친 사람이 있었는지는 몰라도 병을 얻은 사람은 있다. 퇴계 선생은 스무 살 때 침식을 잊고『주역』공부에 몰두하다가 일종의 소화불량증인 '몸이 파리하고 곤한 병'[羸悴之疾]을 얻은 후로는 늘 병치레를 하느라 일생 동안 빤한 날이 없었다고 한다. 퇴계 선생 또한『주역』을『논어』나『맹자』를 읽듯이 읽으려했던 모양이다.

　각 괘의 개별적 원리라고나 할『주역』의 경문을 규명하기 위해서는 그 개별원리가 발원하는 보편원리의 탐구가 선행되어야 한다. 이를테면, "사람을 죽인 자는 사형, 무기징역, 또는 5년 이상의 징역에 처한다."라는 형법 조문을 해석하고 적용하기 위해서는 형법의 보편원리 즉 형법총칙을 먼저 터득하고 난 다음 그 원리에 입각해서 이 조문을 해석, 적용하여야 하는 것과 전혀 같은 이치이다. 일찍이 주자가『주역본의』를 짓고 난 다음에 다시 『역학계몽』을 지은 까닭도 이런 맥락에서 이해되어야 한다고 생각한다. 주자의 『계몽』과 『본의』와 『어류』가 서로 상충되는 부분이 있는 것은 『주역』총론이라 할 『계몽』이 각론이라 할 『본의』보다 뒤에 저술되었기 때문인데, 주자는 『본의』를 『계몽』과 『어류』에 맞게 미처 수정하지 못했던 것 같다. 아무튼 주자가 『계몽』을 쓴 까닭은 이로써 『주역』총론을 확립하려 한 것으로 생각되거니와, 주자의 『계몽』이란 무엇인가? 그 이론의 타당성 여부는 논외로 하고 그 내용인즉슨 모두가 괘의 획성, 존재, 생성, 변화에 관한 이론들이다. 『주역반정』이란 이 책은, 주자의 『계몽』과는 판이한 이론이지만 괘의 보편원리를 탐구한다고 하는 점에서는 서로 닮아 있다.

이처럼 『주역』에도 총론이 있고 각론이 있다. 하지만 지금까지 나와 있는 수많은 『주역』 해설서들은 하나같이 총론이 없다. 기껏 해제의 수준에 지나지 않는다. 그 해제란 것도 유치하기 짝이 없다. 그런 책들은, 형법총칙을 까맣게 잊어버린 판사가 있다고 가정한다면 그런 판사가 형사재판을 하는 것과 조금도 다르지 않다.

이 총론을 확립하려고 한 노력은 자고로 다양하게 시도되긴 했지만, 주자의 『계몽』이 그러하듯 『주역』의 경문을 전편을 일관하여 꿸 수 있는 벼리를 이룬 학자는, 정약용 말고는 아무도 없다. 여기에서 정약용의 역학은 참으로 경이롭고 빛난다. 추이(推移), 물상(物象), 호체(互體), 효변(爻變)이라는 이른바 역유사의(易有四義)에 의해 『주역』 전편의 해석을 『주역사전』(周易四箋)에서 완성하고 있기 때문이다. 이 네 가지 원리들은 모두가 괘에 관한 보편원리이다.

이 『周易反正』은, 정약용의 괘론을 중심으로 하여 『주역』의 총론을 정립하려 했지만, 정약용의 괘론도 밝지 못한 부분이 없는 것은 아니다. 예컨대 그는 괘의 획성원리와 존재원리를 구분하고 있으면서도 그 이론의 적용에 임해서는 어두운 부분이 있다. 이천(伊川)의 괘에 관한 이론에 대한 주자의 논변에서 정약용은 생각이 궁하게 되고 말았다. 이런 부분은 이 책에서 잘 타개하고 있다고 자부한다.

『주역』의 경문을 어떤 원리 원칙에 의하여 일관되게 해석한 예는 정약용의 『주역사전』을 빼고서는 달리 말할 수가 없을 것이다. 그렇지만 『주역사전』의 앞부분에 나와 있는 각종 표와 이론들을 이해하지 않고서는 그 책은 한 줄도 읽을 수가 없을 것이다. 각종 표로 나타낸 괘의 보편원리들은 『주역』 경문을 푸는 열쇠이기 때문이다.

정약용의 추이, 물상, 호체, 효변이라는 그의 사법(四法)에서 물상이란 괘에 포섭되는 사물의 상(象)이다. 따라서 물상은 『주역』을 푸는 관건이 되고, 추이 호체 효변은 결국 다양한 물상을 나타내는 괘의 변화 양상일 뿐이다. 그러므로 『주역』은 상이요, 또 변화라고 「역전」은 말한 것이리라.

나는 추이를 괘의 존재형식으로 파악하고 여기에 앞서 '괘를 그은 원리'를 따로 표장하여 다루었다. 따라서 이 책은 괘의 획성, 존재, 생성, 효변으로 구분되고 있지만 모두가 괘의 변화요, 그 상(형용)이다. 괘를 풀이한 『주역』의 경문도 상일 뿐 통상적인 언어가 아니기 때문에 『주역』을 『논어』나 『맹자』처럼 읽어서는 안 된다는 것은 자명한 이치라 하겠다.

2002년 1월
저자

目 次

개정판 서문 ·· 5
서문 ·· 8

一. 緒言 ·· 15
  1. 『周易』의 기본적인 용어 ··· 15
  2. 『周易』이란 象이다 ··· 19
  3. 『周易』이란 變化다 ··· 21
  4. 卦의 解釋方法과 그 解釋의 效果 ··································· 33
  5. 丁若鏞 易學을 中心으로 하는 理由 ······························· 36

二. 卦의 네 가지 原理 ··· 38
  1. 卦를 그은 原理 ·· 38
  2. 卦가 存在하는 原理 ·· 40
  3. 卦를 求하는 原理 ··· 45
  4. 卦의 爻變原理 ·· 46

三. 卦를 그은 原理 ·· 48
  1. 卦變에 의한 畫卦理論 ·· 48
    1) 虞飜의 卦變說 ··· 48
    2) 虞飜以後의 卦變說 ·· 57
    3) 卦變說의 理論的根據 ··· 71
    4) 卦變說에 있어서 乾坤卦의 地位 ······························ 73
    5) 卦變說의 類似概念 ─旁通·反對 ······························ 79
  2. 邵雍·朱熹의 畫卦理論 ··· 82

   1) 學說의 內容 …………………………………………………… 82
   2) 反論 ………………………………………………………… 92

  3. 程頤의 畫卦理論 …………………………………………………… 97
   1) 學說의 內容 …………………………………………………… 97
   2) 朱熹의 反論 …………………………………………………… 99

  4. 先行 畫卦理論에 대한 丁若鏞의 論辨 ………………………… 102
   1) 丁若鏞의 易學史觀 ………………………………………… 102
   2) 邵雍·朱熹의 畫卦理論에 대한 丁若鏞의 論辨 ………… 106
   3) 程頤의 畫卦理論에 대한 丁若鏞의 論辨 ……………… 120

  5. 丁若鏞의 畫卦理論 ……………………………………………… 124
   1) 八卦의 淵源 ………………………………………………… 124
   2) "易有太極是生兩儀…"와 畫卦 …………………………… 127
   3) 丁若鏞의 畫卦論 …………………………………………… 132

四. 卦가 存在하는 原理 ……………………………………………… 172
  1. 正體의 存在原理 ………………………………………………… 175
   1) 朱熹의 卦變說 ……………………………………………… 175
   2) 丁若鏞의 推移論 …………………………………………… 198

  2. 互體의 存在原理 ………………………………………………… 252
   1) 互體論의 傳來 ……………………………………………… 252
   2) 互體論의 理論的 根據 …………………………………… 278
   3) 丁若鏞의 互體觀의 意義 ………………………………… 288
   4) 互體의 創新 ………………………………………………… 292

五. 卦를 求하는 原理 ……………………………………………… 315
  1. 請命의 體系(法式)와 手段 …………………………………… 315
  2. 揲蓍하여 卦를 求하는 方法 ………………………………… 324

3. 丁若鏞의 卜筮觀 ··· 349

六. 卦의 爻變原理 ··· 356

1. 爻變論의 槪要 ·· 356
   1) 爻의 뜻 ··· 356
   2) 爻變論의 起源 ·· 358
   3) 爻變의 範圍 ··· 362

2. 丁若鏞의 爻變論 ·· 368
   1) 爻變論의 完成 ·· 368
   2) 爻變에 대한 論辨 ·· 382

七. 物象論 ··· 396

1. 象一般論 ·· 396
   1) 象의 功能 ·· 396
   2) 象에 대한 是非 ·· 399

2. 丁若鏞의 物象論 ·· 405
   1) 物象論의 意義 ·· 405
   2) 物象의 補充 ··· 408

八. 結言 ··· 414

1. 易有二用 ·· 414
2. 卦有兩面 ·· 423
3. 百世吾可俟 ··· 427

參考文獻 ·· 486
英文抄錄 ·· 492
附錄 ·· 495
찾아보기 ·· 512

一. 緒言

나는 이 책에서, 역학사상 난마처럼 얽히고설킨 卦에 관한 이론들을 감히 정비하려고 한다. 여기서 정비한다고 함은 어떤 보편적인 원리로 갈래를 지워서 총체적으로 해석함을 뜻한다. 그렇게 함으로써『주역』의 문장 곧 易詞의 해석원리로서의 卦의 뜻을 확립코자 한다. 다만 이를 수행하는 과정은 丁若鏞(1762~1836)의 易學을 중심으로 하되 전후좌우로 시야를 넓힐 것이며, 그것은 필연적으로 역학사의 대체를 다루는 일이 되기도 할 것이다. 반드시 쾌도가 아니면 난마를 자를 수가 없을까? 공자님의 위편삼절(韋編三絶)과 정약용의 과골삼천(踝骨三穿)을 가슴에 새기고 또 새길 뿐이다.

1.『周易』의 기본적인 용어

나는 이 책에서『주역』의 해제를 장황하게 설명하지 않겠다. 다만 이 책을 읽는 데 꼭 필요한, 그러면서 기존의『주역』해설서의 해제가 범하고 있는 오류를 지적하는 범위에서『주역』의 용어를 정확하게 해설하려고 한다. 대개의 경우 이를테면 획(畫)과 효(爻), 단사(彖詞)와 단전(彖傳) 같은 것도 분별할 줄 모른다. 특히 획과 효를 분변할 줄 아는 자는 거의 없다. 효가 뭐냐고 물으면 정약용의 말마따나 눈을 똥그

랗게 뜨고 사람을 빤히 바라본다. 그런 자들의 공부는 기초공사가 부실한 집터에 집을 짓는 것과 조금도 다르지 않다.

『周易』은 ━, ━━ 라는 두 가지의 막대기 모양의 부호와 그 막대기의 뜻을 풀이한 글로 구성되어 있다.

━ 이것을 강획(剛畫〈劃〉)이라 하고, ━━ 이것을 유획(柔畫〈劃〉)이라 한다. ━은 남자의 생식기를, ━━는 여자의 생식기를 본떴다는 학설도 있다. 일반적으로 강을 양(陽)이라고도 하고 유(柔)를 음(陰)이라고도 하지만 복희(伏羲)씨[3]가 괘를 그을 당시의 명칭이 아니고 孔子가 『周易』을 풀이한 이후의 철학적 용어이다.

그 막대기 세 개가 포개진 모습을 八卦라 하고 여섯 개가 포개진 모습을 六十四卦라고 하는데, 8괘의 수는 8이고 64괘의 수는 64이다. 여기서 주의할 점은 八卦라고 함은 3획으로 된 괘의 하나하나를 가리키는 말이기도 하고 3획으로 된 괘의 전부를 총칭하는 말이기도 하다. 六十四卦라고 함은 6획으로 된 괘의 하나하나를 지칭하는 명칭이기도 하고 6획으로 된 괘의 전부를 총칭하는 명칭이기도 한다. 八卦는 單卦, 小成卦, 經卦라고도 하고 六十四卦는 重卦, 大成卦, 別卦라고도 한다.[4] 單卦의 명칭은 重卦일 때도 똑같다. 즉 乾 坤 坎 離 震 巽 艮

---

3) 伏羲란 고대 전설에 나오는 부락의 추장이다. 太昊, 羲皇, 風姓. 伏羲씨가 처음으로 八卦를 짓고 백성에게 고기잡이와 목축을 가르치고 부엌 일[庖廚]을 가르쳤다고 전해 온다. 伏羲를 庖犧라고도 하는데 이는 부엌에서 제사에 바칠 犧牲을 마련한다는 뜻이다. 또 包犧, 宓 〈伏과 통용〉 羲, 伏戲라고도 쓴다.

4) 『周易四箋』(與猶堂全書 9·10), 서울:驪江出版社, 1992)卷八, p. 24b 참조. 以下 『周易四箋』이라고 한다. 여기서 三畫卦를 經卦, 六畫卦를 別卦라고 하는 것은 古稱이다. 『周禮』「太卜」편의 "掌三易之法 一曰連山 二曰歸藏 三曰周易 其經卦皆八 別皆六十有四."에서 연유한 명칭인데, 注에서 "經 常也 正也 三代之易 名異而卦不異."라고 하고 있다. 李滉, 『啓蒙傳疑』(韓國經學資料集成88, 易經2)(서울:成均館大學校 大東文化硏究院, 1996), p. 97 참조. Benjamin I. Schwartz, *The World of Thought in Ancient China* (Cambridge:Harvard University Press, 1985. p. 391 참조.

兌는 單卦의 명칭이기도 하고 重卦의 명칭이기도 하다. 다만 重卦일 경우에는 다음과 같이 부르기도 한다. 重卦인 乾은 乾爲天 또는 重天乾, 重卦인 坤은 坤爲地 또는 重地坤, 重卦인 震은 震爲雷 또는 重雷震, 重卦인 巽은 巽爲風 또는 重風巽, 重卦인 坎은 坎爲水 또는 重水坎, 重卦인 離는 離爲火 또는 重火離, 重卦인 艮은 艮爲山 또는 重山艮, 重卦인 兌는 兌爲澤 또는 重澤兌 등으로 칭한다.

━과 ━━, 하나하나를 획(畫〈劃〉)이라 하고, ━이 ━━로 변한 획과 ━━가 ━으로 변한 획을 효(爻)라고 한다. 즉 강(양)이 유(음)가 되었거나 유(음)가 강(양)이 된 획을 효라고 한다. 이 효의 개념은 『春秋左傳』의 「觀占」에서부터 확립되었지만 자고로 효의 뜻을 아는 학자가 극히 드물었다. 그들은 시작부터 잘못된 거다. 그런 주제에 대가연하는 것이 오늘날의 역학계의 수준임을 우선 알아 둘 필요가 있다.

괘를 풀이한 글을 단사(彖辭) 또는 괘사(卦辭)라 하는데 文王이 지었다고 한다. 彖은 돼지머리를 뜻하는 彐(계) 자와 돼지를 뜻하는 豕(시) 자로 구성되어 있는데 『說文』에 보면 彖이란 돼지머리[豕頭]다. 저돌적이란 말이 있듯이 彖이란 斷 곧 끊는다는 뜻이다. 따라서 彖辭란 괘를 끊듯이 풀이한 말이란 뜻이다.

효를 풀이한 말을 효사(爻辭)라 하는데 爻란 交의 뜻이다. 剛柔가 서로 사귀어서 강은 유가 되고 유는 강이 된다는 뜻이다. 따라서 효사란 변한 획을 풀이한 말이란 뜻이다. 효사는 周公이 시었다고 한다.

괘사든 효사든 모두 상사(象辭)라고도 한다. 괘사는 大象辭, 효사는 小象辭라 한다. 모두 상사라 하는 까닭은 괘든 괘사든 효사든 『周易』

詞와 辭는 통용되는 바 丁若鏞의 用例에도 다르지 않다. 예컨대 丁若鏞 또한 繇辭를 繇詞로, 占辭를 占詞로, 易詞를 易辭로 표기하기도 한다.

은 모두 象이기 때문이다.

단사와 효사를 합쳐서 『周易』의 經 또는 經文이라 한다. 일반적으로 經을 풀이한 글을 傳이라고 하는데5) 『周易』에서는 傳이 열 가지라 해서 십익(十翼)이라고 한다. 경과 전(십익)을 합쳐서 易詞라고 하는데 협의로는 經 곧 彖辭와 爻辭만은 易詞라 한다. 협의의 易詞는 주사(繇辭), 점사(占辭), 계사(繫辭)라고도 한다. 주사 점사는 점보는 말이란 뜻이고, 계사란 괘에 매어 단 말이란 뜻이다.

十翼은 다음과 같다.

(1) 彖傳(일명 彖辭傳) 또는 卦傳(일명 卦辭傳)

彖傳 또는 卦傳이란 彖辭 즉 卦辭를 풀이한 말이란 뜻이다. 經에서 '彖曰'이라고 시작한 글이다. 上下 두 傳으로 되어 있다. 孔子가 지었다고 한다.

(2) 象傳(일명 象辭傳)

상술한 바와 같이 단사든 효사든 모두 象辭라고도 하는데 象傳이란 이 象辭를 풀이한 말이라는 뜻이다. 大象辭를 풀이한 말을 大象傳, 小象辭를 풀이한 말을 小象傳이라 한다. 經에서 '象曰'이라고 시작한 글이다. 孔子가 지었다고 한다.

(3) 繫辭傳

繫辭 곧 易詞 전체를 풀이한 글이란 뜻이다. 十翼 가운데 가장 중요시하여 「大傳」이라고도 한다. 上下 두 傳으로 되어 있다. 孔子가 지었다는 데 대해 이설이 없다.

(4) 文言傳

6획이 모두 ―으로만 되어 있는 乾卦과 6획이 모두 --로만 되어

---

5) 經을 풀이한 글을 傳, 傳을 풀이한 글을 注, 注를 풀이한 글을 疏라고 한다.

있는 坤卦에만 있다. 經에서 '文言曰'이라고 시작한 글이다. 孔子가 지었다는 것이 통설이다. 정약용은 이를 고대의 字典이라고 한다.

(5) 說卦傳

팔괘의 物象을 설명한 글이다. 말하자면 단어사전에 해당한다. 누구의 작인지 학설이 분분하다. 다산은 說卦傳의 序詞만 공자의 작이고 나머지는 庖犧 당시부터 있었다고 한다.

(6) 序卦傳

통행본 『周易』에서 64괘의 순서를 풀이한 글이다. 孔子가 지었다고 하지만 이설이 있다. 정약용은 후대인의 작으로 본다.

(7) 雜卦傳

64괘를 의미를 따라 서로 대칭적 단문으로 해설한 글이다. 孔子가 지었다고 하지만 학설이 갈린다. 정약용은 후대인의 작으로 본다.

위의 象傳上下(2), 象傳大小(2), 繫辭傳上下(2), 文言傳(1), 說卦傳(1), 序卦傳(1), 雜卦傳(1)에서 괄호 안의 숫자를 합치면 '열 개의 날개' 곧 十翼이 된다.

2. 『周易』이란 象이다

누가 나더러 『周易』이 무엇인지 한 글자로 말해 보라 한다면 나는 '象'이라 할 것이다. 다시 두 글자로 말해 보라 한다면 '變化'라 할 것이다. 「繫辭傳」에서 孔子는 이렇게 말했다.

"易이란 象이요, 象이란 像이다."[易者象也 象也者像也]

여기서 像이란 '형용' '본뜸' 등의 뜻이다. 공자의 이 말은 a=b, b=c라는 뜻이 된다. 그렇다면 a=c이다. 그러므로 '『周易』=형용'이 된다.

卦와 易詞는 모두 형용하는 것이다. 무엇을 형용하는가? 세계(우주) 곧 만사만물을 형용한다. 즉 卦뿐만 아니라 易詞 또한 통상의 언어가 아니라 형용하는 것 곧 象일 뿐이다. 『周易』은 우선 이 점이 다른 경전과 판이하다.

象이란 像 곧 '본뜨는 것'이라 했지만 여기서 丁若鏞의 말을 듣기로 하자.

> 象이란 본뜨는 것이니, 우맹(優孟)이 손숙오(孫叔敖)를 象한다고 함은 손숙오를 본뜰 따름이다.

우맹이 손숙오를 어떻게 본떴다는 건가. 『사기』의 「골계열전」에 나오는 이 고사를 요약해 본다.

초(楚)나라 재상 손숙오는 (한낱 樂官에 불과한)우맹이 현인이란 걸 알고 후하게 대했다. 병들어 죽게 되자 아들을 불러 놓고 이렇게 말했다. "내가 죽으면 너는 반드시 가난해질 것이다. 그렇게 되면 우맹을 찾아가서 네가 손숙오의 아들이라고 해라." 몇 해 지나자 과연 그의 아들은 곤궁해져서 땔나무를 해서 파는 처지가 되었다. "저는 손숙오의 아들입니다. 아버지가 세상을 뜨실 때 가난해지거든 당신을 찾아가라 했습니다."……

> 그날부터 우맹은 손숙오의 의관을 만들어 착용하고 동작과 말씨를 연습했다. 1년이 되니 손숙오를 본뜰(像) 수가 있게 되었고 초왕의 좌

우에서도 그를 손숙오와 분간할 수가 없게 되었다. 장왕이 술자리를 베풀었을 때 우맹이 손숙오로 분장하고 나아가서 장수의 축하를 드렸다. 장왕은 크게 놀라 손숙오가 다시 살아서 돌아온 것으로 알았다. 그를 재상으로 삼으려 했다. 그러자 우맹은 이렇게 말했다. "집에 가서 아내와 의논하게 해 주십시오.…"

다시 돌아온 우맹의 답은 이러했다. "아내는 이렇게 말합니다. ― 초나라의 재상 같은 것은 해서는 안 됩니다. 손숙오 같은 분은 충성을 다하고 청렴하게 나라를 다스렸습니다. 이제 죽으니 그 아들은 입추의 여지도 없이 가난해져서 땔나무를 팔아서 겨우 생계를 이어갑니다. 진정 손숙오처럼 될 바엔 자살함만 못합니다."…

여기서 장왕은 우맹에게 사과하고 바로 손숙오의 아들을 불러 침구(寢丘)에 4백 호의 영지를 주어 제사를 받들게 했는데 뒤에 10세(世)에 걸쳐 끊어지지 않았다.

이 고사에서 말하자면, 손숙오가 만사만물 곧 세계라면 우맹은 『주역』의 卦이며 易詞이다. 우맹의 외양과 동작은 卦가 되겠고 그의 말은 易詞가 되겠다. 우맹의 외양과 동작이 우맹의 말보다 앞서듯 卦는 易詞보다 앞선다. 우맹의 외양과 몸짓이 『주역』의 총론(괘론)이라면 우맹의 말은 『주역』의 각론(易詞)이겠다. 이 책은 『주역』의 총론인 셈이다.

3. 『周易』이란 變化다

『周易』은 卦와 卦(卦와 爻)를 풀이한 易詞로 구성되어 있지만, 卦와 易詞는 동시에 형성된 것도 아닐 뿐만 아니라, 易詞는 卦에 의거하여 썼기 때문에 卦는 易詞의 원천이며 골격이라 할 수 있다.

丁若鏞의 易學은, 卦가 易詞의 원천이며 골격이라는 데에 그치지 않고, 易詞의 一字一句가 모두 卦가 머금는 象에 의거하여 쓰였다는, 말하자면 象一元論에 입각하고 있다. 그러므로「說卦傳」의 物象(事物의 象)이야말로 음악에서 음계와도 같은 것이며 보고를 여는 열쇠와도 같다고 丁若鏞은 말한다.[6]

> 易詞에서 象을 취함은 모두「說卦(傳)」에 근본을 둔다.「說卦」를 읽지 않으면 한 字도 풀 수가 없는데, 자물쇠와 열쇠를 버리고 門을 열려고 함은 매우 어리석은 일이다.[7]

> 文王, 周公이 易詞를 순서를 따라 지을 때 一字一文도 모두가 物象을 취했다.「說卦」를 버리고 易을 해석하려는 것은 六律을 버리고 樂을 지으려는 것과 같다.[8]

이와 같은 象을 머금는 卦는, 도대체 무엇에서 연유한 것인가? 이것

---

[6] 丁若鏞은 象을 풀이하여 '象 形也 似也', '象也者 倣似也'라고 했다.『周易四箋』卷八, p. 26a 참조. 즉 象이란 형상, 비슷함(유사), 본뜸, 상징 등의 뜻이다. 본고에서는 경우에 따라 이들 중 어느 하나의 뜻으로 쓰지만 대개의 경우에는 卦, 卦變, 消息 등의 용어처럼『周易』의 용어로 취급하여 번역치 않고 그대로 쓰기로 한다. 象에 대한 체계적 이론에 관해서는 후술한다. 鄭炳碩은「『易經』象徵體系의 涵義」라는 논문에서 의욕적인 논설을 펴고 있기는 하지만 그가 내세우는 〈도표5〉가 어찌하여 高懷民의『大易哲學論』에 나와 있는 도표와 똑같은지 그 까닭을 나는 이해하지 못한다. 한국주역학회 편,『周易의 現代的 照明』(서울:汎洋社出版部, 1993) p. 231. 高懷民,『大易哲學論』(臺北:高懷民, 1988) p. 140 참조.

[7] 丁若鏞,『周易四箋』卷八, p. 28a. 易詞取象 皆本說卦 不讀說卦 卽一字不可解 棄鑰匙而求啓門 愚之甚矣.

[8]『周易四箋』卷一, p. 2b. 文王周公之撰次易詞 其一字一文 皆取物象 舍說卦而求解易 猶舍六律而求制樂.

을 추구하는 과정에서 丁若鏞 역학의 진수를 만나게 된다. 丁若鏞은 象의 앞에 物(事物의 통칭)을 내세운다. 이른바 形而上的인 理며 道며 太極 같은 것은 物이 아니기 때문에 본뜰[象] 수가 없게 된다. 이에 대해서는 뒤에서 자세히 논하기로 하거니와 나는 이러한 사상을 '有物有象' 또는 '物在象先'의 원리라고 우선 명명해 두고자 한다. 丁若鏞에 의하면 卦란 物을 형용한 것으로 파악된다. 卦는 다만 그에 선행하는 物을 형용한 것일 뿐 卦의 머리 위에 外在原理로서의 太極, 理, 道 같은 것을 설정하지 않는다. 太極은 다만 八卦가 나누어지기 전의 상태 곧, 八卦를 합친 상태를 이를 뿐이라고 하고, 宋儒들이 八卦의 위에 理로서의 太極을 설정하거나, 道家類의 학자들이 八卦의 위에 無의 道를 얹는 태도를 두고, 성인의 머리 위에 허황된 太極과 道를 얹는 것은 유학이 아니라고 힐난하면서, 이 太極이며 道 대신에, 八卦의 머리 위에는 다만 上帝를 안치한다. 이 부분에 대해서도 畫卦論에서 다시 살펴보겠지만, 靈明主宰하는 上帝를 그의 역학체계의 정점에 두었다는 것은 丁若鏞 역학의 경이로운 특수성이라고 할 수 있겠거니와, 따라서 그의 역학체계를 유물론으로 규정하는 태도는 이해할 수 없다 하겠다.9)

上帝 밑에서, 『周易』의 가시적 형태는 卦가 그 시초라고 할 수 있겠지만, 朱熹(1130~1200, 字 元晦 一字 仲晦, 號 晦菴 遯翁)에 의해 이른바 '易之精', '開卷第一義', '聖人作易之綱領' 등으로 떠받들어진 「繫辭傳」의 "易有太極 是生兩儀 兩儀生四象 四象生八卦…"라는 문장을 朱熹등 거의 대부분의 학자들은, 성인이 卦를 그은 원리로 다루고 있지만, 丁若鏞의 역학에서는 이를 畫卦의 원리로 보지 않고 揲蓍求卦(蓍

---

9) 河岐洛, 『朝鮮哲學史』 (서울:형설출판사, 1996), p. 751 참조.

草〈筮竹〉를 세어서 卦를 求하는 것. 뒤에 상론한다)의 원리 즉, 그의 표현에 의하면 生卦의 원리로 다루어진다.

「繫辭傳」의 이 문장을 揲蓍求卦의 원리로 본다면 卦가 『周易』의 처음이라는 立論을 그것은 방해하지 못한다. 다만 卦가 『周易』의 시작이라고 할 때 그 뜻하는 바는 卦가 어떤 원리로 그어졌느냐에 따라 나타나게 될 것이다. 丁若鏞의 역학체계는, 卦란 성인이 天命을 듣기 위해 하늘과의 약속에서 이루어진 것으로 본다. 이것이 곧 易의 시원이 된다. 성인이 淳質한 고대인을 연민하는 그 우주적 번뇌로 하여 마침내 하늘로부터 가르침을 받을 수 있는 길을 모색하게 되고, 하늘의 계시를 이해하는 수단과 방법으로 고안된 것이 卦라고 하는 일련의 符號體系, 곧 그에 의하면 法式이었다고 丁若鏞은 『周易四箋』의 「易論」에서 추리한다.[10]

이 符號는 무표정한 막대기의 조합에 불과하게 보이지만, 무표정하게 보일 뿐 무표정한 것은 아니다. 여기서 卦의 표정이란 卦가 머금고 있는 상이다. 말없는 하늘과의 의사소통의 수단으로 고안된 이 卦는, 필경 하늘과의 약속이기 때문에 卦에는 언어를 갈음하는 어떤 형상을 담고 있고, 卦가 담고 있는 형상이란 곧 卦에 선유하는 物에 다름 아니다. 그러나 卦와, 卦가 형용하는 本物은 본디 1 대 1의 관계일 수가 없다. 萬事萬物의 象을 제한된 卦로 형용하려는 것이기 때문이다. 다만 이 萬事萬物의 象을 제한된 卦에 부치는 데는 도리 없이 선별적이 될 수밖에 없었을 것이다. 丁若鏞에 의하면 성인이 易詞를 씀에 당하여 萬事萬物之象 가운데 어떤 象을 取할 것인가는 전혀 성인의 자의에 의했다는 것이다. 따라서 한 卦 한 爻에 부쳐진 象은 하나의 보기일

---

10) 여기의 「易論」은 「易論二」를 말하는 것으로 뒤의 본론에서 설명한다.

뿐 전부가 아니라고 한다. 그는 이 원리를 『周易四箋』의 「讀易要旨」에서 '抽象'과 '該事'란 이름으로 논하고 있다.

성인이 萬象 가운데 어느 一象을 뽑아 繇詞로 삼았다는 뜻을 「抽象」이라 하였고, 이렇게 되자 卦와 爻로서는 萬事萬物의 바탕[才]에 두루 응할 수가 있지만, 그 繇詞는 萬事萬物 모두를 포괄할 수는 없게 된다. 따라서 萬象 가운데 하나의 상을 뽑는 데(抽一象:抽象)에 그치면 學者는 이 一象에만 집착하여 變通을 알지 못할 것이기(다른 象이 있는 줄을 모름) 때문에, 성인은 때로 一繇의 안에 몇 가지 事를 섞어서 論한 것이라고 하고 이를 '該事'라고 이름 붙였다.

이렇게 본다면, 易詞가 없을 때 즉 卦만으로 있을 때가 그 형용하는 범주가 훨씬 더 포괄적이라고 하겠다. 여기서 작역자의 또 다른 번민을 생각나게 한다. 그림으로 된 卦를 言語化하는 것은 그만큼 이해를 쉽게 하는 것일 수는 있어도, 그만큼 상징성은 줄어드는 것이기 때문이다. 그러나 淳質한 고대인을 제도하기 위해서는 이 방법을 택하는 길 밖에 달리 도리가 성인으로서도 없었을 것이다. 그렇다면 제한된 상으로 쓰인 易詞로써 무한한 사물의 정황을 어떻게 포괄할 수가 있는가. 丁若鏞의 주장은 이러하다.

> 대저 천하의 일은 어지러이 뒤섞이고 광범하여 비록 성인의 글로써도, 어떻게 능히 몇 개 구절의 문사로써 천하의 만사를 포괄하고, 천하의 온갖 변동하는 정황을 궁구해서 끊은 것을 합하듯, 모두를 곡진하고 타당하게 두루 응하겠는가? 그러므로 卦詞며 爻詞는 성인이 易의 보기[例]를 보이고 점치는 법을 밝혀서 학인에게 한 귀퉁이를 들어 보여서 세 귀퉁이가 반응하게 하고, 하나를 듣게 하여 열을 알게 함

이다. 이 괘의 상은 단지 이것만을 말한다거나, 이 효의 뜻은 단지 이것만 게시한 것이라고 말하는 것이 아니다.[11]

萬事萬物의 象은 광범하고 복잡다단하여 卦爻에 부치는 易詞에서 모두를 곡진하게 말할 수 없어서 하나의 보기를 말한 것이니, 따라서 그 보기를 유추하여 멀리 미쳐야 한다는 걸『論語』「公冶長」편의 "聞一以知十"과 同書「述而」편의 "擧一隅 不以三隅反則 不復也."[한 귀를 들어(보여)도 세 귀를 돌이키지(반응하지) 못하면 거듭하지(가르치지) 않는대에 빗대어 논하고 있는 바, 이와 같이 전후좌우로 易詞를 미루어 헤아리면 크게는 天地 日月 四時의 변화에서부터 작게는 벼룩이 뛰고 파리가 나는 데에 이르기까지 두루 망라할 수가 있다고 그는 말한다.

易이 道가 됨은 크게는 천지를 두루 다스리고 二氣를 좇으며 四時의 차례를 이루고, 작게는 벼룩이 뛰고 파리가 나는 것과, 높여서는 소장 굴신의 이치를 징험해서 진퇴 출처의 까닭을 알 수 있고, 낮춰서는 말 소 개 닭의 얻고 잃는 것을 상고하고, 멀리로는 귀신에 사무치고 천명을 헤아려서 바람 비 가뭄 큰물의 까닭을 알고, 가까이로는 부자 군신 부부의 변화에 대처하고, 이목구비 사지백체(四肢百體)의 움직임 또한 그 징조를 앞서 알 수 있다. 그러므로 易詞가 글을 세움에 혹은 광대하고 통창하고, 혹은 가늘고 작고, 뾰족하고 잘고, 혹은 바르고 장중하며, 엄하고 높으며, 혹은 비천하고 좁고 막히고, 혹은 심오해서 그윽한 정취가 있고, 혹은 얕고 가까워서 높은 논설이 없

---

11) 丁若鏞,「周易答客難」易學緖言(與猶堂全書10) 卷四』, (서울:驪江出版社, 1992), p. 466. 大抵天下之事 紛綸雜遝 浩汗漭洋 雖以聖人之文 豈能以數句之詞 括天下之萬事 窮天下之萬情 而汎應曲當 皆如合契哉 故 卦詞爻詞者 聖人 所以示易例 而明占法 令學者 擧一以反三 聞一以知十 非謂此卦之象 只此所言 此卦之義 只此所揭也. 이하『易學緖言』이라 한다.

고, 혹은 황홀해서 변화가 많고, 혹은 졸렬하고 곧아서 항상됨을 지키기 때문에 뒤섞여 엉기고 잡되게 버물어져서 그 돌아가는 것이 하나가 되지 못한다. 대체로 학인으로 하여금 이것을 이끌어서 저것을 미루고(引此而推彼), 왼쪽을 견주어 오른쪽을 깨닫게 하도록(比左而悟右)함이다. 그 섞인 것을 회통하여 "글을 간략하게 줄임으로써 여러 정황을 부린다."(以約文 而馭衆情)라는 경지가 되길 기대할 따름일 것이다. 그 도가 됨은 이와 같다. 이후에 역을 말하는 자들은 오직 크게 여기고 높이고 그윽하고 멀게 여겨서 그 자질구레하고 비근한 뜻에 힘써, 이를 해석하여 황하와 한수로 만들어 종극이 없다. 이것이, 역이 어두워져서 '성인의 소박한 가르침'(聖人平實之敎)이 높고 묘하고 신기하고 신령스럽고 환상적인 법으로 돌아가서 깨달음으로 이끌지 못한 이유이다.12)

크게는 天地日月의 운행에서부터 작게는 벼룩이 뛰고 파리가 나는 데에 이르기까지, 易은 두루 포괄한다는 것을 설명하고 있는 바, 여기에서 丁若鏞 역학의 象一元論이 갖는 의미를 잘 설명해 주고 있다고 하겠다. 易詞의 표현형식을 다양한 형태, 다양한 언어, 다양한 문장으로 구사한 것은, 여러 방면에 대한 하나의 보기를 보이기 위해서였는데, 후세인들은 이것을 도리어 높고 크고 심오한 것으로만 여겨 자질

---

12) 「周易答客難」『易學緒言』卷四, pp. 471~472. 易之爲道 大可以彌綸天地 順二氣 而序四時 小可以察蚤蠅之飛躍 尙之可以驗消長屈信之理 而知所以進退出處卑之可以稽馬牛犬鷄之得喪 遠之可以達鬼神 考天命 而識風雨旱潦之故 邇之可以處父子君臣夫婦之變 而耳目口鼻四肢百體之動 亦可以前知其徵 故 易詞立文 或廣大弘敞 或細小尖碎 或典重嚴尊 或卑鄙狹隘 或深奧而有幽趣 或淺近而無高論 或恍忽而多變 或拙直而守常 錯綜雜糅 不一其歸 盖欲使學者 引此而推彼 比左而悟右 期乎其參互會通 以約文 而馭衆情而已矣 其爲道 如是也 而後之說 易者唯大之尊之 幽遠之 爲務幷其瑣小卑近之旨 而訓之 爲河漢而無極也 此易所以晦而聖人平實之敎 歸於高妙神奇靈幻之法 而莫之提悟者也.

구레한 해석이 황하와 한수처럼 되었는가 하면, 마침내 易詞를 현묘하고 환상적인 것으로 만들어서, 이를테면 아이린 에버(Irene Eber)가 "이것의 그 난해성은 호기심을 자아내는 풍부한 복합적 의미를 암시한다."[13]라고 말했듯이 易을 이해하기 어렵게 되어 버렸는 바, 이러한 결과는 당초에 성인이 易詞를 지은 목적, 즉 '성인의 소박한 가르침'(聖人平實之敎)을 어둡게 하고 말았다는 것이다.

역학사에서 漢代의 그 숱한 陰陽災異와 잡술, 魏晉시대의 王弼(226~249, 字 輔嗣)의 玄學的 易學, 그리고 宋代의 圖書易과 性理易, 그 밖에 易을 황홀하고 신령스럽게 만든 예는 너무 많다. 象數를 무시하고 易辭를 단순히 통상언어로 해석하려 한 王弼·程頤(1033~1107, 字 正叔, 世稱 伊川先生)의 학설에 동조한 많은 후학들, 그리고 심지어 현대의 많은 역학자들이 백가쟁명으로 떠드는 이른바 '주역철학'이란 것이, 丁若鏞이 지적했듯이 平實한 易의 源流를 황하와 한수로 만들어 버리지는 않았는지, 견강부회하여 턱없이 易을 어렵게 만들고 있지는 않았는지 생각해 볼 일이다. 象數를 거의 배격하고서 易을 서양철학적 사고로 재단하고 부회하여 겨우 그 테두리 안에서 이해하려 드는 오늘날의 대부분의 義理易學은, 陰陽災異며 잡술의 폐해보다 결코 못하지 않다. 만약 丁若鏞이 오늘날의 사람이라 하더라도 卦의 변증법이니 卦의 기호론이니 易의 형이상학이니 하는 어려운 말은 하지 않을 것이다. 그것은 '聖人의 平實之敎'에 어긋나기 때문이다.

따라서 우리는 '聖人의 平實之敎'에 상도하는 바가 있어야 한다고

---

13) Richard Wilhelm, *Lectures on the I Ching*, trans. Irene Eber (Princeton: Bollingen Series, Princeton University Press, 1979), Introduction, p. xi. Its very abstruseness suggests an intriguing richness of multiple meaning.

생각하거니와, 丁若鏞의 위의 주장에서 이른바 "글을 줄여서 뭇 정황을 부린다."(以約文 而馭衆情)라고 한 말은, 易詞란 최소한의 문자로써 최대한의 상황을 馭車한다는 뜻이다. 그것이 '聖人平實之敎'라는 것인데, 그 실례를 살펴보기로 한다.[14]

无妄六三에서 "行人得牛 邑人之災"란 민간에서 소를 잃은 사람의 占이고, 震六二에서 "喪貝勿逐 七日得"은 민간에서 재물을 잃어버린 자의 占이고, 睽上九에서 "往遇雨 吉"은 원행의 길을 떠나는 사람의 占이고, 萃彖詞에서의 "用大牲 吉"과 中孚에서의 "豚魚 吉"은 제사에서 희생으로 바칠 것에 대한 占이고, 屯六三에서의 "卽鹿無虞" 師六五에서의 "田有禽 利執言" 比九五에서의 "王用三驅 失前禽"은 田獵하는 占이고, 小畜彖詞와 小過六五에서 "密雲不雨 自我西郊"라고 한 것은 기우제를 지내는 占이며 기타 제사, 혼인, 戰伐에 관한 占辭를 『周易』에서는 셀 수 없이 많다고 丁若鏞은 주장한다. 이와 같이 단편적인 占으로 易詞를 쓴 까닭은 文王, 周公이 撰詞할 시초에는 오직 점치는 사람을 위하여 보기를 드는 데 그쳤을 뿐이어서 平實之敎에 그쳤을 뿐 天人의 性命之理는 이 사이에 부치지 않았다는 것이다. 군자의 출처진퇴의 도리와 굴신존망의 까닭 같은 것은 孔子가「文言」에 부쳐 乾坤의 諸爻에서 이것을 갖추고 있고, 同人九五, 大有上九類의 것에서도 孔子가 이를 말하고 있지만, 만약에 64卦 384爻의 詞로써 天人性命之理에 돌아가게 해서 그 진퇴존망의 이치를 스스로 부쳐 보려고 한다면 그것은 잘 부합되지 않을 것이라고 丁若鏞은 말한다. 易詞에 부친 孔子의 義理는 망라되지 않았기 때문일 것이다. 그렇다면 이러한 경우에 筮人은 어떻게 해야 하는지에 대한 丁若鏞의 언명은 실로 快刀로 亂

---

14)「周易答客難」『易學緒言』卷四, pp. 471~472 참조.

麻를 자른다.

> 易詞를 버리고 그 象을 완색하면 二篇의 64괘 384효가 모두가 大義이다.15)

"易詞를 버리고 그 象을 완색하라." 명쾌한, 丁若鏞의 이 말은 그의 象一元論을 한마디로 말해 준다 하겠거니와, 得象而忘言은 마침내 忘言得象이 되고 得意而忘象은 忘象得意가 되어, 말을 잊어야 象을 얻을 수가 있고, 象을 잊어야 意를 얻는 것으로 주장한 王弼이, 象을 세워 意를 다하면 象을 잊어도 되고, 畫을 거듭하여 情(내용)을 다하면 畫을 잊어도 된다고16) 한 것과는 아주 다르다.

易詞는 卦보다는 구체적이지만 卦만큼 포괄적이지가 못하기 때문에 易詞만으로 점을 말할 수 없을 경우에는 詞를 버리고 象, 곧 卦로 돌아가라는 丁若鏞의 이 말은, 벼룩이 뛰는 이치에 부쳐 천지의 이치를 헤아리려면 더 추상적인 卦의 象이어야 한다는 것을 뜻한다.

이러한 丁若鏞의 象一元論은 王弼뿐만 아니라 程頤의 역학과도 대치된다. 程頤는 『易傳』에서 이렇게 말한다.

> 길흉소장의 理와 진퇴존망의 道는 辭에 갖추어져 있다. 辭를 미루어 卦를 고찰해 보면 변화를 알 수 있으니 象과 占은 그 가운데 있다…내가 傳述하는 것은 辭이다. 辭로 말미암아 意를 얻는 것은 사람에게 있다.17)

---
15) 「周易答客難」『易學緒言』 卷四, p. 473. 舍其詞 而玩其象 則二篇六十四卦三百八十四爻 皆大義也.
16) 王弼, 「周易略例」, 楊家駱, 『周易注疏及補正』 (臺北:世界書局, 1963), p. 9 참조. 拙稿, 前揭論文, pp. 89~91 참조. 이하 『周易注疏及補正』이라 한다.
17) 吉凶消長之理 進退存亡之道 備於辭 推辭考卦 可以知變 象與占 在其中矣……予

이 말은 象을 중간자로 개입시킴이 없이 辭로써 卦만 상고하면 易詞를 터득할 수 있다는 뜻이며 象이나 占은 저절로 드러날 뿐이니, 오직 辭를 추구하도록 가르치고 있다. 辭를 추구하여 意를 얻는 것은 사람에 있다는 말은 사람의 역량에 달렸을 따름이라는 말이 된다.

程頤의 이와 같은 사상은 결국 易詞는 통상적인 언어일 뿐, 象은 아니게 된다. 통상적인 언어라고 해서 각각의 卦爻辭가 하나의 일만을 지칭하는 것으로 보는 것은 아니다. 程頤는 "하나를 고집해서는 안 된다. 괘마다 하나의 일만을 고집하면 384효가 384건의 일이 됨으로 일이 끝나버리고 만 거다."라고 했고,[18] 朱熹는 여기에서 나아가 "그 밖의 經은 먼저 그 일로 인하여 그 글이 있다. 가령『서경』에서 말하는 요, 순, 우, 탕, 이윤, 무왕, 주공의 일은 허다한 사업이 있음으로 인하여 바야흐로 말이 여기에 이르렀다. 이 일이 없었다면 또한 이것에 이르러 말하지 않았다. 그러나 易은 단지 하나의 빈 사물이다. 이 일이 없어도 미리 이 理를 말함으로 허다한 도리를 다 포괄할 수 있다. 사람이 무슨 일을 하는가를 보면 모두가 다른 것(易의 도리)에 부딪친다."라고 하여, "易은 단지 하나의 공허한 사물이다."(易只是 箇空底事物)라는 견해를 내놓았다.[19] 이렇게 되면, 괘효사에 나타난 일은 궁극적으로는 일종의 부호가 되어, 丁若鏞의 象一元論에 가까워진다. 그러나 程頤의 입장은 卦와 易詞 모두를 만물의 標識로 보는 丁若鏞의 역

所傳者辭也 由辭以得其意 則在乎人焉.
18) 程顥・程頤,『二程全書』, 臺北:臺灣中華書局, 1986, 卷 19. 不要拘一 若執一事 則三百八十四爻 只作得三百八十四件 事便休也.
19) 朱熹,『朱子語類』, 北京:中華書局, 2004, 卷 66. 其他經 先因其事 方有其文 如書言 堯舜禹湯伊尹武王周公之事 因有許多事業 方說到這裏 若無這事 亦不說到此 若易只則是箇空底物 事未有是事 預先說 是理 故 包括得盡許多道理 看人做甚事 皆撞着他.

학과는 거리가 멀다. 標識란 곧 형용이기 때문이다.[20]

위에서 본 바와 같이 卦가 다양한 象을 머금는다고 하는 것은 그 까닭이 變化에 있다. 卦란 변화의 측면에서 보면 모두가 변화이다. 卦는 변하기 때문에 세계의 존재 양상을 포섭할 수가 있는 것이다. 이른바 辟卦(50연괘를 풀어내는 君辟의 괘라는 뜻으로 뒤의 「推移論」에서 상론한다)가 뿌리를 이루고 다시 衍卦(丁若鏞에 의하면 12辟卦에서 變成되는 50卦를 지칭하는데 뒤의 「推移論」에서 상론한다)로 變成하고, 또 爻變(卦의 畫이 陽變爲陰하거나 陰變爲陽하는 것을 말하는데, 앞에서도 서술하였거니와 뒤의 「爻變論」에서 상론한다)을 이루는 과정을 丁若鏞은 '易有三變'[21]이라고 했거니와 卦는 三變에 그치는 것이 아니라 三變을 거듭하여 오직 변화하는 곳으로 좇을 뿐이다. 乾坤에서 시작해서 旣濟와 未濟로 끝나지만 未濟이기 때문에 다시 거듭되는 이치라 할까. 이와 같이 八卦의 乾坤은 『周易』의 시작이 되어 易의 門戶가 되는가 하면 坎離는 易의 마침이 되지만 다시 乾坤으로 이어진다. 그래서 『周易』은 미완성(未濟卦)으로 끝난다. 따라서 『周易』이 형용하는 세계는 끝없는 변화일 뿐이다. 卦는 變化하는 모습으로 존재한다. 그 모습이란 곧 象이다. 이 變化와 象을 최소한도의 言語(約言)로 표현한 것이 易詞이다. 따라서 丁若鏞 역학에서는 卦며 易詞는 다 같이 만물의 標識에 불과하다. 즉 象일 뿐이다.

요컨대 『周易』은 變化로 보면 모두가 變化뿐이고 象으로 보면 모두가 象일 뿐이다. 전자를 「繫辭傳」에서는 '唯變所適'(오직 變化하는 곳

---

20) 「周易答客難」 『易學緒言』 卷四, p. 479 참조. 원문에서 '表識'는 '標識'의 오식인 것 같다.
21) 『周易四箋』 卷一, p. 28b.

으로 좇는다)이라 했고 후자를 "易者 象也 象也者 像也"[易이란 象이요, 象이란 倣似(비슷하게 본뜸)이다]라고 했다. 卦로써 나타내는 變化와 象, 그것은 『周易』의 다른 이름이다.

다시 말하거니와, 『周易』은 卦와 易詞로 구성되어 있지만, 易詞란 그것에 앞서 그어진, 卦의 한 연역이다. 卦의 한 연역이기 때문에 易詞는 하나의 보기일 뿐이다. 아무튼 卦의 연역이란 卦의 변화형식이 머금는 物象에 의하여 易詞가 쓰여졌다는 걸 뜻한다. 이것이 丁若鏞 易學의 象一元論이다. 여기서 物象이란 사물의 형용이다. 따라서 형용의 앞에 사물이 먼저 있다. 이것이, 내가 命名한 이른바 '物在象先'이라는 丁若鏞 易學의 진수이기도 하다. 그러므로 易詞의 해석을 수행함에 있어서, 만약 卦라고 하는 일련의 부호체계의 보편원리를 먼저 바르게 이해하지 못한다면 그 해석이란, 이제까지의 해석들이 그러하였듯이, 필경 견강부회가 되고 말 것임은 사리상 당연하다.

4. 卦의 解釋方法과 그 解釋의 效果

卦를 빌어서 야기되는 끝없는 變化와 象을 파악하는 데는 두 가지의 형식이 있을 수 있다. 그 하나는 개별적인 방법이고 다른 하나는 총체적 방법이다. 전자는 卦 하나하나를 독립적으로 규명하는 방법이 되겠고 후자는 모든 卦를 동시에 일괄적으로 다루는 방법이 되겠다. 마치 병사 하나하나의 각개전투능력을 연마하는 훈련과정이 있는가 하면, 이러한 것을 일단 보류하거나 전제로 한 상태에서 집체의 전투기술을 논하는 이른바 陣法의 훈련이 있는 것과도 비유할 수가 있겠다. 어느 형식을 취하든 궁극적으로는 전체적인 卦의 變化와 象을 파악하는 데 있어서는 같다고 생각한다. 병사 개개의 훈련이 결국은 군대의 집단을 동원하는 진법으로 이어질 수밖에 없듯이, 卦 하나하나의 궁극적 연구는 그 卦가 전체 卦의 틀 속에서 갖는 의미를 추구하지 않고서는 결코 충분하다고는 할 수 없을 것이기 때문이다. 그러나『周易』의 卦에 대한 연구가 전자의 방법을 택한다면 일단은 방대한『周易』 경문의 단순한 해설서가 된 다음에 다시 거론될 수 있을 뿐이기 때문에 이 책의 주제 해석에 직접적이지가 못하다. 따라서 이 책은 총체적 방법을 추구할 것이지만 이 총체적 방법이란 필경 어떤 보편원리를 찾아서 그 원리를 규명하고 각 원리가 이어지는 연관의 선상에서 卦의 전체적 의미를 드러내게 될 것이다.

그런데, 卦는 어떤 보편원리에 의하여 지탱되고 있는가라는 것은 결국『周易』의 원리를 말하는 것으로 된다. 易의 원리는 무엇을 본뜬 것인가에 대해서는 몇 가지 학설이 있지만 丁若鏞은 '日月說'에 따른다. 즉 易이란 글자는 日月의 합성이란 것이다. 日月이 운행하여 사계가 순환하듯 易은 이러한 變化를 본뜬 것이다. 그것은 결국 卦의 원리이기도 하다. 천지사이에 日月이 운행하여 끝없는 變化를 이루고 그 變化 속에서 세계는 반복하듯 卦 또한 그러한 체계로 丁若鏞은 설명한다.

천지일월의 운행질서를 본뜬 것이 易이며 卦라고 할 때, 卦는 이러한 원리에 의해서 그어졌고, 존재하며, 거꾸로 이 원리에 의하여 卦를 구하고, 또 변전을 거듭하게 되는 것이겠다. 환언하면 첫째, 卦는 어떤 원리로 그어졌는가? 둘째, 卦는 어떤 원리로 존재하는가? 셋째, 어떤 원리로 卦에 이르는가? 넷째, 卦는 어떤 원리로 변전하는가? 라는 이 네 가지 물음이 卦의 보편원리가 되겠다.

卦에 대한 이론들이 잡다하게 나와 있지만 이들 원리들을 갈래를 지워서 규명하는 연구는 아직 전무한 것으로 알고 있다. 易의 오랜 역사에 비하면 이상한 일이다. 그것은 易이 아직 황무지이거나 아니면 작역 당시의 소소명명한 원리가 후세인에 의해 어떤 장막이 덮씌워졌거나 해서일 수도 있을 것이다. 우선 卦變論만 해도 구구각색이다. 한유와, 송유, 청유 등에 따라, 또 논자에 따라 서로 다르다. 내용뿐만 아니라 그 위상 또한 다르다. 한유들은 卦變을 卦를 그은 원리로 보지만 朱熹나 丁若鏞은 畫卦의 원리로 보지 않는다. 그러나 그 연유는 다르다. 朱熹는 이른바 邵雍(1011~1077)・朱熹의 一分爲二法을 畫卦의 원리로 보기 때문에 卦變을 畫卦의 원리로 보지 않은 것일 수도 있고, 한유들은 아직 一分爲二法과 같은 다른 원리가 나오지 않은 상태이기 때문에 卦變을 畫卦의 논리로 보았을지도 모른다. 丁若鏞은 一分爲二法이 나온 뒤이지만 이를 반박하는 입장일 뿐만 아니라, 卦變은 한유들의 창시물이 아니라 伏羲畫卦 당시의 원리로 파악한다.

이러한 분규는 비단 卦에 한한 현상은 아니다. 易詞의 해석에 이르면 더욱 현란해진다. 『周易』의 歷史가 수천 년간 내려오면서, 어쩌면 온갖 이론들이 蔀障처럼 덮씌워져서 하류의 강물처럼 그 원래의 모습을 잃게 되었다고 생각한다.

이와 같이 卦의 畫成과 存在, 生成, 變轉에 관한 계통화된 개념이 정립되지 않는 상태에서 卦의 원리를 말하는 이제까지의 이론들이 결국 편견이 되고 만 까닭을 알 수 있다고 하겠거니와, 그것은 마치 신호 체계에 혼란이 온 것과 같다고나 하겠다. 내가 외람되게도 추구하고 기대하는 성과는 卦의 질서를 정립하는 데 있을 뿐만 아니라, 이렇게 하는 것은 마침내 '易詞의 해석원리로서의 卦의 뜻'을 확립하는 것이 되리라고 생각한다.

5. 丁若鏞 易學을 中心으로 하는 理由

다음은 왜 굳이 조선조의 丁若鏞인가가 문제로 남는다. 이에 대해서는 두 가지 물음으로 나누어 밝힌다.

1) 朝鮮朝의 학자를 선택하는 理由

학문 또한 문화적 배경, 곧 환경의 소산일 뿐이다. 그렇다면 문화적 배경을 공유하는 학자를 선택하는 것이, 문화적 배경에 대한 판단의 오류에서 오는 오류를 최소화시킬 수 있을 것이다. 그렇게 하려면 외국보다는 한국, 과거보다는 현금의 학자가 적당하겠지만, 현금의 한국 학자를 두고 필생의 연구대상으로 삼아도 조금도 여한이 없을 만한 학자를 발견하기란 아직은 여건이 성숙되어 있지 않다고 본다. 따라서 차선의 선택으로 조선조의 학자를 택하는 것이다.

2) 왜 굳이 丁若鏞인가?

卦의 총체적 연구를, 어느 한 선행 역론을 중심으로 해서 연구하려고 하는 이 연구의 성과를 충족시키기 위해서는, 총체적 연구의 성과를 남겨 놓은 학자를 선택해야 하고, 그렇게 하려면 가급적 현대나 근세의 학자가 적당하다. 왜냐하면, 연대가 내려올수록 더 많은 선행 역론이 집적되어 있을 것으로 생각되기 때문이다. 이런 견지에서 본다면 현금에서 가장 가까이 있으면서 위의 요구를 충족시킬만한 학자를 찾기란 丁若鏞을 떠나서는 세계 어디에도 달리 있지 않음을 깨닫게 된다. 이것이 굳이 丁若鏞을 택하는 이유이다.

二. 卦의 네 가지 原理

「緒言」에서 이 책의 세부과제라고 할 卦의 보편원리를 네 가지로 도출해 보았거니와, 여기서는 각 원리를 논하기에 앞서 그 대략적인 내용을 일별해 봄으로써 각 원리간의 상관성을 부각시키고자 한다.

1. 卦를 그은 原理

'卦를 긋는다.'라는 뜻으로 丁若鏞은 전통적 용어 예에 따라서 '畫卦'라고 표현한다. 卦가 어떻게 하여 그어졌는가 하는 것은 결국, 易이란 무엇인가에서 출발하게 된다. 卦를 그은 데서부터 易의 모습이 형성되었기 때문이다. 丁若鏞에 의하면 易은 몽매하고 순질한 고대인들을 제도하기 위하여 하늘의 명을 받고자, 그 가르침을 객관화하는 방법을 찾는 데서부터 생겨나게 된 것이다. 그 객관화의 수단이 바로 막대나 선 모양의 畫인데, 이 畫으로 하늘과의 의사소통의 수단으로 삼은 것이다. 이러한 막대모양의 卦를 어떠한 원리에 의하여 그었을까 하는 문제는, 丁若鏞의 말처럼 성인이 卦를 긋는 광경을 옆에서 지켜본 사람이 없으니 무엇이라고 단정할 수는 없을 것이고 추측에 의할 수밖에 없다. 그러나 이 추측은 사회통념상 받아들일만한 것이어야 할 것으로 생각된다. 따라서 畫卦는 아마도 간단하고 자연스러운 방법이었을 것으로 추측이 된다. 이렇게 볼 때, 畫卦의 법은 두 번째의 원리인 卦의 존재원리와는 구분되어야 한다고 생각한다. 이를테면 卦變論으로 畫卦의 원리로 삼는다면 너무나 기교적이고 계획적이 된다. 그러나 성인이 비교적 복잡하고 정밀한 卦變論 같은 원리에 따라서 卦를 그었다고 보는 것은 우선 순후한 고대인의 정서에 어긋난다고 보여진다. 한유들은 卦變으로 畫卦의 원리를 삼았지만, 朱熹나 丁若鏞은 卦變을 卦의 존재형식으로 파악하는 데 그친다.[1]

 생각해 보면, 卦를 긋기 전에 卦를 긋는 방법 즉, 卦變論과 같은 정밀한 방법을 성인이 미리 알고 그 원리에 입각해서 卦를 그었다고 보기란 아무래도 좀 무리하다는 느낌이다. 卦를 처음 긋는 마당에 그 卦를 긋는 원리가 먼저 정치하게 형성되어 있다고 보는 것은 지나친 기계론적 사고이다. 예컨대, 고대인이 처음으로 책상 같은 것을 만들게 되는 과정을 생각해 보기로 한다면, 현대인처럼 미리 설계도에 의해 책상을 만들 것이라고 보기엔 좀 지나치다는 생각이 든다. 책상이 다 된 뒤에 책상을 가만히 살펴보니 '책상은 이러저러한 원리에 의하여 형성되는구나!'라고 깨닫게 되었을 것으로 여겨진다. 성인이 卦를 그은 원리 또한 보다 쉽고 간단한 원리였을 것으로 생각된다. 伏羲씨를 만나서 물어 볼 수도 없으니 상상에 맡겨야겠지만, 그러나 그 상상은 상식과 통해야 한다. 간단한 원리에 의해 卦를 그었다고 보는 것이 卦變과 같은 복잡한 원리에 의해 卦를 그었다고 보는 것보다 훨씬 설득력이 있다. 간단히 그었지만 막 긋고 나서 살펴보니 卦變과 같은 정교한 원리가 괘 안에 내재해 있음을 알게 되었다고 보는 것이 자연스럽다.

---

1) 朱熹는 그가 그린「卦變圖」에 부쳐서 한 말 가운데, "괘변은 易中之一義"라고 했는 바, 이 뜻이 무엇인가는 다음의「卦가 存在하는 原理」에서 논변키로 한다.

이것이 朱熹와 丁若鏞의 생각이다. 朱熹의 표현과 같이 자연스럽지 못한 것을 성인이 좋아했을 리가 없을 것이다.

2. 卦가 存在하는 原理

그어진 卦에는 어떠한 원리가 내재해 있는가. 그 원리가 卦의 존재에 어떠한 의미를 갖는가라는 것은 그어진 卦에 부쳐지는 이론들이다. 대체로 漢代의 卦變論者나 그를 추종하는 학자들은 卦變을 畫卦의 法으로 생각하지만, 朱熹는 다만 '易中之一義'일 뿐 획괘하여 作易한 本指는 아니라고 했는가 하면, 丁若鏞은 卦變의 이론을 지지하는 태도를 취하면서도 畫卦의 원리로는 보지 않고 卦를 그은 후 발견한『周易』의 구성 내지 존재원리로 보고 있다. 먼저 朱熹의 생각을 살펴보기로 한다. 그는「卦變圖」를 작성하고 그「卦變圖」의 앞에 다음과 같은 설명을 붙였다.

> 「彖傳」은 간혹 卦變으로써 설을 삼는다. 이제 이 그림을 작성하여 그 것을 밝히거니와, 대체로 '易 가운데의 한 뜻'(易中之一義)이지 卦를 그어 易을 지은 근본이 된 뜻은 아니다.[2]

이에 대하여 丁若鏞은 다음과 같이 이해한다.

---

2) 胡廣(等)『周易傳義大全』(內閣藏板, 1760), 卷首, 「卦變圖」下. 彖傳或以卦變 爲說 今作此圖 以明之 蓋易中之一義 非畫卦作易之本指也. 이하『周易傳義』라고 한다.

易詞가 象을 취함에는 모두 推移를 썼다. 그 간혹 그렇지 않는 것은 오직 12辟卦와 兩閏의 괘인데, 질박하고 변화가 적어서 交易과 變易의 상을 썼다. 가령 나머지는 비록 牉合, 互體 따위도 卦變에서 상을 취하지 않은 것이 하나도 없다. 이것은 사실 '작역의 큰 원리'(作易之大義)인데 朱子가 하나의 원리로 생각한 것은 대체로 하나씩 하나씩 (깡그리)조사하고 징험함에 미치지 않는 까닭이다.3)

즉 丁若鏞은 朱熹의 '易中之一義'의 一義를 양적개념으로 보고 朱熹는 卦變을 모든 卦에 해당하는 원리가 아니라 일부에만 해당하는 원리로 인정한 것으로 丁若鏞은 해석한 것이다. 丁若鏞은 卦變(推移)이 '作易의 大義'라고 하면서 朱熹의 '非畫卦作易之本指也'라는 말을 일단 부인하고 있다. 그러나 그는 卦變이 畫卦의 원리가 아니라 성인이 畫卦 후에 발견한 원리라는 朱熹의 주장에 동조하고 있기 때문에 朱熹의 위의 말 가운데 '非畫卦'라는 것을 丁若鏞이 부인하지 않은 것이 되고 '非作易之本指'만을 부인한 것으로 된다.

우선 卦變이 畫卦의 법이 아니라는 朱熹의 말을 옮겨 본다.

이를테면 卦變圖에 剛이 오고 柔가 나아갔다는 따위는 또한 卦가 이미 이루어진 뒤에 뜻을 미루어 말하여 이 卦가 저 卦로부터 왔음을 나타냈을 따름이요, 참으로 먼저 저 卦가 있은 뒤에 비로소 이 卦가 있다는 것이 아니다.4)

---

3) 丁若鏞, 『易學緒言』, p. 286. 易詞取象 總用推移 其或不然者 唯十二辟卦兩閏之卦 質朴少變 斯用交易 變易之象 自餘雖牉合互體之類 無一不取象於卦變 此實作易之大義 朱子以爲一義 蓋未及逐一查驗故也.
4) 『周易傳義』, 卷首, 「卦變圖」, 附錄. 如卦變圖 剛來柔進之類 亦是就卦已成後 用意推說 以見此爲自彼卦而來耳 非眞先有彼卦而後 方有此卦也.

위와 같은 朱熹의 견해를 丁若鏞은 그의 역학저서 도처에서 이를 받아들인다. 그 한 보기를 들기로 한다. 『周易四箋』에서 다음과 같이 말한다.

> 庖犧 畫卦의 초에는 다만 交易이 있었을 뿐 다른 易이 있었겠는가? 交易을 해서 易의 重卦가 이루어진 후에 그것을 늘어놓고 완색해서 推移의 묘한 원리를 얻었다.[5]

이와 같은 丁若鏞 자신의 언명에도 불구하고, 丁若鏞은 推移의 원리로 卦를 그었다고 생각하는 학자가 이외로 많은 것은 이상한 일이다.[6]

어쨌거나 朱熹가 말한 作易의 本指와 丁若鏞이 말하는 作易의 大義는 어떻게 다른가? 생각건대 朱熹는 卦를 그은 것도, 易詞를 지은 것도 모두 卦變에 의한 것이 아니라고 주장한 것인 데 반해 丁若鏞은 卦를 그은 것은 卦變의 원리에 의한 것이 아니지만 易詞는 卦變의 원리에 의하여 이루어졌다고 주장하는 점에 있어서 서로 다르다.

그렇다면 과연 朱熹가 말한 易中之一義를 丁若鏞처럼 부분적인 양적개념으로 볼 수 있을까 하는 의심이 생긴다. 따라서 朱熹가 이 一義란 말을 어떤 뜻으로 사용한 것인가는 논의할 필요가 있을 것이다. 요컨대 丁若鏞은 이 "하나의 뜻"을 '卦變의 일부분'으로 해석하고 있지만 이렇게 해석하면 문장의 전후가 맞지 않게 된다. 왜냐하면 '易中之一義' 이하에 있는 '非畫卦作易之本指'는 후자가 전자를 서술하고 있기

---

[5] 『周易四箋』, 卷四, p. 17b. 庖犧畫卦之初 只有交易 有他易哉 交而易之 重卦旣成而後 聖人設而玩之 得推移之妙義也. 기타, 『周易四箋』, 卷八, p. 8a, 『易學結言』, p. 289 참조.

[6] 김승동, 「毛奇齡과 丁若鏞의 易卦 해석에 관한 비교 연구」, 『茶山 實學思想論文集』「思想一般」 (3) (서울:불함문화사, 1994), p. 62 이하 참조.

때문이다. 丁若鏞의 해석대로라면 '易中之一義'란 '역 가운데 일부에 적용되는 卦變'이란 뜻이 되어 일부 긍정문이 되는데 다음에 이어지는 '非畫卦作易之本指'는 결코 일부 부정문이 아니다. 따라서 상단에서는 卦變을 부분적으로 긍정하면서 후단에서는 卦變을 전부 부정하는 문장이 되고 만다. 朱熹가 누군가? 그런 오류를 범할 사람이 아니다. 따라서 나는 '易中之一義'를 '卦變을 畫卦의 논리로 보지 않는 다른 뜻'이란 뜻으로 해석하고 이러한 뜻이란 '卦의 존재원리'라고 해석한다.

이렇게 볼 때 朱熹의 이 말은 卦變은 卦의 존재 원리로만 존재할 뿐 卦變의 법에 따라 畫卦한 것도 아니고, 또 易詞를 지은 것도 아니라는 해석이 되는데 반하여, 丁若鏞은 卦變이란 畫卦의 뜻이 아니고 卦의 존재의 뜻이란 점에서는 朱熹와 같게 되지만, 易詞는 이 卦變의 원리에 따라 지었다고 하는 점에서 朱熹와 다르게 된다.

朱熹와 丁若鏞은 앞에서 보아온 바와 같이 이 卦變을 伏羲 畫卦 당시의 원리로 보았지만 朱熹는 이 원리에 따라 易詞를 지은 것은 아니라고 보는 데 반해 丁若鏞은 64卦 가운데 12辟卦와, 兩閏之卦(再閏之卦) 곧 中孚와 小過를 제외한 나머지 50卦는 모두 卦變(그의 推移)에 의해 연역되고 卦變에 의해 易詞가 쓰여졌다고 하고 있다. 이 卦變이 伏羲 畫卦 당시의 원리임을 丁若鏞은 다음과 같이 논증한다.

> 先儒는 12辟卦 推移의 법을 文王에서 비롯한 것이기 때문에 오직 『周易』에만 이 법이 있는 것으로 말하고 있지만, 伏羲, 神農, 堯舜이 기구를 제작함에 있어서 象을 숭상한 것은 곧 推移의 법을 쓴 것이니 반드시 그 법은 옛날부터 똑 같았다. 그러므로 공자의 말씀이 이와 같다.[7]

---

7) 『周易四箋』 卷八, p. 9b. 先儒謂十二辟推移之法始於文王故唯周易有此法然羲農

丁若鏞은「繫辭傳」의 이른바 '制器章'은 推移의 법이 伏羲, 神農, 堯舜때부터 있어서 그 법의 象에 따라 制器하였음을 뜻한다고 한 것이다. 그러나 역학사에서 참으로 卦變을 卦變답게 펼친 虞翻(146~233) 이래 그 후의 역학사에서 卦變은 숱한 절멸의 위기를 맞게 된다. 朱熹에 이르러 복원의 계기가 되는 듯 했지만 차라리 虞翻에도 미치지 못한 것 같다. 丁若鏞은 역대의 모든 卦變說을 융회관통하여 推移라는 이름으로 卦變의 논리를 완성하게 되었다.

卦의 존재 형식에는 卦變 이외에 變易, 交易, 反易이 있다. 變易이란 卦의 6획이 동시에 모두가 음양이 서로 변하는 원리이고, 交易은 상하체가 서로 자리를 바꾸는 법이며, 反易은 상하체를 그대로 둔 채 반대 방향에서 파악하는 卦의 변화이다. 이 가운데 交易은 丁若鏞 역학에서는 重卦의 생성원리이기도 하고, 變易과 反易은 『周易』의 卦의 次序를 정한 원리이기도 하다.

卦變, 變易, 反易, 交易은 모두가 卦의 正體를 그대로 하고 그것의 升降往來며 陰陽互變 그리고 전도하는 작용을 펼치는 원리이지만, 일단 重卦가 되고 나면 6획의 각 體를 그 위치며 귀천이며 상하체며, 이러한 각 체의 구체적 특수성을 보류하고, 剛柔라는 구분만으로써 각 획의 등가적 동일성의 측면에서 획을 서로 어긋매껴 卦를 짓는 방법이 있다. 이러한 卦의 존재형식을 역학에서는 互體라고 하거니와 이것은 이상의 卦變, 變易, 交易이 동적측면에서 卦의 존재를 규정하는 이론인데 반해 이 互體論은 卦 자체의 공간적 체질적 변화를 도모함이 없이 六體平等의 사상이랄까, 관점의 혁신에서 파악되는 卦의 존재형식

堯舜之制器尚象仍用推移之法必其法自古同然故孔子之言如是也.「繫辭傳」의 '觀象制器'에 관한 故事는, 顧頡剛,『古史辨』(臺北:藍燈文化事業公司, 1993), 第三冊, pp. 45~70 참조.

이란 점이 서로 다르다고 하겠다.

3. 卦를 求하는 原理

　성인의 請命에 대한 계시의 틀로서 만들어진 卦의 체계에 구체적 사항을 부쳐 보려고 할 때, 그 방법으로 고안된 것이 곧 卜筮이다. 성인이 만든 卦의 체계 전부에 대해 지금 처해 있는 구체적 사안이 어디에 해당하는가를 알아야 할 것인데, 그것은 상황에 합당한 의미를 갖는 괘효를 통해서 가능하다. 다시 말하면 계시체계가 전체 모습으로 제시되어 있을 때, 卦를 얻는다고 하는 것은 그 체계의 어느 한 지점을 찍는다고 하는 것에 지나지 않는다. 따라서 첫째 둘째의 문제는 卦의 전반에 관한 이론이라면 이 셋째의 과제는 구체적 문제이다. 「繫辭傳」에서는 揲蓍의 방법으로 제시되어 있는데 丁若鏞은 揲蓍求卦의 방법을 生卦의 원리라고도 한다. 한편 그는 『周易』에는 본디 두 길이 있어서 하나는 경학가가 해석하는 바의 것이고 다른 하나는 복서가가 쓰는 것인데, 이 복서란 본디 紹明을 위한 것이었고, 성인이 齋戒하여 공경하기 때문에 아래의 소원이 위로 통해서 天人이 상응했지만, 후세에 와서는 무례하고 방자하여 잡신에 구하니 도덕에 거슬리고 어그러진 행동이 되고, 길과 흉이 분명치 않아서 비록 알려주나 알려주지 않음과 같아졌다고 탄식한다.[8]

　「繫辭傳」에서는 군자가 평상시에는 卦象과 易詞를 음미하고 유사시에는 점을 쳐서 그 변화를 살핀다고 하였는데, 丁若鏞은 이를 '易有二

---
8)「班固藝文志論」『易學緒言』, 卷一, p. 228 참조.

用'이라고 말했다.9) 하지만 그 자신으로서는 卜筮를 폐지함이 타당하다고 주장했다.

4. 卦의 爻變原理

　畫卦와 卦의 존재형식에 관한 원리는 卦 자체의 체질변화가 아니고 획의 공간적 이동이거나, 관점의 전환이다. 變易은 비록 모든 획이 음양이 서로 변하는 것이지만 丁若鏞 역학에서는 變易은 전반적 원리가 못되고 특수한 卦의 원리로 제한적 역할을 수행할 뿐이다. 그러나 여기서의 爻變原理는 모든 卦에 공통되는 원리로서 卦의 한 획이 음양이 서로 바뀌는 원리를 뜻한다. 이를테면 乾의 初畫이 변하면(즉 初九가 되면) 姤가 되고 坤의 初畫이 변하면(즉 初六이 되면) 復이 되는 따위이다. 이러한 爻變原理를 "굼벵이가 변화해서 매미가 되고, 누에가 변화해서 나방이 되는"(蠐化爲蟬 蠶化爲蛾) 변화로 규정한다. 이 爻變은 셋째 원리에서 卦를 구할 때 老陰(六) 老陽(九)이 되는 경우를 말하는데 일반적으로 선유들은 揲蓍求卦에서는 爻變의 원리를 인정하면서 易詞의 해석상에서는 이를 사용할 줄 모르는 것은 부당하다고 丁若鏞은 주장한다.10) 이 爻變으로 하여 象은 갑절이 된다. 丁若鏞에 의하면 易詞의 해석에서, 우선 어떤 卦가 변하여 무슨 卦가 되는가, 즉 爻變을 먼저 논하고, 그 변한 卦는 어느 卦에서 推移했는가를 살피게 된다. 그것이 易詞를 쓴 원리이기도 하다는 것이다. 종래의 학자들이 이 爻

---

9) 『周易四箋』, 卷七, p. 31a.
10) 「王蔡胡李評」 『易學緖言』, 卷四, p. 446 참조.

變의 원리를 제대로 파악치 못했기 때문에 卦의 推移가 맞지 않고 互體가 제한적이어서 그 결과 易詞와 物象이 일치할 수 없게 되었다고 주장한다.

三. 卦를 그은 原理

 이 章의 서술은 대체로 학설이 발생한 연대순으로 이루어지겠지만, 초학자는 제1절의 卦變에 의한 畫卦理論보다 제2절의 邵雍·朱熹의 畫卦理論을 먼저 공부하는 것이 이해하기가 더 쉬울 것으로 믿는다.

1. 卦變에 의한 畫卦理論

1) 虞翻의 卦變說

 卦의 획성과정에 관계되는 학설을 들추기로 한다면 虞翻의 卦變說 이전에 孟喜(서한인)의 卦變說, 京房(BC77~BC37)의 卦變說, 荀爽(128~190)의 陽升陰降說, 焦延壽(서한인), 鄭玄(127~200) 등의 학설도 이에 관계된다고 할 수 있을 것이다.

 이를테면 孟喜가 坎離震兌로서 四正卦를 삼고 12辟卦를 12월에 배당하여 설명하는 것이든, 荀爽의 양승음강설이 담고 있는 乾坤 2卦가 坎離 두 卦를 낳는다는 사상, 그리고 음양의 승강을 가지고 卦의 괘상을 해석할 수 있다고 보는 것 등은 모두가 卦의 변화에 관계되는 학설이기 때문이다. 그러나 卦와 卦 사이의 변화라는, 다시 말하면 卦象에서 생겨난 변화를 두고 말한다면 이들의 학설이 卦變論에 포섭될 수도 있을 테지만, 卦變이란 彖傳에서 剛柔의 왕래를 말하는 것에 기초를

두는 것이기 때문에 卦變이란 "어떤 卦가 어떤 卦에서 나온 것이다"로 제한하는 것이 마땅할 것이다.[1]

그렇다면 卦變은 법칙이 있어야 하고 그 법칙은 계통을 형성하여 괘상의 변화를 모두 포섭할 수 있을 때 진정한 卦變論이라 할 수 있을 것이다. 이런 관점에서 본다면 孟喜의 12월괘는 비록 법칙과 체계는 갖추고 있지만 전체를 포괄하지 못했으며, 焦延壽의 64괘 變占은 64괘 전체를 포괄하는 체계를 갖추고 있지만 법칙이 없는 주장이어서 차라리 爻變에 가까운 이론이고, 荀爽의 양승음강설은 법칙은 있으나 체계가 없고 64괘 전체를 포괄하지도 못했다. 鄭玄의 오행생성설과 爻辰說 또한 법칙성이 있는 것으로는 보이지 않는다.

따라서 한대의 역학 가운데 卦變이라고 볼 수 있는 것은 京房의 八宮卦變說과 虞翻의 卦變이라 할 것이다.[2]

京房이 비록 孟喜의 학설을 이어 받아 陰陽二氣說을 가지고 孟喜의 괘기설을 해석하여 乾坤 二宮이 음양소장한다는 설, 世應說, 飛伏說을 내세움으로써 八宮卦說을 세운 것은 卦變論이라 할만하다. 그러나 참으로 卦變이라 할 수 있는 것은 虞翻의 卦變論이라고 하는 것이 통설이 되어 있다.

黃宗羲(1610~1695)는 그의 『易學象數論』에서 다음과 같이 말하고 있다.

> 옛날에 卦變을 말한 이에 虞仲翔보다 더 갖추지는 못했으니 후인은 이를 이어서 꽃을 더 했을 따름이다.[3]

---

1) 高懷民, 『兩漢易學史』(臺北:中華學術著作獎助委員會, 1983), p. 203 참조. 이하 『兩漢易學史』라 한다. 『易學結言』 pp. 286~287, p. 294 참조.
2) 『兩漢易學史』, p. 203 참조.
3) 黃宗羲, 『易學象數論』(臺北:廣文書局, 1981), p. 91. 古之言卦變者 莫備於虞仲

虞飜은 孟喜를 직접 계승하였고 京房의 역학을 종합하였고 馬融(79~166), 鄭玄, 荀爽(128~190)의 역학도 평론하고 참고하였으므로 역대 역학자들이 漢易을 탐색하는 데 중요한 자료가 되어 왔으며, 따라서 漢易家 가운데 상수역학의 대표자라 할 만큼 뒷날의 역학에 깊은 영향을 미쳤다고 하는 것이 朱伯崑, 廖名春 등 학자들의 일반적인 견해이다.

虞飜은 자신이 직접 卦變圖를 그리지는 않았다. 黃宗羲는 그의 『易學象數論』에 虞飜의 卦變說을 「古卦變圖」라는 명칭으로 도식화하고 있는데, 李鼎祚(唐代經學家)의 『周易集解』에 나오는 虞飜의 注를 근거해서 작성한 것이다. 청초의 胡渭(1633~1714)의 『易圖明辨』 권9에서 「虞仲翔卦變圖」를 싣고 있는데 黃宗羲의 것과 일치한다.[이 책 말미의 「그림 1」 참조]

虞飜의 卦變說의 내용은 첫째, 乾坤이 서로 交하여 六子卦를 낳는다는 설, 둘째, 消息卦(辟卦)가 다른 卦를 연역한다는 설로 구분하여 설명할 수 있다.

(1) 乾坤이 相交하여 六子卦를 낳는다는 설

古代三易 즉, 『連山』 『歸藏』 및 『周易』은 비록 8卦와 64卦인 점에 있어서는 같지만 首卦가 다르다고 일반적으로 전하여지고 있다. 『連山』은 艮을 숭상해서 艮卦가 首卦로 되어 있고, 『歸藏』은 坤을 숭상하기 때문에 坤이 首卦가 되었고 『周易』은 乾坤을 중시하여 乾坤으로부터 시작하게 된다고도 한다. 『周易』에서 건곤의 중요성은 공인하는 바이긴 해도 건에 대한 곤의 지위에 대해선 논란의 여지가 있어 왔다.

翔 後人不過踵事增華耳. 이하 『易學象數論』이라 한다.

이 점에 대해서는 추후에 다시 논하기로 하겠거니와 우선 여기서는 『周易』경전에서 건곤 두 卦가 어떻게 중요시 되고 있는가를 살펴보기로 한다.

乾卦「彖傳」에서 "위대하도다, 乾의 元이여! 만물이 자시(資始)하나니 이에 하늘을 통어하는도다."(大哉 乾元 萬物資始 乃統天)라고 하고, 곤괘「단전」에서는 "지극하도다, 坤의 元이여! 만물이 자생(資生)하나니 이에 순히 하늘을 잇는도다."(至哉 坤元 萬物資生 乃順承天)라고 하고, 「繫辭上傳」에서는 "하늘은 높고 땅은 낮으니 乾과 坤이 정해졌다."(天尊地卑 乾坤定矣) "易이 天地와 더불어 본받았음이라, 그러므로 능히 천지의 도를 다 엮어 빠짐없이 경륜한다."(易 與天地準 故 能彌綸天地之道) "천지가 자리를 베풀어서 易이 그 가운데 행해지니"(天地設位 而易 行乎其中矣) "乾坤은 아마도 易의 縕인져, 乾坤이 열을 이루어 易이 그 가운데 서게 되니"(乾坤 其易之縕耶 乾坤成列而易 立乎其中矣) 등등 도처에서 건곤을 64卦 가운데서 가장 존귀한 지위를 부여하고 있다.

그렇다면 이러한 건곤이 일반적으로 8卦를 연역한다는 것에 대해 「繫辭傳」의 문장을 검토해 보면 "乾道는 男을 이루고, 坤道는 女를 이루니"(乾道成男 坤道成女)라고 하고 다시「說卦傳」에서는, "乾은 天이기 때문에 父라 일컫고, 坤은 地이기 때문에 母라 일컫고, 震은 첫 번째로 구하여 男을 얻었기 때문에 長男이라 이르고, 巽은 첫 번째로 구하여 女를 얻었기 때문에 長女라 이르고, 坎은 두 번째로 구하여 男을 얻었기 때문에 中男이라 이르고, 離는 두 번째로 구하여 女를 얻었기 때문에 中女라 이르고, 艮은 세 번째로 구하여 男을 얻었기 때문에 少男이라 이르고, 兌는 세 번째로 구하여 女를 얻었기 때문에 少女라 이른다."(乾 天也 故 稱乎父 坤 地也 故 稱乎母 震 一索而得男 故 謂之長男 巽 一索而得女 故 謂之長女 坎 再索而得男 故 謂之中男 離 再索而得女 故 謂之中女 艮 三索而得男 故 謂之少男 兌 三索而得女 故 謂之少女)라고 했다.

그리하여 학자들은 乾坤을 父母卦라고 부르게 되었다. 그러나 위의 一索, 二索등의 원리는, 후술하는 바와 같이 朱熹나 丁若鏞에 의하면 卦의 畵成原理가 아니라 卦의 存在形式에 불과한 것이니, 부모인 乾坤이 구체적으로 어떤 원리에 의하여 六子卦를 낳는가에 대해서는 「繫辭傳」에 명문의 규정이 없는 셈이다.

한편 『周易』은 또 乾坤 다음으로 坎離를 중요시하고 있는데 丁若鏞은 이 네 卦를 '推移表直說'에서 易의 四正卦라고 하지만, 「說卦傳」에서 이에 대한 그만한 근거를 찾을 수가 있는 바, 즉 「說卦傳」은 坎爲月爲水라 하고 離爲日爲火라고 하고 있다는 점이다. 경전에서 乾坤坎離 4卦를 이와 같이 중시하고 있기 때문에 후대의 학자들도 이를 본받은 것으로 생각한다.

다음에는 乾坤이 六子卦 가운데 坎離를 어떻게 生하는가를 李鼎祚의 『周易集解』를 근거로 특히 荀爽의 注를 중심으로 살펴보기로 한다.

첫째, 乾卦「文言」九五에서 "水流濕"에 대해 荀爽은 注하기를 "양이 움직여 坤으로 가서 坎이 되니 坤은 순음이기 때문에 '濕'이라 했다."(陽動之坤 而爲坎 坤者純陰 故曰濕也)라고 한 것은 乾의 二가 坤의 五로 가서 坤의 상체가 坎이 됨을 뜻한다. 또 "火就燥"에 대해 순상은 주하기를 "음이 움직여 乾으로 가서 離가 된다. 乾은 순양이니 그래서 '燥'이다."(陰動之乾 而成離 乾者純陽 故曰燥也)라고 한 것은 坤의 五가 乾의 二로 가서 離가 되는 것을 뜻한다.[4]

둘째, 乾卦「文言」九五의 "雲從龍"에 대해 순상은 주하기를 "乾의 二가 坤의 五로 가서 坎이 됨을 말한다."(謂乾二之坤 五爲坎也)"라고 하고, "風從虎"에 대해 "坤의 五가 乾의 二로 가서 離가 됨을 이른다."(謂坤五之乾 二爲離)라고 했다.

셋째, 謙의「단전」에서 "天道下濟而光明"을 순상이 주하길 "乾이 坤으로 오니 그래서 下濟이다. 음이 가서 離가 되고 양이 와서 坎이 되니 日月의 象이다. 그러므로 光明이다."(乾來之坤 故下濟 陰去爲離 陽來成坎 日月之象 故光明也)라고 했다.

虞飜 이전에 경방 순상에 의해 건곤이 부모의 卦가 되고 감리가 건곤에 의해 생성되는 것을 논하였음은 상술한 바와 같거니와 虞飜은 이러한 사상을 이어 받아 坎離 뿐만 아니라 다른 四子卦까지도 건곤에 의해 생기게 된다는 학설을 내놓게 된 것이다. 비록 虞飜 이전의 孟喜, 京房, 荀爽 등의 卦에 관한 제 학설들이 卦變說이라고 하기엔 미흡하지만 만약 이러한 선행연구가 없었더라면 비교적 정교한 卦變說이 虞飜에 의해 드러날 수는 없었을 것이다.

虞飜은 건곤이 六子卦를 어떤 原理로 낳는가를 역시 이정조의『주역집해』에서 관찰해 보기로 한다.

가.「계사상전」의 "剛柔相摩 八卦相盪"을 두고 虞飜은 해석하기를 "乾이 二와 五로써 坤을 마찰해서 震坎艮을 이루고, 坤이 二와 五로써 乾을 마찰해서 巽離兌를 이룬다."(乾以二五 摩坤 成震坎艮 坤以二五 摩乾 成巽離兌)라 했다.

나.「계사상전」의 "易知則有親"을 두고 虞飜이 注하길, "양의 도는

---

4) 이 項에서 거론되는『周易』경전과 그에 대한 李鼎祚,『周易集解』에서의 해석의, 그 구체적인 인용 쪽수를 밝히는 대신에 해당되는 卦爻, 十翼등의 구체적 명칭을 제시하는 것으로 이를 가름코자 한다.

乾을 이루어 父가 되고 震坎艮은 子가 되니 本乎天者는 親上이다.(건괘「문언」) 그러므로 易知則有親이다."(陽道成乾 爲父 震坎艮 爲子 本乎天者親上. 故 易知則有親)라고 했다.

다. 「계사상전」의 "是故 君子將有爲也 將有行也 問焉而以言"을 두고 말하기를 "乾의 二와 五가 坤으로 가서 震을 이루니 師의 상이 있다. 震은 行이 되고 言問이 된다. 그러므로 有爲, 有行이다."(乾二五之坤 成震 有師象 震爲行 爲言問 故 有爲有行)이라고 했다.

이 밖에도 많은 경우를 들 수 있지만, 虞飜은 乾坤이 六子卦를 생한다는 원리로 경문을 해석하여 한역을 나름대로 집성한 것이다.

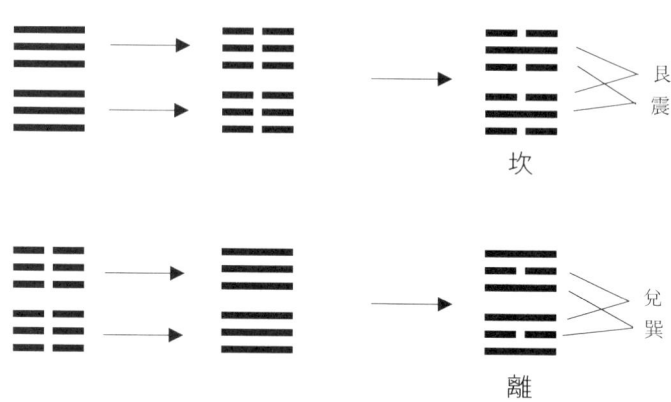

위의 그림에서 보듯이 乾以二五摩坤해서 震坎艮을 이룬다고 한 것은 互體로 震과 艮을 파악한 것이고 坤以二五摩乾해서 巽離兌를 이룬다고 한 것 또한 互體로 兌巽을 파악한 것이다. 결국 호체를 인정하여 六子卦가 생하는 것을 주장했을 뿐 正體의 六子卦가 생겨나는 원리를 말하지는 못했다는 점에서는 이전의 한유들과 다르지 않다.

(2) 辟卦가 諸卦를 낳는다는 설

虞飜에 의하면 부모괘인 乾坤이 復 姤 臨 遯 泰 否 大壯 觀의 8卦를 거느리고 이 8辟卦가 타 52개의 卦를 연출하며 中孚와 小過는 변례의 卦로 인정한다는 내용이다. 여기서 辟卦라는 용어를 일반적으로 孟喜에 의하여 창도된 것으로 보지만 丁若鏞에 의하면 辟卦란 上古의 개념으로 본다. 虞飜은 「說卦傳」의 '窮理盡性'을 두고 "乾으로써 坤을 미는 것을 窮理라 하고 坤으로써 乾을 변화시키는 것을 盡性이라 한다."(以乾推坤 謂之窮理 以坤變乾 謂之盡性)라고 말했다. 여기서 窮理란 곧 復에서 一陽이 비로소 생겨 臨이 되고 泰가 되고 大壯이 되고 夬가 되고 乾이 되는 陽長의 과정, 즉 동지에서 하지가 되기 전까지의 과정을 말하고, 盡性은 一陰이 비로소 생기는 姤에서 遯이 되고 否가 되고 觀이 되고 剝이 되고 坤이 되는 과정, 즉 하지에서 동지가 되기 전까지의 과정을 말한다. 陽長의 과정을 息이라 하고, 陰長의 과정을 消라고 하는데 이는 抑陰扶陽 곧 陽을 위주로 해서 생긴 용어이다. 따라서 1년 12월에 해당되는 12辟卦를 12消息卦라고도 한다. 아무튼 窮理는 곧 息을 뜻하고 盡性은 곧 消를 의미하게 된다.

12월을 상징하는 12辟卦에서 虞飜은 辟卦가 他卦를 衍出하는 것으로는 다만 8辟卦를 설립한다.

여기서 辟卦의 수가 8이 되는 것은, 12辟卦에서 乾坤을 제외하면 10辟卦가 되는데, 剝과 夬는 각각 復과 姤에서 연역되는 것으로 虞飜은 보고 있기 때문에 剝과 夬를 빼면 卦의 연역에 가담하는 辟卦의 수는 8이 된다.[이 책 말미의 「그림 1」참조]

이와같이 虞飜의 卦變說은 변화형식이 가지런하게 정리되어 있고 변화의 규칙 또한 통일성이 있다. 방법은 모두가 하나의 卦 가운데서 두 개의 획을 서로 교환 해서 새로운 卦를 형성한다. 예컨대 泰卦(䷊) 가운데서 初획과 四획을 교환하여 恒卦(䷟)를 이루고, 否卦(䷋) 가운데서 2획과 5획을 교환하여 未濟卦(䷿)를 이루는 것과 같다. 여기서 교환한다고 했지만 그것은 설명의 편의를 위한 것일 뿐 초획이 4로 가고(따라서 4가 초로 오고), 2획이 5로 갔다(따라서 5획이 2로 갔다)라고 표현하는 것이 卦變의 본의에 적합한 표현이 되겠다. 虞翻의 卦變圖에서는 중복되어 연역되는 卦가 8개이고 變例之卦가 2개이다. 중복이 되는 卦는 2음2양의 卦와 4음4양의 卦 사이에 나타는데 2음2양은 곧 4음4양이 되기도 하기 때문에 大過, 鼎, 革, 離, 頤, 屯, 蒙, 坎, 이 여덟 卦에서 大過, 鼎, 革, 離 네 卦는 大壯에서도 오고 遯에서도 올 수 있고, 頤, 屯, 蒙, 坎 네 卦는 觀에서도 올 수 있고 臨에서도 올 수 있는 것으로 보았기 때문에 중복시켰다. 小過와 中孚를 變例之卦로 한 것은 中孚를 2음의 卦로 보든 4양의 卦로 보든 辟卦에서 4개의 획을 동시에 옮겨야 하고,(즉 二往二來) 또 小過를 2양의 괘로 보든 4음의 괘로 보든 벽괘에서 4개의 획을 동시에 옮겨야(즉 二往二來) 하기 때문이다. 中孚를 遯에서 오는 것으로 하자면, 初와 2를 각각 3과 4와 바꿔야 하고, 大壯에서 오는 것으로 하자면 3, 4 획을 각각 5, 6 획과 바꿔야 한다. 또 小過를 2양의 卦로 하면 臨에서 1, 2획을 각각 3, 4와 바꿔야 하고 4음의 卦로 하자면 觀에서 5, 6획을 각각 3, 4획과 바꿔야 한다. 그런데 卦變은 一往一來의 이동(2개 획의 교환)을 의미하는 것인데, 中孚 小過는 이 원칙에 맞게 연역할 수가 없다. 따라서 變例之卦로 독립시킨 것이다.

   虞翻의 卦變說이야말로 漢魏 諸家에 의하여 추구되어 온 卦에 관한 普遍原理의 탐구가 虞翻에 의하여 하나의 결실을 보게 된 것이라고 할 수 있을 것이다. 또 상술한 바와 같이 虞翻은 자신이 직접 卦變圖를 그리지는 않았지만, 李之才(?~1045), 朱熹등 후대의 학자들이 그린 卦變圖의 母胎가 되었다고 보는 것이 타당할 것이다.

한편 兪琰(1258(?)~1314)은 魏伯陽(동한인)의 牝牡四卦의 원리를 虞翻의 卦變論에 접합시켜 「先天六十四卦直圖」를 그렸다. 그 밖에 朱震(1072~1138) 朱升(1299~1370) 등도 자가류의 卦變을 말하였지만 요컨대 이들에게 공통된 문제는 辟卦를 무엇으로 보느냐에 있다할 것이다. 「단전」의 근거를 중시하는 입장에서는 辟卦에 乾坤을 포함시키기도 했었지만 乾坤은 父母之卦라 하여 辟卦에서 빼 버리기도 하였으니 이는 辟卦가 諸卦를 펼쳐 내는 경우이다.

2) 虞翻以後의 卦變說

(1) 李之才의 卦變說

李之才의 卦變說은 「變卦反對圖」 및 「64卦 相生圖」로 전해지고 있다. 이 두 그림은 朱震의 『漢上易傳』의 「卦變圖」에 수록된 이래 黃宗羲의 『易學象數論』과 胡渭의 『易圖明辨』 등에도 수록되게 되었다.[이 책 말미의 「그림 2」「그림 3」참조] 두 그림을 나누어 논변하기로 한다.

① 「變卦反對圖」

여기서 「變卦反對圖」라고 함은 하나의 卦에서 그 卦를 180도로 뒤집어서 생기는 卦와의 관계를 말한다.

제1도에 의하면 重卦인 乾坤은 '역의 문이요 만물의 시조'(易之門 萬物之祖)가 된다.

제2도에 의하면 坤의 몸에 乾이 와서 생긴 頤, 小過, 坎과 乾의 몸에 坤이 와서 생긴 大過, 中孚, 離는 반대괘가 없다.

제3도에 의하면 乾卦에서 1음이 下에서 생하여 姤, 同人, 履가 생기는데 이것은 각각 반대가 되어 姤는 夬로, 同人은 大有로, 履는 小畜이 생겨나서 모두 6卦가 된다.

제4도에 의하면, 坤卦에서 1양이 下에서 생겨서 復, 師, 謙이 생기는데 이것은 각각 반대가 되어서 復은 剝, 師는 比, 謙은 豫가 된다. 모두 6卦가 된다.

제5도에 의하면 乾卦의 下에서 2음이 생겨서 遯, 訟, 无妄, 睽, 兌, 革이 생기는데 이것들은 각각 반대가 되어 遯은 大壯, 訟은 需, 无妄은 大畜, 睽는 家人, 兌는 巽, 革은 鼎으로 된다. 따라서 12卦가 생겨난다.

제6도에 의하면, 坤卦의 下에서 2양이 생겨서 臨, 明夷, 升, 蹇, 艮, 蒙이 되는데 각각 반대가 되어서 臨은 觀, 明夷는 晉, 升은 萃, 蹇은 解, 艮은 震, 蒙은 屯이 되니 모두 12卦가 된다.

제7도에 의하면 乾卦의 下에서 3음이 생하여 否, 恒, 豐, 歸妹, 節, 旣濟가 되는데, 각각 반대가 되어서 否는 泰, 恒은 咸, 豐은 旅, 歸妹는 漸, 節은 渙, 旣濟는 未濟가 되니 모두 12卦가 된다.

제8도에 의하면 坤卦의 下에서 3양이 생하여 泰, 損, 賁, 蠱, 井, 未濟가 되는데 각각 반대가 되어서 泰는 否, 損은 益, 賁는 噬嗑, 蠱는 隨, 井은 困, 未濟는 旣濟가 되니 모두 12卦가 된다.

이리하여 제1도에서 제8도까지 생겨나는 卦의 수는 乾坤을 합쳐서 68卦가 되는데 否, 泰, 旣濟, 未濟는 중복되었기 때문에 이것을 빼면 64卦가 된다.

이상의 내용을 보면 乾坤 두 卦에서 음양획의 변화에 따라 卦를 긋고 그은 卦를 반대로 전도하여 倍數의 卦를 만드는 과정은 하나의 규칙을 이루고 있다. 그러나 첫째로, 제3, 제4도에서는 초1획이 밑에서 위로 차례차례 이동하고 있다. 제5, 제6도에서는 획의 이동이 2→3(遯→訟, 臨→明夷), 1→2(訟→无妄, 明夷→升), 2→5(无妄→睽, 升→蹇), 5→6(睽→兌, 蹇→艮) 3→2(兌→革, 艮→蒙)로 되는 데는 질서가 있다. 특히 2→3, 1→2, 2→5는 升하고 5→6, 3→2는 降하여 窮上反下의 이치를 보여주고 있다. 제7도에서는 2,3→5,6(否→恒), 1→2(恒→豐), 2→3(豐→歸妹)은 升하고 5→4(歸妹→節), 3→2(節→旣濟)에서는 降하여 升降의 질서는 있으나, 否→恒 의 경우는 2, 3획이 동시에 5, 6획과 교환한다.(二往二來). 이것은 一往一來라는 卦變의 원칙에 위배된다. 제8도에선 3→6(泰→損), 2→3(損→賁), 1→2(賁→蠱)는 升하고, 6→5(蠱→井)는 降하지만, 3,5→4,6(井→未濟)은 다시 升하게 되는 바 그 이유가 분명치 않고 二往二來가 되어 卦變의 원칙을 깨고 있다. 둘째, 제7도의 否, 泰, 旣濟, 未濟는 제8도에도 나오게 되어 중복된다.

② 「64卦 相生圖」

「64卦 상생도」를 보면 5음1양의 卦는 復卦에서 오는데 復卦 1효가 5변하여 5卦를 이룬다. 5양1음의 卦는 姤卦에서 오는데 姤卦 1효가 5변하여 5卦를 이룬다. 4음2양의 卦는 臨卦에서 오는데 臨卦가 5부(復)5변해서 14卦를 이룬다. 4양2음의 卦는 遯에서 오는데 遯卦가 5부 5변하여 14卦를 이룬다. 3음3양의 卦는 泰卦에서 오는데 泰卦가 3부3변하여 9卦를 이룬다. 3양3음의 卦는 否卦에서 오는데 否卦가 3부3변하여 9卦를 이루게 된다.

　이상과 같은 李之才의 卦變說을 검토해 보면 다음과 같은 몇 가지 모순점을 발견할 수 있다.

　첫째, 5음1양의 卦가 모두 復에서 오고 5양1음의 卦가 모두 姤에서 온다고 하는 것은 1획의 승강이라는 卦變의 본래의 뜻에 일응 합당하다. 그러나 4음2양의 卦가 모두 臨卦에서 온다고 하는 경우에 있어서 「제四, 부2변」의 蹇은 小過의 4획이 5위로 가서 이루어지지만, 蹇에서 晉이 되는 데는 蹇의 제3, 제4, 제5, 제6획이 동시에 이동하여야 가능하고, 또 4양 2음의 卦가 모두 遯에서 온다고 하는 경우,「제四, 부2변」의 睽는 中孚의 4획이 5위로 가서 이루어지지만, 睽에서 需가 되는 데는 睽의 제3, 제4, 제5, 제6획이 동시에 이동하여야 가능하다. 따라서 이 두 가지 경우는 一往一來의 이동이라는 卦變의 원칙에 어긋난다.

　둘째, 觀을 臨에서 오는 것으로 보고, 大壯을 遯에서 오는 것으로 보는 것은 옳지 않다. 臨이 2양 4음의 卦라면 觀도 2양4음의 卦이고, 遯이 4양2음의 卦라면 大壯 또한 4양2음의 卦로서 그 卦形이 음양획이 서로 섞이지 않고 정돈되어 있기 때문이다.

　따라서 剝이 復에서, 夬가 姤에서 온다고 하는 것도 같은 이유로 모순이다.

　셋째, 이른바 한유들의 12辟卦(또는 10辟卦) 가운데, 剝, 夬, 觀, 大壯을 모두 변화를 받는 卦로 취급해 버린 것은 12辟卦가 12월에 배당된다고 하는 근본원리를 깨고 있는 이론이 되어서 辟卦의 관념이 무의미하게 된다.

　이상에서 보아 온 바와 같이 李之才의 64卦 상생도는 대체로 虞飜에서 연유한 것이다. 다만 虞飜은 8辟卦를 主로 하여 卦의 중복과 변례를 인정하게 되었지만, 李之才는 6辟卦를 主로 하는 卦變圖를 그려 이러한 모순을 극복한 것처럼 보인다. 그러나 中孚와 小過를 변례로 하지 않고 각각 遯과 臨에서 오는 것으로 했기 때문에 一往一來의 이동이라는 卦變의 원칙에 어긋나게 되었다. 그러나 그의 卦變圖는 자신이 그린 卦變圖로서는 易學史上 최초의 卦變圖가 된다.

(2) 朱震의 卦變說

朱震은 일찍이 동생과 함께 謝良佐(1050~1103)의 문하에서 배웠는데 『宋元學案』은 그를 上蔡의 문인으로, 二程의 재전제자로 배열하였으며, "상채의 문하에는 朱文定公이 가장 저명하다"라고 했다.

朱震은 대체로 二程을 계승하고 이학가의 방향을 일탈하지 않았지만 특히 역학분야에서는 二程과 다른 특색도 띠고 있다. 程伊川은 의리역을 표방하였으나 그는 상수학을 역의 종정으로 삼았다. 「進周易表」에서 다음과 같이 말하고 있다.

> 商瞿는 孔夫子에게서 배웠습니다. 丁寬(서한인) 이하로 그 유파는 孟喜와 京房이 되었습니다.… 두 사람의 말이 다 『주역』「繫辭傳」과 「說卦傳」에서 나왔으며… 그 뒤 馬融, 鄭玄, 荀爽, 虞翻이 각자 家를 이름하여 설이 비록 같지는 않으나, 요컨대 상수의 근원에서 오히려 멀지 않았습니다. 유독 위나라의 王弼과 鍾會는 함께 공부하여 옛 說을 다 없애고 노장의 말을 역학에 뒤섞었는데, 이로부터 유학자들이 오로지 문사만을 숭상하고 다시는 「大傳」을 미루어 연찬하지 않게 되었습니다. 천인의 도가 이로부터 분열하여 합하지 않게 된 것이 칠백여 년입니다.[5]

---
5) 朱震, 『漢上易傳』 (臺北:廣文書局, 1974), pp. 7~8. 商瞿學於夫子 自丁寬而下

여기서 王弼과 鍾會를 질책하는 관점은 丁若鏞과 일치한다. 그러나 朱震이 위진 역학을 질책한 본의는 그들이 '천인의 도'를 분열시키고 인사를 떠나서 역학의 玄理에 대해 공담을 늘어놓았다는 데 있었다고 한다.

朱震은 전통적인 卦變說에 더하여 별달리 이룩해 놓은 것은 없고 주로 京房의 八宮卦說, 飛伏說, 卦氣說 등을 괘효상 변역의 원리 및 관점과 연관시켜 卦變說에 도입하는 정도였다고 한다. 朱震은 이 卦變說을「역전」의 剛柔往來說 및 乾坤父母卦說과 연관시켜서 剛柔往來說과 乾坤父母卦說에서 발전되어 나온 虞飜 및 李之才로 대표되는 卦變說이 역학의 정통임을 논증하고, 卦變說을 비판한 의리파를 다시 배격하였다.6) 아무튼 朱震은 卦變說을『周易』의 기본체제로 보았다. 그는『漢上易傳』屯에서 다음과 같이 말하고 있다.

> 어떤 이는 말하기를 성인이 이미 重卦를 지었다. 그런데 다시 卦變이 있는 것은 어째서냐?라고. 말하기를 體에 인해서 用을 밝히는 것이다. 역은 쓰임이 아닌 것이 없고 쓰임은 변이 아닌 것이 없다. 건곤을 체로 하면 8卦로써 용을 삼고 8卦를 체로 삼으면 64卦로써 용으로 삼고, 64卦를 체로 삼으면 卦變을 용으로 삼고 卦變을 체로 삼으면 6효가 서로 변하는 것으로써 용을 삼으니 체용이 서로 바탕을 해서 그 변화가 끝이 없다.7)

其流爲孟喜京房……兩人之言 同出於周易繫辭說卦而……爾後馬鄭荀虞各自名家 說雖不同 要之去象數之源 猶未遠也 獨魏王弼與鍾會 同學盡去舊說 雜之以莊老之言 於是 儒者專尙文辭 不復推原大傳天人之道 自是分裂 而不合者 七百餘年矣.

6) 廖名春(외), 前揭書, p. 422 참조.
7) 朱震, 前揭書, pp. 59~60. 或曰 聖人旣重卦矣 又有卦變何也 曰因體以明用也 易无非用 用无非變 以乾坤爲體 則以八卦爲用 以八卦爲體 則以六十四卦爲用 以六十四卦爲體 則以卦變爲用 以卦變爲體 則以六爻相變爲用 體用相資 其變无窮.

이것은 체용의 범주를 설명한 것으로서 卦變說의 의미를 가진 것이라고 할 수 있다. 여기서 체란 卦의 체질을 지칭하고 용이란 爻象의 변화를 지칭한다. 『周易』은 '체에 인해서 용을 밝히기' [因體以明用] 때문에 용을 떠나면 변역이 없고 또 『周易』도 없는 것이다.[8]

卦變과 互體의 관계에 관하여 그는 「周易叢說」에서 다음과 같이 논한다.

> 역에 이르기를 "강유가 서로 마찰하고 八卦가 서로 推動한다."고 하였다. 선유들은 "음양의 기가 회전하고 마찰하므로, 건의 2와 5가 곤을 마찰하여 진, 감, 간을 이루고, 곤의 2와 5가 건을 마찰하여 손, 리, 태를 이룬다."고 하였다. 그러므로 강유가 서로 마찰하면 건곤이 감리로 되니 이것이 이른바 卦變이다. 8卦가 서로 추동하면 坎괘와 離괘 속에 어긋매껴 震, 艮, 巽, 兌의 상이 있으니 이것이 이른바 호체이다.[9]

우리는 이미 虞飜의 卦變說을 설명하는 데서도 비슷한 내용을 그림으로 본 바 있다. 즉 乾과 坤의 2와 5가 서로 교착하여 坎卦와 離卦가 되고, 그 坎卦와 離卦에는 兌, 巽, 艮, 震이 있게 되는 바, 離卦 속에는 互卦인 兌와 巽이 있고, 坎卦 속에는 互卦인 艮과 震이 있음을 이미 나타내 보인 바와 같다. 이와 같은 생각은 대부분의 한유들의 공통된 사상인 것 같다. 다만 강유가 서로 마찰하면 乾坤이 坎과 離로 되는데 이것을 卦變이라 한다고 주진은 말하고 있다. 주진의 이 卦變說 해석

---

8) 朱伯崑, 『易學哲學史』(臺北:藍燈文化公司, 1991) 2卷, p. 383 참조.
9) 朱震, 前揭書, p. 894. 易曰 剛柔相摩 八卦相盪 先儒謂陰陽之氣旋轉摩薄 乾以二五摩坤 成震坎艮 坤以二五摩乾 成巽離兌 故剛柔相摩 則乾坤成坎離 所謂卦變也 八卦相盪 則坎離卦中 互有震艮巽兌之象 所謂互體也.

은 그의 「역괘도」속의 「坎離天地之中圖」에도 보인다.

　주진의 논법에 따르면 하나의 卦가 허다한 卦로 변성할 수 있어서 심지어 焦延壽의 『易林』에서처럼 각 卦가 모두 64卦로 변할 수 있게 된다고 朱伯崑 廖名春 등은 약속이나 한 것처럼 똑 같은 말을 하고 있다.[10] 그러나 주진의 논법을 이렇게 본다면, 우번이나 이지재의 논법도 주진과 다를 것이 없게 된다.

　대저 卦變에서의 變과 爻變에서의 變은 다른 개념임을 상기할 필요가 있다. 전자의 변이란 획의 승강왕래를 의미하고 후자의 변이란 陰變爲陽 陽變爲陰의 변을 뜻한다. 丁若鏞은 卦變이라는 용어 대신에 '推移'라는 용어를 쓰고 있기 때문에 이러한 불필요한 오해로부터 벗어날 수 있었다.

　우번이나 주진 등이 말하는 건의 2와 5가 곤을 마찰한다거나 곤의 2와 5가 건을 마찰한다고 하는 표현이 과연 무엇을 뜻하는지를 검토되어야 한다고 본다. 그렇게 해야만 이들이 말하는 卦變이 효변과 혼동된 개념인지 아닌지가 밝혀지기 때문이다. 이를테면 건의 2와 5가 곤을 마찰한다고 함은 2와 5가 음으로 변한다는 뜻으로 본다면 이것은 효변의 변과 같고 2와 5가 곤으로 간다는 걸 뜻한다고 한다면 이것은 卦變이 되는 것이기 때문이다.

　생각건대 '乾以二五摩坤'이니 '坤以二五摩乾'에서의 '摩'를 음변위양, 양변위음의 뜻으로 보기 보다는 '마찰' '錯' 등의 뜻으로 봐서 획의 이동으로 해석하는 것이 타당하다고 생각한다.

　왜냐하면 주진의 이상의 논설은, 이를테면 우번의 卦變說중 건곤이 6子卦를 낳는다는 학설만을 끌어다가 논하였을 뿐 辟卦가 변하여(여

---

10) 廖名春(外), 前揭書, p. 423. 朱伯崑, 前揭書 2卷, p. 384 참조.

기서 변은 이동의 뜻) 타괘가 된다는 설은 이 부분에서 원용치 않았을 뿐이지 그런 사상을 모르거나 배척한 것이 아니었기 때문이다. 다시 말하면 辟卦가 타괘를 낳는다고 하는 것은 분명히 변의 뜻이 아니고 推移의 뜻이기 때문이라는 것이다. 그렇다면 건곤이 6子卦를 낳는다는 것도 획의 이동을 뜻하는 것이었지 그 변을 뜻하는 것이 아니었을 것으로 추단해야 논리가 통일을 기할 수가 있다.

그렇다고는 하더라도 여기에 또 다른 문제가 있다. 예컨대 '乾以二五摩坤'이 이동을 뜻하는 경우에 2와 5가 동시에 이동하는 뜻이라면 이것은 한 개의 획이 가고 한 개의 획이 오는 본래의 卦變의 관념과는 상이한 것이 되기 때문이다.

이렇게 볼 때 주진은 말할 것도 없거니와 卦變을 설하는 한대의 상수역학자들의 엄밀하지 못한 측면을 엿볼 수 있다 할 것이다. 아마도 卦變과 爻變의 이론을 혼동하고 있었다고 볼 수 있다.

따라서 상술한 朱伯崑, 廖名春 등도 卦變과 爻變의 이론을 혼동하고 있는 셈이 된다. 왜냐하면 『焦氏易林』이란 한 卦가 64卦로 변하는 것을 占辭로 엮은 일종의 점서인 바 『易林』이 비록 한 효가 변해야 한다는 爻變의 원칙을 깨고는 있지만, 획의 陰變爲陽 陽變爲陰이라는 점에 있어서는 爻變의 관념에 가까운 이론이지 卦變의 이론은 아니기 때문이다.

아무튼 주진은 역학연구에 있어서 상수를 중요시하고 의리를 경시하여 송대역학이 도사 陳搏(약 871~989)으로부터 기원하였다는 전수설을 고집하였는 데다가 그의 학설이 정주와 허다한 차이점이 존재하기에 정주학파들은 주진을 두고 같은 길에 서 있는 非嫡傳正宗으로 간주했는가 하면 朱熹는 "朱子發이 역을 해설한 것은 많이 기운 승복[衲衣]과도 같아 대체 무엇을 말했는지 누가 안단 말인가?"라고 풍자했다.[11]

(3) 俞琰의 卦變說

유염은 『易外別傳』에 「先天64卦直圖」를 싣고 있는데 유염은 卦變을 말하지 않았으나 학자들은 이 그림을 하나의 卦變圖로 보고 있다. [이 책 말미의 「그림4」참조]

우선 이 그림의 구조를 보면 위로부터,

첫째 줄에 乾卦 하나가 맨 위에 있고,

둘째 줄에는 1음 5양의 卦 6卦가 있고,

셋째 줄에는 2음 4양의 卦 15卦가 있고,

넷째 줄에는 3음 3양의 卦 20卦가 있고,

다섯째 줄에는 4음 2양의 卦 15卦가 있고,

여섯째 줄에는 5음 1양의 卦 6卦가 있고,

일곱째 줄에는 坤卦 하나가 맨 아래에 자리하고 있다.

모두를 합하면 64卦가 되고 중복은 없다.

이 卦變圖의 배치형태는 李之才의 「64卦 相生圖」의 배치 형태와 전혀 같다. 다만 4음 2양의 卦와 4양 2음의 卦의 배열에서 卦의 차서가 조금 다를 뿐이다. 그러나 건곤뿐만 아니라 離坎을 日月로 특단의 배치를 취한 점과 12辟卦가 卦圖 전체를 둘러싸고 사시가 운행하는 질서를 상징한 것은 이지재의 卦變圖뿐만 아니라 虞飜, 朱熹 기타 다른 卦變論者의 卦變圖보다 우수하다고 할만하다. 또 그림 전체가 마름모를 이루고 건곤을 上下의 정점으로 하면서 3음 3양의 卦를 중간 부위에 길게 가로 배열하고, 각 卦가 대각선상에서 각각의 괘획이 陰變爲陽, 陽變爲陰의 상을 이루고 있는 점 등, 우선 외형이 뛰어나게 정제되어 있다.

---

11) 朱熹, 『朱子語類』(北京:中華書局, 2004), p. 1676. 朱子發解易 如百衲襖 不知是說甚麽. 이하 『朱子語類』라고 하기도 한다.

三. 卦를 그은 原理 • 67

유염은 다음과 같이 말했다.

> 건곤은 음양의 순수한 것이요, 감리는 음양의 사귐이다. 건은 純陽이어서 天이 된다. 그러므로 중앙의 맨 위에 자리한다. 곤은 純陰이기 때문에 地가 되는데 따라서 중앙의 맨 아래에 거한다. 坎은 음 가운데 양을 머금어서 月이 되고, 離는 양 가운데 음을 머금어서 日이 된다. 그러므로 건곤의 중앙에 거한다. 나머지 60卦는 곤으로부터 1양이 생하여 5양에 이르면 升의 극이다. 드디어 6양의 純乾이 된다. 건으로부터 1음이 생하여 5음에 이르면 降의 극이다. 드디어 6음의 純坤이 된다.[12]

위에서 天地日月을 상징하는 건곤감리를 중앙부의 上下에 배치한 것은 魏伯陽의 牝牡四卦를 나타낸 것이다.『參同契』「乾坤門戶章」에는 다음과 같이 말하고 있다.

> 건곤은 역의 문호이며 모든 卦의 부모다. 감리는 바른 성곽이어서 바퀴통을 움직이는 바른 굴대다. 牝牡 4卦는 풀무로 삼는다. 음양의 도를 덮는 것은 마치 장인이며 마부가 말에 재갈과 고삐를 쥐어 잡으며 먹줄을 튕기고 바퀴 자국을 따라가듯, 中에 처하여 밖을 제어한다.[13]

---

12) 胡渭, 『易圖明辨』(臺北:廣文書局, 1994), pp. 515~516. 乾坤陰陽之純 坎離陰陽之交 乾純陽爲天 故居中之上 坤純陰爲地 故居中之下 坎陰中含陽爲月 離陽中含陰爲日 故居乾坤之中 其餘六十卦 自坤中一陽之生 而五陽則 升之極矣 遂爲六陽之純乾 自乾中一陰之生 而至五陰則 降之極矣 遂爲六陰之純坤.

13) 朱熹, 『周易參同契考異』(天津:天津古籍出版社, 1988), pp. 6~9. 乾坤者 易之門戶 衆卦之父母 坎離匡郭 運轂正軸 牝牡四卦 以爲橐籥 覆冒陰陽之道 猶工御者 執銜轡 準繩墨 隨軌轍處 中以制外.

위백양의 『참동계』에는 도식이 없다. 牝牡4卦(건곤감리)가 풀무가 되어 음양의 도를 포괄한다는 말은 건곤이 두 극이 되고 감리는 두 극의 생성작용이 되어 곤의 기운은 올라가고 건의 기운은 내려오는 가운데 변화를 아우른다는 뜻이니, 유염은 여기에 착안하여 다른 60卦는 빈모4괘의 운동과정에서 형성 변화하는 것으로 파악하고서 드디어 이 그림을 그린 것으로 추측이 된다. 따라서 이 그림은 외견상 정제된 그림임에도 불구하고 卦變圖라고 보기엔 문제가 될 만한 사항을 내포하게 마련이다. 그 문제점을 들추어 보기로 한다.

가. 둘째 줄에서, 姤, 同人, 履는 夬에서도, 夬, 大有, 小畜은 姤에서도 올 수 있다는 점을 간과했다.

나. 셋째 줄에서 革은 遯에서도 올 수 있고, 大過, 鼎은 大壯에서도 올 수 있다는 점을 나타내지 못했으며, 離는 遯에서도 大壯에서도 올 수 있다는 점도 나타나지 않았다.

다. 넷째 줄에서 益, 噬嗑, 隨는 否에서도 올 수 있고 恒, 井, 蠱는 泰에서도 온다는 점을 간과했다.

라. 다섯째 줄에서 頤, 屯은 觀에서도 올 수 있고, 蒙은 臨에서도 올 수 있다는 점이 간과되어 있고 坎은 觀과 臨에서 모두 올 수 있다는 것도 간과되고 있다.

마. 여섯째 줄에서 謙, 師, 復은 剝에서, 豫, 比, 剝은 復에서도 올 수 있다는 점이 나타나지 않았다.

바. 셋째 줄에서 中孚가 大壯에서 오려면 4개의 획이 이동하여야 하고, 넷째 줄에서 隨, 益, 噬嗑이 泰에서 오려면 4개의 획을 옮겨야 하고, 蠱, 井, 恒이 否에서 오려면 4개의 획을 이동시켜야 한다. 다섯째 줄에서 小過가 觀에서 오려면 4개의 획을 이동하여야 한다.

사. 유염은 건곤감리의 4卦가 다른 60卦를 낳고 통어하는 것으로 그린 것으로 보인다. 건곤감리가 다른 60卦를 통어한다고 하는 사상은 빈모4괘가 풀무의 역할을 하여 안에 있으면서 밖을 제어한다는 사상을 잘 반영한 것이 된다. 그렇다면 건곤감리가 다른 卦를 연역한다는 뜻인데, 건곤은 그렇다고 하더라도 감리가 어떻게 다른 괘의 생성에 가담하는가는 그의 그림에서 설명할 수가 없다. 오히려 離는 遯과 大壯에서, 坎은 觀과 臨에서 변화를 받는 卦로 그려져 있기 때문이다. 이른바 辟卦에 坎離가 들어간 적이 없다. 이것은 이 그림이 卦變圖로 볼 수 없는 결정적 이유가 된다. 유염은 일찍이 練丹家의 술어를 다음과 같이 말했다.

> 건은 天이 되고 곤은 地가 된다. 내 몸의 솥이다. 離는 日이 되고 坎은 月이 된다. 내 몸의 藥物이다.14)

유염은 또 이렇게 말한다.

> (음양이) 一升一降하고 상하왕래하니 순환무궁하다. 천지가 이와 같고 사람의 몸 또한 이와 같다. 子시에 氣가 尾의 사이에 이르고, 丑寅시에 허리 사이에 이르고, 卯辰巳시에는 등뼈에 있고, 午시에는 眉間에 있고, 未申酉시에는 가슴과 배 사이에 있고, 戌亥시에는 다시 뱃속으로 돌아간다. 이것은 하루의 승강이 그러하지만 한번의 息(한번 내쉬고 한번 들이쉬는 것)도 또한 그러하다. 내쉬는 것은 아래로부터 위로 올라가고, 들이쉬는 것은 위로부터 아래로 내려온다.15)

---

14) 兪琰, 『參同契發揮』(天津:天津古籍出版社, 1988), 卷上, p. 6a. 乾爲天坤爲地 吾身之鼎器也 離爲日坎爲月 吾身之藥物也.

이러한 솥, 약물, 호흡 등은 모두 위백양의 『참동계』의 일관된 이론이다. 여기에서 중세 송원 이래로 도교사상과 역경의 학설이 섞여 있음을 알 수 있다. 유염의 이 그림은 元代의 張理의 「易象圖說內篇」卷下에서 도명을 「64卦通變之圖」라고 고쳐 싣고 있다.

요컨대 유염의 卦變圖는 『참동계』에 들어맞게 『周易』을 끌어다 붙인 결과로 작성된 것일 뿐 卦變圖라고 하기에는 어렵다. 그러나 그것이 卦變의 원칙에 부합된다면 도가적 색채를 험담하지 않을 수도 있다. 다만 그림이 아담하고 일견 질서정연하게 보이는 외관에 홀려서 아주 잘 그린 卦變圖라고 격찬하는 태도는 가소롭다 할 것이다.16)

(4) 朱升의 卦變說

주승은 「10辟卦所變」과 「六子卦所變」으로 卦變을 나타낸다.[이 책 말미의 「그림 5」참조]

우선 「10辟卦所變」의 그림을 보면 朱升 또한 건곤 두 卦는 순양 순음의 卦로서 직접 卦의 연역에 가담하지 않고 나머지 10辟卦로써 직접 卦의 연역에 가담하게 된다. 10辟卦란 復, 姤, 剝, 夬, 臨, 遯, 觀, 大壯, 泰, 否이다. 이 그림의 특징은 첫째, 같은 1음 또는 1양의 卦라도 그 1음 1양이 卦의 하체(下卦)에 있느냐 상체(상괘)에 있느냐에 따라서 그 辟卦를 달리 한다. 둘째, 각 卦가 다만 一往一來의 이동을 말하고 있다. 셋째, 이렇게 해서 이루어지는 卦는 건곤 두 辟卦를 뺀 나머지 수만큼 생기지 않고 34개의 卦만 생긴다. 따라서 건곤과 10辟卦를 합치

---

15) 胡渭, 前揭書, p. 516. 一升一降上下往來蓋循環而無窮也天地如此人身亦如此子時氣到尾閭丑寅在腰間卯辰巳在脊膂午在泥丸未申酉在胸膈戌亥則又歸於腹中此一日之升降然也一息亦然呼則自下而升於上吸則自上而降於下.

16) 『兩漢易學史』, p. 259 참조.

면 46개의 卦가 되는 데 그친다. 나머지 18개의 卦는「六子卦所變」에서 연역되는 것으로 되어 있다.「六子卦所變」의 그림을 보면 2음 2양의 卦에서 그 2음 2양이 각각 전부가 내체에 있거나 외체에 있는 卦는 「10辟卦所變」의 원리에 의하고, 나머지 즉 2음 2양이 각각 내외체에 갈리어 있는 경우, 이를테면 2음의 卦에서 1음은 상체에, 1음은 하체에 있는 경우와 같은 경우에는「10辟卦所變」의 그림에 의하지 않고 6자 괘로부터 연역된다고 밝히고 있다. 여기서 6자괘란 중괘인 震, 巽, 坎, 離, 艮, 兌를 말한다. 이상 두 그림에서「10辟卦所變圖」는 논리가 정연하고 연역되는 卦의 중복을 피할 수가 있지만, 이 원리에 의하는 卦變은 겨우 46卦가 해당되고 나머지 18卦는「六子卦所變圖」의 원리에 의하고 있으나, 사실은「六子卦所變圖」는「10辟卦所變圖」의 예외의 경우인데 예외가 너무 많다. 뿐만 아니라「六子卦所變」의 원리는 모두 동시에 4개의 괘획이 이동하게 되는 바, 卦變의 원칙에 어긋난다. 그리고 6자괘는 어디에서 오는 것인가에 대해선 설명이 없다. 따라서 주승은 16辟卦로 卦變을 설하고 있는 셈이다. 그러므로 주승의 괘변도 또한 진정한 괘변의 원리를 담고 있다고는 말할 수가 없을 것이다.

3) 卦變說의 理論的根據

虞飜으로 대표되는 卦變說은 시대적으로 虞飜을 전후하여 약간의 차이점은 있지만 어느 卦가 어느 卦에서 推移해 왔다는 관념이 공통적으로 깔려 있음을 보아 왔다. 어느 卦가 어느 卦에서 왔다는 그 관념의 근거는「彖傳」에서 찾고 있는 것이 卦變論者들의 입장이다. 이미 말한 바와 같이 朱熹 또한 『易本義』에 실어 놓은「卦變圖」에서 다음과 같이 말하고 있다.

「象傳」은 더러 卦變으로써 말한다. 이제 이 圖를 지어 그것을 밝힌다. 대체 易 가운데의 하나의 뜻이지, 畵卦하여 易을 만든 본지는 아니다.17)

이와 같이 朱熹는 비록 卦變을 畵卦하여 易을 만든 본지는 아니라고 하고 있지만, 「象傳」이 卦變을 말하는 근거가 됨을 인정하고 있는 셈이다. 다시 말하면 어느 卦가 어느 卦로부터 왔다고 하는 卦變의 논리는, 「象傳」의 이른바 "剛來而…柔來而…"라고 하는 문장에 근거하고 있음을 뜻하는 것이 된다. 이러한 논리는 「象傳」이 그 卦의 연원이며 성격을 판단하여 총체적으로 논하고 있다는 전제하에서만 가능한 것이다. 그런데 「大傳」에서 "象이란 것은 材이다. 爻란 천하의 動을 본받는 것이다."(象者材也 爻也者 效天下之動者也.「계사하전」제3장)라고 했는가 하면 "象이란 象을 말하고 爻란 변한 것을 말한다."(象者言乎象者也 爻者言乎變者也.「계사상전」제3장)라고 했다. 여기서 '재'라 함은 '재목'을 뜻하는 것이니 '象'은 재목과 같고 6효로 변하는 것은 재목에 변화를 가하고 마름질해서 동량이나 윗가지나 서까래 같은 것이 되는 것과 같은 이치이다. 또 '象'이란 '象'을 말한다고 함은 卦가 변하지 않은 경우의 本象을 뜻하고 爻란 획이 변한 變象을 말하는 것이다. 따라서 王弼이 '象'이란 一卦의 體를 통론하는 것이요 '象'이란 一爻의 뜻을 각각 말하는 것이라고 한 것은 큰 잘못으로 생각한다.18) 象이란 斷이며 本卦의 象詞로서 점을 결단하는 부분이다. 說文에 보면 象이

---

17) 程頤·朱熹, 『易程傳·易本義』(臺北:臺灣中華書局, 1963), p. 9. 象傳或以卦變爲說 今作此図 以明之 蓋易中之一義 非畫卦作易之本指也.
18) 『周易四箋』, 卷八, p. 4b 및 卷八, p. 12b 참조. 王弼, 「周易略例」의 "夫象者 何也 統論一卦之體 象者各辨一爻之義者也:見「略例」"를 비판한 말이다.

란 돼지머리(豕頭)로 되어 있는 바 이는 六體 위의 豕頭인 것이다. 따라서 「彖詞」가 六繇(六爻의 占辭)의 위에 위치하는 것은 마치 돼지머리가 그 六體의 위에 위치하는 것과 같은 이치라 할 것이다.[19] 그렇다고 해서 「彖詞」가 효와 무관한 것은 아니다. 豕頭가 六體와 무관할 수 없듯이 「彖詞」는 효를 포함한 통론이다. 효가 비록 변화를 뜻하는 것이긴 하지만 爻辭란 본래의 덕성과 氣를 傳播 받고 있는 것이기 때문이다. 다만 여기서 어느 획이 어디서 어디로 간다고 하는 것은 그 체질을 변하지 않고 그대로 옮겨간다는 뜻이다. 가령 泰에서 九三이 上으로 간다는 말은 형식적으로 보면 九三이 변해 음이 되고 上이 변해 양이 되는 것처럼 보이지만, 다만 변한 것처럼 보일 뿐 변한 것이 아니라 단순한 이동을 뜻하는 것이다. 卦가 생성되는 과정을 논하는 畫卦의 논리는 아직 변화의 단계에서 卦를 해석하는 것이 아니라, 卦의 시원을 논하는 것이기 때문이다. 卦가 생성되는 과정은 卦의 변화에서가 아니라 推移에서 연유한다는 뜻이다.

4) 卦變說에 있어서 乾坤卦의 地位

夏易은 艮을 머리로 해서 『連山』(艮은 山이 된다.「설괘전」)이라고 했고, 商易은 坤을 머리로 했기 때문에 『歸藏』(땅속에 온갖 것을 갈무리한다. 坤은 藏이 된다)이라 했다는 말을 믿기로 한다면, 『周易』은 乾을 머리로 했기 때문에 『周易』이라 했다는 것도 가능할지는 모르되, 만약 그렇다면 『周易』과 乾과의 사이에는 불가분의 관계에 있다 할 것이다. 『周易』은 乾을 머리로 해서 구성되어 있는 바 乾卦를 가장 중요

---

19) 『周易四箋』, 卷一, p. 36b.

시해 온 것은 사실이다. 『周易』의 구성체계로 보나 易詞의 내용으로 보나 乾卦를 64卦의 宗으로 다루고 있음은 부인할 수가 없다. 다만 乾卦에 대한 坤卦의 지위는 논란의 여지가 있어 왔다. 「大傳」의 벽두에 있는 "天尊地卑乾坤定矣"를 두고 乾에 대한 坤의 종속적 지위뿐만 아니라 乾貴坤賤의 관념으로 해석되어지기도 했다. 한편 「大傳」에서는 "건곤은 아마도 역의 온(縕)인저."(乾坤其易之縕耶)라고 했는가 하면 "건곤은 아마도 역의 門인저."(乾坤其易之門邪)라고도 했다. 이것은 乾坤의 공통적 우위성을 지칭하는 것으로 볼 수 있다. 역학의 전통적 학설은 모두가 坤에 대한 乾의 우위를 인정해 온 것이기는 하지만 丁若鏞에 의하면, 그것은 乾坤의 체계를 두고 하는 말이고(여기서 체계라고 함은 뒤의 「丁若鏞의 推移論」에서 논하는 바와 같이 '天尊地卑'는 天地가 太極에서 剖判되어 형성되면 '乾基坤基'를 上下로 이루게 된다는 뜻이다) 그 작용적 측면에서는 「大傳」에서 말하듯이 易의 門이요 縕인 점에서는 乾坤이 같은 지위를 갖는 것으로 보고 있다. 다만 64卦의 「彖詞」중에서 元亨利貞의 4자를 포함한 것은 乾, 坤, 屯, 隨, 臨, 无妄, 革의 7개의 卦이지만 「彖傳」은 乾과 坤의 두 卦에만 '乾元' '坤元'이라고 하여 나머지 5개의 卦와 취급을 달리하고 있는 데 착안하여, 마침내 乾元과 坤元은 『周易』 상징의 세계에 있어서 二元으로 보고, 이 대립하는 二元의 배후에 있는 궁극의 一元을 궁구해야 한다는 식으로 말하는 학자가 있다.[20] 그러나 乾元은 乾의 元이며 坤元은 坤의 元일 뿐이다. 즉 乾元과 坤元을 『周易』상징세계의 二元으로 보는 것은 옳지 않다. 乾元은 他卦의 元의 典例가 되고, 坤元은 他卦의 元의 典例가 되겠기에 건곤괘에서 특별히 다룬 것뿐이라고 생각된다. 卦變論者들

---

20) 戶田豊三郞, 『易經注釋史綱』(東京:風間書房, 1968), p. 62 참조.

은 모두가 건곤을 특별한 卦로 취급하고 있음을 위해서 보아 온 바와 같다. 건곤이 6子를 낳는다는 설이나 건이 그 2와 5가 각각 곤을 밀어냄을 窮理라 하고 곤이 그 2와 5로써 건을 밀어냄을 盡性이라 하며 窮理의 과정을 息卦의 변화과정으로 보고, 盡誠의 과정을 消卦라고 보는 것 등등은 모두 건곤을 부모의 卦로 본 까닭에서이다. 12辟卦를 12월에 배속시킴에 있어서는 건곤 2卦를 辟卦에 포함시키다가도 辟卦에서 다른 卦의 推移를 논하면서는 건곤을 슬그머니 辟卦에서 빼버리는 한 유들의 사고 속에는 건곤이란 64卦의 부모로서 직접 推移에는 가담하지 않는다는 사상이 깃들어 있다 하겠다. 이 점에 대해서는 다음에서 丁若鏞의 경우를 논할 때 다시 보기로 한다. 다만 건이 『周易』의 머리 괘이긴 하지만 그 작용면에서뿐만 아니라 시원적 체계적 측면에서도 건과 곤은 똑같은 지위라는 걸 주장한 학자도 있다. 바로 王夫之(1619~1692)였다. 이른바 그의 乾坤並建의 사상은 그의 우주관 윤리관이며 세계관의 반영임은 말할 것도 없다. 잠시 그의 주장을 여기에 옮겨 본다.

> 乾卦와 坤卦를 나란히 세워 宗으로 삼고 錯綜해서 하나로 합하여 象을 이룬다. 象과 爻를 일치시키고 네 성인의 법도를 한 가지로 하여 釋으로 삼는다.[21]

이 사상에 의하면 건과 곤의 지위가 모든 면에서 대등한 것으로 파악된다. 그는 또 건곤병건은 우열이 없다고 했다.

---

21) 王夫之, 『船山全書』 一 (長沙:嶽麓書社, 1996), p. 683, 以乾坤並建 爲宗 錯綜 合一爲象 象爻一致 四聖一揆 爲釋.

건곤이 위에서 並建하여 때의 선후가 없고 권력에서 主輔의 구별이 없어 호흡과 같다. 우레와 번개와도 같다. 두 눈이 보고 두 귀가 들어 보고 듣는 것이 같이 느끼는 것과 같다. 그러므로 하늘이 있으면서 땅이 없는 것은 없고, 천지가 있으면서 사람이 없는 것도 없다. 그래서 "하늘은 子에서 열리고 땅은 丑에서 열리고 사람은 寅에서 난다."라고 하는 설은 말이 막힌다. 道가 있으면서 天地가 없을 수는 없는 것이니 '一生三 道生天地'라고 하는 설도 말이 막힌다.[22]

따라서 이와 같은 입장에서 보면 『周易』의 「序卦傳」은 틀린 학설이 된다.

이 점을 그는 다음과 같이 말하고 있다.

그러나, 나지 않음이 없고 있지 않음이 없은 뒤에 가히 건곤일 수 있다. 천지는 앞이 아니고 만물은 뒤가 아니다. 그런데 「序卦傳」에서는 천지가 있은 뒤에 만물이 생겨난다고 하였으나 만물의 앞에 천지가 먼저 머물러 기다리지 않는다. 따라서 「序卦傳」은 성인이 지은 것이 아님을 알겠다.[23]

그의 乾坤並建의 설은 『周易』 64卦 384爻는 각 卦마다 爻마다 모두 음양이 있고 모두 건곤이 있어 "모두 태극이 있다."는 뜻을 가진

---

22) 王夫之, 前揭書, p. 989. 乾坤並建於上 時无先後 權无主輔 猶呼吸也 猶雷電也 猶兩目視 兩耳聽 見聞同覺也 故无有天而无地 无有天地而无人 而曰 "天開於子 地闢於丑 人生於寅" 其說詘矣 无有道而无天地 而曰 "一生三 道生天地" 其說詘矣.

23) 王夫之, 前揭書, p. 1092. 抑无不生 无不有 而後可以爲乾坤 天地不先 萬物不後 而序卦傳曰 "有天地然後 萬物生焉"則未有萬物之前 先有天地 以留而以待也 是以知序卦非聖人之書也.

다. 그는 분명히 "하나의 爻 속에 음과 양이 있다"고 했다. 또 그의 건곤병건의 학설은 "太極에 역이 있다."는 함의를 가진다. 즉 易卦 전체가 바로 병건하는 건곤의 자체전개를 의미한다. 태극과 역은 선후관계가 아니다.[24]

이에 대해 근세의 熊十力(1884~1968)은 비판을 가한다. 그에 의하면 건곤은 일원적이기 때문에 '乾坤並建'은 이치가 아니라고 보았다. 乾元 坤元은 오직 하나의 元이라고 했다. 따라서 곤의 元은 건의 元이라고 했다. 곤은 건을 순행하여 운행변화하지 결코 곤이 스스로 一元을 이루는 것이 아니다. 건과 곤의 두 측면은 동시에 존재하는 것이지 두 가지가 아니다. 건과 곤은 단지 대립통일의 두 측면일 뿐임을 「乾坤衍」에서 다음과 같이 주장한다.

> '건도 변화'운운하는 말은 건도를 말하면 엎드려 있는 곤도가 내재한다. 까닭은 무엇인가? 건과 곤은 별개가 아니라 속내는 두 측면일 따름이다.… 홀로 있는 양은 불변하며 외톨이 음은 변하지 않는다. 변화에 반드시 상대가 있는 이것이 항상된 이치이다. 변화라는 이 말은 매번 곁들여 쓰지만 역경에 있어서는 변화, 두 자가 나누임이 있다. 우번이 이르기를 "양에는 變이라 칭하고, 음에는 化라 칭한다."운운 했고, 이것은 공자『주역』의 정해진 법식이다.… 乾卦의 「象傳」을 완미해 보면 실은 건으로써 곤을 통어한다. 건은 동을 주로해서 곤을 이끄는 것을 變이라 하고, 곤이 건을 이어서 건과 더불어 합해서 하나가 되어 그 공을 이루는 것을 化라 한다.[25]

---

24) 廖名春(外), 前揭書, p. 594 참조.
25) 熊十力,『體用論』(北京:中華書局, 1996), p. 533. 乾道變化云云者 此中言乾道 卽 伏有坤道在內 所以者何也 乾坤非兩物 祇是兩方面……獨陽不變 孤陰不化 變必有對 是常理也 變化一詞 平常每作複 詞用而易經中則 變化二字 有分 虞翻

아무튼 『周易』에서는 乾坤을 부모의 卦로 본다.

> 乾坤은 아마도 역의 縕인저. 건곤이 열을 이루니 역이 그 가운데 섰다. 건곤이 헐리면 역을 볼 수 없고 역을 볼 수 없으면 건곤이 거의 멸식될지도 모른다.[26]

乾坤을 제외한 62卦의 모든 획은 양은 건에서 음은 곤에서 품수 받은 것으로 보는 데는 학설이 일치하지만 '縕'자에 대한 해석은 차이가 난다. 이를테면 王弼은 縕이란 淵奧[深奧]라고 했는가 하면 虞飜은 藏으로 풀이했고, 朱熹는 包蓄(휩싸고 쌓이는 것)의 뜻으로 보고 '옷을 입은 것'과 같다고 했다. 高亨(1900~1986)에 의하면, 唐石經에는 縕이 蘊으로 적혀 있다고 한다.[27] 王弼, 虞飜, 朱熹 등의 훈고는 결국 縕을 蘊의 뜻으로 해석한 것에 다름 아니다. 丁若鏞은 縕을 '絮'(서)로 해석하여 '솜'으로 본 것이다. 이것은 朱熹의 해석과 닮아 있지만 그 의미는 천양의 차이가 있다고 생각한다. 요컨대 朱熹가 縕을 '衣之著'(옷을 입은 것)이라 한 것은 62卦는 모든 양획은 건의 옷을, 모든 음획은 곤의 옷을 입은 것과 같다는 뜻인데 비해, 丁若鏞이 縕을 絮라고 한 것은 옷 속의 솜을 뜻하는 바, 이를테면 솜을 두어서 지은 솜옷과 솜을 두지 않은 옷과는 일견 같아 보이지만 실질은 달라서 62卦를 얼른 보면 모두가 고유한 것처럼 보이지만, 살펴보면 모두가 양획과 음획으로

曰在陽稱變 在陰稱化云云 此是孔子周易之定例……玩乾卦象傳 實以乾統坤 乾主動導坤 是謂變 坤承乾而動與乾 合一而成其功 是謂化

26) 「繫辭上傳」第12章. 乾坤其易之縕耶 乾坤成列而易立乎其中矣 乾坤毁則无以見易 易不可見則乾坤或幾乎息矣.

27) 高亨, 『周易大全今注』(山東:齊魯書社, 1998), p. 406 참조.

구성되어 있는 바 그 획들을 솜에 비유한 것이다. 즉 朱熹는 옷으로 비유했으니 겉으로 드러난 것이지만 丁若鏞은 솜으로 비유 했으니 함의가 숨겨졌다.

5) 卦變說의 類似概念―旁通·反對

乾卦 「文言傳」의 "六爻發揮 旁通情也"라는 구절을 두고 孔穎達(574~648)은 發이란 發越로, 揮란 揮散으로 해석했는가 하면 王引之(1766~1834)의 『經義述聞』에서는 "旁은 또한 넓음이다."(旁亦溥也)라고 하고, 朱熹는 『본의』에서 "旁通은 曲盡과 같은 말이다."(旁通猶言曲盡)의 뜻으로 해석하고 있지만, 東漢의 陸績(187~219)은 "건의 6효가 발휘하고 변동해서 곤에로 널리 통하고, 곤이 와서 건으로 들어가 써 64괘를 이룬다. 그러므로 정을 널리 통한다라고 한다."라고 풀이했다.28)

여기에서 나아가 虞飜은 음효와 양효가 완전히 상반되는 두 卦를 가리키는 것으로 해석한다. 이를테면 건과 곤, 比와 大有와의 관계와 같은 경우이다. 『周易』 상하경에 방통하는 卦는 모두 32짝이 되는 셈이다.

反對란 卦를 정반대 방향에서 바라볼 때, 즉 上下卦를 있는 그대로를 180도 전도 시켰을 때 원래의 卦와 전도 후 생기게 된 卦와의 관계를 말한다. 예컨대 屯과 蒙, 需와 訟과의 관계 같은 것이다.

「序卦傳」의 64괘가 배열된 순서를 보면 이 '반대'와 '방통'의 원리로 이루어진 것임을 알 수 있다. 「雜卦傳」에서는 '乾剛坤柔' '比樂師憂'와 같이 '반대'의 원리로 卦를 해석하는 경우가 대부분이고 「說卦傳」의

---

28) 『周易注疏及補正』 p. 5. 王引之, 『經義述聞』(南京:江蘇古籍出版社, 2000), p. 55 下段(述二, p. 33b). 『周易傳義』, 卷一, p. 55b. 張其成, 『易學大辭典』(北京:華夏出版社, 1995), p. 420 乾六爻發揮 變動 旁通于坤 坤來入乾 以成六十四卦 故 曰旁通情也.

"天地定位 山澤通氣" 같은 것은 '방통'의 원리로 풀이한 것이다. '반대'와 '방통'이 겹치는 경우도 있으니 예컨대, 復剝, 否泰의 경우와 같다.

반대와 방통의 논리는 우주만물의 전후좌우가 서로 待對하면서 공존한다는 이치를 내함하는 것으로 보인다. 虞翻은 반대와 방통으로 역사를 해석하기를 아주 좋아 해서 李鼎祚의 『주역집해』에 보면, 방통으로 해석한 卦가 20개이다. 이 이론은 漢代의 많은 역학가들이 卦와 卦 간의 관계를 탐색하는 데 활용되어 왔을 뿐만 아니라 후대에도 답습되고 있었다. 그 대표적인 예가 來知德(1525~1604)의 경우이다.

그는 방통을 錯으로, 반대를 綜으로 이름을 바꿔 붙이고는 이 이론을 자기류의 방식으로 확대시켜 놓았기 때문에 그 공을 인정하는 입장도 있지만 공박하는 입장도 있게 되었다.

來知德은 말하기를 虞翻이 창도하고 朱熹가 인정한 바 있는 "아무 卦는 아무 卦에서 왔다."는 설은 아주 잘못된 것이라고 논박한다. 이를테면 우번이 訟卦에 "강이 와서 중을 얻었다."(剛來而得中)는 「象詞」를 두고 遯卦에서 온 것이라고 하는 따위는 잘못된 견해라고 비평한다.[29]

그는 『주역집주』의 「易經字義」에서 "錯이란 음과 양이 상대함"이라고 했다.[30] 방통의 의미와 같다. 부와 모, 장남과 장녀, 소남과 소녀는 서로 '錯'해서 8卦가 서로 '錯'한다 했다. 乾, 坤, 坎, 離, 小過, 中孚, 大過, 頤의 8卦가 해당된다.

「易經字義」에 의하면 "綜이란 글자의 뜻은 베를 짜는 날실이다. 혹은 위로 혹은 아래로 뒤집혀지고 거꾸로 되기도 한다."[31]라고 했다. 예

---

29) 來知德, 『來注易經圖解』 (上海:江東茂記書局, 연도미상), 卷二, p. 7a.
30) 來知德, 前揭書, 卷首, p. 38a. 錯者陰與陽相對也.

컨대 屯과 蒙, 比와 師의 관계이다. 乾, 坤, 坎, 離, 小過, 中孚, 大過, 頤의 8괘를 제외한 나머지 56괘는 相綜의 관계가 되는 셈이다.

이에 대한 반론의 경우로는 魏樞(? ~1736)의 경우를 들기로 한다. 그는 『東易問』에서 다음과 같이 말하고 있다.

> 건은 본래 지극히 굳건함이다. 錯으로 말하자면 가히 순하다고 말할 수 있다. 초효가 변하여 巽이 되면 入이고 착으로 말하면 또 動이라고도 할 수 있다. 종으로 말하면 또 說이라고도 할 수 있다. 2효가 변하여 離가 되면 明이고, 착으로 말하면 함몰이라고도 할 수 있다. 중효인 巽은 入이라고 할 수 있고, 착으로 말하면 動이라고도 할 수 있으며, 종으로 말하면 기뻐함이라고도 할 수 있다. 이러한 식으로 3효, 4효, 5효, 상효까지 미루어 나가 모두 그러하지 않는 것이 없으니, 象하지 않을 바가 어디 있겠는가? 그러니 초효가 아래에 있으면서도 변하여 巽이 되어 잠복하였다가 錯하여 震이 되어 조급히 움직이는 것을 장차 무슨 象으로 응할 것인가? 2효가 밭에 있으면서 변하여 離가 되어 드러나고 錯하여 坎이 되어 숨어 엎디어 있는 것을 가지고 장차 무슨 象으로 응할 것인가?[32]

생각건대 離의 상은 나타남인데 錯하면 坎이니 함몰이 된다. 見(현)과 陷은 정반대 개념인데, 반대개념의 象으로 같은 효사를 설명한다면 정반대의 의미가 나올 것은 명약관화할 것이다. 綜의 경우도 마찬가지이다.

뒷날 王夫之는 乾坤並建說을 주창하여 錯綜이 바로 건곤병건의 전

---
31) 來知德, 前揭書, 卷首, p. 38a. 綜字之義 卽織布帛之綜 或上或下 顚之倒之者也.
32) 廖名春(外), 前揭書, p. 631, 재인용.

개과정이라고 보았다. 乾과 坤, 坎과 離는 錯卦이고, 震과 艮, 巽과 兌는 綜卦이어서, 錯卦인 乾坤坎離를 經, 綜卦인 震艮巽兌는 緯라고 하였다. 綜卦는 상하가 전도된 二卦一象이기 때문에 8卦의 상은 결국 6卦의 상이 된다. 또 重卦는 乾 坤 坎 離 頤 大過 中孚 小過는 相錯이 되고, 나머지 56卦는 相綜이 된다. 相綜卦 56은 상하가 전도된 二卦一象이기 때문에 28象이 되고, 따라서 64卦의 상은 결국 36상이 되는 셈이다. 따라서 "주역은 건곤병건을 첫 머리로 삼아 그 相錯의 묘를 드러낸다."33)라고 하였다. 그러나 착종의 개념은 來知德과 다르지 않다.

한편 '방통'과 '반대' '착종'의 개념은 焦循에 이르러서는 '旁通'과 '相錯'이라는 개념으로 전승된 것처럼 보이지만 그 뜻은 판이하다.

2. 邵雍·朱熹의 畫卦理論

1) 學說의 內容

일반적으로 邵雍(1011~1077)의 易學은 도가적 영향 하에서 형성된 것으로 본다. 왜냐하면 그가 전수 받은 李之才의 역학은 도사 陳摶(약 871~989)에서 种放(956~1016)으로, 种放에서 穆修(979~1032)로, 穆修에서 李之才로 이어지는 도교 및 도학가의 역학이었기 때문이다.

邵雍의 역학이 도가적이라는 것에 대해 張惠言(1761~1802)은 그의 『易圖條辨』에서 다음과 같이 논증한다.

---

33) 王夫之, 前揭書, p. 986. 周易並建乾坤以爲首 而顯其相錯之妙.

康節의 학은 그 근원이 도가에서 나왔다. 그러므로 음을 먼저로 하고 양을 뒤로 하며 奇를 버리고 偶를 쓴다. 하는 말이라곤 모두가 陰이 道에 가깝다고 했다.…「先天橫圖」는 地가 左에 居하고 天이 右에 居하여「圓圖」와 바로 서로 반대인데 그 뜻은 陰으로써 道의 體로 삼기 때문이다. 2, 4, 8, 16, 32, 64는 모두가 음수이다.[34]

다음에『皇極經世書』에서 펼쳐진 邵雍의 畫卦 원리를 살펴보기로 한다.「觀物外篇上」에서 邵雍은 이렇게 말한다.

太極이 나뉘면 兩儀가 선다. 陽이 내려와 陰과 사귀고 陰이 올라가 陽과 사귀면 四象이 생겨난다. 陽이 陰과 사귀고 陰이 陽과 사귀어 하늘의 四象이 생겨난다. 剛이 柔와 사귀고 柔가 剛과 사귀어 땅의 四象이 생겨난다. 이로부터 八卦가 이루어진다. 八卦가 서로 섞인 뒤에 萬物이 생겨난다. 그런 까닭에 1이 나뉘어 2가 되고, 2가 나뉘어 4가 되고, 4가 나뉘어 8이 되고, 8이 나뉘어 16이 되고, 16이 나뉘어 32가 되고, 32가 나뉘어 64가 된다.[35]

八卦와 64卦 형성에 관한 이 설명을 도식으로 나타낸 것이「伏羲八卦次序圖」(또는 八卦次序圖)와「伏羲64卦次序圖」(또는 64卦次序圖)인

---

34) 張惠言,『張惠言易學十書』(臺北:廣文書局, 1970), p. 1005. 康節之學 其源出於道家 故 先陰而後陽 舍奇而用偶 具言曰陰幾於道……先天橫図 地居左 天居右 與圓圖正相反 其意以陰爲道之體故也 二四八十六三十二六十四 皆陰數也.
35) 胡廣(等),『性理大全』(山東:山東友誼書社, 1989), p. 848. 太極旣分 兩儀立矣 陽下交於陰 陰上交於陽 四象生矣 陽交於陰 陰交於陽 而生天之四象 剛交於柔 柔交於剛 而生地之四象 於是 八卦成矣 八卦相錯然後 萬物生焉 是故 一分爲二 二分爲四 四分爲八 八分爲十六 十六分爲三十二 三十二分爲六十四. 이하『性理大全』이라고 한다. 何夢瑤,『皇極經世易知』(臺北: 集文書局, 1981), p. 645. 李遯齋,『皇極經世緒言』(上海:校經山房, 1920), 卷七上, p. 10b.

데 더러는 이 두 도식을 병칭하거나 단칭하여 이르기를 「先天橫排圖」 「先天橫圖」라고도 한다. 또 「8卦次序圖」를 「小橫圖」, 「64卦次序圖」를 「大橫圖」라고도 한다.[이 책 말미의 「그림 7~8」참조] 「小橫圖」나 「大橫圖」를 그냥 「橫圖」라고도 한다.

「小橫圖」는 朱熹의 『周易本義』에 실려 있는데, 八卦를 도식으로 나타낸 것은 朱熹의 이 도식 외에 蔡元定(1135~1198)이 작성한 「經世衍易八卦圖」[이 책 말미의 「그림 9」 참조] 도 있다. 두 도식이 완전히 일치하지는 않지만, 모두가 소옹의 말 "1이 나뉘어 2가 되고, 2가 나뉘어 4가 되고, 4가 나뉘어 8이 되고…"의 과정을 나타낸다는 점에서 궤를 같이 한다고 할 수 있을 것이다. 「大橫圖」는 『周易本義』와 『宋元學案』 「百源學案」에 실려 있다.

위의 소옹의 설명에 의하면, 8卦의 생성과정은 태극이 나뉘어 양의가 되고, 양의는 다시 4상을 낳고 4상은 다시 8卦를 낳는다는 것인데 1이 나뉘어 2가 되고 2가 나뉘어 4가 되고, 4가 나뉘어 8이 되는 과정이다.

朱熹가 논술한 「복희 8괘차서도」는 乾에서부터 坤에 이르기까지 가로로 되어 있고, 1乾(☰) 2兌(☱) 3離(☲) 4震(☳) 5巽(☴) 6坎(☵) 7艮(☶) 8坤(☷)의 순서로 되어 있다. 장혜언이 위에서 말했듯이 건은 우측에 곤은 좌측에 안배했는데 음을 먼저로 하고 양을 뒤로했다는 말은 이 1, 2, 3…의 순서를 말하는 것이 아니고 일반적으로 좌측을 先으로 보는 관념에서 한 말이다. 즉 횡도에서 坤이 左에 居하기 때문이다.

『역학계몽』에서 朱熹는 이 「8괘차서도」를 이렇게 설명하고 있다.

> 태극이 나뉘어 비로소 하나의 奇와 하나의 偶가 생겨, 한 획을 그린 것이 둘이 되니 이것이 양의이다. 그 수는 양은 1이고 음은 2이니…

三. 卦를 그은 原理 • 85

邵子(邵雍)의 이른바 "하나가 나뉘어 둘이 된다."라는 것은 모두 이것을 말한다.[36]

兩儀의 위에 각각 하나의 奇와 하나의 偶를 생하여 두 획이 된 것이 넷이다. 이것이 四象이다. … 소자의 이른바 둘이 나뉘어 넷이 된 것이다.[37]

四象의 위에 각각 하나의 奇와 하나의 偶가 생기니 3획인 것이 8이다. 이로부터 三才를 갖추게 되고 8卦의 이름이 있게 된다. 그 자리는 乾이 1, 兌가 2, 離가 3, 震이 4, 巽이 5, 坎이 6, 艮이 7, 坤이 8이다.[38]

위의 해설은 태극은 1인데 나뉘어 음(--)과 양(—)의 두 획이 생기니 이것이 소옹의 1이 나뉘어 2가 된다는 것이고, 陽(—) 위에 각각 1기1우를 가하면 太陽(⚌)과 少陰(⚍)이 생기고, 陰(--)위에 각각 1기1우를 얹으면 少陽(⚎)과 太陰(⚏)이 생기고, 태양(⚌)의 위에 각각 1기1우를 가하면 乾(☰)과 兌(☱)의 두 卦가 생기고, 소음(⚍)의 위에 각각 1기1우를 더하면 離(☲)와 震(☳)이 생기고, 少陽(⚎)의 위에 각각 1기1우를 더하면 巽(☴)과 坎(☵)이 생기고, 太陰(⚏)의 위에 각각 1기1우를 더하면 艮(☶)과 坤(☷)이 생긴다는 것인데, 이것이 곧 "太極生兩儀 兩儀生四象 四象生八卦"라고 朱熹는 주장한다.

다음에 채원정의 「經世衍易8卦圖」를 보기로 한다.[이 책 말미의 「그

---

36) 『性理大全』, p. 1020. 太極之判 始生一奇一偶 而爲一畫者二 是爲兩儀 其數則陽一而陰二……邵子所謂一分爲二者 皆謂此也.
37) 『性理大全』, pp. 1021~1022. 兩儀之上 各生一奇一偶 而爲二畫者四 是謂四象 邵子所謂二分爲四者 皆謂此也.
38) 『性理大全』, p. 1025. 四象之上 各生一奇一偶 而爲三畫者八 於是 三才畧具 而有八卦之名矣 其位則乾一兌二離三震四巽五坎六艮七坤八.

림 9」참조

이 그림은 『성리대전』에 보인다. 이 그림에 의하면, 소옹은 하나가 나뉘어 둘로 되는 원칙에 따라서 "一動一靜의 사이(一動一靜之間)는 역의 이른바 太極이다. 동정이란 것은 역의 이른바 양의이다. 음양강유란 것은 역의 이른바 4상이다. 태양 태음 소양 소음 소강 소유 태강 태유는 역의 이른바 8卦이다."39)라고 하고 있다.

동정과 음양 강유 및 태양 태음 소양 소음 소강 소유 태강 태유가 생기는 과정을 소옹은 다음과 같이 설명한다.

> 天은 動에서 생한 것이요, 地는 靜에서 생한 것이다. 一動과 一靜이 交하여 天地의 道를 생한다. 動이 시작하면 陽이 생기고, 動이 지극하면 陰이 생한다. 一陰一陽이 交하여 天의 작용을 다하며, 靜이 시작하면 柔가 생하고, 靜이 지극하면 剛이 생한다. 一剛一柔가 交하여 地의 작용을 다한다. 動의 큰 것은 太陽이요, 動의 작은 것은 少陽이며 靜의 큰 것은 太陰이요, 靜의 작은 것은 少陰이다.40)

음양 강유에는 太와 少가 있어서 태양, 소양, 태음, 소음, 소강, 소유, 태강, 태유가 된다고 했지만 丁若鏞 역학에서는 후술하는 바와 같이 태양 태음 소양 소음은 揲蓍求卦에서 각각 九六七八의 수를 지칭하는 것이다.

---

39) 朱伯崑, 前揭書, 第二卷, p. 140. 一動一靜之間者 易之所謂太極也 動靜者 易所謂兩儀也 陰陽剛柔者 易所謂四象也 太陽太陰 少陽少陰 少剛少柔 太剛太柔 易所謂八卦也.
40) 『性理大全』, pp. 663~664. 天生于動者也 地生于靜者也 一動一靜交而天地之道盡之矣 動之始則陽生焉 動之極則陰生焉 一陰一陽交而天之用盡之矣 靜之始則柔生焉 靜之極則剛生焉 一剛一柔交而地之用盡之矣 動之大者謂之太陽 動之小者謂之少陽 靜之大者謂之太陰 靜之小者謂之少陰.

상술한 「8괘차서도」를 미루어 부연하면 64괘가 된다. 즉 8이 나뉘어 16이 되고, 16이 나뉘어 32가 되고, 32가 나뉘어 64가 된다.

『역학계몽』에서 朱熹는 다음과 같이 설명한다.

> 8괘의 위에 각각 一奇一偶를 생하면 4획이 된 것이 16이 된다. 경에는 나타남이 없으나 소자의 이른바 8이 나뉘어 16이 된다는 것이 이 것이다. 또 兩儀의 위에 각각 8괘를 더하거나, 또 8괘의 위에 각각 양의를 더한 것이다. 4획의 위에 각각 一奇一偶를 생하면 5획이 된 것이 32가 된다. 소자의 이른바 16이 나뉘어 32가 된다가 이것이다. 또 4상의 위에 8괘를 더한 것이고, 8괘의 위에 각각 4상을 더한 것이다. 5획의 위에 각각 一奇一偶를 생하여 6획이 된 것이 64이면 3才를 겸해서 그것을 둘로 한 것이지만 八卦를 八卦에 곱해도 역시 일치한다. 이로부터 64괘의 명칭이 설립되고 易의 도가 크게 이루어졌다.[41]

이와 같이 64괘의 형성도 결국 一奇(─) 一偶(--)의 두 수에서 출발하여 차례로 一奇一偶를 더해나가는 연장선상에서 64괘가 형성되는 것으로 설명하고 있다.

朱熹는, 또 邵雍의 「觀物外篇下」에서 "한 번 변하여 2가 되고 두 번 변하여 4가 되고 세 번 변하여 8괘가 이루어진다. 네 번 변하여 16이 되고 다섯 번 변하여 32가 되고 여섯 번 변하여 64괘가 갖추어진다."[42]

---

41) 『性理大全』, pp. 1029~1035. 八卦之上各生一奇一偶 而爲四畫者十六 於經无見 邵子所謂八分爲十六者是也 又爲兩儀之上加八卦 又八卦之上各加兩儀也 四畫之上各生一奇一偶 而五畫者三十二 邵子所謂十六分爲三十二者是也 又爲四象之上各加八卦 又八卦之上各加四象也 五畫之上 各生一奇一偶 而爲六畫者六十四 則兼三才而兩之 而八卦之乘八卦亦周 於是六十四卦之名立而易道大成矣.

42) 『性理大全』, p. 884. 一變而二 二變而四 三變而八卦成矣 四變而十有六 五變而三十有二 六變而六十四卦備矣.

를 두고 「答虞士朋書」에서 다음과 같이 설명하고 있다.

> 역에 태극이 있어 이것이 양의를 낳는다는 것은, 하나의 理가 나뉘어져 비로소 하나의 奇와 하나의 偶를 낳아서 1획으로 된 것이 둘인 것이다. 양의가 4상을 낳는다는 것은 양의의 위에 각각 一奇一偶를 낳아서 2획으로 된 것이 넷인 것이다. 4상이 8괘를 낳는다는 것은 4상의 위에 각각 一奇一偶를 낳아서 3획으로 된 것이 8인 것이다. 효에 奇가 있고 偶가 있고, 괘가 3획으로써 이루어지는 것은 이런 이유에서일 뿐이다. 모두가 자연스럽게 흘러나오는 것이지 거짓으로 안배한 것이 아니다. 성인이 이미 분명하게 설파했으니 다시 언어를 붙이고 별달리 의론을 세운 뒤에 밝아지는 것이 아니다. 이것은 곧 역학강령(易學綱領)이며 책을 펴는 첫 번째의 뜻(開卷第一義)인 것이다. …… 8괘의 위에 이런 식으로 낳기를 계속하여 6획까지 이르면, 8괘가 서로 중첩하여 64괘를 이루게 된다.[43]

이와 같이 朱熹는 "易有太極是生兩儀……"를 두고 '聖人作易之綱領'이며 '易學綱領 開卷第一義'라고 했는가 하면 '易之精'이라고도 했다.[44] 이 원리는 억지로 사람이 안배한 것이 아니라 "자연히 흘러나온다."(自然流出)라고도 했다. 또 "易有太極是生兩儀……四象生八卦"라

---

43) 朱熹, 『朱子大全』(臺北:臺灣中華書局, 1983), 冊五, 卷 45. pp. 1a~1b. 易有太極是生兩儀者 一理之判 始生一奇一偶而爲一畫者二也 兩儀生四象者 兩儀之上各生一奇一偶而爲二畫者四也 四象生八卦者 四象之上各生一奇一偶而爲三畫者八也 爻之所以有奇有偶 卦之所以三畫而成者 以此而已 是皆自然流出 不假安排 聖人又已分明說破 亦不待更著言語別立議論而後明也 此乃易學綱領 開卷第一義……八卦之上又放此而生之至于六畫則 八卦相重而成六十四卦矣. 이하 『朱子大全』이라 한다.

44) "聖人作易之綱領"은 『朱子大全』, 冊九 卷71, p. 1. 「記林黃中辨易西銘」 참조. "易學綱領 開卷第一義"는 같은 책, 冊五 卷45, p. 1a. 「答虞士朋第一書」 참조. "易之精"은 『朱子語類』, p. 1975 참조.

는 이 순서는 "자연히 순서가 이루어진 것이지 인력으로 안배한 것이 아니다."(自然次第 不由人力安排)라고도 했다.45) 朱熹는 이렇듯 '自然流出'과 '自然次第'를 강조하고 있지만 처음에는 이 자연유출이 너무 기교스러워 보였던 모양이다. "1→2→4→8→……→64……"라는 이 법식을 두고 伏羲는 至淳至厚해서 이처럼 기교스럽지 않았을 것이라고 했는데46) 나중에 소옹의 이 설에 가담하고부터는 문득 자연스러워 보이게 되었던 것 같다.

호위의『易圖明辨』에 의하면 朱熹가 畫卦에서 伊川을 굽히고 康節을 편든 것은 그의 제자 蔡元定 때문이었다고 한다. 채원정은 소옹의 학을 독실하게 믿었기 때문에 소옹의 이 학설을 朱熹에게 고집스럽게 주장하여 마침내 朱熹가 따르게 되었다고 하고 있다.47)

채원정이 이처럼 소옹의 설을 굳게 지지한 까닭은 다음과 같은 데서 말미암은 것이라고 한다. 채원정의 父인 蔡發(建陽人)이 일찍이 『황극경세』를 아들에게 주면서 이르기를, "이것은 공맹의 정맥이다."(此孔孟正脈)라고 했다 한다. 그래서 채원정은 邵學뿐만 아니라 孔孟을 독신케 되었으며 주자는 그를 老友로 삼고 제자의 열에 있게 하지 않았으며 때때로 그의 말에 굽혀 좇게 되고,『啓蒙』은 채원정이 起藁한,「原卦畫」1편의 원고를 이어서 敷暢하게 되었다고 胡渭는 말한다.48) 한편

---

45)『朱子大全』, 冊九, 卷71, pp. 2a~2b 참조.
46)『朱子語類』, p. 1613 참조.『易圖明辨』, p. 330 참조. 丁海王,「주역의 해석방법에 관한 연구」(박사학위논문)(부산대학교대학원, 1990) p. 49에는 소옹의 二分法을 자연스러운 법으로 주희가 처음부터 생각한 것처럼 말하고 있다.
47)『易圖明辨』, p. 330 참조.
48)『易圖明辨』, p. 330 참조.『性理大全』, pp. 2689~2690에서 朱熹는 채원정의 사람됨에 대해 이렇게 말한다. "정치하고 깊은 지식이 있고, 뛰어난 재주가 있고, 뜻을 굽히게 하지 못하며 변설을 궁하게 하지 못한다."(有精詣之識 卓絶之才 不可屈之志不可窮之辯)

朱熹는 程頤가 邵雍의 뜻을 몰랐던 것으로 의심하고 있으나 胡渭가 생각하기로는, 정이와 소옹은 낙양에서 아침저녁으로 왕래했을 텐데 두 사람이 서로 말하고 또 묻지 않았을 리가 없었을 것인 바 이것은 반드시 그 그릇된 까닭을 훤히 보았기 때문에 『역전』은 따르지 않았을 것이라고 호위는 말한다.[49]

아무튼 기교스럽다고 느껴지던 것이 나중에는 자연스러운 것으로 朱熹에게 파악이 된 이 원리의 자연스러움을 그는 『朱子語類』에서 더 부연해서 말하기를 마치 맷돌에서 밀가루를 갈아내는 것과, 점칠 때 옥산통을 던지는 것에 비유하고 있다.

'太極生兩儀'에서부터는 단지 그어 나갈 뿐, 다음의 것에 이르기까지 더 이상 번갈아 가며 획을 그을 필요가 없다. 꼭 밀가루를 갈아 내는 것 같아서, 四이하는 모두 이렇게 자연스럽게 흩어져 나온다. 伏羲 당시에 卦를 그은 것은 다만 옥산통을 던지듯 별달리 용심이 없었다. 역은 다만 음 한번 양 한번뿐이어서 그 시작은 한번은 음이 되고 한 번은 양이다가 할 뿐이다.

양중의 양, 양중의 음이 있고 음중의 양 음중의 음이 있다. 양중의 양 (⚌)에서 위에 얻는 것이 어떤 것인가를 보아 다시 양을 얻으면 곧 ☰이므로 乾一이고, 또 음을 얻으면 곧 ☱이므로 兌二이다. 양중의 음⚍도 위에 얻는 것이 어떤 것인가를 보아, 양이면 곧 ☲이므로 離三이 되고 음을 얻으면 곧 ☳이므로 震四가 된다. 음중의 양(⚎)은 위에 얻는 것이 어떤 것인가를 보아, 양을 얻으면 곧 ☴이니 巽五가 되고, 음을 얻으면 곧 ☵이니 坎六이 된다. 음중의 음(⚏)은 위에 얻는 것이 어떤 것인가를 보아, 만약 양을 얻으면 곧 ☶으로서 艮七이

---

[49] 『易圖明辨』, pp. 330~331 참조.

되고, 다시 음을 얻으면 곧 ☷이니 坤八이 된다. 그 당시에 卦를 그은 뜻을 보면 묘하기가 이루 말할 수 없다.50)

이상과 같은 朱熹의 학설은 소옹의 도가적 사상에다가 자신의 理學을 덧붙인 것으로 볼 수 있다. 『易學啓蒙』에서 朱熹의 이런 면이 더 심화된 모습을 보이고 있는 것 같다. 朱熹의 논설을 듣기로 한다.

> 양의로 나누어지지 아니할 때부터 혼연한 태극에는 4상과 64괘의 理가 이미 그 가운데 찬연했던 것이다. 태극에서 양의로 나누어지면, 태극은 그대로 태극이고 양의는 그대로 양의이다. 양의로부터 4상으로 나누어지면 양의는 또 태극이 되고 4상은 또 양의가 된다. 이로부터 추산하면 4에서 8, 8에서 16, 16에서 32, 32에서 64, 백천만억의 무궁에 이르기까지, 비록 그 획의 나타남이 선후가 있어 인위에서 나온 것 같으나 그러나 그 已定의 形과 已成의 勢는 혼연한 가운데 이미 갖추어져 털끝만치의 사려가 그 사이에 작용함을 불허하나니 정자가 이른바 「가일배법」이라고 한 것이 가위 일언이폐지하였으며 소자가 이른바 8괘를 긋기 전에 역이 있었다는 것이 또한 참으로 망령되지 않음을 보겠다.51)

---

50) 『朱子語類』, p. 1612~1613, 自太極生兩儀 只管畫去到得後來 更畫不迭 正如磨蟻相似 四下都恁地自然撒出來 伏羲當時畫卦只如擲珓相似 無容心 易只是陰一陽一 其始一陰一陽而已 有陽中陽 陽中陰 有陰中陽 陰中陽 看上面所得如何 再得陽卽 是☰ 故乾 一或得陰卽是☱ 故兌 二陽中陰 亦看上所得如何 或是陽卽 是☲ 所以離 三或得陰卽是☳ 所以震四 陰中陽 看上面所得如何 或得陽卽 是☴ 所以巽五 或得陰卽 是☵ 所以坎六 陰中陰 看上所得如何 若得陽卽 是☶ 所以艮七 再得陰卽 是☷ 所以坤八 看他當時 畫卦之意 妙不可言.

51) 『性理大全』, pp. 1015~1016. 自兩儀之未分也 渾然太極而兩儀 四象六十四卦之理 已粲然於其中 自太極而分兩儀則 太極固太極也 兩儀固兩儀也 自兩儀而分四象則 兩儀又爲太極而四象又爲兩儀矣 自是而推之 由四而八 由八而十六 由十六而三十二 由三十二而六十四 以至于百千萬億之無窮 雖其見於摹畫者 若有先後而出於人爲然 其已定之形已成之勢則 固已具於渾然之中 而不容毫髮思慮作爲於

朱熹는, 태극은 다만 一理이기 때문에 그 가운데 萬理를 모두 갖추고 있다는 이학사상으로 卦의 형성을 설명했다. 이 법을 二程은「加一倍法」이라 하고 朱熹는「一分爲二法」또는「四分法」이라 했지만「一分爲二法」이 소옹이 "一分爲二 二分爲四……"라고 한 형식에 더 적합할 것 같다.

아무튼 1 → 4 → 8 → 16 … → 64 → 128 → …라는「一分爲二法」에 의하여 뻗어나갈 수 있는 수는 끝이 없을 것이니 이를테면 64卦의 각 卦 위에 또 一奇一偶를 만들면 7획이 $128(2^7)$이 되고 7획의 위에 또 각각 一奇一偶를 만들면 8획이 $256(2^8)$이 되고 이런 식으로 해서 12획이 되면 그 수는 $4096(2^{12})$이 되어 焦延壽『역림』의 변괘수(64×64=4096)와 합치하게 되고 계속 뻗어 나가서 24획까지 이르면 24획이 $16777216(2^{24})$이 되어 4096×4096과 같아지고, 수가 무한한 만큼 종극을 알 수가 없을 것이다.[52]

2) 反論

(1) 毛奇齡(1623~1716)의 反論

모기령은 청조의 考據易의 경향을 전개한 역학자답게 도서파이든 의리파이든 불문하고 송역 전반에 걸쳐 기탄없이 공박했는데 朱熹에 대한 공격이 우심했다고 전해지고 있다. 이런 그가 邵雍 朱熹의「一分爲二法」을 바라보는 태도가 참으로 날카로웠다.

모기령은 그의『仲氏易』의 모두에서 소옹의 설을 다음과 같이 비판

其間也 程子所謂加一培法者 可謂一言以蔽之 而邵子所謂畫前有易者 又可見其眞不妄矣.

52)『性理大全』, pp. 1035~1037 참조.

하기 시작한다.

> 세상에서는 伏羲의 畫卦함이 陳氏가 준 先天之說과 같다고 생각하고 있는데(소자의 선천도는 陳搏에 의해서 주어진 것이기 때문에 진씨라 칭했다), 兩으로부터 四로, 八로, 十六으로, 三十二로, 六十四로 가는 것이 畫卦의 終始이겠는가? 양의, 사상이란 生卦의 순서이지 畫卦의 순서는 아니다. 인하여 거듭한대[因而重之]라고 함은 三으로써 三을 거듭함이지, 二가 一로 거듭할 수 있거나, 四가 二로 거듭할 수 있거나, 八이 四로 거듭할 수 있음을 이르는 것은 아니다. 그러므로 卦를 이룬 것에 좇아서 보면, 兩으로부터 四, 四로부터 八, 八로부터 六十四에 이르기까지 가능하게 되지 않는 것은 아니지만, 畫卦에 좇아서 보면 그렇지가 않다. 伏羲는 八卦를 그었을 뿐이지, 어찌 64卦를 그었겠는가?「繫辭傳」에서 건곤이 열을 이루니 易이 그 가운데 섰다고 하는 것은 먼저 건곤을 그었다는 것이고, 또 八卦가 열을 이루니 象이 그 가운데 있다는 것은 그 다음에 八卦를 그었다는 것이고, 또 인하여 그것을 거듭하니 효가 그 가운데 있다는 것은 여기에서는 더 긋지 않고 다만 그 그은 것에 의지하여 그것을 겹쳐서 짝지어 64卦를 만들었다는 것이니 易象이 여기서 끝마쳤다.[53]

그리하여 모기령은 소옹의 선천도 전반에 대하여 이른바 '先天圖其

---

53) 毛奇齡,『仲氏易』(臺北:廣文書局, 1974), pp. 3~4. 夫世信以爲伏羲畫卦 如陳氏所授先天之說(邵子先天圖 爲陳搏所授 故 稱陳氏) 由兩而四 而八而十六 而三十二而六十四 爲畫卦之終始乎 夫兩儀四象者 生卦之序 非畫卦之序也 因而重之者 以三重三 非謂二可重一 四可重二 八可重四也 故就其成卦而觀之則 由兩而四 由四而八 由八而至六十四 未爲不可而就其畫卦而觀之則 不然 夫伏羲但畫八卦耳 何曾畫六十四卦乎 繫辭曰乾坤成列 易立乎其中則 先畫乾坤 又曰八卦成列 象在其中則 次畫八卦 又曰因而重之爻在其中則 于是不再畫也 第因其所畫而複配之 爲六十四卦 而易象終焉.

誤有八'이라는 논변을 내어 놓았는데 이것은 호위가 추종하였을 뿐만 아니라 丁若鏞 또한 상당한 영향을 받은 것으로 보인다. 이 여덟 가지 논변 가운데 일곱 번째는 방위도에 대한 비판이지만 次序圖와 전연 무관하다고는 볼 수 없기 때문에 여기에서 함께 살펴보기로 한다.54)

첫째, 획이 번잡하다.

본래 1획은 양이며 2획은 음이어서 1획을 셋을 그어서 건이 되고, 2획을 셋을 그어서 곤이 되어 그 획은 이미 마쳐서 64卦에 이르는 획은 없는데, 이 그림은 기교를 취하여 黑을 음으로 삼고 白을 양으로 삼으니 이것은 伏羲의 획법이 아니며, 伏羲의 획법을 상고해 보면, 黑(大橫圖上의 黑色部分)은 모두 두 획이어서 64卦에는 양이 192획이고 음이 384획이어서 크게 꺼릴 만큼 번잡하지는 않다. 「一分爲二法」은 자연스러운 '因而重之'의 방법이 못 된다고 주장한다.

둘째, 四五는 이름이 없다.

4상이 4획으로 나뉘어져 태양, 소음, 소양, 태음인데 다시 여기에 더하여 16획에 이르고, 또 32획에 이르면 16象, 32象이라고는 말할 수 없겠는데 그렇다면 여전히 4상이라고 부를 것인가라는 의문을 던진다. 따라서 만약 여전히 4상이라고 한다면 八卦가 또 4상을 낳는 것이 되지 않겠느냐고 힐난한다.

셋째, 세 번째와 여섯 번째에서 머무는 법이 없다.

세 번째와 여섯 번째에서는 머물러서 八卦, 64卦가 되고 네 번째와 다섯 번째는 머물지 않고 왜 그냥 스치느냐는 반론이다. 1→2→4→8→16→32→64의 과정은 똑 같은 속도랄까, 계층에 따라 차등 없이 전개되어야 하는데 세 번째는 八卦가 되고 여섯 번째는 64卦가 되어서

---

54) 毛奇齡, 前揭書, pp. 4~6 참조.

균형이 깨어졌다는 뜻이 되겠다.

넷째 원인하지 아니한다.

건곤이 열을 이루어 八卦를 긋기 시작하고, 八卦가 열을 이루어 중괘를 시작한다. 그래서 因而重之라 하는데, 因이란 열을 이루는 卦의 원인인 바, 만약 연달아 획을 그어나가면 어디에도 원인할 수가 없다는 것이다.

다섯째, 부자와 모녀가 나란히 생한다.

乾父坤母가 합해서 6자를 생하는 것은 「계사전」에서 명시한 순서이다. 만약 八卦가 아울러 생한다면 틀렸다.

여섯째, 六子先母, 女先男, 少先長

6자가 坤母보다 앞서고, 兌離가 震에 앞서고, 巽이 坎에 앞서고, 兌 또한 離에 앞서고, 離 또한 巽에 앞서고, 一索 再索의 서술에 모두 맞지가 않는다. 伏羲가 획을 긋는 순서는 반드시 이와 같지 않았다는 것이다.

일곱째, 卦位가 맞지 않다.

「說卦傳」에서 말하는 卦位는 천고에 변함이 없거늘, 소씨의 그림은 『魏氏參同契』의 영향으로 「설괘전」에서 말하는 괘의 순 곧 1乾 2坤 3震 4巽 5坎 6離 7艮 8兌의 순서를 왜곡시켰다는 것이다.

여덟째, 卦數를 杜撰함이 근거가 없다.

卦는 원래 수가 없고 다만 '大衍之數'로 미루어 볼 경우에는 乾六(乾은 西北之卦이기 때문에 地六相成의 수에 해당되어 乾六이 된다) 坤九(坤은 西南之卦이기 때문에 天九相成의 수에 해당되어 坤九가 된다)이어야 하지만, 까닭 없이 乾一, 兌二, 離三, 震四 등의 수가 있으니 이는 근거가 없는 오류라는 것이다.

(2) 胡渭의 反論

모기령이 지적했듯이 호위 또한 소씨 선천도는 본래 도가의 것이어서 남겨둘 것이 없다고 보았다. 그는 『易圖明辨』의 맨 마지막인 「論學易正宗」에서 말하길, 왕필의 『주역주』와 이천 『역전』을 역의 정종으로 삼아야 한다고 했다. 이러한 그이기에 소씨의 畫卦說에 대하여 공박한 모씨의 이른바 여덟 가지 오류는 그에 의해서도 전폭적으로 지지되었다. 다음 두 가지는 특히 강조되었다.

> 畫卦의 법은 三才가 일시에 갖추어진 것이지, 어찌 一奇一偶를 먼저 긋고 그 위에 다시 一奇一偶를 긋는 이치가 있겠는가. 강절은 설시의 순서를 卦를 긋는 순서로 삼았으니 얼마나 괴이한가.[55]

> 생각건대 夫子께서 重이니 兼이니 한 것은 분명히 三을 배로 해서 六을 만드는 것이지, 효를 하나하나 좇아서 점점 생기는 것을 이르는 것이 아니다.[56]

이와 같은 모기령과 호위의 반론은 丁若鏞에 의해서도 많은 부분이 비슷한 형태로 나타난다. 그는 顧炎武(1613~1682)의 『日知錄』과 李瀷(1681~1763)의 『星湖僿說』을 두고 다음과 같이 평한 적이 있다.

> 『일지록』의 학술의론은 십분 마음에 안 든다.… 史傳에 있는 말을 鈔取하여 자기의 立論과 섞어서 책을 만들어서 더욱 난잡하다. 내가 일

---

55) 胡渭, 前揭書, p. 346. 若夫畫卦之法 三才一時俱備 豈有先畫一奇一偶 其上 復爲一奇一偶之理 康節 以揲蓍之序 爲畫卦之序 又何怪乎.
56) 胡渭, 前揭書, p. 384. 按夫子曰重曰兼 明是倍三爲六 非逐爻漸生之謂.

찍이 말하기를,『성호사설』은 후세에 전할 만한 바른 책이 되지 못한다고 했거니와, 옛 사람이 이룬 글과 자신의 의론을 섞어서 책을 이루었으므로 옳은 보기가 될 수 없다. 지금『일지록』도 꼭 이와 같으며…57)

그러나 다음에 보겠지만 一分爲二法에 대한 丁若鏞의 반론은 모기령과 호위의 내용과 방불하고 그 밖의 많은 부분에서 특히 모기령의 학설을 참조한 흔적이 많음에도 불구하고 다만 비평할 때만 모씨를 거명할 뿐이니, 이 또한 위에서 자신이 지적한 고염무와 이익의 累를 자신 또한 범한 것 같다는 짙은 혐의를 갖게 한다고 하겠다.

3. 程頤의 畫卦理論

1) 學說의 內容

정이는 그의『易傳』의 賁卦「彖傳」의 해석에서 다음과 같이 畫卦의 이론을 내세운다.

> 卦의 변은 모두 건곤에서 말미암는데 선유는 깨닫지 못했다. 그러므로 "賁卦는 본래 泰卦였다."라고 말하니, 어찌 건곤이 겹쳐 泰가 되고 다시 또 泰로 말미암아 변하는 이치가 있겠는가? 하체의 離는 본래 건

---

57) 丁若鏞,『與猶堂全書』(서울:驪江出版社. 1992) ③, p. 365. 日知錄其學術議論 却未能十分愜意…鈔取史傳中語 與己所立論者 相雜成書 大是冗雜 吾嘗謂星湖 僿說 未足爲傳後之正本者 以其古人成文 與自家議論相雜 成書 不成義例也 今 日知錄正亦如此. 이하『與猶堂全書』라고 한다.

의 중효가 변하여 離를 이룬 것이고, 상체의 艮은 본래 곤의 상효가 변하여 艮을 이룬 것이니, 離는 안에 있기 때문에 柔가 왔다고 말한 것이며, 艮은 위에 있기 때문에 剛이 올라갔다고 한 것이니, 하체로부터 올라간 것은 아니다. 건곤이 변하여 6子가 되었고 八卦가 겹쳐서 64卦가 되었으니, 이는 모두 건곤이 변함으로 말미암은 것이다.[58]

여기서 건곤이라 함은 八卦(小成卦)를 지칭한다. 건곤이 변해서 6자 卦가 생한다고 했지만, 그 변화하는 방법은 말하지 않고 있다. 아마도 "震一索而得男…"이하의 「繫辭傳」의 이론에 의하여 변하는 것으로 생각했을 것 같다. 이 점에 대해서는 이 설에 대한 朱熹의 반론에서 단서를 얻을 것으로 생각한다. 일단 八卦가 이루어지면 八卦가 겹쳐서 64卦가 될 뿐 거기에는 卦變說에서 보는 바와 같은 그러한 이치는 없다는 것이다. 蘇軾(1037~1101)도 이와 같은 설을 내 놓고 있지만 여기서는 정이의 설만 다루기로 한다.

이 학설은 義理易學家들에 의해 지지된다. 그 대표적인 예로 胡渭와 顧炎武를 들 수 있다.

胡渭는 『易圖明辨』의 맨 끝에 있는 「論學易正宗」에서 王弼의 『周易注』와 程頤의 『伊川易傳』을 역의 正宗으로 삼아야 한다고 주장했으며, 顧炎武는 『日知錄』 권1에서 다음과 같이 말했다.

> 이 6子卦의 변은 모두 건곤에서 왔으니, 復 姤 臨 遯에서 오는 법이

---

58) 卦之變 皆自乾坤 先儒不達 故 謂賁本是泰卦 豈有乾坤重而爲泰 又由泰而變之理 下離本乾 中爻變 而成離 上艮本坤 上爻變 而成艮 離在內 故云 柔來 艮在上 故云 剛上 非自下體而上也 乾坤變而爲六子 八卦重而爲六十四 皆由乾坤之變也. 程顥・程頤, 『二程全書』, 「伊川易傳二」 (臺北:臺灣中華書局, 1986), pp. 27a~27b 참조.

없다. 마땅히 程伊川의 『易傳』을 따라야 한다.[59]

2) 朱熹의 反論

程頤의 畫卦說에 대한 朱熹의 반론은 다양하게 이루어졌는데 몇 가지 측면에서 살펴보기로 한다.

우선 賁卦「象傳」에서 程頤가 말한 것을 두고 兩儀와 四象이 분명치 않다고 말한다.[60] 이 말은 그가 開卷第一義라고까지 말한 "易有太極 是生兩儀……"의 원리에 맞지 않다는 말로 해석한다. 그에 의하면 건곤에서 6子卦가 생기는 것은 1→2→4→8의 도식에서 벗어나서 (2→6)→64의 형식이 되기 때문이다.

두 번째로는 伏羲가 卦를 그은 것으로 말한다면 64卦가 모두 한꺼번에 완료되어[61] 비록 건곤이라 하더라도 타괘보다 먼저일 수가 없다는 뜻인데 一分爲二法의 관점에서는 당연한 논리의 귀결이다. 그렇기 때문에 卦는 一分爲二法에 의하여 乾一, 兌二, 離三, 震四, 巽五, 坎六, 艮七, 坤八의 순서로 생겨나게 되는 바, 乾一과 坤八이 어떻게 6자를 낳을 수가 있겠느냐고 말한다.[62]

셋째로는 제자 董銖와의 문답에서 程頤의 畫卦說이 두루 통할 수가 없을 뿐만 아니라, 程頤가 賁卦「象傳」에 부친 말은 통할 수가 없다고 한다. 그 문답의 내용을 보기로 한다.

董銖의 질문을 요약하면 다음과 같다.

---

59) 顧炎武, 『日知錄集釋』 (長沙:岳麓書社, 1996), p. 7. 是六子之變 皆出于乾坤 无所謂復臨遯而來者 當從程傳.
60) 『周易傳義』 卷九, p. 5b. 伊川說 兩儀四象 自不分明.
61) 『周易傳義』 卷首, pp. 63a~63b. 六十四卦 一時俱了.
62) 『朱子語類』 p. 1667 참조.

「彖傳」에서 卦變을 말한 것은 모두 아홉인데 그 가운데 隨, 蠱, 賁, 咸, 恒, 漸, 渙, 이 일곱 卦는 상하체가 모두 변해야 程頤의 설이 통할 수가 있고, 하나의 체가 변해서 통할 수 있는 卦는 訟, 无妄 두 卦뿐이다. 두 개의 체가 변한 일곱 卦는 剛이 와서 柔에 낮추거나, 剛이 올라가고 柔가 내려온 것을 취한 類는 통할 수가 있지만 하나의 체만 변한 것을 두고서는 오는 것을 밖으로부터 왔다고 하니 그 설명이 막힌다는 내용이다.[63]

이에 대한 朱熹의 답을 요약하면 다음과 같다.

건곤이 변하여 6子卦가 되었다는 것과 八卦가 거듭하여 64卦가 되었다는 것은 결국 모든 卦가 건곤에 말미암아서 생겨났다고 말하는 것에 다름이 없다는 것이다. 그러니까 賁卦「彖傳」에 부친 程頤의 말은 통할 수가 없다고 했다. 다시 말하자면, 건곤이 변해 6자卦가 생기고 八卦가 겹쳐서 64卦가 되었다는 程頤의 말이나 卦變說의 입장에서 건곤이 거듭해서 泰卦가 되고 泰에서 賁가 되었다는 말은 모두가 건곤에서 賁가 생겨났다고 말하는 것이 된다는 말이다.[64]

넷째는 朱熹의 생각에 程頤의 畫卦說은 필경 '震一索而得男…'과의 관계에 연계된 것으로 여겼음인지, '震一索而得男'이하는 이미 卦가 있고 나서 그 卦에서 이러한 뜻(震一索而得男…)이 있는 것을 발견한 것이라고 했다.[65] 이것은 程頤가 건곤이 변해서 6자卦가 된다는 것은, 이 '震一索而得男' 이후의 구절에 의하는 것으로 판단한 상태에서 한 말일 것이다. 그런데 朱熹는 『本義』에서는 '震一索而得男'이하는 揲蓍

---

63) 『周易傳義』 卷首, pp. 61b~62a 참조.
64) 『周易傳義』 卷首, pp. 62a~62b 참조.
65) 李光地, 『周易折中』 (北京:九州出版社, 2002) p. 947 참조. 이하 『周易折中』이라 한다. 『周易傳義』, 卷24, p. 21b 참조.

求卦를 설명하는 것으로 보았으나66) 뒷날『語類』에서는 건은 곤에 구해서 震坎艮을 얻고, 곤은 건에 구해서 巽離兌를 얻으며, 一, 二, 三이란 것은 그 획의 순서라고 하고67) 또 一索 再索의 설은 위에서 말한 바와 같이, 처음 획을 그을 때는 이러하지 않았는데 다만 획을 그어 八卦를 이루고 나서 바로 이 상이 있음을 보았을 따름이라고 하고 있다. 이에 대해 胡炳文(1250~1333)이,『본의』에서 한 말은 朱熹가 미처 고치지 못한 일부분이며 마땅히『어록』이 옳다고 하고, 만약 설시하여 求卦하려고 하면, 이 卦의 순서 (震一索巽一索……)대로 되지 않을 것이기 때문이라고 했다.68) 朱熹는 다시 말하길, '震一索而得男' 이하는 모두 후천의 역이며 소옹의 선천후천의 설이 가장 공이 있다고 덧붙인다.69) 여기서 후천의 역이란 말은 卦를 그은 후에 발견한 원리라는 뜻이 된다.

위에서 살펴본 程頤의 학설은 卦의 변화에서 卦가 생겼다는 점을 두고 본다면 일종의 卦變說로도 볼 수 있을지 모르겠으나, 대체로 卦變이라고 하면 虞飜 등이 설한 내용을 이르는 것이 통례로 되었으며 程頤 또한 이러한 卦變을 배격한 입장이기 때문에 卦變說을 말하는 절목에서 다루지 않고 이처럼 별도로 표장하게 된 것이다.

---

66)『周易傳義』, 卷24, p. 21a 참조.
67)『朱子語類』, p. 1974 참조.
68)『周易傳義』, 卷24, p. 22a 참조.
69)『朱子語類』, p. 1667 참조.

4. 先行 畫卦理論에 대한 丁若鏞의 論辨

1) 丁若鏞의 易學史觀

丁若鏞 易學의 기본노선은 先秦古易의 참 모습을 찾는 데 있다. 우선 선진고역이 전래되면서 변모하는 과정을 丁若鏞은 어떻게 파악하고 있는가를 살펴보기로 한다. 『易學緒言』의 「李鼎祚集解論」에서 다음과 같이 말한다.

> 생각건대 『주역』은 秦火를 면한 까닭에 경문이 흠결이 없다. 『漢書』의 논하는 바에 의하면 商瞿 이래 사승이 끊어지지 않았고, 그 후 荀九家[70]에 이르러서는 그들의 名聞이 활짝 피어 빛나서 그들의 훈고며 의리는 마땅히 오류가 없을 듯한데, 어찌하여 도리어 각자 傳聞이 서로 다르며 고집하는 것이 서로 어긋나는 것일까? 견강부회하고 깨뜨려 부수고 휘감아서 참으로 후세에 그들의 학설을 통일하기는 어렵게 되었다. 그러나 좁은 길이나마 그 門戶를 찾아 더듬어 들어가면 아마도 빗장 걸린 온오한 경지에 도달할 수 있을 것이나, 유학은 불행하게도 이른바 王弼이란 자가 일어나서 사사로운 뜻과 작은 지혜로 백가를 소탕했다. 무릇 商瞿이래 전승되어 온 학설은 죄다 잔멸시켰으니, 卦變을 멸하고 爻變을 멸하고 互體를 멸하고 物象을 멸하고 交易 變易을 멸하고 反對 牉合을 멸했다. 여러 묘한 물도랑을 막고 전혀 탁한 水源을 열었다. 몰래 그 玄虛冲漠의 學을 행해서 온 세상이 혼탁하건만 지당한 말인 줄로 받드니 어찌 개탄스럽지 않는가.[71]

---

70) 『周易四箋』, 卷八, p. 32a 참조. 『荀慈明集』에 실려 있는 九家를 지칭하는데 곧, 京房, 馬融, 鄭玄, 宋衷, 虞翻, 陸績, 姚信, 翟子玄, 荀爽이다.
71) 「李鼎祚集解論」『易學緒言』, 卷一, pp. 202~203. 案周易免於秦火 經文無缺 據漢書所論 商瞿以降 師承不絶 降及九家 名聞韡燁 其訓詁義理宜 若無謬 胡乃

이른바 焚書坑儒라는 秦火를 면할 수 있었던 선진고역은 사승이 끊어지지 않고 荀九家에까지 이르렀건만 어찌하여 고역의 모습은 뒤틀리고 견강부회하게 되었느냐고 자문하면서 못내 안타까워하고 있다. 선진고역을 두고 '扃奧 즉 빗장 걸린 온오한 곳'으로 묘사하고 있거니와, 이러한 그의 경향은 그의 경학이 전반적으로 洙泗學에로의 복귀를 지향하는 태도와 같은 맥락임은 두말할 필요가 없을 것이다. 아무튼 漢易이 통일되어 있지는 못해도 이를 통해 선진고역의 문을 찾아 들어가면 그 참 모습을 되찾을 수 있을 것 같았는데 난데없이 王弼이란 자가 나와서 荀九家의 역을 위시한 제가의 역을 쓸어 버렸다고 개탄한다. 그는 이어서 말하기를, 뒷날 孔穎達이 『왕필주』를 받들어 經으로 하고 감히 의심을 두지 않은 것은 王弼의 오류를 뻔히 알면서 굽은 것을 들어서 바른 것으로 놓은 것이라 했다.72)

先秦 易學 30餘家를 집대성한 것은 九家이고 九家 가운데서도 집대성한 자는 荀爽과 虞飜이라고 하면서, 만약 李鼎祚가 이 二家의 학설을 널리 취하고 제가의 옛 것을 보존시켜 門戶를 세우고 源本을 알았더라면 九家의 학이 없어지지 않았을 것인데, 이 爻에는 侯果(隋唐時人)의 설을 쓰고 저 爻에는 蜀才(名:范長生, ?~318)의 설을 썼기 때문에 으깨어지고 갈리어지고 쪼개어져서 全體本이 있지 못하게 되었다. 제가를 병존시키려다가 도리어 제가로 하여금 모두 깨어지게 하고 말았으니 이것이 恨이지만, 그러나 卦變 爻變의 법과, 互體 伏體의 例와

傳聞 各殊秉執 相舛傳會 穿鑿破碎 纏繞 誠不足以建一統 於來世 然因其蹊徑 尋其門戶 庶可以達於扃奧 而斯文不幸有所謂王弼者 起以私意 小智埽蕩百家 凡自商瞿以來 相承相傳之說 盡行殄滅 滅卦變 滅爻變 滅互體 滅物象 滅交易變易 滅反對胖合 塞衆妙之竇 開純濁之源 以陰售其玄虛沖漠之學 而擧世混混 奉爲至言 豈不嗟哉.

72) 「李鼎祚集解論」『易學緖言』, 卷一, p. 203 참조.

交易 變易 反對 牉合의 妙가 그 표범의 얼룩무늬를 드러내지 않음이 하나도 없다고 하면서 丁若鏞은 그런대로 안도한다.73)

따라서 참으로 『周易』을 연구하려고 한다면 『李鼎祚集解』 十卷을 큰 옥[拱璧]으로 삼아야 한다고 했다.74)

한편, 王弼에 의하여 象數易에 대한 義理易이라는 새로운 역의 길이 열리자 宋代의 程頤가 다시 이를 계승하게 되었다. 王弼과는 달리 노장 대신에 유가의 성리를 천명함을 그 내용으로 하고는 있지만, 丁若鏞이 보기에는 역은 또 한 번 古易에서 일탈되었다고 생각되었을 것이다. 그 후 朱熹에 의하여 선진고역의 모습이 복원되는 하나의 계기로 되었으니 따라서 丁若鏞은 크게 반기고 있는 것이다.

그는 다음과 같이 말한다.

> 한으로부터 송에 이르기까지 역학은 주자에게서 크게 구비되기에 이르러, 名言至理가 많이 『本義』에 들어 있다. 그럼에도 불구하고 俗儒들은 이를 살피지 못하고 있다.75)

漢으로부터 宋에 이르기까지의 모든 易論이 朱熹에 의해 성공적으로 정리되고 있지만, 俗儒는 그것을 알아보지 못하니 안타깝다고 한 것이다. 선진고역에 복귀한다고 해서 기존의 학설을 죄다 烏有로 돌리는 것은 아니었다. 朱熹를 두둔했듯이 그리고, 그의 역학은 모두 朱熹에 근원을 두고 있음을 『周易四箋』의 벽두에서 강조했듯이, 그는 일단

---

73) 「李鼎祚集解論」 『易學緖言』, 卷一, pp. 203~204 참조.
74) 「李鼎祚集解論」 『易學緖言』, 卷一, p. 204 참조.
75) 「朱子本義發微」 『易學緖言』, 卷二, p. 285. 自漢而降 易學大備於朱子 名言至理 多在本義 而俗儒不察.

朱熹를 통하여 다시 한역으로 육박했다고 볼 수 있다. 그러나 단순한 소급이 아니라 超克이며 그 초극이란 역의 始原에 입각한 창신이었다.

丁若鏞의 이와 같은 역학태도는 考據를 중시하는 청조의 고증학 탓이라고 보기보다는, 그 당시의 시대가 西勢東漸에 의해 기존의 질서가 조금씩 괴리와 균열 현상을 나타내 보이는 가운데, 大臣의 지위에 있는 자들은 이른바 "持大體"라는 세 글자만을 가지고 천하만사를 다한 것으로 생각하는[76] 무기력하고 나태한 행정 행태와 '티끌 하나도 병들지 않는 것이 없는',[77] 극도로 피폐된 서민 사회를 연민하는 그가, 사상계 일우에서 점차 고조되어 가던 이른바 實事求是의 사조를 누구보다도 환호했을 것은 너무도 당연하기 때문이다.

아무튼 선진고역으로 회귀하여 다시 창신을 도모하려 하는 그의 역학 노선은 推移 物象 互体 爻變이라는 상수적 방법론을 '易有四義' '四法' 등의 이름으로 체계화하게 된다. 여기서 그의 推移論은 伏羲 당시로 소급되어 卦의 존재원리로 다루어지고 있지만, 내용면에서는 한유의 卦變說에서 발전된 형태였다. 그의 역학의 원류가 朱熹에 있다[78]고 한 그의 말과는 달리, 이렇게 畫卦論에서부터 邵雍·朱熹의 一分爲二法을 단호히 배격한 까닭은 물론 그 이론 자체의 모순이 주된 이유가 되겠지만 또 다른 배경이 작용했다고 생각된다. 첫째 한유들의 학설이 비록 각양각색으로 뒤틀려 있긴 했어도, 공자로부터 비교적 멀지 않고, 사승의 계통이 분명해서 그런대로 卦變 爻變 등의 선진고역의 편린들이 이른바 '표범의 얼룩무늬'(豹斑)처럼 드러나고 있다는 것

---

76) 「邦禮艸本序」『與猶堂全書』, ②, p. 353 참조. 제목이 『經世遺表』에서는 「經世遺表引」으로 되어 있다.(같은 책 ⑭, p. 5 참조)
77) 「經世遺表引」,『與猶堂全書』⑭, p. 8. 竊嘗思之 蓋一毛一髮 無非病耳.
78) 『周易四箋』卷一, pp. 1a~1b 참조.

과 둘째, 노장사상에 침투된 이른바 玄虛沖漠之學인 왕필의 역학이 魏晉時代의 시대적 대세에 따른 것이었긴 해도 丁若鏞이 염두에 그리는 선진고역에 대해서는 실로 '진압되지 않은 반란'과도 같은 것이었는데, 지금 또 다시 一分爲二法이란 도사 陳搏에 연유한 학설을 대하기란 丁若鏞으로서는 자못 못 마땅했을 수도 있기 때문이다. 비록 丁若鏞이 朱熹를 그의 역학의 근원으로 말하고는 있지만 그러나 이처럼 丁若鏞의 학문 방법은 취사선택이 경우에 따라 단호하고 냉철하고 또 엄격했다. 朱熹의 학설에 반론을 펴긴 했지만 朱熹의 卦變說에 대해선 일단 찬성하고 있는 태도를 이해할 수 있다.

2) 邵雍・朱熹의 畫卦理論에 대한 丁若鏞의 論辨

다음은 邵雍・朱熹의 「加一倍法」에 대한 丁若鏞의 비판을 보기로 한다.

丁若鏞은 『周易四箋』의 벽두에서 그의 '易有四法'인 추이, 물상, 호체, 효변은 모두 '주자의 뜻'(朱子之義)이라고 하고 있다.[79]

그러나 우선 丁若鏞이 작성한 「推移表」는 朱熹의 「卦變圖」와 그 내용이 대부분 일치하지 않고 있다. 또 朱熹는 그의 「卦變圖」가 "역 가운데 하나의 뜻일 뿐 畫卦하여 역을 지은 본지는 아니다."라고 하고 있다. 그럼에도 불구하고 「卦變圖」를 그의 『본의』의 벽두에 실어 놓음으로 해서 마치 朱熹가 卦變을 畫卦의 논리로 취하고 있는 것으로 오해될 소지가 생겼다.

따라서 丁若鏞이 자신의 推移가 朱熹의 뜻이라고 하는 것은 우선은

---
79) 『周易四箋』 卷一, p. 1a~1b.

모순되는 논리로 생각될 수도 있다. 생각건대 朱熹가 '역 가운데 하나의 뜻'이라고 한 것은 전술한 바와 같이 '畫卦의 뜻을 제외한 여타의 뜻'으로 해석해야 한다. 그렇다면 畫卦의 뜻을 제외한 하나의 뜻이란 과연 무엇을 뜻하는가? 朱熹는 분명히 畫卦에 관한한 소옹의「一分爲二法」에 찬동한 것이기 때문에 그의「卦變圖」는 획을 그은 원리로 해석한 것이 아니고 卦의 한 존재형식으로 파악하고 있을 뿐이라고 해야 함은 누차 언급한 바와 같다. 전래의 卦變說은 卦의 존재형식일 뿐만 아니라 畫卦의 원리이기도 하지만 朱熹는 자신의「卦變圖」의 원리가 이들과 내용면에서 본다면 기본적으로 비슷하지만 卦를 존재의 측면에서 해석하고자 했을 뿐이다. 따라서 朱熹가「卦變圖」를 그의『易本義』에 싣고 다시 소옹의「一分爲二法」에 동조했다고 해서, 畫卦에 관하여 두 가지 설을 취한 것으로는 볼 수 없을 것이다.

그렇다면 畫卦의 논리로 보지 않은 朱熹의 卦變에 丁若鏞은 그의 推移의 뜻을 결부시키면서 자신의 推移가 '朱熹의 뜻'이라고 한 것은 推移와 卦變이 같은 의미의 원리라는 것이다. 한유의 卦變이 畫卦의 원리라면 丁若鏞의 推移는 朱熹의 생각처럼 卦의 존재형식, 즉 구성원리라고 하는 점에 있어서 그 내용의 유사성에도 불구하고 한유의 卦變說과는 근본적으로 그 의미를 달리한다고 하겠다. 따라서 자신의 推移를 朱熹의 뜻이라고 한 것은 모순되는 말이라고는 할 수 없다.

이와 같이 畫卦의 논리가 아니라고 朱熹 자신이 못을 박고 있음에도 불구하고 丁若鏞은 자신의 推移論이 굳이 朱熹의 뜻이라고 하는 까닭을 알 수 있겠거니와 다른 한편으로는 畫卦의 논리로 확실하게 찬동한 소옹의「一分爲二法」에 대해서는 부정적 견해를 가진다. 본디 그는, 邵子先天之學은 옛 경전에 증거가 전혀 없다고 말하는가 하면 또

邵子의 先天之學은 古(經)에 徵驗이 있어야 하는데 만약 그렇지 못하면 그는 감히 믿지 못하겠다고 말하면서 이를테면, 先儒가 先天을 體로 삼고 後天을 用으로 삼는다는 것은 통할 수가 없다고 말하기도 했다. 왜냐하면 "車는 車體가 있은 후 바야흐로 車用이 있고, 舟는 舟體가 있은 다음 바야흐로 舟用이 있는데, 車體면서 舟用이 되고 舟體이면서 車用인 것은 이치가 통하지 못하니 '先天之體而後天之用'은 타당한 이치가 있겠는가."(車有車體而後方有車用 舟有舟體而後方有舟用 車體而舟用 舟體而車用者 理所不通 先天之體而後天之用 有是理乎)라고 힐난하기도 한다.80) 사실 우리의 주변에는 많은 사람들이 입버릇처럼 "선천은 체이고 후천은 용이다."라는 말을 남발하고 있지만 丁若鏞의 시각에서 보면 한낱 공허한 메아리일 따름이다. 이러한 그이기에 그의 『易學緖言』에서 소옹의 「8괘차서도」에 대하여 다음과 같이 비판하고 있다.

> 이 그림은 이치에 맞지 않다. 伏羲가 卦를 그은 순서는 반드시 이러하지 않을 뿐만 아니라, 천지음양의 氣에도 단연코 이러한 象은 없다. 어찌하여 그렇다고 말하는가? 태극이란 음양혼돈의 物인데 태극이 나뉘어져 一陽一陰이 생기는 것은 가하지만, 一陽이 이미 순양인데 어떻게 소음을 생할 수 있으며, 一음이 이미 순음인데 어떻게 소양을 생할 수 있는가? 만약 양중에 음을 包하고 음중에 양을 包한다고 한다면 一양은 여전히 태극이고 태극은 여전히 一음이고 혼돈은 여전히 나뉘지 않은 것이다. 그림에 의거하면 태극이 반으로 파해서 음양이 되고,

---

80) 「邵子先天論」『易學緖言』, 卷二, p. 324~325 참조. 尙秉和는 『焦氏易林』이 이미 선천과 후천의 괘상을 이용했고, 가장 먼저 선천괘상으로 강론한 것은 『左傳』이지만 『초씨역림』이 더욱 상세하므로, 소옹의 학이 모두 근본한 바가 있다고 주장한다.[廖名春『前揭書』, p. 753 참조]

양이 반으로 파해서 태양과 소음이 되고, 태양이 반파해서 건이 되고 태가 되니, 이 법식대로 미루어 구하면 건이 반파해서 또한 마땅히 一 음一양이 되고, 곤의 예도 또한 그러하니, 이것은 건은 순양의 卦가 될 수 없고, 곤은 순음의 卦가 될 수 없으니 가히 통하겠는가? 또, 이 른바 太陽은 九이며 少陽은 七이며 太陰은 六이며 少陰은 八이다. 純 을 太라 이르고 雜을 少라 이르니, 老穉며 長幼의 명칭은 본디 스스로 구차하지 않았다. 지금 이른바 태양이란 것이 여전히 一음을 包해서 兌卦를 낳고, 이른바 태음이란 것이 여전히 一양을 包해서 艮卦를 생 하니 본디 純物이 아닌데 어찌 써 太라 이르는가?[81]

1→2→4→8→16→32→64. 이렇게 이어지는 과정에서 1→2가 되 는 과정 곧 태극이 나뉘어 양의가 되니 타당하지만, 2→4가 되는 과 정, 곧 양의가 4상을 낳는다고 하는 과정에서 양의란 하나는 순음이고 하나는 순양인데, 어찌 양이 음을 낳고 음이 양을 낳아서 4상이라고 하는가라고 반박한다. 4→8, 8→16, 16→32, 32→64의 모든 과정도 양이 음을 낳고 음이 양을 낳는 것이니, 이런 이치는 伏羲 畫卦의 순 서도 아닐 뿐만 아니라, 천지음양의 氣에도 단연코 이런 이치는 없다 는 것이다. 건은 순양인데 건이 半破해서 1음1양이 되고 곤은 순음인 데 곤이 半破해서 1음1양이 된다고 하는 사상은 건도 순양이 아니고

---

81) 「邵子先天論」『易學緖言』, 卷二, p. 313. 此圖不合於理 不惟伏羲畫卦之序 必 不如是卽 天地陰陽之氣 斷無此象 何以言之太極者 陰陽混沌之物 太極分而生一 陽一陰可也 一陽旣是純陽 如何生得少陰 一陰旣是純陰 如何生得少陽 若云陽中 包陰 陰中包陽 是一陽仍是太極 太極仍是一陰 混沌仍未分矣 據圖 太極半破 爲 陰陽 陽半破爲太陽少陰 太陽半破爲乾爲兌 推此例而求之則 乾半破亦當爲一陰 一陽 坤例亦然 是乾不得爲純陽之卦 坤不得爲純陰之卦 而可通乎 且所謂太陽者 九也 少陽者七也 太陰者六也 少陰者八也 純者謂之太 雜者謂之少 其老穉長幼 之名 原自不苟 今所謂太陽者 仍包一陰以生 兌卦所謂太陰者 仍包一陽以生 艮 卦本非純物 何以謂之太也.

곤도 순음이 아니게 되니 이러한 모순이 어디 또 있겠느냐고 반박한다. 太란 純의 뜻이고, 少란 雜의 뜻이어서 老稚며 長幼의 명칭은 아무렇게나 붙인 명칭이 아닌데,「一分爲二法」에 의하면 태양이 1음을 包해서 兌가 되고, 태음이 1양을 포해서 艮이 된다고 하는 것은 태양이 순양이 못되고, 태음이 순음이 못되는데 어찌 太陽 太陰이라 할 수 있겠느냐고 힐난한다.

다시 또 반론을 편다.

> 또 凡例가 적은 것을 위주로 하기 때문에 '陽卦多陰 陰卦多陽'이라고 했는데, 이것이 六子卦가 남녀를 구별한 까닭이다.
> 이 그림은 震坎을 陰卦로 삼고 巽離를 陽卦로 삼아서 양이 변해 음이 되고 女가 화해서 男이 되어 문왕이 설괘에서 말한 바와는 서로 어긋나서 틀림을 드러내니 역도가 크게 어지러워지고 三聖의 遺義를 돌이킬 수 없게 된 것이다. 비록 一二三四의 순서로 말한다 하더라도 坤母가 생하지 않았는데 六子가 먼저 길러졌고, 震兄이 생하지 않았는데 兌妹가 먼저 나서, 모자 형제의 순서가 난잡하고 序統이 없으니 어찌 천지의 이치가 본디 이와 같다고 이를 수 있겠는가? 八卦를 부모의 倫序로 보면 一乾, 二坤, 三震, 四巽, 五坎, 六離, 七艮 그리고 八兌이다.[82]

이미 언급한 바 있는 毛奇齡의 이른바 '其誤有八'[83] 가운데서 다섯

---

82) 「邵子先天論」『易學緖言』卷二, pp. 313~314. 且凡例少者爲主 故曰陽卦多陰 陰卦多陽 此六子之卦 所以別男女也 此圖以震坎爲陰卦 巽離爲陽卦則 陽變爲陰 女化爲男 與文王說卦之所言 顯相乖謬 易道大亂 無復三聖之遺義也 雖以其一二三四之序 言之 坤母未生而六子先育 震兄未生而兌妹先産 母子兄弟之序 雜亂無統 何得云天地之理本自如此乎 八卦以父母之倫序則 一乾二坤三震四巽五坎六離七艮而八兌也.

째와 여섯째의 내용과 같다. 아마도 毛씨의 견해에서 영향을 받은 것으로 생각한다. 丁若鏞은 이때 이미 모씨를 비롯해서 閻若璩(1636~1704) 등 청조 경학가의 저서를 그의 저서와 시문의 도처에서 다루고 있기 때문이다.84)

朱熹는 「伏羲八卦次序圖」의 부록에서 다음과 같은 말을 한다.

> 兩儀의 위에 각각 한 奇와 한 偶를 낳아서 2획이 된 것이 넷이면 이것을 四象이라고 하니, 그 위치는 太陽이 1이고 少陰이 2이고 少陽이 3이고 太陰이 4이며, 그 수는 太陽이 9이고 少陰이 8이고 少陽이 7이고 太陰이 6이니…85)

그는 또 「河圖洛書」의 부록에서 다음과 같이 말한다.

> 옛 사람이 易을 지음에는 그 교묘함을 말로 다할 수가 없다. 태양의 수는 9이고, 소음의 수는 8이며 소양의 수는 7이고 태음의 수는 6이니, 처음에는 또한 그 수가 어찌하여 이렇게 되었는지를 알지 못하였고, 원래 다만 10수였다. 태양은 一에 있으니 本身을 제하면 곧 9가 되고, 소음은 二에 거하니 본신을 제하면 곧 8이며, 소양은 三에 거하니 본신을 제하면 곧 7이 되고, 태음은 四에 있으니 본신을 제하면 곧 6이 된다. 이러한 부분을 모두 일찍이 아는 사람이 없었다.86)

---

83) 毛奇齡, 前揭書, p. 4 참조.
84) 「茶山問答」『易學緖言』卷四, p. 486, 『與猶堂全書』②, p. 532, 上揭書 ⑧, p. 330 등.
85) 『周易傳義』卷首, p. 25a. 兩儀之上 各生一奇一偶 而爲二畫者四 是謂四象 其位則太陽一 少陰二 少陽三 太陰四 其數則太陽九 少陰八 少陽七 太陰六…
86) 『周易傳義』卷首, pp. 22b~23a 古人做易其巧不可言 太陽數九 少陰數八 少陽數七 太陰數六 初亦不知其數 如何恁地元來 只是十數 太陽居一 除了本身 便是

위의 두 인용문에서 朱熹가 말하는 뜻은 태양 소음 소양 태음의 위치는 각각 1, 2, 3, 4이고 그 수는 각각 9, 8, 7, 6인데, 10에서 위치의 수 1, 2, 3, 4를 각각 빼면 각각의 수가 된다는 것이다.

이에 대해 丁若鏞은 다음과 같이 비판한다.

> 선천횡도가 본래 生卦의 근본이 되는 이치도 아니고 畫卦의 근본이 되는 법식도 아니다. 그러나 一이 둘을 생할 때 둘이 일시에 나란히 생하고, 둘이 四를 생할 때 네 개가 일시에 나란히 생하는 것은 마치, 초목이 땅에서 나올 때 본디 단지 하나의 줄기가 나뉘어 두 가지로 나오고 두 가지는 일시에 나란히 생하고 아울러 선후의 차례가 없고 두 가지가 또 4개의 곁가지를 나뉘어 나오는데 네 개의 곁가지는 일시에 나란히 생해서 또한 선후의 차례가 없는 것과 같은 것이다. 이제, 사람이 나뭇가지를 두고 命해 말하기를, 이것은 첫째 가지, 저것은 둘째 가지라고 하는 것은 아마도 이치가 아닌 데 부딪치지 아니함이 있지 않다.[87]

그는 또 이어서 말하기를, 1태양 4태음도 본시 이치가 아니어서 1, 2, 3, 4가 분명치 않게 된다고 하고, 따라서 그에 말미암아서는 9, 8, 7, 6이 성립할 수가 없다고 한다. 그의 주장을 들기로 한다.

> 이른바 本身이란 것은 實數이어야 하는데 형과 아우의 순서를 가지

九箇 少陰居二 除了本身 便是八箇 少陽居三 除了本身 便是七箇 太陰居四 除了本身 便是六箇 這處都不曾有人見得.

[87] 「邵子先天論」『易學緒言』卷二, pp. 326~327. 先天橫圖 固非生卦之本理 亦非畫卦之本法 然 一生兩時兩箇一時並生 兩生四時四箇一時並生 如草木出土 本只一幹 分出兩枝 兩枝一時並生 並無先後之序 兩枝又分出四條 四條一時並生 亦無先後之序 今人取木條 命之曰此是第一枝 彼是第二枝 未有不擊其非理者.

고 본신의 수에 해당시키는 것은 옳지 않다. 荀氏八龍은 그 제3을 제거하면 곧 7人이니(8-1=7), 5人이라고(8-3=5) 말하는 것은 옳지 않고, 竹林七賢은 그 제4를 제거하면 곧 6人이니(7-1=) 3人이라고(7-4=3) 말하는 것은 옳지 않다. 하물며 까닭도 없고 뜻도 없이 스스로 그 身을 제하여 나머지 수를 本數로 삼는 것은 또한 무슨 이치인가? 이것은 揲蓍作卦의 법에서, 매번 단지 1획이 이미 노양 노음 소양 소음이 있는데, 지금 선천지법은 두 번째 획에 이르러 이에 이 二老二少가 있으니 이와 같이 살핀다면, 乾初九 坤初六은 모두 해석할 수가 없게 되는 것은 이를 어찌할 것인가?[88]

위의 두 인용문에서 보는 바와 같이 태양 태음 소양 소음은 생겨나는 순서가 정해져 있는 것이 아님을 나뭇가지가 생겨나는 것에 비유하고, 설령 이런 서열이 성립한다 하더라도 자리의 수에 불과한 1, 2, 3, 4를 10에서 빼는 것은 부당하다는 것을 荀氏집 八龍과 竹林七賢에서 어느 한 사람을 빼면 나머지는 7이고 6이지 荀氏八龍에서 셋째를 빼면 荀氏四龍이 된다고는 할 수 없고, 竹林七賢에서 넷째를 빼면 竹林三賢이 될 수 없다는 비유로서 극명하게 나타내었다. 나무에 따라서는 가지가 차례차례 나오는 나무도 있고, 한꺼번에 생겨나는 가지도 있지만 丁若鏞이 비유한 나뭇가지는 후자의 경우를 두고 말한 것이다. 二老二少는 揲蓍作卦시에 한 획이 이루어질 때마다 결정되는 법인데 소씨선천의 법은 제2획이 그어질 때 결정되는 것으로 되니, 그렇게 되면

---

88) 「邵子先天論」『易學緖言』卷二, p. 327. 所謂本身必用實數 不可以兄弟序次遂當本身之數 荀氏八龍除其第三仍是七人 不可曰五人也 竹林七賢除其第四仍是六人 不可曰三人也 況無故無義 自除其身 乃取其所餘之數 以爲本數 抑何理也 且揲蓍作卦之法 每只一畫已有老陽老陰少陽少陰 今先天之法 畫到第二畫 乃有此二老二少 審如是也 乾初九坤初六都不可解 將若之何.

乾初九니 坤初六이니 하는 것은 무의미하게 되어서 해석이 불가능하게 된다는 것을 지적했다.

朱熹는 또 6, 7, 8, 9라는 이른바 4상의 수를 하도와 낙서에 관련시켜 다음과 같이 말한다.

> 老陽의 位는 一이고 老陰의 位는 四이다. 지금 하도는 老陽의 9가 4의 밖에 있고, 老陰의 6이 또 1의 밖에 있다. 이것이 老陰老陽이 그 집에 서로 갈무리하는 것이다. 少陰의 位는 二이고 少陽의 位는 三인데 河圖는 少陰의 8이 3의 밖에 있고 少陽의 7이 또 2의 밖에 있다. 이것이 少陰少陽이 그 집에 서로 숨는 것이다.[89]

이에 대한 丁若鏞의 견해를 듣기로 한다.

> 하도 낙서는 별달리 깊은 이치가 없다. 오직 1·2·3·4를 中層에 벌이고, 6·7·8·9를 밖에 둘러서, 1과 6이 서로 짝하고, 2와 7이 서로 짝하고, 3과 8이 서로 짝하고, 4와 9가 서로 짝지어 天地生成의 수로 생각하였다. 이를테면 鄭康成의 설은 이것에 그칠 따름이다. 이로부터 선유가 蓍卦에서의 7·8·9·6의 명칭을 취하여 成數에 붙이고, 또 「先天橫排圖」의 1·2·3·4의 標를 취하여 生數에다 붙여서 彼와 此를 비춰봐서 종일토록 기이함을 부르짖어, '天地의 현묘한 이치'[玄竅]로 삼았다.
> 그러나 天一이 生水하니 地六이 그것을 이루고, 地二가 生火하니 天七이 그것을 이룬다는 것은 곧 하도의 근본이 된 법이지만, 나는 天

---

89) 『周易傳義』 卷首, pp. 16a~16b. 老陽之位一 老陰之位四 今河圖以老陽之九居乎四之外 而老陰之六却居乎一之外 是老陰老陽互藏其宅也 少陰之位二 少陽之位三 而河圖以少陰之八居乎三之外 少陽之七各居乎二之外 是少陰少陽互藏其宅也.

一이 生水하여 어떻게 老陽이 되며, 地二가 生火하여 어떻게 少陰이 되며, 天三이 生木하여 어떻게 少陽이 되며, 地四가 生金하여 어떻게 老陰이 되는지를 알지 못한다. 어찌 『주역』의 법식이 坎이 老陽이 되고, 離가 少陰이 되며, 震이 少陽이 되고 兌가 老陰이 되겠는가? 「先天橫排之圖」일 것 같으면, 乾兌가 老陽에 속하고, 離震이 少陰에 속하고, 巽坎이 少陽에 속하고, 艮坤이 老陰에 속해서, 이른바 1・6 坎水, 2・7 離火, 3・8 震木, 4・9 兌金의 설은 左가 어그러지고 右가 일그러져서(左乖右舛) 하나도 서로 합치하지 아니 하니 이 또한 그칠(息) 바를 알겠다. 또 하필 東을 칠하고 西를 지워서 구차히 하나라도 합하기를 바라리오. 요컨대 9・6・7・8이란 것은 卦畫의 변한 것과 변하지 않은 것이다. 水火生成의 수와 太極剖判의 이치는 모두 서로 마땅할 수가 없다. 선유는 이 蓍卦에서의 지극히 요긴한, 지극히 절실한 수의 이름[數目]을 水火生成의 數와 太極剖判의 圖에서 거짓 써서, 揲蓍해서 卦를 구하는 것에 미치었다. 여전히 무엇이 九가 되고 무엇이 六이 되며, 무엇이 七이 되고 무엇이 八이 되는지를 모른다. 乾初九, 坤初六의 뜻을 물어 보면 모두가 서로 놀라서 눈을 둥그렇게 뜨고 보며 서로 대치하지 못한다. 혹은 이르기를 陽數는 9에서 극한다 하나 陰數는 6에서 극하지 아니하니 그 설명은 여전히 통하지 아니한다. 급한 바를 버리고 느슨한 바를 힘쓰며, 그 實을 버리고 그 虛를 좇음이 이것보다 심한 적이 없었다. 이는 「太極橫排之圖」와 「河圖」의 서로 짝지어 거는 법은 모두가 역학의 큰 장막[大蔀]이니 감히 변설치 않을 수가 없다.[90]

---

90) 「邵子先天論」『易學緖言』卷二, pp. 333~334. 河圖別無深理 唯一二三四列于中層 六七八九環于外面 而一六相配 二七相配 三八相配 四九相配 以爲天地生成之數 如鄭康成之說而已 于是先儒取蓍卦之家 七八九六之名附之於成數 又取先天橫排之圖 一二三四之標 附之於生數彼此照觀 終日叫奇 以爲天地之玄黴 然天一生水 地六成之 地二生火 天七成之 乃河圖之本法 吾不知天一生水 何以爲老陽地 二生火何以爲少陰 天三生木何以爲少陽 地四生金何以爲老陰 豈周易之

河圖에서 天一이 生水하여 老陽이 되는 까닭과, 地二가 生火하여 少陰이 되는 까닭과, 天三이 生木하여 少陽이 되는 까닭과, 地四가 生金하여 老陰이 되는 까닭을 이해할 수가 없다는 것과 이미 소옹의 畫卦說에서 「一分爲二法」의 불합리한 점을 지적했지만, 이 「橫排圖」에서의 老少와 一致하지 않는다는 것이다.

즉 소옹의 「橫排圖」에서는 乾兌가 老陽인데 「河圖」에서는 天一이 生水하는 坎이 老陽이 되고, 「橫排圖」에서는 離震이 少陰인데 「河圖」에서는 地二가 生火하는 離가 少陰이 되고, 「橫排圖」에서는 巽坎이 少陽에 속하는데 「河圖」에서는 天三이 生木하는 震이 少陽이 되고, 「橫排圖」에서는 艮坤이 老陰에 속하는데 「河圖」에서는 地四가 生金하는 兌가 老陰이 되니 「橫排圖」와 「河圖」가 서로 호응해서 일치하지 아니한다. 丁若鏞에 의하면 九六七八이란 것은 蓍卦에서의 수의 명칭[數目]인데, 선유들은 이 숫자를 끌어다가 水火生成의 數(즉 「河圖」)와 太極剖判의 圖(즉 「橫排圖」)에 붙여서 결국 「河圖」와 「橫排圖」가 揲蓍求卦의 원리를 말하는 것에까지 영향을 미치고 말았다. 또 본시 九六七八이란 揲蓍求卦에서 老를 九 六, 少를 七 八이라 하는 것인데 왜 老陽은 九를 쓰고, 老陰은 六을 쓰는가에 대해서 유감되게도 학자들은 알지 못한다고 丁若鏞은 매우 힐난하고 있으며 「河圖」와 「橫排圖」를 짝을 지워서 그 이치를 말하는 것은 역학의 大蔀라고 한다. 왜 老陽을

例 坎爲老陽 離爲少陰 震爲少陽 兌爲老陰乎 若如先天橫排之圖則 乾兌屬於老陽 離震屬於少陰 巽坎屬於少陽 艮坤屬於老陰 與所謂一六坎水 二七離火 三八震木 四九兌金之說 左乖右舛 一不相合 斯亦可以知所息矣 又何必東塗西抹 苟冀其一有合哉 總之九六七八者 卦畫之所以變與不變也 與水火生成之數 太極剖判之理 都不相當 先儒取此蓍卦之家 至要至切之數目 移以冒之於水火生成之數 太極剖判之圖而及其揲蓍以求卦也 仍不知何者爲九 何者爲六 何者爲七 何者爲八 試問之以乾初九坤初六之義 皆相顧愕眙 不能置對 或云陽數極於九 未有甚於是者 是知太極橫排之圖 河圖配搭之法 皆易學之大蔀 不敢不辯.

九라하고 老陰을 六이라 하는가에 대한 설명은 뒤의 爻變論에서 다루기로 하거니와, "乾初九 坤初六의 뜻을 물어 보면 모두가 눈을 둥그렇게 뜨고 보며 서로 대치하지 못한다. 혹은 이르기를 양수는 9에서 극한다 하나, 음수는 6에서 극하지 아니 하니 그 설명은 여전히 통하지 아니 한다."라는 대문은 丁若鏞과 惠藏禪師가 白蓮社(寺)에서 벌인 하룻밤 논변을 떠올리게 한다. 그 내용은 『與猶堂全書』의 「兒巖(菴)藏公塔銘」 및 「上仲氏一辛未冬」에 소개되고 있는 바 이를 요약하면 다음과 같다.

丁若鏞과 惠藏禪師가 白蓮社(寺)에서 만나 하룻밤 유숙하게 되는데, 惠藏이 易을 말함이 자못 방약무인하였다. 밤이 깊어 베개를 나란히 하고 누우니, 서쪽 창에 달빛이 낮과 같았다. 丁若鏞이 그를 당기며 "藏公! 자오?"라고 하니, 惠藏은 "아닙니다."라고 했다. 丁若鏞이 乾初九의 뜻을 물으니 惠藏은 九는 양수의 끝이라고 답한다. 정약용이 다시 묻기를 음수는 어디에 그치는가라고 하니, 十에서 그친다고 답한다. 그렇다면 坤卦는 왜 初十이라고 말하지 않는가라고 묻자, 惠藏은 오랫동안 깊이 생각하다가 벌떡 일어나 옷깃을 바로 잡고 호소하기를, "山僧이 20년 동안 역을 배운 것은 모두 헛된 물거품이었습니다.(山僧二十年學易皆虛泡) 묻고자 합니다. 坤卦의 初六은 어찌하여 이른 것입니까?"라고 한다. 그러나 丁若鏞은 "모르겠소. 歸奇의 법이 맨 뒤의 셈은 4나 2로 모두 奇數로 삼는데, 2와 4는 偶數가 아니오?"라고 하자, 惠藏은 처연히 한숨을 쉬며, "우물 안 개구리와 초파리[醯雞]는 참으로 스스로 슬기로운 체 할 수 없구나!"라고 하면서 더 가르쳐 달라고 하지만 丁若鏞은 그날 밤 끝내 침묵한다.

아무튼 이날 밤 이후 두 사람은 知己가 되지만, 惠藏은 이로 하여 마음의 병이 깊어 간 모양이다. "스스로 자신을 그르친 걸 후회하며 홀홀히 즐기는 기색이 없어졌다."(自悔誤身 忽忽不樂)(上仲氏) 한다. "詩를 탐하고 술에 빠지고 소요하며 엎드리다가 우러르다가(耽詩縱酒 逍遙偃仰) 네댓 해를 그러다가"(塔銘) 나이 40세로 요절한다. 그는 죽음에 이르러 자주자주 홀로 뇌기를 '無端兮'(방언으로 '무단히'란 뜻) '無端兮'라고 하고 또 '夫質業是'('부질없이'란 뜻) '夫質業是'라고도 했다 한다.(上仲氏) 아마도 丁若鏞을 통해 『周易』을 깊이 이해하자 空이 아닌 天命의 존재를 깨닫게 된 데 말미암은 자신의 생에 대한 悔恨의 모습인지도 모를 일이다.("歸奇의 법 云云…"에 대해서는 뒤의 「卦를 求하는 原理」에서 자세히 설명한다.)

다음은 「經世衍易圖」에 대한 丁若鏞의 견해를 보기로 한다.

胡方平(宋元 사이의 사람)이 邵子 「經世衍易圖」에서 太陽을 乾으로 삼고, 太陰을 兌로 삼고, 少陽을 離로 삼고, 少陰을 震으로 삼는 이 네 卦는 陽儀에서 오기 때문에 天四象이 되고, 少剛을 巽으로 삼고, 少柔를 坎으로 삼고, 太剛을 艮으로 삼고 太柔를 坤으로 삼는 이 네 卦는 陰儀에서 오기 때문에 地四象이라 한다는 내용을 두고 丁若鏞은 다음과 같이 논평한다.

> 「易大傳」에서 "하늘의 도를 세워서는 음과 양이라 하고, 땅의 도를 세워서는 유와 강이라 한다."[立天之道曰陰與陽 立地之道曰柔與剛]라 했다. 대저 天에 속하는 것은 氣는 있으나 質은 없기 때문에 陰陽으로써 말했고, 地에 속하는 것은 形도 있고 質도 있기 때문에 柔剛으로써 말했다. 만약 八卦의 德을 논한다면 天火雷風은 陰陽의 氣가 있는 것이고, 地水山澤은 柔剛의 形이 있는 것이다. 이에 邵子는 여기에

착안하여 先天八卦의 증표를 지었다. 생각건대, 震에서 兌를 거쳐 乾까지는 天道가 되기 때문에 陰陽으로 표하고, 巽에서 艮을 거쳐 坤까지는 地道가 되기 때문에 柔剛으로써 표했다. 本物의 이치를 헤아려 보면 이미 모두가 합치하지 않고 邵子「先天橫排之圖」에서 兌는 太陽이 되고, 艮은 太陰이 되고 巽坎은 少陽이 되고, 離震은 少陰이 되는데 지금, 이 經世圖에서는 벌여놓은 二太二少의 명칭은 죄다 서로 반대가 되니 어찌된 까닭인가? 邵子先天之學은 그 황홀하고 일정치 못함이 이와 같다.[91]

邵雍의「先天八卦次序圖」와「經世衍易圖」가 서로 太少의 명칭이 반대가 되어 갈피를 잡을 수가 없는데 바로 이 점을 지적한 것이다. 또 胡方平이「經世衍易圖」에서 乾兌艮坤은 二太에서 생기기 때문에 天四象으로 삼고, 離震巽坎은 二少에서 생기기 때문에 地四象으로 삼는다는, 소옹의 본뜻과는 다르지만 一說이 되겠다는 내용을 두고 丁若鏞은 다음과 같이 논한다.

邵子「橫排圖」에서 태극이 갈라져서 1양1음이 되는 이것은 天地이다. 杜甫의 시에서 "天地로 二儀를 삼는다."[以天地爲二儀]라는 것은 이것이다. 그래서 乾兌離震은 天儀에서 생하니까 당연히 天四象이 되고, 巽坎艮坤은 地儀에서 생하기 때문에 당연히 地四象이 되어야 하는데, 어찌하여 二太에서 생하는 것을 天四象으로 삼고, 二少에서 생하는

---

91)「王蔡胡李評」「胡玉齋通釋附圖」『易學緖言』卷四, pp. 444~445. 易大傳曰 立天之道曰陰與陽 立地之道曰柔與剛 蓋以屬乎天者 有氣而無質 故以陰陽言之 屬乎地者 有形而有質 故以柔剛言之 若論八卦之德則 天火雷風 是有陰陽之氣者也 地水山澤是有柔剛之形者也 邵子執此 以作先天八卦之證 案謂自震而兌而乾是爲天道 故標之以陰陽 自巽而艮而坤是爲地道 故標之以柔剛 揆之本物之理 已皆不合 況邵子先天橫排之圖 兌爲太陽 艮爲太陰 巽坎爲少陽 離震爲少陰 而今此經世圖所列 二太二少之名 悉悉相反 抑又何理 邵子先天之學 其恍惚無定如此.

것을 地四象으로 삼을 수 있겠는가? 乾 쪽에 또한 少陰이 있고 坤 쪽
에 또한 少陽이 있으니 어찌 老少로써 天地를 나눌 수가 있겠는가?
先天八卦의 설은 그 자주 변함이 이와 같으니 어떻게 좇아 갈 수가
있겠는가?92)

乾兌離震은 天儀에서 생하니까 天四象이 되고 巽坎艮坤은 地儀에
서 생하니까 地四象이 되어야 하는데 또 다시 「經世衍易圖」에서 二太
二少를 표준으로 天四象 地四象을 삼을 수 있다고 한 邵雍系의 학설
이 무원칙하게 흔들리는 前後進退之說임을 꼬집고 있는 것이다.

3) 程頤의 畵卦理論에 대한 丁若鏞의 論辨

먼저 건곤이 변하여 六子卦를 이루고 이 八卦가 겹쳐서 64卦를 이
룬다는 程頤의 學說에 대하여 丁若鏞은, 程頤의 『周易』 경문해석에
서 구체적으로 보기를 들추면서 程頤는 卦變法을 싫어한 것이 아니라
고 한다. 여기에서 丁若鏞은, 程頤는 卦變을 취하지 않았다는 朱熹의
주장에 맞서게 된다.

邵雍의 「8卦次序圖」를 「加一倍法」이라고 한 伊川은 결코 이 법을
따르지 않았다고 朱熹는 말한 적이 있다. 즉

> 伊川은 卦變의 설을 취하지 않았다. "유가 와서 강을 수식한다." "강
> 이 밖에서 와서 안에서 主가 된다."와 같은 여러 곳에서는 모두 억지

---

92) 「王蔡胡李評」「胡玉齋通釋附圖」『易學緖言』 卷四 p. 445. 邵子橫排圖 太極剖而
爲一陽一陰 此是天地 杜詩以天地爲二儀 是也 然則 乾兌離震生於天儀 當爲天
四象 巽坎艮坤生於地儀 當爲地四象 豈得以生於二太者爲天四象 生於二少者爲
地四象乎 乾偏亦有少陰 坤偏亦有太陰(여기의 太陰을 나는 少陽의 오식으로
생각한다)豈可以老少分天地乎 先天八卦之說 其屢變如此 將何以適從耶.

로 끌어다가 말했다.[93]

朱熹의 이와 같은 생각에 대해 丁若鏞은 의견을 달리 한다.

> 伊川『易傳』은 隨 蠱 恒 賁 등 諸卦에서 모두 推移의 법을 사용하였음이 그 문장에 역연하다. 주자는 매번 말하기를 "이천은 卦變을 취하지 않았다."라고 하니 무슨 까닭인지 모르겠다.[94]

伊川이 卦變을 취했다고 丁若鏞이 적시하는 예는 다음과 같다.

① 程子가 이르기를, 隨卦를 卦變으로 말하면 乾의 上이 坤의 下로 와서 자리하고, 곤의 初가 乾의 上으로 가서 자리한다.
② 程子가 이르기를 蠱卦는 卦變 및 二體의 뜻으로써 강이 올라가고 유가 내려온다고 말하는 것은 乾初九가 올라서 上九가 되고, 곤의 上六이 내려와서 초六이 되는 것을 말한다.
③ 程子가 이르기를, 恒卦는 건의 초가 올라가서 四에 자리하고, 곤의 四가 내려와서 초에 자리하니 강효는 올라가고 유효는 내려온다.
④ 程子가 이르기를, 賁卦의 下體는 본디 乾이었는데 유가 와서 그 中을 文飾하니 離가 되었고 上體는 본디 坤이었는데 강이 가서 上을 文飾하니 艮이 되었다.[95]

---

93) 『朱子語類』, p. 1666. 伊川不取卦變之說 至柔來而文剛 剛自外來而爲主於內 諸處 皆牽强說了.
94) 「朱子本儀發微」『易學緒言』卷二, p. 290. 伊川易傳 於隨蠱恒賁諸卦 皆用推移之法 其文歷然 朱子每云 伊川不取卦變 不知何故.
95) 「朱子本義發微」『易學緒言』卷二, pp. 290~291. 程子曰 隨卦以卦變言之 乾之

이상의 네 경우를 두고 丁若鏞은 다음과 같이 말한다.

> 伊川이 비록 隨自否來, 蠱自泰來, 恒自泰來, 賁自泰來라고는 말하지 않았지만, 泰否 二卦는 실은 건곤을 갖추었기 때문에, 程子가 말하는 바는 곧 漢魏 36가의 推移의 법으로, 다른 것이 있음이 아니다.[96]

그 밖에도 몇 가지 경우를 더 들고 있는데 여기에 옮겨 본다.

① 程子 이르기를, 咸卦는 柔가 올라가서 剛을 변화시켜 兌가 된 것이고, 剛이 내려와서 柔를 변화시켜 艮이 된 것이다.
② 程子 이르기를 損卦의 下兌가 兌로 이루어짐은 六三이 변한 것에 말미암은 것이고, 上艮이 艮을 이룬 것은 上九의 변화인 것이다. 三은 본디 강인데 유를 이루고, 上은 본디 유인데 강을 이루니 역시 損下益上의 損이다.
③ 程子 이르기를, 益卦의 巽震 두 卦는 모두가 下가 변해서 양을 이루고, (下가 변해서)음이 된 데 말미암아서 損인 것이다. 음이 변해서 양이 된 것은 益이다. 上卦는 덜고 下卦는 더하는 것이 益인 이유이다.[97]

    上來居坤之下 坤之初往居乾之上. 程子曰蠱卦以卦變及二體之義而言 剛上而柔下 謂乾之初九上而爲上九 坤之上六下而爲初六也. 程子曰恒卦 乾之初上居於四 坤之四(原典의 初는 四의 誤植으로 생각한다)下居於初 剛爻上而柔爻下也. 程子曰 賁卦下體 本乾 柔來文其中而爲離 上體本坤 剛往文其上而爲艮.

96) 「朱子本義發微」『易學緖言』卷二, p. 291. 伊川 雖不言隨自否來 蠱自泰來 恒自泰來 賁自泰來 而泰否二卦 實具乾坤則 程子所言 卽漢魏三十六家 推移之舊法 非有他也.

97) 「朱子本義發微」『易學緖言』卷二, p. 291. 程子曰 咸卦 柔上變剛而成兌 剛下變柔而成艮. 程子曰 損卦下兌之成 兌由六三之變也 上艮之成 艮自上九之變也 三本剛而成柔 上本柔而成剛 亦損下益上之義. 程子曰 益卦巽震 二卦皆由下變

위의 세 경우를 두고 丁若鏞은 이렇게 말한다.

> 생각건대 伊川이 비록 咸自否來, 損自泰來, 益自否來라고는 말하지 않았지만 그 卦變의 원리를 논하는 것은 이처럼 참되고 확실하므로 推移의 옛 법인 것이다. 누가 推移의 큰 원리를 程朱가 달갑게 말한 바가 아니라고 이르는가?[98]

그렇다면 어찌하여 伊川을 두고 朱熹와 丁若鏞이 이처럼 의견을 달리 하였을까?

생각건대 朱熹는, 程頤가 卦變說을 취하지 않았다고 말한 것은 程頤가 卦變을 畫卦法으로 취하지 않았다는 뜻일 뿐, 卦의 존재형식으로까지 취하지 않았다고 말한 것은 아니다. 한편 丁若鏞이, 程頤는 卦變을 취했다고 말하는 것은 程頤가 卦變을 卦의 존재형식으로 다루고 있다는 것을 말했을 뿐, 程頤가 畫卦의 원리로 卦變을 말한 것이 아니라는 생각을 하지 않은 것은 아니기 때문이다. 환언하면, 같은 사안을 두고 朱熹와 丁若鏞의 관점이 달랐을 뿐 程頤에 대한 판단 자체가 서로 다른 것은 아니다. 畫卦說에 대한 程頤의 입장을 丁若鏞은 마지막으로 이렇게 설명한다.

> 이로써 보건대, 伊川은 卦變을 보기를 싫어한 적이 없었으니, 賁卦 아래의 논한 바는 혹시 草稿를 미처 빼버리지 않았기 때문인 것 같다.[99]

而成 陽變而爲陰者 損也 陰變而爲陽者 益也 上卦損而下卦益 所以爲益.
[98] 「朱子本義發微」『易學緖言』卷二, p. 291. 案伊川雖不言咸自否來 損自泰來 益自否來 而其論卦變之義 若是眞確則 推移之古法也 孰謂推移大義 非程朱之所屑言也.
[99] 「朱子本義發微」『易學緖言』卷二, p. 292. 由是觀之 伊川未嘗不樂觀卦變 而

여기서 이로써 본다고 한 것은 程頤가 卦變法을 사용했다는 위에 예시한 여러 경우를 지칭하는 것이고, 賁卦 아래의 논하는 바란 것은 賁卦「彖傳」에서 伊川이 말한, "건곤이 변해서 6자가 되고, 八卦가 거듭해서 64卦가 되니, 모두 건곤의 변에 말미암았다."(乾坤 變而爲六子 八卦重而爲六十四 皆由乾坤之變也)라는 구절을 일컫는 것이고, 바로 이 대목이 아마도 미처 고치지 못한 초고였을 거라고 생각한다는 것이다.

5. 丁若鏞의 畫卦理論

1) 八卦의 淵源

「繫辭傳」에, 畫卦에 직접 간접으로 관련 있는 문장이 세 가지가 있다.

첫째는, "天生神物 聖人則之 天地變化 聖人效之 天垂象 見吉凶 聖人 象之 河出圖 洛出書 聖人 則之."(「繫辭上傳」 제11장)이고,

둘째는, "古者包犧氏之王天下也 仰則觀象於天 俯則觀法於地 觀鳥獸之文 與地之宜 近取諸身 遠取諸物 於是 始作八卦 以通神明之德 以類萬物之情."(「繫辭下傳」 제2장)이고,

셋째는, "易有太極 是生兩儀 兩儀生四象 四象生八卦 八卦定吉凶 吉凶生大業."(「繫辭上傳」제11장)이다.

이상 세 경우의 내용을 종래의 학자들이 설명한 것을 요약하면 다음과 같다.

賁卦下所論 或係草稿之未刪也.

첫째의 경우는, 황하에서 하도가 나오고 낙수에서는 낙서가 나왔는데 성인이 하도를 본떠서 八卦를 지었다는 것이고,

둘째의 경우는, 伏羲씨가 천문지리 기타 천지만물을 관찰하여 八卦를 지었다는 뜻이고,

셋째의 경우는, 태극에서 兩儀, 兩儀에서 四象, 四象에서 八卦, 이렇게 순차적으로 형성되었다는 내용이다.

이상의 「繫辭傳」의 문장 중에서 첫째와 둘째의 문장을 보면 伏羲 또는 이에 준하는 성인이 卦를 그은 것으로 볼 수 있다. 사실 전통적인 입장은 伏羲 畫卦說을 지켰던 것인데, 후세에 와서 『역경』의 창작연대가 전국시대 때라는 설이 있었고, 「易傳」은 秦漢 때라는 설과 한의 昭帝, 宣帝 때라는 설이 한때 역학계를 풍미한 적이 있었으나, 馬王堆帛書가 출토되자 새로운 설보다는 차라리 전통적인 설이 더 믿을 만하다는 사실이 드러나게 되었다.

丁若鏞은 伏羲 畫卦說을 받아들인다. 그의 「說卦表直說」에서 다음과 같이 말한다.

> 先儒가 「說卦(傳)」를 일러 공자의 소작이라 한 것은 깊고 정밀하게 궁구한 논이 아니다. 물상을 취하지 않으면 八卦는 본래 지을 필요가 없다.(卦만으로는 쓰일 데가 없다) 「說卦」는 庖犧畫卦의 초에 우러러 天文을 보고,(坎離는 日月이 된다) 숙여서 地理를 살피고,(艮兌는 山澤이 된다) 멀리는 物에서 취하고,(乾坤은 牛馬가 된다) 가까이는 몸에서 취하여(艮震은 手足이 된다) 그 象을 완색하여 이름을 붙여서 神明과 더불어 약속[約契]한 것인데 그러고서 공자를 기다렸다.[100]

---

100) 『周易四箋』卷一, p. 7a~7b. 先儒 謂說卦爲孔子所作 非深密體究之論也 不取物象則八卦元不必作(徒卦無所用) 說卦者 庖犧畫卦之初 仰觀天文(坎離爲日月)

이와 같이 丁若鏞은 伏羲 畫卦說을 받아들이는 것은 물론, 나아가서 「說卦傳」 물상론도 伏羲씨의 소작으로 여긴다. 일반적으로 인정되고 있는 孔子 十翼의 하나인 「說卦傳」마저도 공자는 그 序詞를 지었을 뿐이라고 한다.

> 아마도 공자의 손으로 지은 것은 「說卦傳」의 序詞일 것이다.101)

그러나 구체적으로 易書로서의 형체를 형성한 것은 언제 누구에 의한 것일까 하는 의문은 남는다. 丁若鏞은 이 점에 대하여 다음과 같이 말한다.102)

> 伏羲는 상고의 사람이다. 공자가 고서를 차례를 정하여 늘어놓음에 있어서, 堯典부터는 분명하지만 堯이상의 전적은 흩어 없어져서 고찰할 수가 없었다.103)

이와 같이 丁若鏞이 伏羲畫卦說을 취하는 것은 아마도 자신의 역학 노선과 관련된 것으로 추정된다. 그가 선진고역의 참 모습을 밝히겠다는 學易 태도는 결정적 증거가 없는 한 伏羲畫卦說을 따르는 것이 尙古의 뜻과 부합되기 때문이다.

다음으로는 八卦의 기원과 관련하여 어떤 원리로 두 가지 획(─,--)

頻察地理(艮兌爲山澤) 遠取諸物(乾坤爲牛馬) 近取諸身(艮震爲手足) 玩其象而命之名 以與神明約契者也 而俟孔子哉.
101) 『周易四箋』 卷一, p. 7b. 其作於孔子之手者 說卦之序詞也.
102) 李乙浩, 『茶山의 易學』 (서울:民音社, 1993) p. 18. 참조.
103) 「邵子先天論」 『易學緒言』 卷二, p. 314. 伏羲者 上古之人 孔子序列古書 斷自堯典明 自堯以上典籍 散亡 不可考也.

을 그었는가 하는 것이 문제로 남는다. 여기에 대해서는 많은 가설이 고금에 걸쳐 형성되고 있는 처지여서 일일이 다 들 수는 없겠지만 그 가운데 가장 영향이 큰 것은 '伏羲觀象說'이라 할 수 있다. 이것은 畫卦의 유래를 위에 나열한 「繫辭傳」의 문장 가운데서 둘째 문장에 의거한 설이다. 畫卦를 자연현상의 관찰에 부쳐서 설명하는 입장이다. 두 번째로는 '有畫前 有易說'이라 할 수 있는 것으로, 邵雍과 朱熹로 대표되는 설로서 이 또한 「繫辭傳」의 둘째 문장과의 관련을 갖긴 하지만, 주로 「河圖」와 연계시켜 셋째 문장을 金科玉條로 삼는 설이다. 세 번째로는 '有文字說'로서 『易緯・乾坤鑿度』와 宋의 楊萬里(1124~1206)・明의 黃宗炎(1616~ 1686)이 이에 속하며 卦를 상고시대의 상형문자로 본다. ☰는 상고의 天字이고 ☷은 상고의 地字라는 등으로 설명한다. 넷째는 상고의 인간이 남녀의 생식기를 숭배하는 관념에서 ―은 남자의 생식기, --은 여자의 생식기를 본떴다는 설이다. 다섯째는 「繫辭傳」의 '結繩而治'에 근거하여 ―와 --는 일을 기록하는 방법으로 끈을 맺은 데서 유래했다는 설이다.[104]

2) "易有太極 是生兩儀…"와 畫卦

丁若鏞은 위에서 보았듯이 河圖洛書와 邵雍의 선천도설은 모두가 도가에서 나온 것으로 『周易』과는 아무런 관련이 없다고 했다. 그에 의하면 「河圖」와 「洛書」는 陳摶이 손으로 조작한 것이지 한위시대로부터 흘러온 古物이 아니라고 일소에 부치고 말았다.[105] 또 邵雍의 선천역학은 그 시원이 陳摶에 있을 뿐 古經에 증거가 전혀 없다고 말한

---

104) 朱伯崑(等)『周易知識通覽』(山東:齊魯書社, 1996), p. 29 참조.
105) 「鄭康成易註論」『易學緒言』卷一, p. 221 참조.

데 대해선 이미 언급한 바 있거니와, 그러나 河圖洛書가 古物이고 아니고에 따라서 그것이 역과 관계가 있고 없고에 직결되지는 않을 것이다. 역의 원리에 「河圖」「洛書」 원리가 구체적으로 관계됨을 논증치 않고서는 「河圖」「洛書」가 설사 역경 속에 내포된 것이 出土되었다 하더라도 그것이 반드시 「河圖」「洛書」가 『周易』의 卦를 그은 원리라고는 말할 수가 없을 것이다. 河圖와 「先天橫排圖」는 卦를 그은 원리가 될 수 없고, 이른바 朱熹에 의해 開卷第一義로 떠받들어진 위에 열거한 「繫辭傳」의 셋째 문장은 揲蓍求卦의 원리이지 畫卦의 원리가 아니라고 하는 것이 丁若鏞의 주장이다.

「河圖」가 八卦에 아무런 관련이 없음은 위에서 이미 말한 바 있기에 여기서는 「繫辭傳」의 "易有太極 是生兩儀…"의 문장과 畫卦와의 관계에 대한 丁若鏞의 사상을 추구해 보기로 한다.

> 太極이란 것은 50策이 아직 나뉘지 않은 것이다.(三極[106]이 아직 드러나지 않았기 때문에 이름 하여 태극이라 한다) 兩儀란 나뉘어 둘이 되어서 둘을 象한 것이다.(儀란 容이요 法이다) 四象이란 넷으로 세어서 四를 象하는 것이다.(象이란 形이요 似이다) 八卦란 內卦 外卦의 혹은 震, 혹은 兌인 것이다.(즉 八卦는 小成의 八卦이다)[107]

즉 위에서 보는 바와 같이 「繫辭傳」의 "易有太極 是生兩儀…"라는

---

106) 三極에 대해서 丁若鏞은 처음에는 正解가 없다면서 闕疑로 남겼지만(『易學緖言』, p. 195) 나중에는 이를 설명하여, 하지는 日長之極, 동지는 日短之極, 朝夕은 晦明之極이라 하여 하지, 동지, 朝夕을 三極이라 했다.(『周易四箋』卷八, p. 4a 참조)

107) 『周易四箋』 卷八, p. 26a. 太極者 五十策之未分者也(三極未著 故名曰太極) 兩儀者分而爲二以象兩者也(儀容也法也) 四象者揲之以四以象四者也(象形也似也) 八卦者內卦外卦之或震或兌者也(卽八卦而小成之八卦)

문장은 著卦의 과정임을 설명하고 있는 것이다. 이어서 말하기를 太極이란 64卦의 덩어리로서 나누어지지 않은 것이기 때문에 50策 속에는 64卦의 胚胎가 들어 있고, 兩儀란 乾坤 두 卦를 본뜬(儀倣) 것이며 四象이란 12辟卦를 四時에 분배한 象과 같은 것이니 곧 天地水火를 四時에 배정한 것이고, 八卦란 震坎이 屯卦를 이루고, 坎艮이 蒙卦를 이루는 것을 말하며 그래서 八卦가 吉凶을 정한다고 했다.108)

이상과 같은 이론을 이른바 '太極屋極說'을 써서 재론한다.

> (太極에서)極이란 것은 '집 용마루'[屋極]라는 뜻이다. 屋極은 '등성마루'[屋脊]인데 (즉 대마루[甍脊]이다), 한 채의 집은 대마루를 만들어서 여러 서까래가 나뉘어 나오는 것은 마치 大衍之策이 極이 되어 兩儀며 四象이 모두 이렇게 되어 나뉘어 나오는 것과 같다. 儀라고 하는 것은 形容이다. 이를테면, 渾天儀란 渾天의 形容일 뿐이지 바로 渾天은 아니다. 黃道儀란 黃道의 形容일 뿐이지 바로 黃道는 아니다. 著策이 나뉘어 二가 되는 것은, 天地의 形容이지 바로 天地는 아니다. (또 儀란 法이며 度이다. 이것으로 저것을 法하는 것을 말한다.) 象이란 것은 흉내 내어 본뜨는 [倣似] 것이다. 優孟이 孫叔敖를 象한다는 것은 孫叔敖를 본뜰 뿐이다. 著策에서 四로써 센다고 하는 것은 四時의 상이 이 사이에서 비슷하고 방불함을 말한다.(「大傳」에 이르기를 象이란 像이라 했다)109)

---

108) 『周易四箋』 卷八, p. 26a 참조.
109) 『周易四箋』 卷八, p. 26a. 極也者 屋極之義 屋極者屋脊也(卽甍脊) 一棟爲之脊而衆桷分出 亦猶大衍之策爲之極 而兩儀四象皆於是乎分出也(與皇極同義) 儀也者 形容也 如渾天儀 爲渾天之形容而已 非直渾天也 黃道儀 爲黃道之形容而已 非直黃道也 著策之分而爲二者 爲天地之形容而已 非直天地也(又儀法也 度也 謂以此物法彼物) 象也者 倣似也 優孟象孫叔敖者 得孫叔敖之倣似而已 著策之揲之以四者 謂四時之象 依俙彷彿於此間也(大傳云象者像也)

揲蓍의 측면에서 본다면 太極이란 50策의 未分化 상태이고 太極이란 屋極과 같다는 것이다. 屋極 곧 '집용마루'는 '등성마루'(屋脊) 즉 '대마루'(甍脊)라고 하고, 이 대마루에서 서까래가 다른 방향으로 나누어지듯 兩儀, 四象, 八卦가 나누어진다. 집 용마루는 서까래가 없이 홀로 집 용마루일 수가 없듯이, 太極 또한 兩儀四象이 없으면 太極일 수도 없다. 물론 太極은 兩儀四象 그 자체는 아니다. 儀란 地球儀가 지구를 형용한 것일 뿐 바로 지구는 아니듯이 兩儀란 兩을 형용한 것이지 그 兩 자체는 아니다. 여기서 兩이란 乾坤이 된다. 象이란 유사하게 본뜨는 것이기 때문에 A가 B를 본뜬다는 것은 A가 B에 유사하게 본뜨는 것이지 A=B는 아니다. 兩儀가 형용하는 것이 이미 天地 또는 음양이라면 四象이 본뜨는 것은 어찌 그 本物이 없겠는가?110) 四象이 象하는 것은 天地水火가 되고 이 天地水火가 雷風山澤을 연출하여 八物이 되고 이 八物을 象하는 것이 곧 八卦라고 그는 말한다.

「繫辭傳」의 이 문장은 蓍策을 나누어 세는 것을 두고 한 말인 것이 분명해서 의심의 여지가 없는데 이것을 包犧 畫卦의 법칙으로 보니, 그렇게 되면 儀와 象이란 두 글자는 해석이 불가능하게 된다고 말한다. 그가 말하는 그 까닭을 요약하면 다음과 같다.

첫째, 庖犧 畫卦의 시초에 먼저 두 획을 그으면(즉 一陽一陰) 이것은 八卦를 짓는 데 있어서 이미 진정으로 本名에 속하는 것이겠는데 儀라고 하는 것은 의미가 없다.(형용하는 데 그치는 것이 아니다)

둘째, 다음에 4획을 더하면,(즉 2획의 卦) 八卦의 體가 되어서 실재의 이름을 붙여야 할 것인데도 象이 되는 것은 뜻이 없다.

셋째, 八卦의 다음에 이어서 이르는 '八卦定吉凶'은, 包犧畫卦의 시

---

110) 「漢魏遺義論」『易學緖言』卷一, p. 335 참조.

초에는 筮도 아니고 占도 아닌데, 그 이르는 '八卦定吉凶'이란 것은 어떻게 해석할 것인가? 乾坤震巽坎離艮兌는 본시 吉凶이 없고 悔吝도 없는데 어찌 吉凶을 정한다고 하고, 大業이 생한다고 할 수 있겠는가?111)

즉 「繫辭傳」의 이 문장을 畫卦의 법으로 본다면, 처음 一陽一陰을 그은 것은 卦의 실체인데 형용한다고 하는 것이 옳지 않고, 4획을 그어서 두 개의 卦가 성립하면 그것은 바로 실재의 卦가 이루어진 것이기 때문에 바로 무슨 卦라고 이름을 붙여야지 象한다고 하는 것은 무의미하다는 것이다.

이제 겨우 八卦가 구성되고 아직 64卦는 이루어지지 않았는데, 八卦가 길흉을 정하고 대업을 생한다고 하는 것은 어불성설이 된다. 따라서 이 문장을 畫卦法으로 보지 않고 설시의 법으로 보면, 儀와 象이라는 두 글자의 해석이 분명해지고, 八卦가 定吉凶하고 生大業한다는 말이 의미가 통하게 된다는 것을 뜻한다. 여기서 八卦란 上卦 또는 下卦를 지칭하는 것이다. 설시하여 上下 두 八卦를 얻으면 하나의 重卦가 성립하기 때문이다.

周敦頤(1017~1073)가 일찍이 太極圖를 그렸지만, 形이 없으면 圖를 그릴 수가 없었을 것인 바, 그것은 理를 그릴 수가 없기 때문이라고 丁若鏞은 말한다.112) 따라서 「繫辭傳」에 이르는 '易有太極'을 설시에 앞서 50책이 나뉘지 않은 것을 말한다고 해석하면 이는 太極의 象과 모양이 있다. 그래서 '易有太極'이라고 한 것인데, 만약 태극을 八卦의 모든 획의 먼저를 이르는 것으로 본다면, 혼돈미분의 物이 있어서 씨

---

111) 『周易四箋』 卷八, pp. 26a~26b 참조.
112) 「沙隨古占駁」 『易學緒言』 卷三, p. 340 참조.

앗이 된다고 하는 논리로 귀착할 것이다. 이러한 사상은 참으로 황당하다고 하겠다.[113]

3) 丁若鏞의 畫卦論

(1) 太極과 造化의 根源

"易有太極 是生兩儀…"의 문장을 卦를 그은 원리로 보지 않고 揲蓍求卦의 원리로 보고 여기서 태극이란, 설시의 과정에서 50책이 나뉘기 전의 상태를 가리킨다고 丁若鏞은 주장하지만, 이러한 사상은 태극이 만상을 있게 하는 외재적 원리로 보지 않고 내재적 원리로 보는 것을 뜻한다. 宋儒 특히 朱熹는 태극을 두고, 형체도 없고 냄새도 없고 방위와 장소도 없는 理를 상정하여 그것을 태극이라 한 것과는 대조를 이룬다. 丁若鏞은 태극을 형이상적인 것으로 보는 것에 반대한다.

> 후세의 논설이 태극을 높이 받들어 形而上의 것으로 만들고, 매양 말하기를 理이지 氣가 아니고, 無이지 有가 아니라고 한다.[114]

이 말은 태극을 形而下의 氣로 본다는 뜻이 된다. 태극이란 만상의 시초이지 그 이전 즉, 形而上의 理가 아니란 뜻이다. 그의 논변을 듣기로 한다.

> 太極이란 天地가 나뉘기 앞선 혼돈으로서, 형체의 시초요 음양의 씨

---

113) 「沙隨古占駁」『易學緒言』卷三, p. 340 참조.
114) 「韓康伯玄談考」『易學緒言』卷二, p. 264. 後世之論 推尊太極 爲形而上之物 每云是理非氣 是無非有. 朱熹의 太極說에 대해선 曾春海, 『晦庵易學探微』(臺北:輔仁大學出版社, 1983), pp. 149~161 참조.

앗이며 만물의 태초이다. 그 名은 도가에서 대략 볼 수 있으나 주공 공자의 글(書)에서는 끝내 말하지 아니했다. 굳이 天地의 먼저라고 말하지 않는다면 이 태극이 없다. 그러나 이른바 태극이란 것은 유형의 시초이다. 그 이르는 무형의 理란 것은 아직 감히 살펴 깨닫지 못하는 바이다. 濂溪 선생이 일찍 圖를 그렸는데, 무릇 形이 없으면 圖를 만들 것이 없다. 理를 그릴 수 있겠는가? 그러나 이것은 모두 태극도의 태극을 논한 것이다. 「易大傳」에 이르는 易有太極이란 것이 설시하기에 먼저 50책의 나뉘지 않은 것이라는 데에 이르게 되면 이는 태극의 상과 태극의 모양이 있다. 그러므로 가차해서 말하길 易有太極이라고 했다. 만약 이것이 八卦의 모든 획의 먼저를 말하는 것이라면, 또 혼돈하여 나뉘지 않은 物이 있어서 씨앗이 된다고 하는 것은 크게 황당한 것이다.[115]

태극은 有形의 시초이지 無形의 理가 아니며 無形의 理를 그릴 수는 없기 때문에 周濂溪의 「太極圖」는 形이 없이 그렸다고 한다면 틀린 것이 된다는 것이다. 따라서 形而上의 太極이란 개념을 갖고 논변되는 이른바 태극론들은 모두가 태극도에 대한 태극론일 뿐이게 된다. 易有太極이라고 한 것은 形而上의 太極을 말한 것이 아니라, 50책의 혼돈미분 상태가 태극의 상이 있고 태극의 모양이 있기 때문에 가차해서 붙인 명칭일 뿐이라는 것이다. "태극이란 음양이 섞여 있는 것이고 태극이 나뉘어 一陽一陰이 되는 것은 옳다."[116]라고 하여 태극 안에 벌써 음양의

---

115) 「沙隨古占駁」『易學緒言』卷三, p. 340. 太極者 天地未分之先 渾沌有形之始 陰陽之胚胎 萬物之太初也 其名僅見於道家 而周公孔子之書 偶未之 言非敢曰 天地之先 無此太極 但所謂太極者 是有形之始 其謂之無形之理者 所未敢省悟 也 濂溪周先生 嘗繪之爲圖 夫無形則 無所爲圖也 理可繪之乎 然 此皆論太極 圖之太極也 若夫易大傳之云 易有太極者 是謂揲著之先 五十策之未分者 是有 太極之象 太極之貌也 故 借以名之曰易有太極 若謂是八卦諸畫之先 又有彼渾 沌 不分之物 爲之胚胎則 大荒唐矣.

待對 요소가 있어서 그것이 양의를 생하는 것이지 朱熹가 주장하듯 形而上의 원리로서의 태극이 양의를 낳는다는 것과는 다르다. 그는 太極이 내재원리로서 세계의 일체의 생성변화는 '하나의 법식'(一例)을 이룬다고 하면서 다음과 같은 보기를 든다. 馬融이 北辰을 태극으로 삼는다는 설에 찬동하면서 丁若鏞이 하나의 비유를 든 것이다.

> 본디 極이란 屋極이다. 中央이 융기해서 네 방면의 모임[四聚]를 받아들이는 것을 일러 태극이라 한다.… 옛글에 極字를 쓰는 것이 모두 이 하나의 뜻이다.…… 造物主가 物을 生하는 법은 비록 광대한 것 같지만 실은 모두가 하나의 法式을 쓴다.[皆用一例 수박[西瓜]이 처음 생길 때 그 작기가 좁쌀 같지만 그것이 점점 커지는 까닭을 그 몸속에서 찾아본다면, 먼저 꼭지로부터 조금 펴져서 원형이 되고 다시 거두어 꽃받침이 되고 이에 열매가 되고 커져서 큰 수박이 된다. 천지창조의 시초에 그 법 또한 반드시 이와 같다. 北辰이란 것은 수박의 꼭지이다. 점차 펴서 원형이 되고 다시 거두어 남극이 된다. 남극이란 수박의 배꼽이다. 풀, 나무, 오이, 풀 열매, 온갖 과일, 백곡은 그 법식이 모두 같은 법칙이다. 조물주가 창조하는 시초에 그 법이 그러한 것에 응한 것이니, 北辰이 太極이 됨은 분명치 않단 말인가?[117]

태극은 天地가 나뉘기 전의 혼돈이지만 그 혼돈이 곧 天地로 나뉘

---

116) 「邵子先天論」 『易學緖言』 卷二, p. 313. 太極者 陰陽混沌之物 太極分而一陽一陰可也.

117) 「陸德明釋文鈔」 『易學緖言』 卷四, p. 435. 原夫極者屋極也 中隆而受四聚者謂之極……古經用極字 皆此一義……造物生物之法 雖若廣大 其實皆用一例 西瓜之始生也 其小如粟而 就其體中求其所以漸大之故 則先自蒂始小舒爲圓形 復收爲花臍 乃實乃脹 以成大瓜 天地創造之初 其法亦必如此 北辰者瓜之蒂也 漸舒爲圓形 復收爲南極 南極者瓜之臍也 草木瓜瓞百果百穀 其例皆同則 洪造之初 其法應然 北辰之爲太極 不其明矣乎.

는 天地의 씨앗이란 것이다. 따라서 세계는, 일체의 생성변화는 이 씨앗에서 말미암아서 하나의 법식에 의해 생성변화하게 된다는 것이 그의 주장의 개요이다. 천지창조에서부터 하나의 수박에 이르기까지 皆用一例라고 한 것이다.

한편, 太極을「河圖」의 中宮數인 五와 十에 관련시키는 鄭玄과 朱熹 등의 견해에 대해 丁若鏞은 아무런 이치가 없다고 이를 반박한다.

> 지금「하도」의 5와 10은 본디 1, 2, 3, 4, 6, 7, 8, 9와 더불어 평등하게 同列이 되는데, 어찌 5와 10으로써 太極으로 삼는가? 畫卦者가 天地水火雷風山澤을 취하여 깎아서 그것을 쓰고 그 찌꺼기를 버려서, 그 무용지물을 太極으로 돌아가게 하면 太極이 감당하겠는가? 공자가「易大傳」에서 논하기를, 蓍卦의 법은 天一地二天五地十을 평등하게 同列로 했지, 天五地十을 태극으로 높인 적이 없다. 비록 鄭康成이 괴상한 것을 좋아해서 헛되이 이르기를, 天五가 生土하고 地十이 이것을 成한다라고 했다. 어찌 土로써 태극을 삼겠는가? 주자는 1, 3, 7, 9로써 奇數 20을 삼고, 2, 4, 6, 8을 偶數 20으로 생각했다. 일반적으로 이르기를, 10까지의 수에서 5와 10을 빼어 버리면 기수와 우수가 맞서니 그것이 기이하다. 그러나 이것은 우연이지 신묘한 것이 아니다. 혹은 倍가 되고 혹은 같은 것은 본디 또한 흔히 있는 일이지 곧 뛰어나다고 하기에는 족하지 않다.[118]

---

118)「邵子先天論」『易學緖言』卷三, pp. 335~336. 今河圖之五與十 本與一二三四六七八九平爲同列 安得以五十爲太極乎 畫卦者 取天地水火雷風山澤 削而用之 去其渣滓 無用之物 歸之太極 太極其堪乎 孔子於易大傳論 蓍卦之法 天一地二天五地十平爲同列 天五地十未嘗尊之爲太極也 雖以鄭康成之好怪 但云天五生土地十成之 豈可以土爲太極乎 朱子以一三七九爲奇數二十 以二四六八爲偶數二十 蓋云十數之內除五與十則 奇偶相敵 其事可奇也 然 此是偶然 不是神妙 或倍或均 本亦常事 斯不足多也.

1에서 10까지의 수에서 양수 5와 음수 10을 빼면 양수와 음수의 합은 각각 20이 되는 것이 신기할 건 없다는 것이다. 丁若鏞의 사고는 이렇듯 한낱 숫자의 뜻 없는 현상을 기이하게 보는 신비주의를 배격하고 있다.[119]

이상에서와 같이 丁若鏞은 태극을 形而下의 氣로 보지만 道家易家들은 太極을 無로 보는 것인데 이것은 朱熹가 太極을 理로 본 것처럼 形而上의 것으로 보는 입장이다.

> 韓康伯(332~380)은 말했다. 무릇 有는 반드시 無에서 시작한다. 그러므로 太極이 兩儀를 생한다. 태극이란 이름이 없는 이름이요, 이름 지어낼 수 없는 이름이다. 그 有가 다한 바를 취하여 태극에 비유한다.[120]

> 孔穎達은 말했다. 태극은 천지가 아직 나뉘기 전에 元氣가 혼돈하여 하나로 되어 있는 것을 말하는 것으로 즉 太初太一이다. 그러므로 노자가 말하길 道生一이라 했으니 즉 이것이 태극이다. 또 이르기를, 혼돈한 원기가 나뉘면 天地가 있다. 그래서 太極生兩儀라고 한 것은 곧 노자가 말한 一生二이다.[121]

이에 대한 丁若鏞의 논변을 듣기로 한다.

---

119) 중형 若銓에게 數學이 樂을 그르친다는 내용의 글을 보낸 바 있다.(『與猶堂全書』③, pp. 299~300 참조)

120) 「韓康伯玄談考」『易學緒言』卷二, p. 264. 韓云 夫有必始於無 故 太極生兩儀也 太極者無稱之稱 不可得而名 取其有之所極 況之太極者也.

121) 「韓康伯玄談考」『易學緒言』卷二, p. 264. 孔云 太極謂天地未分之前 元氣混而爲一 卽是太初太一也 故 老子云 道生一 卽此太極是也 又謂混元旣分 卽有天地 故曰 太極生兩儀 卽老子云 一生二也.

공씨는 태극을 元氣로 생각하고 老子의 道生一을 끌어와서 태극으로 했으니 이는 오히려 理에 가까워서 후세의 논설이 태극을 높여 形而上의 물로 하고서 매양 말하길, 이것(태극)은 理이지 氣가 아니며, 이것은 無이지 有가 아니라고 하여 形而上의 物이 어떻게 흑백이 어울린 동그라미에 있는지를 알지 못했다. 또 말하길, 無極이 곧 태극이라 하니 이것은 그 뜻이 비록 본디 道生一 세 글자에서 나왔지만 그 이르는 道生一은 태극의 위에 造化의 本이 분명 있는 것인데, 무극이 곧 태극이라고 말하면 이른바 태극이 또한 저절로 그렇게 생해서 근본이 되는 것이 없다. 經의 뜻의 그 득실은 논하지 않고 老子의 의미로 또한 일변해서 이설이 되었다.[122]

　공영달은 태극을 원기로 생각하고 노자의 道生一에서 一을 태극으로 했기 때문에 후유들이 태극을 形而上의 理로 믿게 되었으며 그렇다면 한 낱 흑백의 동그라미에 불과한 「태극도」 속에 形而上의 태극이 있어야 한다는 것이다. 「태극도」에서 무극이 태극이라 한 것은 老子의 道生一 세 글자에서 나온 것인데 여기서 一이 태극이면 태극 위에 造化의 本이 있다는 뜻이 된다. 그런데 무극이 태극이라 하면 저절로 그러한 것이 무극인 바, 태극도 저절로 그렇게 생겨서 造化의 本이 없게 된다. 따라서 道生一에서 一을 태극으로 하면 造化의 本이 있는데 반해 無極而太極에서는 造化의 本이 없게 되어 서로 모순이 된다고 한 것이다.

---

122) 「韓康伯玄談考」『易學緖言』 卷二, pp. 264~265. 孔以太極爲元氣 又引老子 道生一爲太極 是猶近理 乃後世之論 推尊太極爲形而上之物 每云是理非氣 是無非有 不知形而上之物 何以有黑白交圈也 又云無極而太極則 是其義雖本出於道生一 三字彼云道生一 是於太極之上 明有造化之本 若云無極而太極則 所謂太極者是又自然而生 無所爲本也 未論經旨得失 而老子之意 亦一變 而爲異說矣.

노자의 道生一을 태극이 생기는 과정으로 설명하는 공영달의 사상이나 太極을 無로 보는 한강백의 사상은 마침내 뒷날「태극도」에서 보여주듯 태극을 형이상의 理로 보는 계기를 만든 셈이었다.

한·공 두 사람은 나아가서 '一陰一陽之謂道'라는「繫辭傳」의 문장의 道字를 이른바 노자의 道生一에서의 道로 치환하기에 이른다.

> 한강백이 말하기를, '도는 어찌하여 無라 칭하는가? 통하지 못함이 없고 말미암지 않음이 없다. 비유해서 말하길 도는 적연하다 했다.[123]

라고 했는가 하면 공영달은 一陰一陽之謂道에서 一은 無라고 주장한다.

> 一을 無라고 말하고, 無陰無陽을 이에 도라고 말한다. 一이 無가 될 수 있는 것은 無는 虛無이고 虛無는 太虛이어서 분별할 수 없는 오직 一일 따름이기 때문이다. 그러므로 一을 無로 삼는 것이다. 만약 地境이 있으면 彼와 此가 서로 나타나서 二가 있고 三이 있어 一이 될 수 없다.[124]

이에 대한 丁若鏞의 비판을 보기로 한다.

---

123)「韓康伯玄談考」『易學緖言』, 卷二, p. 260. 韓云 道者何 無之稱也 無不通也 無不由也 況之曰 道寂然.
124)「韓康伯玄談考」『易學緖言』卷二, pp. 260~261. 一謂無也 無陰無陽乃謂之道 一得爲無者 無是虛無 虛無是太虛 不可分別 唯一而已 故 以一爲無也 若其有境則彼此相形 有二有三 不得爲一. 여기서 方仁은 '一得爲無'를 '一을 얻어 無가 되니'로, '彼此相形有二有三'을 '彼此가 대립하여 그 相形에는 둘 또는 셋이 있게 되어'로 번역하였으나 뜻이 통하지 않는다. 方仁,「茶山易學의 辨證法的 理念」『周易硏究』(서울:한국주역학회, 1999), 第3輯, p. 316 참조.

"한번 음이었다가 한번 양이었다가 하는 것을 도라고 말한다."라고 하는 것은 하늘이 만물을 생육하는 그 신기한 조화의 오묘한 작용이 단지 한번은 낮이다가 한번은 밤이 되고, 한번은 추었다가 한번은 더워질 따름이기 때문이다. 초목금수가 생기를 머금고 준동하는 질서는 이렇게 되어 길러지고, 사람이 경륜을 세우고 기강을 벌여 하늘에 갈음하여 만물을 다스리는 것 또한 오직 어두움과 밝음의 마디에 따르고, 겨울과 여름의 바뀌는 것에 따를 뿐이니, 합하여 이름 하면 一陰一陽이다.

역이, 역이 되는 소이는 이것을 모범으로 했을 따름이다. 이것이 兩儀 太極과 어떻게 간여하고 어떻게 교섭이 되겠는가? 道란 것은 天의 道이고 政이란 사람의 政이다. 사람을 이름하여 政이라 하는 것은 반드시 옳은 이치가 없고, 하늘을 이름하여 道로 하는 것은 또한 타당치 않다. 經에 말하는 一陰一陽을 해석하여 말하길, 음도 없고 양도 없는 것으로 한 것은 바로 太極을 높여 道體의 本으로 하고자 했는데, 一陰一陽이 그 가운데 휩싸이면 체모가 높지 않으니, 반드시 음양으로부터 이탈하여 음양의 위에 초월코자 했기 때문에 一을 고쳐 無로 하고서 그 虛玄한 뜻을 스스로 폈다. 어찌 괴이하지 아니하랴! … 一陰一陽의 위에 명백하게 宰制之天이 있는데, 지금 드디어 一陰一陽을 도체의 本으로 삼으니 옳은가?[125]

「繫辭傳」에서 一陰一陽을 도라 한 것은 다만 天道를 말한 것인데,

---

125) 「韓康伯玄談考」『易學緖言』卷二, p. 261. 一陰一陽之謂道者 天之所以生育萬物 其神化妙用 只是一晝一夜 一寒一暑而已 草木禽獸含生蠢動之 倫 於是乎煦濡蓄發 而人之所以立經 陳紀代天理 物亦唯順晦明之 節協冬夏之紀而已 合而名之則一陰一陽 易之所以爲易 法此而已 此與兩儀太極何干何涉 道者天之道也 政者人之政也 號人爲政 必無是理 名天爲道 不亦乖當 經云一陰一陽 解之曰無陰無陽者 方欲推尊太極 爲道體之本 而一陰一陽 包函其中則 體貌不尊 必欲離陰陽 超于其上 故 改一爲無 以自伸其虛玄之義也 豈不怪哉…一陰一陽之上 明有宰制之天 而今遂以一陰一陽 爲道 體之本可乎.

이 도를 道生一의 도가의 도로 치환한 것부터가 틀렸다고 丁若鏞은 주장한다. 초목금수가 敷榮하고 振奮하는 질서나 인간이 경륜과 기강을 세워 하늘에 갈음하여 만물을 다스리는 것은 모두가 一晝一夜, 一寒一暑 하는 하늘의 도일 따름인데, 이를 총괄해서 말하자니 一陰一陽으로 표현한 것이거늘, 한·공 두 사람은 뜬금없이 도가의 도로 해석하려 들었다는 걸 지적하고 있다. 즉 一陰一陽을 이른바 도가의 도라고 하자니 道가 一陰一陽의 속에 들어가서 휩싸이니 도가 높지 않게 된다. 그래서 어떻게든 이 도를 높이고자 一陰一陽에서 떨어질 필요가 있는데 그러기 위해서 一을 無로 고쳐 無陰無陽이라는 도가풍의 문구로 만든 것인데, 이것은 一陰一陽의 위에 주제하는 宰制之天이 있다는 丁若鏞의 역학사상과는 서로 어긋나게 된다.

생각건대, 一이 無가 될 수 있는 까닭으로 공영달이 말한 것은, 無란 虛無이고 太虛라는 것이다. 이 無는 본디 虛이기 때문에 나눌 수가 없는 一일 따름이라 했다. 그러나 一을 無로 바꾸는 것은 道를 합리화시키기 위한 방책으로 보일 뿐 논리적 필연성은 없다할 것이다.

아무튼 도가역가들이 말하는 이 道가 造化의 근원이 되느냐 하는 것인 바, 그들에 의하면 태극이란 형이상의 無가 되고 마는데 이것이 造化의 근원이 되기 위해서는 이것이 靈明한 것이 아니면 안 된다는 걸 丁若鏞은 강조하게 된다. 그는 조화의 주재자는 마땅히 靈知가 있어야 한다는 걸 하나의 비유로서 문제를 제기한다.

한 집안의 어른이 혼매하고 지혜롭지 못하면 집안의 만사가 다스려지지 않고, 한 고을의 어른이 혼매하고 지혜롭지 못하면 그 고을의 만사가 다스려지지 않는다. 하물며 텅 빈 太虛라는 하나의 理로써 천지만물을 주재하는 근본으로 삼는다면 천지 사이의 일이 이루어짐이 있겠는가?126)

이른바 道에는 이러한 靈知가 있느냐고 묻는다.

도란 무엇인가. 이것은 靈知者인가. 함께 영지와 더불기도 하고 없기도 한 것인가? 이미 말하기를 마음과 자취가 모두 없다고 했으니 이것은 영지가 없고, 또 조화의 자취도 없다. 궁극적으로 도란 무엇인가?『書傳』에 이르기를 '非天不中 惟人在命'이라 했다. 이것은 知本의 설이다. 지금 무위의 설을 가리켜 성인의 위에 떠받들어 놓았으니 異敎가 아닌가?127)

이것은 '鼓萬物而不與聖人同憂'라는「繫辭傳」의 문장을 두고 공영달이 도는 心跡이 모두 없지만 성인은 跡은 있으나 心은 없다고 해석한 것에 붙인 丁若鏞의 논변이다. 도가 心도 없고 跡도 없다면 영지가 없는 것이니 영지가 없는 것이 어찌 조화의 뿌리가 되겠느냐는 주장이다. 『書傳』의 "하늘이 中하지 않는 것이 아니라 오직 사람이 命을 둔다."(非天不中 惟人在命)를 가리켜 知本의 설이라고 한 것은 天이 中을 지키고 있는 것은 영지가 있기 때문이지 이른바 도처럼 영지가 없는 존재가 아니라는 뜻이다. 성인의 위에 놓았다고 하는 것은 "一陰一陽之謂道"는 공자가 지은 것인데, 일음일양의 위에 도를 놓는 것은 공

---

126) 『孟子要義』(『與猶堂全書・④』), p. 568. 一家之長 昏愚不慧則 家中萬事不理 一縣之長 昏愚不慧則 縣中萬事不理 況以空蕩蕩之太虛一理 爲天地萬物主宰根本 天地間事其有濟乎. 이하『孟子要義』라 한다.
127) 「韓康伯玄談考」『易學緖言』卷二, p. 262. 道是何物 有靈知者乎 並與靈知而無之者乎 旣云心跡俱無則 是無靈知 亦無造化之跡 究竟道是何物 書曰非天不中惟人在命 此知本之說也 今指無爲道戴於聖人之上 非異敎乎.

자의 위에 무위의 도를 얹는 것으로 비유한다.

一陰一陽의 위에 분명히 있다고 한 宰制之天이 어떻게 영명한 것인가를 丁若鏞으로부터 듣기로 한다. 그에 의하면 '天의 主宰者', '上帝', '天'이 모두 같은 뜻임을 밝힌다.

> 天의 主宰는 上帝가 된다. 그것을 天이라 하는 것은, 國君을 단지 國이라고 칭하는 것과 같다. ……『詩經』에 "밝게 아래(땅)에 계시며 빛나게 위(하늘)에도 계시네."라고 하였고, "넓고 큰 상제는 아래 백성의 임금이다."라고 하였으며, "하늘의 상제가 나를 살아남지 못하게 한다."라고 하였고, "하늘이 백성을 인도하는 것이 질나발이 서로 불어 어울리듯 하는 것과 같다."라고 하였으며 "하늘이 환히 밝아 네가 가는 곳마다 따라 다니고, 하늘이 환히 밝아 네가 놀러 다니는 데마다 따라 다닌다."라고 하였으며, "하늘의 위엄을 두려워하여 이에 그 나라를 보존한다."라고 하였으며, "하늘의 노함을 공경하여 감히 놀며 즐기지 말라."라고 하였다.
> 옛 성인들이 하늘을 말할 적에 저와 같이 진실되고 분명하였는데, 지금의 사람들이 하늘을 말할 적에는 이와 같이 아득하고 황홀하니 어찌 알 수 있겠는가.[128]

이상에서 말하는 하늘은 곧 上帝이고 이것은 후술하는 四象의 本物로서의 天과는 다르다. 본물로서의 天은 물질천인데 반해 여기의 天은 人格天이다. 이 上帝의 체는 無形無質해서 귀신과 덕을 같이 하기 때

---

128) 『孟子要義』 pp. 568~569) 天之主宰爲上宰 其謂之天者 猶國君之稱國…詩云明明在下 赫赫在上 詩云蕩蕩上帝 下民之辟 詩云昊天上帝 則不我遺 詩云天之牖民 如壎如篪 詩云昊天曰明 及爾出王 昊天曰旦 及爾遊衍 詩云畏天之威 于時保之 詩云敬天之怒 無敢戱豫 先聖言天 若彼其眞切分明 今之言天 若是其渺茫恍忽 豈可知耶.

문에 上帝를 귀신이라고 말한다고 하고, 감응해서 조림하는 것으로 말하자면 天을 귀신이라 말한다고 했다.[129]

그는 또 『中庸章句』16장에서의 鬼神은 天(主宰天, 上帝)으로 해석해야 하는 까닭을 李蘗(1754~1786)의 설을 인용하여 말하고 있다.[130]

이와 같이 丁若鏞에 의하면 一陰一陽하는 천도의 근원은 靈明主宰하는 上帝이다. 태극 양의의 논리는 事物의 生滅變化의 실재성을 파악한 논리일 뿐 上帝가 一陰一陽을 주재하는 것과는 직접적으로 관계하는 것은 아니다.

그는 「自撰墓誌銘(集中本)」에서 이렇게 말한다.

> 두려워하고 삼가서 상제를 밝게 섬기면 仁을 할 수 있지만 태극을 헛되이 높여서 理를 하늘로 삼으면 仁을 할 수가 없고 하늘만 섬기는 데에 돌아가고 말 뿐이다.[131]

그의 역학의 정점은 上帝에 있음을 보여준다. 그에 의하면 하늘은 上帝이지 理가 아니다.

---

129) 『中庸自箴』(『與猶堂全書』 ④). p. 205참조. 『淵鑑類函』에서는 天을 다섯 가지 범주로 나누어 설명하고 있다[張英, 『淵鑑類函』(臺北:新興書局有限公司, 1986), 1冊, pp. 1~10 참조] 馮友蘭은 天有五義라 했다. 첫째는 物質之天, 둘째는 主宰之天, 셋째는 運命之天, 넷째는 自然之天, 다섯째는 義理之天이다. 이 중 둘째의 主宰之天은 上帝를 뜻한다[馮友蘭, 『中國哲學史(上冊)』(臺北:臺灣商務印書館, 1996), p. 55 참조.]. 聖 Thomas Aquinas (1225~1274)는 다섯 가지의 논증으로 하나님의 존재를 주장하고 있다. Starling Power Lamprecht, *Our Philosophical Traditions-A Brief History of Western Philosophical in civilization* (New York Appleton-Century-Crofts, Inc. 1955), pp. 185~188.[스틸링 P. 램프레히트, 『西洋哲學史』, 金泰吉(外)역, 서울:乙酉文化社, 2000), pp. 258~262 참조]

130) 『中庸講義補』(『與猶堂全書』 ④) p. 279 참조.

131) 『與猶堂全書』 ②, p. 662. 恐懼戒愼昭事上帝則可以爲仁虛尊太極以理爲天則不可以爲仁歸事天而已.

(2) 兩儀

太極, 兩儀,[132] 四象에 대한 丁若鏞의 학설은 이미 도처에서 수시로 논한 바 있지만 程迥(南宋人)의 『周易古占』 12篇의 是非를 가리는 데서 더욱 극명해진다. 『周易古占』에서 程迥은 다음과 같이 주장한다.

> 兩儀란 것은 乾坤의 初畫이다. 大衍을 3變해서 얻은 것이다. '爾雅曰儀는 匹이다.'라고 했다. 陰陽의 相匹을 말하는 것이다. 劉牧(宋代圖書學派창시인)은 一, 二, 三, 四로써 兩儀를 삼는데, 兩儀이면서 四인 것이 가능한가? 선유는 天地를 兩儀로 삼았다. 대개 양의가 건곤의 初畫이 되는 것을 알지 못한 까닭이다.[133]

이에 대해 丁若鏞은 다음과 같이 비평한다.

> 兩儀와 四象의 이름은 본디 蓍草를 쥐고 나눠어 세는 법에서 일으킨 것이다. 邵氏 이래 그것을 伏羲畫卦의 始初로 옮겼다. 초획, 재획의 명칭은 무릇 伏羲가 畫卦할 때 이를 본 사람이 없어서 그 어느 획을 먼저 긋고, 어느 卦를 먼저 이루었는지는 모두가 아득하다. 반드시 좇아 확정할 수가 없다. 그러나 공자의 설에 의거하면, 이 원리는 반드시 이치에 맞지 않는다. 공자가 「說卦傳」을 만들어 이르기를, 乾은

---

132) 兩儀 四象의 설은 진단이 창시한 것이 아니라고 丁若鏞은 말한다. 두보의 시에서 '二儀積風雨'라고 한 걸 보면 唐人이 이미 말한 것인데 唐 이전에는 누가 시작했는가? 라고 하고 있다.(『易學緒言』 p. 480 참조.) 劉勰(위진남북조인)의 『文心雕龍』에 이 兩儀란 말이 나타나고 있다. 즉 「仰觀吐曜 俯察含章 高卑定位 故 兩儀旣生矣」 劉勰, 『文心彫龍(全譯)』, 龍必錕 譯注(貴陽:貴州人民出版社, 1996), p. 2 참조. 『文心雕龍』과 『易經』과의 관계에 대하여는, 李煥明, 『比較易學論衡』(臺北:文史哲出版社, 1995), pp. 216~220 참조.

133) 「沙隨古占駁」 『易學緒言』, 卷三, p. 341. 兩儀者 乾坤之初畫也 大衍三變而得之者也 爾雅曰儀匹也 言陰陽之相匹也 劉牧以一二三四爲兩儀 旣兩矣而四之可乎 先儒以天地爲兩儀 蓋不知兩儀爲乾坤之初畫故也.

父가 되고 坤은 母가 된다 하고 그 나머지 여섯 卦는 아울러 남녀의 명칭을 얻었다. 남녀라고 하는 것은 건곤의 남녀이다. 부모가 갖추어진 후에야 남녀가 생길 수 있다. 만약 沙隨의 말과 같이 하면, 부모와 남녀가 평등하고 동렬이다. 부모의 형체가 막 시작되는데 남녀의 체는 함께 일어나고, 부모의 체가 반이 되면 남녀의 체는 가지런하게 일어난다. 하물며 그 형태를 이룰 때 곤이 제8에 거하면 모든 남과 여가 한꺼번에 무리를 이룬 다음에 母의 형태가 막 이루어진다. 윤리에 어긋나고 잃으며, 체를 이루지 못한다. 또 공자의 傳에 의거하면, 震巽이 長이 되고 艮兌가 少가 된다. 대체로 장유의 체는 먼저 난 것이 장이 되고 뒤에 난 것이 소가 되는 것이 아닌가?

이 설에 따르면, 소녀가 먼저 나오고, 중녀가 다음이 되고, 장남장녀는 도리어 그 다음에 있으니(즉 이른바 二兌澤 三離火 四震雷 五巽風) 발이 도리어 위에 있고 머리가 도리어 아래에 있으며, 장유가 서열을 잃고 선후가, 차례가 거꾸로 되니, 모두 夫子가 차례를 나열한 것과는 어긋나고 일그러지고 순서가 없다. 이것은 내가 감히 믿고 따를 수가 없는 까닭이다. 또 이 설대로 하면, 八卦의 모든 초획이어야 하지 특별히 건곤의 초획이라고 하는 것은 또 스스로 그 설을 어지럽히는 것을 면치 못할 것이다.

儀란 것은 度이고 容이다. 『시경』에 이르기를, "의식은 문왕의 법식을 본떠서"(儀式刑文王之典)라고 하고 또 이르기를 "그 형용이 한결같아 바로 온 세상이 본뜨리."(其儀不忒 正是四國)라고 한 것은 대체로 "物의 容을 象해서 법도를 삼는 것."(象物之容 以爲法度)을 儀라고 한 것이다. 공자가 "대연의 수는 50이니 그 쓰는 것은 49라, 나누어 둘로 해서 兩을 본뜬다."(大衍之數五十 其用 四十有九 分而爲二 以象兩)라고 했다. 이것은 兩儀를 말한 것이다. 儀란 것은 象이다. 兩을 象한 것(象兩)을 兩儀라 한다. 이것은 시초를 잡고 나누어 세는 법이다. 이 같이 명확한데 공연히 옮겨서 伏羲畫卦의 명칭으로 했으니 크게 옳지 않다. 그러나 이미 兩을 象한다고 하면 兩이란 것은 별달리 하나의 物인데 이것은 어떠한 物인가? 易이란 日月이다. 日月이란 것은 陰陽이다.(日月을 또 太陽 太陰이라 한다) 陰陽이란 것은 건곤이다. 건의 3양은 62卦를 만드는 모든 양의 뿌리가 되고 坤의 3음은 62卦를 만드는 모든 음의 뿌리가 된다. 그러니까 象兩이라고 하는 것은 象陰陽이며 또 象乾坤이다.(3畫卦의 건곤을 상한다) 儀라고 말하는 것은 어째선가? 渾天儀는 渾天의 儀象일 뿐 바로 渾天은 아니고, 黃道儀는 黃道의 儀象일 뿐 바로 黃道인 것은 아니다.

兩儀라 이르는 것은 시책이 나뉘어져서 二가 되는 것은 건곤의 儀象이 될 뿐 곧바로 건곤은 아니다. 漢儒 이래로 저 높은 하늘과 낮은 땅을 가리켜서 일러 兩儀라 했으니, 천지 밖에 또 하나의 眞天地가 있어서 (우리 눈앞의)이 천지는 가짜로 설립된 儀器(본떠서 된 것)에 불과하게 될 뿐이다.

명칭과 실질[名實]이 서로 맞지 않음이 이보다 더 심하게 됨이 없도다. 이렇게 되어 儀를 해석하여 匹로 하여 글로써 그 명칭을 삼았다. 그러나 『爾雅』가 儀를 풀이하여 匹로 한 것은 본디 『시경』 「鄘風」의 柏舟의 詩(髧彼兩髦實維我儀:두 줄기 더벅머리 사실은 오직 나의 儀이다. 鄭箋은 儀를 匹이라 한다) 및 「周語」 丹朱之說에 의거해서 立文한 것으로, 柏舟에서의 儀는 원래 容이 되는 것으로 풀이할 수도 있고, 丹朱에서의 儀는 또한 모방[倣象]하는 것으로 풀이할 수 있기 때문에, 儀가 匹이라고 하는 것은 정해진 해석이 아니다. 어찌 더욱 匹이란 것이 兩이겠는가.(『說文』『玉篇』에 모두 이 해석이 있다) 兩儀이면 兩兩이다. 葛屨(칡섬유로 만든 신) 5兩이면 그 끈[總]은 十이다. 袂車(바퀴가 두 개인 휘장을 친 차)가 100兩이면 그 바퀴는 200이다. 天地가 兩儀이면 꼭이 네 개가 있는 것이다.(兩+儀(2)=4) 선유가 天地를

三. 卦를 그은 原理 • 147

일컬어 兩儀라 한 것은 확실히 또한 어긋짐이 있고, 後儒가 兩儀를 일러 건곤의 초획으로 한 것은 역시 얻지 못 하였다. 왜냐하면 邵氏의 법은 一奇를 긋고 一偶를 그어 이르기를 兩儀라 한 것은 이 또한 兩儀를 가리켜 4로 한 것이다.(兩匹이면 그 수는 4이다) 어찌 다만 劉牧만 그러한가.[134].

위의 내용을 요약해 본다.

첫째, 어느 획 어느 卦를 먼저 그었는가는 묘연하여 추측일 뿐 정론

---

134) 「沙隨古占駁」『易學緖言』卷三, pp. 341~343. 兩儀四象之名 本起於握著分揲之法 邵氏以來移之爲伏羲畫卦之初 初畫再畫之名 夫伏羲畫卦之時 人無見者 其先畫何畫 先成何卦 總屬渺茫 不必追定 然據孔子之說 知此義必不合理也 孔子之爲說卦傳曰乾爲父坤爲母而其餘六卦幷得男女之名 男女云者 乾坤之男女也 父母旣具而後男女可産 若如沙隨之說則 父母男女平等同列 父母之形方始而男女之體並起 父母之形旣半而男女之體齊隆 況其成形之時 坤居第八則 是諸男諸女蔚然成羣而後母之形方成 違失倫理 不成事體 且據孔子之傳 震巽爲長 艮兌爲少 大凡長幼之禮 不亦先生者爲長 後生者爲少乎 若如此說則是少女首出 中女次之 而長男長女 反居其次(卽所云 二兌澤 三離火 四震雷 五巽風) 足反居上 首顧居下 長幼失序 先後倒次 一與夫孔子之所序列 乖舛不順 此吾所以不敢信也 且如此說則 是八卦之都初畫而非特爲乾坤之初畫 其謂之乾坤之初畫者 又不免自亂其說也 儀也者 度也 容也 詩云儀式刑文王之典 又云其儀不忒 正是四國 蓋象物之容 以爲法度 曰儀也 孔子曰大衍之數五十 其用四十有九 分而爲二 以象兩 此之謂兩儀也 儀也者 象也 象兩之謂兩儀也 此其爲握著分揲之法 若是明確而公然移之爲庖犧畫卦之名 太不可矣 然旣云象兩矣則 兩也者別有一物 是何物也 易者 日月也 日月者 陰陽也(日月 亦謂之 太陽太陰) 陰陽者乾坤也 乾之三陽 爲六十二卦諸陽之本也 坤之三陰 爲六十二卦諸陰之本 然則 象兩云者 象陰陽也 亦象乾坤也(象三畫卦之乾坤) 謂之儀者 何也 渾天儀爲渾天之儀象而已 非直渾天也 黃道儀黃道之儀象而已 非直黃道也 兩儀云者著策之分而爲二者爲乾坤之儀象而已 非直乾坤也 漢儒以來指彼穹然之天 隤然之地而謂之兩儀則 是天地之外 又有一員天地 而此天地不過爲假設之儀器 本據鄘風柏舟之詩(髧彼兩髦 實維我儀 鄭箋云 儀匹也) 及周語丹朱之說而立文者 柏舟之儀 原可訓之爲容 而丹朱之儀亦可訓之爲傚象則 儀之爲匹 本非定訓 何況匹也者兩也(說文 玉篇 俱有此訓義) 兩儀則兩兩矣 葛屨五兩則 其總爲十也 袚車百兩則 其輪二百也 天地兩儀則 恰有四箇 先儒之號天地爲兩儀 固亦有差 後儒之謂兩爲乾坤之初畫者 亦未得也 何則邵氏之法 畫一奇 畫一偶而謂之兩儀 是亦指兩儀而爲四也 (兩匹則 其數爲四) 奚但劉牧然矣.

이 있을 수가 없다. 伏羲 畫卦하는 장면을 본 사람은 없기 때문이다.

둘째, 程迥은 소옹의 선천학에 입각하여 있는 바, 소옹의「선천횡도」의 八卦의 순서는 1건(부), 2태(소녀), 3리(중녀), 4진(장남), 5손(장녀), 6감(중남), 7간(소남), 8곤(모)이기 때문에 부모와 6자, 장유의 차례 등 윤상원리에 어긋나서, 건은 부, 곤은 모, 나머지 6卦가 남녀의 명칭을 붙여서 차례가 정연한「易傳」과는 상치된다. 또 무질서한 이 설에 의하면 八卦의 모든 초획부터 그었다고 해야지 건곤의 초획부터 그었다고 하는 것은 자가당착이다.

셋째,『爾雅』에서 儀를 匹로 해석하고 있지만 이것은 정론일 수가 없다.『爾雅』가 그렇게 한 연유는『시경』의「용풍」과「주어」의 '丹朱之說'에 의거해서 해설한 것이어서「용풍」의 '柏舟의 시'에 나오는 "두 줄기 더벅머리 사실은 오직 나의 儀이다."[髧彼兩髦 實維我儀]에서의 儀는 容으로 풀이해도 되고, 丹朱之說, 즉『國語』의「周語·上」에 보이는 "丹朱가 몸에 憑依하여 丹朱를 본떠서 목왕을 낳았다.(丹朱 憑身以儀之 生穆王焉)에서의 儀는 倣象으로 해석해도 되기 때문에 儀를 匹로 보는 것은 결코 정론일 수 없다. 만약 儀를 匹이라고 한다면,『說文』과『玉篇』에서 모두 匹을 兩의 뜻으로 보는 해석이 있으니 따라서 兩儀라 하면 兩兩이 되어 구두가 다섯 켤레라면 그 끈은 10이고, 두 바퀴 수레가 100이면 바퀴는 200인 것과 같이 天地가 兩儀라면 兩兩이 되니 넷이 된다.

넷째,『詩經』의「周頌」「淸廟之什」의「我將」편에 나오는 "儀式刑文王之典"과「曹風」의「鳲鳩」편에 나오는 "其儀不忒正是四德"에서의 儀는 대체로 "事物의 모습을 본떠서 법도로 삼는 것."(象物之容 以爲法度)을 뜻한다. 이와 같이 儀란 度이고 容이다. 渾天儀란 渾天의 儀象

일 뿐 바로 渾天 자체가 아니다. 따라서 兩儀란 兩의 儀象이지 兩 자체가 아니다. 여기서 兩은 日月이며 陰陽이며 乾坤이다. 곧 兩儀의 本物이다. 따라서 兩儀=兩象=陰陽象=乾坤象이 된다. 天地가 兩儀가 아니라 天地를 象한 것이 兩儀란 말이다. 만약 兩儀를 天地 자체로 본다면 우리가 바라보는 이 천지는 가짜가 되고 따로 참 천지가 있어야 한다. 즉 兩儀를, 天地를 象하는 것으로 해석하면 이 때의 天地는 우리가 바라보는 天地이지만 '兩儀=天地'라고 하면, 이것을 풀어서 말하면 '兩을 형용하는 것=天地'가 되고 다시 '天地를 형용하는 것=天地'가 된다. 여기서 왼쪽의 天地와 오른쪽의 天地는 다르게 된다. '天地를 형용하는 것'에서의 천지는 우리가 바라보는 天地인데 그 天地를 형용하는 것이 天地가 되면 뒤의 천지는 다른 또 하나의 천지가 되는 바 이것이 진천지냐고 힐난한다. 丁若鏞의 이러한 주장을 보고 丁若鏞은 유물론자라고, 河岐洛은 그의 『朝鮮哲學史』에서 단정하고 있다.[135] 그러나 太極의 위에 上帝를 설정하는 그의 역학체계를 유물론이라 보는 것은 옳지 않다.

다섯째, "大衍之數五十 其用四十有九 分而爲二 以象兩"에서 象兩은 兩儀를 말한 것이 된다. "易有太極 是生兩儀……"의 문장은 揲蓍求卦의 物理를 뜻하기 때문이다.

丁若鏞에 의하면 兩儀에서 儀라고 하는 것은 '형용'을 뜻하고, 兩이란 天地이다. 그러므로 兩儀란 '天地의 형용'이 된다. 이미 본 바와 같이 태극이라는 혼돈에서 天地로 갈라지게 되는 걸 내재적 현상으로 丁若鏞은 이해한다. 따라서 현상계 곧 실재의 선행을 전제로 하고 그 실재의 모사로서의 太極生兩儀라는 상징체계가 성립한다는 걸 뜻한다.

---

135) 河岐洛, 『朝鮮哲學史』 (서울: 형설출판사, 1996), p. 751 참조.

그렇다면 현상계로서의 天地는 어떻게 생겨났는가?

兩卽天地는 어떻게 이루어졌는가? 그의 설명을 듣기로 한다.

> 兩이란 무엇인가? 가볍고 맑은 것은 위(天)에 자리하고 무겁고 탁한 것은 아래(地)에 자리한다. 이것을 兩이라고 말한다.136)

천지가 생기는 과정을 태극이 갈라져서 기질에 따라 올라가고 내려가는 어떤 운동으로 말한다. 이미 혼돈한 태극 속에 올라가고 내려가는 두 요소가 있었기 때문에 이 상반되는 두 요소가 운동을 일으키는 것으로 이해한다. 이 상반되는 두 요소가 각기 자신의 기질대로 자리한 것을 天地로 보는 것이다. 「계사전」벽두의 "天尊地卑 乾坤定矣"는 이것을 뜻한다고 할 수 있다.

(3) 四象

소옹의 「횡배도」에서 보는 바와 같이 八卦의 제1, 제2 두 획으로 四象을 삼는 학설에 대해 丁若鏞은 다음과 같이 비판한다.

> 이른바 老少陰陽이란 것은 즉 설시의 과정에서 세 차례의 변화 뒤에 (1획을 얻는다) 純과 雜의 명칭을 세우는 것이다. 세 번 3을 얻으면 노양이 되고,(세 번 天을 얻는다) 세 번 2를 얻으면 노음이 되고,(세 번 地를 얻는다) 한 번은 3, 두 번은 2를 얻으면 소양이 되고,(한 번 天을 얻는다) 한 번은 2, 두 번은 3을 얻으면 소음이 된다.(한 번 地를 얻는다) 陰陽의 명칭은 總數에서 성립하고, 노소의 명칭은 純과 雜에

---

136) 『周易四箋』 卷八, p. 26b. 兩者誰也 輕淸者位乎上(天)重濁者 位乎下(地) 此之謂兩也.

서 나뉜다.(순이 노가 되고 잡이 소가 된다.) 즉 세 번 세어서 총수를 얻지 않으면 음양노소의 명칭이 생길 수가 없다. 이제 방법이, ⚏을 소양으로 삼고, ⚌을 소음으로 삼으니 어찌하여 원리를 세우는 것이 공정하지 못한가? 무릇 1음1양을 합하는 것은 ⚏는 ⚌와 다르지 않다. 參天兩地로 하면 그 수는 모두 5이다. 음양마저 이름 붙일 수가 없는데 하물며 老少에 있어서랴! 또 하물며 설시하는 법이 어찌 卦를 긋는 때와 더불겠는가? 또 공자의 법에 의거하면, 震艮은 陽卦이고(공자 이르기를 陽卦多陰) 男卦인데,(장남 소남이 되다) 지금 四象에서 도리어 陰象이다.(震은 소음으로부터, 艮은 노음으로부터 이루어지다) 巽兌는 陰卦이며 女卦인데 이제 四象에서는 도리어 陽象이어서(巽은 소양에서, 兌는 노양에서) 그 長少의 명칭이 모두 서로 반대가 되어 믿고 따를 수가 있겠는가! 陰卦는 陽에 뿌리하고(巽兌등), 陽卦는 陰에 뿌리 한다면,(震艮등) 離는 어째서 소음이고(소음으로부터 이루어지다) 坎은 어찌하여 소양인가?(소양으로부터 이루어지다) 좌우로 조사하고 궁구해 보아도 마침내 그 이치에 합치하는 것을 보지 못하겠다.137)

이상에서 丁若鏞이 주장한 내용은 다음 두 가지로 요약할 수 있다.
첫째는, 음양과 노소의 명칭은 설시하는 과정에서 붙여지는 명칭이

---

137) 「沙隨古占駁」『易學緖言』卷三, p. 345. 所謂老少陰陽者 卽揲蓍三變之後(得一畫) 立其純雜之名者也 三參爲老陽(三得天) 三兩爲老陰(三得地) 一參二兩爲少陽(一得天) 一兩二參爲少陰(一得地) 陰陽之名立於總數 而老少之名分於純雜(純爲老而雜爲少) 卽非三撲而得總數 則陰陽老少之名 不能生矣 今法以⚏爲少陽 以⚌爲少陰 何其立義之不公耶 夫其爲一陰一陽之合 ⚏與⚌ 無以異也 參天兩地 則其數皆五也 陰陽且不可名 而況於老少乎 又況揲蓍之法 何與畫卦之時乎 且據孔子之法 震艮者陽卦也(孔子云 陽卦 多陰) 男卦也(爲長男 少男) 於今四象 反屬陰象(震自少陰而成 艮自老陰而成) 巽兌者 陰卦也 女卦也 於今四象 反屬陽象(巽自少陽 兌自老陽) 而其長少之名 悉悉相反 其可信從乎 若謂之陰卦 本於陽(巽兌等) 陽卦 本於陰(震艮等) 則離何少陰(自少陰而成) 坎何少陽(自少陽而成) 左右査究 終未見其合理也.

지 八卦의 제1, 제2의 두 획으로 되는 것이 아니라는 것이다. 즉 노소음양은 畫卦의 개념이 될 수 없다. 구체적으로 설명하자면, 세 번 변화해서(3차례 고쳐 세어서) 나머지 策數가 세 번 다 3이면(3+3+3=9) 노양이 되고, 세 번 다 2이면(2+2+2=6) 노음이 되고, 한번은 3 두 번은 2이면(3+2+2=7) 소양이 되고, 한 번은 2 두 번은 3이면 (2+3+3=8) 소음이 된다.(이 설시의 법은 뒤에 상술하겠지만, 여기서 3이니 2니 하는 것은 설시하여 최종적으로 뽑은 책에 씌어 있는 숫자가 양수이면 3, 음수이면 2로 계산한다는 걸 뜻한다) 이와 같이 설시의 3번에서 9, 6, 7, 8이라는 총수가 결정되고 이 총수에 의해 노소 음양의 명칭이 붙게 되는 것인데, ⚏ ⚏을 소양 소음이라 한다면 三分一損의 法(丁若鏞 특유의 학설로서 뒤에 상론하겠지만, ━은 3, ━ ━은 2로 보는 학설)에 의하면 다같이 5가 되는데, 같은 5이면서 ⚏은 소양, ⚏은 소음이라 하는 것은 수리에 어긋난다. 요컨대 八卦의 제1, 2 획으로 四象을 삼는 학설은 畫卦와 揲蓍를 혼동한 것이 된다.

소양　　　　소음

둘째는, 공자 이르기를 陽卦多陰이라 해서 震艮이 陽卦가 되고 男卦가 되며, 陰卦多陽이라 해서 巽兌는 陰卦가 되고 女卦가 되는데, 소옹의 「횡배도」에 의하면 震은 소음에서, 艮은 노음에서 이루어지니 이 두 卦는 陰象이 되고, 巽은 소양에서, 兌는 태양에서 이루어지니 이 두 卦는 陽象이 되어 노소의 명칭이 반대가 되었다. 巽兌 등 陰卦는 양에 뿌리 하고, 震艮등 陽卦는 음에 뿌리 한다면 離는 음에서 뿌리 하는데

도 어찌하여 소음이 되고, 坎은 양에 뿌리 하는데도 어찌하여 소양인가, 이론이 서로 충돌하고 만다.

한편 鄭玄, 虞飜, 侯果(史志無傳, 不詳何時人) 등의 학자들이 말하는 四象에 대한 丁若鏞의 논평을 보기로 한다.

> 鄭玄은 木火金水로 四象을 삼고 있는데, 木火金水는 八卦를 생할 수가 없다. 그가 일찍이 말하길, 天一은 生水하고 地二는 生火한다고 했는데 이에 이르기를 水火로써 天地(八卦의 二는 天地이다)를 생한다고 하니 悖理됨이 심하다. 虞飜은 男女長少를 四象으로 삼으나, 有天地然後 有男女(咸卦에 대한 글)이어서 震艮이 설립된 다음에 長少의 형태가 있는데, 지금 말하길, 男女長少가 도리어 八卦를 생한다 하니 옳겠는가. 侯果는 神物, 變化, 垂象, 圖書를 四象으로 삼지만, 兩儀며 八卦는 가감할 수가 없는데, 神物 등 네 가지를 절연(截然)히 넷으로 하기엔 그 무리가 아주 많이 부족하다. 近儒가, 나뉘어 二가 되는 것으로써 兩을 象하고(象) 하나를 걸어서 三을 象하고(象) 넷씩 세어서 四를 象하고(象) 나머지를 손가락 사이에 끼워서 閏을 象하는(象) 것을 四象이라 하는 것은, 나누어 二가 되어 兩을 상하는 것이 곧 兩儀이어서, 이미 兩儀가 되었는데 다시 四象이 된다고 하는 것은 옳지 않다.[138]

鄭玄의 설은 木火金水를 사상이라고 하고 있는바, '四象生八卦'에서

---

[138] 『周易四箋』 卷八, pp. 27a~27b. 鄭玄 以木火金水爲四象則 木火金水無以生八卦也 其言嘗云天一生水 地二生火 今乃云以水火而生天地(八卦之二卽天地) 悖理甚矣 虞飜以男女長少爲四象則 有天地然後有男女(咸卦文) 震艮立而後長少形 今謂之男女長少 却生八卦可乎 侯果以神物變化垂象圖書爲四象則 兩儀八卦加減不得而神物等四者 其類甚多 不足爲截然之四也 近儒又或以分而爲二以象兩(象) 掛一以象三(象) 揲之以四以象四(象) 歸奇於扐 以象閏(象) 爲四象則 分而爲二以象兩卽兩儀也 旣爲兩儀而復爲四象 無是理也.

木火金水를 대입하면 '木火金水生八卦'가 되어 이룰 수 없는 이치이고, 虞飜은 男女長少를 四象이라고 하는 바 역시 四象에다가 男女長少를 대입해 보면 황당한 설임을 알 수 있고, 侯果의 설 또한 承上接下하여 八卦를 낳는 四象일 수가 없다. 한편 설시의 과정에서 나뉘어 二가 되는 것에서부터 손가락 사이에 끼우는 과정까지의 四營의 상을 四象이라고 하지만 나뉘어 二가 되어 兩을 象하는 것은 兩儀에 속하는 것이니 이것은 四象에서 빼어야 한다. 빼고 나면 3象에 불과하여 불합리하다.

이제 丁若鏞의 四象說을 검토해 보기로 한다.

> 象이란 것은 비슷하게 본뜨는 것이니 優孟이 孫叔敖를 象한다 함은 손숙오와 비슷하게 본뜰 수 있을 뿐이다.[139]

우맹이 죽은 손숙오로 의관과 동작을 꾸미자 장왕(초나라)이 손숙오가 다시 살아서 돌아온 줄로 착각했다는 고사(『史記』「滑稽列傳」)를 예로 든 것이다. 여기서 손숙오는 물론 우맹은 그 像이라는 것이다.[140]
「大傳」에서 "易者象也 象也者 像也."라고 했기 때문에 象이란 본뜨는 것이라고 말한다 했다. 사실 象을 倣似(본뜨다, 본받다, 모뜨다, 모방하다)의 의미로 해석하는 것은 丁若鏞에 한한 것은 결코 아니다.

易이 象의 학문이라고 할 때 象이란 본뜨는 뜻으로 해석하는 것은 丁若鏞에서 새로울 건 하나도 없다. 그러나 四象이라고 할 때는 이 象을 像이 아닌 실재의 개념으로 생각하여 태양, 태음, 소양, 소음을 四

---

[139] 『周易四箋』卷八, p. 26a. 象也者 倣似也 優孟象孫叔敖者 得孫叔敖之倣似而已.
[140] 이 책 「緖言」의 「周易이란 象이다」 참조.

象으로 삼는 것이 邵雍과 朱熹뿐만 아니라 많은 역학자들이 이를 추종하고 있다. 丁若鏞의 역학에서는 사상이란 실재가 아니라 4라는 실재를 본뜨는 것에 불과하다는 점에서 아주 새롭다. 그의 四象論에서의 四란 무엇인가에 대한 그의 말을 듣기로 한다.

> 四라는 것은 무엇인가? 天地水火가 체질이 각각으로 나뉘어 자리의 순서에 등급이 있다. 이것을 四라 한다.[141]

태극에서 천지가 나눠지는 것은 경중과 청탁의 성질에 따라 上下로 나눠지는 까닭이 분명하지만, 兩儀의 兩 즉 天地에서 水火가 가담하여 四象의 본물이 되는 연유에 대해서는 그의 저서에서 선명한 설명을 찾을 수가 없다. 『周易四箋』의 「伏體」論에서 天地水火를 '역의 네 기둥'[易之四柱]이라고 했는가 하면 『易學緖言』의 「周易答客難」에서는 '역의 네 참바'[易之四維]라고 하고 있을 뿐 天地 다음에 水火가 끼어드는 까닭에 대해선 구체적 언급이 없다.[142]
인용문에서, 자리의 순서에 등급이 있다고 하는 것은 天과 火가 더불고 地와 水가 더불어 天火는 위에, 地水는 아래에 자리한다는 것을 뜻하는 것임은, 天이 火를 包하여 雷가 되고 火가 天과 더불어 風이 되며 水가 土를 깎아서 山이 되고 土가 水를 에워싸서 澤이 된다고 하는 데서 알 수가 있다고 하겠다.[143]
天地水火를 '易之四柱' 또는 '易之四維'라고 하는 사상은 다르지 않

---

141) 『周易四箋』 卷八, p. 26b. 四者 誰也 天地水火 體質各分 位次有等 此之謂四也.
142) 『周易四箋』 卷一, p. 11a, 『易學緖言』, p. 475 참조.
143) 『周易四箋』 卷八, p. 26b 참조.

다. '折天柱 絶地維'(『列子』「湯問」)라 했듯이, '기둥'은 易(세계)을 내려 앉지 않게 떠받치는 것이고, '참바'는 易(세계)을 매달아 떨어지지 않게 한다는 뜻이겠다. 또 '維'란 易(세계)을 아우르는 '벼리'(綱)로 해석할 수도 있을 것이다. 雷風山澤은 天地水火에서 변화를 받아 생성되기 때문에 이들 八物을 平等하게 동열로 볼 수는 없다고 하고, 또 易에는 二觀이 있는 바, 德과 位가 그것인데, 德은 乾坤이요 位는 坎離라는 것이다. 즉 64卦는 어느 한 卦도 乾坤의 범위를 벗어날 수 없고, 64卦는 下體는 離(一奇 二偶 三奇) 上體는 坎(四偶 五奇 六偶)이 되는 바 64卦는 어느 卦이든 이 坎離의 관할에 포함되지 않은 것이 없다는 것을 강조하면서 天地水火는 易之四柱요 易之四維라고 하는 것이다.[144]

그러나 결국 64卦의 上下體를 坎離의 관할로 본다면 그것은 水火가 되지만 天地水火가 어찌하여 兩儀 다음에 이어지게 되느냐에 대한 해설은 없고, 다만 그것은 스스로 그러하다고 하고 있다.

> 天地水火는 명행(溟涬:아직 나뉘지 아니한 만물발상의 원기,필자)이 나뉘어 스스로 形質을 이루는 것이지 조화를 받아서 된 것이 아니다. 그러므로 乾坤坎離는 易의 四正이 된다.[145]

天地 다음에 天地水火가 오는 것은 스스로 그러하지만, 天地水火 다음에 雷風山澤이 생기는 것은 天地水火로 해서 이루어진다고 했다. 또 天地水火를 상징하는 乾坤坎離는 卦의 모양부터가 震巽艮兌의 치우친 모습과는 달리 바르기 때문에 易四正이 된다고 한 것이다.[146]

---

144) 『周易四箋』卷一, p. 11a, 『易學緒言』, p. 475 참조.
145) 『周易四箋』卷一, p. 5b. 天地水火者 溟涬之分 而自成形質 不受和化者也 故 乾坤坎離 爲易四正.

三. 卦를 그은 原理 • 157

天地水火를 상징하는 乾坤坎離 네 卦가, 四時之卦로서의 12辟卦에는 乾坤은 포함되지만 坎離는 들어가지 않고 반대로 50衍卦에는 坎離(互體 포함)는 다 들어가 있으나 乾坤은 들어가 있지 않은 것이 추후에 논할 그의 推移에서 한 특징이기도 하다. 12辟卦에 乾坤이 들어가서 方以類聚가 되고 50연괘에 坎離가 들어가서 物以群分이 된 것이라고 한다. 따라서 "乾坤은 聚方을 주관하고 坎離는 分物을 주관한다."(乾坤主於聚方 坎離主於分物)147)

아무튼 天地水火를 易之四維로 보는 丁若鏞과 매우 유사한 역학자로서는 李光地(1642~1718, 字 晉卿, 號 榕村 又號 厚庵)를 들 수가 있을 것이다. 丁若鏞은 『易學緖言』에서 많은 선유들의 역론을 고찰하면서 四象의 本物이 무엇인가를 언급하지 않은 선유를 힐난하다가 李光地에 이르러 조금은 점두하게 된다. 李光地는 그의 『周易折中』 「啓蒙附論」의 「後天卦以天地水火爲體用圖」에서 다음과 같이 말한다.

> 造化가 造化가 되는 까닭은 天地水火일 뿐이다. 易卦는 비록 여덟이나 실은 오직 넷이다. 왜냐하면 風은 天의 氣가 불어 내려 地와 交한 것이고, 山은 地形이 융기하여 올라가 天과 交한 것이고, 雷는 火가 地中에서 막혀서 치고 나와 분발한 것이고, 澤은 水가 地上에서 모여 퍼져 불어난 것이다. 도가는 天地日月을 말하고, 석씨는 地水火風을 말하고 서양인은 水火土氣를 말하니 造化가 四物에서 떠나지 않음을 볼 수 있다.148)

---

146) 『周易四箋』卷一, p. 5b 참조.
147) 『易學緖言』p. 478 참조. 이 사상은 「玆山易柬」에 보이는 丁若銓의 사상이지만 이를 용인하고 수용하고 있다.
148) 『周易折中』p. 1112. 卷二十一, p. 25b. 造化所以造化者 天地水火而已矣 易卦雖有八而實惟四 何則 風卽天氣之吹噓而下交於地者也 山卽地形之隆起而上

이에 대한 丁若鏞의 평을 들어본다.

> 榕村이 天地水火로써 造化의 근원으로 삼은 것은 그럴 듯하다. 그러나 風과 山으로써 天地의 交로 삼고, 雷와 澤으로써 火地, 水地의 交로 삼으니, 비뚤어지고 어그러져 바르지 않아서 畫卦의 本旨가 아니다. 雷風이 天火中에서 나오고 山澤이 水土의 交에서 생하는 것은 곧 형태가 드러나서 알기가 쉬운 物인데도 착오가 이와 같으니 하물며 그 나머지에서야!149)

李光地가 天地水火를 조화의 근원으로 삼은 것을 두고 그럴 듯하다고 丁若鏞이 말한 것은 天地水火를 四象의 본물로 보는 그의 입장과 어떠한 관계로 볼 수 있는가를 살펴본다면, 李光地의 조화의 근원인 天地水火와 丁若鏞의 四象의 本物로서의 天地水火는, 天地水火라는 점에서는 전혀 같다. 그래서 그럴 듯하다고 丁若鏞은 평했다. 그러나 丁若鏞은 造化의 궁극적 근원을 上帝로 삼지만, 李光地의 조화의 근원은 세계내의 근원을 찾는 것이라고 하는 점에서 우선 다르다.

위의 丁若鏞의 비평에서 보는 바와 같이 李光地는 天地水火가 서로 交하고 서로 변하는 이치를 잘 못 알고 있다. 즉 李光地는 風과 山을 天地의 交로, 雷를 火地의 交로, 澤을 水地의 交로 삼고 있는 데 대해 丁若鏞의 辨說은 다음과 같다.

交於天者也 雷卽火之鬱於地中而搏擊奮發者也 澤卽水之聚於地上而布散滋潤者也 道家言天地日月 釋氏言地水火風 西人言水火土氣 可見造化之不離乎四物也.

149) 「李氏折中鈔」『易學緖言』卷三, p. 411. 榕村 以天地水火爲造化之元者 得之矣 然 以風山爲天地之交 以雷澤爲火地水地之交則 喎戾不正 非畫卦之本旨也 雷風之出於天火 山澤之生於水土 卽形顯易知之物 而舛誤如此 況其餘乎.

三. 卦를 그은 原理 • 159

四者가 설립되자 天火가 서로 더불어 雷와 風이 생기고(天이 火를 包해서 雷가 되고 또 火가 天과 더불어 風이 된다) 地水가 서로 겨루어 山과 澤이 이루어진다.(水가 土를 깎아서 山이 되고 또 土가 水를 에워싸서 澤이 된다) 이것이 四가 八을 생하는 까닭이고 八卦의 八인 까닭이 여기에 있다.150)

李光地가 澤을 水地의 交로 한 것과 丁若鏞이 澤을 水地의 比에서 생한다고 한 것은, 표현만 다를 뿐 水地의 관계라고 본 것만 일치하고 다른 것은 서로 다르다.

한편 李光地가 자신의 조화의 근원설을 펴면서 서양인의 水火土氣를 자신의 四物에서 벗어나지 않는다고 하고 있지만 李光地의 조화의 근원으로서의 天地水火나, 丁若鏞의 四象의 본물로서의 天地水火는 고대 서양철학자들이 아르케(arché)로서의 물이나 공기 그 밖에 무한정한 것(to apeiron)을 주장한 것과 매우 유사하다. 李光地가 적어도 탈레스, 아낙시메네스, 아낙시만드로스 등의 학설을 인용했다고 하는 것은 경이로운 일이다.

神들이라고 하는, 세계를 초월한 의인화된 어떤 존재자에 의하여 세계의 생성변화를 설명하는 대신 세계의 아르케(原理, 原質)를 세계 그 자체 속에서 찾아, 물 공기 무한정한 것 등이 세계의 현상의 생성 변화하는 가운데서 불변하는 근원적인 본질을 탐구했던151) 밀레토스학파의 학자들이 그러했듯이, 李光地며 丁若鏞 또한 天地水火를 세계의

---

150) 『周易四箋』卷八, pp. 26b~27a. 四者既立 天火相與而雷風以生(天包火爲雷 又火與天爲風) 地水相比而山澤以成(水削土爲山 又土圍水爲澤) 此四之所以生八 而八卦之所以八 在是也.

151) 岩崎武雄, 『西洋哲學史』東京:有斐閣, 2005), p. 11 참조.

생성변화의 원질로 보았던 것으로 이해할 수도 있다. 다만 이것을 李光地는 조화의 근원이라 하고 丁若鏞은 四象의 본물이라고 했을 뿐이다. 그러나 밀레토스학파의 아르케나 李光地의 천지수화는 어쩌면 그 차원이 같을 수도 있지만 丁若鏞의 四象의 본물인 天地水火는 엄밀히 말해서 아르케를 주장하는 밀레토스학파와는 본질적으로 다르다고 해야 한다. 왜냐하면 밀레토스학파의 아르케는 신을 인정치 않고 신의 자리에 아르케를 안배한 것이지만, 丁若鏞 역학에서 궁극적 주재자는 上帝이기 때문이다. 다만 세계내의, 형성 변화하는 자체원리로서의 아르케와 丁若鏞의 天地水火는 닮아 있을 뿐이다.

마지막으로 四象에 대한 丁若鏞의 결론을 듣기로 한다.

> 요컨대 四象이란 四時의 상이다. 하늘이 밖을 에워싸고 日月이 운행하여 天地水火의 氣가 그 사이에 행하여 있지 않을 때가 없다. 춥고 더운 것이 서로 가까운 것으로써 순서를 정하여 四時에 배치한다. 그러므로 넷으로 세는 법은 사시를 본뜸으로써 天地水火의 象은 또한 그 가운데 부쳐진다.[152]

(4) 本物

太라 하고 兩이라 하고 四라 하고 八이라 하는 것의 뿌리가 마땅히 궁구되어야 하는 까닭은, 역이 일어나기 전에 이른바 태극이란 것이 있었기 때문에 역이 그것을 본뜰 수가 있었을 것이고, 兩이며 四가 먼

---

[152] 『周易四箋』 卷八, p. 27b, 總之四象者 四時之象也 天包於外 日月運行 而天地水火之氣行於其間 無時不在 第以其寒暑之相近者 而配之於四時 故 揲四之法 以象四時而天地水火之象 亦寓其中矣.

저 있었기 때문에 二로 나누고 四로 세어서 그것을 본뜬 것이니, 이른 바 一生兩, 兩生四, 四生八이라고 하는 것은 먼저 그 이치가 있었기 때문에 그것을 본뜰 수가 있었을 것이라고 丁若鏞은 주장한다.153)

위에서 보는 바와 같이 그의 역학은 철저하게 物在象先의 원칙을 견지하고 있다. 그래서 그는, 선유는 태극 양의에서는 本物을 말하면서 四象八卦의 본물은 어찌하여 말하지 않느냐고 다그친다.

> 天地水火雷風山澤은 곧 八卦의 本物이다. 이렇게 말하는 것에 대해서는 사람들이 별 이론을 갖지 않겠지만, 이 四象이 象하는 것은 예로부터 지금까지 도무지 말하는 자가 없었다. 만약에 邵氏의 「橫排圖」가 벌여놓은 노양 소양 소음 노음으로써 말하면 이것은 四象이지 四物이 아니다. 兩儀가 형용하는 것이 天地 혹은 음양이라면 四象이 상하는 것은 어찌하여 그 物이 없는가? 종이 위의 흑백의 흔적이 어떻게 족히 써 天地를 이을 수가 있는가? 四象은 원래 본물의 이름이 될 수 있다고 말한다면 태양 태음 소양 소음은 천지간에 본시 이런 物은 없고 또한 이런 名도 없는 것이다.154)

이른바 선천「橫排圖」에서의 四象은 단순히 종이 위에 그려진 흑백의 그림일 뿐 그것은 物이 아니기 때문에 四象의 本物이 아니라고 한 것이다.

太極에서부터 八卦의 상징물인 八物이 생겨나기까지의 과정을 丁若

---

153) 『周易四箋』卷八, p. 26b 참조.
154) 「邵子先天論」『易學緖言』卷二, p. 335. 天地水火雷風山澤 卽八卦之本物 人苟言之可無異論 惟是四象之所象 古往今來 都無言者 若以邵氏橫排圖所列 老陽少陽少陰老陰言之則此是四象 不是四物 兩儀所儀旣是天地 或云陰陽則四象所象豈無其物乎 紙上黑白之痕 豈足以承天地乎 若云四象原可爲本物之名則太陽太陰少陽少陰 天地間本無此物 亦無此名.

鏞은 아주 사실적으로 설명한다.

> 태극이란 무엇인가. 天地의 胚胎이다. 兩이란 무엇인가. 輕淸한 것은 上에 자리하고(天) 重濁한 것은 下에 자리한다.(地) 이것을 兩이라 한다. 四란 무엇인가. 天地水火가 體質이 각각 나뉘어 자리의 차례가 등급이 있는 것을 이것을 일러 四라한다.(「表記」에 이르기를 天火는 尊하나 親하지 않고, 地水는 親하나 尊하지 않다라고 했다) 四가 서면 天火가 서로 더불어서 雷風이 생기고,(天이 火를 包해서 雷가 되고, 또 火가 天과 더불어 風이 된다) 地水가 相比하여 山澤이 이뤄진다. (水가 土를 깎아서 山이 되고, 또 土가 水를 에워싸서 澤이 된다) 이것이 四가 八을 生하고, 八卦가 八인 까닭이 여기에 있다.[155]

이와 같이 兩儀에서 兩은 天地이고, 四象에서 四는 天地水火이고 八卦에서 8이란 天地水火雷風山澤이다. 이것이 本物이다.

兩儀, 四象, 八卦는 이와 같이 本物이 구체적이지만 태극은 이들의 원초이기 때문에 본물을 구체화할 수는 없다.[156] 그러나 구체화할 수 없다고 해서 형이상의 理는 아니다. 따라서 「河圖」에서 八卦의 법칙을 삼았다는 것은 부당하다. 왜냐하면 「河圖」에서는 八卦의 본물이 없기 때문이다.

> 八物을 얻고서 이에 八卦를 그었다. 이로써 살피건대, 이른바 「하도」

---

155) 『周易四箋』卷八, pp. 26b~27a. 太極者 誰也 天地之胚胎也 兩者 誰也 輕淸者位乎上(天) 重濁者位乎下(地) 此之謂兩也 四者 誰也 天地水火 體質各分 位次有等 此之謂四也(表記云天火尊而不親 地水親而不尊) 四者旣立 天火相與而雷風以生(天包火爲雷 又火與天爲風) 地水相比而山澤以成(水削土爲山 又土圍水爲澤) 此四之所以生八 而八卦之所以八在是也.

156) 李乙浩, 『茶山經學思想硏究』서울:乙酉文化社, 1989, p. 145 참조.

는 반드시 八物의 상이 있어야 할 것이다. 그래야 성인이 본받은(則) 것이 된다. 지금 「하도」에 八物의 상이 있는가?[157]

太極剖判의 이치는 위에서 논한 바와 같이, 一이 兩을 包하고,(태극이 天地를 包하다) 兩이 四를 包하고,(天地가 天地水火를 包하다) 四가 八을 包하면(天地水火가 天地水火雷風山澤을 包하다) 태극은 결국 八物의 合이요, 八物은 太極의 分이다. 그는 이 관계를 하나의 비유로써 설명한다.

> 태극은 八物의 合이요 八物은 태극의 分이다. 그 재료는 각기 갖춘 것이 아니며, 그 헤는 숫자는 각기 헤아릴 수가 있는 것이 아니다. 비유컨대, 大樂이 나뉘면 단지 이 八音이고, 八音이 모이면 다시 大樂이어서, 大樂의 밖에 별달리 八音이 있고, 八音의 밖에 달리 大樂이 있는 것이 아닌 것과 같다.[158]

(5) 卦를 그은 구체적 방법

위에서 본 바와 같이 丁若鏞에 의하면 一生兩, 兩生四, 四生八이 되어 卦를 만들 때 包犧가 物의 象을 본떠서 만들었다는 것인 바, 구체적으로 어떻게 그었는가에 대한 丁若鏞의 주장을 검토해 보자면, 吳澄(1249~1333)의 이론에 대한 그의 反論을 보면 극명해진다.

吳澄은 卦를 그은 구체적 방법에 대해 다음과 같이 말한다.

---

157) 「邵子先天論」『易學緒言』卷二, p. 335. 八物既得 乃畫八卦 由是觀之 所謂河圖 必有八物之象 乃可爲聖人所則 今之河圖 其有八物之象乎.
158) 「邵子先天論」『易學緒言』卷二, p. 335. 太極者 八物之合 八物者 太極之分 其材料不是各辦 其度數不可各計 譬如大樂之分 只此八音 八音之會 還是大樂 非大樂之外 別有八音 八音之外 別有大樂也.

伏羲가 획을 그을 때 먼저 —, --라는 두 획을 그었다. 傳에 이르기를 易有太極 是生兩儀라 했다.[159]

이에 대한 丁若鏞의 반론을 본다.

태극이란 것은 50책이 渾沌이 되어 아직 세지 않은 것이다. 양의란 것은 50책을 나누어서 二가 되어 兩을 본뜨는 것이다.(儀란 象이다) 四象이란 四로 세어서 四時를 본뜨는 것이다. 이것은 모두 설시하여 卦를 구할 때 확립되는 명칭이다. 지금 —, --을 兩儀로 삼고, ⚌ ⚍ ⚎ ⚏을 4상으로 삼으니, 「大傳」의 文과 판연히 서로 합치하지 않는다. 이것은 羲皇(伏羲)이 畫卦할 때 그것을 본 사람이 없으니, 먼저 ☰을 짓고 다음에 ☷을 지었다는 것이 어찌 가능하지 않겠는가. 반드시 옆으로 벌인 양음의 큰 획으로써 根基를 짓겠는가? 이것은 모두 확정할 수 없는 설이다.[160]

위의 문장에서 우선 살필 수 있는 것은, 丁若鏞은 伏羲가 먼저 ☰을 긋고 다음에 ☷을 그었을 것이라고 생각한다는 점이다.(이 생각은 毛奇齡과 胡渭와도 같다. 즉 전술 각주 53)에서 보는 바와 같이 毛氏는

---

159) 「吳草廬纂言論」『易學緒言』, 卷三, p. 353. 羲皇畫卦之時 先作此畫 傳曰易有太極 是生兩儀.

　--을 rootmetaphors(근본메타포)라고 하는 입장도 있다.
　Stephen C. Pepper. *WorldHypotheses*,(Berkeley:UniversityofCaliforniaPress, 1970), pp. 71~114.

160) 「吳草廬纂言論」『易學緒言』卷三, p. 353. 太極者 五十策之渾同 〈沌〉 未揲者也 兩儀者五十策之分而爲二以象兩者也(儀者象也) 四象者揲之以四以象四時者也 此皆揲蓍求卦之時所立之名 今以 — --爲兩儀 ⚌ ⚍ ⚎ ⚏ 爲四象 與大傳之文 判不相合 且義皇畫卦之時 無見之者 先作☰ 次作☷ 有何不可 必橫列陽陰之大畫以作根基哉 斯皆未可定之說也.

'先畫乾坤'이라 하였고, 胡氏는 각주 55)에서 보는 바와 같이 "三才 一時俱備"라고 했다) 그는 말하기를 伏羲씨가 卦를 그을 때 옆에서 본 사람이 없는데 어떻게 먼저 ―, --을 그었다고 단정할 수 있느냐고 반문하면서 그 부당성을 다음과 같이 지적한다.

> 一生兩이란 것은 一을 나누어 兩이 되는 것이지 太極의 밖에서 별개의 천지가 첨가하여 나오는 것은 아니다.(태극이 나뉘어 天地가 된다) 兩生四란 것은 兩이 나뉘어 四가 되는 것이지 天地의 밖에서 별개의 四氣가 첨가하여 나오는 것은 아니다.(지금 이르는 二陽二陰) 四生八이란 것은 四가 나뉘어 八이 되는 것이지 四氣의 밖에서 별개의 天地水火雷風山澤이 첨가해서 나오는 것이 아니다. 지금 말하는 羲皇畫卦의 法은 兩儀의 위에 一層을 첨가하여 八卦를 삼으니, 이는 天地가 개벽한 뒤에 재료를 첨가하여 四氣를 만들고,(易例에서 天地水火가 四氣가 된다) 四氣가 流行한 뒤에 재료를 첨가하여 八物을 만드니 (즉 天地水火雷風山澤) 어찌 造化生成의 象이겠는가?161)

伏羲가 畫卦할 때 맨 먼저 ―, --의 두 획을 그었다는 말은 결국 그 위에 획을 쌓아가는 것을 뜻한다.(따라서 二程은 이를 加一倍法이라고 한 것이다) 그렇게 되면 천지가 剖判한 뒤에 시간을 두고 차례차례로 재료를 더해서 세계(현상계)가 이루어졌다는 이론이 된다. 이것이 어찌 天地生成의 원리가 될 수 있겠느냐는 것이다.

---

161) 「吳草廬纂言論」『易學緒言』卷三, pp. 353~354. 一生兩者 分一而爲兩 非於太極之外 添出個天地(太極之分爲天地) 兩生四者 分兩而爲四 非於天地之外添出個四氣也(今所云二陽二陰) 四生八者分四而爲八 非於四氣之外添出天地水火雷風山澤也 今所云 羲皇畫卦之法 兩儀之上添畫一層以爲四象 四象之上添畫一層以爲八卦 是天地開闢之後 添入材料 以作四氣(在易例則天地水火爲四氣) 四氣流行之後 添入材料 以作八物(卽天地水火雷風山澤) 豈造化生成之象哉.

한편 「大易傳」의 仰觀俯察에 의해 卦를 그었다는 문장과 畫卦에 관한 위의 이론과의 사이의 관계를 丁若鏞은 다음과 같이 말한다.

> 어떻게 包犧 씨가 畫卦할 때 오로지 仰觀하고 俯察하는 것에만 의지했다고 하겠는가. 仰觀俯察해서 兩物을 먼저 얻고, 兩이 나뉘어 四가 되어서 또 四物을 얻고, 四가 八이 되어서 드디어 八物을 얻었다. 八物이란 것은 天地水火雷風山澤이다. 八物을 얻고서 이에 八卦를 그었다.162)

즉 仰觀俯察해서 天地라는 두 物만 얻은 것이고 나머지는 상술한 바와 같은 원리에 의하여 얻게 되었다는 주장이다.

다음에는 六十四卦가 형성된 이치를 살펴보기로 한다. 丁若鏞은 「繫辭傳」의 "天地定位 山澤通氣 雷風相薄 水火不相射 八卦相錯"이라는 문장을 두고 八卦가 交易해서 六十四卦가 되는 이치를 말한 것으로 생각한다.

> 天尊地卑해서 그 位가 정해졌다. 그러나 그 어리어진 氣가 상하로 승강하고, 가고 오고 서로 섞여서 어그러지지 않는다. 그러므로 오만 변화가 일어나고 만물이 이루어진다. 성인이 이런 현상을 보고 卦를 그었다. 그러므로 八卦 八物은 서로 사귀고 서로 가까이 해서 64卦가 이루어졌다.
> 山澤이란 것은 地水가 이룬 것이다. 雷風은 天火가 이룬 것이다. 高山의 上에 간혹 大澤이 있고,(이를테면 白山) 大澤의 속에 혹 高山이 있다.(이를테면 君山) 이것이 山澤通氣이다. 迅雷와 烈風이 同聲이 相應

---

162) 「吳草廬纂言論」 『易學緖言』 卷三, p. 335. 將若之何包犧畫卦之初 專藉仰觀俯察 仰觀俯察先得兩物 兩分爲四 又得四物 四化爲八 遂得八物 八物者 天地水火雷風山澤也 八物旣得 乃畫八卦.

하니 이것이 雷風相薄이다. 地中에 온천이 있고, 水가 火를 받아서 草木이 자라나니, 이것이 水火가 서로 싫어하지 않는 것이다. 經文에는 비록 둘 둘이 서로 짝지어졌으나, 八卦 八物 모두가 더불고 서로 통하고 서로 합해서, 天이 水에 섞일 수도 있고 雷가 山에 섞일 수도 있으며, 地火澤風이 종횡으로도 되고 거꾸로도 되어 모두가 서로 통하고 서로 섞인다. 그러므로 八卦는 모두 서로 交한다.163)

이와 같이 八卦八物이 서로 交하고 서로 섞이고 서로 마찰하고 서로 전도하여 64卦를 이루게 되면 혹은 正體, 혹은 互體로 서로 통하고 서로 붙고 하여 萬變이 무궁하니 天地萬物의 實情을 본뜬다고 했다.164)
여기서 交란 交易을 뜻한다. 交易이란 上下體에서 八卦가 서로 자리를 바꾸는 것을 뜻한다. 64卦가 생기는 이치를 丁若鏞은 이 교역으로 설명한다.

> 包犧가 畫卦할 당초에는 8로 인해서 거듭했으니,(因八爲重) 泰가 交하면 否가 되고 益이 交하면 恒이 된다. 이것을 交易이라 한다.165)

庖犧가 畫卦할 당시에는 단지 交易이 있었을 뿐 다른 易이 있었겠는

---

163) 『周易四箋』卷八, pp. 29b~30a. 天尊地卑 其位定矣 然其氤氳之氣 昇降上下 往來錯雜 不相違悖 故 萬變以興 萬物以成 聖人觀此象 以畫卦 故 八卦八物 相交相摩 以成六十四卦也 山澤者 地水之所成也 雷風者天火之所成也 高山之上 或有大澤(如白山) 大澤之中 或有高山(如君山) 是山澤通氣也 迅雷烈風 同聲相應 是雷風相薄也 火行地中厥有溫泉 水受火氣(日氣亦火氣) 乃長草木 是水火不相斁也(射音斁厭也) 經文雖兩兩相配 而八卦八物皆與之 相通相合 天可以錯於水 雷可以錯於山 而地火風澤 縱橫顚倒 皆可以相通相雜 故 八卦皆相交也.
164) 「邵子先天論」『易學緒言』卷二, p. 321 참조.
165) 『周易四箋』卷四, p. 17a. 庖犧畫卦之初 因八爲重 泰交爲否 益交爲恒 此之謂 交易也.

가. 交해서 易이 重卦가 이루어진 후에 성인이 늘어놓고 완색해서 推移의 묘를 얻었다.[166]

즉 重卦는 加一倍法에 의하여 이루어진 것이 아니라 因八爲重으로 이루어졌으며 爲重의 방법은 交易이라는 것이다. 여기서 중요한 것은, 丁若鏞은 후술하는 바와 같이 그의 「推移」 곧 「卦變」은 64괘를 그은 원리가 아니라 64괘를 그은 뒤에 그것을 늘어놓고 완색해서 발견한 괘의 존재 원리임을 분명히 하고 있다는 점이다. 오늘날의 학자들이, 丁若鏞이 「推移」(「卦變」)를 64괘를 그은 원리로 주장하고 있는 것으로 착각하고서 횡설수설하고 있으니 민망한 노릇이다.[167]

한편 帛書本 『周易』의 卦序는, 卦序에 따라 상하 두 괘가 각각 8개의 괘로 한 조를 이루고 이리하여 형성된 8개의 조는 상하의 괘가 각각 음양의 원리에 따라 질서정연하게 안배되어 있는 바, 비록 백서본이 통행본보다 훨씬 뒤에 이루어졌다고는 해도, 통행본보다는 백서본이 因八爲重의 관념이 훨씬 뚜렷이 나타나 있다고 하겠다. 환언하면, 因八爲重의 관념은 64괘 형성의 원리로 예로부터 통념으로 되어 왔던 것으로 보인다.

그리고 八卦와 64卦가 동시에 이루어졌느냐에 대해서는 학설이 갈리고 있지만 朱熹가 그의 「卦變圖」의 附錄에서 말한 바와 같이 丁若鏞은 동시에 그었다고 주장한다. 그가 말하는 이유는 다음과 같다.

"重卦가 없으면 八卦가 쓰일 수가 없으니 지금 말하길, 伏羲가 八卦를

---

166) 『周易四箋』 卷四, p. 17b. 庖犧畫卦之初 只有交易 有他易哉 交而易之 重卦旣成而後 聖人設而玩之 得推移之妙義也.
167) 이 책 「재판 서문」 참조.

짓고 수천 년 동안 묵혀 두고 쓰지 않다가 文王에 이르러 重卦를 긋기 시작했다고 하니 당시 거유의 말이 이처럼 많이 몽매하도다."168)

여기서 鉅儒는 班固(後漢初人)를 가리킨다.

丁若鏞의 위와 같은 주장은「易大傳」의 다음과 같은 구절이 이를 지지해 준다 하겠다.

八卦가 열을 이루니 상이 그 가운데 있고, 인해서 그것을 거듭하니 효가 그 가운데 있다.169)

즉 八卦가 그어졌을 때에는 象만 있지 爻는 아직 없고 重卦가 있고서야 爻가 있다는 뜻이다. 八卦인 상태에서는 변화의 원리가 없고 다만 象만 있을 뿐인데, 이것으로 진퇴존망과 길흉화복을 분변할 수는 없다. 重卦가 되면 爻變의 원리가 생겨서 비로소 복잡다단한 만사만물의 변화양상을 포섭할 수 있다는 것이다.

따라서 八卦와 64卦는 동시에 생겼어야 한다는 것이다. 丁若鏞이 말하는 50衍卦가 생성되기 전에 12辟卦는 이미 重卦이고 부모의 卦인 건곤도 이미 重卦의 상태인 것이다. 그것은 변화를 좇는 것이 역의 도이기 때문이기도 하다.

따라서 八卦 重卦가 동시에 생겼다면「說卦」의 物象, 卦變, 爻變도 동시에 일어난 것이 된다. 卦變의 법이 畫卦 당시에 없었다면 損卦 益卦에 손익이라는 말이 붙을 수가 없었을 것이라는 것이다.

---

168)「班固藝文志論」『易學緒言』卷一, p. 226. 若無重卦則八卦無用今云宓戲作八卦數千年陳而不用至文王始畫重卦當時鉅儒之言亦多蒙昧如此.
169)『周易四箋』卷八, p. 7a. 八卦成列 象在其中矣 因以重之 爻在其中矣.

만약 重卦가 없다면 八卦가 무슨 소용이 있겠는가? 내가 말하는 八卦, 重卦, 「說卦」의 物象, 卦變, 爻變의 법은 일시에 함께 일어났다. 包犧의 때에 다만 八卦만 만들어졌다면 그것을 어떻게 쓸 것인가? 卦變의 법이 당시에 없었다고 한다면 損益 2卦에 어찌 損益이라 이름했겠는가?170)

"損益 2卦에 어찌 損益이라 이름했겠는가?"라는 말은 損卦는 泰에서, 益卦는 否에서 推移한 것이라는 뜻이다. 損의 上九는 泰의 九三이 升해서(즉 下를 덜어서) 되었기 때문에 損이라는 이름이 붙은 것이고, 益의 初九는 否의 九四가 降해서(즉 上을 덜어서 下를 이익되게) 되었기 때문에 益이라는 이름이 붙은 것이라는 것이다.『周易』에서는 上(군주)을 덜어서 下(백성)를 이익되게 하는 것을 益이라 하고 下를 덜어서 上을 이익되게 하는 것을 損이라 했다. 따라서 損과 益은 각각 泰와 否에서 推移한 것이기 때문에 損益이라는 이름이 붙은 것이라는 것이다.

이상에서 畫卦에 관한 이론들을 섭렵해 보았으나, 卦를 긋는 것을 본 사람이 없기 때문에 더 이상의 궁리가 불가능하다고 말한다면 그것은 丁若鏞의 본지는 아닐 것이다. 그렇다면 八卦는 왜 굳이 3획으로 했느냐에 대한 의문은 아직 풀리지 않은 채 남아 있다. 물론 一分爲二法에 의하면 이른바 4象에서 八卦가 나와 3획일 수밖에 없겠지만 다른 畫卦說, 즉 卦變說이나 程頤의 설, 기타 丁若鏞의 설에서도 이 점이 부각되지 않고 있다. 이런 관점에서 본다면 一分爲二法이 단연 뜻을

---

170) 「漢魏遺義論」『易學緖言』卷一, p. 236. 若無重卦 何用八卦 余謂八卦重卦說 卦之物象卦變爻變之法 一時並興於庖犧之時 單作八卦 將安用之 若云卦變之法 當時未有則 損益二卦 何名損益.

얻은 것으로 보일 수도 있지만, 이 학설은 본질적으로 많은 모순을 담고 있음을 위에서 본 바와 같다.

이제 丁若鏞의 기본 입장에 입각해서 卦가 왜 3획으로 되었느냐를 추구해 보기로 한다.

丁若鏞에 의하면 八卦의 생성은 先本物而後畫卦의 원리에 의한다. 先本物이란 天地水火雷風山澤의 八物인데, 八卦는 이 八物을 형용한 것이라는 것이 丁若鏞의 畫卦論의 대원칙이었다. 그런데 丁若鏞은 먼저 ☰ ☷ 두 卦를 그었다고는 볼 수 없느냐고 했으니, 그렇다면 天地(☰와 ☷의 本物)를 빼고 나머지 여섯 개의 本物을 이 부호를 사용하여 유일무이하게 나타내려면 지금의 3畫卦의 모양으로 밖에 되지 않는다. 한편, ━ ╴╴라는 두 가지 획으로 8物을 나타내는 각 괘의 최소한의 획수는 3획이 될 수밖에 없다.

어쨌거나 伏羲 畫卦의 시초에 획을 어떻게 그었느냐라는 문제는 易의 영원한 수수께끼로 남을 것이지만, 학자가 추리를 멈추지 않는 것은 문제 자체가 호기심을 불러일으키기도 하겠지만, 획을 어떻게 그었느냐 하는 것은 논자의 세계관에 직결되기도 하기 때문일 것이다.

四. 卦가 存在하는 原理

어떤 원리에 의하여 그어졌건 卦가 일단 이루어진 다음에 그 卦는 각종의 象, 이를테면 卦變의 象, 互體의 象 등을 머금는 것을 성인은 알게 되었다는 것이 朱熹와 丁若鏞의 공통된 생각임은 위에서 누차 언급한 바와 같다. 丁若鏞에 의하면 推移, 爻變, 互體 이 세 가지는 易의 세 가지 奧義 즉 '易有三奧'[1]라고 했는데, 그는 卦의 存在形式을 말하면서 8로써 8을 곱해서 64卦가 존재하게 된다고 보는 설을 비판하게 된다. 그의 주장을 적어 본다.

> 세 가지 奧義가 갖추어져 물상이 묘하게 합치하고 세 가지 오의가 갖추어져 승강, 왕래, 소장, 起滅 등 오만 움직임이 부쳐지고 성인의 情이 辭에 나타난다. 8로써 8을 곱하는 것은 나무처럼 뻣뻣한 고집불통의 죽은 원리이다.[2]

推移 爻變 互體라는 易의 三奧에 의해 物象이 묘하게 합치한다고 하는 것에 丁若鏞 역학의 핵심이 나타나 있다. 그는 推移 物象 互體 爻變 이 네 가지를 '易有四義' '四義' '四解', 등으로 말하여 그의 易學의 관건으로 삼고 있기 때문이다. 즉 推移와 互體와 爻變에 의해 物象

---

1) 『與猶堂全書』 ②, p. 656 참조.
2) 『與猶堂全書』 ②, p. 656. 三奧具而物象妙合 三奧具而升降往來消長起滅萬動以寓 而聖人之情 見乎辭 以八乘八者 木强之死法也.

을 파악해서 그 象에 의거하여 易詞를 해석하는 것이 그의 역학해석 방법론이기도 하다.

象과 易詞의 관계에 대한 丁若鏞의 주장을 보기로 한다.

> 易詞에서 상을 취함은 모두 說卦에 근본을 둔다. 說卦를 읽지 않으면 한 字도 풀 수가 없는데, 자물쇠와 열쇠를 버리고 門을 열려고 하니 매우 어리석은 일이다.[3]

> 문왕, 주공이 역사를 순서를 따라 지을 때 一字一文도 모두가 물상을 취했다. 설괘를 버리고 역을 해석하려는 것은 六律을 버리고 樂을 지으려는 것과 같다.[4]

이처럼 물상의 丁若鏞 역학에 있어서의 지위는 문을 여는 자물쇠요 작곡을 할 때 음계와도 같은 것임은 이미 서론에서 논한 적이 있다. 그의 이른바 '三奧'는 물상을 찾기 위한 방법론에 지나지 않지만, 그는 이 세 가지 변화 이외에도 상하체의 자리 바꿈에 의해 重卦가 성립되었다는 交易, 상하체를 그대로 전도하여 卦를 파악하는(반대 방향에서 바라보는) 反易, 상하체의 각 획을 전부 剛은 柔로, 柔는 剛으로 바꿔서 卦를 파악하는 變易 등, 이른바 그의 三易[5] 또한 궁극적으로는 象을 찾기 위한 歷程에 다름 아니다. 그러나 이러한 제 원리들이 모두가 인력으로 만든 것이 아니고 卦가 그어지고 난 다음 卦가 저절로 머금

---

3) 『周易四箋』, 卷八, p. 28a. 易詞取象 皆本說卦 不讀說卦 卽一字不可解 棄鑰匙而求啓門 愚之甚矣.
4) 『周易四箋』, 卷一, p. 2b. 文王周公之撰次易詞其一字一文皆取物象舍說卦而求解易猶舍六律而求制樂.
5) 『周易四箋』, 卷四, p. 17a 참조.

는 상이라고 보는 것이다. 그의 말을 옮겨 본다.

> 八卦 8物이 서로 사귀고 서로 섞이고 서로 마찰하고 서로 전도되어 64卦를 이루면, 혹은 정체로 혹은 호체로 서로 통하고 서로 붙어서 오만 변화가 끝이 없어서 천지만물의 변동을 본뜨게 될 따름이다.[6]

八卦 8物이 서로 사귀고 섞이고 마찰하고 전도하는 등 다양한 변화는 바로 생명체의 현상과 다르지 않다.

이상의 「三奧」와 「三易」은 모두를 卦의 존재적 측면에서 포섭할 수는 있지만, 交易은 重卦의 획성원리로 丁若鏞에 의해 이해되었고, 爻變은 卦의 체질변화를 의미하는 것이어서 역학을 변화의 학문이게 하는 고동이며 사북이기도 하다. 체질변화는 효변에 국한된 것은 아니고 변역도 그러하지만, 변역은 6획이 모두 동시에 강유가 서로 체질을 바꾸는 것이지만, 효변은 6획 가운데 한 획의 강유가 서로 체질을 바꾸는 것이고, 전자는 64卦 전반에 걸친 원리가 아니라 일부의 괘효에 해당되는 원리이지만 후자는 64卦 384 효의 전부에 걸친다. 또 전자는 易詞의 해석 원리이지만 후자는 해석 원리일 뿐만 아니라 揲蓍求卦 즉 生卦의 원리이기도 하다. 따라서 변역은 卦의 존재원리의 한 부분적인 의미로 다루면 족하다고 본다. 그러나 효변은 별도로 표장하는 것이 타당하다고 생각되기 때문에 별도로 한 원리로 다루기로 한다.

따라서 「三奧」와 「三易」가운데 交易과 爻變을 빼면 反易, 變易, 推移, 互體, 이 네 가지만 남게 된다. 이 네 가지 법을 卦의 존재형식으

---

[6] 『易學緒言』, p. 321. 八卦八物 相交相雜 相磨相倒 以成六十四卦 或以正體 或以互體 相通相薄 萬變不窮 以象天地 萬物之情而已.

로 삼고 이 장에서 다루고자 한다.(다만 交易에 의한 易詞의 해석원리는 같이 다루기로 한다)

反易, 變易, 推移, 互體 가운데 전 삼자는 상 하체의 엄격한 구분에 하등의 변화도 용인하지 않는 상태에서 이루어지는 변화이지만, 호체는 상 하체의 구분을 깨는 데서 탄생하는 원리라고 하는 점에서 서로 다르다. 6획의 卦에서 각 획의 일체의 존재형식을 불문에 부치고, 6획 모두가 대등한 관계로 취급되어 상하체와 重卦 이외에 다시 또 상하체와 重卦를 그 卦에서 파악하는 원리가 이른바 互體의 원리이다. 互體를 말할 때 丁若鏞은 互體가 아닌 정규의 卦를 正體라고 명명하지만, 따라서 이 正體라는 말은 互體를 인정할 때 또는 互體를 말할 때 그 상대적 개념으로 사용되는 卦體의 호칭에 지나지 않는다.

이하에서 卦의 존재형식을 정체의 존재형식과 호체의 존재형식으로 대별하고, 전자는 다시 朱熹의 卦變(圖)說과 丁若鏞의 推移論으로 구분하되 反易과 變易은 丁若鏞의 推移論에 이어서 다루기로 한다.

1. 正體의 存在原理

1) 朱熹의 卦變說

(1) 卦의 存在形式과 이른바 '虛象'과의 관계

卦變을 두고 畫卦의 원리로 보는 입장이 있는가 하면 卦의 존재원리로 보는 입장이 있다는 것에 대해서는 이미 누차 언급한 적이 있다. 卦變을 畫卦의 원리로 보지 않고 卦의 존재형식으로 본 학자 가운데 대표적인 학자는 朱熹와 丁若鏞을 들 수 있다. 卦變 자체를 반대한 학자도 卦 안에 卦變說이 말하는 그러한 象이 있음을 부인하지는 않고, 그것은 卦를 지은 후에 발견한 하나의 虛象7)이라고 말한다. 여기서 虛象이라 함은 卦를 그은 뜻이 될 수 없다는 뜻일 뿐 그 원리 자체의 존재는 인정한 것이니, 그렇다면 朱熹나 丁若鏞이 卦變을 인정하는 입장과 이들 卦變의 반대론자의 입장 사이에는 차이가 없다. 卦變을 반대하는 입장의 그 반대의 내용은 畫卦라고 하는 관점에 있는데, 그 반대는 虞翻 등의 卦變論者에게는 비판이 될 수가 있어도 卦變을 卦의 존재형식으로만 다루는 朱熹나 丁若鏞의 卦變에 대해선 타당한 비판이 될 수 없다 할 것이다. 卦變을 반대하는 입장의 보기를 통하여 이 관계를 음미해 보기로 한다.

李光地는 『周易折中』 隨卦 「象傳」의 '集說'에서 王宗傳의 설에 의거하여 이렇게 말한다.

> 혹 말하기를, 易家는 隨가 否에서, 蠱가 泰에서 왔다고 하는데 그 뜻은 어떠한가?라고 묻기에 나는 "아니다."라고 답했다. 건곤이 중첩하여 泰와 否가 되었다. 그러므로 隨와 蠱가 泰와 否에서 오는 이치가 없다. 세속의 유자들은 卦變에 홀려서 八卦가 열을 이루어 중첩해서 內外 上下 往來의 뜻이 이미 그 가운데 갖추어져 있음을 전혀 알지 못한다. 八卦가 이미 중첩한 후에 어찌 내외 상하 왕래의 뜻이 있겠는가?8)

여기서 李光地의 생각도 卦가 이루어진 뒤에 내외 상하 왕래의 원

---

7) 『周易折中』, p. 507
8) 『周易折中』, p. 522. 或曰 易家以隨自否來 蠱自泰來 其義如何 曰非也 乾坤重而 爲泰否 故 隨蠱無自泰否而來之理 世儒 惑於卦變 殊不知八卦成列因而重之而內外上下往來之義已備乎 其中 自八卦旣重之後 又烏有所謂內外上下往來之義乎.

리(곧 卦變)가 이미 그 가운데 있다는 것은 인정한다. 다만 卦를 그은 원리가 아니라고 말하는 것뿐이다.

다시 訟卦「彖傳」의 案語에서 이렇게 말한다.

「彖傳」중에는 강유가 상하로 왕래한다는 것은 모두 虛象이다. 선유는 이로 인하여 卦變의 설이 어지러웠다. 泰와 否의 아래에 보이는 小往大來, 大往小來라고 한 것은 文王의 辭인데 과연 무슨 卦가 가고 무슨 卦가 왔다는 건가? 역시 그런 象이 있다고 말했을 뿐이다. 그러므로 王弼과 孔穎達의 注疏에 의거하여 虛象으로 하는 것이 타당함에 가까울 것 같다.9)

「彖傳」의 강유왕래의 말이 다만 그러한 현상이 있음을 말한 것일 뿐 실재로 그러한 원리에 의거해서 卦를 그은 것은 아니라고 말한 것인데, 이러한 李光地의 생각은 朱熹나 丁若鏞과 매우 유사하다. 卦變을 卦를 그은 원리가 아니라 卦의 한 현상 곧 존재의 뜻으로 보는 점에서는 비록 李光地가 虛象이라고 비하하긴 했지만 그러한 象을 인정한 것임에는 틀림이 없기 때문이다. 먼저 朱熹의 卦變說을 살펴본 뒤 丁若鏞의 推移(곧 卦變)을 다루어 보기로 한다.

(2) 朱熹의「卦變圖」의 內容과 丁若鏞의 批判
朱熹가 畫卦의 원리에 대해「一分爲二法」과「卦變」이라는 두 가지

---

9)『周易折中』, p. 507 彖傳中 有言剛柔往來上下者 皆虛象也 先儒因此而卦變之說紛然 觀泰否卦下小往大來大往小來云者 文王之辭也 果從何卦而往何卦而來乎 亦云有其象而已耳 故 依王孔註疏作虛象者 近是.

학설을 모두 수용한 것처럼 생각해서는 안 된다. 畫卦의 이론으로는 어디까지나「一分爲二法」에 찬동한 것이고「卦變」을 畫卦의 원리로 인정한 것이 아니다. 朱熹가「卦變圖」[이 책 말미의「그림 6」참죄를 그려 그의『易本義』앞에 실어 놓았다고 해서 마치 朱熹가 卦變說을 畫卦의 뜻으로 파악한 것처럼 오해될 소지는 있다. 한편 후술하겠거니와『易學啓蒙』말미의 그림은「爻變圖」인데 마치 이것을「卦變圖」인 양 생각하는 것은 가소로운 일이다.

이제 그의「卦變圖」를 논변하기로 한다. 朱熹는 그의「卦變圖」에서 이렇게 적고 있다.

> 무릇 1음1양의 卦는 각각 6인데 모두가 復과 姤로부터 왔다. 5음5양은 卦는 같고 그림은 다르다. 무릇 2음2양의 卦는 각각 15인데 모두 臨과 遯에서 왔다. 4음4양은 卦는 같으나 그림은 다르다. 무릇 3음3양의 卦는 20인데, 모두 泰와 否에서 왔다.[10]

이에 대하여 丁若鏞은 다음과 같이 비평한다.

> 漢魏 이래로 이런 서열은 없다. 혹시 그 遺文이 일실케 된 것인지도 모른다. 그 그림은 重層의 서열이 각각 순서가 있다. 오직 中孚와 小過는 다른 卦들 가운데 섞여 있어서, 2음2양의 卦가 혹은 2母에서 변화를 받기도 하고 혹은 1母에서 변화를 받기도 하여 그 원리가 고르지 못하고, 中孚 小過 두 卦는 마침내 변화를 받는 곳이 없다. 원래

---

10) 『周易傳義』, 卷首, pp. 58a~58b. 凡一陰一陽之卦 各六 皆自復姤而來 五陰五陽卦 同圖異 凡二陰二陽之卦 各十有五 皆自臨遯而來 四陰四陽卦 同圖異 凡三陰三陽之卦 各二十 皆自泰否而來.

四. 卦가 存在하는 原理 • 179

推移의 원리는 오직 一往一來에 있다. 만약에 中孚가 遯과 大壯에서 변화를 받고, 小過가 臨과 觀에서 변화를 받는다고 한다면, 모름지기 4개의 획이 모두 움직이어야 하고 이에 변화를 받아야 하는데, 그것을 가히 推移라고 하겠는가? 이것은 그 조사와 증험함이 정밀하지 못한 것이다.[11]

中孚와 小過를 辟卦로 하지 않고 李之才처럼 변화를 받는 卦(受變之卦)로 하여 마침내 一往一來를 의미하는 卦變의 원칙을 깨고 말았다는 것이다. 虞飜이 一往一來의 이동을 견지하기 위해 中孚와 小過를 따로 떼어서 아예 '變例之卦'라는 예외를 인정한 것보다도 도리어 못하게 된 것 같다.

丁若鏞의 평설은 다시 이어진다.

또 생각하건대, 3양의 卦가 곧 또한 3음이고, 3음의 卦가 곧 또한 3양이니까 그 가운데도 또한 주객이 절로 있는 것이다. 泰는 3양이 바야흐로 나아가는 것이다. 否는 3음이 바야흐로 길어지는 것이다. 그런즉 무릇 泰를 좇아 온 것은 모두 3양의 卦이고 무릇 否를 좇아온 것은 모두 3음의 卦이다. 이제 하나의 卦로써 두 번 헤아려 3음3양의 卦로 하니 수는 각각 20이 되는데, 이것은 아마도 중복된 것으로 古義가 아닐 것이다.[12]

---

11) 「朱子本義發微」『易學緒言』, 卷二, pp. 286~287. 漢魏以來 無此序列 或其遺文 見逸也 本圖 層累序列 各有第次 唯中孚小過 混在諸卦之中 則二陰二陽之卦 或受變於二母 或受變於一母 其義未均 而中孚小過二卦 則卒無受變之處 原來推移之法 唯有一往一來 若云中孚受變於遯大壯 小過 受變於臨觀 則須四畫都動 乃可受變其可曰推移乎 是其查驗之未密也.

12) 「朱子本義發微」『易學緒言』, 卷二, p. 287. 又案 三陽之卦 雖亦三陰三陰之卦 雖亦三陽就中 亦卦自有主客 泰者三陽之方進也 否者三陰之方長也 然則凡從泰來者皆三陽之卦也 凡從否來者皆三陰之卦也 今以一卦兩計兼之 爲三陰三陽之卦

같은 3음3양의 卦일지라도 泰와 否는 음양의 형세가 서로 달라서 泰는 3양이 나아가고, 否는 3음이 길어지는 卦이기 때문에 그 음양형세에 따라서 다른 3음3양의 卦도 좇는 바가 달라야 하는 법인데, 마구잡이식으로 3음3양의 卦가 泰와 否의 2母에서 온다고 양다리를 걸친 것을 힐난한 것이다. 丁若鏞의 이 말은 함의가 깊은 표현인데 상설하면 다음과 같다. 泰는 하체가 3양이고 4양 5양 6양으로 뻗어 나가는 형세이기 때문에 다른 3음 3양의 卦는 마땅히 하체의 3양에서 하나의 양획이 상체로 이동한 卦이어야 泰에서 온 卦이고, 반대로 否는 하체가 3음이고 4음 5음 6음으로 음이 길어지는 형세이니 3음 3양의 卦 가운데 반드시 하체가 3음에서 하나의 음획이 상체로 이동한 卦이어야 否에서 온 卦라고 볼 수 있다는 사상이 깔려 있다.

朱熹는 「卦變圖」에서 또 이렇게 적고 있다.

> 4음4양의 卦는 각각 15인데, 모두 大壯과 觀에서 왔다. 2음2양의 그림은 이미 앞에서 보았다. 무릇 5음5양의 卦는 각각 6인데 모두 夬와 剝에서 왔다. 1음1양의 그림은 이미 앞에서 보았다.[13]

이에 대한 丁若鏞의 비판은 다음과 같다.

> 經에 이르기를, 陽卦는 多陰하고 陰卦는 多陽하다고 했는데 이것은 易의 대원칙(易家之大義)이다. 당초에 설시할 때부터 陽畫은 多陰이고(하나가 奇이고 둘이 偶이면 7이 된다) 陰畫은 多陽하고(하나의 偶

而數各二十 此恐重複 非古義也.
13) 『周易傳義』, 卷首, pp. 59b~60b. 凡四陰四陽之卦 各十有五 皆自大壯觀而來 二陰二陽圖已見前 凡五陰五陽之卦 各六 皆自夬剝來 一陰一陽圖已見前.

와 두 개의 奇는 곧 8이 된다) 純全하면 변한다.(9이면 老해서 돌이켜 음이 되고, 6이면 老해서 돌이켜 양이 된다) 八卦가 이루어진 다음에도 陽卦는 多陰하고(震坎艮) 陰卦는 多陽한 것이다.(巽離兌) 이 法式을 위에 미루어 보면 무릇 2양4음의 卦는 陽卦가 되니 2양의 卦라고 하는 것은 옳지만 4음의 卦라고 하는 것은 이름 붙일 수 없다. 무릇 2음 4양의 卦는 陰卦이니 2음의 卦라고는 명칭을 붙일 수 있어도 4양의 卦라고는 이름할 수 없다. 5음5양의 卦도 그 원리는 또한 그러하다. 이제 겹쳐 벌여서 거듭 나타내니 아마도 또한 古義가 아니다.[14]

"陽卦多陰 陰卦多陽"이라는 「繫辭傳」의 규정에 따라, 陰多陽少한 震坎艮이 陽卦가 되고, 陽多陰少한 巽離兌가 陰卦인 것이 易의 근본 원리임을 설시과정에서부터 논증한 것이다. 즉 네 개씩 시초를 세어서 남은 시초에서 하나를 뽑은 것과 걸어 두었던 하나의 시초를 합쳐서 다시 뽑은 하나의 시초에 쓰여 있는 수가 음수가 두 번 양수가 한 번 나오면 음은 2로 계산해서 2+2가 되고 양은 3으로 계산해서 3이 되니 합하면 7이 되는데 이것은 소양수이다. 이것은 음2 양1이다. 넷씩 세어서 위와 같은 절차로 얻은 수가 한 번은 음수, 두 번은 양수가 되면 2+3+3=8이 되는데 이것은 소음의 수이다. 이것은 음1양2이다. 위와 같은 절차에서 모두가 양수이면 3+3+3=9가 되어 노양이 되고, 모두가 음수이면 2+2+2=6이 되어 노음이 된다. 이상의 내용이 丁若鏞의 설시방법인데, 이렇게 해서 八卦가 된 뒤에도 少者爲主의 원칙은 일관되어

---

14) 「朱子本義發微」『易學緖言』, 卷二, pp. 287~288. 經曰 陽卦多陰 陰卦多陽 此易家之大義也 始自揲蓍之時 陽畫多陰(一奇二偶乃爲七) 陰畫多陽(一偶二奇乃爲八) 純則變之(九則老而反爲陰 六則老而反爲陽) 及成八卦之後 陽卦多陰(震坎艮) 陰卦多陽(巽離兌) 推此例而上之 則凡二陽四陰之卦 是爲陽卦 可名曰二陽之卦而不可名之曰四陰之卦也 凡二陰四陽之卦 是爲陰卦 可名曰二陰之卦而不可名之曰四陽之卦也 五陰五陽之卦 其義亦然 今重現疊列 恐亦非古義也.

陽卦는 陰多陽少하고, 陰卦는 陽多陰少하다. 따라서 4음4양, 5음5양이란 호칭은 잘못된 것이고, 이렇게 되어서 朱熹의「卦變圖」는 衍卦가 중복되고 말았다.

(3) 朱熹의「卦變圖」의 性格

朱熹의「卦變圖」의 성격에 대해선 이미 몇 차례 논한 적이 있지만 다시 이를 요약코자 한다.

朱熹는 자신의「卦變圖」에 대해 이렇게 말한다.

> 「彖傳」은 이따금 卦變으로써 설명한 것이 있으므로 지금 이 그림을 만들어 밝혔다. 易 가운데 하나의 뜻이지 卦를 긋고 易을 지은 본 뜻은 아니다.[15]

朱熹의 이 말을 丁若鏞은 다음과 같이 이해한다.

> 易詞가 取象함에는 모두 推移를 썼다. 그 간혹 그렇지 않은 것은 오직 12辟卦와 兩閏之卦인데, 질박하고 변화가 적어서 交易과 變易의 象을 썼다. 가령 나머지는 비록 牉合, 互體 따위도 卦變에서 取象하지 않은 것이 하나도 없다. 이것은 사실 作易의 큰 원리인데 朱子가 한 뜻(원리)으로 생각한 것은 대체로, 하나씩 하나씩 조사하고 징험함에 미치지 않은 까닭이다.[16]

---

15) 『周易傳義』, 卷首, p. 58a. 彖傳 或以卦變爲說 今作此図 以明之 蓋易中之一義 非畫卦作易之本指也.
16) 「朱子本義發微」『易學緖言』, 卷二, p. 286. 易詞取象總用推移 其或不然者 唯 十二辟 兩閏之卦 質朴少變 斯用交易變易之象 自餘雖牉合互體之類 無一不取象 於卦變 此實作易之大義 朱子以爲一義 蓋未及逐一査驗故也.

四. 卦가 存在하는 原理 • 183

朱熹가 자신의 「卦變圖」에 부쳐서 "易 가운데 하나의 뜻이지 畫卦作易의 본지는 아니다."라고 한 것을 두고 丁若鏞은 朱熹의 卦變圖는 64卦 가운데 일부의 卦에만 이 卦變의 원리가 있을 뿐 모든 卦에 걸쳐서 이 원리가 적용되지 않는다는 뜻으로 朱熹의 이 말을 이해한다. 그래서 하나하나 易詞를 깡그리 검증하지 않았기 때문에 朱熹가 이런 말을 한 것으로 丁若鏞은 판단한 것이다. 이러한 丁若鏞의 생각은 朱熹의 말을 오해한 것으로 보인다. 朱熹는 분명히 畫卦作易의 본지는 아니라고 못 박아 말했기 때문이다. 이 말은 '畫卦作易의 본지'를 전부 부정한 것이지 일부만 부정한 것이 아니다. "易 가운데 한 뜻이지 畫卦作易의 본지는 아니다."를 "畫卦作易의 본지는 아니고 역 가운데 한 뜻이다."로 어순을 바꾸어도 문장의 의미를 손상시키지 않을 뿐만 아니라, 이렇게 어순을 바꾸어 놓고 보면 더욱 뚜렷해진다. 하나의 뜻이란 '畫卦作易의 본뜻'을 부정한 다른 하나의 뜻으로 보아야 문장의 해석이 순조롭고 모순이 없다고 생각한다. 그 하나의 뜻이란 畫卦作易의 뜻이 아닌 卦에 내재하는 하나의 象 즉 괘의 존재형식이라고 생각되거니와 朱熹의 다음 말을 들어보면 더욱 극명해진다.

> 예컨대 剛이 오고 柔가 나아갔다는 類와 같은 것은 또한 卦가 이미 이루어진 뒤에 뜻을 미루어 말씀하여 이 卦가 저 卦로부터 왔음을 나타냈을 뿐이지 참으로 먼저 저 卦가 있은 뒤에 비로소 이 卦가 있다는 것이 아니다.[17]

---

[17] 『周易傳義』, 卷首, p. 63a. 如卦變圖則剛來柔進之類 亦是就卦已成後 用意推說以見 此爲自彼卦而來耳 非眞先有彼卦而後方有此卦也.

위의 주장은 卦變이 畫卦의 원리가 아님을 전반적으로 분명히 한 것이지 부분적인 부정문으로는 도저히 볼 수가 없다 할 것이다.

(4) 卦變에 대한 董銖와 朱熹의 問答

董銖(南宋人)가 물었다. 근간에 대략 卦變을 고찰해 보니,「象傳」(원문의「象詞」는「象傳」의 오식인 것 같다. 이하 董銖와 朱熹가 문답한 글과 이에 대한 정약용의 언설에서도 같다)으로써 卦變을 살펴보면, 卦變을 말한 것이 모두 아홉 卦인 바, 成卦의 이유를 말하였으니, 무릇「象傳」은 成卦의 이유를 취하지 않았다면 변한 바의 爻를 말하지는 않았습니다. 程子는 오로지 건곤을 가지고 卦變을 말씀하였으나, 다만 上下의 두 體가 모두 변한 것이라야 통할 수 있고, 만약 다만 이 한 體만 변하면 통하지 않습니다. 두 體가 변한 것은 모두 일곱 卦이니 隨 蠱 賁 咸 恒 漸 渙이 이것이며, 한 體만 변한 것은 두 卦이니 訟 无妄이 이것입니다. 일곱 卦 중에 剛이 와서 柔에게 낮추거나 剛이 올라가고 柔가 내려온 것을 취한 것들은 통할 수 있으나, 한 體만 변한 것에 이르러서는 오는 것을 밖으로부터 왔다고 하였습니다. 그러므로 설명이 막힘이 있습니다. 대체로 卦變은 모름지기 上下 두 體가 변한 것을 보아야 비로소 말미암아 이루어진 卦를 알 수 있습니다.[18]

朱子는 답했다. 곧 이러한 부분이 설명이 막힌다. 또 『程傳』의 賁卦에 말하길, "어찌 乾坤이 거듭하여 泰가 되고 또 泰卦로부터 변하여

---

18) 『周易傳義』, 卷首, pp. 61b~62a. 『朱子語類』, p. 1667. 『易學緖言』, p. 288. 董銖問 近略考卦變 以象辭考之 說卦變者凡九卦 蓋言成卦之由 凡象辭不取成卦之由 則不言所變之爻 程子專以乾坤言變卦 然只是上下兩體皆變者可通 若只一體變者 則不通 兩體變者凡七卦 隨 蠱 賁 咸 恒 漸 渙是也 一體變者兩卦 訟无妄是也 七卦中取剛來下柔 剛上柔下之類者可通 至一體變者 則以來爲自外來 故說得有礙 大凡卦變須觀兩體上下爲變 方知其所由以成之卦.

賁卦가 될 리 있겠는가?"라고 하였으니, 만약 그 말씀이 과연 옳다면 이른바 "乾坤이 변하여 六子卦가 되었다."는 것과 "八卦가 거듭하여 64卦가 되었다."는 것이 모두 乾坤으로 변한 것일 터이니, 그 말씀이 통할 수가 없다.……이제 이른바 卦變이라는 것은 또한 卦가 있은 뒤에 성인이 이러한 상이 있음을 보신 것이다. 그러므로 「象傳」에 말씀하신 것이니, 어찌 "乾坤이 거듭하여 이 卦가 되었으면 다시 변하여 딴 卦가 될 수 없다."고 말할 수 있겠는가.[19]

이상의 問答에 대해 丁若鏞은 다음과 같이 말한다.

董銖가 오직 「象傳」가운데 剛上柔下 등의 文만을 취하여 9卦라고 말하였으나, 9卦가 이미 그러하면 41卦 또한 그러하지 않을 수가 없다. 朱子가 卦變圖를 지은 것은 어찌 諸家를 넘어 살피지 않았으랴! 二體가 변한 것이란 升降往來가 上下卦에 있고, 一體가 변한 것이란 승강왕래가(上下卦에 있지 않고:필자) 三畫 안에 있는 것을 말한다. 이제 살피건대, 朱子의 卦變圖는 그 차례가 1陽의 卦는 復을 기초로 삼고 다음은 師, 다음은 謙, 다음은 豫, 다음은 比로 층층으로 올라가서 剝에 이르고, 그 차례가 1陰의 卦는 姤를 기초로 삼아서 다음은 同人, 다음은 履, 다음은 小畜, 다음은 大有로 층을 거듭해서 올라가 夬에 이르는 것은 一이 二로 가고, 一이 三으로 가는 것을 朱子는 취했다. 董銖의 물음에 대한 그의 답은 비록 말이 막힌다고 하나, 그가 지은 「卦變圖」에서 확연해서 막힘이 없으니 후학은 따르는 바를 알았다.

---

19) 『周易傳義』, 卷首, pp. 62a~62b, 『朱子語類』, p. 1667. 朱子曰 便是此處說得有礙 且程傳賁卦所云 豈有乾坤重而爲泰 又自泰而變爲賁之理 若其說果然 則所謂乾坤變而爲六子 八卦重而爲六十四 皆由乾坤而變者 其說不得而通矣……今所謂卦變者 亦是有卦之後 聖人見得有此象 故發於象辭 安得謂之乾坤重而爲是卦 則更不可變而爲他卦耶.

또 이른바 諸卦의 변은 모두 乾坤에서 유래하는 것이 64卦이다. 乾으로부터 변하는 것은 姤가 되고 遯이 되고, 坤으로부터 변하는 것은 復이 되고 臨이 된다. 四時가 이미 뺑 둘러 있어 곧장 50衍卦를 뿌리니, 이것을 일러 乾坤이 卦變의 本이 된다고 하는 것이다. 지금 말하기를 乾坤의 變이 泰가 되고 否가 되어서 그친다고 한다면 死法이요 板法이니 易이라 할 수 있겠는가. 伊川은 賁卦의 傳에서 명백하게 推移의 원리를 사용하면서, 그 밑에 또 泰로써 변하여 賁가 되는 것이 非理가 된다고 한 것은, 반복해서 연구해 봐도 그 뜻이 말미암은 것을 깨닫지 못하겠다. 그 下文은 草稿를 빼버리지 않은 데 관계된 것일 뿐이다.[20]

董銖가 「象傳」 중에 '剛上柔下'로 명시된 卦만 찾으니 9卦이지 '剛上柔下'라는 문구가 없더라도 나머지 41卦가 모두 卦變을 취했다고 丁若鏞은 보고 있다. 여기서 41卦라고 함은, 乾 坤 中孚 小過, 그리고 10辟卦를 64卦에서 빼면 50卦가 되고, 이 50卦 가운데 9卦가 '剛上柔下'라는 문구가 있다는 것이고 따라서 '剛上柔下'가 없는 卦(50-9=41)는 41卦가 된다. 乾坤은 卦變의 始源이 되는 것이니, 乾에서부터 姤 遯 否 觀 剝이 되고, 坤에서부터 復 臨 泰 大壯 夬 등의 辟卦가 생겨 四時의

---

20) 「朱子本義發微」 『易學緖言』, 卷二, pp. 288~289. 董銖 唯取象詞中有剛上柔下 等文者 謂之九卦 九卦旣然 則四十一卦亦莫不然 朱子之作卦變圖 豈不度越諸家乎 二體變者 謂升降往來在上下卦也 一體變者 謂升降往來在三畫之內也 今按朱子卦變圖 其叙一陽之卦 則以復爲基 次師 次謙 次豫 次比 層累上之 以至於剝 其叙一陰之卦 則以姤爲基 次同人 次履 次小畜 次大有 層累上之 以至於夬 則一之二 一之三 朱子取之矣 其答董銖之問 雖云說得有礙 其作卦變圖 已確然不礙 後學知所從矣 且所謂諸卦之變 悉由乾坤者 六十四卦也 由乾而變之 爲姤 爲遯 由坤而變之 爲復 爲臨 四時旣周 乃播爲五十衍卦 此之謂乾坤爲卦變之本也 今云乾坤之變 爲泰 爲否而止 則死法也 板法也 而可爲易乎 伊川於賁卦之傳 明用推移之義 而其下又以泰變爲賁 爲非理 反復研究 不省其由意 其下文係草稿之未刪者耳.

卦가 되고 이 辟卦가 50衍卦를 연출해 내니 결국은 乾坤이 50衍卦의 근원이 된다고 했다. 따라서 伊川의 말처럼 乾坤의 변이 泰가 되고 否가 되는 데 그친다고 한다면 그것은 '죽은 원리'[死法]이며 '널판때기처럼 딱딱하고 생기 없는 원리'[板法]이라고 하면서 伊川이 賁卦의 「彖傳」에서 推移의 원리를 쓰고 있으면서, 그 밑에 泰로써 변하여 賁가 된다는 것은 이치가 아니라고 한 것은 이해가 되지 않은 말이라는 것이다. 따라서 전술한 바와 같이, "건곤이 변하여 六子卦가 되고 八卦가 거듭해서 64卦가 되니 모두 乾坤의 변에 말미암았다."(乾坤變而爲六子 八卦重而爲六十四 皆由乾坤之變也.)라고 하는 구절은 미처 빼버리지 않은 『易傳』의 초고였을 것으로 丁若鏞은 추측한다.

  그러나 초고를 빼버리지 않아서 앞뒤가 맞지 않는다는 丁若鏞의 주장은 반론을 봉쇄하기엔 충분한 설명이 되지 못한다고 생각된다. 程頤가 卦變의 원리로 易詞를 해석했느냐 해석하지 않았느냐에 대한 朱熹와 丁若鏞의 생각이 달랐던 건 전혀 서로의 관점의 차이 때문이었음은 이미 논한 바 있거니와, 여기서도 그러한 오해는 살아난다. 伊川이 賁卦에서 卦變의 원리로 易詞를 해석해 놓고 끝부분에 가서는 卦變說을 부정한 것을 두고 생각해 보면, 賁卦「彖傳」에서 卦變의 원리를 사용한 것은 다만 卦變을 이른바 虛像이라고 보긴 했으나, 그 원리에 따라 해석했을 뿐이다. 즉 卦變을 卦의 존재형식으로 보았다는 것이다. 결미에서 卦變을 부인한 것은 卦變이 畫卦의 논리가 아님을 강조했을 뿐으로 해석해야 할 것이다. 丁若鏞이, 程頤가 卦變을 卦의 존재원리로 보고 이를 사용해 놓고서는 畫卦의 논리가 아니라고 했다고 해서 이를 트집 잡는 것은 잘못이다. 卦變을 畫卦의 논리로 보지 않는다고 해서 卦變을 존재원리로 삼고 이로써 易詞를 해석하는 것까지를 탓할 수는 없기 때문이다. 이 점에 대해선 王弼의 경우도 마찬가지다.

(5) 『本義』에서 卦變을 사용한 例

丁若鏞은 『易學緖言』 「朱子本義發微」에서 『본의』에는 卦變을 사용한 경우가 모두 21개의 卦인데 그 중 대여섯 卦는 推移의 본법에 합치한다고 했다.(대여섯 卦라고 하지만 정확히 6개의 卦이다)

丁若鏞의 논변을 살펴보기로 한다.

> 가. 朱子는 말했다. 訟은 遯에서 왔다.(강이 와서 二에 있다) 晉은 觀에서 왔다.(六四가 五에 이르다) 損은 泰에서 왔다.(下卦 上畫의 양을 損하고, 上卦의 上畫의 陰을 益하다) 益은 否에서 왔다.(上卦 初畫의 陽을 損하고, 下卦의 初畫의 陰을 益하다) 蹇은 小過에서 왔다.(四가 가서 五에 있다) 睽는 中孚에서 왔다.(柔가 나아가서 五에 있다)[21]

이에 대한 丁若鏞의 평설을 보기로 한다.

> 『본의』가 卦變을 말한 것은 많이 정리되지 않았으나, 이 몇 개의 卦는 또한 나타내어 밝히고 열어젖혀서 어두운 거리의 하나의 등불을 지을 수가 있겠다. 온 세상이 말뚝을 박아서 고정하고 억지가 되어 다시 이동할 수가 없는 것은 천지간을 날지 못할 것이다. 주자의 「卦變圖」는 推移의 正法이다. 12辟卦가 원뿌리가 되고 50衍卦가 모두 分化를 받는다. 이것은 대체로 만년에 얻었는데, 『본의』의 옛것을 아직 회복하지는 않았다. 그러나 中孚 小過를 辟卦의 列에 들게 하지 않은

---

[21] 「朱子本義發微」『易學緖言』, 卷二, p. 292. 朱子曰 訟自遯來(剛來居二) 晉自觀來(六四至于五) 損自泰來(損下卦上畫之陽 益上卦上畫之陰) 益自否來(損上卦初畫之陽 益下卦初畫之陰) 蹇自小過來(四往居五)睽自中孚來(柔進居五).

것(衍卦中에 들게 했다)은 결점이 있는 일이다. 지금 蹇自小過來(本義云) 暌自中孚來(本義云)라고 했으니 卦變의 미비한 것을 또한 이 몇 마디 말로써 기웠다. 또한 다행이 아닌가.[22)]

朱熹의 卦變法은 만년에 얻은 것이어서 미처 『本義』를 고치지 못했지만 『本意』에서 蹇自小過來, 暌自中孚來 등을 말했으니 그 미비한 부분을 기운 것이 되고, 다만 한 가지 中孚 小過를 辟卦로 하지 않고 衍卦로 취급한 것은 실수라고 지적하고 있다.

丁若鏞의 평설은 더 계속된다.

> 卦變圖는 小過를 臨觀으로부터 왔다(四陰二陽圖) 中孚를 遯 大壯으로 부터 왔다(四陽二陰圖)라고 하나 이 원리의 법식은 타당치 않다. 朱子가 말하는 卦變은 『本意』와 그 그림을 무론하고 모두 一往一來에 그친다. 이것은 漢이래 推移의 본법이다. 지금 이르기를 小過가 臨으로부터 왔다고 하면 初二三四가 모름지기 모두 변한 후에 가능하다.(만약 觀으로부터 왔다고 하면 三四五六이 모름지기 전부 변해야 한다) 또 말하길, 中孚가 大壯으로부터 왔다고 하면 三四五六이 모름지기 전부 변한 후에 가능하다.(마약 遯으로부터 왔다고 하면 初二三四가 모름지기 전부 변해야 한다) 四畫의 변은 九家에 이 法이 없다. 그러므로 小過 中孚는 辟卦이다. 辟卦로부터 펼쳐지는 것이 아니다.[23)]

---

22) 「朱子本義發微」『易學緒言』, 卷二, p. 293. 本義之言卦變 多不齊整 而此數卦 亦可以表章闡發 作昏衢之一燭 與世之樁定木强 而不復移動者 不翅天壤矣 朱子卦變圖者 推移之正法也 十二辟卦爲之原 本而五十衍卦皆受分化 此蓋晚年所得 非復本義之舊也 但中孚小過不入辟卦之列(入於衍卦中) 爲欠典也 今旣云蹇自小過來(本義云) 暌自中孚來(本義云) 則卦變圖之未備者 又可以此數語 補之矣 不亦幸矣乎.

朱熹가 『본의』와 「卦變圖」에서 모두 一往一來에 그쳤는데 中孚 小過는 二往二來가 되어 이치에 어긋난다는 것이고 一往一來는 漢 이래 推移의 대원칙이기도 하다는 것이다. 따라서 中孚 小過를 辟卦로 해야 한다고 주장한다.

> 나. 朱子는 말했다. 升은 解로부터 왔다,(柔가 올라가서 四에 거하다) 解는 升으로부터 왔다,(三이 가서 四에 거하다) 漸은 渙으로부터 왔다,(九가 나아가서 三에 거하다) 渙은 漸으로부터 왔다(九가 와서 二에 거하고, 六이 가서 三에 거하다)라고 했다.[24]

이에 대한 丁若鏞의 평설은 다음과 같다.

> 大傳이 方以類聚 物以群分이라 하는 것은, 12辟卦는 方以類聚(음양이 서로 섞이지 않다)이고 50衍卦는 物以群分(음양이 서로 합하지 않는)이다. 升, 解, 漸, 渙은 이미 類聚之卦가 아니므로 物이 나뉠 수가 없다.(聚한 후에 나뉨이 있다) 또 衍卦가 辟卦에서 변화를 받는 것은 兒女가 부모에게서 生을 받는 것과 같다. 지금 어느 사람이 乙이 甲의 子가 된다고 해 놓고, 또 이어서 말하길 甲이 乙의 子라고 한다면 天下에 이러한 윤리는 없을 것이다. 升이 解로부터 오고 解는 升으로부터 온다는 것이 어찌 이치이겠는가.[25]

---

23) 「朱子本義發微」『易學緖言』, 卷二, p. 293. 卦變圖 以小過謂自臨觀來(四陰二陽圖)以中孚謂自遯大壯來(四陽二陰圖) 此義例不合也 朱子之言卦變毋論 本義與彼圖皆一往一來而止 此漢以來推移之本法也 今謂小過自臨來 則初二三四須全變而後可也(若云自觀來 則三四五六須全變) 又謂中孚自大壯來 則三四五六須全變而後可也(若云自遯來 則初二三四須全變) 四畫之變 九家無此法也 故曰小過中孚者 辟卦也 非受衍於辟卦者也.

24) 「朱子本義發微」『易學緖言』, 卷二, p. 293. 朱子曰升自解來(柔上居四) 解自升來(三往居四) 漸自渙來(九進居三) 渙自漸來(九來居二 六往居三)

類聚한 연후에 群分할 수 있는 법(모인 뒤에 나뉜다)인데 升, 解, 漸, 渙은 類聚之卦 곧 辟卦가 아니기 때문에 다른 卦를 나누어 펼칠 수가 없고, 또 升과 解, 漸과 渙이 互生한다는 것은 윤리에 어긋나는 이치 밖의 주장이라고 일축하면서 이 네 卦의 推移를 朱熹는 잘못 말한 것으로 보고 있다. 다만 『본의』의 渙自漸來를 두고 胡炳文(1250~1333, 字 仲虎, 號 雲峰)은 다음과 같이 말한다.

> 『本意』가 渙自漸來라고 하는 것은 대저 訟自遯來와 같아서 三位의 九가 來하여 二位에 거하니 또한 강이 와서 중을 얻은 것이다라고 했다. …… 요컨대 『本意』는 2효로써 相比하는 것을 변으로 하였다. 그러므로 朱子는 비록 이 의심이 있었으나 개정하는 데 미치지 못했다. 訟과 渙은 모두 下卦 3과 2가 변한 것이다. 訟에서 得位를 말하지 않았고, 渙은 2가 가서 4에 거하니 그러므로 外에서 得位했다고 말한다. 訟은 6으로써 3에 거하니 不得位이다.26)

이에 대한 丁若鏞의 평설은 다음과 같다.

> 胡仲虎가 말하는 (渙)二往居四라고 하는 것은 卦가 否에서 오는 것을 말한다. 그 뜻이 매우 정당하다.27)

---

25) 「朱子本義發微」 『易學緒言』, 卷二, pp. 293~294. 大傳曰方以類聚 物以群分 十二辟卦者 方以類聚也(陰陽不相糅) 五十衍卦者 物以群分也(陰陽不相合) 升 解 漸 渙 旣非類聚之卦 則物無可分也(聚而後有分) 且衍卦之受變於辟卦 如兒女之受生於父母 今有人曰 乙爲甲子 又從而爲之說曰甲爲乙子 天下無此倫也 升自解來而解自升來 豈理也哉.
26) 「朱子本義發微」 『易學緒言』, 卷二, p. 299. 本義曰 渙自漸來 蓋如訟自遯來 三之九來居二 亦曰剛來而得中也……要之 本義以二爻相比者爲變 故朱子雖有是疑而不及改正也. 訟與渙皆下卦三與二之變 訟不言得位者 渙二往居四 故曰得位乎外 訟以六居三 則不得位矣.

胡炳文에 의하면, 『본의』의 渙自漸來와 訟自遯來는 모두 二와 三이 相比하고 있는 데 착안해서 朱熹가 卦變으로 본 것인 바, 여기에 대해서는 朱熹 자신이 의심을 갖고 있었지만 미처 『본의』를 개정하지 않았다고 한 것인데 그림으로 보이면 다음과 같다.

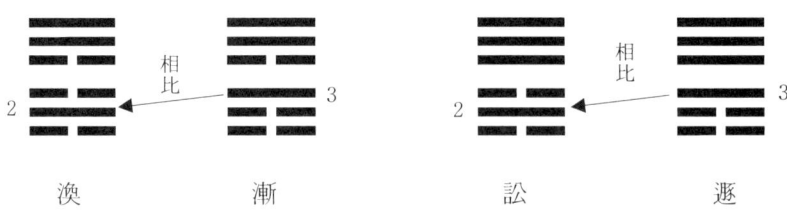

또 訟과 渙은 모두가 下卦의 3과 2가 변한 것인데, 訟은 陰이 3位에 居하니 不得位이지만 渙은 2가 가서 4에 거하니 得位했다고 했다. 여기서 胡炳文이 2가 가서 4에 거한다고 한 것은 渙이 否에서 왔다는 뜻이기 때문에 그 뜻이 바르다고 丁若鏞은 평한 것인 바, 그림으로 보이면 다음과 같다.

다. 朱子는 말했다. 隨는 困에서 왔다.(九가 와서 初에 거하다) 또 噬嗑에서 왔다.(九가 와서 5에 거하다) 또 未濟에서 왔다.(2개의 획이 겸하여 변하다) 蠱는 賁에서 왔다.(初는 올라가고 二는 내려오다) 또

---

27) 「朱子本義發微」『易學緖言』, 卷二, p. 299. 胡仲虎之云二往居四者 謂卦自否來也. 其義甚正.

井에서 왔다.(五는 올라가고 上은 내려오다) 또 既濟에서 왔다.(2개의 획이 변하다) 또 말했다. 睽는 離에서 왔다.(柔가 나아가서 三에 거하다) 또 中孚에서 왔다.(柔가 나아가서 五에 거하다) 또 家人에서 왔다.(2개의 획이 변하다)28)

이에 대한 丁若鏞의 비평을 보기로 한다.

> 이러한 卦變의 법을 단지 卦의 모양이 서로 비슷한 것을 취해서 이것이 좇고 저것이 온다고 했지만, 만약 그런 식으로 말한다면, 隨從咸來(初가 三으로 가다)도 가능하고, 또 隨從益來(四가 上으로 가다)도 가능하다. 하필 困, 噬嗑에 그치겠는가. 원래 推移의 법은 卦가 각기 二母(이를테면 師는 復剝二母로부터 온다)이나, 三陰三陽의 卦는 단지 一母에 그친다.(이를테면 恒은 단지 泰母로부터 온다) 九家이래 卦가 三母로부터 온다고 이처럼 말한 적은 없다.29)

朱熹가 말한 이 경우의 卦變이란 것은, 卦의 모양이 비슷하고 음양 획수가 같은 것 끼리 卦變을 이룬다는 것이어서 卦變이랄 수도 없을 뿐만 아니라, 본디 推移는 卦가 2개의 母로부터 오는 것인데, 어떤 것은 母가 1이 되고 3이 되기도 하여 이러한 卦變은 九家이래 있은 적이 없었다는 것인 바, 사실 辟卦가 아닌 卦에서 卦가 오는 것으로 말하자

---

28) 「朱子本義發微」 『易學緖言』, 卷二, p. 294. 朱子曰隨自困來(九來居初) 又自噬嗑來(九來居五) 又自未濟來(兼二變) 蠱自賁來(初上而二下) 又自井來(五上而上下) 又自既濟來(兼二變) 又曰睽自離來(柔進居三) 又自中孚來(柔進居五) 又自家人來(兼二變).

29) 「朱子本義發微」 『易學緖言』, 卷二, p. 294. 此卦變之法只取卦貌之相近者而謂之此從彼來若然謂之隨從咸來可也(初往三)又謂之隨從益來亦可也(四往上)何必困噬嗑而已哉原來推移之法卦各二母(如師從復剝二母)而三陰三陽之卦又止一母(如恒只從泰母來)九家以來從未有卦從三母如此所云也.

면 밑도 끝도 없이 난잡해져서 아무런 질서와 원칙이 있을 수 없을 것이다.

丁若鏞의 평설은 더 계속된다.

> 무릇 推移의 법은 모두 一往一來로써 그친다. 지금 隨가 未濟에서 왔다고 하면 初二五六이 전부 변한다.(蠱가 旣濟에서 왔다고 해도 또한 그러하다) 睽가 家人에서 왔다고 하면 二三四五가 전부 변한다. 구차하기가 이와 같다. 64卦가 어지럽고 잠기고 빠지고 휘감기고 서로 얽혀서 윤리로 돌아옴이 없는데 옳단 말인가. 마땅히 「卦變圖」가 옳다고 생각한다.30)

推移의 법은 一往一來가 그 법칙인데, 위의 예는 모두가 이 원칙에 어긋나기 때문에 卦變이 아니라고 한 것이며 이러한 『本意』의 잘못을 후작인 「卦變圖」에서는 바로 잡은 셈이다.

> 라. 朱子는 말했다. 泰는 歸妹에서 왔다.(六이 가서 四에 거하고 九가 와서 三에 거하다) 否는 漸에서 왔다.(九가 가서 四에 거하고, 六이 와서 三에 거하다)31)

이에 대한 丁若鏞의 평설은 다음과 같다.

---

30) 「朱子本義發微」『易學緖言』, pp. 294~295. 凡推移之法 皆一往一來而止耳 今 隨自未濟來 則初二五六全變矣(蠱自旣濟來亦然) 睽自家人來 則二三四五全變矣 苟如是也 六十四卦 潰洞汨淪纏繞糾結 無復倫理矣 而可乎 當以卦變圖 爲正.
31) 「朱子本義發微」『易學緖言』, 卷二, p. 295. 朱子曰泰自歸妹來(六往居四 九來居三) 否自漸來(九往居四 六來居三)

모든 辟卦 가운데 泰 否 두 卦는 더욱 특이해서 같은 무리가 아니다. 대체로 그 內體 外體가 오직 乾坤이 있어 넓고 크고 엄정하여 모든 辟卦의 散漫한 것과는 같지 않다. 지금 漸과 歸妹로써 否 泰의 母로 삼으니 옳겠는가. 마땅히 「卦變圖」가 바르다고 생각한다.32)

즉 泰와 否는 辟卦인데 辟卦가 다른 卦에서 왔다는 것은 타당치가 않다고 한 것이고, 「卦變圖」에서 泰否를 辟卦로 삼은 것은 타당하다는 것이다.

    마. 朱子는 말했다. 賁는 損에서 왔다.(三이 오고 二가 올라가다) 또 旣濟에서 왔다.(上이 오고 五가 올라가다) 또 말했다. 漸은 渙에서 왔다.(九가 나아가서 三에 居하다) 또 旅에서 왔다.(九가 나아가서 五에 居하다)33)

이에 대한 丁若鏞의 견해를 보기로 한다.

    推移의 법인 賁自泰來를 經에서 柔來而文剛이라 한 것은, 上으로부터 二로 가서 泰下의 純剛을 문식하는 것을 말한다.(泰下는 乾) 經에서 "강이 나뉘어 올라가 유를 문식한다."라고 하는 것은 二로부터 上으로 가서 泰上의 純柔를 문식하는 것을 말한다.(泰上은 坤) 그 剛을 문식한다고 하는 까닭은, 下가 지금 離를 이루기 때문이다.(離는 文이 되다) 그 柔를 문식한다고 하는 까닭은 三과 上이 더불어 離를 이루

---

32) 「朱子本義發微」『易學緖言』, 卷二, p. 295. 諸辟卦之中泰否二卦 尤特然不群 蓋其內體外體唯有乾坤 弘大嚴正 非如諸辟之散漫 今乃以漸與歸妹爲否泰之母 可乎 當以卦變圖 爲正.
33) 「朱子本義發微」『易學緖言』, 卷二, p. 295. 朱子曰賁自損來(三來二上) 又自旣濟來(上來五上) 又曰漸自渙來(九進居三) 又自旅來(九進居五).

기 때문이다.(四五는 虛中이 되다) 만약 損이면 下는 純剛이 아니고 (損下는 兌) 上은 純柔가 아니니(損上은 艮) 그 왕래하고 서로 건너는 것을 기다릴 것 없이 이미 太剛太柔의 병통이 없다. 만약 旣濟이면 下는 본디 離文이고(旣濟 下는 離) 상 또한 離를 가졌으니(三五의 互는 또한 離) 柔가 와서 그 문식함이 환하게 밝을 것을 기다리지 않고, 강이 올라가서 그 문식함이 울연(蔚然)히 성할 것을 기다리지도 않는다. 또 하필 山火에 의뢰하여 文飾한단 말인가.34)

賁가 損에서 오고 또 旣濟에서도 오고, 漸이 渙에서 오고 또 旅에서 온다는 말은 틀렸다는 걸 丁若鏞은 주장한 것이다.

賁가 損에서 왔다면 損은 下가 兌이어서 太剛치 않고 旣濟에서 왔다면 旣濟는 下가 離文이어서 다시 문식할 필요가 없고 上은 三四五가 互離가 되기 때문에 또한 문식을 기다리지도 않는다. 그러나 賁가 泰에서 왔기 때문에, 泰의 下體가 太剛한 것을 문식하고 上體의 太柔한 것을 문식한다는 뜻이고, 한편 漸이 渙이며 旅에서 왔다는 것은 위의 모든 보기에서와 같이 衍卦에서 衍卦가 올 수 없다는 걸 짐짓 말을 하지 않고 있다.

바. 朱子는 말했다. 噬嗑은 益에서 왔다.(四가 올라가서 五에 이르다) 无妄은 訟에서 왔다.(二가 와서 初에 居하다) 大畜은 需에서 왔다.(九가 五에서 올라갔다) 咸은 旅에서 왔다.(유가 올라가서 6에 거하고,

---

34) 「朱子本義發微」『易學緒言』, 卷二, p. 295. 推移之法賁自泰來 經云柔來而文剛者 謂自上之二 以文泰下之純剛也(泰下乾) 經云分剛 上而文柔者 謂自二之上 以文泰上之純柔也(泰上坤) 其所以文剛者 下今成離也(離爲文) 其所以文柔者 三與上成離也(四五爲虛中) 若損則下非純剛也(損下兌) 上非純柔(損上艮) 不待其往來相濟而已 無太剛太柔之病 又如旣濟下本離文(旣濟下離) 上亦帶離(三五互亦離) 不待柔來而其文炳然 不待剛上而其文蔚然矣 又何必藉山火而文之哉.

강이 내려와서 5에 거하다) 恒은 豐에서 왔다.(강이 올라가서 2에 거하고 유가 내려와서 초에 거하다) 鼎은 巽에서 왔다.(음이 나아가서 5에 거하다)35)

이에 대한 丁若鏞의 평설을 보기로 한다.

대저 卦變說은 漢으로부터 宋에 이르기까지 면면히 끊어지지 않고 朱子에 이르러 크게 드러나게 되었다. 그러나 『本意』가 매번 12辟卦 이외에 널리 여러 卦에서 논하는 것은 아마도 확정된 논설이 아닌 것 같다. 그러므로 「卦變圖」를 옳은 것으로 본다.

12辟卦는 진퇴소장의 상은 있지만 왕래승강의 법은 없다. 만약 그 변화를 논한다면, 復은 坤의 변이고,(『左傳』 成公 16년에 晉侯가 楚를 정벌하는 筮에서 그 卦가 復을 만났다. 卜史官이 그것을 해석하여 坤之復은 증험할 수 있다고 했다) 臨은 復의 변이며(一陽이 復에 더하다) 泰는 臨의 변이며 否는 遯의 변이다.(一陰이 遯에서 더한다) 이와 같을 따름이다. 어찌 衍卦에서 변을 받을 수가 있겠는가. 辟卦는 四時이고 衍卦는 萬物이다. 萬物이 四時에서 氣를 받지만, 四時는 萬物에서 말미암는 것이 아니다. 中孚가 離로써 변하고 小過가 坎으로써 변하는 데 이르러서는 이것은 아주 특수하고 예사롭지 않은 법식이어서 그 정치한 뜻과 묘리는 말로써 전할 수가 없다.36)

---

35) 「朱子本義發微」『易學緖言』, 卷二, p. 296. 朱子曰 噬嗑自益來(四上行至五) 无妄自訟來(二來居於初) 大畜自需來(九自五而上) 咸自旅來(柔上居六 剛下居五) 恒自豐來(剛上居二 柔下居初) 鼎自巽來(陰進居五)

36) 「朱子本義發微」『易學緖言』, 卷二, p. 296. 大抵卦變之說 自漢至宋綿綿不絶 至朱子而大著 然本義所論每於十二辟卦之外 博取諸卦 恐是未定之論 故以卦變圖爲正. 十二辟卦有進退消長之象 無往來升降之法 若論其變則復者坤之變也(左傳成公十六年 晉侯伐楚之筮 其卦遇復 卜史釋之 如坤之復 可驗也) 臨者復之變也(一陽加于復) 泰者臨之變也 否者遯之變也(一陰加於遯) 如斯已矣 豈可受變於衍卦乎 辟卦者四時也 衍卦者萬物也 萬物受氣於四時而四時無賴乎萬物也 至於

이상의 여러 경우에서 다만 (가)의 경우만 타당할 뿐 나머지 (나)~(바)의 경우는 타당하지 않다고 한 것이다. (가)의 경우는 卦變의 母가 辟卦이지만 다른 경우는 모두 母가 丁若鏞의 이른바 衍卦이기 때문이라는 점이다. 辟卦는 진퇴소장의 변화는 있지만 승강왕래의 법은 없는데 辟卦가 어찌 다른 卦로부터 변화를 받을 수가 있겠느냐는 것이다. 中孚가 離에서 변화하고, 小過가 坎에서 변한다는 원리에 대해서는 推移論에서 다시 보기로 한다.

2) 丁若鏞의 推移論

(1) 推移의 語義

推移라는 用語를 쓰기는 丁若鏞에서 비롯된 것은 아니다. 종래의 卦變說에서 "어느 卦가 어느 卦에서 왔다."라고 할 때 그 "왔다"에 갈음하여 '推移라는 말을 쓰고는 했었다. 그런데 이 卦의 推移는 畵의 升降往來에 의하여 이루어진다. 그러나 升降往來란 중첩된 말이 된다. 升과 降, 往과 來는 각각 같은 현상에 대한 다른 동작의 표현에 불과하기 때문이다. 升往은 주로 하괘의 획이 상괘로 옮겨 가는 것을 뜻하지만 同一卦體 內에서도 밑에서 위로 가는 것을 두고 이르기도 하며, 降來는 주로 上體의 畵이 하체로 옮겨 오는 것을 뜻하지만 같은 卦 내에서도 위에서 아래로 내려오는 것을 의미하기도 한다. 그러나 卦變論, 특히 卦變을 卦의 존재형식으로 보는 견지에서는 升往이나 降來는 동시에 이뤄지는 현상으로 보기 때문에 사실 乘降往來, 이 네 글자 가운데 어느 한 자만 말해도 다른 세 글자의 뜻은 수반된다 할 것이다.

中孚之以離變 小過之以坎變 此特特非常之例 其精義妙 旨不可以言傳也.

왜냐하면 升과 往은 같고, 降과 來도 같기 때문이다.

아무튼 卦變에서 획의 乘降往來란 획의 공간적 변화를 뜻할 뿐 획 자체의 체질 변화는 아니다. 가령 屯에서 卦自臨來라고 할 때 "臨의 二획이 五位로 갔다"는 걸 뜻하고 이것은 반대로 "臨의 五획이 二位로 왔다."는 걸 뜻하기도 한다. 臨에서는 二剛이고 五柔이던 것이 이동을 하면 二柔가 되고 五剛이 되어 마치 二五가 그 자리에서 각각 剛變爲柔, 柔變爲剛한 것처럼 보이지만 그렇게 보일 뿐 그것은 공간적 이동 즉 공간적 변화에 그친다. 卦가 이 공간적 변화에서 형성된다는 또는 존재한다는 이론이 卦變論인데, 이제 丁若鏞은 이것을 推移라는 용어로 일원화하게 된 것이다. 즉 종래의 卦變說에서 동사로만 쓰였던 推移를 동사로서 뿐만 아니라, 卦變論 자체를 의미하는 명사로도 이 推移라는 낱말을 씀으로써 보다 더 卦變의 뜻을 선명하게 했다고 볼 수 있겠다. 卦變의 뜻을 선명하게 했다고 함은 卦變이란 卦 자체의 체질 변화가 아닌 단순한 공간적 이동이기 때문에 卦 자체의 체질변화를 의미하는 그의 이른바 '爻變'의 이론과의 구분이 보다 분명해졌다는 걸 의미한다. 다시 말하자면, 卦變 또는 爻變이라 하지만, 卦變의 변과 爻變의 변은 그 뜻이 전혀 다른 것인데도 불구하고 거의 대부분의 학자들이 이를 혼동한 사례를 볼 수가 있는데 이러한 폐단을 불식하는 데 도움이 될 것으로 믿는다.

물론 卦變說 사이에도 논자에 따라 그 내용이 다르지만 그럼에도 불구하고 이를 통틀어 卦變論이라고 할 수 있는 근거는 卦의 공간적 이동이라는 관점에서 일치하기 때문이듯이, 丁若鏞의 推移論 또한 내용면에서는 종래의 卦變論과 상당부분이 상이하지만 卦 즉 畫의 이동이라는 관점에서는 종래의 卦變論과 다르지 않다. 다만 朱熹의 卦變

說이 그러했듯이, 丁若鏞의 推移에 있어서도 그 卦의 이동을 卦의 획성원리의 뜻으로 보지 않고 卦의 존재원리로 본다는 점에서 종래의 卦變說과 상이하다. 어쨌거나 종래의 卦變說이나 朱熹의 卦變說 및 丁若鏞의 推移論에서 공통된 하나의 뜻은 '卦의 이동' 곧 '畫의 이동'이다. 따라서 卦의 이 이동을 말할 때 丁若鏞은 그의 논저의 도처에서 '卦變'과 '推移'를 혼용하고 있는 所以는 바로 여기에 있는 것 같고, 이 책 또한 서상의 여러 곳에서 이러한 태도를 취한 까닭은 이러한 丁若鏞의 용례에 따랐기 때문이다.

(2) 推移論의 內容

丁若鏞은 『周易四箋』의 벽두에서 자신의 推移論의 개념을 다음과 같이 규정한다.

> 推移란 무엇인가? 冬至에서 一陽이 비로소 생겨 그 卦는 復이 되고, (곧 天根) 臨이 되고, 泰가 되고,(大壯이 되고 夬가 되고) 乾에 이르면 六陽이 이에 이룩된다. 夏至에서 一陰이 비로소 생겨 그 卦는 姤가 되고,(즉 月窟) 遯이 되고, 否가 되고,(또 觀이 되고 剝이 되고) 坤에 이르면 六陰이 이에 이루어진다. 이것이 이른바 '四時之卦'이다.(一卦를 一月에 배당한다)
> 小過는 大坎(兼畫의 坎)이요, 中孚는 大離(兼畫의 離)이다. 坎月과 離日(說卦文)이 그 나머지가 쌓여 윤달이 된다. 이것이 이른바 '再閏之卦'이다. 四時之卦를 京房은 12辟卦라고 하였는데, 이제 乾坤 두 卦를 제외하고 따로 '再閏'을 취하여 12辟卦를 충당하려 한다. 12辟卦가 그 剛柔를 나누어 衍하여 '五十衍卦'(곧 群分之卦)가 된다. 이것이 이른바 "大衍之數五十"이다. 이것을 일러 推移라 한다.[37]

위에서 丁若鏞은 자신의 推移論을 曆의 원리에 부쳐서 말한다. 日月의 운행질서를 체계화한 曆을 그는 易으로 형용한 것이다. 이것은 丁若鏞에 한한 것은 아니지만 易으로 曆을 형용하려 한 丁若鏞의 推移論은 합리적이고 탁월하다. 孟喜나 京房, 그리고 一行(본명:張遂, 683~727)등이 曆으로 易을 형용하려 한 것과는 대조적이다. 이를테면 一行이 384爻를 365일 1/4에 배당하려고 하여 필경 어긋나게 되자 견강부회했는데 이것과 丁若鏞의 推移論과는 아주 다르다. 丁若鏞은 12辟卦를 12월에 빗대고, 中孚 小過를 五歲再閏에 빗대고, 나머지 50卦를 만물에 빗댄 것이다. 이것은 易으로 曆을 형용하려 했을 뿐 曆으로 易을 형용하려 한 것이 아니다. 이것은 "易者象也 象也者 像也"라고 한 「繫辭傳」의 뜻에 부합될 뿐만 아니라, 太極兩儀 등의 논설에서 그가 견지한 物在象先의 원칙과도 일맥상통한다. 따라서 推移論의 내용은 四時之卦, 再閏之卦, 五十衍卦가 어떻게 曆의 체계를 형용하는가 라는 것으로 귀착된다 하겠다.

① 四時之卦(辟卦)[이 책 말미의 「그림 13」 참조]
丁若鏞은 「推移表直說」에서 다음과 같이 말한다.

> 乾坤은 父母의 卦이다. 乾坤은 비록 모든 卦의 부모이지만 그 변화를 말하면 乾은 坤으로부터 변한다. 乾에 앞서는 것은 夬이다. 坤은 乾

---

37) 『周易四箋』, 卷一, pp. 2a~2b. 推移者何也 冬至一陽始生 其卦爲復(卽天根) 爲臨 爲泰(爲大壯 爲夬) 以至於乾 則六陽乃成 夏至一陰始生 其卦爲姤(卽天窟) 爲遯 爲否(又爲觀 爲剝) 以至於坤 則六陰乃成 此所謂四時之卦也(一卦配一月) 小過者大坎也(兼畫坎) 中孚者大離也(兼畫離) 坎月離日(說卦文) 積奇爲閏(月與日取積分 以爲閏) 此所謂再閏之卦也 四時之卦 京房謂之十二辟卦 今擬除乾坤二卦 別取再閏 以充十二辟卦 十二辟卦分其剛柔 衍之爲五十衍卦(卽群分之卦) 此所謂大衍之數五十 此之謂推移也.

에서 변한다. 坤에 앞서는 것은 剝이다. 復, 臨, 泰, 大壯, 夬는 坤으로부터 변해서 乾으로 나아가는 것이다. 商易은 坤을 머리로 삼았기 때문에 歸藏이라 했다.(說卦는 坤으로써 藏한다 했다) 坤의 터(坤基)가 먼저 서고 난 뒤에 復의 一陽이 일어나기 시작한다. 이것을 天根(乾의 뿌리)이라 한다. 姤, 遯, 否, 觀, 剝은 乾으로부터 변해서 坤으로 나아가는 것이다. 復으로부터 夬에 이르기까지, 姤로부터 剝에 이르기까지 모두 합쳐 10卦인데, 이것은 漢儒의 이른바 辟卦이다.(辟이란 君이며 主이다) 進退消長이 두루 돌아 다시 비롯하니 四時의 形象이다.38)

　乾坤을 두 영역으로 하여 10辟卦가 消長하는 과정을 말한 것이다. 건은 곤의 터[坤基]에서 1양이 점점 자라난 것이요, 곤은 건의 터[乾基]에서 1음이 점점 자라난 것이다. 건곤이 늘고 주는 과정을 卦로 나타내면, 건곤을 극으로 하여 각각 다섯 개의 卦가 열을 이루게 된다. 이것을 한유들이 辟卦라고 한 것이다. 곤의 터에서 復一陽이 비로소 일어나는 것을 天根이라 했다. 이 천근은 月窟과 서로 맞서는데 뒤에서 재론키로 한다. 건이 곤의 터를 전제로 하고 곤이 건의 터를 전제로 하고서 생겨난다고 하는 사상은 有는 반드시 有에서 말미암는다는 뜻이다. 건은 곤의 자기부정의 과정에서 생겨나는 것이며, 곤은 건의 자기부정의 과정에서 생겨난다는 것으로 된다. 나머지 10辟卦는 건과 곤의 이 모순관계에서 자연스럽게 포착되는 변화의 한 시점을 卦라는 부호로 나타낸 것일 뿐이다. 4월(음력)과 10월(음력)을 기점으로 음양은

---

38) 『周易四箋』, 卷一, p. 5a. 乾坤者 父母之卦也 乾坤雖爲諸卦之父母 語其變則乾由坤變 先乎乾者 夬也 坤由乾變 先乎坤者 剝也 復 臨 泰 大壯 夬者 由坤而變之進乎乾者也 商易以坤爲首 故謂之歸藏(說卦云 坤以藏之) 坤基先立然後 復一陽始有所起 此之謂天根也(乾之本) 姤 遯 否 觀 剝者 由乾而變之進乎坤者也 自復至夬 自姤至剝 凡得十卦 此漢儒所謂辟卦也(辟者 君也 主也) 進退消長 周而復始 四時之象也.

극에 달해서 5월과 11월에는 반전을 하게 되는 것이다. 그것을 1년 12월에 구체적으로 배정한 것이 이른바 四時之卦이다. 太極兩儀四象論에서 그는 太極 兩儀 四象을 각각 그 本物을 형용하는 원리로 파악했듯이, 四時之卦란 四時의 운행을 易의 卦로 본떴을 뿐이다.

이제 위의 원리를 좀 더 구체적으로 살펴보기로 한다. 곤의 터[坤基]에서 復이 反轉을 하게 되고, 건의 터[乾基]에서 姤가 反轉을 하게 되니 이 원리에 따라, 辟卦를 12월에 저절로 배정이 된다.

우선 乾基, 坤基라고 하는 것은 「丁若鏞의 획괘론」에서 논한 바와 같이, "輕淸者 位乎上(天) 重濁者 位乎下(地)"하여 「繫辭傳」의 이른바 "天尊地卑 乾坤定矣."한 상태를 두고 하는 말이다.

復은 坤의 터에서 1陽이 생겨난 것으로 이는 子月(음력11월, 이하 음력)에 배속되고, 2陽이 잘아난 臨은 丑月(12월), 3陽의 卦인 泰는 寅月(1월), 4陽의 卦인 大壯은 卯月(2월), 5陽의 卦인 夬는 辰月(3월), 純陽의 卦인 乾은 巳月(4월)에 배속되게 되고, 姤는 乾의 터에서 1陰이 비로소 생한 것인데, 이는 午月(5월)에 배속되고, 未月(6월)에는 遯, 申(7월)月에는 否, 酉月(8월)에는 觀, 戌月(9월)에는 剝, 亥月(10월)에는 坤이 된다. 「繫辭傳」에서 이른바 "變通은 四時보다 큰 것이 없다." 또는 "변통은 四時에 짝한다."라고 한 것은 이를 의미하는 것이라고 丁若鏞은 말한다.[39] 이 四時之卦를 12月卦, 12君卦, 12辟卦 등으로 부르지만 12辟卦에서 辟이란 孟喜의 「卦變圖」에서 유래한 명칭이라고 하는 것이 통설이다. 方仁은 前揭 논문에서 辟卦라는 명칭을 처음 쓴 것은 京房으로 알려져 있다고 하지만 틀렸다. 그런데 서상에서 "四時之卦는

---

[39] '變通莫大乎四時'(『周易四箋』, 卷八, p. 27b). '變通配四時'(『周易四箋』, 卷八, p. 6a)

京房이 12辟卦라고 하였는데"라는 구절에 근거하여 丁若鏞은 辟卦의 연원이 京房에 있다고 말한 것처럼 생각할 수가 있다. 그러나 丁若鏞은 辟卦의 시원을 후술하는 바와 같이 결코 京房이나 孟喜에서 찾지 않는다. 그러므로 여기서 丁若鏞이 京房을 거명한 것은 辟卦를 운위한 많은 학자 가운데서 단지 예시적으로 京房을 말했을 뿐이라고 해야 한다. 辟卦는 주로 이른바「分卦直日之法」에서 운위된 개념인데, 이「分卦直日之法」이란 것이 뒷날 一行이 나오기까지는 漢代의 孟喜나 焦延壽보다도 京房에 이르러 더 밝아졌기 때문에 이 京房의 辟卦에 대하여 다분히 비판적 의도를 가지고 京房을 거명했을 뿐이라고 보인다. 京房의 술수는 뛰어났던 모양이다. 이를테면 焦延壽가 말하길, "나의 道를 얻어서 亡身할 자는 반드시 京生이다."⁴⁰⁾라고 했다 한다. 京房의 설은 災變에 뛰어나며 64卦를 나누어 다시 日用의 事에 맞추고는, 風雨寒溫으로 징후를 삼아 각각 占驗이 있게 하였으며, 더욱 사용하는 것이 정밀해지고 자주 상소를 해서 가까이는 수개 월, 멀리는 1년 앞을 먼저 말하되 그 말들이 거듭거듭 적중하여 천자가 기뻐했다 한다.⁴¹⁾ 뒷날 一行이 나오기 전까지는 딴에는 누구보다도 정밀하게「分卦直日之法」을 말했지만 스승의 예언대로 그는 石顯의 참소에 의해 주살되고 말았다. 이에 대해 丁若鏞은 다음과 같이 평하고 있다.

> 理는 근거하는 바가 없는데 占은 驗이 밝으니 그 術은 옳지 않는 道이고 邪僻한 것이다. 房이 이로써 亡身하는 것은 마땅하다.⁴²⁾

---

40)「唐書卦氣論」『易學緒言』, 卷二, p. 274. 贛常曰得我道以亡身者必京生也.
41)「唐書卦氣論」『易學緒言』, 卷二, pp. 274~275.
42)「唐書卦氣論」『易學緒言』, 卷二, p. 275. 理無所據 占乃有驗 明其術爲左道 邪僻 房以此亡身宜哉.

丁若鏞의 평은 냉혹하다. 그러나 그 논조는 공평하다. 京房의 설은 이치가 근거 없고, 그러면서 점은 잘 들어맞았으니 그것은 정도가 아니며 사벽한 도인데 이로 인해 세상을 어지럽혔으니 죽음이 마땅하다는 것이다. 여기서 사벽한 도라고 함은 잡귀에 의지하는 '耳報' 같은 술수가 해당되리라고 본다. 이렇듯 丁若鏞이 12辟卦를 말하면서 京房을 거명한 것은 京房의 설을 힐난하려는 장차의 의도까지 잠재해 있음을 간파할 수가 있다고 생각한다.

丁若鏞은 辟卦의 시원을 三古로 거슬러 올라간다. 이렇게 주장한다.

> 易이 도 됨은 12辟卦가 推移할 따름이다. 만약 이 법이 없다면 包犧氏가 본디 畫卦할 필요가 없었다. 어째선가? 卦를 그어 쓸데가 없기 때문이다. 그러한즉 辟卦의 명칭은 아득하여 반드시 三古의 때부터 이 명칭이 이미 있었고, 한유가 새로 세운 것은 아니다.(50연괘의 명칭은 이를테면 隨 蠱 蹇 解 損 益 등은 모두가 推移의 원리에 따라서 명칭이 생긴 것으로, 명칭을 세우는 처음이 이미 그러하니, 辟卦의 명칭은 반드시 高古하여 옛날에 있었다)[43]

卦에 推移의 원리가 있는 것은 伏羲畫卦 당시로 소급한다는 것은 「繫辭傳」의 制器章에서 기구를 만든 것이 모두 推移의 상을 본뜬 것이기 때문이라는 것은 상술한 바 있거니와, 卦에 推移가 없다면 易은 木強死法에 지나지 않는다고 丁若鏞은 말했다. 乘降往來하는 推移를 인정하지 않는다면 畫卦의 시초에 卦를 그을 필요도 없었다고 주장한

---

43) 「唐書卦氣論」, 『易學緒言』, 卷二, p. 281. 易之爲道 十二辟推移而已 若無此法 包犧氏原不必畫卦 何者 畫卦無所用耳 然則辟卦之名 遙遙巍巍 必自三古之時已有此名 非漢儒之所新立也(五十衍卦之名 若隨 蠱 蹇 解 損 益之等 皆以推移之義而立名 立名之初已然 則辟卦之名 必高古在昔矣)

다. 만약 畫卦 당시에 推移의 법을 몰랐다면 木强한 그러한 卦를 어디에 쓸 수 있겠느냐는 것이다. 아무런 변화도 없는 고정된 상이 만사만물의 생멸변화를 어떻게 포섭할 수가 있겠느냐는 것이다. 또 隨 蠱 蹇 등등의 卦名은 推移의 원리에서 나온 명칭인 것을 보아도 推移란 畫卦 당시의 원리임에 틀림없다. 따라서 推移가 있었다면, 推移는 辟卦를 전제로 하기 때문에 辟卦 또한 당연히 畫卦 당시의 명칭이었다는 것이다. 隨 蠱 등의 명칭이 推移에 연유한다는 것에 대한 그의 논증을 보기로 한다. 그는 下士는 卦變의 설이 虞飜에서 일어난 것으로 알고, 中士는 卦變의 원리가 孔子에 있는 것으로 알고, 上士는 홀로 卦變의 법이 伏羲 씨에서 일어난 것으로 안다고 말하면서 "卦에 명칭을 붙이는 먼저는 무엇이냐."(名卦之先 何也)고 다그친다.44)

> 卦에 이름 붙이는 앞선 까닭은 무엇인가? 隋, 隨, 墮, 隧 자는 본디 서로 통한다. 隨는 높은 데서부터 떨어지는 것이다. 卦가 否에서 왔다. 剛이 지극이 높은 산꼭대기에서 지극히 낮은 땅으로 떨어진 것이다. (上이 一로 가다) 이것을 일러 隨라 한다. 追와 隨 두 글자는 또한 본디 서로 통한다. 이를테면 세 사람이 나란히 가는데 그 가장 앞의 사람이 뒤로 처져서 도리어 몇 사람의 武人의 뒤에 있으면(上이 一로 가다) 이것을 이름하여 追라고 하고 隨라고도 이름하는데 역시 떨어진다는 뜻이다. 伏羲가 卦를 이름하기 시초에 주로 卦變의 뜻을 찾아서 命하여 이름이 된 것이다.45)

---

44) 「李氏折中鈔」『易學緖言』, p. 390 참조.
45) 「李氏折中鈔」『易學緖言』, p. 390. 名卦之先何也 隋 隨 墮 隧字本相通 隨者自高而墮落也 卦自否來 剛自至高之巓 墮到至卑之地(上之一) 斯之謂隨也 追隨二字亦本相通 有若三人並行 其最居前者 落後却在數武之後(上之一) 則是名爲追亦名爲隨 亦墮落之義也 伏羲名卦之初 原主卦變之義 而命之爲名.

四. 卦가 存在하는 原理 • 207

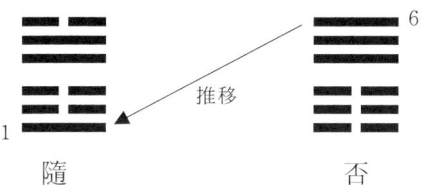

위의 그림에서와 같이, 隨는 否卦의 上畫이 初로 이동하여 이루어진 것인 바 이는 推移라는 것이다. 따라서 否는 辟卦임은 물론이다.

다음은 蠱卦의 경우를 보기로 한다.

> 卦는 泰에서 왔다.(一이 上으로 가다) 乾이 그 下가 허물어지고(下는 지금 柔) 坤은 그 上이 파괴되었다.(上이 이제 剛) 이것이 蠱壞이다.46)

그림으로 보이면 다음과 같다.

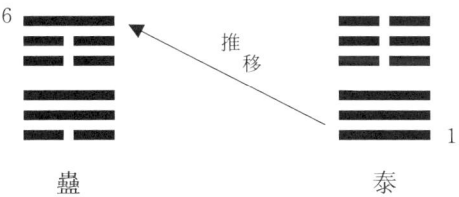

즉 蠱는 壞인데, 卦가 泰에서 왔기 때문에 蠱가 되고 나면 泰의 上下 두 체가 모두 허물어지게 됐다는 뜻이다. 坤은 허물어져 艮이 되고 乾은 허물어져 巽이 되었다.

다음은 蹇이 蹇이라는 명칭이 붙게 된 까닭을 보기로 한다.

---

46) 『周易四箋』, 卷三, p. 11a. 卦自泰來(一之上) 乾壞其下(下今柔) 坤壞其上(上今剛) 此蠱壞也.

蹇이란 破이다. 一足이 폐한 것이다. 卦가 小過에서 왔다.(四가 五로 갔다) 小過일 때는 卦에 두 震이 있어(下는 倒震) 두 足이 갖추어 완전했는데(反對가 없기 때문에 倒象을 취했다) 蹇으로 옮겨가면 坎疾이 足에 있어(上은 지금 坎) 一足이 폐했다(下는 倒震). 이것을 일러 蹇이라 한다.[47]

그림으로 보이면 다음과 같다.

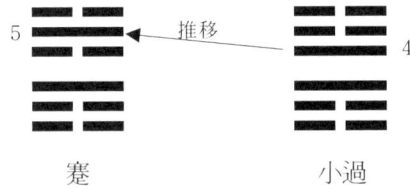

蹇　　　　　　小過

蹇은 小過에서 推移했는데, 小過에서는 上震이 足이고 下는 倒震(小過는 反對가 없기 때문에 倒象을 取한다. 그 구체적 원리에 대해서는 뒤의 互體論의 「倒體」에서 상론한다)이 足이 되어 두 다리가 구전했는데, 蹇이 되면 下震(倒震)은 그대로 있으나 上震은 坎이 되었다. 說卦文에 坎은 病이라 했으니 한 쪽 다리는 병이 든 상이 되었다. 한 쪽 다리가 병드니 절룩거리게 된다. 그래서 卦名을 蹇이라 했다는 뜻이다.

다음은 解卦의 명칭이 解가 된 연유를 보기로 한다.

卦가 臨에서 왔다. 二陰이 처음 응고했다(下의 2陽). 川을 壅하면 澤

---

47) 『周易四箋』, 卷五, p. 9a. 蹇者跛也 一足偏廢也 卦自小過來(四之五) 小過之時 卦有兩震 (下倒震) 兩足俱完(無反對 故取倒象) 移之爲蹇 則坎疾在足(上今坎) 一足偏廢(下倒震) 此之謂蹇也.

이 된다(左傳에서 말한다). 臨이란 凝滯해서 흐르지 않는 卦이다. 解로 옮겨가면 坎川이 흘러 통하여(上下가 坎) 응체함이 없다. 이것을 일러 解라 한다.(이를테면 얼음이 풀리는 '풀림')[48]

그림으로 나타내면 다음과 같다.

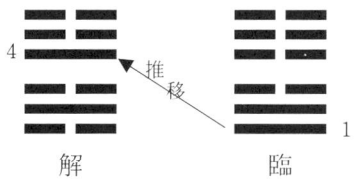

解 　　　　　 臨

臨의 下體 2陽은 응고의 상이다.(說卦文에 乾은 氷이 된다 했다) 또 澤은 川이 둘러싸여 있는 형상이다. 따라서 臨은 응고하여 흐르지 않는 澤을 형용한다. 이제 解가 되면 上互坎과 下體의 坎이 흐른다. 얼음이 해빙하는 형상이다. 이것을 解라 한다는 것이다.

위에서 설명한 隨, 蠱, 蹇, 解 이외에도 損, 益 등의 卦名이 모두가 推移의 법에 그 연원을 두고 있으니, 推移의 법은 伏羲 畫卦 당시의 원리이다. 따라서 推移의 전제가 되는 辟卦 또한 伏羲 당시에 그 명칭이 이미 있었다는 것이 丁若鏞의 논지이다.

한편 焦延壽(西漢, 字 贛, 일설은 名 贛, 字 延壽) 京房 등은 辟卦에 대응하여 公, 侯, 卿, 大夫 등의 卦를 만들어 「稽覽圖」에서 그 설을 보이고 있지만 丁若鏞은 이들 公, 侯, 卿, 大夫 등의 卦를 인정치 않는다.

---

48) 『周易四箋』, 卷五, pp. 11a~11b. 卦自臨來 二陰初凝(下二陽) 川壅爲澤(左傳云) 臨者凝滯不流之卦也 移之爲解 則坎川流通(上下坎) 無所凝滯 此之謂解也(如氷解之解)

天子로부터 서인에 이르기까지 64卦를 통용하여 그 길흉을 점치는 것이다. 天子는 辟卦를 쓰고, 上公은 公卦를 쓰고, 大夫는 大夫의 卦를 쓴다는 것이 옳은 이치가 있겠는가? 筮해서 他卦를 만나면 아마도 그것을 버리고 다시 筮하겠구나! 渙에 이르길 王假有廟라 했고, 萃에 이르길 王假有廟라 했고, 家人에 이르기를 王假有家라 했는데, 이 모든 것은 이른바 卿, 大夫의 卦이다. 어찌 天王이 쓰겠는가? 震에 이르길 震驚百里라 했고, 晉에 이르길 康侯用錫馬라 했고, 豊에 이르기를 遇其配主라 했는데, 이것은 모두 이른바 卿, 大夫의 卦이다. 어찌 제후가 쓰겠는가? 四時 兩閏은 50衍卦의 뿌리이다. 그러므로 辟卦의 명칭은 예로부터 있어서 諸卦를 통어하는 것이거늘 焦贛, 京房 등이 혹을 붙여서 公, 侯, 卿, 大夫의 설을 만들었을 따름이다.⁴⁹⁾

焦贛 京房 등이 辟卦 이외에 이에 대응시켜 公卦 侯卦 卿卦 大夫卦 등을 만들어「卦氣說」을 설명하고 있지만, 辟卦가 이런 뜻으로 쓰이는 것은 잘못되었다는 것을 경문을 들어서 반박하고 있다. 京房에 의하면 渙, 萃, 家人은 卿 大夫의 卦에 속하는데, 경문에는 王假有廟, 王假有家라 했으니 서로 맞지 않는다. 경문에 王이라 했지만 卿 大夫의 卦이니 이 卦를 王은 쓸 수가 없지 않겠느냐고 되묻는다. 또 가령 王의 筮에서 이 卦를 얻었을 때, 辟卦가 아니고 卿 大夫의 卦이니 그 筮한 것을 버리고 다시 筮해야 하겠구나! 하고 조롱하고 있다. 또 震에는 震驚百理, 晉에서는 康侯用錫馬, 豊에서는 遇其配主라 하여 모두가 제

---

49) 「唐書卦氣論」『易學緖言』, 卷二, p. 277. 自天子達於庶人 通用六十四卦 以占其吉凶 天子用辟卦 上公用公卦 大夫用大夫之卦 有是理乎 筮遇他卦 其將棄之而改筮乎 渙曰王假有廟 萃曰王假有廟 家人曰王假有家 是皆所謂卿大夫之卦也 何天王用之乎 震曰震驚百里 晉曰康侯用錫馬 豊曰遇其配主 是皆所謂卿大夫之卦也 何諸侯用之乎 四時兩閏之експ 爲五十衍卦之本 故辟卦之名 自古有之 以統諸卦 而焦贛京房之等 添出贅疣 爲公侯卿大夫之說耳.

후가 할 바를 말한 것인데, 京房에 의하면 이들 卦는 모두 卿 大夫의 卦이니 제후가 筮해서 이 卦가 나와도 제후는 이 卦를 쓸 자격이 없게 되어 다시 筮해야 하느냐고 다그친다. 四時之卦와 兩閏의 卦는 50衍卦의 뿌리이어서 辟卦의 이름은 예로부터 있었고 諸卦를 통어한다는 뜻으로 辟卦라고 말했을 뿐인데, 焦延壽 京房 등이 公卿大夫의 설을 만들어 혹을 붙였다고 말한다. 그는 辟의 명칭을 이렇게 규정한다.

> 辟의 글자 됨은 다만 君을 칭하는 것일 뿐 본디 天子의 專有하는 명칭이 아니다. 爾雅에 이르기를, 皇王后辟 公侯君(皇王后는 辟이요, 公侯는 君이다)이라 했다. 邢氏疏에 이르기를, 皇王은 오직 天子를 이르고, 公侯는 오직 제후를 이른다. 나머지도 모두 通稱한다. 그러므로 字書와 韻書 모두 이르기를, 天子諸侯를 통칭해서 辟이라 한다. 다른 해석이 없다. 이제 辟卦를 天子의 卦로 하고 별도로 公侯를 下位에 배열하니 어찌 이른바 正名이겠는가? 洪範에 이르기를 唯辟作福, 唯辟玉食이라 한 것 또한 天子와 제후를 통칭한 것이다. 그러므로 唯皇建極, 皇極受之라 하여 모든 皇字를 나누어서 말한 것이 분명하다. 무릇 人君은 다 作福於其國하고 玉食於其國하는 것이다.…… 辟을 높여 帝를 만들고 다시 公侯之卦를 배열한 것은 분명히 焦贛, 京房이 망령되이 만든 것이니 洙泗의 古法이 아니다.[50]

字書와 韻書에서 天子諸侯를 통칭하여 辟이라 한 것을 京房은 이

---

50) 「唐書卦氣論」『易學緖言』, 卷二, p. 285. 辟之爲字 只是君稱 本非天子之專名 爾雅云 皇王后辟公侯君也 邢氏疏云 皇王唯謂天子公侯 唯謂諸侯餘皆通稱 故字書韻書並云天子諸侯通稱曰辟無異訓也 今以辟卦爲天子之卦 而別以公侯列于下位 豈所謂正名乎 洪範云 唯辟作福唯辟玉食亦天子諸侯之通稱 故與唯皇建極 皇則受之 諸皇字別而言之明 凡爲人君者 皆得作福於國 玉食於其國也……尊辟爲帝 又列公侯之卦 明是焦贛京房之妄造 非洙泗之古法也.

辟의 뜻에 어긋나게 다시 公侯之卦를 만든 것은 洙泗의 古法이 아니라고 한다. 즉 辟卦를 天子의 卦로 하고 公侯는 下位에 배열하는 것은 명칭이 타당치 못함을 洪範에서도 논증한다. 홍범에서 唯辟作福, 唯辟玉食이라 하는 것은 天子와 제후를 통칭하여 辟이라 한 것이고, 天子만을 떼어서 말할 때는 唯皇建極, 皇則受之라고 하여 특별히 皇字를 썼다고 설명한다.

한편 12辟卦는 12消息卦라고도 하는데 '消息'이라는 개념은 剝卦「象傳」의 "君子尙消息盈虛"와 豐卦 단전의 "天地盈虛與時消息"에 근거를 둔 것으로 '消息卦'라는 용어는 西漢 시대에도 있었지만 東漢시대의 荀爽과 虞翻에 이르러 '消'와 '息' 두 문자에 특수한 의미가 부여되었다고 한다. 이렇게 하여 '息'은 陽長의 전문용어로, '消'는 陰長의 전문용어로 쓰이게 되었으니 즉 復에서 시작해서 臨, 泰, 大壯, 夬로 되어 가는 과정을 息이라 하고 이들 卦를 息卦라고 하며 姤에서 비롯해서 遯, 否, 觀, 剝으로 되어 가는 과정을 消라 하고 이들 卦를 消卦라고 하게 되었다.[51]

이 消息卦를 두고서도 丁若鏞은 京房을 공박한다. 荀爽과 虞翻 이전에 서한의 京房은 이 消息卦를 太陰 太陽이란 명칭으로 치환하여 부르기도 했다. 『漢書』「京房傳」에서 孟康註에 이렇게 적혀 있다.

> 京房은 消息卦로 辟을 삼으니 辟이란 君이다. 息卦를 일러 太陰이라 하고 消卦를 일러 太陽이라 한다. 그 나머지 少陰少陽은 신하라 한다. 그 이르는 신하는 대체로 公侯卿大夫를 이른다.[52]

---

51) 『兩漢易學史』, pp. 109~110 참조.
52) 「唐書卦氣論」, 『易學緒言』, 卷二, p. 276. 房以消息卦爲辟 辟君也 息卦曰太陰 消卦曰太陽 其餘少陰少陽 謂臣下也(其云臣下者 蓋謂公侯卿大夫也)

四. 卦가 存在하는 原理 ◦ 213

이에 丁若鏞의 평언을 듣기로 한다.

> 辟卦의 명칭은 예로부터 있어온 것인데, 한유는 나아가서 消息으로 나누었다. 息卦는 復 臨 泰 大壯 夬 乾이고, 消卦는 姤 遯 否 觀 剝 坤이다. 息卦는 陽長인데 어찌 太陰이라 하고, 消卦는 陰長인데 어찌 太陽이라 하는가? 易에 老陰老陽의 명칭이 있는 것은 18變 때에, 세 번 세어서 모두가 奇가 되면 老陽九(3·3·3)가 되고, 세 번 세어서 모두가 偶가 되면 老陰六(2·2·2)이 되는데, 까닭도 없이 이것은 太陽, 이것을 太陰이라고 이름 붙이는 것이 옳겠는가? 少陽少陰 역시 七八의 정해진 명칭인데, 50衍卦를 어찌 써 少陽少陰이라 말하는가? 京房의 학설은 또한 傅會해서 말했으니 洙泗의 嫡傳이 못 된다.[53]

息卦는 陽이 불어나는 卦인데 이를 太陰이라 하고, 消卦는 陰이 불어나는 卦인데 太陽이라 하는 것이 이치에 맞지 않을 뿐만 아니라, 二老二少는 揲蓍求卦의 명칭인데 뜬금없이 이를 消息卦에 붙이는 것만 봐도, 경방의 學이 견강부회라는 것이다.

丁若鏞은 이 12辟卦를 '方以類聚의 卦'라고 하고 있는 바[54] 이는 「繫辭傳」의 '方以類聚'를 뜻하는 것이다. 그는 「繫辭傳」의 '方以類聚'를 설명하는 곳에서 方이란 卦의 德이라 했다. 그러므로 동방의 卦, 남방의 卦, 서방의 卦, 북방의 卦는 반드시 方으로써 덕을 달리 한다.

---

53) 「唐書卦氣論」, 『易學緒言』, 卷二, p. 276. 辟卦之名 自古有之 漢儒就分消息 息卦者復臨泰大壯夬乾也 消卦者姤遯否觀剝坤也 息卦陽長何以謂之太陰 消卦陰長何以謂之太陽 易家之有老陽老陰之名者 以十有八變之時 三揲皆奇者爲老陽九 (三三三) 三揲皆偶者爲老陰六(二二二) 無故命之曰爾是太陽爾是太陰可乎 少陽少陰亦七八之定名 五十衍卦何以謂之少陽少陰也 京房之學 亦傅會爲說 非洙泗之嫡傳也.

54) 『易學緒言』 p. 293 참조.

類聚란 復, 臨, 泰, 大壯, 夬(坤의 변화), 姤, 遯, 否, 觀, 剝(乾의 변화), 中孚, 小過(坎離가 변한 것)등 12괘를 이르는 것이라 했다. 양은 양끼리 모여서 음이 끼지 않고, 음은 음끼리 모여서 양이 따고 들지 않았으니 이것을 類聚라 했다. 또 中孚와 小過를 中聚라고 했다.

한편 丁若鏞은 「括例表」의 맨 앞과 다른 곳에서 剛反하는 復을 天根, 陰浸하는 姤를 두고 月窟이라는 말로 표현하고 있는데, 이 용어는 邵雍에서 유래하는 개념이다. 소옹의 『伊川擊壤集』「觀物吟」에는 다음과 같은 시가 있다.

>   耳 目 聰 明 男 子 身
>   洪 鈞 賦 予 不 爲 貧
>   須 探 月 窟 方 知 物
>   未 躡 天 根 豈 識 人
>   乾 遇 巽 時 觀 月 窟
>   地 逢 雷 處 見 天 根
>   天 根 月 窟 閒 來 往
>   三 十 六 宮 都 是 春

이목이 총명한 남자의 몸,
조물주가 점지하길 모자라게 하지 않았네.
마땅히 월굴을 더듬으면 비로소 사물을 알고,
천근을 밟지 않고서 어찌 인간을 알겠는가.
건이 손을 만날 때 월굴을 보고,
땅이 우레를 만나는 곳에 천근을 보네.
천근 월굴이 한가로이 오고가니,
삼십육궁이 모두가 봄이라네.

이 시에 의하면 乾이 巽과 만나는 것이 '月窟'이라 했으니 姤卦를 가리키는 것이고, 땅이 우레를 만나는 것이 '天根'이라 했으니 復卦를 가리키는 것이 되지만, 이와는 달리 邵雍의 「先天八卦方位圖」에서 '天根'은 坤震 2卦의 사이에 있고, '月窟'은 乾巽 2卦의 사이에 있다고 하는 설도 있다. 또 36궁을 두고도 설이 갈리고 있는 등(36宮에 대한 丁若鏞의 일반적 이론은 이 책의 「丁若鏞의 三易說」에서 해설키로 한다) 예로부터 異論이 있어온 것인데 丁若鏞은 朱熹의 견해에 따라 天根 月窟을 復姤 2卦로 본 것 같다.

그런데 소옹의 「선천도」를 공박해 마지않은 丁若鏞이 어찌하여 推移를 논함에 있어서 소옹의 「선천도」에서 나온 天根 月窟이라는 용어를 인용하고 있는가는 의문이 아닐 수 없다. 그가 어찌하여 邵雍의 이 용어를 쓰고 있는가는 여러 가지로 추리가 가능하겠지만 그의 학문하는 정신이, 취사선택에 있어서 취할 것은 취하고 버릴 것은 버린다는데 있었기 때문이라고 하겠다. 그의 實事求是의 사상은 이렇듯 擬古와 創新을 아우르는 데서 찾아 볼 수 있지 않을까 한다. 예를 하나 더 보기로 한다. 그의 堂號 '與猶堂'은 『老子』의 제15장에서 유래하는 것임을 스스로 밝히고 있다. 「自撰墓誌銘(集中本)」과 「與猶堂記」에서 『老子』를 인용한다. 묘지명에서는 "겨울에 물을 건너고 이웃을 두려워하는 뜻이다."(堂號曰與猶取冬涉畏鄰之義也.)라고 했고, 「여유당기」에서는 "주저하기를 겨울에 내를 건너듯 하고[與], 조심하기를 사방 이웃을 두려워하듯 한다[猶]."(與兮若冬涉川猶兮若畏四隣)라고 하였다.[55] 뒷

---

[55] 與는 今文이고 본디는 豫이다. 豫는 象에 속하는 짐승인데, 능히 앞을 알고 그 行은 느리고 의심이 많다. 猶는 개인데, 개는 사람의 앞에 가다가도 살피며 되돌아본다. 一說은 豫와 猶는 다 같이 의심이 많은 짐승이라 했다. 畢沅, 『老子攷異』(東京:東洋大學出版部, 1909), p. 13. 沈一貫, 『老子通』(東

날에 도가의 玄虛沖莫之學을 易에 부쳤다고 王弼이며 韓康伯, 孔穎達 등을 매섭게 질책했던 丁若鏞이지만 젊어서는 자신의 당호를 『老子』에서 취한 것은 저간의 사정을 말해준다 하겠다.

이와 같이 丁若鏞 또한 '天根 月窟'이며 '消息'의 명칭을 일단 자신의 역학체계에 이를 수용하고 있다. 坤基에서 一陽(一震)이 始生하여 復(天根)→臨→泰→大壯→夬→乾으로 長而成하는 息의 과정은 一震의 누적과정이다. 이 과정에서의 復卦의「象傳」, "復其見天地之心乎"(돌이킴에서 아마도 하늘땅의 마음을 볼진져)를 두고서 邵雍은 "冬至子之半 天心无改移 一陽初動處 萬物未生時 玄酒味方淡 大音聲正希 此言如不信 更請問包羲"56)(동지의 子의 半에/ 天心은 고침도 옮김도 없다// 一陽이 처음 움직이는 곳이며/ 만물은 아직 생기지 않을 때이다// 玄酒[무술]는 아직 맛이 담담하고/ 大音은 꼭 희미하다 // 이 말을 만약 믿지 못 하겠거든/ 다시 포희께 물어 보게나)라는 詩를 부쳤고, 朱熹는 다시 邵雍의 이 시에 부쳐 "忽然夜半一聲雷 萬戶千門次第開 識得无中含有處 許君親見伏羲來."(홀연히 밤중의 한 소리 우레에/ 만호천문이 차례차례 열리는구나// 無中에 有를 머금는 곳을 알 수 있다면/ 그대는 복희씨가 오시는 걸 몸소 보겠네)라는 詩를 읊었다.57) 또 丁若鏞은 "乾(也)者六震之積也"(乾이란 6震이 쌓인 것이다.)라고 했다.58)

여기서 '冬至子之半'이란 朱熹에 의하면 11月의 半을 뜻한다. 11月

京:東洋大學出版部, 1909), 上, p. 27. 焦竑, 『老子翼』(東京:富山房, 1994), 卷一, p. 25 참조.
56) 大音聲正希'는 『老子』 第 41章의 '大音希聲'을 뜻함.
57) 『周易傳義』 九卷, pp. 36a~37b.
58) 『易學緖言』 p. 376, p. 465. 『周易四箋』 乾卦의 해석.

은 大雪이 節氣이고 冬至는 中氣이기 때문이다.(한 달에 두 節氣가 들기 때문이다) 五行家들이 子之半을 子時의 半으로 보는 것은 틀렸다고 그는 말한다. 왜냐하면 子時의 半이라면 子時 가운데, 半은 이미 흘러간 것이기 때문이다. 다시 말하자면 흘러간 半의 시간도 子時에 포함되는데 邵雍이 왜 하필 子時의 한 복판을 말할 이치가 있겠느냐는 뜻일 게다. 즉 一陽은 이미 子時 初에 始動할 것이기 때문이다. '天心无改移'란 "年年歲歲是如此 月月日日是如此"라고 했다. 한 달에 두 개의 節氣가 들고 해마다 돌고 도는 이치가 한결같다는 뜻인데, 徐敬德(1489~1546)은 「復其見天地之心說」에서 이를 구체적으로 말하기를 "无改移란 무엇을 말하는가? 周天은 $365\frac{1}{4}$度이고 朞歲(1년)는 $365\frac{1}{4}$日인데 至日을 (물시계의)漏箭으로써 살피고 해시계[臬表]로써 재어 度와 날[日]의 시간이 꼭 本數로 돌아와 딱 들어맞으며 털끝만치도 늘거나 주는 일이 없이 만고에 언제나 이러하니 가히 그 마음이 바뀌지 않음을 볼 수 있겠다."(無改移者 何謂也 周天三百六十五度四分之一 朞歲三百六十五日四分之一 至日候之 以漏箭測之 以臬表度 與日之分恰周得本數 若合符契未常盈縮些一毫 萬古常常如此 可見其心之無改移也)라고 했다.[59] 邵雍 詩의 "一陽初動處"와 朱熹 詩의 "忽然夜半一聲雷"는 다같이 復卦가 막 생겨남을 뜻하지만, '忽然夜半'이라 함은 문자 그대로의 夜半이란 뜻으로는 볼 수 없다. 왜냐하면 邵雍 詩의 '冬至子之半'에서 '子之半'을 '11月의 半'(엄밀하게 말하면 大雪이 入節된 날 이후의 11月의 半이다)이라고 해석한 朱熹 자신의 견해와 모순될 뿐만 아니라, 冬至가 반드시 子時에 들게 되는 법도 아니기 때문이다. 따라

---

59) 『朱子語類』 p. 1790. 『周易傳義』九卷, p. 37a. 徐敬德, 『花潭集(全)』「復其見天地之心說」, 乙巳殷山本 참조.

서 여기의 '忽然夜半'은 一陽始生(冬至)을 찬미하고 시적 흥취를 더하기 위해 '홀연히 한 밤에'라고 표현했을 따름이라고 생각된다. 또 邵雍 詩의 "……玄酒味方淡 大音聲正希 此言如不信 更請問包羲"는 모두가 復을 묘사한 말이고, 여기에 부친 朱熹 詩의 '萬戶千門次第開'는 復에서부터 一震이 누적되는 과정을 뜻한다. '无中含有處'는 坤(無)에서 復(有)이 됨을 묘사한 句이다. 丁若鏞의 '乾者 六震之積也'라는 말 또한 大成卦 乾은 復에서부터 一震이 여섯 단계로 누적되어 이루어졌음을 말한 것이다.(즉 乾은 萬戶千門次第開에서 이루어진 것이다)

한편 乾基에서 一陰(一巽)이 始生하여 姤(月窟)→遯→否→觀→剝→坤으로 長而成하는 消의 과정은 一巽의 누적과정이어서 '坤者 六巽之積也'라고도 할 수 있겠다. 그러나 消息의 명칭은 '陽'을 표준으로 하여 설립된 명칭이지 음을 표준으로 하여 붙인 명칭이 아니다. 丁若鏞 또한 「繫辭上傳」벽두의 해석에서 "음양왕복의 운행은 오직 陽道가 보인다. 12辟卦의 消長을 살피는 것도 그러하다. 이것은 復剝이 天機[하늘의 기틀]가 되는 까닭이다."(陰陽往復之運 唯陽道是視 十二辟卦之察消長 亦然 此復剝之所以爲天機也)라고 했다.60) 그것은 息卦와 消卦는 음양이 變易으로 對待하는 상황을 나타내는 것에 다름 아니지만, "復其見天地之心乎"에서 볼 수 있듯이 一陽始生을 변화 곧 易의 뿌리로 삼는 논리이기도 하다.

아무튼 息의 과정은 확산이요, 消의 과정은 수렴이다. 震은 起이고(「雜卦傳」文) 巽은 入(「說卦傳」文)이기 때문에 확산은 震의 작용이며, 수렴은 巽의 작용이다. 이를테면 초목의 敷榮과 곤충의 振奮은 震의 확산이요, 초목의 凋落과 곤충의 蟄居는 巽의 수렴이다. 확산은 呼요

---

60) 『周易四箋』, 卷八, p. 3a 참조.

수렴은 吸이기도 하다. 春夏가 呼라면 秋冬은 吸일 것이다. 이리하여 一呼一吸은 天道의 존재형식이요, 存在者의 모습이다. 이것이 「繫辭傳」의 "一陰一陽之謂道"요 "生生之謂易"이다.

辟卦니 消息이니 天根月屈이니 하고 한유 이래 12辟卦의 소장과정을 四時의 순환에 빗대고 있지만 丁若鏞 또한 이러한 종래의 관념을 수용하면서 종전의 불합리한 부분을 지양하고 새로이 辟卦(四時), 再閏之卦, 50衍卦(萬物)의 관계적 개념을 확립하게 된다.

丁若鏞은 첫째로 方以類聚로서의 12辟卦에는 乾坤이 들어가지만 物以群分卦를 생성하는 12辟卦에는 乾坤을 제외시키고 있다. 그는 위에서 보았듯이 건곤은 父母之卦라고 한다. 그것은 「繫辭傳」에 명문이 있지만, 「繫辭傳」에서 乾坤은 易의 門이며 또 縕이라고 한 것과도 일맥상통한다.

物以群分의 卦를 펼쳐내는 辟卦에서는 乾坤을 제외하긴 했지만, 나머지 10辟卦로서 推移에 당하게 하지 않고 새로 편성된 12辟卦가 他卦 생성의 役에 당하게 하고 있다는 것이 한유들의 卦變說과는 다르다.

한유들도 乾坤 두 卦의 父母로서의 지위를 인정한 나머지 12辟卦에서 빼 버리기도 했었지만 이렇게 되면 나머지 10辟卦가 52衍卦를 생성하는 것으로 되는데, 그 가운데 小過와 中孚는 一往一來라는 卦變의 일반적인 법칙에 포섭시키기가 어려웠던 나머지 虞翻은 두 卦를 '變例之卦'로 취급했던 것이다. 이러한 예외를 丁若鏞은 이 두 卦를 辟卦에 편입시킴으로써 衍卦의 가지런함을 기할 수가 있게 되었다. 결국 丁若鏞의 推移 체계는 乾坤을 포함한 14辟卦와 나머지 50衍卦로 대별된다. 그러나 이 14辟卦는 八卦가 그 뿌리임을 「六卦爲四時之分表」와 「坎離爲兩閏之本表」[이 책 말미의 「그림 12」참조로써 나타내고 있다. 이 두

표에서 이렇게 적고 있다.

> 12辟卦의 진퇴소장은 그 뿌리가 이미 八卦에서 드러났다. 매 한 卦로써 2월에 당하게 하면 또한 사시이다.[61]
>
> 14辟卦 중에 오직 小過와 中孚만 消長을 받지 않고 八卦 중에 오직 坎離만이 消長을 받지 아니한다. 대저 그 卦形이 中正해서 始終할 바가 없어서 그것이 四時의 차례에서 해당될 곳이 없다. 「大傳」에 이르는 바 五歲再閏은 中孚와 小過가 坎離로써 뿌리를 삼는다는 것이다.[62]

八卦에서 坎離는 卦形이 中正해서 始終한 바가 없기 때문에 四時의 차례에 끼지 않는다고 하고 나머지 여섯 卦가 한 卦가 두 달씩 담당하니 또한 重卦의 辟卦와 다름이 없을 뿐만 아니라 오히려 이 여섯 卦가 中孚 小過를 제외한 12辟卦의 뿌리가 되고, 한편 坎離는 小過와 中孚의 뿌리가 된다고 하는 것인데 상론하면 다음과 같다.

子月의 復은 震이 下卦의 자격으로 坤을 만났고, 丑月의 臨은 兌가 下卦의 자격으로 坤을 만났고, 寅月의 泰는 乾이 下卦의 자격으로 坤을 만났고, 卯月의 大壯은 震이 上卦의 자격으로 乾을 만났고, 辰月의 夬는 兌가 上卦의 자격으로 乾을 만났고, 四月의 乾은 上下에 乾氣가 가득차서 중첩된 것이고, 午月의 姤는 巽이 下卦의 자격으로 乾을 만났고, 未月의 遯은 艮이 下卦의 자격으로 乾을 만났고, 申月의 否는 坤이 下卦의 자격으로 乾을 만났고, 酉月의 觀은 巽이 上卦의 자격으

---

61) 『周易四箋』, 卷一, p. 3a. 十二辟卦之進退消長 其本已著於八卦 每以一卦當二月 亦四時也.

62) 『周易四箋』, 卷一, pp. 2b~3a. 十四辟卦之中 唯小過中孚不受消長 八卦之中唯坎離不受消長 蓋其卦形中正无所始終 其於四時之序 无所當焉 大傳所云五歲再閏者 小過中孚以坎離爲本也.

로 坤을 만났고, 戌月의 剝은 艮이 上卦의 자격으로 坤을 만났고, 亥月의 坤은 上下에 坤氣가 가득하다. 이와 같이 12月卦는 坎離를 제외한 나머지 6卦가, 한 卦가 두 달씩 담당하여 12월을 채우는 셈이 된다. 즉 震은 子月(復)과 卯月(大壯), 艮은 戌月(剝)과 未月(遯), 巽은 酉月(觀)과 午月(姤), 兌는 辰月(夬)과 丑月(臨), 乾은 寅月(泰)과 巳月(乾), 坤은 申月(否)과 亥月(坤)을 담당하게 된다. 정리하면 다음과 같다.

　　　　　子 : 震　　　辰 : 兌　　　寅 : 乾
　　　　　午 : 巽　　　戌 : 艮　　　申 : 坤
　　　　　卯 : 震　　　丑 : 兌　　　巳 : 乾
　　　　　酉 : 巽　　　未 : 艮　　　亥 : 坤

위에서 子午卯酉는 四時四方의 正이 되고 寅申巳亥는 四時四方의 孟이 되며 辰戌丑未는 四時四方의 季가 된다. 결국 乾坤震巽艮兌, 이 여섯 卦가 시간과 공간 즉 세계(우주)를 나타내는 12辟卦의 뿌리가 된다고 할 수 있다.

12辟卦는 大互로 하면 또한 八卦(小成卦)의 여섯 卦가 있다. 坎離는 卦形이 中正해서 소장을 담당하는 四時之卦에 가담할 수가 없고, 小過와 中孚라는 再閏卦의 뿌리가 되기는 四時之卦의 경우와 같다. 한편 위의 四時之卦에서 乾坤 두 卦는 다른 네 卦 즉 震艮巽兌에 보호자처럼 따라 다닌다. 乾은 息卦의 과정에서, 坤은 消卦의 과정에서 父母卦로서 후견인 역할을 하고 있는 셈이다.

이상에서 보듯, 乾坤 두 卦는 12辟卦의 부모가 되어 때로는 위로, 더러는 아래로, 震巽艮兌의 4남매를 끼고 다닌다. 그러면서 乾坤은 부모로서 각각 겹치기도 하고 서로 상하로 만나서 전도되기도 한다. 이런 것은 '12辟卦의 자전운동'이라고 할 만하다. 12辟卦의 이러한 자전은 1년을 주기로 돌면서 춘하추동 사시의 모습으로 존재한다. 이것은 12辟卦 곧 '12月卦의 공전운동'이라 해도 좋을 것 같다. 원래 12辟卦가 4시에 맞춰 도는 것은 음양소장을 뜻하고, 그것은 곧 日月의 운행을 의미하지만, 이 운동은 달의 朔虛와 日의 氣盈이 맞지 않아 5년에 두 번의 윤달을 두게 된다. 그것이 4시의 변화에서 빠져 있던 坎離가 小過와 中孚라는 부풀려진 모습으로 나타나서 떠맡는다. 다만 「六卦爲四時之本表」에서 "每以一卦 當二月"이라는 구절이야말로 丁若鏞의 「四時之卦」를 참으로 「四時之卦」이게 하는 말이라고 생각한다.

여기서 한 가지 지적해 둘 사항은, 『周易四箋』에서63) "每以一卦 當二月"을 다루면서 이 구절 밑에 작은 글씨로 된 문구가 『與猶堂全書』 '신조선사본'에서는 "震卦當 子丑二月"로 되어 있고, '필사본'에서는 "震卦當 子午月"로 되어 있다는 점이다. 결론부터 말하자면 신조선사본에서의 丑이나 필사본에서의 午는 모두 틀렸다. 둘 다 卯의 오식임에 틀림없다. 그 이유는 이미 위에서 말한 해석에서 자명해졌지만 다시 검토해 보기로 한다. 신조선사본에서 子丑月에 震이 있다고 했지만 子月卦 復에는 하체가 震이니 맞는 말이나, 丑月卦 臨에는 坤과 兌가 있을 뿐 震은 없고, 필사본에서 子午月이라 했지만 午月 姤는 上乾下巽인데 어찌 震이 있겠는가. 다만 息卦의 과정이 震의 누적과정이라는 관점에서 互體로 본다면 臨에도 震이 있지만 그렇게 되면 息卦의 모든 卦에 震이 있게 되어 두 卦가 넘고, 또 消卦에는 兌의 누적만 있을 뿐 震은 없으니 이 논리는 맞지 않는다. 따라서 丑과 午는 마땅히 卯로

---

63) 『周易四箋』 卷八, p. 3a.

고쳐야 한다. 卯月卦는 大壯인 바 上體가 震이기 때문이다. 세상에 나와 있는 『與猶堂全書』에는 오자가 너무 많지만 가끔 學人이 이 魚魯를 분간치 못하고 따라서 견강부회하는 광경을 바라보기란 참으로 가소롭고 민망스러운 일이다.

한편 「玆山易柬」에서 丁若銓(丁若鏞의 仲氏)의 이른바 "辟卦란 八卦의 큰 것으로서 乾坤은 大乾 大坤이고, 臨 遯은 大震 大巽이며, 觀 大壯은 大艮 大兌이며, 中孚 小過는 大離 大坎이다. 復剝姤夬는 震艮巽兌가 乾坤과 합하여 이루어 놓은 것이고, 否泰는 乾坤이 스스로 합친 것이다. 무릇 八卦가 거듭해서 64卦가 되면 다시 八卦의 모양으로써 君辟을 삼아서 그 나머지 50卦로 하여금 모두 변화를 받도록 하는 것이니, 그 이치의 그러함은 의심할 수 없는 것인데, 이것은 이른바 스스로 그러함이요 인력이 용납되지 않는다."[64]라는 말은 丁若鏞의 입장과 전혀 같다.

위에서 丁若銓의 말을 자세히 검토해 보면, 12辟卦는 八卦에서 연유한다는 주장이다. 八卦 가운데 坎離를 일단 제외하고 나머지 6卦 가운데 震艮巽兌가 乾坤과 작용하여 復剝姤夬를 만든다는 것인데, 震과 坤이 합치면 復이 되고, 艮과 坤이 합치면 剝이 되고, 巽과 乾이 합치면 姤가 되고 兌와 乾이 합치면 夬가 되는 것을 뜻하고, 否와 泰는 乾과 坤의 합성이 된다. 14辟卦에서 이상의 여섯 卦(復, 剝, 姤, 夬, 泰, 否)를 빼면 乾, 坤, 臨, 遯, 觀, 大壯, 中孚, 小過의 여덟 卦가 남는

---

64) 「玆山易柬」『易學緖言』, 卷四, p. 477. 辟卦者 八卦之大者也 乾坤者大乾大坤也 臨遯者大震大巽也 觀大壯者大艮大兌也 中孚小過者大離大坎也 復剝姤夬者 震艮巽兌之合乾坤而成者也 否泰者 乾坤之自相合也 夫八卦之重而爲六十四 則復以八卦之形而爲之君辟 使其餘五十 皆來受變者 其理之然 無可疑者 是所謂自然而然 不容人力也.

데 乾坤은 大乾 大坤이고, 臨은 大震, 遯은 大巽, 觀은 大艮, 大壯은 大兌, 中孚는 大離, 小過는 大坎이 되어 모두가 八卦의 모양이라는 뜻이다.

이 말은 丁若鏞의 "每以一卦 當二月"의 다른 표현일 뿐 내용은 거의 같다. 다만 震巽艮兌가 乾坤과 작용하는 경우를 復剝姤夬에 한정하고 나머지 辟卦는 大互의 원리로 본 것이 다를 뿐이다. 즉 丁若鏞이 "매번 하나의 卦가 2月에 당한다."는 원리로 復剝姤夬 뿐만 아니라 모든 辟卦(再閏卦 除外)에 해당되고, 또 그러기 위해서는 乾坤도 震巽艮兌와 같이 한 卦가 두 달에 당한다고 한 것이다. 다른 하나는 丁若鏞은, 乾坤은 父母의 卦로서 辟卦 중 息卦에는 乾이, 消卦에는 坤이 부모처럼 따라 다니는 것으로 파악한 데 대해 丁若銓은 다만 復剝姤夬를 震巽艮兌(八卦)와 乾坤의 합작품으로 보고 있을 뿐 나머지 8개의 辟卦는 大互의 논리로 풀고 있다는 점이 다르다. 생각건대, 음양소장과 乾坤의 부모로서의 지위를 잘 조화시켰다는 점에서 丁若鏞의 표현방식이 단연 돋보인다고 생각한다.

② 再閏之卦 [이 책 말미의 「그림12, 13」 참조]

12辟卦를 12月에 배치하여 四時의 운행을 형용하려고 할 때 필연적으로 고려해야 할 사항은 閏月이 생긴다는 사실이다. 사시의 운행을 辟卦로써 완벽하게 본뜨려고 하면 윤달에도 해당되는 卦가 있어야 할 터이다. 辟卦를 말하는 선유들이 이상하게도 이 점을 모두 간과해 버리고 말았는데 丁若鏞은 이 점을 착안하게 된 것이다.

丁若鏞은 선유들과 마찬가지로, 윤달은 日의 氣盈과 月의 朔虛로 해서 생기게 된다고 말한다.[65] 日의 氣盈과 月의 朔虛는 1太陽年의 길이와 1太陰年의 길이가 같지 않은 데서 생기는 현상인데, 『朱子語類』에 의하면 태양력에서 24절기로 보아서 남는 日의 운행치수(5와 235/940日)를 氣盈이라 하고, 태음력에서 朔望月로 보아서 부족한 月의 운행치수(5와 592/940日)를 朔虛라 한다. 윤달은 이 두 수치의 합(10과 827/940日)의 누적과정으로 생기는 것인데, 3년에 한 번 윤달이 되면 32와 601/940日이고, 5년에 再閏이 되면 54와 375/940日이고, 19년에 7閏이 되면 24절기와 朔望月이 나뉘어 같아지게 되는데 이것이 一章이 된다고 했다.[66]

그러면 이 윤월에 배당시킬 卦는 무엇이어야 하는가가 다음의 과제로 남게 된다. 여기서 우선 상기할 필요가 있는 것은 丁若鏞의 12辟卦 또한 한유의 辟卦에서 답습하고 있다는 점이다. 따라서 한유들의 辟卦 사상을 수용하는 과정에서 그 문제점 같은 것도 충분히 고려했을 것임은 당연하다 할 것이다.

다시 말하면 中孚와 小過를 虞飜이 그저 '變例之卦'로 얼버무린 데 대해 丁若鏞은 그럴 수가 없었을 것이다. 그것은 그의 학문방법의 정밀성 때문이었다고 해야 한다.

黃宗羲는 그의 『易學象數論』에서 小過와 中孚가 變例之卦인 까닭을 그 나름대로 다음과 같이 들고 있다.

> 中孚 小過가 變例之卦인 것은 어째선가? 中孚가 2陰卦에 따르면 遯의 2陰이 모두 자리를 바꾸게 되고, 4陽의 卦에 다르면 大壯의 三四가 일시에 함께 올라가게 된다. 小過가 2陽의 卦에 따르면 臨의 二陽이 모

---

65) 『周易四箋』, 卷七, p. 1b. 卷八, p. 3a 참조. 卷一, p. 2a 坎月離日 積奇爲閏.
66) 『朱子語類』, pp. 15~16 참조. 야마다 케이지, 『朱子의 自然學』, 김석근 역(서울:통나무, 1996), pp. 246~254 참조.

두 자리를 바꾸고 4陰의 卦에 따르면 觀의 三四가 일시에 함께 올라가게 된다. 이른바 主變之卦는 一爻로써 升降하는 것이니 이에 이르러 궁하게 된다. 그러므로 변례이다.[67]

이상과 같은 黃宗羲의 입론의 근거는 卦變의 기본관념에서 나온 것이다. 즉 卦變이란 두 획의 승강(一往一來)에서 이루어지는 卦의 변화양상을 두고 하는 말인데 문제의 中孚, 小過는 각각 2陰의 卦, 2陽의 卦에서 변화를 찾자면 이 원칙에 어긋난다는 것이다. 즉 4개의 획의 이동(二往二來)을 의미하는 것이어서 卦變의 정칙이 아니라는 것이다. 이렇게 虞飜은 中孚와 小過를 예외로 인정하였을 뿐이었다.

丁若鏞은 虞飜에 의해 變例之卦로 취급되고, 朱熹에 의해 辟卦에서 변화를 받는 보통의 卦로만 대우를 받던, 小過와 中孚를 일약 辟卦로 격상시켜 윤달을 담당하는 再閏之卦로 높이면서 그 까닭을, 物在象先이라는 원리에 따라 易이 曆를 본뜨는 원리를 말한다.

甲년 子월에서 세어서 戌년 亥월에 이르기까지 해가 가는 길의 그 시초를 돌이키는 것(復其初:復性, 필자) (지금의 동지를 말한다)을 구해 보면, 그 사이의 62월은 두 번 윤달을 두지 않으면 歲律이 이루어지겠는가?(그 나머지가 2月) 乾坤은 大易의 門戶이다.(易 또한 글이 日月字를 좇는다) 屯卦에서 일으켜 未濟에서 마칠 때까지 그 수는 62卦

---

67) 『易學象數論』, p. 92. 中孚小過爲變例之卦 何也 中孚從二陰之卦 則遯之二陰皆易位 從四陽之卦 則大壯三四一時俱上 小過從二陽之卦 則臨之二陽皆易位 從四陰之卦 則觀三四一時俱上 所謂主變之卦 以一爻升降者 至此而窮 故變例也. '主變之卦'란 卦變體系에 있어서 變動을 일으키는 主된 卦를 지칭하는데 '變母' 또는 '卦母'라고도 한다. 十辟卦主變說에서는 十辟卦가 卦母가 되고 六子卦主變說에서는 六子卦가 卦母가 된다. 毛奇齡은 '泰爲變母'라고 했다. 伍華, 『周易大辭典』(廣州:中山大學出版社, 1993) p. 710, p. 737, p. 837 참조.

四. 卦가 存在하는 原理 • 227

이다. 두 卦로 윤달을 象形하지 않으면 易道가 합치하겠는가?(歲律에 맞지 않는다) 이 나의 62卦로써 저 62월을 당하면 中孚와 小過가 閏으로 이름 붙여지는 것은 실은 또한 천지자연의 이치이지 거짓으로 사람이 안배하여 분배해 펴 둔 것이 아니다.68)

甲년 子월에서 戊년 亥월까지 5년 동안, 己년 동지 전까지는 세는 달로 치면 60개월이지만 두 달의 윤달이 들기 때문에 62개월이 된다. 易의 門戶인 乾坤을 지나서, 屯으로부터 未濟까지는 62卦가 된다. 이 62卦로써 62월을 형용하는 것은 천지자연의 이치라는 것이다. 두 번의 윤달이 들지 않는다면 62卦로써 60월을 형용할 수 없지만 두 윤달이 들기 때문에 서로 딱 들어맞게 된다. 이 62卦 중에서 왜 하필 小過와 中孚가 再閏의 卦가 되는가. 그 필연성에 대해 더 부연해서 말한다. 그의 제자 李鶴來(名晴)가 中孚와 小過의 뜻을 물은 데 대해 丁若鏞은 다음과 같이 답했다.

> 中孚와 小過는 세 번 바뀌어 성립된 것이어서(중부는 양음양, 소과는 음양음) 비록 12辟卦와는 모양이 같지 않지만 둘은 둘끼리 서로 모여 卦 모양이 단정하고 초연하여 본래 50衍卦 밖으로 나누어진다. 50衍卦는 그 형상과 氣味가 모두 산란하고 치우쳐져서 諸卦의 母가 될 수 없지만, 中孚와 小過는 외로이 특이하게 서서 嶄然히 절로 깨끗하고 專一하여 예사로운 等列의 卦가 아니다. 더구나 하물며 2陰의 卦 2陽의 卦가 모두 遯 大壯(이것은 2음), 臨 觀(이것은 2양)에서부터 오는

---

68) 「沙隨古占駁」 『易學緖言』, 卷三, p. 344. 始於甲年之子月 計至戊年之亥月 以求日躔之復其初(謂今之冬至) 則其間六十二月 不再置閏 歲律其成乎(其剩者 二月) 乾坤者 大易之門戶也(易亦文從日月字) 起於屯卦 終於未濟 其數六十二卦 不有兩卦以象再閏 易道其合乎(不合於歲律) 以我之六十二卦 當彼之六十二月 則中孚小過之 名之爲閏 實亦天地自然之數 不假人安排布置者也.

데, 홀로 이 中孚가 卦가 되는 데는 遯에서부터 오지도 않고,(밑의 四획이 모두 遯卦와 서로 반대가 된다) 大壯으로부터 오지 않으며,(위의 四획이 모두 大壯과 상반된다) 또 이 小過가 卦로 되는 데는 臨으로부터 오지 않고,(밑의 4획이 모두 臨과 상반된다) 觀으로부터 오지 않으니,(위의 4획이 모두 觀卦와 상반된다) 무릇 셋으로 바뀌어 된 卦이지만 마침내 12辟卦의 밑에서 머리를 굽혀 변화를 받기를 긍정치 않고 꼿꼿하게 높아서 본래 꼿꼿함을 표하는 것이 어찌 諸卦의 母가 되어 辟卦가 되는 데 참여치 않으랴! 황차 2음의 諸卦가 中孚로부터 衍成됨을 받지 않는다면(睽 家人 등처럼) 한 卦로부터 衍을 받는데 그치게 된다.(睽는 大壯으로부터 衍을 받는 데 불과하다. 家人은 遯으로부터 衍을 받는 데 불과하다) 혹은 2卦에서 衍을 받고,(離, 大過, 鼎, 革과 같은 類로서 遯으로부터 오고 大壯으로부터 온다) 혹은 1卦로부터 衍을 받아서(睽 家人 등을 말한다) 또한 비뚤어지고 어기어져서 바르지 않지 않는가! 小過에 있어서의 2양의 諸卦 또한 그러하다. 이리하여 中孚 小過가 부득불 辟卦가 되는 것이다. 中孚 小過가 辟卦에 참여하면 "위로 잇고 아래로 접하여 그 지도리를 돌리면서"(承上接下 運其樞要) 2陰2陽의 卦가 고르게 2 즉 2卦로부터 변화를 받게 된다.(「推移表」를 아울러 참조하라) 이것은 아마도 천지자연의 이치이지 사람이 거짓으로 안배하고 鋪置한 것이 아니다.[69]

---

69) 「茶山問答」『易學緖言』, 卷四, pp. 483~484. 中孚小過 三易成卦(中孚陽陰陽 小過陰陽陰) 雖若與十二辟不同然 兩兩相聚 卦形端正超然 自別於五十衍卦之外 五十衍卦 其形象氣味 皆散亂偏畸 不能爲諸卦之母 而中孚小過孑然特立嶄然 自潔斷斷非尋常等列之卦也 且況二陰二陽之卦 皆自遯大壯(此二陰) 臨觀(此二陽)而來 獨此中孚爲卦 不自遯來(下四畫 全與遯卦 相反) 不自大壯來(上四畫 全與大壯 相反) 又此小過爲卦 不自臨來(下四畫 全與臨卦 相反) 不自觀來(上四畫 全與觀卦 相反) 夫以三易之卦 而終不肯屈首受變於十二辟之下 亭亭然高自標峙者 豈非諸卦之母 而參之爲辟者乎 況二陰諸卦 不受衍於中孚(如睽 家人 等) 則受衍於一卦 而止矣(睽 不過受衍於大壯 家人不過受衍於遯) 或受變於二卦(如離 大過 鼎 革之類 旣自遯來 又自大壯來) 或受衍於一卦(謂睽家人 等)不亦喎戾而不正乎 二陽之於小過亦然 此中孚小過之不得不爲辟卦也 中孚小過參爲辟卦 則

이상에서 丁若鏞은 中孚 小過는 그 卦의 모양부터가 여느 50衍卦와는 달라서 본래부터 辟卦가 되어야 한다고 하면서, 만약 이것을 辟卦로 하지 않는다면, 2陰의 卦, 2陽의 卦가 어느 卦는 모가 둘이 되고 어느 卦는 모가 하나가 되어서 논리가 통일되지 않는다고 했다. 그래서 中孚와 小過는 부득불 辟卦가 되어야 한다고 하면서 이러한 이치는 천지자연의 이치인 것을 다만 자신이 발견하였을 뿐이지 억지로 끌어다 붙인 것이 아님을 강조하고 있다. '承上接下'에서 承上이라 함은 下位에서 上位에로의 畫의 이동을, 接下라 함은 上位에서 下位에로의 畫의 이동을 뜻하고, '그 지도리의 축[樞要:樞軸]을 돌린다(運其樞要)'라 함은 兩閏之卦가 承上接下하는 것을 찬미한 문구이다.

이렇게 中孚와 小過가 부득불 辟卦가 될 수밖에 없는 것은, 본래부터 천지자연의 이치임을 다른 측면에서 또 밝히고 있으니, 그의 「坎離爲兩閏之本表」에 잘 나타나 있다. 그에 의하면 12辟卦의 진퇴소장은 본래 八卦에서부터 드러나는 이치여서 坎離를 제외한 六卦가 매 한 卦를 2월에 배당하면 또한 四時가 된다고한 것은 이미 논한 바 있다. (「六卦爲四時之本表」)

그런데 坎과 離는 四時를 표시하는 데 참여할 수가 없으니, 坎(☵)과 離(☲)는 卦形이 中正해서 始終하는 바가 없기 때문에 四時의 차례에서 그 임무를 담당할 수가 없다는 것이다. 다시 말하자면 八卦에서 坎離를 제외한 다른 6卦는 卦形이 시작과 끝이 있고 消長하는 상이 드러나 있지만, 감리는 전후좌우로 대칭이 되어 어느 쪽이 시작이고 어느 쪽이 마침인지 전혀 나타나 있지 않아서 消長의 卦가 아니다. 따라

承上接下運其樞要 而二陰二陽之卦均二焉 受變於二卦 並見推移表 此殆天地自然之數 不假人安排鋪置者也.

서 四時의 차례에 배당할 곳이 없다. 五歲再閏을 小過와 中孚로 형용
케 한 까닭은 小過와 中孚는 이러한 坎과 離를 뿌리로 하기 때문이라
고 하고 있다. 여기서 坎은 小過의 뿌리로 離는 中孚의 뿌리라고 한
것은 小過는 兼畫으로 된 坎이며, 中孚는 兼畫으로 된 離이기 때문이
다. 丁若鏞은 小過와 中孚의 특징을 다음과 같이 부연한다.

> 小過와 中孚는 坎과 離에서 변하여 다시 坎과 離가 되는 것이다. 천
> 지수화란 원기가 나누어져 스스로 형질을 이루되 和化를 받지 않는
> 것이다(雷風山澤은 火天水地에서 생겨난다). 그러므로 乾坤坎離는
> 역의 四正[震巽艮兌가 편기부정(偏畸不正)한 것과 같지 않다]이 된다.
> 君辟의 卦에는 坎離가 없을 수 없다. 小過는 大坎(兼畫이 셋이다),
> 中孚는 大離(兼畫이 셋이다)이다. 「大傳」이 이로써 再閏의 象으로 여
> 겼다.70)

> 이 두 卦(小過와 中孚)는 所從來가 없어서 특별히 坎離 2卦를 좇아서
> 승강하고 왕래하여 다시 坎과 離가 되는 것이다. 坎과 離는 日月이니
> 日의 氣盈과 月의 朔虛가 閏月을 성립시키는 것이 아니겠는가? 그러
> 므로 小過와 中孚는 閏月卦이다.71)

> 辟卦는 四時오 衍卦는 만물이다. 만물은 사시에서 기를 받으나 사시
> 는 만물에 말미암지 않는다. 中孚에 이르러서는 離로써 변하고, 小過

---

70) 『周易四箋』, 卷一, p. 5b. 小過中孚 自由坎離 而變之復爲坎離者也 天地水火者
溟涬之分 而自成形質 不受和化者也(雷風山澤 生於火天水地) 故乾坤坎離爲易
四正(不似震巽艮兌之偏畸不正) 君辟之卦 不可無坎離也 小過者大坎也(兼畫三)
中孚者大離也(兼畫三) 大傳以此爲再閏之象.

71) 『周易四箋』, 卷七, p. 1b. 此二卦 無所從來 特從坎離二卦升降而往來之復成坎離
(兼畫三) 夫坎離者日月也 日之氣盈月之朔虛 非所以立閏乎 故曰小過中孚者閏
月之卦也.

에 이르러서는 坎으로써 변하니 이것은 아주 특별한 非常의 例이니 그 精義 妙旨는 말로써 전할 수가 없다.72)

四象論에서 보았듯이, 天地水火는 太極이 剖判되어 天地가 생기고 日月이 운행하여 四時가 돌아감에 따라서 스스로 형질을 갖춘 것이지 造化를 받아서 된 것이 아니다. 그러나 天地水火는 서로 작용하여 雷風山澤을 만들어 낸다. 天地水火는 세계 생성의 原質이라고 할 수 있고, 이것을 상형한 것이 乾坤坎離이니 이 네 卦를 '易之四維'라고 하고, 이 네 卦는 雷風山澤을 형용한 震巽艮兌가 卦形이 치우치고 바르지 못한 것에 대해 卦形부터가 方正하다고 해서 이 네 卦를 '易의 四正'이라고도 한다고 함은 이미 四象論에서 서술한 바와 같다. 한편 이 坎離는 乾坤과 함께 후술하는 互體論에서「伏體」의 원리를 이루고 있다. 즉 乾坤은 다른 62卦의 모든 剛畫 柔畫의 소종래가 되어 父母요 縕이다. 이것은 卦의 德이다. 坎離는 자신은 물론 다른 62卦의 지역적 관할을 맡고 있는데 하체는 離가 상체는 坎이 관할한다고 한다. 그렇게 되는 까닭은 剛柔의 번갈아 드는 과정에서 저절로 그러하다는 것이고 이것을 卦의 數 또는 位라고 한다.73) 丁若鏞 역학에서 건곤감리는 역의 뿌리라고 할만하다. 重卦인 乾坤이 八卦인 乾坤의 확대이듯, 小過와 中孚는 坎과 離가 자라난, 坎과 離의 兼畫으로 된 卦이기도 하다. "君辟의 卦에 坎離가 없을 수 없다."고 한 것은 이런 뜻에 그칠 뿐, 다른 辟卦를 두고 한 말은 아닐 것이다. 다른 辟卦에는 坎離가 없기

---

72) 朱子本義發微,『易學緖言』, 卷二, p. 296. 辟卦者 四時也 衍卦者 萬物也 萬物 受氣於四時 而四時無賴乎萬物也 至於中孚之以離變 小過之以坎變 此特特非常 之例 其精義妙旨 不可以言傳也.

73)『周易四箋』, 卷一, p. 11a 참조. 이에 대해서는 互體論에서 상론한다.

때문이다. 만약 모든 辟卦에 坎離가 없을 수 없다는 뜻이라면 丁若鏞은 큰 오류를 범한 것이 된다. 中孚는 日, 小過는 月이 되고, 日月이 氣盈과 朔虛를 빚게 되어 閏月이 생기니, 小過, 中孚가 이 閏月의 卦가 되는 것을 우선 卦의 형태면에서도 당연하다 하겠다.

小過와 中孚가 辟卦가 된 이상, 다른 辟卦가 그러하듯 辟卦가 아닌 다른 卦에서 변화를 받는다는 것은 일견 모순이다. 그렇다면 小過와 中孚는 아무런 변화도 하지 않으면서 다만 다른 辟卦와 더불어 50衍卦의 분화에만 참여하는 것인가. 그러나 小過와 中孚는 坎離에서 변하여 다시 坎離가 된다고 했다. 이것은 推移란 辟卦가 衍卦를 연역한다는 원칙에 위배된다. 이 원칙을 깨고 있는 이 사실을 '特特非常之例'라고 하고 있다.

이제 小過와 中孚가 坎과 離에서 변한다는 말을 검토해 보기로 한다.

우선 여기의 坎離를 어떤 의미로 해석하느냐가 문제가 된다. 이 坎離를 64卦의 坎離로도 볼 수 있고, 大過와 頤로도 볼 수 있을 것이다.

먼저 坎과 離를 64卦 즉 重卦의 坎離로 볼 수 있는 유력한 근거는 문장의 연속관계에서 찾아 볼 수가 있는 바, 이 문장의 바로 앞의 문장은 "姤遯否觀剝者 由乾而變之 進乎坤者也."라고 되어 있는데 여기의 乾坤은 重卦가 틀림없기 때문에 다음에 이어지는 "小過中孚者 由坎離而變之 復爲坎離者也"에서의 坎離 또한 重卦의 坎離를 의미한다고 생각된다. 그러나 위의 문장에서 뒤의 坎離는 小過 中孚를 大坎 大離로 파악한 것임을 분명히 하고 있다는 점이다.[74](『周易四箋』의 '推移直說' 참조) 따라서 앞의 坎離는 특별히 언급이 없으니 重卦의 坎離로 볼 수 있는가 하면 반대로 뒤의 감리의 例에 따라 大過와 頤를 坎離로도 볼

---

74) 『周易四箋』, 卷一, p. 5b 참조.

수 있다고 할 것이다.

 어쨌거나 坎離가 변하여 小過와 中孚가 된다고 할 때, 이 坎離가 重卦를 의미한다면 그 변하는 모습은 두 가지의 형태가 가능할 것이다. 하나는 획의 이동이요, 다른 하나는 획의 변이다. 획의 이동에 의한 변화를 그림으로 보이면 다음과 같다.

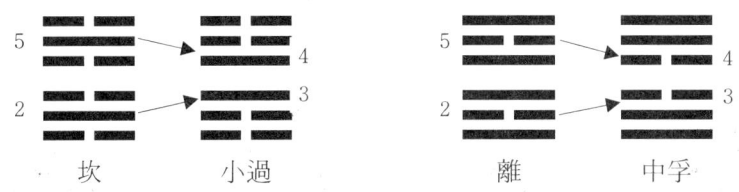

 즉 坎의 二五가 동시에 三四로 이동하여 小過가 되고 離의 二五가 동시에 三四로 이동하여 中孚가 된다. 이것은 一往一來를 의미하는 推移의 원리에 정면으로 위배된다. 그래서 特特非常之例라고 했을 수도 있다. 그러나 丁若鏞의 다음 문장을 보기로 한다.

> 易詞가 象을 취함에는 모두 推移를 사용했다. 그 간혹 그렇지 않은 것은 오직 12辟卦와 兩閏의 卦인데, 질박하고 변화가 적어서 交易과 變易의 象을 썼다.[75]

 위의 문장에 의하면 12辟卦와 兩閏의 卦는 交易과 變易을 썼다고 명언하고 있다. 그렇다면 위에서 坎離에서 2개 畫의 이동으로 설명한 것은 丁若鏞의 이 문장과 일치하지 않는다. 따라서 坎離가 小過와 中

---

75) 「朱子本義發微」『易學緖言』, 卷二, p. 286. 易詞取象總用推移 其或不然者 唯十二辟卦 兩閏之卦 質朴少變 斯用交易變易之象.

孚가 되는 방법은 交易과 變易 중에서 이를 찾아야 한다. 그러나 坎과 離는 交易이 없다. 그렇다면 變易의 원리로 설명할 수 있을까. 무릇 변역이란 후술하는 바와 같이 6획이 모두 陽變爲陰, 陰變爲陽하는 원리임을 丁若鏞 자신이 밝히고 있으니, 이 원리는 쓸 수가 없다. 그렇다면 坎離란 重卦가 아닌 大過, 頤로 봐야 한다. 大過는 大坎인데 上下體를 交易하면 中孚가 되고, 頤는 大離인데 上下體를 交易하면 小過가 된다. 그림으로 나타내면 다음과 같다.

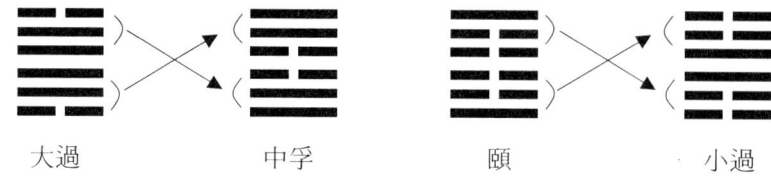

大過   中孚   頤   小過

中孚와 小過는 大過와 頤의 交易관계라고 하더라도 大過와 頤는 衍卦인데 衍卦에서 辟卦가 생기는 것이 되니 이것이 특별한 예라고 丁若鏞은 말한 것이다. 즉 辟卦는 四時요 衍卦는 萬物인데 萬物에서 四時가 변화를 받는 것으로 되니 그의 推移論의 중대한 예외를 설정하게 된 것이다. 다만 "精義妙旨는 다 말로써 전할 수가 없다."라고 하고 있을 뿐이다.

中孚와 小過를 두고 虞飜은 '變例之卦'라고 한 데 반해 丁若鏞은 '特特非常之例'라고 하고 있다. 그러나 辟卦로 승격시켰다는 점에서 서로 다른 것임은 위에서 본 바와 같다. 그리하여 丁若鏞은 그의 중씨에게 답하는 글에서 "坎, 離, 頤, 大過, 中孚, 小過의 卦는 성인의 마음 쓰심이 더욱 奇奇妙妙하였습니다."라고 했다.[76] 이 말은 이 여섯 卦가 서

---
76) 「答仲氏」 『與猶堂全書』 ③, p. 326.   坎 離 頤 大過 中孚 小過 聖人用心尤奇

로 얽혀서 中孚와 小過가 浮沈하는 데 관계되고 있음을 두고 하는 말인 것 같다.

이와 같은 비상지괘인 再閏之卦를 두고 丁若鏞은, 四時之卦를 12辟卦라고 할 때, 辟이란 군주가 되니 再閏之卦는 그 樞紐라고 했다.[77] 이 말은 12월에 대한 윤달의 지위를 말해 주는 것이기도 하다.

위에서 논한 바와 같이, 虞飜이 變例之卦로만 취급했을 뿐 辟卦로 파악치 못했고 朱熹 또한 무심히 스쳐버린 中孚 小過를 再閏之卦로 파악함으로써 다른 辟卦와 대등한 지위로 격상시켜 놓은 것은 그의 공적이라고 해야 한다. "君의 易에 대한 것을 가히 長夜曙星이라 이를 만한 것이어서, 小過와 中孚의 뜻을 드러낸 것은 그 공이 더욱 크다. 내가 군의 형이라는 것에 또한 만족한다."라고 한 그의 중씨의 글을 丁若鏞은 『易學緖言』에 이를 게재하고 있다.[78]

③ 五十衍卦(萬物)

丁若鏞에 의하면 辟卦의 관념이 세 가지로 나누어진다. 즉 四時之卦인 12月卦를 12辟卦라고 하고 12辟卦에 中孚 小過를 더해서 14辟卦라고 부르며, 12辟卦에서 乾坤 두 卦를 제외한 것을 10辟卦라고 한다. 또 四時之卦에서 乾坤을 뺀 10辟卦에다가 다시 中孚와 小過를 충당하여 새로이 12辟卦를 구성하기도 한다.[79] 따라서 그가 말하는 12辟卦에는 두 가지 유형이 있게 된다. 즉 乾坤이 들어가 있는 것과 乾坤 대신

奇妙妙.

77) 「來氏易註駁」『易學緖言』, 卷三, p. 374 참조.
78) 「玆山易柬」『易學緖言』, 卷四, p. 478. 君之於易 可謂長夜曙星 而至於發出小過中孚之義者 其功尤大矣 吾爲君之兄 亦足矣.
79) 『周易四箋』, 卷一, p. 2b 참조.

에 中孚 小過가 들어가 있는 것이 그것이다.

乾坤 대신에 中孚와 小過로 충당한 12辟卦가 직접적으로 推移에 당한다. 乾坤은 부모의 卦로서 전체를 총괄하기는 하지만, 그리고 사시의 운행에는 직접 관여하기도 하지만, 辟卦가 다른 卦를 펼쳐 낼 때에는 직접 관여치 않은 것으로 된다. 이 점은 漢儒들이나 朱熹의 卦變에서도 마찬가지이다. 그런데 中孚와 小過는 虞翻의 卦變에서는 변례로 취급되고 朱熹의 卦變에서는 2음2양과 4음4양의 卦로 취급하여 臨 遯과 大壯 觀에서 오는 것으로 표시하고 있으나, 丁若鏞은 이 두 卦를 이미 언급한 바 있듯이 再閏之卦로 파악했을 뿐만 아니라 다른 卦를 펼쳐내는 辟卦의 지위도 부여하고 있다.

中孚와 小過를 포함한 12辟卦에서 50卦를 펼쳐내는 그 상황을 도표로 나타낸 것이 一陽之卦推移表[이 책 말미의「그림14」참조] 一陰之卦推移表[이 책 말미의「그림14」참조] 二陽之卦推移表[이 책 말미의「그림15」참조] 二陰之卦推移表[이 책 말미의「그림16」참조] 三陽之卦推移表[이 책 말미의「그림17」참조] 三陰之卦推移表[이 책 말미의「그림17」참조]이다. 이제 그 과정을 설명하면 다음과 같다.

첫째, 一陽之卦는 復과 剝에서 推移한다. 復의 一이 올라가거나 剝의 上이 내려오면 師, 謙, 豫, 比가 생성된다. 一陰之卦는 姤와 夬에서 推移한다. 姤의 一이 올라가거나 夬의 上이 내려오면 同人, 履, 小畜, 大有가 생성된다.

둘째, 二陽之卦는 모두 臨, 觀, 小過에서 추이한다. 二陰之卦는 모두 遯, 大壯, 中孚에서 추이한다. 이리하여 생긴 卦 중에 二陽之卦는 12인데 坎, 蒙, 屯, 頤는 臨觀에서 推移하고 升, 解, 明夷, 震은 臨 小過에서 推移하고, 萃, 蹇, 晉, 艮은 觀, 小過에서 推移한다. 卦에 따라

서 母가 다른 것은 一往一來를 견지하기 위해서이다. 二陰之卦는 12인데, 離, 革, 鼎, 大過는 遯, 大壯에서 推移하고, 无妄, 家人, 訟, 巽은 遯 中孚에서 推移하고, 大畜, 睽, 需, 兌는 大壯 中孚에서 推移한다. 卦에 따라서 母를 달리하는 까닭은 一往一來의 이동을 견지하기 때문이다.

셋째, 三陽之卦는 모두 泰에서 오고 三陰之卦는 모두 否에서 推移한다. 泰도 三陰이지만 三陽이 內에 있기 때문에 陽卦라 한다.(內를 主로 한다) 否 또한 三陽이지만 三陰이 內에 있기 때문에 陰卦이다.(內를 主로 하기 때문이다) 泰로부터 오는 卦가 9卦인데 二陽이 下體에 있으면서 上體에 一陽을 얻은 것은 泰에서 온 것이다. 下體의 한 획이 승했기 때문이다. 恒, 井, 蠱, 豊, 旣濟, 賁, 歸妹, 節, 損이 여기에 해당된다. 否로부터 오는 것이 9卦인데, 二陰이 下體에 있으면서 一陰이 上體에 있는 것은 否에서 온 것이다. 下體의 한 획이 올라갔기 때문이다. 益, 噬嗑, 隨, 渙, 未濟, 困, 漸, 旅, 咸이 여기에 해당된다.

丁若鏞은 『周易四箋』「讀易要旨」「雙溯」에서 말하길, 50衍卦의 추이는 否泰에서 오지 않은 괘(3음3양의 괘를 제외한 괘)는 모두 母가 둘이어서 이렇게 하여 생긴 卦들의 卦詞는 반드시 雙溯(두 개의 원천)를 그 뿌리로 해서 두 母의 象(두 뿌리가 각 1句씩)을 취하였으며, 爻詞는 之卦(變卦)를 잡고 雙溯를 그 뿌리로 하고 있는데,(之卦의 2母) 이와 같이 易詞가 鑄造한 듯 雙溯에 합치하는 것은 易의 道됨이 推移의 밖이 아니라는 것이라고 주장하고 있다. 예컨대, 頤의 卦詞에서 말하는 '觀頤'는 觀에서 온 象이고,(觀의 5가 1로 가다) '自求口實'은 臨으로부터 온 象(臨의 2가 上으로 가다)이라고 하고 있는 바, 이는 卦詞가 雙溯를 취한 증거가 되고, 乾之小畜에서 '或躍在淵'의 躍은 姤로부터 왔고(巽股가 上으로 뛰어 오른 것이다) 淵은 夬로부터 왔다(夬의 上은 澤이다)고 하고, 또 坤之豫는 '括囊无咎'인 바, 囊은 復에서 왔고(復下의 震은 囊이다) 括은 剝에서 왔다(剝의 上艮은 手가 된다)고 하는 바 이런 것들은 爻詞가 雙溯를 취한 증거가 된다는 것이다. 이와 같이 易詞는 모두 推移의 원리에 입각하여 鑄造하듯 해 놓았다는 것이 丁若鏞의 주장이다.

이상을 총괄적으로 볼 때는 乾坤을 포함한 12辟卦와 再閏之卦가 합쳐져서 총 14卦가 50卦를 펼쳐내는 것으로 된다. 丁若鏞은 그래서 "大衍之數五十"이라 한다고 했다.[80]

이와 같이 體로 말하면 64卦가 각각 본래부터 모양을 이루고 있지만, 그 象을 말하면 64卦는 他卦에 의해 변화를 받지 않는 卦라고는 하나도 없는 것이다.(乾은 坤에 말미암아서, 坤은 乾에 말미암아서 변한다) 이것을 두고 그는 '易'이라 한다고 했다.[81]

丁若鏞에 의하면 推移의 법은 漢儒들이 모두 말하였으니 朱熹의 「卦變圖」는 그것이 후세에 남은 것이라고 했다. 즉, 荀爽 虞飜 등이 모두 推移를 주장하고 세월을 따라 상승되어 둘로 갈리어지지 않고 朱子「卦變圖」까지 내려왔지만 오직 中孚 小過는 그냥 빠뜨렸다고 丁若鏞은 말한다. 『本義』가 지은 바의 推移의 원리와 이「卦變圖」가 간혹 합치하지 않는 것은「卦變圖」보다 『本義』가 먼저 이루어졌기 때문이라고 했다.[82]

이와 같이 推移의 법은 漢儒가 말하긴 했지만 漢儒의 창견이 아님

---

80) 『周易四箋』, 卷一, pp. 5b~6a 참조.
81) 『周易四箋』, 卷一, p. 6a 참조.
82) 『周易四箋』, 卷一, p. 6a 참조.

은 孔子의 「彖傳」을 보아도 분명한 일이라고 했다.83) 여기서 「彖傳」이라고 함은 '剛來而…' '柔來而…'라는 문구를 말하는 것으로 이것이 卦變을 말하는 자들의 이론적 근거였기도 하지만, 상술한 바 있듯이 「彖傳」으로 미루어 보면 卦變 즉 推移는 伏羲 畫卦 당시의 원리라고 丁若鏞은 주장한다.

이미 살펴본 바와 같이 朱熹의 「卦變圖」에서는 2음2양의 卦가 혹은 1母이기도 하고 혹은 2母이기도 하여 균형을 이루지 못 했고, 中孚를 遯 또는 大壯에서 변화를 받는 것으로 하거나, 小過를 臨 또는 觀에서 변화를 받는 것으로 하면 모름지기 각각 4개의 획을 이동시켜야 되니 一往一來의 이동을 의미하는 推移의 法에 어긋난다. 丁若鏞은 中孚와 小過를 각각 2음의 卦, 2양의 卦의 母로 승격시킴으로써 母의 수의 불균형과 4획의 이동이라는 모순을 일괄 타결한 셈이다. 무릇 4음4양의 卦란 2음2양의 卦에 불과한 것인데도 이것을 별도로 취급하고, 3음3양의 卦를 內卦를 위주로 하여 陰陽卦로 구분치 않고 3음3양이면 다 같은 3음3양으로 하여 泰否를 포함하여 20卦가 되게 함으로써 衍成卦가 총 114卦가 되게 圖를 만들었다. 乾坤을 제외하고 62卦 가운데서 10辟卦(復, 姤, 臨, 遯, 泰, 否, 大壯, 觀, 夬, 剝)는 변화를 받아서 분화되기도 하고, 나머지 52卦(乾坤과 10辟卦를 뺀 수)는 각각 두 번씩 연역되어 모두 114卦가 연성된 것이다.(10+(52×2)=114) 丁若鏞은 朱熹의 4음4양은 2음2양에 소속시키고, 3음3양은 중복을 없앰으로써 연괘의 중복을 극복했다.

한편 虞飜은 1음1양의 推移에서 剝과 夬를 受變之卦로 한 데 대해 丁若鏞은 이 두 卦를 母卦로 하였고 4음4양의 卦는 2음2양의 卦에 수

---
83) 「來氏易註駁」『易學緖言』, 卷三, p. 372 참조.

렴시켜 중복을 피했으며, 虞翻이 變例之卦로 취급한 小過와 中孚를 辟卦로 승격시켜 卦의 중복과 변례를 동시에 극복했다. 이상에서 견주어 보면 丁若鏞의 推移는 朱熹보다는 虞翻과 더 가깝게 여겨진다. 이상에서 논한 丁若鏞의 推移論을 그림으로 보이면 이 책 말미의 그림 27·28·29·30과 같을 수가 있다.(五十衍卦는 대칭선을 그으면 각각 變易의 관계에 있다)

(3) 推移에 대한 論辨

이상에서 논한 四時之卦를 方以類聚의 卦, 五十衍卦를 物以群分의 卦라고 丁若鏞은 말한다.[84] 方以類聚, 物以群分이란 「繫辭傳」의 벽두에 나오는 말인데 그는 자신의 推移論을 여기에 관련시켜 논한다.

方이란 卦의 德인데, 동방의 卦, 남방의 卦, 서방의 卦, 북방의 卦는 반드시 方에 따라서 德을 달리한다고 했다. 類聚란 復 臨 泰 大壯 夬(坤이 변하는 것) 姤 遯 否 觀 剝(乾이 변하는 것) 中孚 小過(坎離가 변하는 것) 등 12辟卦를 말하는데 양은 양끼리 모여서 음이 사이에 따고 들지 않고, 음은 음끼리 모여 양이 따고 들지 않은 것을 類聚라고 하고, 따라서 中孚, 小過는 中聚가 된다는 것이다. 한편 物이란 卦의 象을 말하는데 「繫辭傳」의 이른바 "물을 섞고 덕을 짓는다."(雜物撰德)라는 것이어서, 「序卦傳」에서 말하는 '物生必蒙' '物穉不可不養' '物畜而有禮' '物不可以終否' 등은 반드시 物로써 象을 드러내는 것이고, 群分이란 12辟卦가 그 모인 것을 나누어 퍼뜨려서 50卦가 되는 것을 말한다고 했다. 즉 一升하면 一降하고, 一往하면 一來하여 음과 양이 서로 섞이고 강과 유가 서로 건너는(도우는) 것을 群分이라 한다고 했다.[85]

---

84) 『易學緒言』, p. 293 참조.

四. 卦가 存在하는 原理

　丁若鏞이 말하는 四時之卦는 四方之卦이기도 하다. 봄을 상형하는 泰 大壯 夬는 東方의 卦, 여름을 상형하는 乾 姤 遯은 南方의 卦, 가을을 상형하는 否 觀 剝은 西方의 卦, 겨울을 상형하는 坤 復 臨은 北方의 卦가 되니, 卦의 덕은 방위에 따라서 달리한다. 따라서 丁若鏞은 12辟卦로써 시간과 공간을 아우르고 있다고 하겠거니와, 12辟卦는 乾坤이 두 영역으로 펼치고 있어서 東南(春夏)은 坤의 터가 되고 西北(秋冬)은 乾의 터가 되는데[86] 여기에 震兌는 東南에서, 巽艮은 西北에서 각각 乾坤의 변화와 합쳐서 四時四方을 이루게 된다.(이에 대해서는 「四時之卦」에서 논한 바 있다) 한편 東南(春夏)은 震의 누적과정 곧 息의 과정이며 西北(秋冬)은 巽의 누적과정 곧 消의 과정이기도 하다. 이때 처음 一震이 비롯하는 동지가 天根이 되고, 一巽이 비롯하는 하지가 月窟이 된다. 四時之卦가 乾坤이 변한 것이라면 小過와 中孚는 坎離가 변한 것인데, 四時之卦는 강유가 서로 한쪽으로 끼리끼리 모였고, 小過와 中孚는 가운데로 모인 것이다. 전자는 類聚가 되고 후자는 중앙으로 모인 類聚, 곧 中聚가 된 것이다. 四時之卦는 震巽艮兌가 그 뿌리가 되고, 坎離는 消長의 형상이 없어서 사시의 변화에는 가담하지 않고 小過와 中孚의 뿌리가 된다. 物이란 卦의 象을 말하는데 類聚가 모였던 것이 나뉘어 퍼뜨려 내면 50卦가 되어 잡다한 상을 드러내게 되고, 이것이 만물의 존재형식이라고 한 것이다. 모였다가 흩어지고, 흩어졌다가 다시 모이는, 호흡과도 같은 이 관계가 어쩌면 推移의 정신인지도 모른다.

　이미 畫卦論을 다룰 때 언급한 바 있지만 丁若鏞은 자신의 이 推移

---

85) 『周易四箋』, 卷八, p. 1b~2a 참조.
86) 『周易四箋』, 卷一, p. 5a 참조.

法이 伏羲 畫卦 당시의 법(卦를 그은 후 알게 된)임을 논증해 보인다. 그럼에도 불구하고 이 推移는 한낱 虛象일 뿐이라고 일축해 버린 王 弼 類의 학자들이나, 程頤 등도 자신의 易詞 해석에서 이 推移의 법을 쓰고 있음을 丁若鏞은 논증한다. 程頤가 卦變을 취했느냐 아니냐에 대해선 朱熹와 丁若鏞이 서로 엇갈리는 주장을 펴고 있다는 건 이미 보아온 바이니, 여기서는 王弼 系의 경우를 보기로 한다. 丁若鏞은 王 弼의『周易注』에 疏를 붙인 孔穎達을 '百一'이라고 힐난했다. '百一'이 란 백 마디 말 가운데 참말은 한 마디가 될 둥 말 둥한 거짓말쟁이란 뜻이다.87) 우선 賁卦「象傳」에서 王弼은 이르기를 "강과 유가 나뉘어 있지 않으면 文이 어디에 말미암아 생하는가. 그러므로 곤의 上六이 二位로 와서 있으니 유가 와서 강을 문식하는 뜻이다. 건의 九二가 上 位로 나뉘어 있으니, 강이 올라가서 유를 문식하는 뜻이 된다." 이에 대해 孔穎達은 이르기를 "양은 본디 上에 있고, 음은 본디 下에 있으 니, 마땅히 강이 나뉘어 내려오고, 유가 나뉘어 올라가야 하는데 어떤 원인으로 해서 나누인 강은 올라갔고, 나누인 유는 내려왔는가? 이것 은 본디 泰이기 때문이다."88)라고 했다.

이에 대한 丁若鏞의 논평을 듣기로 한다.

> 王弼은 여기서 갑자기 推移의 법을 쓰고 있으니 이것은 어인 까닭인 가? 剛上柔來를 가히 해석할 방법이 없어서 부득불 이런 注를 하지 않을 수가 없었다. 王弼이 이미 부득불 이 주를 했으니, 孔氏도 부득

---

87)「孔疏百一評」『易學緖言』, 卷二, p. 265 참조.
88)「孔疏百一評」『易學緖言』, 卷二, p. 267. 剛柔不分 文何由生(諡王은 由生의 오식) 故坤之上六 來居二位 柔來文剛之義也 乾之九二 分居上位 分剛上而文柔 之義也 孔云 陽本在上 陰本在下 應分剛而下分柔而上 何因分剛向上分柔向下者 今謂(今謂 누락)此本泰卦故也.

四. 卦가 存在하는 原理 • 243

불 이 疏를 했다. 이미 이 疏를 했으니 부득불 이것은 본디 泰卦였다
고 말하였다. 그러므로 推移란 것은 "그러하지 않을 수가 없는 것"(不
得不然者)이다. 包犧氏가 부득불 이와 같이 觀象하였고, 孔子는 부득
불 이와 같이 象을 해석했다. 漢魏 36家는 부득불 이와 같이 注를 지
었다. 모두가 부득불 그러하다. 부득불 그러한데, 王弼이 推移를 멸해
버리고, 알지 못하고 깨닫지 못하는 가운데 어찌 부득불 이 注를 온
통 토할 수가 있었겠는가? 賁卦가 이미 그러하니 噬嗑의 '剛柔分' 또
한 다른 해석을 할 수 없다. 두 卦가 이미 그러하면 訟卦의 '剛來得中'
謙卦의 '下濟上行' 隨卦의 '剛來下柔' 蠱卦의 '剛上柔下' 无妄의 '剛自外
來' 大畜의 '剛上' 咸卦의 '柔上剛下' 恒卦의 '剛上柔下' 晉卦와 睽卦의
'柔進上行' 損卦의 '損下益上' 益卦의 '損上益下' 升卦의 '柔以時升' 鼎卦
의 '柔進上行' 節卦의 '剛柔分' 또한 다르게 해석할 수 없을 것이다. 여
러 卦가 이미 그러하면 그 밖의 여러 卦 또한 다른 의미를 갖지 못할
것이다. 그러므로 推移란 것은 '不得不 그러한 것이다.[89]

王弼이 卦變을 배격해 놓고서 賁卦 「彖傳」 "柔來而文剛故 亨 分剛
上而文柔故……"을 해석함에 당하여 坤의 上六이 二位로 오고 乾의 二
획이 上位로 나누어 있다라고 해석한 것은 부득불 그렇게 할 수 밖에
없었기 때문으로 丁若鏞은 보고 있다. 따라서 王弼의 注에 疏를 붙이

---

89) 「孔疏百一評」 『易學緖言』, 卷二, pp. 267~268. 王弼 於此忽用推移之法 是何
故也 剛上柔來 無法可解 故不得不爲此注 王弼旣爲此注 孔氏不得不爲此疏 旣
爲此疏 不得不云此本泰卦 故推移者 不得不然者也 庖犧氏不得不觀象如此 孔子
不得不釋象如此 漢魏三十六家不得不撰注如此 皆不得不然也 不得不然 而王弼
滅之 安得不于不知不覺之中 不得不一吐此注乎 賁卦旣然 則噬嗑之剛柔分 又不
得異釋也 二卦旣然 則訟卦之剛來得中 謙卦之下濟上行 隨卦之剛來下柔 蠱卦之
剛上柔下 无妄之剛自外來 大畜之剛上 咸卦之柔上剛下 恒卦之剛上柔下 晉與睽
之柔進上行 損卦之損下益上 益卦之損上益下 升卦之柔以時升 鼎卦之柔進上行
節卦之剛柔分 又不得異釋也 諸卦旣然 則其餘諸卦 又不得異義也 故曰推移者
不得不然者也.

는 孔穎達 또한 부득불 이것은 본디 泰卦였다고 할 수 밖에 없었다는 것이다.

그림으로 표시하면 다음과 같다.

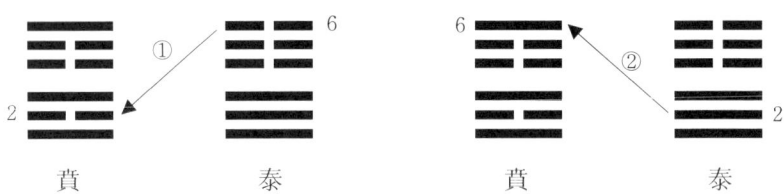

위의 그림에서 화살표 ①은 "유가 와서 강을 수식한" 것이고 화살표 ②는 "강이 나위어서 상으로 가서 유를 수식한다."는 것이니 결국 "賁卦가 泰卦에서 推移했다"는 표현으로 되고 만다. 이 점을 王弼이 推移論을 사용한 증거로 丁若鏞은 꼽고 있는 것이다.[90]

따라서 推移란 부득불 그러한 것이어서 伏羲氏는 부득불 推移의 상을 살폈고, 따라서 孔子 또한 부득불 이와 같이「象傳」을 지었고, 漢儒 36家 또한 부득불 推移로「易傳」을 해석했다고 주장한다. 王弼이 推移를 배격해 놓고서 다시 推移의 뜻으로 賁의「象傳」을 해석한 것은 부득불 그랬을 터인데, 그걸 부지불식간에 실수로 그렇게 했다고는 말할 수가 없을 것이니 적어도 王弼의 賁卦「象傳」의 해석은 스스로 모순을 범하고 만 셈이다.

그러나 이미 程頤의 경우에서 논급한 바와 같이 王弼 또한 程頤와 마찬가지로 卦變을 畫卦法으로 인정치 않은 입장이었을 따름이다. 畫卦의 법이 아니라는 측면에서 그는 卦變을 卦에 내재해 있는 虛象이

---

90)『易學緒言』, p. 258 참조.

라고 했던 것인데, 이제 丁若鏞이 王弼의 모순을 지적하는 것은 관점의 차이에서 오는 지적일 뿐이다. 王弼과 程頤가 畫卦의 논리로서의 卦變을 부인했다고 해서 卦의 존재원리로서의 卦變까지 부인한 것은 아니기 때문에, 즉 허상으로만 보았기 때문에 그들이 종종 이 卦變을 畫卦法이 아닌 卦의 존재의 측면에서 卦變을 운위하는 것까지 탓할 필요는 없다고 생각한다. 즉 易詞의 해석에서 卦變의 원리를 가끔 원용한 王弼과 程頤를, 丁若鏞이 자기모순이라고 평한 것은 다만 관점의 차이에서 말미암은 것일 따름이라고 나는 생각한다.

(4) 丁若鏞의 三易說[이 책 말미의 「그림18」「그림19」 참조]

『易緯』「乾鑿度」에서 "易一名而含三義"라 하여 하나는 易也, 둘은 變易也, 셋은 不易也라 하고, '易'이라 함은 그 德을 말하고, '變易'은 그 氣를 말하고, '不易'은 그 位를 말한다고 했는데, 鄭玄은 여기에 의거하여 '易一名而含三義'라 하여 첫째는 '易簡', 둘째는 '變易', 셋째는 '不易'이라 하고, 易簡은 이를테면 '乾易知 坤簡能'(「계사상전」제1장)의 경우와 같은 것이고, 變易은 '變動不居'(「계사하전」제8장)와 같은 것이고, 不易은 '天尊地卑'(「계사상전」제1장)와 같은 것이라고 했던 것이 三易의 시초였다.(歸藏, 連山, 周易을 三易이라고도 하지만) 그 후 虞飜, 來知德, 王夫之 등에 이르러 개념의 변화를 가져왔는데 丁若鏞 또한 三易說을 전통적 개념과는 조금 다른 내용으로 설하고 있다.

丁若鏞은 『周易四箋』을 저술함에 있어서 「括例表」를 두 가지로 만들어 하나는 上經의 머리에, 다른 하나는 下經의 머리에 실어 놓고 있는데, 상경에 실려 있는 것이 易有四法에 대한 것이고 하경에 실려 있는 것이 그의 三易表이다. 그는 이 三易을 '易有三法'이라 했다.[91] 이

三易에 대해 그는 다음과 같이 말하고 있다.

> 推移의 바른 뜻 외에 아직 三易이 있으니 첫째는 交易, 둘째는 變易, 셋째는 反易이다. 庖犧가 卦를 긋는 시초에 8로 인해서 거듭했으니, 泰는 交하여 否가 되고 益은 교하여 恒이 된다. 이것을 일러 交易이라 한다. 六位가 모두 변하면 그 덕이 반대가 되는데 屯이 변하여 鼎이 되고, 蒙이 변하여 革이 된다. 이것을 일러 變易이라 한다. 卦體를 전도해서 또 하나의 卦가 나타나니 需가 반대로 訟이 되고 師가 반대로 比가 된다. 이것을 일러 反易이라 한다. 易이 道로 하는 것은 오직 변화하는 곳으로 좇는다. 三易의 뜻도 때로 쓰니 이에 표로써 벌여 놓음으로써 居하여 그 辭를 완색함에 대비하였으나 중요한 것은 아니다. 하경의 머리에 수록해 놓음으로써 推移의 바른 뜻과 뒤섞여 분간키 어렵게 되지 않게 하였다.92)

여기서 交易과 反易은 일반통념에서 벗어나지 않지만, 變易에 대해서는 이른바, 旁通과 같은 개념으로 취급하고 있는데 이것은 丁若鏞 三易의 특색 있는 대목이 아닐 수 없다. 丁若鏞이 이 三易의 원리를 제시한 것은 이미 中孚, 小過의 변동을 말할 때 交易의 법을 취했다는 걸 말한 바 있거니와, 이 법은 推移 외에 부수적 필요에서 제시한 것이지만 전술한 바와 같이 이 법이야말로 伏羲 畫卦하던 시초의 법으로 丁若鏞은 생각하고 있다. 그는 다음과 같이 주장한다.

---

91) 「來氏易註駁」, 『易學緖言』, 卷三, p. 373 참조.
92) 『周易四箋』, 卷四, p. 17a. 推移正義之外 尙有三易 一曰交易 二曰變易 三曰反易 庖犧畫卦之初 因八爲重 泰交爲否 益交爲恒 此之謂交易也 六位皆變 厥德相反 屯變爲鼎 蒙變爲革 此之爲變易也 卦體顚倒 又見一卦 需反爲訟 師反爲比 此之謂反易也 易之爲道 唯變所適 三易之義 亦時用之 玆開列爲表 以備居玩 然非所急也 錄于下經之首 俾不與推移正義混淆難分也.

四. 卦가 存在하는 原理 • 247

庖犧가 畫卦하던 시초에는 다만 交易이 있었을 뿐 다른 易이 있었겠는가? 交易해서 重卦가 이미 이루어 진 후에 성인이 그것을 두고 완색해서 推移의 묘의를 얻게 되었다. 周流六虛하고 風霆이 鼓發하는 묘는 비록 推移만은 못하지만, 그 왕래하고 승강하는 것은 취하기에 족하다.93)

여기서 말하는 交易으로 易詞를 해석해야 하는 경우는 결코 적다고는 할 수 없으니, 泰에서 말하는 小往大來, 夬에서 말하는 陽于王庭은 모두 交易을 뜻하고, 剝六五의 貫魚, 大壯의 喪羊은 모두 交易의 상이라고 그는 말한다.94) 즉 泰에서 小往大來라 함은 否에서 교역하여 泰가 되었으니 否의 三陰이 내에서 외로 올라가고 三陽이 밖에서 안으로 내려옴을 뜻하고,95) 夬에서 揚于王庭이라 함은 夬는 履의 交易이니, 履는 兌妾이 안에 있고 乾이라는 층계(건의 三級)의 下는 그 자리가 剛鹵이니 그 象이 庭인데, 乾王이 上에 있으니 王之庭이다. 交易해서 夬가 되면 王庭이 위로 들려서 빛이 드러나는 자리에 처했으니(危는 마침내 光이다) 揚于王庭이라는 것이다. 즉 履에서 交易해서 夬가 되기 때문이라고 하고 있다.96) 剝六五에서 貫魚라 함은 交易의 소치이니, 즉 剝六五는 剝이 觀으로 간 것이다. 觀은 升의 交易인데 升의 初와 四는 互體로 坎을 이루니 巽魚가 잠복했다. 왜냐하면 升에서는 巽이 아래에 있으니 潛伏이 된다. 升이 交易하여 觀이 되면 升의 두

---

93) 『周易四箋』, 卷四, p. 17b. 庖犧畫卦之初 只有交易有他易哉 交而易之 重卦旣成 而後聖人 設而玩之 得推移之妙義也 其周流六虛 風霆鼓發之妙 雖不如推移 而其往來升降 有足取者.
94) 『周易四箋』, 卷四, p. 17b 참조.
95) 『周易四箋』, 卷二, p. 30a. 참조.
96) 『周易四箋』, 卷五, pp. 22b~23a 참조.

互體인 震竿과 兌鉤, 그리고 지금 觀의 上巽인 繩이 높이 들려서, 따라서 魚 역시 卦하니 이것이 貫魚이다.97) 大壯에서의 喪羊 또한 交易의 원리라고 하고 있는 바, 大壯의 六五가 변하면 夬가 되는데, 夬는 履의 交易이다. 履의 때에서는 兌는 본디 內에 있으니 羊은 나의 소유였다. 履가 交易하여 夬가 되면 夬의 上이 兌이어서 羊을 빼앗긴 형상이니 喪羊于易이라는 것이다.98) 여기서 易이란 交易이다.

다음 反易과 變易에 대한 丁若鏞의 말을 적어 본다.

> 『周易』의 卦를 편차하는 순서는 전적으로 反易을 썼다. 反對가 없는 것에 대해서는 變易으로써 對를 만들었으니 乾, 坤, 坎, 離 등 八卦가 이것이다.99)

여기서 八卦라 함은 乾 坤 坎 離 이외에 頤 大過 中孚 小過이다. 丁若鏞의 反易의 개념은 漢儒들의 '反對'와 來知德과 王夫之의 '綜'의 개념과 같고, 變易은 虞飜의 '旁通', 來知德, 王夫之의 '錯'과 같다.

易詞에는 變易의 뜻이 때때로 있는 바, 臨이 변해서 遯이 되면 "八月有凶"이 되고, 姤가 변해서 復이 되면 "七日來復"이 되고 師가 변하여 同人이 되면 "大師"라 이르는 것 등은 모두 變易의 뜻이 명백하다고 그는 말한다.100) 즉 臨이 변해서 遯이 된다는 것은 變易을 뜻하는 것인 바, 臨의 二陽이 지금 비록 侵長하지만 遯卦의 달(周의 8월)에 이르면

---

97) 『周易四箋』, 卷三, p. 30a 참조.
98) 『周易四箋』, 卷四, p. 38b 참조.
99) 『周易四箋』, 卷四, p. 17b. 周易編卦之序 全用反易 其無反對者 乃以變易作對 乾坤坎離等八卦是也.
100) 『周易四箋』, 卷四, p. 17b 참조.

二陽이 소멸해서 없어지니(遯은 2陰이니까) 그러므로 8월에 이르러 흉하다 하는 것이다. 姤는 陰이 侵長하기 시작하는 卦인데 遯이 되고 否가 되고 觀이 되고 剝이 되고 坤이 되어 다시 復이 되기까지는 7월이 걸리는데 이것을 七日來復이라 한다는 것으로 姤와 復은 變易의 관계에 있다는 말이다. 매 한 卦를 1일에 배당하면 7卦는 7일이 된다.101)

師가 변하여 同人이 된다는 말은 두 卦가 變易의 관계에 있음을 뜻한다. 師는 地와 水로써 師인 것인데 同人은 天과 火이니 大師라는 것이다. 왜냐하면 陽은 大이기 때문이라고 丁若鏞은 풀이하고 있다. 즉 同人의 九五에서 大師는 師와 同人의 變易 관계에서 이해되어야 한다는 것이 그의 해석이다.102)

이와 같은 三易은 서로 중복되는 경우가 있으니, 交易 反易 變易이 모두 겹쳐지는 경우는 泰와 否, 旣濟와 未濟의 경우이고, 交易과 變易이 겹쳐지는 경우로는 咸과 損, 恒과 益의 관계이고, 交易과 反易이 겹쳐지는 경우로는 需와 訟, 大有와 同人, 比와 師, 晉과 明夷의 경우이고 變易과 反易이 겹쳐지는 경우로는 隨와 蠱, 漸과 歸妹의 경우이다.103)[이 책 말미의 「그림19」 참조]

이미 언급한 바 있듯이 丁若鏞은 『周易』의 卦의 순서는 反易을 주로 했다고 보고 있다. 『周易』에서 序卦를 어떻게 정했는가에 대해서는 「序卦傳」에서 보듯이 卦名의 문자와 卦德의 근본적 성격에 의해 정해진 것으로 보는 입장이 있고, 程伊川(程頤)의 「易傳」에서는 이에 따르고 있다. 한편 毛奇齡이나 丁若鏞 등은 反易의 원리를 원칙으로 하고

---

101) 『周易四箋』, 卷三, p. 31b 참조.
102) 『周易四箋』, 卷二, p. 40a 참조.
103) 『周易四箋』, 卷四, pp. 19b~20a 참조.

反易이 없으면 變易으로 했다는 견해를 취하고 있다.

丁若鏞은 括例表 下에서 「上經十八宮反易表」[이 책 말미의 「그림 20」참조]와 「下經十八宮反易表」[이 책 말미의 「그림21」참조]로써 『周易』의 순서를 다음과 같이 표기하고 있다.

乾에서 坤이 되는 것은 變易에 의하고 乾坤은 각각 1宮이 된다. 제3괘 屯에서 제4괘 蒙이 되는 것은 反易이 되는데 屯과 蒙은 제3宮이 된다. 제4宮은 需와 訟이 되는데, 需와 訟은 反易이 된다. 이렇게 하여 14宮 제25괘인 无妄은 反易하여 제26괘인 大畜으로 이어진다. 제15宮 제27괘인 頤와 제16宮 제28괘인 大過, 제17宮 제29괘인 坎과 제18宮 제30괘인 離는 모두 變易이다. 이리하여 上經18宮 30괘가 이어진다.

下經 18宮의 배열도 같은 이치로 한다. 즉 제1宮 제1괘인 咸은 反易하여 제2괘인 恒이 되고 제2宮 제3괘인 遯은 反易하여 제4괘 大壯이 되고, 이런 식으로 해서 제15宮 제29괘인 渙은 反易하여 제30괘인 節이 된다. 다음의 제16宮 제31괘인 中孚에서 제17宮 제32괘인 小過는 變易으로 넘어가고, 제18宮 제33괘인 旣濟는 反易하여 제34괘 未濟가 이어진다.[104]

이와 같이 乾, 坤, 坎, 離는 四正卦로서 그 重卦 또한 上經에 들어가니 본질을 존숭한 때문이고 震, 巽, 艮, 兌는 四偏의 卦인데, 그 重卦 또한 下經에 들게 되니 變質을 疏略히 한 것이다.[105]

'36宮' 자체에 관해서 몇 가지 학설이 있지만 위의 丁若鏞의 36宮說은 孔穎達의 『周易正義』序卦疏 벽두에 나오는 "64괘는 둘씩둘씩 서로 짝을 이루어 覆이 아니면 變이다."(六十四卦二二相耦 非覆卽變)라

---

104) 『周易四箋』, 卷四, pp. 18a~19a 참조.
105) 『周易四箋』, 卷四, pp. 18a~19a 참조.

는 말이 그 先河가 될 것 같다. 여기서 覆은 丁若鏞의 反易, 變은 丁若鏞의 變易에 해당된다. 또 丁若鏞의 反易을 反卦로, 變易을 對卦로 명명하는 입장도 있다. 今井宇三郎의 『易經』이 그 예가 된다.

어느 입장을 막론하고 卦의 변화 형식으로 卦序를 논하는 학설은, 짝을 이루는 괘와 괘 사이의 순서는 설명이 되지만 짝을 이루지 못하는 괘와 괘 사이의 순서, 예컨대 坤에서 屯으로 이어지는 순서는 말이 막힌다. 이와 같은 괘와 괘 사이의 변화 관계에서 卦序를 찾고자 한다면, 이미 언급한 바 있듯이 帛書本『周易』의 卦序가 64괘의 순서에 따라 괘가 여덟씩 조를 이루어 上下體의 배열과 64괘 전체에서의 음양의 법칙이 통행본『周易』의 卦序보다 훨씬 더 잘 안배되고 있다고 생각된다. 그러나 위의 36宮說에 의하면 上經이 108畫(양 52, 음 56), 下經이 108畫(양 56, 음 52)이 되어 上下經이 각각 108畫씩 균일하게 안배되고 있다. 上下經이 괘의 수는 달라도(上經 30, 下經 34), 36宮으로 보면 동일하다는 것을 알 수 있다.

한편 불교에서 一說에 의하면 六根(六官:눈, 귀, 코, 입, 몸, 뜻)에 苦, 樂, 不苦不樂이 있어 18煩惱(6×3)가 되고, 여기에 貪, 無貪이 있어 36煩惱(18×2)가 되는데, 이것을 과거 현재 미래에 각각 풀면 108煩惱가 된다는 이른바 百八煩惱(百八結業)에서 六根을 6畫에, 18번뇌를 18宮에, 36번뇌를 36宮에, 108번뇌를 108畫에 견주면 불교의 百八煩惱와 『周易』의 36宮說은 묘하게도 방불하다. 다만『周易』에서 36궁이 216획이 되어 108의 갑절이 되는 것은『周易』이 上下經으로 나누이듯 표면과 이면의 관계일 뿐이다. 「繫辭傳」의 "天下同歸而殊途 一致而百慮"가 참인 줄을 알겠고, 康節의 "三十六宮都是春"이 儒佛을 갈라놓고 한 말이 아닌 것도 알겠다.『周易』이 진정 세계의 만상을 아우른다고 한다면, 이 한 쌍의 108획이야말로 음양으로 갈마드는 인생의 108우환이요, 108번뇌일 게다. 자그마한 막대기 속에 세계를 갈무리하고 붙고 떨어진 하찮은 얼굴이 乾坤을 휩싼다 할까.

帛書本의 卦序가 그 장점에도 불구하고 매우 인위적인 안배로 보이는 데 비하여 통행본의 卦序가 비록 허술한 것 같지만 훨씬 더 자연스럽고 은미한 뜻을 머금고 있는 것 같다. 그것은 통행본의 卦序가 帛書本의 卦序보다 훨씬 앞에 형성된 것이기 때문인지도 모른다.

2. 互體의 存在原理

1) 互體論의 傳來

互體란 '中爻'라고도 하는데, 본래 重卦에서 二~四, 三~五획으로 조직되는 卦體를 말한다. 互體는 京房이 드러나게 사용했지만, 뒷날 種會(225~264), 王弼 등에 의해 배척되기도 했다. 하지만 상수역가들은 대체로 이를 인정했다. 역학사에서 그 대체적인 전개 과정을 살펴보기로 한다.

(1) 京房의 互體說

처음 京房이 호체설을 주장하였을 때는 두 가지의 의미로 구분되는 것이었는데, 하나는 한 卦의 2에서 4까지와, 3에서 5까지로 1卦를 이루는 경우로서, 이것이 호체의 보편적 형태로 후세에 전승이 된 것이다. 예컨대 屯에서 2~4획은 坤, 3~5획은 艮이다. 朱震에 의하면 京房은 이 호체설의 이론적 근거를 「易大傳」의 "物을 섞고 德을 갖추며 시비를 변별하는 데는 그 中爻가 아니면 갖추어지지 못한다."(若夫雜物 撰德 辨是與非 則非其中爻 不備)라고 하는 데서 찾고 있다. '非其中爻 不備'에서 中爻를 두고 京房이 이르기를 "호체가 이것이다."(互體是也)라고 했다고 하고, 한편 王應麟(1223~1296)의 『翁注困學紀聞』 卷一에서는 "京氏가 이르기를 2에서 4까지를 호체라 하고, 3에서 5까지를 約象이라 한다."라고 했다 한다.[106]

그 둘째 형태는 1卦의 內體와 外體의 體를 말하는 것으로 『京房易傳』에 나오는 예를 들면, 姤 아래에서는 "金木이 互體"라고 하고, 觀 아래에서는 "金土木이 互體"라고 한다. 姤는 이른바 그의 八宮에서 乾宮에 속하고(金), 上卦는 金, 下卦는 木이므로 姤 아래에서는 金木이 호체이고, 觀도 乾궁에 속하고(金), 上體는 木, 下體는 土이므로 金土木이 호체라고 한 것이다. 이것은 '同體'라고도 하는 것인데, 후세 역가가 호체라고 하는 것은 京房의 전자의 경우를 의미하는 것으로 되었다.[107]

(2) 鄭玄의 互體說
① 一卦含四卦說

鄭玄은 이른바 한 卦가 4卦를 머금는다는 「一卦含四卦」의 호체관을 갖고 있는 바 王應麟의 「鄭玄周易注自序」에 다음과 같이 나타나 있다.

> 鄭康成은 費氏易을 배워서 注九卷을 지었는데, 호체를 많이 논하였다. 호체로써 역을 구하는 것은 左氏 이래로 있어 왔다. 무릇 괘효의

---

106) 屈萬里, 『先秦漢魏易例述評(屈萬里先生全集⑧)』(臺北:聯經出版事業公司, 1984). p. 98 참조. 王應麟, 『翁注困學記聞』 第1冊(臺北:商武印書館, 1978), 卷一, p. 75 二至四爲互體 三至五爲約象. 朱震『漢上易傳』(臺北:廣文書局, 1974). p. 593. 中爻 崔憬所謂二三四五 京房所謂互體是也.
107) 『兩漢易學史』, p. 163 참조.

2에서 4까지, 3에서 5까지의 兩體가 서로 사귀어 각각 하나의 卦를 이룬다. 이것을 일러 1卦가 4卦를 머금는다고 하는 것이다. 「繫辭」는 이것을 中爻라고 이르는데 이른바 "八卦가 相盪하고 6爻가 相雜함은 오직 그 때의 物일 따름이다."라든가 "物을 섞고 德을 갖춘다."라고 하는 것이 이것이다. 오직 건곤만이 호체가 없다. 아마도 순수히 양이고 음이기 때문이다. 나머지 6자의 卦는 모두 호체를 가진다. 坎의 6획은 그 호체에 艮震을 머금고 있고, 艮과 震의 호체 또한 坎을 머금고 있다. 離의 6획은 그 호체에 兌와 巽을 머금고 있고, 兌와 巽의 호체 또한 離를 머금고 있다.108)

하나의 卦가 4卦를 머금는다는 것은 그림으로 나타내면 다음과 같다. 屯卦를 예로 들겠다.

〈그림 A〉

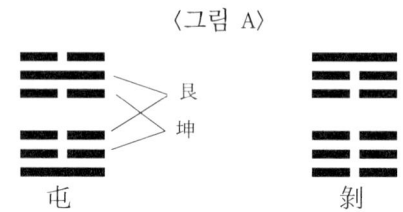

이 그림에서 屯 坤 艮 剝이 4괘가 된다는 뜻이다. 剝은 上下 두 호체가 합쳐서 이루어진 卦이다.

다음은 한 卦가 두 호체를 머금고 있고, 두 호체는 그 호체가 말미암은 본괘를 또 호체로 머금는다는 이론인데 그림으로 표시하면 다음

---

108) 「王應麟鄭註之論」, 『易學緖言』, 卷四, pp. 440~441. 鄭康成 學費氏易 爲注九卷 多論互體 以互體求易 左氏以來有之 凡卦爻二至四 三至五 兩體交互各成一卦 是謂一卦含四卦 繫辭謂之中爻 所謂八卦相盪 六爻相雜 唯其時物 雜物撰德是也 唯乾坤無互體 蓋純乎陽純乎陰 餘六子之卦 皆有互體 坎之六畫 其互體含艮震 而艮震之互體亦含坎離之 六畫其互體 含兌巽 而兌巽之互體亦含離.

과 같다.

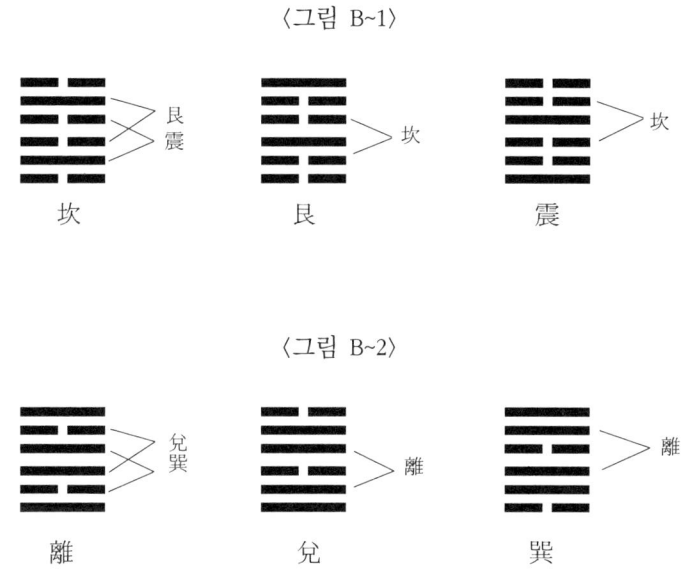

그림 〈B~1〉에서 坎은 艮震 두 호체를 머금고 있지만 艮震이 각각 重卦로 되면 그 안에 각각 坎을 호체로 머금는 것을 나타내고 있고 〈B~2〉에서는 離는 兌巽 두 호체를 머금고 있지만 兌巽이 각각 重卦로 되면 그 안에 각각 離를 머금고 있다는 뜻이다.

어떤 상황 안에는 그 상황과는 다른 요소의 상황이 내재해 있는데 그 다른 상황은 언제나 본래의 상황을 그 안에 씨앗처럼 머금고 있다는 뜻이 된다. 이것은 세계의 심층적 상황을 나타낸다 할 것이다. 鄭玄의 이 호체관은 근본적으로 京房의 호체설을 따르고 있는 것이다.

② 이른바 爻體說

鄭玄은 禮記疏卷八에서 賁六四爻辭를 注해 말하기를 "六四巽爻也"

라고 했고, 頤卦辭集解에서는 "二五離爻"라고 하고 詩疏卷六의 三에서는 離九三爻辭를 두고 注하길 "艮爻也"라고 하고, 詩疏卷六의 四에서는 損卦辭를 두고 注하길 "四巽爻也, 巽爲木. 五離爻也, 離爲日. 日體圜. 木器而圜, 簋象也."라고 하고, 萃卦辭集解에서는 "四體震爻, 震爲長子, 五本損爻, 坎爲隱伏. 居尊而隱伏, 鬼神之象. 長子入闕升堂, 祭祖禰之禮也. 故曰王假有廟. 二本離爻也, 離爲目. 居正應五, 故利見大人矣."라고 하고 있는 바, 鄭玄은 음이 初四位면 巽, 二五位면 離, 三上位에 있으면 兌, 양이 初四에 있으면 震, 二五에 있으면 坎, 三上에 있으면 艮으로 보고 있다. 鄭玄의 이와 같은 견해를 屈萬里는 爻體라고 명명했다.[109] 이것은 八卦를 그을 때 한 爻를 卦의 主爻로 삼는 것을 근거로 한 것이다. 이 경우에 易例는 적은 것을 主로 삼는 것이기 때문이다. 「繫辭傳」에서 "陽卦는 陰이 많고 陰卦는 陽이 많다."라는 것은 이것을 뜻한다. 따라서 震巽 두 卦는 初가 主가 되고, 坎離는 中이 주가 되고, 艮兌는 上이 주가 된다. 鄭玄은 결국 3획으로 되어 있는 八卦를 여섯 획으로 된 64卦에 미루어 初와 4, 2와 5, 3과 上을 같은 것으로 다루고 있는 데 불과하다. 이는 다음에 말할 虞翻의 半象처럼 호체를 펼치는 전개 과정에서 파악된 것이지만 가령 損卦辭에서의 注에서처럼 五의 位가 離라고 해서 日에서 둥글다[圜]는 데 이르고, 또 둥글다는 것이 簋가 되는 데까지 展轉해서 이끌어 가는 식으로 붙이는 것은 지나친 附合이라고 屈萬里는 평하고 있다.

(3) 虞翻의 互體說

京房, 鄭玄 등 전통적인 호체론자들의 호체는 가운데의 2, 3, 4, 5 네

---

109) 屈萬里, 前揭書, pp. 108~109 참조.

획에 국한되며 2~4, 3~5 로 이루어진 三畫卦를 호체라고 했지만, 虞翻은 여기에 그치지 아니하고 호체의 관념을 더욱 확대시켰다. 즉 初와 上도 호체를 이루는 데 사용함으로써 4畫卦, 5畫卦도 호체로 했다. 그는 또 이리하여 생긴 4畫卦 5畫卦에서 또 하나의 卦를 만드는 방법을 창안했으니 이를 連互法이라고 한다.

5畫 連互法은 한 卦의 初에서 5까지를 한 괘체로 삼기도 하고, 2부터 上까지를 한 괘체로 보아서 중간의 어떤 한 효를 중복 사용함으로써, 각 괘체마다 상하 2卦로 나누어 重卦 하나를 만드는 방법이다. 蒙卦를 예로 든다면, 初에서 5까지가 ☷인데 여기서 1부터 3까지는 坎이고 3부터 5까지는 坤이 되는데 상하를 합쳐서 師卦를 만드는 것과 같은 예이다. 또 蒙卦에서 2부터 上까지는 ☳이 되는데 初에서 3까지는 震이고 3에서 5까지는 艮이 되는데, 상하를 합치면 頤가 된다.

4획 연호법은 하나의 괘체에서 初부터 4까지, 2부터 5까지, 3부터 上까지를 호체의 구성획으로 삼고 새로운 괘체를 파악하는 방법인데, 蒙卦를 예로 든다면 初에서 4까지는 ☳인데, 초에서 3까지는 坎, 2에서 4까지는 震, 합하여 解가 되고, 蒙의 2에서 5까지는 ☷인데, 여기서 初에서 3까지가 震, 2에서 4까지가 坤, 합하여 復이 되고, 蒙에서 3부터 6까지는 ☷인데 여기서 1부터 3까지는 坤, 2부터 4까지는 艮, 합하여 剝이 된다.

이와 같이 5획연호에서는 두 호체가 생기고, 4획연호에서는 세 호체가 생기게 된다. 이상의 원리를 도식화하면 다음과 같다.

258 • 周易反正

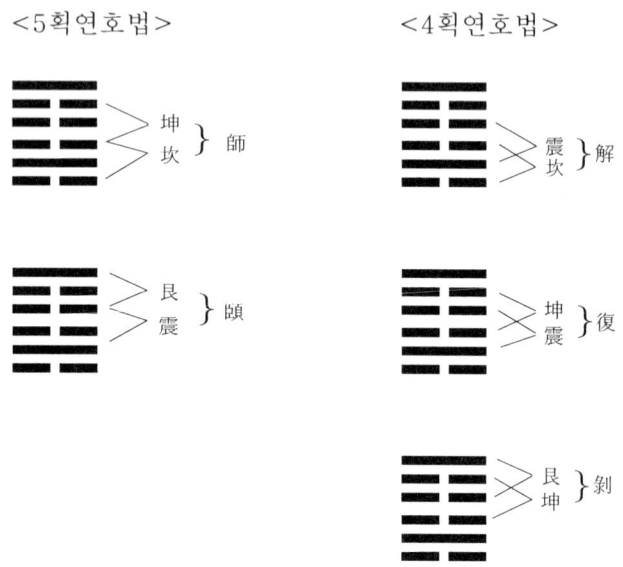

　　虞翻은 경전 해석에서 늘 이 연호법을 사용하였다. 그러나 여기에 그치지 않고 마침내는 半象說을 내놓기까지 했다. 半象이란 괘상의 일부를 취하는 방법으로써, '震象半見' '艮象半見' 등으로 표현했다. 예컨대 艮卦의 반상은 ==이거나 ==이고, 離卦의 반상은 ==이거나 ==이고, 巽卦의 반상은 ==이거나 ==이고, 震卦의 반상은 ==이거나 ==이다. 그는 易詞를 해석함에 당하여 「繫辭傳」의 물상만으로는 역사를 완전히 해석할 수가 없게 되자 이른바 逸象을 만들어 내었고, 그러면서도 부족하여 이렇게 반상까지 창안해 내게 되었다. 이 또한 鄭玄의 호체와 같이 호체의 확대 파악의 연장과정상에서 더욱 풍부하게 했다는 측면에서 점두할 만한 것이라 하겠지만, 일정한 표준이 결여되어 있다든가, 그 표준이란 것도 易詞에 따라 이리저리 불규칙적으로 결정되기 때문에 후세의 따가운 비판을 받기도 했다. 顧炎武는 『日知錄』에서 "荀爽 虞翻의 무리들은 부회하여 象 외에 상을 생산했다."(荀爽虞翻之徒 穿

鑿附會 象外生象)라고 했는가 하면 焦循(1763~1820)은 「易圖略」에서 "우번이 解의 小有言에서 震象半見이라 하고 또 半坎이라고 한 설은, 나는 그렇지 않다고 생각한다. 무릇 乾의 반은 巽 兌의 반도 되고, 坤의 반은 또한 艮 震의 반도 되고, 震의 下半은 어떻게 坎 離의 반과 다르며, 坎의 반은 또 어떻게 兌, 巽, 艮의 반과 다른가."(虞翻解小有言爲震象半見 又有半坎之說 余以爲不然 盖乾之半 亦巽兌之半 坤之半 亦艮震之半 震之下半 何異於坎離之半 坎之半 又何異於兌巽艮之半)라고 통렬하게 반박하고 있다. 이 반상에 대해서는 뒤에 다시 논하기로 한다.

(4) 鍾會의 「易無互體論」과 王弼의 尙理譏互

鍾會와 王弼은 역학의 노선을 같이 하는 사람으로서 종회는 「易無互體論」을 지어 호체를 극력 배격하였고, 왕필 또한 이에 가세하여 호체설을 소탕해 버렸다.

王應麟은 이렇게 말하고 있다.

> 왕필은 名理를 숭상하고 호체를 비방했다.[尙理譏互] 그러나 睽六二를 注해서 이르기를 "시작은 비록 困을 받았지만 끝내는 剛의 도움을 획득했다. 睽는 초에서 5까지 困을 이룬다." 라고 했으니 이는 호체를 사용한 것이다. 왕필은 比六四와 같은 것을 注하면서 간혹 康成의 설을 사용했다. 종회가 논을 지어 호체를 힘써 배격하고 荀顗가 그것을 비난하니 江左에는 鄭學과 王學이 병립하게 되었다.[110]

---

110) 「王蔡胡李評」『易學緖言』, 卷四, p. 441. 王弼尙名理譏互體 然注睽六二曰 始雖受困終獲剛助 自初至五成困 此用互体也 弼注比六四之類 或用康成之說 鍾會著論 力排互体 而荀顗難之 江左鄭學與王學並立.

위에서 보는 바와 같이 睽에서 困을 취한 것은 호체를 취한 것이다.

睽　　　　　節　　　困

위에서 睽의 初二三에서 兌를 취하고, 三四五에서 坎을 취한 후 나아가서 상하를 교역해서 困을 삼았던 것임을 王應麟은 지적하고 있다. 종회, 왕필이 호체설을 배격한 데 대해 荀顗(? ~274)는 반격을 가했으니 荀顗는 위나라 태위인 荀彧의 여섯 째 아들로서 종회의 「易無互體論」을 힐난하여 명성을 얻기까지 했으니[111] 종회, 왕필의 호체 말살획책에도 불구하고 호체설은 완전히 끊어진 것은 아니었다.

(5) 朱震의 體有六變說

주진은 종회와 왕필이 호체를 배격한 것에 대해 다음과 같은 견해를 피력하였다.

> 왕필은 호체가 부족하다고 이르고 마침내 卦變에까지 미쳤고, 종회는 호체를 극력 배격하는 저술을 지었는데, 대체로 이른바 역의 도가 심대함에 밝지 못하여 그런 것이다.[112]

이로 미루어 보면 그는 호체를 옹호한 자임을 알 수 있거니와, 또

---

111) 廖名春(外), 前揭書, p. 322 참조.
112) 『漢上易傳』, p. 63. 王弼 謂互體不足 遂及卦變 鍾會著論 力排互體 蓋未詳所謂易道甚大矣.

말하기를 "子夏(BC 507~?) 이래로 역을 전한 자는 호체를 가지고 말하였다."113)라고 했는가 하면 「한상역전총설」에서 "정현은 마융의 학을 전하여 호체를 많이 논하였다."114)라고 했다. 이미 그의 卦變을 논할 때 언급한 바 있지만, 그는 호체의 근거를 「繫辭傳」의 "강유가 서로 마찰하고 八卦가 서로 추동(推動)한다."(剛柔相摩 八卦相盪)라는 문구에까지 올라가서 구하고 있다. 거듭 인용하면 다음과 같다.

> 易에 이르기를 "강유가 서로 마찰하고 八卦가 서로 推動한다"라고 하였다. 선배 유학자는 "음양의 기가 회전하고 마찰하므로, 건이 2와 5로써 곤을 마찰하여 진, 감, 간을 이루고, 곤이 2와 5로써 건을 마찰하여 손, 리, 태를 이룬다."라고 하였다. 그러므로 강유가 서로 마찰하면 건곤이 감리로 되니, 이른바 卦變이다. 八卦가 서로 推動하면 離괘 속에 진, 간, 손, 태의 상이 있으니, 이것이 이른바 호체이다.115)

이와 같은 이론을 그는 『춘추전』의 점서 관련기록을 인용하여 논증해 보이고 있는 바, 예를 들면 다음과 같다.

> 「繫辭傳」에 이르길 "八卦가 서로 推動한다."라고 한 것을 두고 선배 유학자들은 감, 리의 卦 속에는 진, 간, 손, 태의 호체가 있다고 했다. 『춘추전』에서 복서에 나타난, 周太史가 觀之否에서 "곤은 토이고, 손은 바람이며, 건은 하늘이옵니다. 그런데 바람이 하늘로 변화하여 흙

---

113) 『漢上易傳』, p. 439. 子夏以來 傳易者 以互体言矣.
114) 『漢上易傳』, p. 899. 鄭氏傳 馬融之學 多論互體.
115) 『漢上易傳』, p. 894. 易曰剛柔相摩 八卦相盪 先儒謂陰陽之氣 旋轉摩薄 乾以二五摩坤成震坎艮 坤以二五摩乾成巽離兌 故剛柔相摩 則乾坤成坎離 所謂卦變也 八卦相盪 則坎離卦中 互有震艮巽兌之象 所謂互体也.

위에 산이 있는 격이옵니다. 그리고 산에는 재목이 있고 하늘의 빛이 그걸 비치는 것이옵니다. 이렇게 되어 흙 위에 있어 하늘빛을 받는 격이옵니다."라고 말한 것과 같은 것이다. 2에서 4까지는 艮이 있으니 호체이다.116)

이상의 내용에서 호체를 주장한 것을 그림으로 나타내면 다음과 같다.

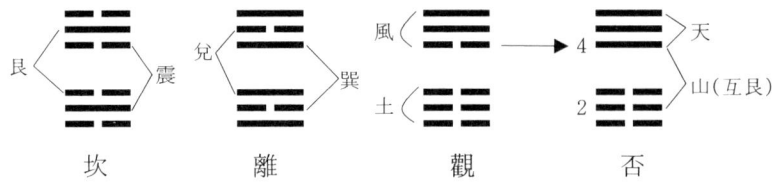

그는 마침내 豫卦를 예로 들어 "體에 六變이 있다."라는 설을 다음과 같이 주장했다.

제4이상은 震이고 제4이하는 艮이며 상하를 합하여 보면 坎이다. 震에는 엎드린 巽이 있고, 艮에는 엎드린 兌가 있으며, 坎에는 엎드린 離가 있으니 모두 6체이다. 변화하여 무궁하다. 그러므로 物을 섞고 德을 갖추며 그 微를 나타내고, 幽를 밝히는 도인저.117)

이상을 그림으로 보이면 다음과 같다.

---

116) 『漢上易傳』, p. 63. 繫辭曰 八卦相盪 先儒謂坎離卦中 互有震艮巽兌在 春秋傳 見於卜筮如周太史說 觀之否曰 坤土也 巽風也 乾天也 風爲天 於土上山也 有山之材 而照之以天光 於是居乎居土上 自二至四 有艮互体也.

117) 『漢上易傳』, p. 154. 自四以上震也 四以下艮也 合上下視之坎也 震有伏巽 艮有伏兌 坎有伏離 六体也 變而化之 則无窮矣 故曰雜物撰德其微顯闡幽之道乎.

四. 卦가 存在하는 原理 • 263

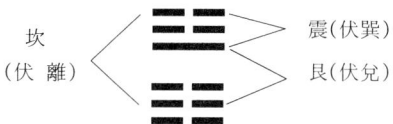

이와 같이 주진은 역사와 물상을 일치시키기 위하여 호체의 내용을 한유들보다 더욱 확대했다고 할 수 있다.

(6) 林栗의 互體說

黃宗羲의 『역학상수론』에 의하면 林栗(南宋人)은 독특한 호체의 관념을 갖고 있었다. 즉 6畫卦를 태극으로 삼고,(「繫辭傳」의 '易有太極'에 해당시킨다) 상하 두 체를 양의로 삼고,('是生兩儀'에 해당시킨다) 상하 두 호체를 4상으로 삼고,('兩儀生四象'에 해당시킨다) 또 2체 및 두 호체를 전도시켜 통틀어 八卦로 삼았다.('四象生八卦'에 해당시킨다) 旅卦를 예로 들어 그림으로 나타내면 다음과 같다.

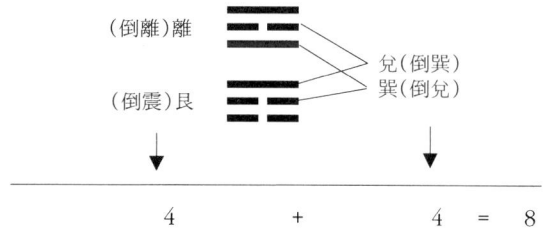

그는 또 包體圖 [이 책 말미의「그림10」참조]를 만들었는데 이 또한 호체설의 확대개념에 속한다고 하겠다. 그에 의하면 卦마다 다만 하나의 互卦를 취하여 3획을 남겨두고 본괘의 체로 삼는다.

重天乾이 單卦 坤을 포하면 損 益이 되고, 重地坤이 單卦 乾을 포하면 咸 恒이 된다. 나머지의 모든 卦도 여기에 준한다. 이렇게 해서

264 • 周易反正

얻는 괘의 수는 각각 16이다. 八卦의 重卦가 單卦인 八卦를 포하면 얻는 괘는 각각 16이다. 합하면 1卦가 서로 포하여 얻는 괘는 32이다. 따라서 八卦가 포해서 생기는 괘의 수는 모두 256이다.(32×8=256) 이 포체의 원리를 그림으로 나타내 보면 다음과 같다.

A(1)

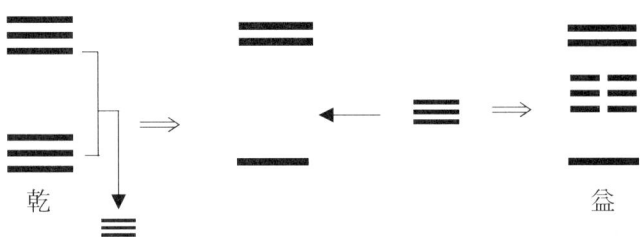

A(2)

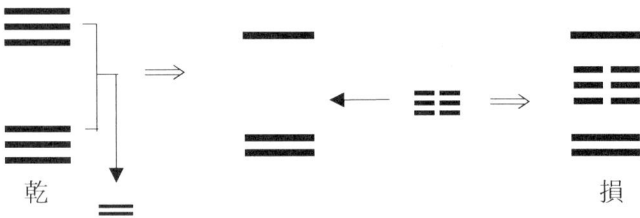

B(1)

四. 卦가 存在하는 原理 • 265

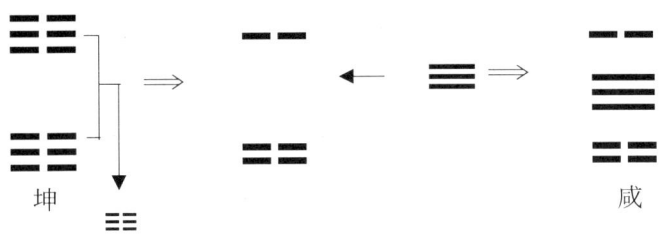

B(2)

坤   咸

　그림 A(1)은 건에서 하호괘를 취하고 나머지로써 체를 삼아 곤을 포하면 益卦가 되는 과정을 나타내고 A(2)는 건에서 상호괘를 취하고 나머지로써 체를 삼아 곤을 포하면 損卦가 되는 것을 나타내고 있다. 그림 B(1)은 곤에서 하호를 취하고 나머지로써 체를 삼아 건을 포하면 恒卦가 되고, B(2)의 그림은 곤에서 상호를 취하고 나머지로써 체를 삼아 건을 포하면 咸卦가 생기는 것을 보여준다.

　위와 같은 방법으로 重天乾이 八卦를 포해서 생기는 卦는 다음과 같다. 重天乾이 單卦 乾을 포하면 〈乾 乾〉, 重天乾이 單卦 坤을 포하면 〈益 損〉, 重天乾이 單卦 震을 포하면 〈中孚 大畜〉, 重天乾이 單卦 巽을 포하면 〈同人 履〉, 重天乾이 單卦 坎을 포하면 〈家人 睽〉. 重天乾이 單卦 離를 포하면 〈履 小畜〉, 重天乾이 單卦 艮을 포하면 〈无妄 中孚〉, 重天乾이 單卦 兌를 포하면 〈小畜 大有〉가 되어 모두 16卦이다. 重卦인 八卦가 單卦인 乾를 포해서 생기는 卦는 다음과 같다. 重天乾이 單卦 乾을 포하면 〈乾, 乾〉, 重地坤이 單卦 乾을 포하면 〈恒 咸〉, 重雷震이 單卦 乾을 포하면 〈大壯 革〉. 重風巽이 單卦 乾을 포하면 〈姤 姤〉, 重水坎이 單卦 乾을 포하면 〈大過 大過〉, 重火離가 單卦 乾을 포하면 〈大有 同人〉, 重山艮이 單卦 乾을 포하면 〈鼎 遯〉, 重

澤兌가 單卦 乾을 포하면 〈夬, 夬〉가 되어 모두 16卦이다. 합해서 모두 32卦이다. 다른 7卦도 乾과 같이 하면 각각 32卦씩 생긴다. 따라서 포체로 해서 생기는 卦는 총256卦(32×8)이다.

朱熹는 이러한 林栗의 학설에 대해 다음과 같이 비판하고 있다. 즉 「繫辭傳」에서 '易有太極 是生兩儀……生八卦'라고 하는 것은 성인이 역을 지은 綱領의 次第로서 오직 邵康節만이 분명하게 보았는데, 지금 林侍郎이 바로 6획의 卦로써 태극을 삼고 가운데 포함된 2체를 양의로 삼고, 또 2호체를 취하여 통틀어 4상을 삼고, 또 전도시켜 2체 및 호체로 통틀어 八卦를 삼으니 태극으로 말할 것 같으면 1획이 또한 어디에도 있지 않는데 바로 6획이 卦를 이룬다. 이와 같이 되면 태극이 양의를 포하고 양의가 4상을 포하고, 4상이 八卦를 포하는 것이 되니 성인이 이른바 生이라고 한 뜻과 같지 않게 된다."118)라고 했다. 이에 대해 林栗은 반박하기를, "오직 그 '包' 함이 이로써 능히 생할 수 있는 것이니 포와 생은 사실상 같은 뜻이다"119)라고 했다.

생각건대 林栗이 「繫辭傳」의 "易有太極 是生兩儀……"에 맞춰 하나의 重卦가 8개 괘를 포함하고 있다는 생각은 朱熹와의 논변에서 설사 林氏의 주장이 옳다고 하더라도 여기에는 또 다른 문제점이 있다고 본다. 그림에서 보듯이, 旅卦에서 離, 艮, 兌, 巽, 離, 震, 巽, 兌의 8개의 卦가 생기기는 하지만 그 卦들이 중복되게 마련이다. 이러한 현상은 그의 포체도에서도 마찬가지이다. 이 중복되는 것에 대해서는 이른바

---

118) 『易學象數論』, pp. 140. 繫辭所謂易有太極是生兩儀…生八卦 此是聖人作易綱領次第 惟邵康節 見得分明 今侍郎 乃以六畫之卦 爲太極 中含二體 爲兩儀 又取二互體通爲四象 又顚倒看二體及互體通爲八卦 若論太極 則一畫亦未有 何處便有六畫底 卦來如此 恐倒說了 兼若如此 卽是太極包兩儀 兩儀包四象 四象包八卦 與聖人所謂生者 意思不同矣.

119) 『易學象數論』, pp. 140~141. 惟其包之 是以能生之 包之與生 實一義.

4象을 무엇으로 보느냐에 따라서 다를 수가 있는바, 4象이란 노양, 노음, 소양, 소음으로 보는 주자의 입장에서라면 4象이 八卦를 생한다고 할 경우에 있어서 4象이란 卦가 아니고 그 구성분자일 뿐이어서 4象과 八卦가 중복되지 않은 데 반해, 林栗의 4象이란 역시 卦일 따름이니 4象과 八卦가 중복될 수가 있어서, 이른바 4象이 八卦를 생한다는 원리에 맞지 않게 된다. 한편 건곤이 다른 卦를 포해서 卦를 생산한다고 하는 것은 이치에 맞을 수 있을지 몰라도, 6子卦가 건곤을 포해서 卦가 생긴다고 하는 것은 윤상질서에도 어긋날 뿐만 아니라, "易有太極 是生兩儀……生八卦"라고 하는 「繫辭傳」의 차서에도 위배된다 할 것이다.

(7) 朱熹의 互體觀

朱熹는 「繫辭傳」의 雜物撰德之章에서 이르기를 "이것은 互體가 된다. 이를테면 屯卦의 震下坎上에서 중간의 4爻로 보면 2에서 4까지는 坤이 되고 3에서 5까지는 艮이 된다.……「左傳」중의 한 곳, 접쳐서 觀을 얻은 곳에서 말하기를 호체를 분명히 썼다. 이 설을 폐할 수 없다."[120]라고 한 것을 두고 丁若鏞은 다음과 같이 말한다.

> 호체의 설은 漢 이래로 사승이 끊어지지 않았는데 『본의』에서는 주자는 쓴 적이 없으나 평일에는 논한 바가 이와 같은데 아직도 이의가 있는가? 洪容齋가 이르기를, 師六五가 말하는 長子帥師는 二四가 震이 되는 것이다. 謙初六이 말하는 涉大川은 二四가 坎이 되는 것이다

---

120) 「朱子本義發微」『易學緒言』卷二, p. 301. 此爲互體 屯卦震下坎上 就中間四爻 觀之自二至四 則爲坤 自三至五 則爲艮……左傳一處 占觀卦分明用互體 此說不可廢.

라고 하였고, 吳草廬가 이르기를 호체는 3이 內卦의 中이 되고 4는 外卦의 중이 된다 했다.[121]

생각건대 胡炳文이 震六二에서 말하길 陵象(二四互)이 있다 하고, 漸初六에서 말하길, 互坎은 水象(二四互)이 있다고 하고, 渙六四에서는 말하길, 艮은 丘象(三五互)이라 말하고 있다. 이것은 이른바 하나의 저민 고기로써 족히 온 솥을 알 수가 있는 것이다. 호체를 폐할 수가 있겠는가?[122]

朱熹는 「繫辭傳」의 잡물찬덕의 장에서 호체를 폐할 수가 없다고 분명히 말했지만 『본의』에서는 쓰지 않고 있다. 그러나 평상시에 호체를 논했으며 또 洪邁(1123~1202, 字 景廬, 號 容齋), 吳澄(1249~1333, 字 幼淸, 號 草廬), 胡炳文등이 비록 일부분이긴 해도 易詞를 호체로 해석하고 있으니 그것은 한 점의 저민 고기를 보고 솥 안의 고기 전부를 알 수 있는 이치와 같다고 한 것이다.

大壯의 六五에서 朱子가 말하기를 卦體는 兌와 같아서 羊象이 있다고 말했고, 徐幾(南宋人, 字子與, 號進齋)는 頤의 「象傳」을 논해 말하기를 卦體는 離와 같아 龜象이 있다고 했고, 汪藻(宋代人, 1079~1154, 字 彦章)는 말하길, 損益 두 卦는 通體가 離와 같아서 龜象이 있다고 한 것을 『역학서언』에 인용하면서 거기에 부쳐 말하기를, 兼體 大體의

---

121) 「朱子本義發微」 『易學緖言』, 卷二, p. 301. 互體之說 自漢以來 師承不絶 朱子於本義中 雖無所用 其平日所論如此 尙有異義乎. 洪容齋曰 師六五云 長子帥師 蓋二四爲震也 謙初六云涉大川 蓋二四爲坎也 吳草廬云互體 則三爲內卦之中 四爲外卦之中.

122) 「朱子本義發微」 『易學緖言』, 卷二, pp. 301~302. 案胡炳文 於震六二曰 互艮有陵象(二四互) 於漸初六曰 互坎有水象(二四互) 於渙六四互有丘象(三五互) 此所謂一臠足以知全鼎也 互體其可廢乎.

설은 속유들은 더욱 들은 바가 없겠지만, 선유의 학설이 이와 같으니 가히 폐할 수가 있겠느냐?라고 하고 있다.[123] 즉, 朱熹가 大壯 六五에서 卦體가 兌라고 한 것은 「兼體」로 본 것이고, 徐幾가 頤의 「象傳」에서 損益 두 卦를 離라고 한 것도 「大體」를 뜻하는 것이니 선유가 호체를 쓴 증거가 이처럼 명백해서 호체는 폐할 수가 없다고 한 것이다.

(8) 吳澄의 互先天圖

오징은 邵雍의 「64卦 방위도」에 의탁해서 「호선천도」를 만들었다. 아래 그림에서 보듯이, 그의 圖는 밖으로부터 안으로 행하는 3층 구조

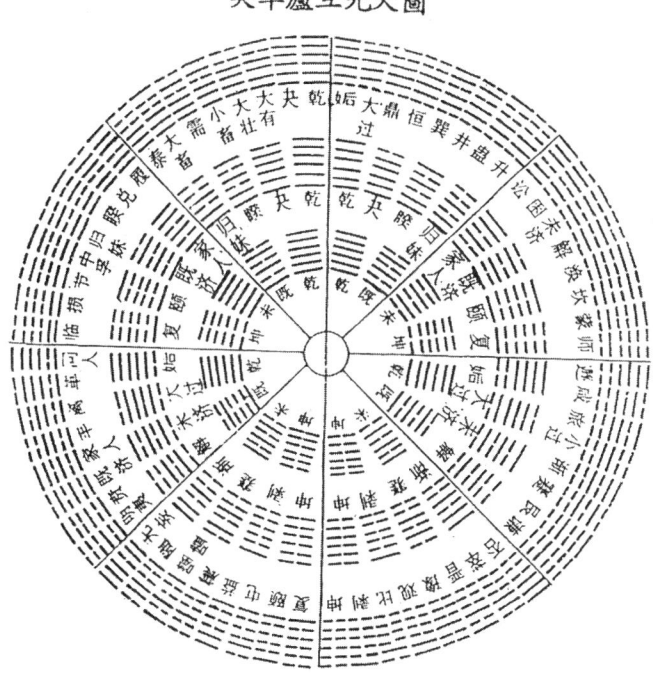

吳草廬互先天圖

---

123) 「朱子本義發微」『易學緖言』, 卷二, p. 302 참조.

로 되어 있는데, 외층은 邵氏의 「圓圖」이고, 이 「圓圖」의 64卦 각괘에서 가운데 4획으로 호괘를 만들어 중층의 卦를 배열하였는데 모두 32卦이다. 다시 그 32卦를 각각 가운데 4획으로 호괘를 만들었는데 모두 8개의 卦가 된다. 이 八卦를 내층에 배치시킨 것이다. 말하자면 64卦에서 32호체로, 32호체에서 8호체로 수렴해 가는 과정을 소씨의 「64卦 방위도」에 담은 것에 불과하다. 최후로 남은 八卦는 건, 곤, 기제, 미제가 각각 두 번씩 배치되었는데 이 네 卦는 더 이상의 호체가 불가능하기 때문에 3층에서 끝난다.

이 그림을 내부로부터 중층, 외층으로 뻗어나가는 방향으로 관찰해 보면, 내층의 건곤은 『周易』의 시작이요, 기제, 미제는 『周易』의 마침인 셈이다. 여기서 중층의 32卦와 외층의 64卦는 그 과정을 나타낸 것으로도 볼 수 있다.

(9) 黃宗羲의 互體觀

『四庫全書總目提要』는 황종희의 『易學象數論』을 다음과 같이 평하고 있다.

> 그 지론은 다 의거했다. 대개 황종희는 상수를 마음으로 궁구해서 능이 그 시말을 하나하나 깨닫고서 그 하자를 다 말했다. 理에 의거해서 공담만 하고 아무 요체도 얻지 못한 자들과는 비교할 것이 아니다.……호위의 『역도명변』과 더불어 같이 가히 역의 도에 공이 있다고 할 수 있다.[124]

---

124) 永瑢. 記昀 主編, 『四庫全書總目提要』(河北: 人民出版社, 2000), p. 152. 其持論 皆有依据 盖宗羲究心象數 故一一能洞曉 其始末 因而盡得其瑕疵 非但据理空談 不中窾要者比也……與胡渭 易図明辨 均可謂有功易道者矣.

이와 같이 황종희는 상수역을 비판적 입장에서 다루면서 다음과 같이 주장한다.

> 성인은 상을 가지고 사람에게 보였다. 그 상에는 八卦의 상, 6획의 상, 象形의 상, 爻位의 상, 반대의 상, 방위의 상, 호체의 상이 있다. 이 일곱 가지로 상은 다한다. 뒷날의 유학자들은 거짓된 상을 만들어 내어, 납갑이니, 동효니, 괘변이니, 선천이니 하였다. 이 네 가지 상이 뒤섞임으로써 앞의 일곱의 참 모습이 어두워졌다.[125]

한편 그는 왕필이 상수를 물리친 공을 다음과 같이 인정하고 있다.

> 魏의 王輔嗣가 나와서 역에 주를 하여 意를 얻고 象을 잊으며, 象을 얻고 말을 잊었다. 日時歲月과 五氣의 서로 옮김이 다 배척되어 많이 관여치 않게 되었다. 이로써 큰물이 다하고 물이 차가운 못이 맑아졌다.……왕보사가 더러운 것을 맑게 한 공적은 멸해서는 안 된다.[126]

이와 같이 일시세월과 五氣의 相推 등 변질된 상수를 모두 쓸어버린 것은 왕필의 공이었다고 하면서도 호체를 그의 이른바 七象 가운데 하나로 꼽았다는 것은 일견 서로 모순되는 것처럼 보인다. 하지만 왕필이 폐한 모든 상 가운데서 폐할 수 없는 것을 인정했다는 것은 황종희의 상수역에 대한 이해도의 깊이를 보여주는 것일 뿐, 결코 모순되

---

125) 『易學象數論』, p. 157. 聖人 以象示人 有八卦之象 六畫之象 象形之象 爻位之象 反對之象 方位之象 互体之象 七者而象窮矣 後儒之爲僞象者 納甲也 動爻也 卦變也 先天也 四者雜而七者晦矣.
126) 『易學象數論』, p. 5. 魏王輔嗣 出而注易 得意忘象 得象忘言 日時歲月 五氣相推 悉皆擯落 多所不關 庶幾潦水盡而 寒潭清矣……其廓清之功 不可泯也.

는 태도라고 말해서는 안 된다.

  황종희가 말하는 호체 또한 重卦에서 2~4와 3~5로 얻어지는 小成卦 둘인 것이다. 그 예로서 『좌전』 장공 22년에 周史가 陳侯를 위해 筮해서 觀之否를 만나 말하기를, "坤은 흙이고 巽은 풍이며 乾은 하늘입니다. 바람이 하늘로 변해서 흙 위에 산이 있는 격입니다."(曰坤土也 巽風也 乾天也 風爲天於土上山也)라고 한 것을 杜預가 注하기를 "2에서 4까지에 艮이 있으니 艮이 山이 되는 걸 상한다."(自二至四 有艮象 艮爲山)라고 한 것을 그의 호체설 벽두에 쓰고 있다. 여기서 2에서 4까지라 함은 否卦를 두고 하는 말이다.

  그는 이어서 다음과 같이 호체의 위상의 중요성을 말한다.

> 이 호체설은 역의 시초에 漢晉에 상승되었으나, 王輔嗣가 물리쳐서 쓰지 않고 종회가 또 역에는 호체가 없다고 말하고, 荀凱가 (이러한 태도를)힐난했다. 춘추에서 經을 설한 것은 성인으로부터 멀리 떨어지지 않았는데, 그 서로 전하는 과정에서 필경 함부로 하여 경문을 증험치 않아서 그 어긋남이 나타난 것이니, 억지로 버릴 수는 없다. 輔嗣가 말하기를, "爻가 만약 順에 합하면 어째서 반드시 坤이 牛가 되어야 하며, 義가 만약에 乾에 응당하면 어째서 반드시 乾이 馬가 되어야 하는가."라든가 "2체에 건곤이 없으나 牛馬가 있으면 다시 그 까닭을 구하는 것은 부당하다."라고 한 것은, 역 속의 상은 한 자도 헛되이 설한 것이 없음을 알지 못한 것이다. 우마가 건곤의 物이라면 우마가 반드시 건곤에서 구하면 있고, 2체에서 없는 것은 호체에서 구하면 있다. 호체를 버리는 것은 성인이 상을 헛되이 설한 것이 된다.[127]

---

[127] 『易學象數論』, p. 127. 此互體說易之始 漢晉相承 王輔嗣黜而不用 鍾會亦言易無互體　荀凱難之 夫春秋之說經者 去聖人未遠 其相傳必有自 苟非證之經文 而見其違背 未嘗可以臆棄矣 輔嗣云 "爻苟合順 何必坤乃爲牛 義苟應健 何必

四. 卦가 存在하는 原理 • 273

이와 같이 역사는 한 자도 상과 부합되지 않게 설한 것은 없다고 하는 것이 황종희의 생각이다. 따라서 왕필이 역사와 상이 일치하지 않는다고 해서 상을 버린 것은 호체를 모르기 때문이라는 것이 그의 주장이다.

(10) 李光地의 互體說

이광지는 우선 「四象相交 爲十六事圖」[이 책 말미의 「그림11」참조]를 그려 놓고 말하기를,

> 이것은 互卦의 뿌리이다. 겨우 그것이 바야흐로 4획을 이룰 때 互로 되는 것이 이 16괘이다. 그러므로 64괘가 이루어진 뒤에 중효로써 호를 취하면 단지 이 16괘이다. 곧 6효의 순환으로 互를 취하여도 이 16괘일 뿐이다.128)

그는 이 그림을 두고 부연하기를, 4획이 호로 하여 16괘를 이루고, 또 그 가운데의 2획으로 보면, 互卦인 乾, 坤, 剝, 復, 大過, 頤, 姤, 夬는 모두가 가운데 2효가 태양 태음이고, 호로 된 漸, 歸妹, 解, 蹇, 睽, 家人, 旣濟, 未濟는 모두가 가운데 2효가 소양소음이다. 그러므로 16괘의 사(事)는 4상으로 돌아갈 따름이라고 했다. 이에 대한 丁若鏞의 평을 듣기로 한다.

乾乃爲馬" 以言二體無乾 坤而有牛馬 不當更求其故 不知易中之象 無一字虛設 牛馬旣爲乾 坤之物 則有牛馬必有乾坤 求之二體而無者 求之互體而有矣 若棄互體 是聖人有虛設之象也.

128) 『周易折中』 p. 1135. 此互卦之根也 惟其方成四畫時所互有此十六卦 故六十四卦成後以中爻互之 只此十六卦 卽以六爻循環互之亦只此十六卦.

4상이란 것은 揲四(넷으로 세는)의 명칭인데 그것이 상하는 바는 天地水火이다. 天地水火는 태양 태음 소양 소음이 아니다. 태양 태음 소양 소음은 九六七八의 명칭이다. 포희 畫卦 시에 본 사람은 없다. 고찰할 경문은 '因而重之'라는 한 구에 불과하다. '인하여 그것을 거듭한다.'는 것은 八卦에서 서로 포개고 서로 첩첩이 하는 것이다. 邵선생의 '가일배법'은 포희가 卦를 설립한 것이 반드시 그 말과 같은 것은 아니다. 지금 여기서 4획의 卦는 下의 4획이지 中 4획이 아니다. 榕村이 (주자의)『역학계몽』의 책갈피 속에서 우연히 그 모양이 비슷한 것을 발견하고는 드디어 互卦의 뿌리로 삼는다는 기교스러운 말을 한 것이다. 어찌 본디의 이치가 실제로 그러하겠는가? 6畫卦를 이룬 뒤에 다시 위의 4획을 나열해서 견주어 완색해 보면 역시 다만 16卦일 뿐이니 이는 늘 있는 일이요, 기이하다고 떠들기엔 부족하다.[129]

태양(⚌), 태음(⚏), 소양(⚎), 소음(⚍)이라는 이 네 개의 부호를 서로 포개되 중복되지 않게 하여 조합을 만들면 「四象相交 爲十六事圖」에서 보는 바와 같은 16개의 집합을 얻게 된다. 이것은 4×4=16일 뿐이다. 이광지는 이렇게 해서 만든 이 16개의 체를 호체의 뿌리라고 했지만, 丁若鏞이 보기에는 우선 이러한 두 선으로 된 네 가지 부호를 4상으로 보는 것을 용인하지 않을 뿐만 아니라, 이것은 교활한 기교에 불과하다는 것인 바, 왜냐하면 이것은 소옹의 가일배법에서 밑에서부터 위로 4획까지를 취한 것일 뿐인데 이것을 마치 4상이 서로 사귀어 생

---

129) 「李氏折中鈔」, 『易學緖言』, 卷三, p. 414. 四象者 揲四之名 而其所象者 天地水火也 天地水火 非太陽太陰少陽少陰 太陽太陰少陽少陰者 是九六七八之名 庖義畫卦之時 人無見者 考之經文不過因而重之一句 因而重之者 八卦之相累相疊也 邵先生加一倍法 未必爲庖犧所用設如其言 今此四畫之卦 是下四畫也 非中四畫也 榕村於啓蒙紙面 偶見其形似 遂作巧言以爲互卦之根 豈本理實然乎 六畫旣成之後 再將上四畫羅列比玩 亦只是十六卦而已 此是常事 不足叫奇.

긴 것처럼 꾸미고 있기 때문이다. 밑에서부터 4획까지는 중4효라는 호체의 원리에 부합치 않기 때문에 이광지는 슬며시 4상을 끌어다가 붙인 것으로 보인다.

이광지는 이른바 이 호체의 뿌리에 의해 이루어진 16卦의 가운데 태양(⚌) 태음(⚏)이 3, 4중획을 차지한 卦가 8이고, 소양(⚎) 소음(⚍)이 3, 4중획을 차지한 卦가 8개이어서 互로 이루어진 互卦가 결국 4상으로 돌아간다고 하고 있지만, 비단 중(3, 4)획에 그치는 것이 아니고 1, 2와 5, 6획에서도 똑 같은 현상이 일어난다. 즉 1, 2획이 ⚌, ⚏인 卦도 8개이고, 1, 2획이 ⚎, ⚍인 卦도 8개이며, 5, 6획이 ⚌, ⚏인 卦도 8개이고, 5, 6획이 ⚎, ⚍인 卦도 8개인데, 하필 중 (3, 4)을 두고 4상으로 돌아간다고 하는 것은 이유가 없다. 하도의 중궁을 신성시하여 중궁수에서 태극이나 대연지수를 찾는 것과 비슷한 발상이라고 하겠다. 그리고 ⚌, ⚎, ⚍, ⚏의 네 가지 부호를 중첩하여 만든 16가지 조합이 이러한 현상을 띄는 것은 당연한 일일 뿐만 아니라, 6畫卦에서 살펴보아도 역시 16卦의 호체가 생기기는 마찬가지여서 이광지의 호체설이 신기할 것은 없다.

그의 이「四象相交 爲十六事圖」에 근거하여 64卦에서 16호괘를 추출해 낸 것을 그림으로 나타낸 것이「六十四卦 中四爻 互卦圖」130)이다. 호에서 생겨난 이 16卦를 다시 호로 취하여 나타낸 것이「十六卦 互成四卦圖」131)이다. 생각건대, 64卦가 호괘를 만들면 16호괘가 생길 뿐이고, 이 16호괘에서 다시 호괘를 취하면 건, 곤, 기제, 미제의 4호괘가 생기고, 이 4호괘에서 다시 취하면 여전히 건, 곤, 기제, 미제의 4卦가

---

130)『周易折中』, p. 1135.
131)『周易折中』, p. 1136.

되어 이후부터는 계속 그러할 뿐이다. 이러한 상황관계를 나타내 보인 그림이 그의 이른바 「互卦圓圖」이다. 그는 이 그림에서 다음과 같이 말하고 있다.

> 건곤은 체이고 기제 미제는 용이다. 그러므로 건곤으로 시작해서 기제 미제로 마친다. 중간은 왼쪽 6卦, 剝, 復, 漸, 歸妹, 解, 蹇인데 陽卦이다. 모두가 震, 艮이 주가 되고 건곤의 통솔을 받는다. 오른쪽 6卦, 姤, 夬, 大過, 頤, 睽, 家人은 陰卦인데 모두가 巽兌가 주가 되고 기제 미제의 통솔을 받는다. 그러므로 그림의 外 一層은 64卦이고, 다음 內 一層은 호로 된 16卦이고, 또 다음 內 一層은 16卦에서 호로된 4卦이다. 그 象의 영역으로 보면, 모두 건곤을 互하는 것은 앞에 있고, 기제 미제를 互하는 것은 뒤에 있다. 그 좌우를 본다면, 좌측 것은 모두 건곤에 통어되고 오른 편 것은 모두 기제 미제에 통어된다.[132]

오징과 이광지는 모두 소옹의 선천도에 착안하여 도를 만들었다는 점에서는 같은 입장이지만, 오징의 「互先天圖」는 소옹의 「64卦 方位圖」의 「圓圖」를 자신의 도의 외층으로 한 것인 데 대해 이광지의 「互卦圓圖」의 기본이 된 그의 「四象相交 爲十六事圖」는 소옹의 「伏羲64卦 次序圖」가운데서 그 밑에서부터 4획까지를 문득 취한 것이기 때문에 얼핏 보기에는 서로 달라 보여도, 오징의 「互先天圖」와 이광지의 「互卦圓圖」는 서로 뿌리가 같다고 해야 한다. 다시 말하자면, 오징의 「互

---

[132] 『周易折中』, p. 1137. 乾坤體也 旣未濟用也 故以乾坤始之 旣未濟終之 中間則左方六卦剝復漸歸妹解蹇爲陽卦 皆以震艮爲主 而統於乾坤 右方六卦姤夬大過頤睽家人爲陰卦 皆以巽兌爲主 而統於旣未濟 故圖之外一層者 六十四卦也 次內一層者 所互之十六卦也 又次內一層者 十六卦所互之四卦也 以其象限觀之 則皆互乾坤者 居前 互旣未濟者 居後 以其左右觀之 則左方者皆統於乾坤 右方者皆統於旣未濟也.

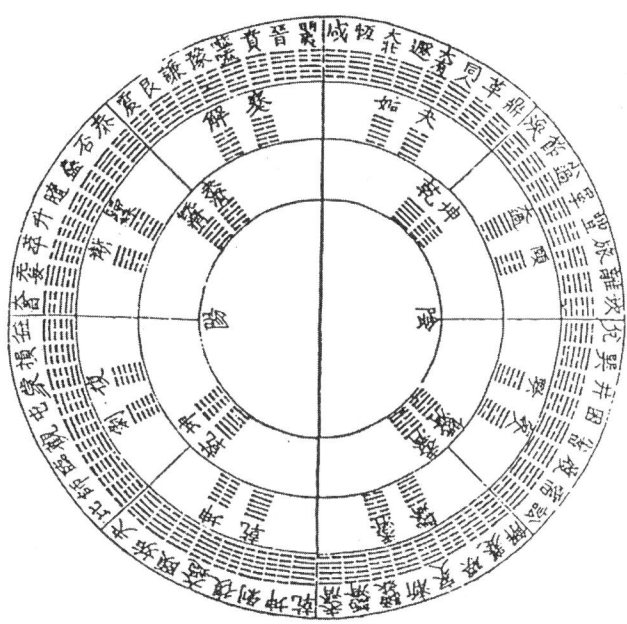

先天圖」에서는 중층과 내층은 같은 卦가 두 번씩 거듭하여 배열이 되는데 이것을 둘로 나누면 이광지의 「互卦圓圖」처럼 되는 것이다. 다만 차이점은 오징은 외층을 소옹의 「圓圖」그대로를 옮겨 놓았지만, 이광지는 「16卦 互成四象圖」에서 「互卦圓圖」를 만드는 과정에서 중층의 16卦가 거듭되지 않도록 외층 64卦의 순서를 의도적으로 배치했다는 점이다.

이상에서 보았듯이 호체설은 경방에서 현저해진 이래 우번에 이르러 꽃을 피웠는데, 왕필, 종회의 배척으로 한때 멸한 듯 했었지만, 그러나 상수역가는 물론, 상수를 정비한 황종희 같은 학자며, 朱熹도 호체는 폐할 수 없다고 하여, 호체는 역의 한 기본원리로 전해져 왔다고 할 수 있다.

丁若鏞은 이렇게 말한다.

> 주역의 微辭奧旨는 비록 쉽게 보지 못하나, 천하의 총명과 고금의 英豪를 지극히 넓히고, 片言隻字를 지극히 모으면 별은 나타나고 구슬은 뛰어서 마침내 가려져서 얻지 못하는 것도, 참으로 능히 모래를 일어 금을 얻어서[淘沙得金] 千古에까지 집대성한다면 이것은 유감이 없을 것이다.133)

2) 互體說의 理論的 根據

丁若鏞은 그의 『周易四箋』의 머리 부분에서 易有四法을 논하면서 호체에 대해 다음과 같이 말문을 열고 있다.

> 호체란 무엇인가? 重卦가 이루어지면 여섯 체가 서로 이어져서 2에서 4까지와 3에서 5까지가 각각 하나의 卦를 이룬다. 이것을 호체라고 한다.134)

호체론자의 공통적인 관념이긴 하지만, 重卦가 되고 나면 상하 2체의 경계가 없이 6체가 서로 이어져서, 그 지위의 다양성에도 불구하고 하나의 重卦를 이루고 있는 하나의 대등한 구성요소라는 지위로도

---

133) 「朱子本義發微」 『易學緖言』, 卷二, p. 302. 周易之微辭奧旨 雖未易見 天下之總明 至廣古今之英豪 至衆片言隻字 星見珠躍 終亦有掩不得者 苟能淘沙得金 而集大成於千古 則斯無憾矣.

134) 『周易四箋』, 卷一, p. 2b. 互體者何也 重卦旣作 六体相連 自二至四 自三至五 各成一卦 此之謂互體也.

四. 卦가 存在하는 原理 • 279

파악할 수 있는 관점이 있다는 것이 호체론의 전제가 되고 있다 할 것이다.[135] 따라서 상하의 두 卦를 첫째부터 시작하는 관념에서 일탈하여 2에서부터 시작해서 3, 4까지를 한 卦로 만들어 볼 수도 있고, 3에서 시작해서 4, 5까지를 한 卦로 파악해 볼 수도 있다는 관념이 이 전제에서 자연스럽게 流露된다고도 볼 수 있다. 이렇게 하여 2에서 4까지에서 이루어지는 卦를 內互 또는 下互, 3에서 5까지에서 이루어지는 卦를 外互 또는 上互라고 부르는 것이 법식이 되어 있다. 그렇다면 왜 '互'라고 했을까? 여기에 대해서 丁若鏞은 다음과 같이 적고 있다.

> 가령 下震上坎을 屯이라 하는데, 이 屯卦의 중간에 2와 4가 功이 같으니 이름하여 互坤, 3과 5가 공이 같으니 이름하여 互艮이라 한다.[136]

즉 모든 6체에서 2체와 4체가 功이 같고, 3체와 5체가 功이 같기 때문에 互라고 한다는 것이다. 여기서 2체와 4체가 功이 같다고 함은 2체는 下互의 初요 4체는 上體의 初이니 初라는 점에서 功이 같다는 말이고, 3체와 5체가 功이 같다 함은 3체는 下體의 上이요, 5체는 上互의 上이니 上이라는 점에서 功이 같다는 말이다. 이에 대한 선행 연구는 아직 나와 있지 않다.('二與四同功', '三與五同功'에 대해선 「계사하전」제 9장 참조)

---

135) 丁海王, 「주역의 해석방법에 관한 연구」(박사학위논문)(부산대학교대학원, 1990. 8), p. 82. 참조.
136) 「與尹畏心(永僖)」『與猶堂全書』, ③, p. 224. 假令下震上坎曰屯 而此屯卦之中 二與四而同功 則名曰互坤 三與五而同功 則名曰互艮.

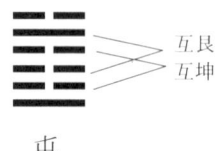

그리고 이러한 호체의 이론적 근거에 대해서는 경방 이래 호체론자들의 통설이 그러하듯 丁若鏞 또한 그 근거를 「繫辭傳」의 다음과 같은 문장에서 찾고 있다.

物을 섞고 德을 갖추며 是와 非를 변정함에 이르러서는 그 중효가 아니면 다할 수 없다(若夫雜物 撰德 辨是與非 則非中爻 不備).137)

위의 문장에 대한 丁若鏞의 생각은 다음과 같다.
① 여기서 중효란 통설에 따라 2, 3, 4, 5효로 본다. 그러나 단순히 2, 3, 4, 5의 효라고 하지 않고 '2, 3, 4, 5의 變'138) 이라 했다. 여기서 굳이 '변'이라고 표현한 까닭은 '중효'라고 할 때의 '효'(爻)의 원의에 충실코자 함이었겠지만, 효변에서의 효의 의미도 내포하면서 '호괘로 되는 변화'란 뜻의 변이었을 것이다.(그 까닭은 ④에서 논함)
② "중효에 이르면 정체, 호체, 괘상이 교착하고 다시 양호가 卦를 이루어 物情(물의 변동)이 여러 번 변하게 된다."139)라고 하고 있다. 여기서 중효에 이른다는 뜻은 단순히 중효를 통칭하는 것이 아니고 위에서 효의 뜻을 말하면서 밝힌 바와 같이, "중효가 호체를 만들면" 이

---

137) 『周易四箋』, 卷八, p. 13b.
138) 『周易四箋』, 卷八, p. 13b 참조.
139) 『周易四箋』, 卷八, p. 13b. 至於中爻 則正體互體卦象交錯 又或兩互成卦 物情屢遷.

라는 의미로 해석해야 한다. 왜냐하면, 그 다음에 이어지는 "다시 양호가 卦를 이루어" 라는 말이 성립하려면 불가피하게 먼저 상하 두 호체가 성립될 것이 선행되어야 하기 때문이다. 확언하면, "다시 양호가 호를 이루어" 라는 이른바 丁若鏞의「양호작괘」는 반드시 상하 두 호괘를 전제로 한 개념이기 때문이다.

③ "모든 변화는 八卦가 相盪하는 데서 일어나는 것이므로 역의 묘용은 중효가 아니면 다할 수 없다."(諸變 悉起八卦相盪 故易之妙用 非中爻 不備也)라고 그는 말하고, 朱熹 또한「繫辭傳」의 이 문장이 호체를 두고 말한 것으로 생각한다고 丁若鏞은 보았으며, 胡炳文, 洪邁, 吳澄 등도 같은 입장이며, 九家의 역은 모두 호체를 논했는데, 鍾會가「무호체론」을 지어서 역도가 끊어지게 되었으며, 만약 朱熹가 다시 천명하지 않았더라면 호체설은 영영 사라지고 말았을 것이라고 하고 있다.140)

④ 그러나 丁若鏞은「繫辭傳」의 이 문장을 중간의 네 효의 변동을 통칭하는 것이지 호체만을 논한 것은 아니라고 하는 것이 특이하다. 즉 호체로 파악하지 않으면서도 중간의 2, 3, 4, 5효는 각각 변화를 이룬다는 즉 효변을 포섭한다는 주장인 바, 이것은 "그 초는 알기 어렵고, 그 上은 알기 쉬우니 本과 末이다."(其初難知 其上易知 本末也)라는 바로 위의 문장을 보면 여기의 中爻의 뜻이 선명하게 부각된다. 즉 6畫卦에서 初爻(초획의 변)는 아직 사물의 뿌리(시작)이기 때문에 알기가 어렵고, 上획의 변(즉 上爻)은 이미 변화가 종결하는 단계이니까 알기가 쉽다는 것인 바, 따라서 中爻 즉 2, 3, 4, 5의 변화(효변)는 중간의 발전단계가 된다. 그렇기 때문에 '잡물 찬덕'을 갖출 수가 있다는 것

---

140)『周易四箋』, 卷八, p. 13b 참조.

이고 따라서 丁若鏞은 여기서의 雜을 互로 해석하고 있다.[141]

과연 이 문장이 호체설의 근거가 되느냐 하는 것에 대해서는 호체론자들은 모두 이를 인정하지만 이에 대한 반대의견도 있다. 여기서 우선 상기의 「繫辭傳」에서 말하는 '중효'가 2, 3, 4, 5의 효를 지칭하는 것인가부터 검토해 보기로 한다. 그러기 위해서는 이 문장이 이어 받은 직전의 문장을 살펴볼 필요가 있을 것 같다. 직전의 문장은 다음과 같다.

그 초는 알기 어렵고, 그 上은 알기 쉬우니 本과 末이다.[142]

여기서 초란 초효를, 上이란 상효를 지칭하는 것이라는 데는 이론이 없다. 그렇다면 이것을 이어 받은 문제의 이 문장에서 말하는 중효란 일응 2, 3, 4, 5효를 통칭하는 것으로 볼 수 있다. 즉 직전 문장에서 초와 상을 말했으니 그것을 이어 받은 문장에서는 6효 중에서 초와 상을 제외한 나머지의 효가 될 것임은 당연한 사리가 된다고 할 수 있다, 이 점에 대해서도 별로 이설이 없다.(물론 왕필계의 학자들은 다르지만) 다만 여기서의 '중효'가 2, 3, 4, 5효들뿐만 아니라 그것으로 구성되는 호체까지를 의미하는 것이냐에 대해서는 학설이 일치하지 않는다.[143] 그것은 호체를 인정하느냐 않느냐의 입장과 연계된다. 그리고 여기의 중효 즉, 2, 3, 4, 5가 아니면 다 갖출 수 없다는 이른바 雜物, 撰德, 辨是與非란 무엇을 뜻하는가에 대해서도 학설이 일치하지 않고 있다.

---

141) 「王蔡胡李評」『易學緒言』, 卷四, p. 452 참조.
142) 『周易四箋』, 卷八, p. 13a. 其初難知 其上易知 本末也.
143) 『兩漢易學史』, p. 162 참조.

종래의 호체론자들의 일반적 입장은, 예를 들어 屯에서 하호는 坤이 되고 상호는 艮이 되는데 坤은 땅이고 艮은 산이니 '잡물'이란 이 땅이며 산을 말하고, 곤은 순한 것이 되고 간은 그치는 것이 되니 順과 止를 '찬덕'이라고 했다.144)

이에 대해 황종희는 다음과 같은 말을 하고 있다.

> 卦에는 乾坤이 없는데 (易飼에는)牛馬가 있다면 '잡물'이 아니겠는가? 卦에는 艮兌가 없는데 (易飼에는)止나 說이 있다면 '찬덕'이 아니겠는가?145)

전자의 입장은 호병문과 같은 경우로서 그의 주장은 요컨대 먼저 호체를 파악하여 그 호체에서 物이며 德을 찾아내는 이론이라면, 황종희의 입장은 이미 그의 이른바 잡물 찬덕의 현상이 되어 易飼와 卦가 일치하지 않을 경우에 호체를 구한다는 뜻이니 두 입장이 결과는 같지만 시각의 방향이 다르다. 그러나 호체를 인정하지 않는 입장에서는 '잡물 찬덕'의 의미를 어디까지나 正體에서 찾게 되는데 그 대표적인 인물이 왕필이다. 그는 易飼와 물상이 일치하지 않음을 들어서 물상은 물론 호체까지도 폐지하고 말았던 것이다.

왕필의 『周易注』에서 공영달이 疏하기를, 中爻란 상하괘의 中爻 즉 2와 5만을 지칭하는 것으로 보고 있다. 그에 따르면 천하의 물을 雜聚하는 걸 잡물이라 하고, 衆人의 덕을 撰數하는 것을 찬덕으로 보고, 이 잡물 찬덕과 是非를 변정함에는 中一爻만으로는 다 갖출 수 없기 때

---
144) 『周易傳義』, 卷23, p. 44b 참조.
145) 『易學象數論』, p. 128. 卦無乾 坤而有牛馬 非雜物乎 卦無艮 兌而言止說 非撰德乎.

문에 이를테면 乾九二의 見龍在田利見大人과 九五의 飛龍在天利見大人이 乾卦의 義를 총섭하는 것이며, 또 坤六二의 直方大는 坤卦의 地道의 원리를, 六五의 黃裳元吉은 坤卦의 臣道의 원리를 총섭함과 같은 것이라고 설명하고 있다. 이와 같이 호체를 인정치 않는 입장에서는 정체만을 논하여 중효란 2효와 5효에 제한했다.

이에 대해 호체를 폐지할 수 없다고 한 朱熹는 중효를 '괘 중의 4효' (卦中四爻)146)라고 했고, 吳澄은 "정체로 논하면 2는 內卦의 中, 5는 外卦의 中이고, 호체로 논하면 3은 內卦(內互)의 中, 4는 外卦(外互)의 中이다"147) 라고 했는가 하면, 李衡(1100~1178)은 성인이 重卦를 한 것은 理가 그 속에 구유하고 있는 것이니 그 事는 末이라고 하고, 八卦를 뒤섞을 때 6효의 德을 撰定하고 득실과 是非를 분별하였으니 중효가 아니면 갖추어지지 않는다고 하고, "중효란 崔憬(당대학자, 생졸년 미상)의 이른바 2, 3, 4, 5효이며 경방의 이른바 호체가 이것이다." 라고 하였다.148)

胡一桂(1247~?, 字 庭芳, 號 雙湖)는 "是非란 當位 不當位, 中 不中, 正 不正인데 내외의 卦가 이미 충분히 나타내고 있지만, 다시 호체로써 변정하면 시시비비가 이렇게 되자 더욱 나타나게 된다."라고 했다.149)

陳夢雷(1650~1741)는 다음과 같이 말하고 있다.

---

146) 『周易傳義』, 卷23, p. 44a 참조.
147) 『周易傳義』, 卷23, p. 44b. 正體則二爲內卦之中 五爲外卦之中 互體則三爲內卦之中 五爲外卦之中.
148) 李衡, 『周易義海撮要』(上海:上海古籍出版社, 1989), p. 296 上. 中爻 崔憬所謂二三四五 京房所謂互體是也.
149) 『周易傳義』, 卷23, pp. 44b~45a. 是非者 當位不當位 中不中 正不正也 內外卦旣足以示人矣 復自互體而辨之 則是是非非 於是乎益可見焉.

物이란 爻의 음양이고 덕이란 健順動止와 같은 덕이다. 효에는 중 부중, 정 부정, 有應 無應이 있어서 모두가 시와 비가 된다. 內卦 外卦의 물과 덕, 호체의 물과 덕이 있기 때문에 갖추었다 한다.150)

兪琰은 다음과 같이 말하고 있다.

중효란 초와 상의 사이에 있는 4효를 말하는 것으로서 卦의 호체가 이것이다. 물이란 효의 음양을 말하고 덕이란 卦의 덕을 말한다. 내외 두 卦에는 본래 각각 그 덕이 있지만 잡물 찬덕이 되면 그 중간의 4효의 음양이 섞이고 어긋매껴져서 다시 그 사이에 兩卦의 덕을 찬성한다. 효에는 중 부중, 정 부정, 응 불응, 與 不與가 있다. 따라서 시와 비가 있는 것이다. 是란 理에 마땅한 것이며 非란 理에 어긋나는 것이다. 초와 上은 일의 시종인데 초는 시비가 나타나지 않는 것이고, 상은 시비가 이미 정해진 것이니, 시비를 변정해야 한다는 것은 중간의 4효에 있는 바, 이것이 아니면 갖출 수 없다.151)

이에 대하여 "시와 비란 물과 덕의 시비이다"라고 한 견해도 있다.152)

---

150) 陳夢雷, 『周易淺述』(上海:上海古籍出版社, 1993), p. 1128. 物者 爻之陰陽 德卽健順動止之德 爻有中不中 正不正 有應无應 則皆有是與非矣 有內外卦之物與德 有互卦之物與德 故備.

151) 兪琰, 『周易集說』(上海:上海古籍出版社, 1990), p. 340. 中爻 謂初上之間四爻 卦之互體是也 物謂爻之陰陽 德謂卦之德 內外二卦 固各有其德 而雜物撰德 則自其中四爻之陰陽 雜而互之 又自撰成兩卦之德於其間也 爻有中有不中 有正有不正 有應有不應 有與有無與 故有是與非是者 何當於理也 非者何悖於理也 初上爲事之始終 初則是非未見 上則是非已定 辨其是非 則在中間四爻 非此則不備也.

152) 寄傲山房, 『易經備旨』(上海:上海文藏書局, 光緒 甲辰〈1904〉, 卷六, p. 10a. 是非卽物與德之是非.

이상에서 「繫辭傳」의 '중효'에 관한 문장을 놓고 학자들의 견해를 대충 살펴보았거니와, 요약하면, '잡물'을 소, 말 등의 물상으로 보는 입장이 있는가 하면 효의 음양으로 보는 견해도 있고, '찬덕'에 대해서는 健順動止와 같은 것으로 보는 데 의견이 일치하고 있으며, '변시여비'를 효의 위치로 보는 견해가 지배적인가 하면 효만의 지위에서 보는 시비에 그치지 않고, 그 효가 나타내는 잡물과 찬덕에 대한 시비로 보는 견해도 있다. 그러나 대부분의 견해들의 공통점은, 「繫辭傳」의 이 문장에서 중효라고 하는 것은 2, 3, 4, 5의 효와 그것으로써 이루어지는 호체를 아울러 지칭하는 것으로 보는 점에서는 의견을 같이 한다. 이것은 말할 것도 없이 호체를 인정하는 입장들이고, 호체를 인정치 않는 입장에서는 이미 말한 왕필의 경우와 같이, 여기서의 중효란 정체의 2효와 5효만을 지칭하는 것으로 보고 있다는 점이 서로 다르다.

아무튼 「繫辭傳」의 이 문장만으로는 그것이 호체설의 근거가 되느냐 안 되느냐에 대한 필연적인 결론은 나올 수가 없겠지만 위에서 보았듯이 丁若鏞은 통설에 따라서 「繫辭傳」의 이 문장에 호체의 근거를 두고 있다. 그리고 그는 이 호체의 증거를 『춘추』에서 찾고 있는데, 우선 이렇게 말한다.

> 이를테면, 『춘추』에 실려 있는 觀占의 법은 모두 호체를 취하여 묘용을 이루었으니, 진실로 마음을 텅 비우고서 완색하면 칼날로 베듯 풀릴 것입니다.[153]

---

[153] 「與尹畏心」, 『與猶堂全書』 ③, p. 224. 若春秋官占之法 皆取互體 以成妙用 苟虛心一玩 自當迎刃而解矣.

이어서 『춘추』에서 호체를 취한 증거를 구체적으로 적시해 보인다.

즉 『좌전』 「장공 22년」에서 "陳侯의 서에서 觀之否가 나왔는데, 이르기를 바람이 하늘로 변하여 흙의 위에 산이 있는 격입니다."(陳侯之筮 遇觀之否曰 風爲天 於土上 山也)를 주하면서 말하길, "二획에서 四획까지 艮이 있어, 艮이 山이 되는 것을 형용한다."(自二至四 有艮象 艮爲山)에서 호체를 취하지 않으면 觀에서 어떻게 艮山을 얻겠느냐고 하고(觀之否에서 否의 2, 3, 4획이 互艮이 된다) 또 秦繆公의 筮에서도 호체를 취하지 않았으면 蠱卦에서 어떻게 震木을 얻을 수가 있겠느냐고 했다. 즉 「僖公15년」에서 秦의 군주가 晉을 칠 때 복도보(卜徒父)가 그것을 점쳐서 蠱卦를 얻었는데, 이 蠱卦의 해석에서 震木을 말하는 것은 곧 蠱卦의 3, 4, 5가 震이 되기 때문이니 이 또한 호체를 사용한 증거라는 것이다.154)

이와 같이 호체는 경방 등 한유에서 드러나게 사용했지만, 벌써 『좌전』 때부터 사용했던 것으로 보는 학자는 丁若鏞만이 아니다. 또 丁若鏞은, 『좌전』에 호체가 나타났지만 호체는 伏羲 畫卦 당시부터 卦에 내재했던 원리로 보고 있음은 이미 언급한 바 있다.

그러나 호체의 설이 비록 고법이지만 推移가 밝지 못하고, 효변이 드러나지 않으면 이 호체 또한 펼 수가 없다고 했다.155) 왜냐하면 推移와 효변의 법을 쓰지 않으면 호체는 다양해 질 수 없고 고정되기 때문에 변화에 따를 수가 없게 되는 까닭이다. 丁若鏞이 호체를 伏羲 당시의 고법으로 보는 것은 어떤 자료에 의해서가 아니라 사리에 입각한 추론일 뿐이다. 그의 말을 듣기로 한다.

---

154) 「周易答客難」 『易學緖言』, p. 474 참조.
155) 「王蔡胡李評」 『易學緖言』, 卷四, p. 442 참조.

重卦가 이루어지면 6획이 서로 이어져서 이렇게 되자 호괘가 일어났다.156)

즉 6畫卦가 이루어지면 호체는 그 안에 필연적으로 내재하는 원리로 보는 것은 사리상 당연하다는 뜻이겠다. 그러나 이와는 달리 엄밀한 자료에 의하여 호체의 기원을 설하는 학자들도 있다. 이를테면 張政烺은 「殷墟甲骨文所見的一種筮卦」를 발표했는 바, 卜辭와 金文중에서 4개 숫자가 한 조를 이루고 있는 筮卦가 곧 호체라고 하였다. 호체설은 '가운데 네효'를 가지고 호를 정하기 때문에 4개 효가 한 개의 卦로 된다고 논했다. 호괘는 『좌전』에서부터 殷代까지 소급되었다고 주장했다.157)

3) 丁若鏞의 互體觀의 意義

이른바 小成卦가 만들어진 것도 象을 나타내기 위한 것이요, 重卦가 되고서는 상이 더욱 다양화된 것임을 말할 것도 없거니와, 상과 상이 만나는 자리에는 또 다른 상이 어리비치듯 부각되는 것도 자연스러운 일일 게다. 즉 八卦와 八卦가 만나서 또 다른 卦를 잉태하는 것은 상과 상이 포개지면서 다른 상이 배태되는 것을 뜻한다. 八卦와 八卦가 만나서 重卦가 되고 나면 이른바 호체가 성립되는 것이니 호체는 또 다른 상을 나타낸다는 말이다.

한 인간에 있어서도, 다양한 지위를 가지면서도 때로는 그 다양한 지위를 모두 불문에 부친 채, 하나의 동일한 사람이라는 관념만으로

---

156) 『周易四箋』, 卷一, p. 10a. 重卦旣成 六畫相連 於是乎 互卦起焉.
157) 張政烺, 『張政烺文史論集』, (北京:中華書局) 2004. pp. 714~720 참조.

어우러지는 인간관계가 허다하듯, 卦 또한 때로는 어느 획이 어느 자리에 어떤 자격으로 어떻게 있든, 양으로 있든 음으로 있든, 높고 낮고, 귀하고 천하고를 불문하고 다만 하나의 體로서, 卦를 구성하는 하나의 요소로서만 대등하게 파악되기도 하는 것은, 그러한 지위도 있는 것은, 그 획들은 伏羲 畫卦 당시부터 숙명처럼 그렇게 있었다고 생각 할 수도 있을 것이다. 이렇게 본다면 여기서의 이른바 '중효'란 2, 3, 4, 5의 변화로만 보아서도 사리에 어긋난다. 따라서 '중'이란 하나의 표준을 말한 것이지 범위를 지칭한 것은 아니다. 여기서 표준이란 2, 3, 4, 5가 卦의 中이라는 뜻에 불과하다. 따라서 이미 소개한 바와 같은 臨川吳氏의 경우처럼 2, 3, 4, 5는 정체와 호체의 중이 된다는 말은 이런 뜻으로 해석되어야 마땅하다고 생각한다. 그러므로 초와 상도 호괘의 성립에 가담하는 것을 「繫辭傳」의 이 문장이 방해하지 않는다 할 것이다.

2, 3, 4, 5가 중효가 되어 이루어지는 확대된 호체의 개념은 말할 것도 없거니와, 기본적인 호체 그 자체마저도, 마치 인간만사가 이면은 전면에 가려져 늘 소외되기 일쑤이듯, 그렇게 소외되어 왔다고나 하리라. 그러나 그림의 여백 또한 그림이듯, 전면과 이면이 공존하는 인간세상을 통째로 받아들일 수밖에 없듯, 정체와 호체가 공존하는 세계 또한 수용되어 마땅하지 않을까?

무릇 『周易』이 참으로 『周易』인 소이는 만사만물의 천변만화를 망라한다는 데 있는 것이라고 한다면, 그것은 만나고 어우러지며, 밀고 당기며, 섞이고 뒹구는 끝없는 변화이며 유전일 터이다. 그 변화며 유전이란 推移로 포섭되며 호체로 다양화되고 효변에 의해 진화를 추구하기도 하는가 하면, 그의 이른바 三易 또한 그 변화의 일우에서 자기 몫을 영위한다. 따라서 역이란, "오직 변화하는 곳으로 좇는다."[158] 丁

若鏞의 표현에 의하면 이것은 인력으로 부회한 것이 아니요 스스로 그러할 뿐이다.

따라서 호체 또한 역에 本有하는 원리이지 경방이 억지로 만들어 낸 것이 아니다. 그는 이렇게 말하고 있다.

> 호체의 설은 한 이래 사승이 끊어지지 않아 주자의 『본의』 중에는 비록 쓰이지 않았지만 평상시에는 (호체를)말한 바가 이와 같으니 아직도 이의가 있는가?159)

이러한 호체가 사람에 따라 비록 전면적으로는 쓰이지 못했지만, 홍매, 호병문, 오징 등 다수 학자들이 호체의 원리를 그의 역론의 도처에서 쓰고 있다고 丁若鏞은 말하면서 '모래를 일어서 금을 얻듯'[淘沙得金] 이러한 것을 집대성해서 호체설을 확립한다면 유감이 없겠다고 했음은 이미 말한 적이 있다.

丁若鏞이 「易의 三奧」라고 한 推移, 互體, 爻變이 거느리는 변화무쌍한 함의는 말할 것도 없거니와 굳이 「삼오」이겠는가! 호체 하나만으로도 이미 그러하다. 예컨대 歸妹는 上震下兌인데, 내호는 離 외호는 坎이다. 震은 동, 兌는 서, 離는 남, 坎은 북이 되고, 다시 震은 봄, 兌는 가을, 離는 여름, 坎은 겨울이 된다. 또 離는 해, 坎은 달이 된다. 다시 더 변화를 묻지 않더라도, 推移며 爻變을 들먹이지 않더라도 해와 달이 운행하고 一寒一暑하여 사시가 돌아간다. 공간이 있고 시간이 있다. 이 자그마한 부호 속에 삼라만상이 숨을 쉬고 진퇴소장이 갈마

---
158) 『周易四箋』, 卷八, p. 13a. 唯變所適.
159) 『易學緖言』, p. 301. 互體之說 自漢以來師承不絶 朱子於本義中 雖無所用 其平日所論如此 尙有異義乎.

든다. 時空을 아우른다. 동서고금 어느 철학이, 이처럼 땅 바닥에 작은 막대기 여섯 개를 그어 놓으면, 금방 그것이 살아 숨 쉬는 우주가 될 수 있단 말인가!

이와 같이 時空合一의 우주관 160)이라고나 할 호체의 사상은 복합의 논리, 확충의 논리일 뿐만 아니라, 수렴의 논리요 축소의 논리이기도 하다. 吳澄과 李光地의「호체원도」에서 보듯이, 64괘에서 32 또는 16호괘를 끌어내고, 거기서 또 다시 8 또는 4호괘를 뽑아내는 생산과정은 卦의 수를 더해 간다는 측면에서는 복합, 확대, 연역의 논리가 되지만, 전 단계의 卦에서 다음 단계의 卦가 수렴하여 줄어드는 과정은 그들의「圓圖」가 안으로 빨려 들어가듯, 무언가를 지향해서 안으로 파고드는 축소, 수렴, 귀납의 논리이기도 하다. 아마도 그것은 가고 또 태어나는 변화를 머금는 신진대사의 과정과도 같아서 어쩌면 역의 구경을 지향하는 내면적 추구일 수도 있다.

한편으로는 복잡화, 확대화를 도모하고 다른 한편으로는 수렴과 구경을 지향하는 이 호체야 말로 '역의 자전운동' 이라고 하면 어떨까. 꽃잎 속에 또 꽃잎을 머금듯, 전면 뒤에 이면이 이어지는 이 호체의 사상은 아무래도 역 본래의 모습이라고 해야 할 것 같다. 세계의 전면을 보고 이면을 보지 못한다면, 그림을 말하고 여백을 말할 줄 모른다면 그는 아직 세계를 보았다고는, 그림을 안다고는 말할 수 없듯이, 卦의 정체만 보고 호체를 보지 못한다면 그는 아직 역의 진수를 안다고는 말하지 못하리라.

전래의 호체설에 대해 더러는 고치고 때로는 일구어서, 모래를 일어서 금을 얻듯, 집대성한 그의 호체설이야말로, 그림과 여백, 전면과 이

---

160) 張其成,『易學大辭典』(北京:華夏出版社,1995) pp. 452~453참조.

면, 단순과 복합, 현실과 이상을 아울러 추구했다. 어쩌면 확대요 어쩌면 수렴이기도 한 호체설이야말로 바로 세계 그 자체의 모습인지도 모를 일이다. 수렴이 있기에 확대가 가능한 세계라고나 하리라.

4) 互體의 創新

가) 大體(大互)[이 책 말미의 「그림 22」 참조]

大體란 호체의 큰 형태이다.[161] 예컨대 離는 양이 상하로 막고 음이 그 사이에 깃들인 형상이니 4개나 5개의 획으로 그와 같은 모양을 만들고 있으면 그것을 큰 호라고 파악할 수 있다는 논리이다.

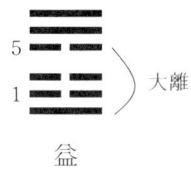

위의 그림에서 1에서 5까지가 大離가 된다는 것이다. 1과 5는 하나씩인데 대해 2, 3, 4는 합쳐서 하나의 음을 대변할 뿐 그 비중과 가치는 1이나 5와 똑 같다는 사상이 깔려 있다. 같은 획끼리 같은 성질의 반복일 뿐 그 경중을 따지지 않는 이 논리는 양의 논리가 아니고 질의 논리이다.

易有二觀이라 하여 12辟卦를 '類聚'에 해당시키고 50衍卦를 '羣分'에 배당시킨 그의 중씨에 동조하면서, 丁若鏞은 이렇게 말하고 있다.

12辟卦는 그 모인 것이기 때문에 그 본체 속에는 모두가 건곤이 있고

---

161) 『周易四箋』, 卷一, p. 10a 참조

(감리는 없지만), 50衍卦는 그 나뉜 것이기 때문에 그 본체 속에는 모두 감리가 깃들어 있다.(감리가 없는 것은 한 卦도 없다)[162]

건곤이 들어 있다고 할 때의 그 건곤은 기본형태의 호괘이지만, 감리가 들어 있다고 할 경우의 감리는 「대호」도 있다. 丁若鏞은 이르기를, 밖이 음이 겹치더라도 그것은 나래일 뿐 그 中이 실하면 감이고, 밖에 두 양이 빗장을 걸었어도 그 中이 허하면 리가 되는 것이니 하필 3획으로 감리가 되는 것은 아니라고 하고 있다.[163]

여기서 건곤이 들어 있다고 하는 말은 건과 곤이 모두 또는, 건곤 가운데 하나가 들어 있다는 뜻이다. 감리의 경우도 또한 같다.

나) 兼體(兼互)[이 책 말미의 「그림 23」 참조.]

兼體는 1卦 전체를 호로 삼되 전체를 3등분하여 둘씩둘씩 하나로 보아서 성립되는 호의 형태이다. 예컨대 臨은 震의 대체이고 觀은 艮의 대체이지만 이 경우는 특별히 겸체(겸호)라고 한다.

따라서 겸체는 辟卦에서 만들어지는 오직 여덟 개의 卦(乾, 坤, 臨, 大壯, 遯, 觀, 中孚, 小過)뿐이다. 대체로 1卦 전체를 호로 삼을 수 있는 경우도 있지만 둘씩둘씩 3등분 되지 않는 형태의 호체는 대체일 수는 있어도 겸체는 아니다. 예컨대 頤卦와 같은 경우이다.

즉 頤의 2, 3, 4, 5는 같은 음의 반복이니 다만 음으로 보면 大離가 된다.

丁若鏞은 다음과 같이 말하고 있다.

---

162) 『周易四箋』, 卷一, p. 10a. 十二辟卦 其聚者也 故其本體之內 皆有乾坤(無坎離) 五十衍卦其分者也 故其本體之內 皆有坎離(無一卦無坎離者)

163) 『周易四箋』, 卷一, p. 10a 참조.

겸체라는 것은 하나의 卦를 통틀어 호로 취하는 것이다. 重卦가 이루어지면 위가 3등분(천, 인, 지)되는데, 3위를 겸하여 둘로 하여도 또한 八卦이다. 세상에서는 重卦를 둘로 나누어 보지만,(상하괘) 도리어 성인이 역을 말하는 것은 "六虛에 두루 흘러 상하에 항상됨이 없다." (周流六虛 上下無常) 그러므로 호체 대체는 오직 상에 말미암아 이것을 취하고, 또 6획을 나누어서 3단계로 하여 3才의 位(천인지)에 당하게 하고, 3才를 겸하여 둘로 하면 乾 坤 臨 遯 등의 여덟 괘는 엄연히 또한 3획의 八卦이다.164)

예를 들어 말하기를,

師之蒙에서 이르기를 "大君有命"이라고 한 그 大君은 臨이다.(蒙이 臨에서 오는 것을 이른다) 臨이란 震이 아닌가.(진은 주인) 乾之姤에 이르길 "遯世无悶"이라 했는데, 遯世란 것은 巽이다.(巽은 隱이 되고 潛이 된다) 遯이란 巽이 아닌가. 坎은 耆이 되니 耆이란 小過이다. 소과란 坎이 아닌가. 離는 孚가 되니(離는 信이 된다) 孚란 中이 虛한 것이다. 中孚란 離가 아닌가. 觀이란 門闕이요 艮도 문궐이니,(「說卦傳」) 觀은 艮이 아닌가. 兌란 羊이다. 大壯의 효사에 순전히 양의 상을 사용하고 있으니 大壯은 兌가 아닌가.165)

---

164) 『周易四箋』, 卷一, pp. 10a~11b. 兼體者 通一卦而取互者也 重卦旣成 位分三等(天人地) 兼三位而兩之 亦八卦也 世以重卦分作兩截看(上下卦) 乃聖人之談易也 周流六虛 上下无常(大傳文) 故互體大體唯象是取 又以六畫分之爲三級 以當三才之位(天人地) 兼三才而兩之 則乾坤臨遯等八卦 儼亦三畫之八卦也.

165) 『周易四箋』, 卷一, p. 10b. 師之蒙曰大君有命 大君者臨也(謂蒙自臨來) 臨其非震乎(震人主) 乾之姤曰 遯世无悶(孔子云) 遯世者巽也(巽爲隱爲潛) 遯其非巽乎 坎則爲耆 耆者 小過也 小過非坎乎 離則爲孚(離爲信) 孚者 中虛也 中孚非離乎 觀者 門闕也 艮爲門闕(說卦文) 觀其非艮乎 兌者羊也 大壯爻詞純用羊象 大壯非兌乎.

라고 했다.

　다) 倒體(倒互)166)[이 책 말미의 「그림 23」참조]

　　易의 道됨은 자주 변천한다. 변동하여 한 곳에 있지 않고 육허에 두루 흘러 오르내리어 항상됨이 없고 강과 유가 서로 바뀌어 전요(일정한 방식)가 될 수 없고 오직 변화하는 곳으로 좇는다.167)

　위의 「繫辭傳」의 문장과 같이 易이란 변화하는 곳으로 좇는 것이다. 六虛에 두루 흘러 오르내리어 항상됨이 없는 것이 易의 도이다. 육허란 육효다. 따라서 卦는 일정불변의 상태로만 파악해서는 안 된다는 논리가 호체의 관념에 깔려 있다. 위의 「繫辭傳」의 문장은 비단 推移와 물상과 효변의 시시각각 변하는 상황을 두고 한 말일 뿐만 아니라 卦를 이렇게도 저렇게도 관점을 달리하면서 파악하는 여러 형태의 호체의 원리도 아울러 내함하는 것이라고 할 수 있다. 卦를 다각도로 관찰해서 호체를 파악하는 일은 궁극적으로 易詞의 해석을 위한 물상을 찾는 데 그 목적이 있다 하겠지만 본디 易이 그러한 이치를 머금고 있지 않다면 아무리 찾아본들 어찌 찾아질 수가 있겠으며 찾았다고 한들 그것이 해석에 당해서 어찌 부합할 수가 있겠는가. 여러 방향에서 파악하는 卦의 형태로 물상을 찾아 易을 해석할 수가 있다고 한다면 그것은 무엇을 의미하는가? 그것은 易이, 卦가 본디부터 그러한 이치를 머금고 있기 때문은 아닐까. 호체의 형태를 다각도로 창안해 내는 일

---
166) 『周易四箋』, 卷一, pp. 8b~9b 참조.
167) 『周易四箋』, 卷八, p. 13a. 爲道也 屢遷 變動不居 周流六虛 上下無常 剛柔相易 不可爲典要 唯變所適.

은 다만 易의 원래의 모습을 찾는 과정일 뿐 결코 창조는 아닌 것이다. 이러한 탐사의 노력이 발견해 낸 또 하나의 부호의 조작방식에 이른바 「倒體」란 것이 있다.

　이미 丁若鏞의 三易에서 보았듯이 卦를 180도로 뒤집어서, 환언하면 卦는 그냥 둔 채 보는 눈이 卦의 정반대 방향으로 전도되어 바라보는 卦의 변화 방법이 「반대」였다. 그런데 卦에 따라서는 이렇게 뒤집어 보았댔자 아무런 변화의 모습을 찾을 수 없는 원래의 卦 그대로인 卦가 있다. 이런 卦들은 상하괘가 완전히 대층을 이루고 있기 때문이니, 乾 坤 坎 離 大過 頤 小過 中孚 이렇게 모두 八卦가 여기에 해당된다.

　건과 곤은 순양 순음의 卦여서 반대도 없고 호체도 없다. 반대를 해 봤댔자 매양 건곤이고 호체를 해 봤댔자 매양 건곤이기 때문이다. 여기에 건곤이 타괘에 대해서 차지하는 특별한 지위를 새삼스레 느끼게 한다. 감리 역시 반대는 없다. 반대를 해본다 한들 여전히 감리에 머물러 있기 때문이다. 호체는 있다. 그러나 호체는 이미 탐색해 낸 변화일 뿐이니 여기서 한 걸음 나아가서 그 호를 뒤집어 보는 것이다. 그렇게 하면 坎의 하호였던 震은 艮이 되고, 상호였던 艮은 震이 된다. 이처럼 「도체」란 호체를 뒤집어 봐서 파악하는 괘상인 것이다. 이것이 또한 "唯變所適"의 한 모습인 것이다. 변화란 "主流六虛"하여 거꾸로 뒹구는 것도 포함되는 개념이기 때문이다. 다시 離에서 하호 巽을 倒하면 兌가 되고, 상호 兌를 도하면 巽이 된다. 大過도 반대가 없다. 호체는 상하 모두 乾이 되지만 乾坤은 도체로 해봤댔자 매양 乾坤에 그쳐 있기 때문에 大過는 도체가 없는 것이다. 이 경우는 어떻게 하는가? 大過의 상하체 자체를 전도시킨다. 하체 巽을 전도시키면 兌가 되고 상체 兌를 전도시키면 巽이 된다. 頤의 경우도 大過의 경우와 같다. 따라서 하체 震을 전도시키면 艮이 되고, 상체 艮을 전도시키면 震이 된다. 小過와 中孚도 大過와 頤에서와 같다. 小過에서 하체 艮을 전도시키면 震, 상체 震을 전도시키면 艮, 中孚에서 하체 兌를 전도시키면 巽, 상체 巽을 전도시키면 兌가 된다. 이와 같이 乾 坤 坎 離 大過 頤 小過 中孚의 여덟 卦는 상하체가 완전히 대층을 이루어서 반대가 없기 때문에, 「도체」로 파악을 하지만, 乾坤은 호체가 없기 때문에 「도체」가 가능한 것은 乾坤을 제외한 나머지 여섯 卦이다.

丁若鏞은 이 「도체」의 의의를 다음과 같이 설한다.

> 「도체」란 卦의 바탕을 모두 쓰고자 함이다. 64卦 중에서 「반대」를 취할 수가 없는 것은 여덟 개의 卦이다. 건곤은 지극히 순수하여 「반대」도 없고 호체도 없으나 그 나머지 여섯괘는 정체만을 취하면 그 卦의 바탕의 쓰임에 미진한 바 있다. 그래서 성인은 이것을 전도하여 상을 취하였다. 대개 그 괘형이 뒤집어서 본상이 아닌 것이 없으면 「도체」를 취하는 것이 이치에 마땅하다.[168]

그리고 이 도체의 이론적 근거를 다음과 같이 말하고 있다.

> 「雜卦傳」에 이르기를 大過는 뒤집는 것이라고 했고, 頤의 효사에 다시 顚頤를 말하고 있는 바, 이는 성인이 도상을 취한 명백한 증거이다.[169]

---

168) 『周易四箋』, 卷一, p. 10b. 倒體者 卦才欲全用也 六十四卦之中 其不取反對者 八卦也 乾坤至純 旣无反對 亦无互體 而其餘六卦 只取正體 則其卦才之用有所未盡 故聖人使之顚倒而取象 蓋其卦形顚之倒之無非本象 則其取倒体於理爲允也.

169) 『周易四箋』, 卷一, p. 10b. 雜卦傳曰 大過顚也 頤之爻詞 再言顚頤 此聖人取

이상에서 보았듯이 「倒互」 또한 성인의 작역 당시부터 그렇게 창시된 원리임을 丁若鏞은 강조하고 있다.

라) 伏體(位伏)[170][이 책 말미의 「그림 24」 참조]
역학사에서 말하는 복체란 伏卦라고도 하는데, 1卦의 배후에 은복되어 있는 대립되는 괘체를 의미한다.
宋의 兪琰의 설을 여기에 옮겨 본다.

> 복체의 설은 경방의 점법에서 나온 것으로 乾伏坤, 坤伏乾과 같은 類이다. 나타난 것은 飛가 되고 나타나지 않은 것은 伏이다. 同人에서 말하는 '大師'는 통틀어 말하면 卦 전체가 伏師卦가 된다. 복체는 쓸 수 없다고 하는 것은 坎을 離로 말하는 것이어서 이것은 水火의 구별이 없어지기 때문이다. 그러나 가히 취할 만한 경우도 있으니, 小畜 六四에서 互離로 해서 '血去'라고 하는 경우인데, 離는 곧 坎의 伏體이고 伏坎은 血이 된다. 離는 나타나고 坎은 나타나지 않았기 때문에 血去라고 한 것이다.[171]

그러나 丁若鏞이 말하는 복체란 유염이 주장하는 것과 같은 전통적인 관념 즉 飛伏의 논리와는 다른 것이다.
丁若鏞의 주장을 들어 보기로 한다.

倒體之明驗也.
170) 『周易四箋』, 卷一, pp. 9a~9b 참조.
171) 兪琰, 『讀易擧要』(上海: 上海古籍出版社, 1990), p. 24. 伏體之說 出於京房占法 如乾伏坤 坤伏乾之類 以見者爲飛 不見者爲伏 如同人言大師 盖全體伏師卦也 或攻伏體不可用 以爲認坎爲離 是水火無別也 然亦有可取者如小畜六四 互離而言血去者 離乃坎之反體 伏坎爲血 見離而不見坎 故曰血去.

복체라는 것은 서법이 수를 주로 하여 그 위치에 의거해서 그 수를 고찰하는 것이니 감리의 형체는 비록 그 밖에 나타나지 않지마는 감리의 수는 사실은 그 속에 엎디어 있다.

역에는 두 가지 관점이 있는데, 하나는 괘덕이요 둘은 괘수(1에서 6까지)이다. 괘덕이란 건곤이 나누어 준 것이요, 괘수란 감리가 점거한 것이다. 64괘의 그 강획은 모두 건이며 유획은 모두 곤이니, 64괘는 건곤의 범위에 싸이지 않는 것은 하나도 없다. 64괘는 그 하괘는 모두 離(一奇二偶三奇)이고, 그 상괘는 모두 坎(四偶五奇六偶)이니, 64괘는 감리의 관할에 들지 않는 것은 하나도 없다. 이렇게 되는 것은 어째선가? 天地水火는 역의 四柱이기 때문에 그것이 諸卦에 분포해서 그 象數를 주관함이 이와 같은 것이다.[172]

여기서 丁若鏞은 天地水火를 '易의 四柱'라고 하고 있지만 천지수화를 '易의 四維'[173]라고도 하여 雷風山澤은 천지수화에서 말미암은 것으로 설명하고 있다. 즉 「繫辭傳」의 "易有太極 是生兩儀……四象生八卦"에서 사상이란 종래의 통설이 태양, 태음, 소양, 소음을 지칭한 데 대해 천지수화의 상을 사상으로 보고 있으며, 天火가 서로 더불어 雷風이 생기고,(천이 화를 포하면 뇌가 되고, 화가 천을 더불면 풍이 된다) 지수가 相比해서(수가 토를 削去해서 산이 되고, 토가 수를 둘러싸서 택이 된다) 山澤이 생긴다고 했다. 즉 건곤감리에서 진손간태가 생

---

172) 『周易四箋』, 卷一, p. 11a. 伏體者 筮主於數 據其位而考 其數坎離之形 雖不現於其外 坎離之數 實伏其中 易有二觀 一曰卦德 二曰卦數(一至六) 卦德者乾坤之所分賦也 卦數者坎離之所占據也 六十四卦其剛畫皆乾 其柔畫皆坤 則六十四卦無一不圍於乾坤之範圍也 六十四卦其下卦皆離(一奇二偶三奇) 其上卦皆坎(四偶五奇六偶) 則六十四卦無一不函於坎離之管轄也 若是者 何也 天地水火易之四柱也 故其分布諸卦而主其象數如此.

173) 「周易答客難」『易學緒言』, 卷四, p. 475 참조.

겨나서 八卦를 이룬다는 뜻이다.

따라서 건곤 이외의 62卦의 모든 양획은 건에서 나누인 것이고 모든 음획은 곤에서 나누인 것이 된다. 이것이 「두 관점」중 하나인 '卦德'의 논리이다.

역의 또 하나의 관점이 이른바 '卦數'(1에서 6까지)의 논리인데, 6획을 밑에서부터 奇偶奇偶奇偶(䷻)로 그어 올라가면 하괘는 離가 되고 상괘는 坎이 되는 바, 64卦의 모든 하괘는, 비록 나타나 보이지는 않지만 그 배후에 離가 엎디어 있고, 모든 상괘는, 비록 나타나 보이지는 않지만 그 배후에 坎이 엎디어 있다는 사상이 복체론이다. 이와 같이 되는 까닭은, 天地水火(乾坤坎離)가 '易之四柱'이기 때문이라고 丁若鏞은 말하고 있지만, 결국 乾坤과 坎離는 각각 '易之二維'가 된다는 『周易四箋』의 「讀易要旨(十三曰建維)」의 뜻과 다르지 않다. 그는 여기서, 易의 大義는 陰陽의 升降 즉 乾坤을 나눈 바에서 나오고, 占은 반드시 亨(離는 亨이 되기 때문)과 貞(坎은 貞이 되기 때문) 두 글자로써 大綱을 세워야 하니 즉 坎離를 살피는 것이라고 말하고 있기 때문이다. 이것이 이른바 그의 「建維」의 이론이기도 하다.

그에 의하면 下卦가 낮이고 上卦가 밤이기 때문에, 6획에서 1은 日出, 2는 日中, 3은 日昃, 4는 初夜, 5는 中夜, 6은 子夜가 되는 것은 역의 법식[易例]이라고 했다.[174] 이제 이것을 『周易』 경문에서 논증해 보면 初가 日出인 것은 『좌전』에서, 2가 日中인 것은 豐卦에서, 3이 日昃인 것은 離卦(重離)에서[175], 그리고 上卦가 밤인 것은 夬九二에서[176] 증험할 수가 있다고 했다. 初가 日出인 것이 『좌전』에 그 증거

---

174) 『周易四箋』, 卷一, p. 39b. 卷五, p. 24a 참조.
175) 『周易四箋』, 卷一, p. 39b 참조.

가 있다고 하는 것은 「叔孫豹之筮(昭公 5년)」에서 明夷初九를 두고 "明夷之謙 明而未融 其當旦乎."(明夷之謙은 날이 아직 썩 환하게 밝지 못한 것이니 아침이 아닌가?)[177]라고 해석한 대문을 두고 하는 말인 것 같다. 즉 明夷의 初九는 明夷之謙인데 이 初를 두고 明而未融 즉 旦이라고 한 것은 初가 日出임을 『좌전』이 말한 것으로 그는 보고 있다. 二가 日中인 것을 豐卦에서 그 증거를 찾을 수 있다고 하는 것은 豐六二 효사 가운데서 "日中見斗"를 두고 하는 말이고, 三이 日昃인 것을 離卦에서 그 증거를 볼 수 있다고 하는 것은 離九三 효사 중의 "日昃之離"를 가리키는 것이겠지만 乾九三의 "終日乾乾夕惕若"도 그 증거가 될 수 있을 것이다. 또 상괘가 밤이 되는 것은 夬九二를 보면 알 수 있다고 한 것은, 夬九二의 "莫(모)夜有戎"을 두고 하는 말인데 이는 설명을 요한다. 丁若鏞의 복체론은 상괘의 位는 坎인 바, 따라서 易例는 四는 初夜, 五는 中夜, 上은 子夜가 되는 것은 상술한 바와 같거니와, 夬九二의 莫夜는 곧 中夜(丙夜)를 말하고 九五를 가리킨다고 하고 있다. 즉 夬九二는 夬之革인데, 革은 大壯의 5가 2로 推移하여 되었으니 陰이 밖에서 들어왔다.(또 革의 內互는 巽이니 入이기도 하다) 革의 하괘는 離인데 「說卦傳」에 의하면 離는 兵이다. 그래서 革의 하괘는 兵을 이루었다. 革은 2~6이 大坎이 되는데 「說卦傳」에서 坎爲盜라고 했으니 곧 有戎이다. 陰이 5에서 2로 왔는데 夬九二에서 莫夜라고 한 것은 5를 가리킨다. 따라서 莫夜有戎이 된다.[178] 이와 같이 夬九五가 莫夜 곧 中夜가 되면 四는 初夜가 되고 六은 子夜가 된다는

---

176) 『周易四箋』, 卷一, p. 11a 참조.
177) 杜預, 『春秋左氏傳(注)』(大田:學民文化社, 1990), 卷18, p. 12a 참조.
178) 『周易四箋』, 卷五, p. 24a 참조.

뜻이다.

한편, 伏體論에서 下卦를 管轄하는 卦인 離를 낮으로, 上卦를 管轄하는 卦인 坎을 밤으로 삼는 것은 그 관할의 기능상의 관점인 것일 뿐 離가 저 홀로 낮이 되고 坎이 저 홀로 밤이 되는 것은 아니라고 「說卦傳」의 해설에서 丁若鏞은 말한다. 즉 伏體論에서의 坎離의 의미는 별다른 一例에 불과하고 物象과는 같지 않다고 하고 있다.

또 「說卦傳」에서 '離爲日' '坎爲月'이라고 했기 때문에 상괘가 兌가 되면 月幾望이 되고 乾이 오면 正望이 된다고 했다.[179] 즉 상체는 坎位인데 坎은 月이니 兌가 오면 兌의 卦形(☱)이 未盈하기 때문에 幾望月(음력 14일의 달)이 되고 乾이 오면 乾의 卦形(☰)이 圓하기 때문에 正望月이 된다는 것인 바, 이를테면 小畜上九에서 '月幾望'을 말하고 歸妹六五와 中孚 六四에서 '月幾望'을 말한 것은 이를 징험케 한다고 볼 수 있을 것이다. 즉 小畜 上九는 小畜이 夬에서 推移했는 바(6→4), 夬의 상체는 兌이기 때문에 幾望月이란 뜻이고 歸妹 六五는 歸妹之兌가 되어 상체가 역시 兌가 되니 幾望이 되고, 中孚의 六四는 中孚之履가 되는바, 履는 夬의 上이 3으로 推移한 것이니 夬에서는 또한 상체가 兌가 되기 때문에 月幾望을 말한 것이다.[180]

이와 같이 丁若鏞에 의하면 모든 卦는 하체는 離의, 상체는 坎의 관할 하에 있게 되고 하체는 낮이 되고 상체는 밤이 되는 것으로 그의 복체론은 말하고 있다.

천지수화가 만물의 기본형질이 되는 것과 같이, 건곤감리의 4괘가 64괘의 기초가 되는 것임을 여기서는 그의 '易有二觀'으로 설명하고 있

---

179) 『周易四箋』, 卷二, pp. 26a~26b 참조.
180) 『周易四箋』, 卷二, pp. 26a~26b. 卷六, p. 23b. 卷七, p. 4b 참조.

다. 64卦의 체는 모두가 건곤이 나누인 것이고, 64卦의 모든 자리는 감리가 관할한다는 것이 그 요체이다. 감리가 관할한다는 말은 384개의 획이 사실상 점거하고 있는 그 자리에 대한 관할권은 감리에 있다는 뜻이다. 더 부연한다면, 64卦의 모든 卦는 하괘는 離의 자리이고 상괘는 坎의 자리라는 뜻이다. 그래서 초는 강, 2는 유, 3은 강, 4는 유, 5는 강, 상은 유의 자리이긴 하지만 실제로는 강의 자리에 유가 있기도 하고, 유의 자리에 강이 있기도 하여 서로 영향을 끼치게 되는 것이 64卦의 실상인 것이다.

따라서 卦德으로 본다면 감리도 건곤의 체가 전파된 것이긴 하지만, 관할로 보면 건곤 또한 감리의 관할 범위 내에 있는 것이다. 丁若鏞이 천지수화를 '易의 四維'라고 한 것은 이런 뜻이다. 그가 推移論에서 중부와 소과를 일월에 배치시킨 것은 중부는 大離, 소과는 大坎이었음을 여기서 다시 상기할 필요가 있다. 이와 같이 건곤은 64卦에 가시적인 덕을 펴놓고 있지만 그 자리는 모두가 감리의 정신이 작용하게 된다고 할 수 있다.

마) 牉合[181][이 책 말미의「그림 24」참조]

牉 자의 邊이 '조각 편'(片) 자이듯이 여기서 牉이란 '반쪽'이라는 뜻이다. 반합이란 반쪽이 서로 합쳐 하나가 된다는 뜻으로 婚媾를 지칭하는 말이다.

易詞에서는 도처에서 혼구의 상을 취하고 있는 바, 반합이라는 원리로 그것을 易詞에서 검증해 보이고 있다. 丁若鏞의 주장을 듣기로 한다.

---

181)『周易四箋』, 卷一, pp. 9a~9b 참조. pp. 11a~11b 참조.

> 반합이란 혼구의 상이다. 그러므로 모든 혼구의 卦는 그 소남 소녀의 卦가 하나는 전도되고 하나는 바로 되어 있는 것이 많다. 歸妹는 艮壻가 밖에서 이르므로 歸妹의 상이 된다. 漸은 兌女가 밖에서 이르러서 여자가 시집가는 상이 된다. 咸恒과 같은 무리에도 비록 남녀가 다 있으나 그 형세가 서로 순하여 서로 반합치 않아서 다만 夫婦正家의 상만 될 수 있고 婚配行禮의 상은 될 수 없다. 그러므로 대과의 효사는 咸을 震兌의 합(下는 전도된 진)으로 보고 恒은 巽艮의 합(上은 전도된 간)으로 보니 모두 반합의 정밀한 의미이다.182)

위의 주장과 「牉合表」183)를 근거로 하여 牉合의 원리를 구체적으로 살펴보기로 한다.

(가). 歸妹의 경우

歸妹는 艮壻가 밖에서 이르는 것이기 때문에 귀매의 象이다. 따라서 女家가 主人이 된다. 그러므로 女家인 兌는 움직이지 않고 正兌로 하고 上震을 倒艮으로 하여 艮兌의 牉合이 된다고 한 것이다.

(나). 漸의 경우

漸은 歸妹와 반대로 兌女가 밖에서 이르러 女歸의 象이 된다. 그러므로 壻家가 主人이 되기 때문에 正艮을 쓰고 上巽을 倒兌로 한다는 것이다.

(다). 咸 恒의 경우

咸恒은 비록 男女가 다 있으나 그 형세가 相順할 뿐 서로 牉合할 수

---

182) 『周易四箋』, 卷一, pp. 11a~11b. 牉合者 婚媾之象也 故凡婚媾之卦 其少男少女多一倒而一正(亦有不然者) 歸妹則艮壻自外至 故爲歸妹之象 漸則兌女自外至 故爲女歸妹之象 如咸恒之類 雖亦男女俱存 其勢相順 不相牉合 但可爲夫婦正家之象 不可爲婚配行禮之象 故大過爻詞 以咸爲震 兌之合(下倒震) 以恒爲 巽 艮之合(上倒艮) 此皆牉合之精義也.

183) 『周易四箋』, 卷一, pp. 9a~9b(牉合表)

가 없어서 夫婦正家의 象은 되어도 婚配行禮의 象은 되지 못 한다고 하고 있는 바, 형세가 相順하고 相合한다는 이치를 부치자면 비단 咸恒에 한한 것은 아닐 것이다. 따라서 "大過爻詞에서 咸을 震兌의 合(下를 倒震으로 함)으로 보고, 恒을 巽艮의 合(上을 倒艮으로 함)으로 보니"라는 것은 그 까닭이 달리 있는 것이다.

여기서 大過의 효사라고 하는 것은 구체적으로 九二와 九五를 두고 하는 말이다. 九二의 "枯楊生梯 老夫得其女妻"와 九五의 "枯楊生華 老婦得其士夫"는 모두가 혼구의 상이라는 것을 뜻하는 말이다. 咸을 震兌의 합으로 본다는 말은 大過의 二획이 변해서 咸이 된 것을 두고 하는 말로서, 여기서 老夫는 震이 되어야 하기 때문에 艮이 전도되어 震으로 파악된다. 또 恒은 巽艮의 합이라는 말은 大過의 五획이 변하면 恒이 되는데, 여기서 老婦는 下巽이 되니, 上震을 倒艮으로 하여 巽艮의 牉合으로 한다는 뜻이다.

(라). 隨의 경우

屯六四에서 "求婚媾"라고 함은, 屯 六四는 屯之隨가 되는 바 隨의 上六은 否의 初가 上으로 올라간 것이기 때문에(추이) 兌女를 얻어 婚媾를 求한 것이다. 그러므로 上體 兌는 正兌로 해야 한다. 즉 上兌는 主가 되니 下震을 倒艮으로 하여 兌艮의 牉合으로 보는 것이다. [184]

(마). 蠱의 경우

蒙六三은 蒙之蠱인데 蠱는 泰에서 왔다.(初와 上이 一往一來했다) '取女'라고 함은 蠱의 上艮을 主人으로 한 개념이다. 따라서 下巽을 倒兌로 하여 蠱는 艮兌의 牉合으로 하는 것이다.[185]

---

184) 『周易四箋』, 卷二, p. 4b 참조.
185) 『周易四箋』, 卷二, p. 8a 참조.

(바). 否 泰의 경우

正體에서는 牉合이 불가능하기 때문에 互體에서 취하는데, 否에서는 下互(艮)는 正艮으로 上互(巽)는 倒兌로, 泰에서는 下互(兌)는 正兌로 上互(震)는 倒艮으로 한다고 하지만 그 이유가 분명치 않다. 생각건대 否泰는 모두가 下卦가 主이기 때문인 것으로 생각된다.

위와 같이 반합의 원리는 소남 소녀를 원칙으로 하지만 노혼의 경우도 여기에 준한다. 그의 「반합」은 얼핏 보아 지나치게 기교적인 것으로 느껴지고, 따라서 견강부회로 보일 수도 있다. 그러나 이상에서 「大過」의 효사를 두고 그가 검증해 보인 바와 같이(다른 예도 같다) 반합은 종래 학자들의 횡설수설과는 비교가 안될 만큼 논리정연하다. 그가 '반합의 정밀한 뜻'이라 했듯이 반합이야말로 비록 그의 창견은 아니었다고 하더라도[186] 推移에서의 재윤지괘의 발견과 함께 역학사에 빛나는 공적이라고 할만하다.

바) 兩互作卦[187][이 책 말미의 「그림 25」 참조.]

이미 언급한 바 있듯이 重卦에서 2, 3, 4로써 이루어지는 호체를 하호, 3, 4, 5로써 이루어지는 호체를 상호라고 하거니와, 여기서 양호작괘란 이 상하의 호체로 作卦하는 경우이다. 우번의 連互法과 유사하다. 그러나 우번의 연호법은 초와 상도 사용되지만 兩互作卦는 초와 상은 쓰지 않는다는 점이 서로 다르다.

「양호작괘」는 초와 상을 제외하고 이루어지는, 이른바 중효로써 이

---

186) 「李鼎祚集解論」『易學緒言』, p. 203 참조. 「…滅反對牉合…」라고 한 것으로 미루어 볼 때 본디 「반합」의 설이 있었다는 것이 된다.
187) 『周易四箋』, 卷一, p. 11b 참조.

루어지는 두 호괘로 다시 重卦를 만드는 방법인데 본체의 3, 4는 양호에 공유하는 획이었기 때문에, 새로 이루어지는 重卦에서도 3, 4는 역시 공유가 되게 마련이다. 즉 새로 생기는 重卦의 2, 3과 4, 5는 똑같게 된다. 蠱卦를 예로 들어 그림으로 나타내 보이면 다음과 같다.

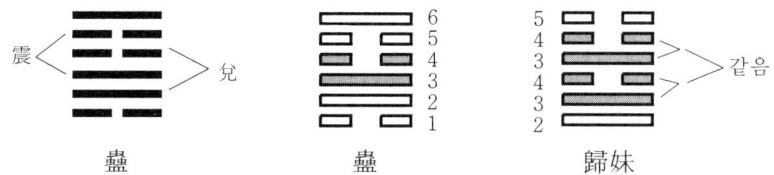

위의 그림에서 蠱의 下互는 兌이고 上互는 震인데, 下卦 兌의 3과 上卦 震의 初는 兌와 震의 공유가 된다. 따라서 「양호작괘」하여 생긴 歸妹에서도 3, 4를 공유하는 것이 되어 2, 3위와 4, 5위에 오는 획은 당초의 蠱의 3, 4로서 똑같은 것이다. 따라서 64卦 가운데 특정한 네 개의 卦에서 각각 똑같은 하나의 「양호작괘」가 가능하기 때문에, 64卦에서 파악되는 「양호작괘」는 모두 16卦이다. 丁海王이 그의 박사학위 논문에서 "丁若鏞이 정리한 32가지의 兩互作卦"라고 함은 表를 잘못 해독한 것으로 여겨진다.[188] 表에서 丁若鏞은 兩互作卦(圖에 나타난)의 卦數는 '只此十六'이라고 명시하고 있다. 하나의 「양호작괘」는 64卦 중의 네 卦를 포섭하는 셈이 된다.[이 책 말미의 「그림 25」참조]

이 관계는 오징의 「호선천도」와 이광지의 「호괘원도」에서도 볼 수 있지만, 오징의 「호체원도」는 그 외층을 「伏羲64卦方位圖」의 「圓圖」를 그냥 옮겨 놓고 거기에서 「양호작괘」를 취하였기 때문에 실은 16卦

---

188) 丁海王, 「周易의 解釋方法에 관한 硏究」(박사학위논문) (부산대학교 대학원, 1990) p. 91 참조,

일 뿐이다. 한편 榕村의 경우는 「伏羲64卦次序圖」의 제4층까지를 따서 「양호작괘」식으로 호를 취하였기 때문에 중복을 피할 수가 있었다.

호체의 근거로 인정되어 온 「繫辭傳」의 '중효'라는 것은 초와 상을 제외한 중간의 4효를 지칭하는 뜻인데, 榕村은 「伏羲64卦次序圖」의 밑에서부터 4효까지를 취했으니 이는 이치에 합당한 것이 아니하고 비평하면서 자신은 이상에서 본 바와 같이, 64卦에서 바로 「양호작괘」를 취하였던 것이다.

호체의 이론이란 전술한 바와 같이 세계해석의 확대의 논리인 동시에 그 수렴축소의 논리이기도 했다. 「양호작괘」의 경우도 두 호체에서 다시 또 하나의 卦를 만들어 내는 과정은 卦의 확충의 과정일 수도 있고, 두 호체가 하나의 卦로 수렴되어서 64卦가 16호괘로 수렴되는 과정은 내면을 지향하는 논리이기도 하다는 것은 이미 논한 바 있다.

아무튼 정체에서 양 호체를 구하고 다시 양호작괘하여 또 하나의 連互를 파악하는 이 과정은, 易詞의 해석을 위한 보다 더 복합적인 상을 추구하는 방편일 뿐만 아니라, 본래부터 건곤의 性氣가 正體의 형태로 64卦에 直播되는가 하면, 거기에 수반하여 그림자처럼 굴절되어 펼쳐지는 것이 다름 아닌 호체라고 할 수 있을 것 같다.

이상에서 丁若鏞이 정비한 互體의 양상을 살펴보았지만, 끝으로 虞飜이 창안한 것으로 전해지는 半象에 대해서는 丁若鏞이 어떤 태도를 취하고 있는가를 살펴보기로 하자.

우선 半象이란 半體의 象을 일컫는 것인데 흔히 '半體' 또는 '二畫의 互'[189] 등으로 호칭되기도 한다. 어쩌면 '半互'라고 이름 붙일 수 있을는지 모르겠다. 무릇 互體를 파악하는 근본 목적은 숨겨진 象을 찾음

---

189) 伍華, 『周易大辭典』(廣東:中山大學出版社, 1933), p. 711 참조.

으로써 易詞를 象과 완벽하게 일치시켜 해석하려는 데 있으므로 半象說을 互體를 다루면서 곁들여 검토해 보는 것은 일응 의미 있는 일이라고 생각된다.

半象이란 이를테면 坎의 象은 水가 되는데, 兌의 二三획이 坎의 上半을 象하고, 下획은 陽이 되니 兌는 不雨의 象이라 한다든가, 坎의 象은 月이 되는데, 巽의 初二 두 획은 坎의 下半을 象하고, 上획은 陽이 되니, 이르기를 巽에는 月望의 象이 있다고 한다든가, 坤은 帛이 되는데, 艮의 下는 半坤이고 上획은 陽이 되니, 이르기를 艮에는 束帛의 象이 있다고 하는 따위의 학설이다.[190]

虞翻은 訟卦의 '小有言'을 해석하면서 '震象半見'이라 했고, 小畜卦의 '密雲不雨'를 해석함에 있어서 '坎象半見'이라 했다. 그러나 후대의 학자들은 이러한 해석을 비난하는 경향이 짙다. 예컨대, 焦循(1763~1820)은 그의 『易圖略』의 「論半象第四」에서 이르기를 "乾의 半은 巽의 半도 되고 兌의 半도 되며, 坤의 半은 또한 艮 震의 半도 된다. 震의 下半은 坎 離의 半과 어떻게 다르며 坎의 半은 또 兌巽艮의 半과 어떻게 다른가? 그 까닭을 추구해 보아도 半象이 되게 만들 수는 없다."[191]라고 했다. 이에 대해 杭辛齋(1869-1924)는 그의 『學易筆談』「半象與兩象」에서, 焦循의 논조는 타당하지 못하다고 힐난하고 있다. 杭씨의 주장을 들어 보기로 하자.

원래 八卦의 象은 오직 乾坤坎離는 반대로 해도 모두 같다. 震巽艮兌

---

190) 呂紹綱, 『周易辭典』(長春:吉林大學出版社, 1992), pp. 371~372참조.
191) 焦循, 『易學三書』上(臺北:廣文書局, 1992), p. 186. 乾之半 亦巽兌之半 坤之半 亦艮震之半 震之下半 何異於坎離之半 坎之半又何異於兌巽艮之半 求其故而不得造爲半象.

네 卦는 두 卦의 反對이다. 震을 반대로 하면 艮, 兌를 반대로 하면 巽이 된다. 그러므로 孔子가 「雜卦」에서 이르기를 "震은 起 兌는 見, 巽은 伏 艮은 止라 했고, 또 이르기를 離는 上, 坎은 下라 했다."(여기의 上이란 '下에서 上으로'의 뜻이고 下란 '上에서 下로' 란 뜻이다:필자) 坎離는 비록 반대로 할 수가 없지만 사실은 震艮巽兌의 中體이다. 아래에서 震이 일어나고 위에서 艮이 그쳐서 離가 되며, 아래에서 巽이 엎드리고 위에서 兌가 나타나서 坎이 된다. 八卦의 변화는 모두 震이 일어나고, 艮이 그치고, 巽이 엎드리고, 兌가 나타나는 往來이다. 만약 이 네 가지를 없애버리면 乾坤坎離는 모두 죽은 것이 되고, 易을 가히 말할 수가 없을 것이다. 그러므로 六爻의 卦는 初爻는 震爻가 되고, 二는 離爻(원전에는 坎爻로 되어 있으나 그의 八卦正位사상과 맞지 않으므로 이를 바로 잡는다:필자)가 되고, 三은 艮爻가 되고, 四는 巽爻가 되고, 五는 坎爻(원전에는 離爻로 되어 있으나 그의 八卦正位의 관념과 일치하지 않으므로 이를 바로 잡는다:필자)가 되고 上은 兌爻가 된다. 虞翻의 이른바 '震體半見'이란 震爻가 되고, '坎體半見'이란 坎爻이다. 六爻는 모두 건곤의 體이기 때문에 건곤은 爻를 달리 할 수 없다. 焦씨가 이르는 乾의 半, 坤의 半은 卦象을 통찰하지 못한 견해이어서 虞씨를 여는 데는 충분하지 못하다. 虞씨의 과실은 半象이라는 두 글자로 된 단어가 뜻을 사무치지 못함에 있다.[192]

---

192) 杭辛齋, 『學易筆談』 上, 卷三(臺北:廣文書局, 1992), pp. 121~122. 蓋八卦之象 惟乾坤坎離反覆皆同 震艮巽兌四卦則爲二卦之反覆 震反卽艮 兌反卽巽 故孔子雜卦曰震起兌見巽伏艮止 又曰離上而坎下也 坎離雖不可反易 實則震艮巽兌之中體 下震起而上艮止卽爲離 下巽伏而上兌見卽爲坎 八卦之變化皆此震起艮止巽伏兌見所往來 若去此四者 乾坤坎離皆爲死物 無易可言矣 故六爻之卦 初爻爲震爻 二爲離爻 三爲艮爻 四爲巽爻 五爲坎爻 上爲兌爻 虞氏所謂震體半見者卽震爻也 坎象半見者卽坎爻也 六爻皆乾坤之體 故乾坤不可分爻 焦氏謂乾之半坤之半 正見其於卦象未通未足以闢虞氏也 虞氏之失 在半象二字之辭 不達意.

杭辛齋에 의하면 八卦는 각각 正位가 있어 一爻는 震, 二爻는 離, 三爻는 艮, 四爻는 巽, 五爻는 坎, 上爻는 兌의 正位라고 하고 있다. (이것은 丁若鏞의 伏體의 관념과 유사하다) 따라서 焦循이 虞飜의 半象說을 비방하면서 乾의 半은 巽의 半도 되고 兌의 半도 된다는 식으로 말하는 것은 八卦의 正位에 맞지 않는다고 본 것이다. 따라서 焦循이 이렇게 말하는 것은 卦象을 통달하지 못한 소치라고 했다. 그러면서 虞飜의 半象說에서 '震體半見' 이란 震爻이고, '坎體半見'이란 坎爻이니 그 관점은 八卦의 正位에 맞는 말이지만, 다만 半象이라는 두 글자로 된 단어가 의미(半象의 內包)를 적절하게 구현하지 못했다는 데 그 잘못이 있을 뿐이라고 한 것이다.

어쨌거나 半象說은 取象說의 부족함을 보충하기 위하여 자의적으로 만들어 낸 학설에 불과한 것이어서 그것은 虞飜이 무원칙하게 수백 가지의 逸象을 마구잡이로 만들어 낸 것과 그 궤를 같이 한다고 볼 수 있다.

그런데 虞飜이 말한 '震象半見', '坎象半見' 등의 표현을 半象이라고 용어화한 최초의 학자가 누구인가에 대해서는 학계에 정론이 나와 있는 것은 아니나, 日人 학자 鈴木由次郞(1901- ?)을 드는 학자도 있지만[193] 鈴木由次郞보다는 138년 전에 태어난 焦循이 이미 위에서 말한 그의 『易圖略』에서 "…求其故而不得造爲半象"이라고 하고 있음을 상기할 필요가 있다. 焦循 이전에도 半象이라는 용어를 사용한 학자가 있었는지는 조사가 미진하여 확언할 수는 없지만, '半體'라는 용어는 吳澄이 그의 『易纂言外翼』 「象例」에서 이미 사용한 바 있다.[194]

---

193) 丁海王, 前揭論文, p. 75 참조. 鈴木由次郞, 『漢易硏究』(東京:明德出版社, 1963) pp. 277~278 참조

아무튼 淘沙得金이라고 丁若鏞이 말했듯, 종래의 잡다한 호체설을 모래를 일어서 금을 얻듯, 취사선택하는 과정에서 丁若鏞은 이 半象을 별도로 표장하지 않은 걸 보면 반상을 취하지 않는 것으로 일응 생각할 수 있다. 다만 乾卦「象傳」의 '六龍'을 해석함에 있어서 "六龍이란 六震이다. 坤이 一震을 얻어 復이 되고, 다시 一震을 얻어 臨이 되고, 臨이 一震을 얻어 泰가 되고, 泰가 一震을 얻어 大壯이 되고, 大壯이 一震을 얻어 夬가 되고, 夬가 一震을 얻어 乾卦가 되니 이것을 六龍이라 한다."[195]라고 하면서 大壯이 一震을 얻는 것과, 夬가 一震을 얻는 것을 두고, "震은 一陽이 卦主이기 때문에 비록 二陰이 없더라도 또한 震이다."[196]라고 하여 흡사 半象을 취한 듯하지만, 震은 陽 一획이 卦主라고 丁若鏞이 강조했듯이, 坤에서부터 나아가는 震의 누적과정이라는 당연한 氣勢의 연장선상에서 파악한 개념일 뿐 半象을 취한 것으로 보기는 어렵다. 그 밖에도 이를테면 乾卦 九二의 爻辭를 설명함에 있어서 "庸行者震也(夬五六爲震)"[197]라고 한 것처럼 도처에서 "夬五六爲震"이라고 말했지만 같은 뜻으로 봐야 할 것이다. 그러나 「李鼎祚集解論」에서 小畜의 密雲을 두고 우번이 "兌爲密坎象半見故密雲"이라 한 것을 게재하고 있을 뿐[198] 이에 대한 자신의 案語를 붙이지 않은 것으로 보면, 우번의 이 말에 그가 동조한 것이 된다. 즉 小畜의 상체

---

194) 吳澄, 『易纂言外翼(中國古代易學叢書17)』(北京:中國書店, 1993), p. 679上 참조.
195) 『周易四箋』, 卷一, p. 37a. 六龍者 六震也 坤得一震以爲復 復得一震以爲臨 臨得一震以爲泰 泰得一震以爲大壯 大壯得一震以爲夬 夬得一震以爲乾卦 此之謂六龍也.
196) 『周易四箋』, 卷一, p. 37a. 震 以一陽爲卦主 故 雖無二陰 仍是震.
197) 『周易四箋』, 卷一, p. 39a. "庸行者震也 夬五六亦震"
198) 「李鼎祚集解論」『易學緒言』, 卷一, p. 182 참조.

巽의 上획 즉 6획이 剛이니 坎體의 半만 나타났다는 뜻인데, 이것은 위에서 본 바와 같은 강획의 누적과정으로는 볼 수가 없을 것이고, 또 「來氏易註駁」에서 "巽은 조밀한 坎"(巽爲稠坎)[199]이라고 한 것은 결국 巽은 坎의 半象이라는 말과 같은 뜻이 된다.

이 부분에 대한 丁若鏞의 해석을 『周易四箋』에서 보기로 한다.

> (소축은)또 夬에서 왔는데(上이 四로 가다) 夬일 때에는 坎이 그 下가 막혀서(兌下가 剛) 비를 이룰 수가 없었는데,(坎을 이루지 못한다) 지금은 下(『周易四箋』에서는 上으로 되어 있으나 下로 바로 잡는다:필자)가 비록 트였으나(巽의 下가 끊어졌다) 또 上이 막혀서(巽의 上이 剛이다) 비를 이루지 못한다.(坎을 이루지 못한다) 이것이 密雲不雨이다. 음이 天上에서 坎이 조밀함을 나타내니 密雲이 아닌가?(구름이 땅에 떨어지면 비라 한다)[200]

夬의 四五六획에서 4가 막힌 것은 坎의 4가 막힌 것으로 보고, 小畜의 四五六획에서 上이 막힌 것을 坎의 6획이 막힌 것으로 보고 이것을 '視坎稠密'이라고 했다. 坎象半見이란 표현만 쓰지 않았을 뿐 半象을 사용한 것에 틀림없다.

또 『周易四箋』의 乾之大有(九五)에서 大有의 5, 6획을 艮鬼로 해석하고 있는 바[201] 五와 六(==)으로 艮을 삼는 것은 半象을 사용한 또

---

199) 「來氏易主駁」 『易學緖言』, 卷三, p. 378 참조.
200) 『周易四箋』, 卷二, p. 23a. 又自夬來 夬之時坎塞其下 不能成雨 今下雖通而又上壅 不能成雨 是密雲而不雨也 陰在天上 視坎稠密 非密雲乎(雲落地曰雨). '今上雖通'에서 上을 下로 고치지 않고 그대로 두는 입장도 있으나 잘못이다.(丁海王, 前揭論文, pp. 117~118 및 p. 118의 각주12) 참조)
201) 『周易四箋』, 卷一, p. 43a 참조.

하나의 결정적 증거가 된다고 생각한다. 위와 같은 몇 가지 경우로 미루어 볼 때 비록 半象을 별도로 표장하지는 않았지만 부분적으로 易詞의 해석에서 이 半象의 뜻을 사용한 것으로 볼 수 밖에 없다. 이 부분에서 丁若鏞 역학의 모호한 일면을 만나게 되는 것은 참으로 고통스러운 일이다.

五. 卦를 求하는 原理

1. 請命의 體系(法式)와 手段

　丁若鏞은 그의 「易論」에서 성인이 역을 지은 목적은 "하늘의 명을 청하여 그 뜻에 따르기 위한 것이다."(所以請天之命 而順其旨者也)라고 하고 있다. 역을 짓는다는 것은 곧 卦를 긋는 것이니 이것이 성인이 卦를 그은 목적이기도 하다. 丁若鏞의 역학체계에서 최고의 자리에는 上帝가 존재하는 것임은 이미 논한 바이거니와, 성인이 卦를 그어 역을 지은 궁극적 목적은 이 上帝로부터 명령받기를 청하는 것 곧 신탁을 구하기 위한 것이라는 데 있다고 그는 생각한 것이다. 「易論」은 다음과 같이 시작한다.[1]

> 易이란 무엇을 위하여 지었는가? 성인이 天의 命을 청하여 그 뜻에 따르기 위한 것이다. 무릇 일이 공정한 선에서 나와서 족히 써 하늘이 도와서 이루어, 복을 주기에 넉넉한 것은 성인은 다시 청하지 않는다. 일이 공정한 선에서 나왔지만 시세가 불리하여 반드시 그 일이 패하여 천복을 받을 수 없는 것에 대해서도 성인은 다시 청하지 않는

---

1) 「易論」은 『周易四箋』 丙寅本이 쓰여지던 1806년(순조6년), 공의 나이 45세 때 (奠楹之後 2285년春洌水丁鏞撰이라고 명기되어 있음)에 지은 「易論二」와 그 이전에 지은 것으로 보이는 「易論一」이 『여유당전서』 시문집에 다 같이 게재되어 있는데, 「易論二」는 『周易四箋』(『여유당전서』卷四, pp. 15a-16a)에는 「易論」으로 표장되어 있다. 이 책에서 「易論」이라함은 이 「易論二」를 지칭한다.

다. 일이 공정한 선에서 나오지 않아서 천리에 거스르고 人紀를 손상하는 것에 대해서는 비록 그 일이 반드시 이루어져서 목전의 복을 받게 된다 하더라도 성인은 다시 청하지 않는다. 오직 일이 공정한 선에서 나왔지만 그 성패며 화복이 逆睹하여 헤아릴 수 없는 것에 대해서만 이렇게 되어 청명할 따름이다.[2]

왜 하늘에 대하여 청명을 하게 되는가? 고대인의 눈에 비춰지는 자연현상은 경외로 가득 찼을 것이다. 따라서 거기에는 주재하는 어떤 영명한 존재가 있어서 모든 현상을 조종하는 것으로 생각되었을 것이고, 그것을 공경하고 두려워하고 받들고 섬겨서 복을 받고 재앙을 피하려고 하는 것이 고대인의 일반적인 정서였을 것으로 봐진다. 그 하늘의 가르침을 청하여 하늘이 명령하는 대로 행하는 것이 복을 받고 화를 멀리하는 길이라고 생각하였을 것은 이치로 봐서 당연하다. 觀卦의 이른바 "聖人 以神道設敎而天下服矣."라고 한 것은 이를 두고 하는 말인 것 같다. 즉 성인이 나와서 天과의 매개수단을 만들어 가르침을 펴니 만민은 열복했을 것이다. 丁若鏞 또한 이러한 관점에서 역은, 성인이 天意를 묻는 필요성에서 만들어진 것으로 추리한 것이다. 여기서 하늘은 곧 上帝이며 귀신이다.(丁若鏞의 상제관에 대해선 서상에서 논한 바 있다)

丁若鏞은 청명하는 경우를 윤리적 타당성이 있고, 공익을 위하고, 성패가 불확실한 것에 한해야 한다고 했다. 丁若鏞이 다른 곳에서 "역

---

[2] 『周易四箋』, 卷四, p. 15a. 易何爲而作也 聖人所以請天之命而順其旨者也 夫事之出於公正之善 足以必天之助之成而予之福者 聖人不復請也 事之出於公正之善 而時與勢有不利可以必其事之敗而不能受天之福者 聖人不復請也 事之不出於公正之善 而逆天理傷人紀者 雖必其事之成而徼目前之福 聖人不復請也 唯事之出於公正之善 而其成敗禍福有不能逆睹而縣度之者 於是乎請之也.

이란 성인이 허물을 고쳐서 義로 옮기기 위한 것이다."3) 라고 한 말과 맥락을 같이 하는 것이어서, 인간만사를 모두 복서에 의탁하려는 태도가 아님을 분명히 하고 있다 할 것이다.

청명의 목적이 아무리 타당하고 그 자세 또한 아무리 간절하다 하더라도 이에 대해 하늘이 모두를 곡진하게 명할 수 있다고는 생각할 수 없다. 사람과 하늘 사이라는 天人의 관계가 人과 人의 관계처럼 언어로 매개될 수 있는 관계가 아니기 때문이다. 따라서 하늘이 인간의 간절한 청명에 감응해서 성공과 실패의 여부를 알려서 이를 행하게 하거나 하지 말게 하고 싶어도 그렇게 되지 않을 것이다. 이런 상황을 성인은 번민하게 된 것이라고 丁若鏞은 보고 있다. 이것을 해결하기 위해 성인은 어떻게 했는가를, 丁若鏞의 말을 들어 보기로 하자.

> 그러므로 성인은 이를 근심하여 이른 아침부터 밤늦게까지 이를 생각하여, 우러러 하늘을 관찰하고 아래로 땅을 살펴서 하늘의 밝음을 이어 받아 그 명을 청할 것을 생각한 것인데, 어느 날 아침에 흔연히 책상을 치고 일어나면서 '나에게 방법이 있다.'(予有術矣)라고 했다. 이때 손으로 땅에 그어 奇偶와 剛柔의 형상을 만들어 놓고는, '이는 천지와 水火가 변화하여 物을 생하는 것이다'(이것은 八卦이다)라 하고 이로 인하여 진퇴와 소장의 모양을 만들어 놓고는, '이는 四時의 형상이다'(이는 十二辟卦이다)라고 하였으며 또 이를 취하여 升降과 往來의 형상을 만들어 놓고는, '이것은 만물의 象이다' (이는 五十衍卦이다)라고 말했다.
> 여기서 그 땅에 그어 만든 기우와 강유의 형세를 취하여, 그 형상을 완상해서 그 비슷한 것을 생각하여 그와 방불한 것을 얻어 명명하기

---

3) 『周易四箋』, 卷一, p. 28a. 易者聖人所以改過而遷義也.

를 "이것은 말이고 저것은 소고, 이것은 수레고 저것은 궁실이고, 이것은 창과 칼이고 저것은 활과 화살이다."라고 하여 이를 기재하여 법식을 만들어서, 하늘이 그 명칭에 의지하여 사용하기를 기대하였다. 이는 비록 사람이 설립한 명칭이고 하늘이 그것을 사실로 여긴 것은 아니지만, 그러나 하늘이 만약 나의 정성을 살펴서 어떤 일을 알리려 한다면, 또한 거의 내가 지어 놓은 명칭에 의하여 마침내 사용하게 될 것이다.(이는 說卦이다)[4]

'予有術矣'라고 했듯이 청명의 체계는 원래 사람이 세워 놓은 명칭(人立之名)이지 하늘이 계시한 방법이 아니다. 인간인 성인이 어떻게 하면 하늘의 가르침을 듣는 방법을 객관화할 수 있을 것인가를 두고 번민하던 나머지 어느 날 홀연히 그 방법을 깨닫게 되었다는 것이 丁若鏞의 생각이다. 비록 성인은 하늘과 더불어 덕을 같이 하는 존재이긴 하지만 그 객관화의 방법을 찾기에는 성인도 고심할 수밖에 없었을 것이다. 그것은 필경 인간의 번민에 불과하다. 성인이 하늘과 더불어 영원을 기약할 수가 있다면야 굳이 하늘에 의탁하는 청명의 길을 강구하여 후세에 전할 필요는 없었을 것이기 때문이다. 인간 존재로서의 유한성, 그리고 인간만세의 행복을 위한 번민, 성인의 이 우주적 번민이 탄생시켜 놓은 것이 청명의 체계이었다. 그것은 비록 인공적이었지만 마구잡이로 조작해 놓은 부호체계가 아니라 무엇인가를 본떠서 만

---

4) 『周易四箋』, 卷四, pp. 15a~15b. 聖人是憫 蚤夜以思 仰而觀乎天 頫而察乎地 思有以紹天之明而請其命者 一朝欣然拍案而起曰 予有術矣 於是以手畫地爲奇偶剛柔之形曰 此天地水火變化生物之象也(此八卦) 因以爲之進退消長之勢曰 此四時之象也(此十二辟卦) 又取之爲升降往來之狀曰 此萬物之象也(此五十衍卦) 於是 取其所畫地爲奇偶剛柔之勢者 玩其象憶其似 若得其髣髴者而命之名曰 此馬也 彼牛也. 此車也 彼宮室也. 此戈兵也 彼弓矢也. 著之爲法式 冀天之因其名而用之 雖人立之名 非天之所以爲實 然天苟欲鑑吾誠而告之故 則亦庶幾因吾之所爲名 而遂以是用之也(此說卦)

들고 그것에 방불한 것을 찾아서 물상을 붙여 놓았다. 그러나 그것은 이를테면 야경꾼의 암호나 교통신호와 같은 단순한 1:1의 약속체계가 아니라 1:무한의 약속체계이다. 이것은 상징이 신호와 다른 점이다. 약속이란 모름지기 쌍방 간의 의사의 합치여야 할 테지만 하늘이 무슨 말을 하던가! 하늘이 따라 주길 바라는 성인 혼자서의 약속이요, 어쩌면 그 약속은 곧 자신과의 약속인 것이다.

아무튼 이렇게 해서 일종의 宇宙圖式을 만들어 놓은 셈인데 그는 이것을 法式이라 했다. 이 법식에 누구나 참여할 수 있도록 고안된 방법이 揲蓍의 방법이다.

이러한 일련의 체계를 만들어 놓고서는 인간은, 하늘이 이러한 인간이 만든 체계의 방법을 사용하여 가르치기를 바라는 것이니, 즉 하늘이 만약 인간의 소망에 응해서 계시를 내리려고 한다면 인간이 만든 틀에 맞춰 계시하길 바라고, 인간은 자기가 한 약속이기 때문에 그것을 알아차리기가 용이할 것이라는 아주 단순 소박한 논리이다. 자신과의 약속, 이 약속이야말로 그러나 차라리 비원이며 기도며 하나의 종교의식일 것이다.

그렇다면 구체적 상황에 즈음하여 위와 같은 請命의 법식을 어떻게 활용할 것인가가 다음의 과제가 된다.

丁若鏞은 다음과 같이 말하고 있다.

> 여기서 들판에 나가서 芳草 몇 줄기를 취하여 그 승강과 왕래한 것으로 더불어 그 수를 합하여 서로 응하게 하고, 공경스럽게 방안에 간직하여 기다린다.(이는 蓍策 50이다) 매양 유사시에 이를 손에 움켜쥐고, 또 이를 나누어 넷으로 만들고는, "이것은 4시의 형상이다."라

고 하고, 또 이에 그것을 흩었다가 모으고, 參伍[5]로 변을 하여, "이는 만물의 형상이다."라고 하여, 그런 다음 그 수를 세어서 그 형상을 나타내어서 형상이 이루어지고 체가 이룩된다.(이것은 筮하여 1괘를 얻는 것이다) 여기서 이른바 말, 소, 수레, 궁실, 창과 칼, 활과 화살 등의 방불한 형상을 취하고 그 승강하고 왕래하는 자취를 살펴서 그 형상의 혹은 온전하고 혹은 이지러지고 혹은 서로 더불고 혹은 서로 어긋난 것과, 그 정(情)의 혹은 펴지고 혹은 찡그리고 혹은 기쁘고 혹은 근심스럽고 혹은 믿을 만하고 혹은 두렵고 혹은 편안하고 혹은 위태로운 것을, 모두 그 방불한 것을 가지고 완색하고,(이는 그 길흉을 점친 것이다) 완색해 봐서 참으로 길하면, 이렇게 되자 지어 말하기를 "하늘이 아마도 나에게 명하여 그것을 행하게 하는구나!"라고 하고, 완색해 봐서 참으로 길하지 않으면 긍긍하여 감히 행하지 못하니 이것이 역을 지은 까닭이며, 이것이 성인이 하늘의 명을 청하여 그 뜻에 순응하는 것이다.[6]

이상은 「繫辭傳」의 揲蓍에 관한 문장에 의거하여 丁若鏞 나름대로 간략하게 설명하고 있거니와 천과 인이 어떻게 해서 서로 감응하게 되는가를 창조적 해석을 통하여 보여주고 있다 할 것이다. 그러나 그는 「蓍卦傳」을 따로 표장하여 기존의 학설을 뒤엎고 그 나름의 독창적 해

---

5) 參伍란 변효를 결정하는 방법인데 다음에 설명하기로 한다.
6) 『周易四箋』, 卷四, p. 15b. 於是 出于野 取芳草若干莖 與其所爲升降往來者 合其數以相應 斂以藏之於室而待之也(此蓍策五十) 每有事 出而握之 旣又爲之劈而四之曰 此四時之象也 又于是散之聚之參伍之變通之曰 此萬物之象也 旣已算其數而著其形 形成而體立(此筮得一卦) 於是 取所謂馬牛車宮室戈兵弓矢髣髴之象 察其所升降往來之跡 而其形之或全或虧或相與或相背 其情之或舒或蹙或可悅或可憂可恃可懼可安可危者 無不以其髣髴者玩之(此占其吉凶) 玩之誠吉 於是乎 作而言曰 天其命予而行之矣 玩之 誠不吉 兢兢然 莫之敢行 此易之所爲作也 此聖人之所以請天之命而順其旨者也.

석을 감행하고 있다.

丁若鏞이 표장한 「蓍卦傳」에 대한 상세한 설명은 뒤로 미루기로 하고 여기서 한 가지 첨언할 것은, 청명의 방법론으로서는 위와 같은 揲蓍求卦의 방법 외에 卜術이 먼저 있었던 바, 두 방법이 다 같이 상제에게 계시를 구하는 방법이란 점에서는 같은데, 어찌하여 성인은 筮術만을 후세에 남겼을까? 이에 대한 丁若鏞의 견해를 살펴보기로 한다.

> 그렇다면 卜 또한 그러하니, 이 역시 하늘의 명을 청하여 그 뜻을 순응하는 것인데, 성인이 어찌 이를 높여 육경으로 삼지 않고 그 글을 없애 버렸는가? 복의 징조는 바로 그 길흉의 형상을 나타내어, 方兆, 功兆, 義兆, 弓兆가 각각 定體가 되고, 雨, 霽,(제:날이 개다) 蒙〈蛩〉, (모:뿌리 잘라 먹는 벌레, 벌레의 총칭) 圛,(역:구름이 듬성듬성하다) 이 각기 본색을 맞추어, 그 체는 120인데, 그 繇辭는 그 보다 10배나 되기 때문에 서로 쓰이지 않으며, 서로 쓰이지 않으면 그 승강왕래하는 형상이 그 가운데 부쳐지지 못하게 된다. 그러므로 큰일을 당하여 이로써 하늘의 명을 청하여 하늘의 밝음을 이어 받는 것은 『주역』보다 낫지만, 이를테면 평상시에 그 詞를 완색하여 이것에 의지하여 그 진퇴존망의 까닭을 살펴서 써 스스로 처할 바를 아는 것은 『주역』에만 있는 것이다. 그러므로 성인은 오직 주역이다.[7]

위에서 卜占이 후세에 전해지지 않은 까닭을 丁若鏞은 그 효능성의 관점에서 설명하고 있다. 즉 卜占에서 점조가 1200가지나 되지만 그것

---

7) 『周易四箋』, 卷四, pp. 15b~16a. 然則 卜亦然 亦所以請天之命而順其旨者也 聖人何不尊之爲六經 使其書亡也 曰卜之兆也 直以著其吉凶之成象 方功義弓各有定體 雨霽蒙圛 各具本色 體一百二十而其繇什之 故不相用 不相用 則其升降往來之象 不寓於其中也 故當大事以之請天之命而紹天之明 則長於易 若夫居而玩其辭因以審其進退存亡之故 而知其所以自處也 則唯易有之 故聖人唯易.

들이 筮占에서처럼 서로 牽連되어 쓰이지 않고 각각 독립적인 것이기 때문에 승강왕래하는 상이 그 가운데 없고, 따라서 복합적 변화를 살필 수 없다는 점이다. 繇辭가 많으니 천명의 계시는 그만큼 더 구체적으로 받을 수 있어서 그러한 면에서는 『周易』의 筮占보다 낫지마는 진퇴존망의 다양한 변화를 살피기에는 "오직 변화하는 곳으로 좇는"(唯變所適) 『周易』에는 썩 미치지 못한다고 그는 설명하고 있다. 따라서 "성인은 오직 주역을 택했다."라고 하고 있다. 그렇지만 비록 그의 주장에 좌단(左袒)한다 하더라도 그 이유만으로 筮占이 卜占을 대체했다고는 말할 수 없다 할 것이다. 서술이 복술을 대체한 데 대해서 高懷民은 몇 가지 이유를 제시하고 있으니 첫째 뼈의 부족, 둘째 周가 천명을 잇기 위한 개혁의 일환으로 筮를 택했다는 것, 셋째 인지의 발달에 따른 자연적인 추세라는 등의 이유를 들고 있거니와[8] 그러나 丁若鏞이 '聖人唯易'이라는 말로 그의 역론을 끝맺고 있는 데는 아마도 많은 말이 생략되어 있다고 생각된다.

복법의 종류에 대한 기록으로는 흔히 『左傳』僖公 5년의 기록을 거론하거니와, 그 기록에는 '筮短龜長'이라는 구절이 있는데 이 구절의 해석을 두고 杜預며 孔穎達 등에 의해 논란이 있어 왔다. 그 가운데 근세의 顧炎武는 거북점에 나타나는 모양은 120가지이고 그 점사는 1200 종류이니 『左傳』에 '시초는 짧고 거북은 길다'라고 한 것이라고 주장 했는가 하면[9] 전기의 고회민은 길고 짧음을 많고 적음으로 해석하는 고염무의 견해를 반박하면서 그 歷史의 장단을 가리킨 것이라고

---

8) 高懷民, 『中國古代易學史』, 숭실대 동양철학연구실 역 (서울:숭실대학출판부, 1994), pp. 118~126 참조. 이하 『中國古代易學史』라 한다.

9) 顧炎武, 『日知錄』, 卷二(長沙:岳麓書社, 1996), p. 55 참조.

했다.10)

어쨌거나 卜占이 筮占보다 역사가 길다는 사실은 갑골문이 출토된 이래 옛 문헌이 증명해 주어서 의심의 여지가 없긴 하다. 고회민은 그 증거로서 첫째 갑골문에는 서술과 괘상의 흔적이 나타나지 않으며 筮, 蓍, 卦 등의 글자도 보이지 않지만 卜자는 흔히 나타나고 있다는 점, 둘째 갑골문이 발견됨으로써『尙書』의 내용이 증명되었는데,『상서』이전의 기록 가운데 거북점 치는 곳에서는 卜자만 쓰고 卜과 筮를 함께 쓴 곳은 없다는 점 등등의 이유를 들고 있다.11)

卜占의 점사가 1200종이나 되지만 변통의 법이『周易』의 서법만 못하기 때문에 변화를 살피는 데는『周易』을 택했다는 이른바 '聖人唯易'이라는 丁若鏞의 입장은, 고염무처럼 양적 측면에서 해석한 것도 아니요, 高懷民처럼 그 歷史의 장단을 따져본 것도 아닐 것이다. 일자일구까지 정밀하게 따지는 丁若鏞의 학문 방법에 비춰 볼 때 고염무처럼 장단의 문제를 다소의 문제로 얼버무리지는 아니 하였을 것 같고 아마도 丁若鏞의 입장에서 본다면 실익을 찾을 수 없는 형식적 논쟁에 불과한 것으로 비춰졌으리라고 생각된다. 그는 이 장단의 문제를 繇詞의 많고 적음의 문제라든가 歷史의 장단의 문제로 보지 않고, 그 효능의 장단의 문제로 다루었을 것으로 생각된다. 그렇다면 筮와 卜은 각각 장단점이 있는 것이어서, 천명계시의 다양화라는 견지에서 견주어 본다면 '筮短龜長'이 될 것이고, 통변의 효능을 두고 비교한다면 단연 '筮長龜短'이 될 것이다. 따라서 성인이 통변을 중시한 것을 두고 말한 '聖人唯易'이라는 丁若鏞의 역론의 결미는 다만 '筮長龜短'의 다른 표

---

10)『中國古代易學史』, p. 110 참조.
11)『中國古代易學史』, p. 110 참조.

현이었을 뿐이다.

한편, 『春秋左傳』僖公 15년 조에서 韓簡은 말하기를, "거북은 상이고 시초는 수이다."[龜象也筮數也]라고 했다. 그러나 거북점의 조짐은 상이라 할 수 있겠지만 시초점의 방법은 수로써 우주를 본뜨는 것, 곧 상의 모사이니 시초가 곧 수라고는 할 수가 없을 것이다. 시초도 결국 상이다.

2. 揲蓍하여 卦를 求하는 方法

시초12)를 세어서 卦를 구하는 방법에 대하여는 「繫辭傳」에 한두 개

---

12) 蓍草에 대해서는 예로부터 미화된 이론들이 많이 제기되었다. 우선, 『說文解字』를 보면, "시초는 쑥의 일종인데 천년을 산다. 줄기는 삼백 개다. 易에서는 이것을 數로 삼는다."[蓍蒿屬 生千歲 三百莖 易以爲數]라고 했다.[許愼, 段玉裁, 『說文解字』(臺北:天工書局, 1996), p. 34]『史記』「龜策列傳」에서는, "내가 강남에 이르러 그 行事를 보고 長老에게 물으니 말하기를, "거북이 천년을 살면 연 잎 위에 노닐고 시초는 백 개의 줄기가 함께 한 뿌리인데 그것이 난 곳에는 범, 이리 같은 짐승과 독초 같은 풀이 없다."[余至江南 觀其行事 問其長老云龜千歲 乃遊蓮葉之上 蓍百莖共一根 又其所生獸無虎狼草無毒螫]라고 했다.(司馬遷『史記列傳』(漢文大系 七) (東京:富山房, 1994) 「龜策列傳」第六十八, p. 4.] 그 밖에도 시초를 신령스러운 풀로 미화한 예가 많이 있지만, 王夫之의 말이 설득력이 있다. 그에 의하면, 시초란 因陳(茵蔯)을 뜻한다고 했다. 봄이 되면 묵은 가지에서 새 가지와 잎이 돋아남으로 因陳인 것이고, 蓍는 艸와 耆에서 만들어진 글자인데 耆는 나이가 많다는 뜻이니 이 또한 因陳의 뜻이라고 했다. 성인이 이것을 筮占의 산가지로 삼은 것은 그 가지가 본래 곧아서 따로 다듬을 필요가 없기 때문이라고 했다.(王夫之, 前揭書, p. 753 참조.] 王夫之의 이 주장은 王充의『論衡』「卜筮」편에 나오는 "夫蓍之爲言蓍也, 龜之爲言舊也."라는 데에 근거한 것으로 보인다.(楊寶忠, 『論衡校箋』(河北:河北敎育出版社, 1999, p. 765 참조.) 또 조셉 니담(1900~1995)은 시초를 서양톱니바퀴풀(Siberian milfoil: Achillea sibirica)로 알려진 식물이라고 했다.[Joseph Needham, *Science and Civilisation in China*(Cambridge: Cambridge University Press, 1996, Vol. 2, p. 347 참조.] 여기서 니담이 말하는 서양톱니바퀴풀(또는 서양톱니풀)이란 因陳을 뜻한다고 생각된다. 왜냐하면 茵蔯[사철쑥]의 잎이 톱니나 톱니바퀴처럼 생겼기

의 문장이 있으나 이 문장만으로는 구체적 방법을 확정짓기란 어려운 나머지 예로부터 설이 분분했다. 이렇게 된 까닭은 兩漢 이래로 僞書가 크게 일어났기 때문으로 丁若鏞은 보고 있다.13) 그는 「繫辭傳」의 몇 개의 문장을 한데 묶어서 「蓍卦傳」이라고 표장하고 독특한 해설을 부치고 있는데, 통설로 인정되어 온 朱熹의 설시법과는 일치하지 않는다. 다음에 몇 개의 단락으로 나누어 朱熹의 설과 대비하면서 그의 蓍卦法을 살펴보기로 한다.

가. 大衍之數五十 其用四十有九

우선 大衍之數五十을 살펴보기로 한다. 大衍이란 무엇인가에 대해서는 정약용의 말마따나 漢 이래로 張皇煩惑하고 千頭萬緖하여 정론이 없다. 江永(1681~1762, 자(字) 愼修)의 『河洛精蘊』에 의하면 열 가지 학설이 있고 諸橋轍次(1883~1982)의 『大漢和辭典』에 의하면 열다섯 가지의 학설이 있을 정도로 분분할 뿐 정설이 나와 있는 것은 아니다.14) 丁若鏞은 「繫辭傳」의 "大衍之數五十 其用四十有九······"에서 大衍之數五十은 辟卦에서 연역되는 50卦를 칭하는 것으로 주장하고, 따라서 이들 50卦를 50衍卦라고 명명했다. 丁若鏞이 거론한 大衍에 관한 학설 가운데서 몇 가지만 살펴보기로 한다.

우선 京房에 의하면 10日, 12辰, 28宿를 합한 수이고, 거기에서 1을 빼서 49를 쓰는 까닭은, 하늘이 氣를 생하는 것이 虛로써 實을 오게 하고자 함이라 했고, 馬融은 易有太極은 北辰을 말함인데, 太極이 兩

때문이다.
13) 『周易四箋』, 卷八, p. 15a 참조.
14) 江永, 『河洛精蘊』(北京:學苑出版社, 1995), pp. 73~74 참조. 諸橋轍次, 『大漢和辭典』(東京:大修館書店, 1999), 卷三, pp. 373~374(2647~2648) 참조.

儀를 생하고, 兩儀가 日月을 생하고, 日月이 四時를 생하고, 四時가 五行을 생하고, 五行이 12月을 생하고, 12月이 24氣를 생하는 바, 北辰은 居位가 不動하여 그 나머지 49가 轉運하여 쓴다 했다. 즉 태극1, 양의2, 日月2, 四時4, 五行5, 12月 12, 24氣 24를 모두 합하면 50이 되는데 北辰은 움직이지 않으니 北辰의 수 1을 빼면 49가 되고, 이 49가 돌아서 이것을 其用四十有九라고 했다. 荀爽은 卦에는 각각 6효가 있는데, 6효에 八卦를 승하면 48이 된다. 여기에다가 건곤의 二用(用九用六)을 더하면 50이 되고 乾初九는 '潛龍勿用'이니 그래서 49를 쓴다고 했다. 鄭玄은, 천지지수 55인데 五行으로써 기가 통하기 때문에 오행의 5를 빼면 50이 되고 다시 1을 빼면 49가 된다고 했다. 姚信(三國吳人)과 董遇(三國魏人)는 天地의 수 55이지만 6으로써 6획을 상징하기 때문에 이것을 빼면 49가 된다고 하고 있다.[15]

이상의 제설들은 하나같이 필연성이 없이 자신의 어떤 기존의 철학에 입각해서 견강부회한 학설로 여겨진다. 이 가운데서 丁若鏞은 특히 정현의 학설에 대하여 특별히 긴 비평을 가한다.

> 大衍의 해석은 家家不同하다. 京房說이 있고 馬融說이 있고, 荀爽說이 있고 姚信說이 있고, 董遇說이 있고, 王弼, 顧懽說이 있고 또 孔穎達 『정의』에 干寶 崔憬說이 있고, 『이정조집해』를 보면 모두가 부회해서 취할 만한 것이 하나도 없다. 그러나 저들 제 학설은 오래지 않아 후학을 괴롭히기에 부족할 만큼 세상에 또한 행해지지 않았다. 오직 鄭玄의 설은 무리함이 제가의 설보다 도리어 심하지만, 홀로 후세의

---

15) 「漢魏遺義論」, 『易學緖言』, 卷一, pp. 246~247 참조. 金景芳(1902~)은 통행본 「계사전」에서 "大衍之數五十"은 "有五" 두 글자가 脫失된 것으로 보고 따라서 "大衍之數五十有五"가 타당하다고 주장한다.[金景芳, 『周易・繫辭傳新編詳解』(沈陽:遼海出版社, 1998), pp. 57~61 참조.

취하는 바가 되었으니, 天一生水, 地二生火는 드디어 '刊行되지 않는 전적'(불문률·필자)이 되어서 風水, 看相, 算命, 擇吉의 流가 이로써 그 것을 아니 함이 없게 되었다. 많은 窮理之學, 業醫之家는 모두 이 설로써 변할 수 없는 도리로 삼으니 어찌 개탄스럽지 않으리오. 天一地二란 것은 수가 55이다. 까닭 없이 5를 빼니 指鹿爲馬의 故事와 같았으나, 어리석게도 받들어 믿어 마침내 의심을 두지 아니하니 어찌 덕을 숭상하고 의혹을 분별하는 뜻이랴! 하도의 수 55에서 5를 빼어서 大衍으로 여기고 낙서의 수 45에서 5를 더하여 大衍으로 삼으니 구차하기가 이와 같도다. (이렇게 하면)천하에 大衍이 되지 않을 것이 있겠는가! 衍을 받은 50卦를, 이를 大衍이라 한다.[16]

鄭玄은 대연지수 50은 천지지수 55에서 5행수 5를 뺀 것이고 거기서 1을 더 빼면 其用 49가 된다고 했다. 이 大衍之數云云은 「繫辭傳」의 설시에 관한 것으로 여기서 揲이라 함은 取의 뜻으로 정현은 본 것인데, 그 取의 개요는 다음과 같다.

天一이 북에서 生水하면 地六은 天一과 더불어 북에서 成水하고,
天二가 남에서 生火하면 地七은 남에서 天二와 더불어 成火하고,
天三이 東에서 生木하면 地八은 天三과 더불어 東에서 成木하고,
天四가 西에서 生金하면 地九는 西에서 天四와 더불어 成金하고,
天五가 中에서 生土하면 地十은 天五와 더불어 中에서 成土한다고

---

16) 「鄭康成易註論」『易學緖言』, 卷一, p. 220. 大衍之解 家家不同 有京房說 有馬融說 有荀爽說 有姚信董遇說 有王弼顧懽說 並見孔穎達正義有干寶崔憬說 見李鼎祚集解 都是傅會 無一可取 然彼諸說旋亦不行於世不足以病後學 唯此鄭說其傅會無理 反甚於諸家之說 而獨爲後世之所取 天一生水地二生火 遂爲不刊之典 而風水看相算命擇吉之流 無不以此爲之 淵藪窮理之學 業醫之家 皆以此說爲天經地義 豈不嗟哉 天一地二者 其數五十有五也 無故減五 指鹿爲馬 而蒙然奉信 曾不置疑 豈崇德辨或之義乎 河圖之數五十有五 減五以爲大衍 洛書之數四十有五 增五以爲大衍 苟如是也 天下有不爲大衍者乎 受衍之卦五十 此之謂大衍.

하는 학설이다.17) 이 설은 天地之數를 河圖에 결부시켜 五行論으로 발전한 것이다. 이른바 독단적인 정현의 天一生水의 학설은 뒷날 술수가들에 의해 떠받들어지게 되었다고 丁若鏞은 개탄하고 있다. 정현에 대한 丁若鏞의 이러한 비판은 朱熹가 『易本義』등에서 하도의 중궁수를 서로 곱한 것(5×10)을 대연수라고 한 것에 대한 비판도 된다. 왜냐하면 하도수를 합한 것에서 대연수를 조작해 내는 것이나, 하도의 중궁수에서 대연수를 조작하는 것은 모두가 흑백의 흔적에 불과한 하도에 근거하고 있다고 하는 점에서 다르지 않기 때문이다. 전술하였듯이, 丁若鏞은 하도란 본시 『周易』과는 아무런 상관없는 한낱 도가의 그림일 뿐이라고 타박을 주고 있기 때문이다.

이리하여 丁若鏞은 大衍之數五十이란 12辟卦에서 衍成된 50衍卦를 지칭하는 것으로 주장한다.

> 大衍이란 衍卦를 말한다. 64卦 중에 12辟卦를 春夏秋冬 四時에 배당하고 中孚 小過를 再閏에 배당하고, 나머지 50卦를 周나라 사람이 大衍이라 했다. 이 50卦는 모두 14辟卦에서 변화를 받아 펼쳐서 卦가 된 것이다. 그러므로 大衍은 50卦 밖에 달리 이른바 大衍이 있는 것이 아니다. 漢이래 大衍之說이 장황하고 번혹스러워 천 가닥 만 가닥인데, 關郞의 『역전』에 이르러 이에 이르기를 천수는 1에서 兆하고 2에서 生하고 3에서 成하고 5에서 衍하고 6에서 成하고, 十에서 遇해서 天一生水 地二生火의 설이 드디어 간행되지 않은 책(불문률:필자)이 되고 그 후에 드디어 하도낙서의 수로써 大衍에다 묶어 합치니 衍卦 50의 자취는 천 년에 다시 밝지 못하였다.18)

---

17) 「鄭康成易註論」『易學緖言』, 卷一, pp. 219~220 참조.
18) 『周易四箋』, 卷八, pp. 15a~15b. 大衍者 衍卦之謂也 六十四卦之中 十二辟卦配

關郎은 北魏 때의 사람으로 그의 易傳은 『關氏易傳』이라 하는데, 唐의 趙蕤(유)가 注했고 一卷이나, 『隋書經籍志』와 『新唐書藝文志』에 모두 수록되지 않고 있다.19) 丁若鏞이 이를 緯書라고 했듯이, 전래의 현란한 大衍之說이 關郎의 『역전』에 이르러 술수로 변하는 계기가 되다가 나중에는 하도낙서의 수와 대연수를 한데 묶어서 그것이 불문율처럼 되어 버렸다. 어쨌거나 밑도 끝도 없는 종작없는 분석을 두고 흔히 大衍術이라고 빈정거리는 까닭을 알만하다 하겠거니와, 자신도 알지 못하는 말을 『周易』에 결부시켜 그럴 듯한 철학을 노노하는 것이 어찌 관랑, 정현 같은 사람에 한한다 하겠는가. 역에다가 견강부회하는 것이라면 그것이 옛사람들의 술수이든 또 理나 道이든, 현대인의 그 알량한 철학이든 모두가 丁若鏞의 역학에서 본다면 百一之輩들의 大衍之說일 뿐이라고 하겠다. 이를테면 라이프니츠(Leibniz, G.W., 1646~1716)가 邵雍의 「64卦方位圖」를 보고 그것이 자신의 二進法과 일치함을 발견했다고 하지만20), 丁若鏞 역학에서는 소옹의 선천학이 이미 역과는 아무런 관계도 없는 한낱 도가의 잔재에 불과한 것이고 보면, 라

之於四時 中孚小過 配之於再閏 餘五十卦 周人謂之大衍 盖謂此五十卦者 皆受變於十四卦而衍之爲卦也 故曰大衍 非五十卦之外別有所謂大衍者存焉也 自漢以來 大衍之說 張皇煩惑 千頭萬緒 及至關郎易傳 乃云天數兆於一 生於二 成於三 衍於五 成於六 偶於十而 天一生水地 二生火之說 遂爲不刊之典 其後 遂以河圖洛書之數 勒合於大衍 則衍卦五十之跡 千載不復明矣.

19) 伍華, 『周易大辭典』(廣州:中山大學出版部, 1993), pp. 983~984 참조.
20) 廖名春(外), 前揭書, p. 410 참조. 라이프니츠와 易과의 관계에 관한 상세한 논의는, 金鎔貞, 「라이프니츠의 보편기호법사상과 易의 논리」『주역의 현대적 조명』(서울:범양사출판부, 1993), pp. 283~314. 및 孫小禮 「Leibniz的二進制數與易図符號」『21세기와 주역』(서울:한국주역학회, 1998), pp. 545~548 참조. 또, Joseph Needham, *Science and Civilisation in China* (Cambridge: Cambridge University Press), vol.2, pp. 340~345. Pranklin Perkins, *Leibniz and China-A Commerce of Light*(Cambridge: Cambridge University Press, 2004) pp. 108~157. 및 다카다 아쓰시, 『周易이란 무엇인가』, 李基東 역, (서울:여강출판사, 1993), pp. 34~45 참조.

이프니츠의 말은 어떠한 의미도 역학에 더해주지는 못한다 하겠다.
다음은 '其用四十有九'에 대한 丁若鏞의 해설을 살펴보기로 한다.

> 시초의 덕성은 둥글어서 신령하다. 7 곱하기 7은 49이어서 둥글고 모가 나지 않고 반으로 나뉘지도 않고, 4로 깨뜨려지지도 않고, 6으로 분해되지도 않고, 8로 뼈개지지도 않고, 10으로 갈라지지도 않고, 또한 3으로 나누어지지도 않고, 5로 깨뜨려지지도 않는다. 그러므로 이것을 시초로 세는 데 쓰는 수로 삼는다. 그러나 그 體數는 50이다. 50 가운데 임의로 하나를 뽑아 그것을 제해서 수를 일으키는 뿌리(起數之本)로 하기 때문에 50책을 전부는 쓰지 않는다. 어쩌면 그 하나를 제하고 쓰지 않는 것은 태극의 상인가? 말하건대, 태극은 천지수화의 배태이다. 천지수화는 이렇게 되자 포함되어 누설되지 않는다. 지금 50책에서 1을 제하면 겨우 50분의 1을 얻었을 뿐인데 어찌 족히 태극에 마땅하겠는가? 이로써 수를 일으키는 뿌리가 될 따름이다. 筮는 數를 주로 한다.[『關郎易傳』 또한 이르기를 天數는 一에서 兆(조짐)한다 했다][21]

大衍의 수에서 하나를 빼는 것은 起數의 뿌리로 하기 위함일 뿐 朱熹에서처럼 태극을 상징하는 것이 아니라는 것이다. 하나를 제하는 것은 1/50일 뿐인데 어찌 태극이 될 수 있겠느냐고 한다. 태극이란 천지

---

21) 『周易四箋』, 卷八, p. 15b. 蓍之德 圓以神 七七四十九 圓而不方 無以半分 無以四破 無以六解 無以八劈 無以十析 亦無以三分五破 故特以是爲蓍策之用數也 然其體數則五十也 五十之中任抽其一除之爲起數之本(自二三至於千萬 其本皆起於一) 則五十策未嘗不全用也 或曰除其一而不用者是太極之象乎 曰太極者天地水火之胚胎也 天地水火於是乎包含無漏矣 今五十策而除其一 僅得五十分之一 烏足以當太極哉 是以爲起數之本耳 筮主於數(關郎易傳亦云 天數兆於一) 특이하게도 '其用四十有八'이라고 하는 설이 있다.(眞勢中州,『漢籍國字解』,「周易本筮指南」(東京:早稻田大學出版部, 1926), pp. 18~21 참조)

수화가 나뉘기 전의 그 씨앗이기 때문에 천지수화의 전체이기도 하다. 朱熹의 설을 따라서 이 하나를 태극을 상징하는 것으로 여기는 것이 대부분의 역학가들의 통념이 된 탓인지, 丁若鏞의 설시를 논하면서 이 하나를 여전히 태극을 상징하는 것으로 보는 것는 가소로운 일이다.[22] 이 1을 뺀 나머지 49라는 수는 2, 3, 4, 5, 6, 8, 10으로 分, 破, 解, 劈, 析 어떤 방법으로도 그것을 해체할 수 없고 다만 7×7=49가 될 뿐인 바, 이것은 둥글고, 모나지 않는 그래서 신령스러운 蓍草를 상징하게 되는 것이다.

나. 分而爲二 以象兩

이에 대한 丁若鏞의 주장을 보면 다음과 같다.

> 朱子는 이르기를 "兩은 天地인데 49책을 손에 맡긴 대로 가운데를 나누어서 각각 한 손에 두어서 兩을 상한다."(『易學啓蒙』에서 말한다)라고 했다. 49책을 손에 맡겨 가운데를 나누면 하나는 반드시 홀수가 되고 하나는 반드시 짝수가 된다.(가령 한 손이 19를 얻으면 다른 손은 반드시 30을 얻는다) 홀수는 天數이고 짝수는 地數이다. 胡方平이 왼손은 하늘을 상하고 바른손은 땅을 상한다고 말한 것은 틀렸다. 어찌 왼손이 반드시 홀수를 얻고 바른손이 반드시 짝수를 얻겠는가? 그 설은 틀렸다.[23]

---

22) 金王淵, 「茶山 易學의 硏究」(박사학위논문)(고려대학교대학원, 1989), p. 106 참조. 金王淵이 "그 50개 중 태극을 의미하는 하나를 제외하고…"라고 하는 것은 丁若鏞의 역학이 아니다.

23) 『周易四箋』, 卷八, pp. 15b~16a. 朱子曰 兩謂天地也 四十有九信手中分各置一手 以象兩(啓蒙云) 四十九策信手中分則其一必成奇數 其一必成偶數(假如一手得十九 則其一手必得三十) 奇者天數也 偶者地數也 胡玉齊(名方平) 謂左手象天右手象地 非矣 豈左手必得奇數而右手必得偶數乎 其說非矣.

49策을 나누어 양손에 갈라 쥔 상태를 두고 천지를 상형한다고 한 것은 朱熹와 다르지 않다. 다만 胡方平(宋末, 字 師魯, 號 玉齋)이 朱熹의 말을 해석하여 말하길, 왼손의 시초는 하늘을 상징하고, 오른손의 시초는 땅을 상징한다고 한 것은 이치에 맞지 않는다고 한 것이다. 49策을 둘로 가르면 반드시 한 쪽은 홀수, 한쪽은 짝수가 되긴 하지만, 어느 손의 蓍草가 홀수이고 어느 손의 蓍草가 짝수인가는 세어 봐야 아는데 胡方平은 무턱대고 左는 하늘, 右는 땅으로 했다. 홀수는 하늘, 짝수는 땅을 상형한다고 해야 하는데 胡方平은 그냥 왼손의 시초는 하늘을, 오른손의 시초는 땅을 상징한다고 한 것은 蓍草의 수에 상관없이 그렇다는 뜻이 되고 말았다. 이러한 사상은 陽左陰右라는 음양오행설에 부지불식간에 젖어 있는 까닭이 아닌가 생각된다. 揲蓍求卦의 법이 여기서부터 朱熹의 법과 丁若鏞의 법은 판연히 갈리게 된다.

다. 掛一以象三

이에 대한 丁若鏞의 해설을 살펴본다.

> 掛라고 하는 것은 50策을 넣어 두는 함의 띠[櫝帶]의 사이에 걸어 두는 것이다.(櫝이란 50策을 넣어 두는 櫝이다) 兩을 상형하는 책이 나누어지면(점치는 자리의 좌우에 나누어 둔다) 그 陰策(짝수의 책) 가운데 임의로 하나를 뽑아서 櫝帶의 사이에 건다.(帶는 櫝을 매는 것이다) 掛라고 하는 것은 卦가 이로써 말미암아 이루어지기 때문에 그 글자가 卦를 좇았다.(字가 手를 좇고 卦를 좇았다) 揲扐 두 글자와는 멀리 같지가 않다.[24]

---

24) 『周易四箋』, 卷八, p. 16a. 掛者 掛之於櫝帶之間也(櫝者 五十策所藏之櫝) 象兩之策旣分(分置筮席之左右) 就其陰策(得偶數之策)之中 任抽其一(信手取) 掛之

여기서 하나를 건다고 하는 것은 두 손 가운데 적어도 한 손의 책수는 확인하여 어느 쪽이 짝수인가를 확인하고, 짝수인 책수에서 임의로 하나를 뽑아 牘帶의 사이에 건다는 것인데, 掛라고 하는 것은 卦가 이 거는 데서 말미암아 이루어지기 때문에 卦를 따라서, 掛라고 했다는 것이다.

여기서 三을 象한다고 할 때 三이란 三才를 뜻한다고 한 『周易本義』에 丁若鏞도 동조하면서 다음과 같이 논한다.

> 陽策은 天을 상형하고(기수) 陰策은 地를 상형하고(우수) 掛一의 策은 人을 상형한다.(天策 地策 사이에 건다) 그 반드시 一策은 筮를 주관하는 一人이다.(비록 兆民의 일이더라도 주관하는 자는 君一人이다)25)

1策을 牘帶의 사이에 걸면 그 위치는 두 손의 사이가 된다. 牘帶는 筮人의 정면에 두기 때문이다. 따라서 1策은 天地의 사이에 놓인 것이 되고 이 1책은 人을 상형하게 되는데 人이란 바로 점을 치는 사람을 뜻한다 할 것이다. 朱熹가 1策이 天地人 三才 가운데 추상적인 人을 뜻하는 것으로 보는데 반해, 丁若鏞은 여기서 人이란 점을 주관하는 사람 곧 점치는 사람을 상형한다고 보는 것은 참으로 함의가 깊고도 경이롭다 하겠다. 實事에서 진리를 찾는 것은 그의 학문하는 정신이라고나 하리라. 天地 사이에 점치는 이 一人이 뛰어 들어 天地와 더불어

於牘帶之間也(帶所以繫牘) 謂之掛者 卦由此成 故其文從卦(字從手 從卦) 與揲扐二字 迥然不同.

25) 『周易四箋』, 卷八, p. 16a. 陽策以象天(奇數者) 陰策以象地(偶數者) 掛一之策以象人(掛之於天策地策之間) 其必一策者 筮之所主者一人也(雖兆民之事 所主者 君一人).

三才가 된다고 하는 이 사상은 바로 大宇宙와 小宇宙의 合一된 경지를 의미한다고 볼 수가 있고, 占이란 이리하여 天地의 감응에 따라 筮人이 세계를 주도하게 된다고 할 수도 있다. 이는 上帝로부터 계시를 받는 筮占의 진정한 의미가 무엇이어야 하는가를 말해 준다고 하겠다. 왜 점치는 사람 1인이 三才의 하나가 되는가? 그는 말하길, 兆民(억조창생)의 일일지라도 그것을 주관하는 자는 오직 군주 한 사람인 것과 같은 이치라고 했다. 천지는 언제나 열려 있지만 그리고 그 사이에 만물이 공존하지만, 구체적 상황에 봉착해서 천지의 조화에 참여하는 것은 오직 구체적인 사람 곧 한 사람이란 뜻이다. 아, 얼마나 감동적인 말인가!

　朱熹는 바른손의 1策을 거는 것은 陰策에서 하나를 취한다는 뜻이었지만, 丁若鏞은 좌우를 불문하고 오직 陰策에서 하나를 취하는 바 그 까닭을 이렇게 말한다.

> 성인의 도는 抑陰扶陽인데 天地之間에 항상 양이 주가 되고 음은 와서 명을 듣게 하려 했다. 그러므로 兩儀의 책이 설립되면 陰策으로 하여금 또 변하여 홀수가 되게 한다.(1책을 취한다) 두 홀수가 설립되면(1을 취한 다음을 말한다) 합하여 하나의 짝수(두 홀수가 하나의 짝수가 된다)가 이루어진다. 따라서 천지음양의 수는 실로 치우쳐 이기는 바가 없다.[26]

　짝수에서 하나를 취하는 까닭은 음을 누르는 것으로, 항상 양손이

---

[26] 『周易四箋』, 卷八, p. 16a. 聖人之道 抑陰而扶陽 欲使天地之間 陽常爲主而陰 來聽命 故兩儀之策旣立 卽令陰策又變爲奇數(取一策) 兩奇旣立(謂取一之後)合成一偶(兩奇卽一偶) 則天地陰陽之數 實未嘗有所偏勝也.

홀수이게 만드는 것은 양을 붙드는 것으로 말한 데에 특이함이 있다. 성인의 도란 곧 易道를 말하는 것으로 易道는 양을 위주하고 음은 양의 명을 듣는 입장으로 본 것인데 이른바 한유들의 消息卦의 개념도 양의 소장을 기준으로 한 것이지 음의 소장을 기준으로 한 것이 아니겠다. 즉 息은 양의 불어나는 것이니 음이 줄어드는 것이고, 消는 양이 줄어드는 것이니 음이 불어나는 것인데, 消息은 모두 양을 표준으로 해서 붙인 말이다.

여기서 掛一하는 법이 만약 위와 같지 않다면, 즉 하나를 짝수 쪽에서 취하지 않는다면 다음과 같은 모순에 빠지게 된다고 그는 말한다.

> 掛一의 법이 만약 이와 같지 않다면 '歸奇於扐'이라는 一節이 통할 수가 없다. 어째선가? 나뉘어 음책인 수가 이를테면 24, 혹은 20, 혹은 16, 혹은 12이면 4로써 세면 다시 나머지가 떨어지지 않는데 어찌 再扐이란 말인가?[27]

즉 1을 건다는 것이 陰策에서 취하지 않고 아무데서나 취하는 것이라면, 가령 陽策(바른 손의 책이 공교롭게도 홀수였을 때)에서 1을 취하면, 두 손의 策數가 모두 짝수가 되고 마는데, 그 수가 24, 20, 16, 12 등이라면 4로 세어서 나머지가 없게 되고, 따라서 나머지가 없는데 그 나머지[奇]를 손가락 사이에 끼운다[扐]는 것은 불가능하게 된다. 이 점에서 나머지가 없이 떨어질 경우에는 4를 나머지로 보는 朱熹의 법과는 전혀 다르다.

---

27) 『周易四箋』, 卷八, p. 16a~16b. 掛一之法 若不依此 則歸奇於扐一節不可通 何者 所分陰策之數 若爲二十四 或爲二十 或爲十六 或爲十二 則揲之以四無復零奇之可落也 何以再扐哉.

한편 掛一에서 掛라고 하는 것은 왼손 새끼손가락 사이에 끼우는 것으로 보고 있는 朱熹의 계열에서는 牘帶間에 거는 것이 掛一이라는 丁若鏞의 해설에 어리둥절해 할 것이다.

이 점에 대한 丁若鏞의 해설을 듣기로 한다.

> 1을 걸어서 人을 象形한다. 人이 天地의 사이에 있는데, 만약 左手에 건다면 天地의 策 사이에 있지 않게 된다. 그것이 人을 象形한단 말인가?28)

맞는 말이 아닌가. 얼마나 현장감이 있는 말인가! 그의 중형 丁若銓이 자신도 모르는 사이에 무릎이 굽혀졌다는 말이 떠오른다.

라. 揲之以四 以象四時

이에 대한 丁若鏞의 해설은 다음과 같다.

> 四時란 12辟卦이다. 무릇 음양이 나뉘면 天地水火의 氣가 四時에 나뉘어 行한다.(天地水火 四氣를 四時에 배당한다) 그러므로 易이 도답게 되는 것은 12辟卦로써 四時에 분배하고 설시의 법 또한 四時를 본떠서 반드시 넷씩 세는 것이니, 한 해의 순서가 반드시 四時로써 변하는 것을 본뜬다.… 대저 천지의 사이에 日月星辰이 行하고, 山川草木鳥獸 따위와 사람의 生養動止에 이르기까지 四時를 따라서 변천하지 않을 수가 없다. 그러므로 한 벌[一部] 易 전체의 쓰임은 오직 12辟卦의 변동왕래에 있고 揲蓍하는 법은 반드시 또 이것을 본떴다.29)

---

28) 『周易四箋』, 卷八, p. 16b. 掛一 所以象人也 人在天地之間 若掛之於左手 則不在乎天策地策之間矣 其象人乎.

넷씩 세는 것은 천지수화의 기가 四時를 따라 행하는 것을 본뜬 것이라는 내용이다.

마. 歸奇於扐 以象閏 五歲再閏 故 再扐而後 掛

丁若鏞은 이에 대해 다음과 같이 해설한다.

> 奇란 陽數를 말하기도 하고 零數를 말하기도 한다. 먼저 1을 걸 때 陰策 가운데서 1을 취하여 그것을 걸었는데, 이렇게 되자 4로써 세면 左策의 零數(4에 차지 않은 수)가 1이 아니면 반드시 3이다.(4에 차지 않는 것을 零數라 한다.) 右策의 零數 또한 1이 아니면 반드시 3이다.(左가 3이면 右는 1이고 右가 3이면 左가 1이다) 이 零數 또는 이 陽數를 奇라 한다.(두 가지 뜻을 겸한다) 주자는 말하기를 扐이라고 하는 것은 左手의 三指의 두 사이에 끼우는[勒] 것을 말한다고 했다. (本義云) 勒이란 止住(멈춰 있음)의 뜻으로 이 나머지 책을 이제 곧 손가락 사이에 머무르게 하는 것을 말한다. 넷씩 세는 일이 비록 마쳤지만, 지금 마땅히 그 陰陽策을 엄숙히 정리하는 것은 兩의 본법을 상하는 것이다.(左右로 원래의 자리에 두는 것) 그러므로 이제 곧 손가락 사이에 머무르게 한다. 閏이란 中孚 小過 두 卦를 말한다. 12辟卦를 12월에 분배하면 윤달이 없을 수가 없다. 中孚는 大離이니 離는 日이고 小過는 大坎이니 坎은 月이다. 日月의 남음이 있어서 윤달이 이루어지니 이 두 卦를 윤달에 배당한다. 그러므로 설시한 후 또 四時의 나머지 수를 가운데 끼워서 두 卦의 상을 본떴다.[30]

---

29) 『周易四箋』, 卷八, p. 17a. 四時者 十二辟卦也 大凡陰陽旣判 而天地水火之氣分行於四時(天地水火 四氣也 以配四時) 故易之爲道 以十二辟卦分配四時 而揲蓍之法又象四時 其必四四而數之者 象歲序之遷變 必以四時也……蓋惟天地之間 日月星辰之行 山川草木鳥獸之類 以至吾人之生養動止 莫不隨四時而變遷 故一部易全體 大用唯在乎十二辟卦之變動往來 而揲蓍之法 必又象之也

넷씩 세는 것은 朱熹의 법과 같지만 朱熹의 경우는 나머지 수가 9 또는 5인데 대해 丁若鏞의 법에 의하면 언제나 4가 된다. 왼손이 1이면 오른손이 3, 오른손이 1이면 왼손이 3이 되기 때문이다.

여기서 奇라고 함은 홀수라는 의미와 나머지라는 두 의미를 가진다. 朱熹는 넷씩 세어서 남는 수를 四指와 三指사이에 끼우는 것을 一扐, 三指와 二指사이에 끼우는 것을 再扐으로 보고 이리하여 처음 四指와 五指 사이에 걸었던 1과 합쳐서 9 또는 5가 되는 것에서 일단 설시 1변이 끝난 것으로 본다. 朱熹는 이렇게 말한다.

> 오른손의 한 개의 책을 왼쪽 새끼손가락 사이에 걸어서 三才를 상징한다. 왼손의 시초를 네 개씩 세어서 4시를 본뜨고, 그 남은 수를 합하여 왼손 넷째 손가락 사이에 끼워서 윤달을 본뜬다. 또 오른손의 책을 넷씩 세어서 남은 수를 왼손 셋째 손가락 사이에 끼워서 윤달을 본뜬다. 이것을 1변이라 말하니 손가락 사이에 끼워둔 책수는 5가 아니면 9이다.31)

---

30) 『周易四箋』, 卷八, pp. 17a~17b. 奇者陽數也 又零數曰 奇也 前掛一之時 取一於陰之中 而掛之 於是乎揲之以四 則左策所零之數 非一則必三也(不滿四 謂之零數) 右策所零之數 亦非一則必三也(左三 則右一 右三 則左一) 旣是零數 又是陽數 此之謂奇也 朱子曰 扐勒於左手中三指之兩間也(本義云) 勒者止住之意 謂此零餘之策 今姑止住於手指之間也 盖以揲四之事 雖畢 今當整理 其陰策陽策 以嚴象兩之本法(分置于左右原處) 故今姑扐住於指間也 閏者中孚小過二卦之謂也 十二辟卦分配於十二月 則不可無閏月 中孚者大離也 離者日也 小過者大坎也 坎者 月也 日月之有畸贏 而閏月以成 此二卦所以配之於閏月也 故揲蓍之後 又取其四時之餘(揲以四) 零奇之數而歸之扐中 以象二卦之象也.

31) 『易學啓蒙』『性理大全』, 卷 16, pp. 1104~1105. 右手一策於左手小指之間 以象三才 遂以四揲左手之策以象四時 而歸其餘數於左手第四指間以象閏 又以四揲右手之策而再歸其餘數於左手第三指間以象再閏 是謂一變其掛扐之數 不五卽九.

그러나 丁若鏞은 우선 甲년 동지부터 5년 뒤의 戊年 亥月까지는 60개월이지만 그 사이에 반드시 두 번 윤달이 들어서 62月이 되는데, 『周易』은 乾坤 門戶를 빼고 屯에서 未濟까지 62卦인 바, 한 卦를 한 달에 분배하면 그 사이에 再閏이 없을 수가 없기 때문에 中孚와 小過를 再閏에 응당하게 한다는 것은 이미 논한 바 있다. 丁若鏞은 再扐을 再閏에 비기는 해석이 색다르다. 再扐에 대한 그의 논변을 보기로 한다.

> 再扐은 먼저 左策을 세어 그 나머지를 취하여 끼우고,(혹은 1 혹은 3) 다음으로 右策을 세어서 그 나머지를 취하여 끼운다.(혹은 3 혹은 1) 두 번 끼우고 나서 이미 세었던 두 책을 자리 위에 정돈하여 잘 둔다.(左右로 나눠서) 다음에 끼워둔 策 4매를 취하여 그 하나를 임의로 뽑아 하나를 거는 데 쓰기로 하고, 여기에 전에 걸어두었던 1策을 취하여(揲蓍하기 전에 걸었던 것) 지금 뽑은 1策과 더불어 하나로 합해서 어루만지고 굴려서 하나를 뽑아 그것을 건다.(또한 韇帶間) 이것을 일러 再扐而後掛라고 한다. 이것을 正掛라 한다.(전에 건 것은 權掛라 한다) 이렇게 되자, 그 수(시책에 씌어 있는 숫자:필자)가 얼마인가를 헤아려 판 위에 기록한다. 이와 같이 하기를 세 번 해서 一畫이 성립된다.(이것을 三變이라한다)[32]

丁若鏞에 의하면 左右手의 시초를 세어서 남는 수의 합은 언제나 4

---
32) 『周易四箋』, 卷八, pp. 18a~18b. 再扐者 先揲左策訖取其奇而扐之(或一或三者) 次揲右策訖取其奇而扐之(或三或一者) 再扐旣訖取已揲過之兩筴(左右策) 整頓安置于席上(分左右) 次取所扐之策四枚(一與三合之得四) 任抽其一 以爲掛一之用 於是取前所掛之一策(揲四之前所掛者) 與今所抽之一筴(再扐後所抽) 合而摩轉擇其一而掛之(亦於韇帶之間) 此之謂再扐而後掛也 此之謂正掛也(前所掛者 權掛也) 於是乎稽其數之幾何 而書之於版上 如是者三 始成一畫(此之謂三變)

가 되는데 이 4중에 하나를 뽑아서 전에 걸어 두었던 1과 합하여 그 둘 가운데 다시 하나를 뽑아 거는 것을 再扐而後掛로 보고 있다. 그 까닭을 이렇게 설한다.

> 또는 말하기를 再扐의 책 4매와 전에 걸어 두었던 1책을 합하여 다섯 책을 어루만져 굴려서 그 하나를 뽑으면 어찌하여 안 되며 반드시 4매 중에서 하나를 뽑고 다시 둘을 잡고서(전에 걸었던 1과 뒤에 뽑은 1) 하나를 뽑아 걸어야 하는가라고 한다. 말하겠다. 전에 걸었던 1책은 四時의 가운데서 하나를 뽑은 것이고(넷으로 세기 전에 있어서) 뒤에 하나를 뽑은 것은 再閏 가운데서 하나를 뽑은 것이다.(뒤의 4매는 閏에 속한다) 四時와 再閏의 策을 합하여(12辟卦와 중부 소과) 또 그 하나를 뽑음으로써 64卦의 精을 두루 잡고 다시 그 英을 뽑는 것이다……만약 5매(전에 건 1과 再扐策 4)를 전부 취하여 같이 합해서 어루만져 굴리면 이것은 四時의 精 1매와 再閏의 精 4매가 되니 또 再閏의 策이 역시 크고 무겁지 않겠는가![33]

처음에 하나를 건 것은 四時 중에서 취한 것이고, 뒤에 하나를 뽑는 것은 再閏 가운데서 하나를 뽑는 것이어서, 再閏의 數를 몽땅 쓰는 것은 四時의 數에서 하나를 뽑는 것과 균형이 맞지 않기 때문에 다시 再閏의 數에서 하나를 뽑아 전에 걸었던 하나(四時에서 뽑은)와 합하여

---

33) 『周易四箋』, 卷八, p. 19a. 又曰再扐之策四枚也(三與一) 與前所掛之一策(合成五.) 合同摩轉而擢取其一 有何不可 而必於四枚之中擢取其一 又執二枚之策(前所掛一策 後所抽又一策) 而擢一以掛乎 曰前所掛一策 是於四時之中抽其一者也(在揲四之先) 後所抽一策 是於再閏之中抽其一者也(後四枚屬閏) 合四時再閏之策(十二辟卦及中孚小過) 而又擢其一 所以摠握六十四卦之精而又拔其英也…… 若全取五枚(前掛之一 及扐策之四)而合同摩轉 則是四時之精一枚而再閏之精四枚也. 不亦閏月之策太麤太重乎.

다시 하나를 뽑는다고 하는 것은 참으로 정교하고 공평한 이론이라 하겠다. 이리하여 뽑은 하나를 거는 것을 正掛라 하고, 처음에 거는 것을 權掛라고 하는데, 正掛로써 一變을 삼는 것이고, 3變하여 一畫을 얻고, 이 방법으로 再筮 三筮를 계속한다고 했다. 이른바 正掛가 되면 그 하나의 策에 새겨져 있는 글자를 확인하여 그것을 版上에 기록한 다음, 다시 49策으로 再筮, 三筮를 初筮와 같은 방법으로 해 나간다는 것이다.34)

三筮를 하면 비로소 一畫이 이루어지는데 이때 이 획이 음인가 양인가의 구분은 正掛의 숫자가 한 번은 奇, 두 번은 偶이면 소양이 되고, 한 번은 偶, 두 번은 奇이면 소음이 되고, 3奇면 노양, 3偶면 노음이 된다. 이렇게 되는 이유는, 노양수는 9, 노음수는 6, 소양수는 7, 소음수는 8이기 때문인데 이 수의 연원은 이른바 三分一損의 원리에 의한 것이다.

三分一損이란 卦의 한 획을 3등분했을 때 陰畫은 陽畫의 1/3이 모자라는 것을 말한다. 즉 陰畫의 중간 부분이 떨어진 것이 그 비율이 陽畫의 1/3이라는 것이다. 따라서 正掛한 蓍草의 숫자가 양수가 세 번이면 3+3+3=9, 음수가 세 번이면 2+2+2=6, 양수가 한 번 음수가 두 번이면 3+2+2=7, 음수가 한 번 양수가 두 번이면 2+3+3=8 이 되는데 9는 老陽, 6은 老陰, 7은 少陽, 8은 少陰의 수가 된다. 老는 純의 뜻(양이면 양, 음이면 음으로 세 번 다 이루어진 것)이고 少는 雜의 뜻(음양이 섞였다는 것)이다. 9는 모두가 양이니 老陽, 6은 모두가 음이니 老陰이 되고, 少陽과 少陰은 「繫辭傳」의 "陽卦多陰 陰卦多陽 其故何也 陽奇陰耦"에 의거하여 3+2+2는 少陽, 2+3+3은 少陰이 된다.35)

---

34) 『周易四箋』, 卷八, pp. 18a~19a 참조.

이러한 丁若鏞의 三分一損說은 「繫辭傳」의 '參天兩地'에 대한 독특한 해석이거니와, 朱熹가 이 '三天兩地'를 河圖 洛書에서 그 뜻을 구한 것에 대해 丁若鏞은 三分一損說로 이를 반박했다. 이제 朱熹의 설과 丁若鏞의 반론을 함께 보기로 한다.

먼저 朱熹의 주장을 듣기로 한다.

> 陽의 상은 둥그니 둥근 것은 직경이 1에 둘레가 3이며, 陰의 상은 네모가 나니 네모난 것은 직경이 1에 둘레가 4이다. 둘레가 3인 것은 1을 1로 삼기 때문에 1陽을 셋으로 하여 3이 되고, 둘레가 4인 것은 2를 1로 삼기 때문에 1陰을 둘로 하여 2가 되니, 이것이 이른바 三天兩地이다. 3과 2를 합하면 5가 되니 이는 河圖 洛書의 수가 모두 5를 중앙으로 삼은 이유이다.[36]

이에 대한 丁若鏞의 반론을 본다.

> 參天兩地의 뜻은 미묘해서 말하기 어렵다. 그러나 老子는 一生二, 二生三, 三生萬物이라 하였고, 莊子는 1과 1은 2가 되고, 2와 1은 3이 된다고 하였고, 『漢書』 「郊祀志」에는 三一이란 글이 있고, 「律曆志」에는 태극원기가 三을 휩싸서 一이 된다고 하였고, 管子가 樂律을 논하여 또한 三一로써 수를 일으켰다. 이것은 모두 옛 사람들의 參天의 原義이다. 땅에 있는 物은 백곡백과가 모두 兩瓣이 서로 합하고 사람

---

35) 『周易四箋』, 卷八, pp. 21a~21b 참조.
36) 「邵子先天論」 『易學緒言』, 卷二, p. 330. 陽之象 圓 圓者徑一而圍三 陰之象 方 方者徑一而圍四 圍三者以一爲一 故參 其一陽而爲三 圍四者以二爲一 故兩 其一陰而爲二 是所謂參天兩地者也 三二之合 則爲五矣 此河 圖洛書之數 所以 皆以五爲中也

의 몸의 정수리 이하가 또한 모두 둘이 합하여 바탕을 나타내고, 밑에 있는 기관의 체는 둘이 합한다. 이것은 古人의 兩地에 대한 原義이다. 그러나 그것이 『주역』에 있어서는 바로 괘획에 의거해서 參天兩地일 수가 있다. 柔畫의 중간이 끊어져서 剛畫에 비하여 겨우 2/3를 얻은 것이니, 별달리 다른 뜻을 구할 필요가 없다. 지름 1에 둘레 3에 이르러서는 본디 零의 나머지가 있어서 정밀한 법이 아니다. 일호의 어긋남이 있으니 현묘한 이치가 근거할 바는 못 된다. 하물며 3은, 그 전부를 쓰는 것을 參天이라 한다든가, 四는 그 반을 쓰는 것을 兩地라고 하는 것은 또한 무슨 뜻인가. 대저 參天兩地라는 것은 三分一損이다. 3으로써 本을 삼고 그 1/3을 제거하는 것은 律曆과 算術의 大經大法이다. 지금 4로써 本을 삼고 그 반의 수를 제거하면 天은 天이고 地는 地가 되어 역시 서로 기운이 어리어 진하게 화함이 없어진다. 만약 음수는 반드시 둘로써 1로 삼기 때문에 4를 꺾어서 2로 한다고 말한다면, 처음에 지름 1일 때 어찌하여 둘을 합해서 1로 하지 못하였는가? 원의 지름 1을 1로 삼으면 네모의 지름도 마땅히 2를 1로 삼아야 하는데, 方과 圓을 같은 법식으로 말하지 않았다. 關郎이하의 술수가들이 모두 鄭康成의 天地生成之說을 조술하여 1, 2, 3, 4, 6, 7, 8, 9를 木 火 金 水에 안배시켜서 5와 10을 제외하여 중앙의 土에 數를 배치시켰다. 그러므로 하도낙서는 모두 5점이 중앙에 있는 것이 다른 뜻이 있지 않다.[37]

---

[37] 「邵子先天論」『易學緖言』, 卷二, pp. 330~332. 參天兩地之義 微妙難言 然老子曰一生二二生三 三生萬物 莊子曰一與一爲二 二與一爲三 漢書郊祀志 有三一之文 而律曆志云 太極元氣函三爲一 管子論樂律亦以三一起數 此皆古人參天之原義也 在地之物 百穀百果皆兩瓣相合 人身頭凶以下亦皆兩合 則形質在下之器 其體兩合 此古人兩地之原義也 然其在周易 直據卦畫亦可以參天兩地 蓋柔畫中斷較之剛畫 纔得三分之二 非必別求異義 至於徑一圍三 本有零餘 不是精法 纔道一毫有差 便非玄理所本 況三用其全而謂之參天 四用其半而謂之兩地 抑又何義 大抵參天兩地者 三分一損也 以三爲本 去其一分者 律曆算數之家 大經大法 今以四爲本而去其半數 則天自天而地自地 亦無以絪縕而化醇矣 若云陰數必以兩而爲一 故折四爲二 則原初徑一之時 又何不兩合爲一乎 圓徑以一爲一 則方徑宜

老子, 莊子, 管子 등이 3을 원초적 수로 여긴 것을 參天의 원리로 보고 백곡백과가 花瓣(꽃잎)의 모양이 두 잎이 붙은 것과 사람의 몸 또한 정수리 이하가 모두 둘씩 짝이 되어 합하는 것이 양지에 대한 원의로 보면서[38]『周易』의 괘획에서는 바로 괘획에 의거하여, 음획은 양획의 2/3에 불과한 것으로 삼천양지를 말한다. 朱熹가 天圓地方에 따라 원은 직경이 1이면 원주는 3이라고 한 것은, π는 3.14……이기 때문에 정밀하지 못하고, 원의 지름이 1로 했으면 方의 지름 또한 1이어야 할 텐데 2로 하고 있으니 그 까닭이 어디에 있느냐고 반문한다. 丁若鏞의 시대에는 이미 서양의 기하학이 전래되고 있었다는 것을 감안한다면 丁若鏞의 이러한 반론은 丁若鏞이 아니더라도 당연히 가능했다고 생각한다.

위에서 丁若鏞의 揲蓍求卦의 기본원리를 살펴보았거니와, 다음에는 爻變을 정하는 방법에 대하여 살펴보기로 한다. 丁若鏞은 1개 획의 변에 한하여 점을 보는 것이기 때문에 두 개 이상의 획이 변했을 때는 다시 어느 한 획으로 정해야 한다. 朱熹는 이른바「考變占」에서 2개 효 이상의 변도 인정하고 있지만 丁若鏞은 이러한 것은 焦贛 등의 점법일 뿐『周易』의 뜻이 아니라고 배격했다. 이 효를 정하는 이론은 다음 장의 爻變과 관계되는 부분인데, 여기서는 여러 개의 획이 동했을 경우에 어느 효로 점을 보느냐에 대한 丁若鏞의 해설만 검토하고, 朱熹의「考變占」은 다음 章의 爻變論에서 다루기로 한다.

以二爲一 不得云方圓同例也 關郎以下術數之家 皆祖鄭康成天地生成之說 以一二三四六七八九 配之於木火金水 而五與十除之 爲中央土之配數 故河圖洛書 皆五點居中 非有他義也.

[38] 꽃잎, 나뭇잎, 사람, 짐승, 새 등을 세로로 마음속으로 정중선을 그어 바라보면 모두 좌우로 대칭형을 이룬다. 이것은 두 쪽이 서로 붙은 것으로 파악할 수가 있을 것이다. 丁若鏞은 이를 兩地의 原義로 본 것 같다.

丁若鏞에 의하면 여러 개의 획이 변했을 경우에 이 가운데 어느 하나의 爻로 결정하는 방법이 바로 「繫辭傳」의 '參伍以變'이라는 문구라고 한다. 그의 논설은 다음과 같다.

> 가령 筮占을 함에 있어서, 그 얻은 卦가 屯의 初畫과 二畫이 純畫(初가 老陽, 제2획도 老陰)을 얻었다면 筮人은 시초통에서 屯初九의 책 36(4×9), 六二의 책 24(4×6)를 뽑아 합쳐서 굴려서 넷씩 센 다음 제일 뒤의 책 4매를 취하여 그 가운데 하나를 뽑는다. 그것이 初九의 책이면 初爻로, 六二의 책이면 제2효로 占을 본다. 이것이 이른바 參伍以變이다.[39]

여기서 우선 老陽 老陰 少陽 少陰의 策數는 각각 36, 24, 28, 32가 되는 바 그 까닭은 老陽, 老陰, 少陽, 少陰의 수(9, 6, 7, 8)에 각각 4를 곱해서 얻게 되는데, 이와 같은 계산법으로 계산하면 乾의 策數는 216(36×6)이 되고 坤의 策數는 144(24×6)가 되어 합하면 360策이니 360日(태음력 1년)을 상징하게 된다. 64卦 전체의 策數는 老陽의 策數(36×192=6912)와 老陰의 策數(24×192=4608)를 합치면 11520策이 되고, 少陽의 策數(28×192=5376)와 少陰의 策數(32×192=6144)를 합쳐도 11520策이 된다. 이것이 만물의 수에 해당한다. 이 11520策을 丁若鏞은 萬數之策이라고 말한다.[40]

---

39) 『周易四箋』, 卷八, p. 23a. 假令一筮之間 其卦遇屯而其初畫第二畫俱得純畫(初得老陽 第二得老陰) 則筮人抽上韇取屯初九之策三十六枚(四九三十六) 屯六二之策二十四枚(四六二十四) 合同滾轉 亦四四揲之 取末後之策四枚 任抽其一 若是初九之策 則初爻變 若是六二之策 則第二爻變 此所謂參伍以變也

40) 『周易四箋』, 卷八, pp. 22b~23a, p. 29a 참조. 『易學緒言』, p. 197, p. 305 참조.

여기서 36, 24, 28, 32의 수를 구하기 위하여 9, 6, 7, 8에 왜 4를 곱하는가에 대해서는 朱熹 등 선유의 학설에 丁若鏞도 동조하고 있는데, 그 이유의 첫째는 揲之以四, 둘째는 四營而成易이라는 「繫辭傳」의 문구에서 이를 찾고 있다. 여기서 四營而成易이란 朱熹에 의하면 설시 과정에서 分二, 掛一, 揲四, 歸奇의 네 단계를 뜻한다. 즉 49策을 둘로 나누는 것이 一營, 하나를 거는 것이 二營, 넷씩 헤아리는 것이 三營, 나머지를 손가락 사이에 끼우는 것이 四營이라고 하는 것인데, 丁若鏞 또한 이와 같이 생각한다.[41]

이와 같은 策數에 따라서, 가령 보기에서와 같은 경우는 屯初九의 36策과 六二의 24策을 합하여 그것을 만지며 궁굴려서 넷씩 센 후 최후의 넷 중에서 1策을 뽑아 거기에 새겨진 숫자가 初九이면 初九, 六二이면 六二를 動爻로 결정한다. 이 원리를 「繫辭傳」에서는 '參伍以變'이라 했다는 것이 丁若鏞의 해석이다. 다만 이 경우 건곤 두 卦에만 用九 用六이라는 예외를 설립했다고 丁若鏞은 논하고 있는 바 이에 대해서는 다시 뒤에서 보기로 한다.

서상에서 揲蓍의 과정과 爻變을 정하는 방법을 자세히 검토해 보았다. 그러나 여기에는 두 가지 전제가 따른다. 먼저 四營의 과정에서 어느 策이 剛이고 어느 策이 柔인지를 알아야 正卦가 가능하고, 둘째는 爻變을 결정하기 위해서도 어느 卦의 어느 畫인지를 모르면 爻變을 정할 수가 없다는 점이다. 이 두 가지 경우에 蓍策에 글자를 새기는 것에 대해 丁若鏞은 다음과 같이 말한다. 먼저 앞의 경우를 보기로 한다.

---

41) 『周易四箋』, 卷八, p. 24b 참조.

하나하나의 蓍草에 천지의 수를 새긴다. 1을 색인 策이 5매, 2를 새긴 策이 5매, 3, 4, 5, 6, 7, 8, 9, 10을 새긴 策이 각 5매가 되게 한다. 이것을 일러 大衍의 策 50이라 한다.[42]

蓍草 50策에 1을 새긴 것이 5매, 2를 새긴 것이 5매… 이런 식으로 10까지 새긴 것이 각각 5매가 되게 하여 50策이 모두 열 가지 숫자로 새겨지게 만든다는 것인데, 이렇게 해야 陰陽老少의 구분이 이루어질 수가 있을 것이다.

다음은 뒤의 경우인데, 爻變을 정하기 위해서는 결국 64卦의 모든 策數(11,520개)에 그 卦爻의 名을 새겨야 한다는 이론이다. 그의 주장을 듣기로 한다.

> 竹策마다 각각 표제를 하기를 乾初九 몇 매(36), 乾九二 몇 매(36) 식으로 64卦 모두에 표제를 붙여야 한다. 그렇게 하지 않으면 經文이 어찌하여 乾의 策 얼마, 坤의 策 얼마라고 하겠는가? 천성 그대로 글자도 없는 策을 혼동해서 蓍櫝 속에 넣어 두고서는 은연히 말하기를, 乾의 策이니 坤의 策이니 하니 천하에 이런 맹랑한 일은 없을 것이다.[43]

글자도 새기지 않은 천성 그대로의 蓍策을 蓍櫝 속에 넣어두고서 乾의 策, 坤의 策을 말하는 것은 참으로 허무맹랑한 일이라고 지적한다. 蓍草에 이와 같이 卦爻의 명칭을 새긴다는 기상천외한 丁若鏞의 주

---

42) 『周易四箋』, 卷八, p. 19b. 每著一筴各刻以天地之數刻一之策五枚也刻二之策五枚也三四五六七八九十各具五枚此之謂大衍之策五十也

43) 『周易四箋』, 卷八, pp. 22a~22b. 蓋於竹策之上 各有標題 題乾初九者若干枚 (三十六) 題乾九二者若干枚(三十六) 餘皆倣此也 若云不然 經文何以云乾之策幾何 坤之策幾何哉 天成沒字之策 混同藏之於蓍櫝之中 而隱然號之曰乾之策坤之策 天下無此孟浪也

장은 그러나 典據가 있다고 그는 말한다. 거북은 함부로 쓰지 않고 불에 그슬고 태우고, 칼로 파고 새겨서 그 兆가 120가지가 되게 하는데 蓍草는 어떻게 그냥 天成 그대로 사용했다고 할 수 있겠느냐고 자문하면서 『禮記』「月令」에 보이는 '釁筴'(흔책)이라는 문구와 『周官』에서 보이는 '相簭'(상서)하는 법이 그 증거가 된다고 한다.[44] 여기서 '釁筴'이란 "太史에게 명령해서 犧牲의 피로 거북 껍질과 蓍草에 발라서 조짐을 점쳐 卦의 길흉을 살핀다."[命太史 釁龜筴 占兆 審卦吉凶][45]을 뜻하고, '相簭'란 "上春에 蓍草를 다시 선택한다.[上春相簭][46]를 뜻하는 것으로 생각되는 바, 희생의 피를 거북의 껍질과 蓍草에 다 같이 발랐다면 거북 껍질에 새김을 넣듯 蓍草에도 새김을 두었을 것이라는 것과, '蓍草를 가린다.'(相簭)라는 말은 蓍草에 새겨진 글자의 상태 등을 다시 점검하여 선택한다는 뜻이 그 함의가 된다고 丁若鏞은 생각한 것 같다.

위와 같은 丁若鏞의 「蓍卦傳」의 해석을 두고 그의 중형 丁若銓은 다음과 같이 극찬한 바 있다.

> 『주역사전』은 그 어느 것이나 장관이 아닐까마는, 「蓍卦傳」에 이르면 해석이 더욱 지극히 기이한 문자이다. 九六之辨에 이르러서는 묘묘하고 기기하여 말마다 글자마다 거의 神이 주고 鬼가 가르친 것 같아 무어라 형언할 수 없다. 美庸(丁若鏞의 字)이 어떤 영명한 마음과 묘한 깨달음으로써 이에 이르렀는지 알 수가 없다. 사람으로 하여금 곧장 미쳐서 부르짖고 마구 춤추고 싶게 한다.[47]

---

44) 『周易四箋』, 卷八, p. 19b 참조. 釁筴이란 '刻處에 塗血하는 것'이라고 丁若鏞은 해석한다.
45) 『禮記』「月令」편 참조.
46) 『周官(周禮)』, 卷六, 「春官宗伯下」 참조.
47) 「玆山易柬」『易學緖言』, 卷四, p. 481. 周易四解 孰非壯觀 而至於蓍卦傳 尤是

3. 丁若鏞의 卜筮觀

　丁若鏞은 「易論」에서 성인이 易을 지은 목적은, 上帝로부터 命을 받기를 청하고자 함이라고 했다. 그 法式으로 만들어진 것이 易의 체계라고 했다. 이 法式은 곧 上帝와 성인 사이에 이루어진 약속 체계이다. 이 체계에 입각하여 구체적인 경우에 聽命을 구하는 방법으로서의 卜筮는 고대사회에 있어서는 생활유형이며 종교의식이었다고 할 수 있을 것이다. 그는 『禮記』「表記」의 다음과 같은 문장을 인용한다.

> 공자는 말했다. 옛 3대의 名王은 천지의 神明을 섬기는 데 卜筮를 쓰지 않음이 없었고, 감히 사사로운 것으로써 上帝를 섬기기를 더럽히지 않았다. 이리하여 해와 달을 범하지 않았으며, 卜筮에 어긋나지 않았으며, 卜筮를 거듭하지도 않았다.[48]

이에 대해 丁若鏞은 다음과 같은 말을 덧붙인다.

> 옛 사람은 천지신명을 섬기기 때문에 上帝를 섬겼다. 따라서 卜筮로써 上帝의 명령을 듣는다고 한 공자님의 말씀은 이처럼 밝았다. 지금 사람이 평시에는 神을 섬기지 않으면서 오직 일에 임해서 卜筮로써 그 성패를 염탐하려 하니, 하늘을 업신여기고 神을 모독함이 심하도다.[49]

　絶奇文字至於九六之辨 妙妙奇奇 言言字字 殆如神授鬼指 不可名狀 不知美庸以何靈心妙悟至此也 令人直欲狂叫亂舞也.

[48] 「卜筮通義」『易學緖言』, 卷四, p. 455. 子言之昔三代明王 皆事天地之神明 無非卜筮之用 不敢以其私褻事上帝 是以不犯日月 不違卜筮 卜筮不相襲也.

[49] 「卜筮通義」『易學緖言』, 卷四, p. 455. 古人事天地神明 以事上帝 故卜筮以聽命 孔子所言明此義也 今人平居旣不事神 若唯臨事卜筮 以探其成敗 則慢天瀆神甚矣.

伏羲 畫卦 時에는 오직 천명을 稟受 받으려고 점을 쳤지만,「易論」에서 보듯이, 윤리에 합당하고, 공익을 위하고, 그러면서 성패가 불확실한 경우에만 卜筮에 임하였던 것이, 후대에 와서는 평시에는 신을 섬기지 않으면서 무슨 일에 임해서는 사사로운 일로 卜筮에 의지하는 세상이 되어 버렸다고 개탄한 것이다.

다시 丁若鏞은 말한다.

> 卜筮法은 그 처음에는 천명을 받아서 백성의 日用을 이끌어 주었던 것이다. …… 춘추시대에는 이 법이 넘쳐서 그 身命을 점치면서는 영광과 녹복과 지위와 명리의 생각에서 벗어나지 않았고, 謀議을 점치면서는 義와 利, 逆과 順을 분변하지 않았다. 천명을 품수 받는 뜻은 드디어 어두워지고, 命을 염탐하려는 마음부터 움직여서 현혹스럽고 요사스러운 술수와 교활하고 지리한 말이 그 사이에 어지러워짐으로써 하늘을 속이고 신을 모독하는 허물에 빠져 버림을 스스로 깨닫지 못했다.[50]

> 卜筮란 천명을 받는 것이다. 그러므로 장차 할 것이 있고 행할 것이 있어서 卜筮하는 것인데, 후세 사람들은 이미 하였거나 행한 것을 두고 卜筮한다. 이는 하늘의 기틀을 염탐해서 하늘의 뜻을 시험하는 큰 죄이다.[51]

---

50) 「卜筮通義」『易學緒言』, 卷四, pp. 459~460. 卜筮之法 其始也 稟天命以前民用也…春秋之世 此法已濫 卜其身命者 不出於榮祿位名之慕(如陣敬仲 畢萬 叔孫豹之占) 卜其謀議者 不揆夫義利逆順之辨(如陽虎救鄭 南蒯將叛) 稟命之義遂晦 而探命之志先躁 則眩惑妖幻之術 狡獪支離之說 得以交亂於其間 而不自覺其陷入於慢天瀆神之咎矣.

51) 『周易四箋』, 卷八, p. 6b. 卜筮者 所以稟天命也 故將有爲將有行 而卜之筮之 後世之人旣有爲旣有行 乃卜乃筮 是探天機而試天意大罪也.

卜筮란 고대사회에 있어서 집단공동체의 종교의식이요 축제와도 같은 지극히 공공적인 것이어서 하늘을 섬기고 신을 두려워하는 인간의 순수한 정성으로 점에 임하여 그 결과를 받드는 것이었는데, 춘추시대에 이르러 개인적 사적인 목적으로 天意를 염탐하는 잡술이 되어 버린 모양이다. 심지어는 이미 지나간 일을 두고 점을 쳐서 하늘을 시험하려는 데에까지 이르렀으니 상제를 모독하는 정도가 우심하게 된 것이다. 이는 蒙卦에서 "再三瀆 瀆則不告"이라고 이미 경계할 바를 말한 것이기도 하다. 한 가지 일을 두고 두 번 세 번 점을 치는 것은 신을 모독하는 것이 되고 모독하면 신은 告해주지 않는다고 『周易』은 말하고 있지만, 두 번 세 번 묻는 점은 그래도 앞일을 묻는 것이지만, 지나간 일로 천의를 시험하는 것에 이르러서는 人心을 모으고 이끄는 한 방편으로서의 卜筮의 권위는 이미 타락될 대로 타락되어 더 이상 종교적인 신성함을 지속하지 못하게 된 것이다. 이리하여 그는 마침내 卜筮의 폐지론을 강력하게 내 놓는다.

> 지금의 사람은 비록 바른 일일지라도 또한 卜筮가 마땅하지 않다. 고금이 서로 다른 것은 당연하다. 제사 때 尸童을 쓰지 않고 田制에는 井田法을 쓰지 않는데 홀로 卜筮만 폐지할 수가 없단 말인가![52)

卜筮는 제사 지낼 때 尸童을 쓰고, 토지제도로서는 井田法을 쓸 때의 생활의식이었는데, 세상이 달라진 지금에 와서 卜筮는 왜 폐지할 수 없느냐고 다그친다. 그는 「중씨에게 답하는 글」에서 다음과 같이

---

52) 「少儀卜筮之義」『易學緖言』, 卷四, p. 457. 今人 雖正事亦不宜卜筮 古今異宜也 祭不用尸 田不畫井 獨卜筮不可廢乎.

말한다.

> 저는 갑자년(1804)부터 『주역』 공부에 전심하여 지금까지 10년이 되었으나 하루도 揲蓍作卦하여 어떤 일을 점친 적이 없습니다. 제가 만약 뜻을 얻는다면 조정에 고하여 卜筮를 엄금토록 하기에 겨를이 없을 것입니다.53)

그는 점을 치지 않는 이유가 시대의 변천에만 있는 것이 아니라고 말한다.

> 이것은 오늘날의 卜筮가 옛날의 卜筮가 아니라는 것을 말하는 것은 아닙니다. 비록 문왕과 주공으로 하여금 지금의 세상에 태어나게 하더라도 결코 卜筮로써 의심을 상고하지는 않을 것입니다.…… 무릇 하늘을 섬기지 않은 사람은 감히 卜筮를 할 수 없다고 하지만 저는 지금 하늘을 섬긴다 하더라도 卜筮를 하지 않을 것입니다.54)

이러한 丁若鏞의 복서관에 대해 朴鍾鴻은 이렇게 말한다.

> 이로써 茶山의 이른바 昭事의 학이 上帝의 조림을 戒愼恐懼하여 誠意誠信으로 일관하려는 것이 짐작된다고 하겠고, 이것을 茶山은 洙泗의 舊觀이라고 하여 그 원초적인 기본정신을 밝히려고 한 것이라 하겠다. 그리고 이 점이 서양 선교사들이 천주교가 유학과 근본적으로 다

---

53) 「答仲氏」, 『與猶堂全書』 ③, p. 301. 我自甲子年 專心學易 而于今十年 未嘗一日揲蓍作卦以筮某事 我若得志 則告于朝廷 將嚴禁卜筮之不暇.
54) 「答仲氏」, 『與猶堂全書』 ③, p. 301. 此非謂今之筮 非古之筮也 雖使文王周公生於今世 決不以卜筮稽疑……凡不事天者 不敢卜筮 我則曰今雖事天 亦不敢卜筮.

른 것이 아니라고 말할 수 있었던 까닭이었을 것도 같다.[55]

　위에서 비록 자신이 하늘을 섬긴다고 하더라도 결코 복서를 하지 않겠다고 말한 까닭은 박종홍의 판단에 따라, 丁若鏞 자신의 上帝觀 탓으로 돌린다면, 상제를 섬기기 때문에 상제에게 묻지 않는다는 논리로 귀결이 된다. 이것은 상제를 진정 믿고 경계하고 공경하고 두려워한다면 그러한 성의성신으로 살아가면 족할 일이지 다시 또 복서에 의지할 까닭이 없다는 뜻으로 볼 수 있다.

　한편 문왕이나 주공이 다시 태어난다고 하더라도 그들은 복서를 하지 않을 것이라고 한 것은, 오늘날 복서를 종교적 의식으로 제도화하기엔, 이미 다른 대체 종교가 너무도 확충되어 사회규범화 하고 있기 때문에, 복서의 필요성이 상실되고 말았다는 뜻일 뿐 복서 자체가 『周易』에서 가지는 비중을 결코 폄하하려고 한 것은 아니다. "易本爲卜筮而作"[56]이라고 한 朱熹의 입장에 따라 丁若鏞은 "易主於筮而義理寓焉"[57]이라고 한 것은 이를 말해 준다할 것이다. 일상에서 복서를 행하는 것은 옳지 못하지만 『周易』의 원리를 탐구하기 위해서는 筮占의 연구가 불가피하다는 것을 의미하는 말로 생각된다. 그 자신이 『周易』 공부를 하는 까닭을 이렇게 피력한다.

　　『주역』이란 주나라 사람들의 예법이 들어 있는 것이어서 유자라면 그 미언과 묘의를 발휘하여 밝히지 않을 수가 없습니다.[58]

---

55) 朴鍾鴻, 『朴鍾鴻全集』(서울 : 민음사, 1998), Ⅴ, p. 93 참조.
56) 『朱子語類』, p. 1620 참조.
57) 『周易四箋』, 卷一, p. 17a.
58) 上揭「上答書」『與猶堂全書』③, p. 301. 336~337 참조.

丁若鏞은 그의 『周易四箋』의 도처에서 『周禮』 『禮記』등과 관련시켜 卦爻辭를 해석하고 있다. 이를테면 坤六五의 '黃裳'이란 『周禮』 「天官 內司服」의 이른바 '王后六服'의 하나인 '鞠衣'(注에 이르길 鞠은 황색이라 했다)를 뜻한다고 해석하고, 屯九五의 '小貞'과 '大貞'을 『周禮』 「春官太卜」의 '凡國大貞'의 '作龜'와 '小貞'의 '泣卜'과 관련시키고, 需卦를 『周禮』 「考工記上輈人」의 '行數千里馬不契需'와 관련시키고, 比卦의 뜻을 『禮記』 「表記」의 "火天尊而不親 水土親而不尊"과의 관계에서 해석하고, 履上九의 '考祥'을 『周禮』 「春官太卜」의 "九筮之名"에 연계시켜 해석하는 등 그 예는 너무 많아서 다 들 수가 없을 정도이다.

이와 관련하여 주목할 만한 것은 조셉 니담의 관점이다. 그는, 『易經』의 卦라고 하는 보편적 부호체계가 중국 문명 속에서 가졌던 강제력은 이 보편적 부호체계가 관료적 사회질서와 기본적으로 일치하는 세계관이었기 때문일 수도 있고, 따라서 卦를 자연현상에 대한 管理的 接近(administrative approach)으로는 볼 수 없을까라고 하는 관점을 제기한다. 이렇게 본다면 중국의 과학적 저작가(chinese scientific writers)가, 이러이러한 卦는 이러이러한 시간 또는 현상을 콘트롤한다고 말한다든가, 또 어떤 자연의 대상(object) 또는 事象(event)이 이러이러한 卦의 '보호 아래'(under the aegis of)에 있다고 말한다면, 사람들은 정부조직 안에 근무하는 모든 관리들이 관용하는 어구(보기: "貴 부처의 소관입니다." "고유한 행위를 위하여 당신에게 넘깁니다.")를 떠올리지 않을 수가 없을 것이라고 했다.[59] 말하자면 권위자에의 의존성이 통상인의 보편적성향이라고 본 것 같다.

---

59) Needham, Joseph. Science and *Civilisation in C Needham*, Vol. 2. pp. 336~337 참조.

그의 이러한 논조는 마침내 다음과 같은 관점에 이르고 있다.

> 논점은, 易의 체계가 어떤 의미에서는, 지상의 관료제도의 천상에의 대응제도로 볼 수도 있고, 그것(지상의 관료제도)을 탄생시킨 인류문명의 특정한 사회질서의 자연계에의 반영이라고도 할 수 있다는 것이다.(The point to be made is that the system of the Book of Changes might be regarded as in a sense the heavenly counterpart of the bureaucracy upon earth. the reflection upon the world of Nature of the particular social order of the human civilisation which produced it.)[60]

여기서 그는 천도와 인간, 또 자연과 인간제도와의 相互牽連과 相互 投影이라는 견지에서 易을 이해하면서 그 구체적인 보기를 卦와 『周禮』의 官制와의 관련이라는 하나의 표로 나타내 보인다.[61]

〈卦와 『周禮』의 官制와의 관련〉

部	관련하는 개념	卦	三畫卦의 번호	六畫卦의 번호
(1) 治官	하늘	乾	1	1
(2) 敎官	땅	坤	2	2
(3) 禮官	봄	震	3	51
(4) 政官	여름	艮	5	52
		巽	6	57
		離	7	30
(5) 刑官	가을	兌	8	58
(6) 考工	겨울	坎	4	29

---

60) Needham, Joseph. Science and *Civilisation in C Needham*, Vol. 2. p. 337.
61) Needham, Joseph. Science and *Civilisation in C Needham*, Vol. 2. p. 337.

六. 卦의 爻變原理

1. 爻變論의 槪要

1) 爻의 뜻

「繫辭傳」에는 爻에 관한 다음과 같은 문장들을 발견하게 된다.

① 六爻의 동은 三極의 도이다.[1]
② 爻라는 것은 변을 말하는 것이다.[2]
③ 성인은 천하의 움직임을 보는 방법이 있어, 서로 더불고 통하는 것을 보고 이로써 그 전례를 행하고 말을 붙이어 그 길흉을 판단한다. 그러므로 이것을 爻라 한다.[3]
④ 爻라는 것은 천하의 움직임을 본받는 것이다.[4]
⑤ 道에는 변동이 있다. 그래서 爻라 한다. 爻에는 차등이 있다. 그래서 物이라 한다.[5]

---

[1] 『周易四箋』, 卷八, p. 4a. 六爻之動三極之道也.
[2] 『周易四箋』, 卷八, p. 4a. 爻者言乎變者也.
[3] 『周易四箋』, 卷八, p. 6a. 聖人有以見天下之動而觀其會通以行其典禮繫辭焉以斷其吉凶是故謂之爻.
[4] 『周易四箋』, 卷八, p. 12b. 爻也者效天下之動者也.
  鄭炳碩, 「易經象徵體系의 函義」『주역의 현대적 조명』(서울:범양출판사, 1993), p. 223 참조. "…이 각각의 효를 가지고 다른 시간과 공간 속의 변화를 설명하는 것이다…"는 朱熹의 '執古御今'과 유사한 개념으로 생각된다.
[5] 『周易四箋』, 卷八, p. 14a. 道有變動故曰爻爻有等故曰物.

⑥ 강유에서 발휘하여 爻를 내고…6)

⑦ 六爻의 뜻은 변역으로써 일러 준다.7)

⑧ 六爻가 서로 섞이는 것은 오직 그 때의 사물일 뿐이다.8)

⑨ 六爻가 발휘한다는 것은 널리 情(내용)에 통한다는 것이요.9)

이상의 것 이외에도 爻에 관한 문장이 다수 있지마는 이상의 문장으로도 그 공통적인 것을 추출할 수가 있는 바, 효란 움직임, 변화(동), 변역, 강유발휘, 그때의 사물, 정에 통한다, 등과 관계된 개념임을 알 수가 있다.

그런데 ⑥의 경우 "강유에서 발휘하여…"라고 함은 설시 과정에서 강유의 모든 획 가운데 九六이 분기한다는 뜻이니 결국 爻란 '變'에서 나왔다는 뜻이고, ⑧에서 "그때의 사물"이란 重卦에서 여섯 단계로 변화하는 과정을 두고 하는 말이니 결국 爻란 '變'을 가리키는 것이 되고 ⑨에서 "정에 통한다"는 말은 六爻가 발휘해서 가능한 상태를 뜻하는 것이니 결국 ⑥의 '발휘'와 같게 된다.

요약하면, 「繫辭傳」에서 말하는 爻란 '變'을 뜻하는 것이다. 그 '變'이란 다시 무엇인가? 다음에서 爻의 기원을 살펴봄으로써 그 의미를 규명코자 한다.

---

6) 『周易四箋』, 卷八, p. 28b. 發揮於剛柔而生爻.
7) 『周易四箋』, 卷八, p. 6b. 六爻之義易以貢.
8) 『周易四箋』, 卷八, p. 13a. 六爻相雜 唯其時物.
9) 『周易四箋』, 卷一, p. 36a. 六爻發揮 旁通情也.
10) 『春秋左氏傳』(一) (대전 : 학민문화사, 1990), p. 357. 『周易四箋』, 卷七, p. 15b. 陳厲

2) 爻變論의 起源

효변은 대체로 『春秋左氏傳』官占의 筮例에서 그 기원을 갖는 것으로 본다. 그 가운데 몇 가지 경우를 간략하게 열거하여 효변의 뜻을 추구코자 한다.

㉮ 陳敬仲의 筮(莊公 22년)

陳나라 厲公은 蔡나라의 부인이 낳았다. 그래서 채나라 사람이 公子 오보(五父)를 죽이고 그를 군주로 세워, 여공은 敬仲을 낳았다. 경중이 어렸을 때 周나라 조정의 大史가 『周易』으로 점을 쳐주겠다고 陳나라 군주를 만났다. 진의 군주가 그에게 점을 치게 하니 觀之否가 나왔다. "이것은 나라의 빛남을 보는 것이니 왕의 빈객 되기에 마땅합니다." 이 분은 아마도 진나라 군주를 대신해서 나라를 가질 것입니다. 그런데 그건 이 나라에서가 아니라 다른 나라에서 그럴 것입니다. 이 분 자신이 아니라 그 자손입니다. 빛이라는 것은 먼 것이어서 본디 다른 데서 빛나는 법입니다.[10]

㉯ 畢萬의 筮(閔公元年)

필만이 晉에 벼슬함에 당하여 서점을 치니 屯之比가 나왔다. 신료(辛廖)가 그것을 점하여 말하기를 "길합니다. 屯은 굳고 比는 들어가니, 길함에 있어서 어느 것이 이보다 크겠습니까? 그는 반드시 크게 번창할 것입니다."[11]

公 蔡出也 故 蔡人 殺五父而立之(在桓六年) 生敬仲 其少也 周史 有以周易 見陳侯者(周大史也) 陳侯 使筮之 遇觀之否 曰是謂觀國之光 利用賓于王 此其代陳有國乎 不在此 其在異國 非此其身 在其子孫 光遠而自他有耀者也. 이하 『春秋左氏傳』이라 한다.

㉓ 秦伯伐晉의 筮(僖公15년)

秦나라 군주가 晉을 칠 때 복도보(卜徒父)가 그것을 점쳐서 "길합니다. 황하를 건너면 侯의 수레가 패합니다."라고 하였다. (秦나라 군주가)그를 힐난하니, 그(卜徒父)가 대답하기를, "도리어 크게 길합니다. 세 번 패하여 반드시 晉君을 잡게 될 것입니다. 그 卦는 蠱를 만났으니, '千乘을 세 번 물리치고, 세 번 물리친 끝에 그 숫여우를 잡으리니,'라 하니….12)

㉔ 知莊子之語(宣公12년)

여름 6월에 晉나라 군사가 鄭나라를 구하러 나섰다. 이 때 순림보(荀林父)가 중군장이 되어 황하에 이르렀을 때, 鄭과 楚가 화평하였다는 것을 듣고 순림보가 되돌아가려 하니, 체자(彘子)가 말하기를, "불가합니다. 적이 강하다는 말만 듣고 물러나는 것은 장부가 아닙니다."라고 했다. 知莊子가 말하기를, "이 군사는 위태로울 것입니다. 『주역』에 이르기를 師之臨의 경우에는 師出以律 否臧 凶이라 하였습니다."……라고 하였다.13)

㉕ 蔡墨對龍之言(昭公 29년)

가을에 용이 晉의 수도인 絳의 교외에 나타났다. 魏獻子가 大史인

---

11) 『春秋左氏傳』, (一), p. 387. 畢萬 筮仕於晉 遇屯之比 辛廖占之曰吉 屯固比入 吉孰大焉 其必蕃昌.
12) 『春秋左氏傳』(一), p. 451. 秦伯 伐晉 卜徒父 筮之 吉 涉河 侯車敗 詰之 對曰 乃大吉也 三敗 必獲晉君 其卦遇蠱 曰千乘 三去 三去之餘 獲其雄狐.
13) 『周易四箋』, 卷七, p. 22a. 『春秋左氏傳』(二) pp. 143~147 참조) 夏六月 晉師 救鄭(楚伐鄭) 荀林父 將中軍……及河 聞鄭 旣及楚平 桓子 欲還(卽林父)…… 彘子 曰不可……聞敵强而退非夫也 知莊子 曰此師 殆哉 周易 有之在師之臨 師出以律 否 臧 凶(此易詞).

蔡墨에게 물으니 채묵이 대답하기를,…… "『周易』에 있기를, 乾之姤에 潛龍勿用이라 하고, 그 同人에 見龍在田이라 하고, 그 大有에 飛龍在天이라 하고, 그 夬에 亢龍有悔라 하고 그 坤에 見羣龍无首吉이라 하고 坤之剝에 龍戰于野라 했습니다. 만약 조석으로 나타나지 않는다면 누가 그것을 형상할 수 있겠습니까?"라고 하였다.[14]

㈐ 重耳反國之筮 (『國語』「晉語」僖公 24년)

公子가 몸소 '晉나라가 유지될 것인가?'에 대하여 서점을 쳤다. 그래서 屯之豫를 얻었는데, 모두 8(소음 수)이다. 筮史는 모두 "불길합니다. 막혀서 통하지 않으며 효는 無爲입니다."라고 했다. 司空季子는 "길하다. 이것은 『주역』에서 모두 '利建侯'이다. 晉나라가 있지 않고서 왕실을 보필한다고 하면 어찌 능히 '建侯'라고 하겠는가?"라고 했다. 내가 筮를 명해 묻기를 "아직도 晉나라가 존재할 수 있는가."라고 하고, 점을 치니 '利建侯'라고 하였다. 나라를 얻기에 힘쓰니 어찌 크게 길하지 않겠는가?[15]

㈑ 穆姜東宮之筮(襄公9년)

목강이 동궁에서 죽었다. 처음에 목강이 동궁에 가서 점을 치니 艮의 8을 얻었다. 筮史는 "이것은 艮卦가 之卦로 隨卦를 얻은 것을 말하

---

14) 『周易四箋』, 卷七, p. 28b, (『春秋左氏傳』(三) pp. 341~345 참조) 秋 龍見于 絳郊(晉) 魏獻子 問於蔡墨…… 對曰周易有之 在乾之姤 曰潛龍勿用 其同人 曰 見龍在田 其大有 曰飛龍在天 其夬 曰亢龍有悔 其坤 曰見群龍无首吉 坤之剝 曰龍戰于野 若不朝夕見 誰能物之.

15) 『國語』(吉林:吉林人民出版社, 1996), p. 193. 『周易四箋』卷七, p. 29a. 公子 親筮之 曰尙有晉國 得貞屯 悔豫 皆八也 筮史占之 皆曰不吉 閉而不通 爻无爲 也 司空季子曰 吉 是在周易 皆利建侯 不有晉國 以輔王室 安能建侯 我命筮曰 尙有晉國 筮告我曰 利建侯 得國之務也 吉孰大焉

는데, 隨는 나가는 것이니 반드시 속히 이곳을 떠나야 합니다."라고 말하였다.16)

㉮의 觀之否라는 것은 관에서 비로 간다는 뜻이다. 어떻게 간다는 건가? 관의 4획이 변해서 비의 4획이 되는 것을 의미하는데, 그 변화란 유가 강으로 변하는 것이다. 즉 음획이 변해서 양획이 됨으로써 觀에서 否로 가는 것이다.

㉯에서 屯之比는 屯의 초강이 변해서 유가 된다는 뜻이고 ㉱의 師之臨의 경우는 師의 초음이 변해서 양이 되는 걸 뜻하고 ㉰의 여러 경우도 이와 같다.

㉲의 경우는 卦의 변화가 없는 경우이다.

여기서 우선 알 수 있는 것은 간다(之)는 것은 陽變爲陰, 陰變爲陽을 지칭한다는 것이다. 즉 之란 變과 같고 그 변이란 음양이 서로 바뀌는 것을 뜻한다. 따라서 "효란 변의 뜻이다."라고 할 때의 그 변이란 음양이 서로 변하는 걸 뜻한다.

이상에서 본 바와 같이 卦에는 변하지 않는 상태와 변한 후의 상태가 있을 수 있는 바, 전자의 경우를 本卦 또는 本體라 하고, 후자의 경우를 之卦 또는 變卦, 變體라고 한다.

이와 같이 효란 음양이 서로 바뀌는 변화를 뜻하는 것임에도 불구하고 예로부터 효의 개념이 반드시는 이와 같은 의미로 쓰인 것은 아니다. 종래의 효의 개념은 대체로 重卦의 각 획을 지칭하는 것으로 여겨졌다. 각 획은 그 卦의 단계별 상황을 나타내는 것으로만 취급하였을

---

16) 『春秋左氏傳』(二), pp. 373~374. 『周易四箋』, 卷七, p. 23a. 穆姜 薨於東宮 始往而筮之 遇艮之八 史 曰是謂艮之隨 隨 其出也 君必速出.

뿐 그 획이 변하여 다른 상황과 맺어지는 관계적 관찰은 이를 도외시 하였었다. 이를테면 건의 初九는 건의 제1단계의 상황을, 九二는 2단계의 상황을, …… 이런 식으로 생각했기 때문에 마치 이 건의 모든 상황을 한꺼번에 다 표시하는 것으로만 알았을 뿐 ☰은 단지 건의 무변의 상황만을 나타낸다는 사실은 전혀 알지 못했다.

효란 서점에서 노양수 9와 노음수 6이 각각 변하여 9는 소음 8이 되고, 6은 소양 7이 되는 것을 의미하는 바, 서법의 관례에 의하면 9는 □(重), 6은 ×(交), 8은 --(拆), 7은 ―(單)으로 나타낸다.[17] 다만 『주역』 경문에는 □ ×의 표시는 보이지 않고 대신 九六으로 나타내고 있을 뿐이다.

3) 爻變의 範圍

효변설은 유감스럽게도 漢魏 이래 사승이 끊어져서[18] 다만 杜預(222~284)와 朱熹만이 효변의 뜻을 알고 있었을 뿐이라고 丁若鏞은 말한다.[19] 杜預는 『좌전』 注에서 "역이 글이 됨은 6효가 모두 변상이다."[20] "『주역』은 변화를 논하는 것으로 비록 서하지 않더라고 변화로써 말한다."[21]라고 한 것은 분명 효변을 두고 하는 말이다.

朱熹의 효변은 그의 『역학계몽』에 잘 나타나 있다. 다만 그는 「考變占」에서 1효변에 한정하지 않고 2이상의 획이 변하는 것까지를 효변에 포함시키고 있다. 「考變占」의 내용을 보면 다음과 같다.

---

17) 『周易四箋』, 卷一, p. 12a 참조. 『中國古代易學史』, p. 150 참조.
18) 『周易四箋』, 卷一, p. 13a 참조.
19) 『與猶堂全書』③, p. 226.
20) 『與猶堂全書』③, p. 226. 易之爲書 六爻皆變象
21) 『周易四箋』, 卷七, p. 21b. 周易論變 故雖不筮 必以變言

㉠ 여섯 효가 모두 변하지 않으면 본괘의 「단사」로써 점을 치는데, 內卦를 貞으로 삼고 外卦를 悔로 삼는다. 『춘추좌전』의 서례 중에서 ㉣의 「秦伯伐晉의 筮」와 같은 경우이다.

㉡ 한 효가 변하면, 본괘의 변한 효로써 점친다. 『좌전』의 서례에서는 ㉰의 「畢萬의 筮」와 같은 경우이다.

㉢ 두 효가 변하면 본괘의 변한 두 효로써 점치는데 위의 효를 주로 한다. 경전에는 예가 없지만 지금 예를 미루어 보면 당연히 이와 같다고 했다.

㉣ 세 효가 변하면, 본괘 및 지괘의 단사로써 점치는데, 본괘를 貞으로 삼고 지괘를 悔로 삼아서, 앞의 10괘는 貞을 주로 하고 뒤의 10괘는 悔를 주로 한다. 세 효가 변한 것은 모두 20개인데 『역학계몽』의 뒤에 그림으로 표시되어 있다. ㉮의 「重耳反國之筮」를 세 효가 변한 예로 朱熹는 들고 있다.

㉤ 네 효가 변하면 지괘의 두 불변효로써 점치는데 아래의 효를 주로 한다. 『좌전』이나 『국어』에 이에 해당하는 예는 없지만 예를 미루어 보면 당연히 이와 같다고 했다.

㉥ 다섯 효가 변하면 지괘의 불변효로써 점친다. ㉯의 「穆姜東宮之筮」를 이 예로 들고 있다. 즉 艮之隨의 경우인데 艮에서 2를 제외한 나머지는 모두 변했으니 당연히 변하지 않는 제2획(즉 8)으로 점을 쳐서 隨卦의 "六二, 係小子, 失丈夫"로 판단해야 마땅했는데 점치는 관리가 잘못하여 隨卦의 「단사」로 답을 했으니 잘못이라고 하고 있다.

㉦ 여섯 효가 모두 변하면 건곤의 경우는 각각 用九, 用六으로 점치고 나머지 62괘는 지괘의 「단사」로써 점친다. 채묵은 말하기를 乾之坤은 "見羣龍无首吉"이라 하니 이것을 말한다고 朱熹는 말하고 있다. 위

의 ㉣의 경우, "蔡墨對龍之言" 가운데 나오는 말을 인용한 것으로 보인다.22)

　　이상의 「考變占」의 내용 가운데 3爻변의 경우는 설명을 요하는 부분으로 생각된다. 朱熹의 주장은 설명이 없고 뒷날의 주석들은 하나같이 피상적이고 명쾌하지 못하다. 이를테면 胡方平의 注를 보면, "…만일 乾이 三爻가 변하면 否로부터 恒까지는 前十卦가 되고, 益으로부터 泰까지는 後十卦가 되며, 만약 坤이 三爻가 변하면 泰로부터 益까지가 前十卦가 되고, 恒으로부터 否까지가 後十卦가 된다."(如乾三爻變 自否至恒爲前十卦 自益至泰爲後十卦 如坤三爻變 自泰至益爲前十卦 自恒至否爲後十卦.)라고만 하고 있다. 그러나 이 해설은 있으나 마나한 해설이다. 언어로 그린 또 하나의 도표일 뿐 그 所以然을 밝힌 해설은 아니기 때문이다. 필자가 알기로는 胡씨 이래, 도표를 보지 않고서도, 前十卦 後十卦의 구분이 가능한 방법을 제시한 학자는 아무도 없는 것 같다. 모두가 胡씨의 注를 그대로 답습하였을 뿐이다. 뿐만 아니라, 前十卦 後十卦라는 용어 자체를 간과해 버린 경우도 요즈음 학자 중에는 발견된다. 김상섭이 번역한 『역학계몽』(서울:예문서원, 1994)은 胡씨의 주석은 다루지 않았고, 『주역의 현대적 조명』(서울:범양사출판부, 1992)에 실려 있는 김진근의 논문(각주73)에서는 왠지 前十卦 後十卦라는 용어 자체를 쓰지 않고 있으며, 국내의 학위논문을 위시한 다른 논문들도 이들의 수준을 넘어서지 못하고 있다.

　　朱熹의 도표에서, 胡씨 이래 많은 학자들이 이 前十卦 後十卦를 분

---

22) 『性理大全』(二), pp. 1163~1241 참조. 후술하는 바와 같이 爻와 畫은 다르지만 여기서는 서술의 편의상 "××효가 변하면"으로 표현키로 한다.

간하는 방법을 굳이 말하지 않은 까닭이 무엇인지는 알 수 없는 일이지만, 어쩌면 그 분간법이 굳이 설명을 요하지 않을 만큼 자명한 것이어서 그랬을 수도 있다. 과연 그렇다면 이 부분에 대한 필자의 짓궂은 질문에 응한 많은 학자들의 동문서답은 이를 어떻게 설명해야 좋을지 모르겠다. 그럼에도 불구하고 朱熹이래 오늘날까지 800년이 넘도록 이에 대한 선행연구가 나와 있지 않다고 하는 것은, 필자의 조사가 미진한 탓인지는 모르지만, 만약 이것이 사실이라면 참으로 한심한 일이 아닐 수 없다.

그런데, 이 분간방법은 알고 보면 너무 쉬워서 싱겁기 그지없다. 단도직입적으로 말한다면, 어느 卦든지 3개의 효가 변했을 때 初획이 변했는지를 보아, 初가 변했으면 前十卦에 해당하고, 初가 변하지 않았으면 後十卦에 해당한다. 여기서 前十卦란 전 10개의 卦, 後十卦란 후 10개의 卦란 뜻이다. 이러한 분간방법은, 가령 눈을 감고서도 初가 변했는지의 여부만 일러준다면 대번에 가능한 것이다. 이처럼 간단하지만 이것을 알고 모르고는 하늘과 땅의 차이가 난다. 이 원칙을 모른다면 도표를 휴대하고 다니든지 머릿속에 도표를 넣어 두어야 하기 때문이다. 그러나 이런 것을 학문이랄 수는 없다.

한 卦에서 3개의 획이 변했을 때 初를 포함한 3개의 획이 변해서 이루어질 수 있는 卦(이른바 前十卦)가 모두 10개이고, 初는 변하지 않은 채 다른 3개의 획이 변해서 이루어질 수가 있는 卦(이른바 後十卦)가 모두 10개이기 때문에 前十卦는 本卦(貞)의 「단사」를 主로 하고, 後十卦는 之卦(悔)의 「단사」를 主로 해서 점을 친다고 하는 朱熹의 주장은, 이 20개의 卦가 같은 비중으로, 마치 시소(seesaw)나 天秤 저울이 형평을 유지하듯, 前十卦 後十卦가 좌우로 형평을 유지하는 셈이 된다. 「考變占」의 타당성 여부는 논외로 하고, 朱熹의 학문방법의 치밀함을 엿보게 하는 부분이 아닐 수 없다.

朱熹의 「고변점」은 『左傳』과 『國語』의 예에서 도출하고 있기는 하지만 2효변, 4효변의 경우는 『左傳』이나 기타 문헌상의 근거를 찾을 수 없음을 朱熹도 인정하고 있는 바이고, 3효변, 5효변의 경우는 『左傳』이나 『國語』의 예를 들고는 있지만 杜預나 丁若鏞에 의하면 이러한 것은 『周易』의 법이 아니고 夏의 『連山』, 商의 『歸藏』의 구법이라고 하였다. 6효변의 경우, 건곤은 用九 用六으로 점친다고 한 것에 대해서는 일반적으로 인정하지만, 나머지 卦들은 之卦의 「彖辭」로 점을 친다고 한 것에 대해서는, 이것 또한 문헌상의 근거가 없기는 2효 4효의 변의 경우와 같다.

그러나 그는 「考變占」에서 이처럼 불변과 1효변에서 6효변까지의 경우를 『역학계몽』의 마지막에 도표로 나타내 보이고, 焦贛의 『易林』과 일치시키면서 "그러나 그 조리가 정밀한 것은 선유가 말하지 않은 것들이니 그림을 보는 자는 자세히 알 것이다."라고 하고 있다.[23]

여기서 『초씨역림』이란 이설이 있긴 하지만 일반적으로 焦延壽의 작으로 보고 있다. 하나의 卦의 6획을 제한 없이 爻變시켜서 64卦를 變成하여 낸다. 이때 卦序(卦의 차례)는 통행본 『周易』의 卦序와 같다. 예컨대, 乾卦가 本卦이면 그 變成되는 之卦(變卦)는 첫째는 坤卦이고, 다음은 屯, 蒙, 需, 訟, 師 등의 순서가 되어 未濟卦에 이르게 되고, 또 예컨대, 未濟卦가 本卦일 때에는 그 變成되는 之卦(變卦)는 첫째가 乾卦이고, 다음은 坤, 屯, 蒙, 需, 訟 등의 차례로 이어져서 旣濟卦에 다다르게 된다. 하나의 卦가 63개의 卦로 變成되고 여기에 本卦

---

[23] 『性理大全』, 二, p. 1241. 然 其條理精密 則有先儒所未發者 覽者詳之

를 더하면 64개의 卦가 된다. 그렇게 하면 64卦의 각 卦가 64卦로 변할 수 있으므로 4,096개의 변화를 얻을 수가 있다. 이 4,096개의 변화를 각 卦의 아래 점사로 묶어 四言詩句로 나타내고 있다. 費直(한대역학자, 생졸년미상)은 이것을 「64卦變占」이라고 했다.[24]

『초씨역림』의 점사들은 당시에 민간에서 유행하던 통속적인 문체로 쓴 시들이다. 어떤 점사들은 알기 쉬운 것도 있고 어떤 것들은 의미가 모호하며, 대부분 고사를 근거로 해서 나타내고 있다. 그러나 그 내용이 아직까지 확연히 밝혀지지 않고 있는 형편이다.[25] 『초씨역림』이 卦를 변화시켜 나가는 방법과는 달리 朱熹의 효변법은 효의 변화의 많고 적음에 따라 차례로 배열하여 한 卦의 변하는 순서를 정하였다. 즉 1효변의 卦를 나열하고, 2효변의 卦를 나열하고…등의 순서로 한 卦가 64가지로 되는 변화의 모습을 卦로 그려 나타내 보이고 있다. 「고변점」에 대한 胡一桂의 말에 대해서 李光地가 다시 주한 것에 의하면 朱熹의 이러한 질서정연한 배열은 초연수에서 나왔지만 초연수보다 더욱 정밀하다고 평하고 있다.[26]

한편 朱熹는 『역학계몽』의 「原卦畫」에서 소옹의 畫卦 논리에 의해, 1기 1우를 위에 더하여 가는 방법으로 계속해서 나가서 64卦는 물론하고, 12획의 4,096의 수를 만들어 낼 수 있다고 하고는 이것이 "焦贛易林變卦之數"라고 했다. 이것은 또 64를 64로 승한 것이라 했다.[27] 다시 이 수를 펼쳐나가서 12획에다 다시 12획을 더해서 24획까지 되면 16,777,216이 되고 이것은 4096의 자승수와 같으며 引而伸之하면 그 종

---

24) 高懷民, 『兩漢易學史』, p. 128 참조.
25) 高懷民, 『兩漢易學史』, p. 128 참조.
26) 朱熹, 『易學啓蒙』, 김상섭역, (서울:예문서원, 1994), p. 213 참조.
27) 『性理大全』(二), p. 1036 참조.

극을 알 수 없게 된다고 하면서 이러한 것이 쓸데는 없지만 역도의 무궁함을 보여 주는 것이라고 했다.28)

이와 같이 朱熹는 「고변점」을 통해서도 『역림』과 자신의 논리를 결부시켜 같은 것이라고 하고, 畫卦를 논하면서도 『역림』과 결부시키고 있다.29)

생각건대 64×64=4,096의 숫자가 나오는 그 결과만 가지고 본다면 「가일배법」을 연장할 때에도 4,096의 숫자가 나올 수 있고, 64卦를 64卦로 효를 변화시킬 때도 4,096수가 나오는 것은 같다. 그러나 『역림』은 본디 卦變論이 추구하는 卦變의 원리는 아니었다. 卦變은 어느 卦가 어느 卦에서 온다고 할 경우에 그것은 획의 단순한 이동의 이론이었는지 획의 변화의 논리는 아니었기 때문이다. 「가일배법」은 더욱 효의 변화에서 이루어지는 논리가 아니었다. 그러나 『역림』이란 64卦의 구성원리가 아니고, 이미 64卦가 생긴 뒤, 그 점치는 법을 효가 변하는 양상에 따라 파악한 논리이기 때문에 차라리 효변에 가까운 것이다.

2. 丁若鏞의 爻變論

1) 爻變論의 完成

종래에는 효란 한 卦에서 여섯 단계로 이루어지는 획이며 位의 관념으로만 파악되어 어디까지나 그 효가 상형하는 바는 그 卦의 단계적 시간적 변화를 나타낼 뿐 다른 卦와의 관계에서 이루어지는 상황은 고

---

28) 『性理大全』(二), pp. 1036~1037 참조.
29) 정해왕, 「前揭論文」, p. 101 참조.

려되지 않고 있었다. 따라서 효에 붙여진 효사 역시 그 卦의 내부적 상황을 묘사한 것에 지나지 않는 것으로 보고 있었다.

丁若鏞의 말을 들어 보자.

> 선유들은 말했다. "시초를 써서 수를 구하고, 수를 얻어서 효를 정하고, 효를 거듭해서 卦를 이루고, 卦로 인해서 辭를 생한다.……" 논컨대 효란 變卦의 이름인데, 오히려 이르기를 효가 卦를 이룬다 하니 옳겠는가? 姤, 同人, 履, 그리고 小畜이 누적되어 乾卦를 이룬다는 게 타당한가?30)

일반적으로 선유들은 重卦가 생기기 전의 八卦 때에도 한 획 한 획을 효라고 하고 있지만, 丁若鏞은 그것은 획이지 효가 아니라고 한다. '효란 변괘의 이름'[爻者變卦之名]인데 "효를 포개어서 卦를 만든다는 게 옳으냐."(累爻而成卦 可乎)라고 반문한다. 즉 효란 卦에서 변괘가 되는 것을 뜻하고, 효가 본디의 卦를 만든다는 건 틀린 생각이라는 뜻이다. 또 「繫辭傳」의 "八卦成列 象在其中 因以重之 爻在其中矣."에서 八卦란 3畫卦를 지칭하고 因以重之하여 重卦가 이루어지는데, 효란 重卦 즉 6畫卦가 된 뒤부터의 관념임을 강조하고 있다. 만약에 1획이 1효가 된다면 내괘의 초획이 생길 때 이미 1효가 있는 것이고 2획이 생기면 2효가 되는 것인데 어찌하여 「繫辭傳」은 6畫卦가 이루어진 다음에서야 효가 그 가운데 있다고 말하기 시작하는가라고 반문하고 있다. 이와 같이 1획이 되어서도 효가 아니고, 2획이 되어서도 효는 아직

---

30) 「漢魏遺義論」 『易學緒言』 卷一, p. 240. 先儒云 用蓍以求數 得數以定爻 累爻而成卦 因卦以生辭……論曰 爻者變卦之名 乃云累爻而成卦 可乎 累姤同人履與小畜以成乾卦 有是理乎.

아니고 3획이 되어서도 효는 아니고, 4획이 되어서도 효가 없고, 5획이 되어서도 효는 없는데, 6획이 되어 重卦가 되고 나면 비로소 효가 그 가운데 있다는 것은 하나하나의 획을 지칭하는 것은 아닌 것이다. 따라서 '爻在其中'이란 『左傳』 점례에서 보듯이, 음양이 서로 변하는 걸 두고 하는 말이라고 생각된다. 그래서 丁若鏞은 효의 정의를 다음과 같이 내리고 있다.

> 효란 변이다. 변하지 않으면 효가 아니다. 卦의 1, 2, 3, 4를 획(또한 位)이라 하고, 그 1, 2, 3, 4가 변한 것을 효라고 한다. 爻라는 것은 交로서, 음양이 交易함을 말한다. 지금 사람들은 획을 효로 알고 있으니, 머리부터가 이미 틀렸다. 서법에서 노양의 획은 口이고(重이라 이른다) 노음의 획은 乂(交라 이른다)이다. 乂는 交이다. 乂를 거듭하면 爻가 된다. 爻자가 처음 만들어질 때에는 원래 陰陽交易의 뜻을 주로 하였는데, 도리어 不變을 爻로 여기니 옳겠는가?[31]

丁若鏞은 효변의 원리를 揲蓍求卦의 과정에서 이끌어 낸다.

> 九라는 것은 노양이고, 六이란 것은 노음이다. 老는 변하지 않음이 없기 때문에 九六이라는 것은 이미 변했다는 명칭이다. 불변이면 九六이 아니다. 서법에서 세 번 거는 것이 모두 天數(一, 三, 五, 七, 九)이면 그 수는 九가 되고, 세 번 거는 것이 모두 地數(二, 四, 六, 八, 十)이면 그 수는 六이 된다. 이것이 老가 되는 까닭이다. 天地之

---

31) 『周易四箋』, 卷一, p. 12a. 爻者 變也 不變 非爻也 卦畫之一二三四謂之畫(亦位也) 其一二三四之變者謂之爻 爻者 交也 謂陰陽交易也 今人 認畫爲爻 頭腦已誤也 筮法老陽其畫爲口(謂之重) 老陰其畫爲乂(謂之交) 乂者交也 重乂則爲爻也 爻字 初作之時 原主陰陽交易之義 而反以不變者爲爻 可乎.

間에는 일각이라도 음이 없을 수 없고, 일각이라도 양이 없을 수 없다. 그러므로 순양이면 바로 변해 음이 되고, 순음이면 바로 변해 양이 된다. 初九라고 말하는 것은 초획이 동하여 음이 된 것을 말하고, 初六이라고 말하는 것은 초획이 동하여 양이 된 것을 말한다. 그러므로 周公이 撰詞하던 시초에 이미 변한 체(變體)를 미루어 그 物象을 사용했으니 효변을 알지 못하면 주공의 詞를 읽을 수가 없다.32)

이러한 丁若鏞의 효변설 또한 『春秋左傳』점례에 근거를 두고 있다. 거기에서 某卦之某卦라는 것, 九라고 하고 六이라고 하는 것은 바로 變卦를 지칭하는 것이라 했다. 따라서 6효의 동은 각각 1괘를 이루기 때문에 384효는 384變卦(즉, 효)를 이루는 것이라 했다.33)[이 책 말미의 「그림 26」참조]

그런데 丁若鏞은 전술한 바와 같이 朱熹와는 달리 1효변에 한한다. 제효가 난동하면 물상이 乖錯되게 되는 바, 마치 눈이며 수족이 비틀리는 것 같아서 말, 소, 양, 돼지 등의 상이 바로 설 수 없기 때문이라 했다.34) 만약 제효가 난동하는 원리가 있는 것이었다면 周公이 그것에 맞게 易詞를 지었어야 했는데, 『周易』에는 이러한 易詞는 없는 것이라고 했다. 焦贛, 郭璞(276~324)의 6효 난동의 원리는 한 卦가 64卦로 변할 수 있다고 하니 "이렇게 되자 『주역』은 미쳐 버렸다."35)라고 丁若

---

32) 『周易四箋』卷一, pp. 12a~12b. 九者 老陽也 六者 老陰也 老無不變 則九六者 旣變之名 不變非九六也 筮法三掛皆得天數(一三五七九) 則其數爲九 三掛皆得地數(二四六八十) 則其數爲六 此其所以爲老也 天地之間者不可一刻而無陰 亦不可一刻而無陽 故 純陽則直變爲陰 純陰則直變爲陽 其曰初九者 謂初畫動而爲陰也 其曰初六者 謂初畫動而爲陽也 則周公撰詞之初 原主旣變之體而用其物象 不知爻變 則不可以讀周公之詞也.

33) 『周易四箋』卷一, pp. 12b~13a 참조.

34) 『周易四箋』卷八, p. 22b 참조.

鏞은 힐난하고 있다. 다만 건곤 두 卦에는 6획이 모두 순전하기 때문에 周公이 이 두 卦에만 用九 用六의 詞를 각각 찬한 것일 뿐 다른 62卦에는 이러한 원리가 없는 것이라 했다.36)

이와 같이 丁若鏞은 효변을 주공의 찬사 당시의 원리로 주장한다. 따라서 易詞를 해석할 때에도 당연히 이 효변의 법으로 해석하는 것이 타당하다고 보고 있다.

그렇다고는 하더라도 伏羲畫卦의 초에는 효라는 이름은 물론 없었으니, 筮人이 揲蓍한 후에 순양九, 순음六을 효라고 이름 붙였을 뿐이라고 丁若鏞은 말하고 있다.37)

위에서 본 바와 같이 종래에는 대체로, 이를테면 乾初九란 건의 제1획을 의미할 뿐 姤로 변했다는 것을 간과하고 易詞를 해석하는 것이 통례로 되어 왔다. 그러나 春秋官占에서는 효변을 서점상에서 뿐만 아니라 해석상으로도 쓰고 있었다. 예컨대 陳敬仲의 筮(예시 ㉮)에서 觀之否라고 하는 것은 관의 4획이 변해서(음이 양으로) 否가 되었다는 뜻인데, 여기서 之란 '간다' 또는 '~의' 뜻인 줄을 모른다면 정말이지 魚魯不辨이 아니겠는가. 科擧 선비가 물수(水) 자에 막힌다더니 한다하는 학자들이 『周易』을 대해서는 어찌하여 갈지(之) 자에 막힌단 말인가! '觀이 否로 갔다' 또는 '觀의 否'라고 하는 말은 '觀의 4획'이라는 말과는 전혀 같지 않다. 觀의 4획이라는 말은 觀의 불변한 제4획(--:8)을 뜻하지만 '觀이 否로 갔다' 또는 '觀의 否'라는 말은 觀과 否의 두 卦의 상황에 관계되는 변화적 상황을 뜻하게 된다(6이 7로 변함). 종래

---

35) 「朱子本義發微」『易學緖言』, p. 306. 於是乎 周易狂矣.
36) 『周易四箋』 卷八, p. 22b 참조.
37) 『周易四箋』 卷八, p. 29a 참조.

의 유학자 내지 현금의 학자의 대부분도 九六의 뜻을 다만 음양획을 지칭하는 대명사 정도로 알고 있을 뿐 九란 이미 8이 됨을, 六이란 이미 7이 됨을 간과하고 있다.

觀六四란 관의 제4획이 노음임을 뜻하고, 노음인 제4획이 소양으로 바뀌었다는 것을 뜻한다. 구체적 예를 들기로 한다.

위의 춘추관점 '陳敬仲의 筮'에서 大史는 이렇게 말한다.

> 巽은 바람이고 乾은 하늘입니다. 風이 天으로 변해서 土의 위에 있으니 山입니다. 山의 재목이 天光을 받으니 이렇게 되어 토의 위에 거합니다.38)

즉 觀의 六四가 변해서 관이 否가 되니 관의 上은 巽에서 乾이 되고, 否의 土 위에 互艮이 있게 되어 風, 天, 山, 地 이 네 가지 물상으로 이 점을 해석하고 있다. 互艮은 觀의 상태에서도 있지만 乾은 觀에서는 없고 否에만 있으니, 이 해석에서 乾이라는 물상을 쓰고 있다는 것은 효변을 전제로 한 뚜렷한 증거가 된다. 이와 같이 춘추관점에서는 효변의 뜻을 서점에서 뿐만 아니라 易詞의 해석상에서도 쓰고 있는데 선유들은 서점에서는 효변의 뜻에 맞게 말하지만, 易詞의 해석상에서는 효변의 뜻을 말하지 아니 한다. 丁若鏞은 바로 이 점을 지적하고 나선 것이다.

> 程迥은 말했다.…… 蔡墨對龍之言(예시 ㉺)에서 '채묵이 乾之同人을 말한 것은 九二가 변한 것이다'라고.…… 생각건대 채묵은 筮를 한 적이

---

38) 『春秋左氏傳』(一), p. 357. 巽 風也 乾 天也 風 爲天於土上 山也 有山之材 而照之以天光 於是乎 居土上.

없는데 어찌 乾之同人을 얻었겠는가. 程說은 틀렸다. 또 선유들은 서를 논하면서는 효변을 말하지만, 역사를 해석하면서는 효변을 말하지 않았다. 어찌된 이유인지 모르겠다.[39]

채묵이 용을 두고 乾之姤니 乾之同人이니 한 것은 점을 치지 않고 다만 용을 두고 한 말인데, 程迥은 이것을 서점에서 얻어진 것으로 가탁하고, 즉 서점상으로만 효변을 이해하고 있다.(즉 주희의 「고변점」에서 1 효변의 예로 들고 있다) 이것을 丁若鏞은 틀렸다고 지적한 것이다. 채묵이 용을 두고 乾之姤 乾之同人 등을 말한 것은 바로 효변의 뜻을 易詞의 해석에서 말한 하나의 결정적인 예라고 그는 보고 있는 것은 참으로 형안이라 할 만 하다.

위에서 검토한 바와 같이 춘추관점에서 '觀之否' 등으로 표시한 '之'자의 의미는 '간다'와 '~의'의 두 가지 뜻을 가졌지만 효변의 성격상 '간다'의 뜻으로 쓰는 것이 더 선명한 표현이 될 것으로 생각된다. 그렇다면 丁若鏞이 말하는 효변 즉, 어느 卦가 어느 卦로 간다(또는 갔다)라고 하는 말은 구체적으로 어떤 결과적 상황을 의미하는 것인가? 그는 이 점에 대해 분명한 언급을 내리고 있다. 즉 觀之否와 否는 다르다는 뜻인데 그의 논변을 보기로 한다.

확실히, 비록 卦形이 변하고 卦名이 바뀌지만 그 性氣와 才德은 여전히 本卦의 옛 것을 가지고 있다. 비유컨대, 나방[蛾]이 나래가 나도 아직 누에의 性을 가지고 있고, 매미[蟬]가 허물을 벗었어도 어찌 굼벵

---

39) 「王蔡胡李評」『易學緖言』, 卷四, pp. 445~446. 沙隨程氏曰……蔡墨遇乾之同人九二變也.…… 案蔡墨未嘗筮 安得遇乾之同人 程說誤矣然且先儒論筮則言爻變 解易則不言爻變 不知何故

이[蟬]의 바탕이 없겠는가. 晉 鄭의 나라가 달리 사직을 세웠지만 그 姓氏는 여전히 姬氏이고, 岐豊의 땅이 이미 변하여 秦나라가 되었지만 그 풍속은 여전히 周의 풍속이다. 그러므로 乾의 初九가 비록 변해서 姤가 되어도 乾卦의 本龍(龍은 乾의 本德이다)을 잃지 않고, 漸의 初六이 비록 변해서 家人이 되어도 漸卦의 本鴻(鴻象은 漸卦의 本象이다)을 잃지 않았다. 蒙의 6爻는 모두 童蒙의 氣를 가지고 있고, 需의 6爻는 모두 需待의 뜻을 머금고 있고, 復의 변하는 바는 끝내 回復의 밖이 아니고, 剝의 변하는 바는 끝내 褫剝을 면하지 못한다.(이러한 類는 대단히 많다) 만약 그러하지 아니하면, 아래 一陰과 위의 五陽의 姤는 姤이고 그것을 乾之姤라고 할 수는 없고, 下는 離 上은 巽인 家人은 家人이고 그것을 漸之家人이라고는 말할 수 없다. 周公이 효사를 찬함에 그 원리의 법식이 이와 같다. 마침내 이로써 매 획의 사를 지은 것으로 삼으니 옳겠는가.(세상에서는 乾初九를 乾初畫을 찬미한 글로 생각한다)[40]

위의 내용을 요약하면, 乾初九란 乾之姤인데, 乾이 姤로 갔으나 그 性氣와 才德은 아직 乾을 벗어난 것이 아니란 것을, 매미와 굼벵이, 나방과 누에에 비유하고 있다. 그러나 매미와 나방이 과연 굼벵이와 누에의 본성을 아직도 갖고 있느냐 하는 문제를 생물학적 견지에서 따질 것까지는 없다. 비유는 비유에서 그치면 족하다. 晉나라가 서기도 하

---

40) 「周易答客難」『易學緒言』, 卷四, pp. 468~469. 誠以卦形雖變而名雖易 若其性氣才德仍有本卦之舊 譬如蛾之旣羽尙有蠶性 蟬之旣蛻豈無蜻質 晉鄭之國別自立社 而其姓則猶姬也 岐豊之地已變爲秦 而其俗則猶周也 故 乾之初九雖變爲姤 而不失乾卦之本龍(龍者 其本德) 漸之初六雖變爲家人 而不失漸卦之本鴻(鴻者 其本象) 蒙之六爻皆有童蒙之氣 需之六爻盡含需待之意 復之所變終不外於回復 剝之所變終不免乎褫剝(若此類甚多) 苟爲不然 下一陰而上五陽者姤則姤矣 其謂之乾之姤不可也 下爲離而上爲巽者家人則家人矣 其謂之漸之家人不可也 周公之撰爻詞其義例如此已矣 遂欲以此爲每畫之贊詞可乎(世以乾初九 爲乾初畫之贊美辭).

고 鄭나라가 서기도 했지만 그 군주는 모두 姬氏였다는 것에 효변을 비유하기도 하고, 岐豊의 땅이 秦나라에 속하게 되었어도 백성들은 여전히 周나라의 풍속인 것에도 효변의 원리를 견주었다. 乾之姤는 姤가 되었지만 龍의 本德을 잃지 않으며, 復은 六爻가 모두 回復이라는 범주를 벗어나지 않았음을 말하기도 한다.

그는 이러한 현상을 「播性」으로 표제하여 아주 구체적으로 『周易』의 경문에서 검증해 보이고 있다.

> 卦가 변해 爻가 되면 그 물의 상과 일의 변동[物象事情]은 본괘와 크게 다르다. 그러나 그 性氣는 모두 본괘를 위주로 한다. 본괘의 性氣를 버리고 之卦(變卦)의 물상을 전용하면 크게 어그러진다. 그러므로 성인은 효사에서 반드시 본괘의 性氣를 펴서 그 뿌리를 돌아본다. 가령 본괘가 升이면 之井과 之蠱(升의 五와 六)는 모두 升上의 象을 취했다.(井은 泰에서 온다. 1이 5로 升한다) 비록 卑降하는 것이 있지만 취하지 아니했다.(井은 泰에서 온다. 柔가 5에서 降하지만 취하지 않았다) 본괘가 復이면 之震과 之屯(復의 四와 五)은 모두 來復의 象을 취했다.(震은 小過에서 온다. 剛이 3에서 돌이켰다) 비록 出往하는 것이 있지만 취하지 않했다.(震은 또한 臨에서 오는데 비록 內로부터 出하나 취하지 아니했다) 그러므로 需의 6爻는 모두 需待의 뜻을 취하고, 賁의 6爻는 다 賁文의 뜻을 머금는다. 모두가 본괘의 性氣를 펴서 그 德을 지은 것이다.(많아서 다 들출 수가 없다)[41]

---

41) 『周易四箋』, 卷一, pp. 14b~15a. 卦變爲爻 則其物象事情與本卦大異也 然 其性氣皆主本卦 若舍本卦之性氣 而專用之卦之物象(之卦者 變卦也) 則大悖也 故 聖人於爻詞 必爲之播本卦之性氣 俾顧其本 假如本卦是升 則之井之蠱(升五六) 皆取升上之象(井自泰來 一升五) 雖有卑降者 不顧焉(井亦自泰來 柔自五降而不取焉) 本卦是復 則之震之屯(復四五) 皆取來復之象(震自小過來 剛自三反) 雖有出往者不顧焉(震亦自臨來 剛自內出而不取焉) 故 需之六爻盡取需待之義 賁之六爻悉含賁文之理 皆所以播本卦之性氣 以撰其德也(多不能悉指).

효변이 되면 之卦의 象은 本卦와 달라지는데, 之卦의 물상만 취하면 易詞와 物象이 부합되지 않게 된다. 그것은 성인이 효변에서 반드시 본괘의 性과 氣를 펴놓았기 때문이라는 것이다. 가령 본괘가 升이라면 升의 五가 변해 井이 되고 六이 변해 蠱가 되지만 효사는 모두 升의 본상인 升上을 취했으며 이 때 之卦인 井은 泰에서 柔가 5에서 1로 내려오지만 降下의 象은 취하지 않았고, 또 之卦인 蠱는 柔가 上에서 1로 내려오지만 역시 降下의 상을 취하지 않은 것 등은 성인이 본괘의 성기를 펴고 있기 때문이라고 한다. 復의 경우도 마찬가지이다. 復이 四가 변하면 震이 되고, 五가 효변이 되면 屯이 되는데, 변상을 취하지 않고 모두 來復이라는 본상을 취했고, 復之震에서 震은 臨에서 오는데, 臨의 二가 四로 나가지만 出의 상은 취하지 않은 것과 같다. 需의 六爻는 모두 需待의 뜻을, 賁의 六爻는 모두 賁文의 뜻을 취한 것도 마찬가지 이치이며 이러한 예는 너무 많아서 일일이 거론키 어렵다고 했다.

효변이 되어서도 본괘의 성기를 펴 놓았다고 하는 것은 변상을 배제한다는 뜻은 결코 아니다. 오히려 변상을 원칙으로 하지만 변상은 본래의 성기를 머금고 있다는 뜻이다. 변상과 본상의 공존을 의미한다. 그러나 본괘의 파성을 모든 괘효에 빠짐없이 다 말한 것은 아니다. 그러나 그것은 파성 일변도로 보는 관점이 고착될 것을 우려한 배려일 뿐 파성의 예외는 아니다. 丁若鏞의 논설은 이러하다.

성인이 본괘의 성기를 폈다고 해서 아마 學者는 오로지 성기에 집착하여 變通을 모를지도 모른다. 그래서 혹 6爻 안에 한두 효의 역사에는 그 본성이 결여되게 해 놓았지만, 사실은 이 한두 효에도 본괘의 성기가 없는 것은 아니다. 이를테면 屯六四는 屯을 말하지 않았고, 蒙六三은 蒙을 말하지 않았고 需上六에는 需를 말하지 않았고, 訟六三에는 訟을 말하지 않은 類가 이것이다.(많아서 다 들 수가 없다)[42]

　효변이 되면 변상을 취하는 것이 원칙이지만, 그 변상은 본괘의 성기를 아울러 머금는 것은 굼벵이가 매미가 되어서도 굼벵이의 성기를 갖고 있다는 가설과 같은데, 이렇게 되면, 학자는 변통을 모르기 때문에 卦에 따라 한 두 효에는 본괘의 성기를 말하지 않았을 뿐이라고 한다. 그는 이러한 현상을 '缺本'이라고 命名한다.(『周易四箋』「讀易要旨」참조.)
　그러나 효변이 되어도 변상을 취하지 않은 경우가 있으니, 그것은 卦의 主爻일 때를 말한다. 그의 논설을 옮겨 본다.

　　한 획이 동하면 卦 전체가 변한다. 그러므로 성인이 효사를 지은 것은, 그 승강왕래의 변동 상황은 모두 변상을 취했다. 그러나 卦主가 되는 효에서는 그 동하는 것을 유보하여 그 변을 좇지 아니하고 오로지 推移의 본상을 취해서 이 획이 卦主가 됨을 밝혔다. 이것은 또 하나의 법식(원리)이다. 이를테면 師九二의 王三錫命과 比九五의 王用三驅는 모두 이른바 그 動을 유보하고 主를 밝힌 것이다. 또 謙九三의 有終, 豫九四의 由豫도 모두 효변의 상을 취하지 아니했다.(많아서 모두 지적할 수는 없다) 이러한 것들처럼, 古來의 筮法은 반드시 본디 그러해서 주공의 찬사는 이와 같다. 대저 점치는 사람이 이 卦, 이 효를 만나면 신명이 지시하는 바가 정녕 여기에 있는 것이니, 그러므로

---

42) 『周易四箋』, 卷一, pp. 15a~15b. 聖人旣爲之播性 又恐學者專執性氣 不知變通 故 或於六爻之內 其一二爻之詞 缺其本性 而不必擧論 其實此一二爻未嘗無本性氣也 如屯六四不言屯 蒙六三不言蒙 需上六不言需 訟六三不言訟之類是也(多不能悉指)

이 획을 점하여서는 다시 變을 생각하지 않아야 한다.[43]

효변은 변상을 취하는 것이 원칙이나, 당해 효가 卦의 主가 될 경우에는 동한 것으로 하지 않았다는 것이다. 이것을 그는 「留動」이라고 이름하였다.(『周易四箋』「讀易要旨」참조) 이를테면 師九二의 王三錫命에서 師가 復剝에서 推移한 상만 취했고, 比九五도 또한 比가 復剝에서 推移한 상만 취했다는 등의 경우이다. 여기서 主爻가 변상을 취하지 않은 것과, 효변에서 본괘의 성기를 잃지 않는다는 것과는 다르다. 전자는 배타적이요 후자는 공존적이다.

丁若鏞 역학의 두드러진 특징은 物在象先에 있다고 위에서 여러 번 말한 적이 있지만, 태극, 양의, 사상, 팔괘, 추이, 호체 등 『周易』의 모든 원리는 모두가 物(事物)이 있고 그 物理에 따라 이루어진 뜻에 지나지 않는다. 著卦 또한 그렇고 효변 또한 그러하다. 정현은 「繫辭傳」의 精氣爲物 游魂爲變이란 구절에 부쳐서, 游魂은 鬼, 精氣는 神이라 하였고, 더러는 불교의 윤회설까지 들먹였지만, 丁若鏞은 「繫辭傳」의 이 구절은 곧 蠶化爲蛾, 蛹化爲蟬에 비유되는 효변으로 설명한다. 그러나 七八로써 本을 삼고 九六으로써 變을 삼아 그것으로써 귀신에서 受命하기 때문에 「繫辭傳」이 知鬼神之情狀이라고 했다고 그는 말한다.

---

[43] 『周易四箋』 卷一, p. 15a. 一畫旣動 全卦遂變 故 聖人之撰爻詞其升降往來之情 皆取變象 然 於卦主之爻 又爲之留其所動 不逐其變而專用推移之本象 以明此畫之爲卦主 此又一例也 如師九二之王三錫命 比九五之王用三驅 皆所謂留動而明主也 又如謙九三之有終 豫九四之由豫 皆不取爻變之象者也(多不能悉指) 若此類 必古來筮法本然 故 周公撰詞如此也 蓋以筮家旣遇此卦 又遇此爻 則神明所指 丁寧在此 故 占之以此畫 不復考變也.

고인이 龜筮로써 귀신에서 受命하니 그래서 龜筮가 告하는 바를 鬼謀라고 하였다. 경에 이르기를, 人謀鬼謀 百姓與能이라 하였고, 경에 이르기를 成變化 而行鬼神이라 하였고 이 章에서는 知鬼神之情狀이라 했다. 모두가 이 설이다. 지금 사람이 매번 遊魂으로써 귀신을 삼으니 어찌 오류가 아니겠는가. 七八로써 本을 삼고 九六으로써 변을 삼아 그것으로써 귀신에서 受命하기 때문에 知鬼神之情狀이라 했다. 어찌 幽怪를 보는 것을 말함이겠는가. 위에서는 말하길, 易與天地準이라 하고 아래에서는 易與天地相似라 하니 모두가 卦爻之説이다. 홀로 그 중간 일단에서 갑자기 生物變化의 설을 만드니 이런 이치가 있겠는가. 오직 鄭注 上의 2句일 뿐이다. 지금 마땅히 표장하여 세인의 의혹을 깨어야 한다.[44]

거북과 시초로 점을 쳐서 귀신이 알려 주는 것을 鬼謀라고 하는 것이지 精氣와 游魂으로 귀신을 삼는 것은 옳지 않다고 했다. 「繫辭傳」에서 "사람이 묻고 귀신이 알려 주어서 백성이 더불어 능하다."(人謀鬼謀 百姓與能)라든가, "변화를 이루어 귀신이 행한다."(成變化 而行鬼神)라든가, "귀신의 정상을 안다."(知鬼神之情狀)라고 하는 것은 모두가 이 鬼謀를 지칭하는 것이라고 그는 주장한다. 그리고 '精氣爲物 游魂爲變'은 '易與天地準'과 '易與天地相似'라는 두 문장 사이에 있는 바,

---

44) 「鄭康成易註論」『易學緖言』卷一, p. 219. 古人 以龜筮 受命於鬼神 故 龜筮所告謂之鬼謀 經曰人謀鬼謀百姓與能 經曰成變化 而行鬼神 此章云 知鬼神之情狀 皆是此説 今人每以遊魂爲鬼神 豈不謬哉 以七八爲本 以九六爲變 以之受命於鬼神 故 曰知鬼神之情狀 豈察見幽怪之謂乎 上云易 與天地準 下云易 與天地相似 皆是卦爻之説 獨其中間一段 忽爲生物變化之説 有是理乎 唯鄭注上二句 今宜表章 以破世人之惑也. 여기의 "上云易與天地準 下云易與天地相似"에서 上과 下를, 方仁은 각각「繫辭傳」의 上傳과 下傳으로 해석하여 구차한 附會가 되고 말았다.[方仁, 「茶山易學의 辨證法的 理念」『周易研究』(서울:한국주역학회, 1999), 第3輯, p. 306 참조]

이 두 문장은 모두가 괘효에 관한 내용인데, 그 중간에 느닷없이 생물의 변화에 관한 설이 올 수가 있겠느냐고 논박한 것이다.

여기서 七八을 本으로 삼는다는 말은 본괘를 뜻하고, 九六을 변으로 삼는다고 하는 것은 곧 효변을 뜻하는 말이다.[45] 따라서 이 효변은 귀신의 명을 받는 것이 된다. 정현은 사후의 유괴한 영혼 같은 것을 귀신이라 하는 전제하에서 精氣游魂에다 귀신을 결부시켜 설명한 것이지만, 丁若鏞이 말하는 귀신이란 『中庸』의 귀신장에 나오는 귀신 곧 하늘을 뜻한다. 중용의 귀신이란 곧 天이며 至高無上하고 靈明主宰하는 上帝를 뜻한다. 허구가 아닌 인격신으로서의 上帝를 실재의 개념으로 설정한다. 그의 논을 듣기로 한다.

> 천지귀신은 밝게 죽 널려 있는데, 그 가운데 至尊至大한 것이 上帝이다. 文王이 조심조심하는 마음으로 상제를 섬겼던 일과 『中庸』에서의 戒愼恐懼는 어찌 밝게 상제를 섬기는 學이 아니겠는가?[46]

이미 推移와 호체를 논하면서 세계의 틀과 그 변화를 말한 바 있다. 그런데 推移에서의 변화란 획의 승강왕래였고, 호체의 변화란 한 卦 내에서 관점의 변화에 따른 또 다른 형태의 卦를 파악하는 것이었다면, 효변에서의 변화란 한 卦의 음양상변의 본질적 변화로 인하여 형성되는 타괘와의 관계적 상황의 변화이다. 따라서 세계는 관계적 상황으로써 존재하고 관계적 상황으로써 변화하는 것이다. 推移와 互體와

---

45) 精氣謂七八 游魂謂九六등에 관하여는 申綽, 『易次故(韓國經學資料集成109, 易經23)』(서울:成均館大學校 大東文化硏究院, 1996), pp. 350~352 참조.

46) 『中庸講義補 卷一』『與猶堂全書』④, p. 281. 天地鬼神昭布森列而其至尊至大者上帝是已文王小心翼翼昭事上帝中庸之戒愼恐懼豈非昭事之學乎.

爻變으로 이루어지는 역의 변화를 두고 丁若鏞은 다음과 같이 말한다.

> 천지사이의 만물의 무리를 모아보고 만사의 정세를 종합해 보면 승강왕래, 굴신소장하지 않는 것이 없어 천만가지로 변화하여 이동이 끝이 없으니 만약 일각이라도 정지가 있다면 이른바 천지의 運化는 아닌 것이다. 『주역』은 바로 만물의 情(내용)을 다 말하고 만물의 文(외형)을 구체적으로 나타낸 것이기 때문에 이 승강, 왕래, 진퇴, 소장, 부침, 굴신의 상을 설정하여 만물의 변동에 응대하여 경계하고 점을 보게 한 것이다. 그런데 가령 卦가 推移하지 않고 효가 변동하지 않은 채 6획만을 배열하여 한 卦를 이룰 뿐이라면『주역』은 이미 죽은 것이다.47)

2) 爻變에 대한 論辨

그의 易理四法이 모두 朱熹의 원리임을 강조하고 있는 丁若鏞은 효변에 있어서 다음과 같이 말하고 있다.

> 건의「단사」에서 주자가 이르기를 "서를 해서 이 卦를 얻어 6효가 모두 변하지 않으면 그 점은 마땅히 대통한다는 것을 말한다."라고 했다. 세상 사람들은「단사」로써 1卦 전체의 통론으로 삼고 효사로써 특수성(偏才)을 나누어 말한 것이라고 생각하고 있다. 이렇게 되자 6효의 효사를 늘어놓아서 全卦의 모양을 이룬다고 하는 것은, 6효의 변은 각각 하나의 卦를 이루어 본래의 덕과는 截然히 같지 않음을 알

---
47)「與尹畏心」,『與猶堂全書』③, p. 228. 大凡天地之間 粉綸萬物之彙錯綜 萬事之情 蓋莫不升降往來屈伸消長 千變萬化移動不窮 苟有一刻之停息 非所謂天地之運化也 易之爲書 卽所以竭萬物之情 而體萬物之文者 故 設爲是升降往來進退消長浮沈屈伸之象 令其應萬物之變動 而爲之戒爲之占 苟使之卦不推移 爻不變動 排比六畫以成一卦而止 則易已死矣.

지 못하는 것이다. 지금 朱熹의 말은 깨달은 것이다.[48]

여기서 朱熹의 말 즉 "서를 해서 이 卦를 얻어 6효가 모두 변하지 않으면 그 점은 마땅히 대통한다는 것을 말했다."라는 것은 건이 어떤 획도 변하지 않아서「단사」로 점을 칠 경우인 바, 건의 덕으로 보면 점이 대통한다는 뜻이다. 그런데 丁若鏞은 朱熹의 이 말을 만약 건의 획이 변했을 경우에는「단사」로 점치는 것이 아니기 때문에 어느 획이 변했는가에 따라서 점이 달라질 수가 있는 것이어서 반드시는 '대통'이라는 말을 쓸 수 없었을 것이라는 뜻을 함축하고 있다.

건이 한 획도 변하지 않았을 경우에는 건의「단사」로 점을 치기 때문에 '대통'이 되겠지만 효변이 되면 효에 따라 길흉이 달라진다는 말인데, 그것은 건의 덕성(속성)으로 판단할 수가 없고, 효변해서 이루어진 變卦와의 관계에서 점을 친다는 것으로, 丁若鏞은 朱熹의 말을 이해하고 있다. 그리하여 6획의 변에 따라 각각 하나의 變卦를 이루어서 본괘와는 다른 점이 된다는 것이다. 다시 몇 가지 경우를 보기로 한다.

주자가 乾初九에서 말하기를 "양수 9는 老가 되고, 7은 少가 된다. 노는 변하고 소는 변하지 않는다. 그러므로 양효는 9가 된다." 또 이르기를 "무릇 건을 만나서 이 효가 변하면 이 상을 보고 그 점을 완색하는 것이 마땅하니 다른 효도 이와 같다."라고 했다. 蓍卦의 법은 參天兩地이기 때문에 세 번 걸어서 모두 천수를 얻으면 9(노양)가 되고, 세 번 걸어서 모두 지수를 얻으면 6(노음)이 된다. 초9라고 하는 것은

[48) 「朱子本義發微」『易學緖言』, 卷二, pp. 302~303. 朱子 於乾之象曰 於筮 得此卦而六爻 皆不變者 言其占 當得大通 世以彖詞爲通論一卦之全體 而以爻詞爲分言各畫之偏才 於是乎 排比六爻之詞 以成全卦之觀 而不知六爻之變 各成一卦 與本卦之德 截然不同也 今觀朱子之說 可以悟矣

초획이 9를 만나서 음으로 변한 것이니, 9라는 글자 속에는 이미 음으로 변한 뜻을 머금고 있는 것이다. 초6이라고 하는 것은 초획이 6을 만나서 양으로 변한 것이니, 6이라는 글자 속에는 이미 양으로 변한 뜻을 머금고 있는 것이다. 지금 사람이 이 뜻을 깨닫지 못하여 9라는 글자는 다만 양의 글자로만 간주하고, 6이라는 글자는 다만 음의 글자로만 간주하니, 이것은 큰 오류이다. 주자가 老는 변했다고 했기 때문에, 양효가 9가 된다는 것은 효사가 변을 주로 한다는 것이다. 주자는 일찍이 이렇게 말했건만 세인이 여전히 깨닫지 못하고서 매양 6효를 늘어놓아 합해서 일곱 가지 점사로써 전부인 양 하니 또한 미혹스럽지 아니한가. 또 생각건대, 주자가 "이 효가 변한 것은 이 상을 본다."(此爻變者 當觀此象)라고 했으니, 주공이 역사를 지을 시초에 또한 이미 변한 상을 보고서 物을 섞고 덕을 갖춘 것이다. 만약 주공이 단지 乾初畫의 본사에 의거해서 글을 썼다면 이 획이 변한 후에 또한 어찌 가히 이 글로써 점칠 수 있겠는가. 그 물상이며 괘덕이 반드시 서로 합하지 않을 것인데, 점이 어찌 징험이 있겠는가.(건초획은 본시의 乾天이 지금 변해서 巽風이 되었는데 만약 乾天의 본상을 고집한다면 점이 합치하지 않는다) 그러므로 乾初九라는 것은 건이 姤로 가는 것이고 건의 초획이 아니다. 乾九二라는 것은 건이 同人으로 가는 것이지 건의 제2획이 아닌 것이다.[49]

---

49) 「朱子本義發微」『易學緖言』, 卷二, pp. 303~304. 朱子 於乾初九曰 陽數九爲老 七爲少 老變而 少不變 故謂陽爻爲九 又曰凡遇乾而此爻變者 當觀此象而玩其占也 餘爻放此 蓍卦之法 參天兩地 故 三掛皆得天數者 爲九(老陽數) 三掛皆得地數者 爲六(老陰數) 初九云者 謂初畫値九而變陰 九字之中已含變陰之義也 初六云者 謂初畫値六而變陽 六字之中已含變陽之義也 今人不達此義 九字只做陽字 看六字只做陰字 看此大謬也 朱子謂老變 故謂陽爻爲九 則爻詞之主乎變 朱子早已言之 而世猶不悟 每欲排比六爻 合七繇而成全 不亦惑歟 又案 朱子曰 此爻變者觀此象 卽周公撰詞之初 亦必觀其旣變之象 而雜物撰德也 使周公只據乾初畫之本象而文焉 則此畫旣變之後 又豈可以此文而占之乎 其物象卦德必不相合 占可有驗乎(乾初畫本是乾天 今變爲巽風 若守乾天之本象 則占不合) 故 曰乾初九者 乾之姤也 非乾之初畫也 乾九二者 乾之同人也 非乾之第二畫也.

이상의 논설은 평이해 보이지만 여기서는 설명을 생략한 부분들이 있다. 九六이라 하는 것은 '음양변동의 標'50)인 것이다. 九는 겉으로는 양으로 보이지만 이미 변해서 소음(八)으로 된 것이고, 六은 그 속이 이미 소양(七)으로 변했다는 표지인 것이다. 여기서 '參天兩地'라고 하는 것은 이른바 '三分一損說'로 설명한 바 있지만, 양의 한 획을 3등분하면 음획은 양획의 1/3을 뺀 나머지의 것이라는 말이다. 그림으로 보이면 다음과 같다.

삼천양지의 원리에 따라 양은 3, 음은 2로 삼기 때문에 설시법에서 세 번 걸어서 모두 天數(양수)(1, 3, 5, 7, 9)이면 3+3+3=9가 되니 이것을 老陽이라 하고, 모두 地數(음수)가 되면 2+2+2=6이 되니 이것을 老陰이라 하고, 천수 하나에 지수 둘이 되면 3+2+2=7이 되니 이것을 少陽이라 하고, 지수 하나에 천수 둘이 되면 2+3+2=8이 되니 이것을 少陰이라 한다는 것은 서상에서 논술한 바 있다.

여기서 천수(1, 3, 5, 7, 9)라 하고 지수(2, 4, 6, 8, 10)라고 하는 것은 大衍之數 50에서 每蓍의 1策에 각각 天數, 地數를 새기는데 1을 새긴 策이 다섯 개, 2를 새긴 策이 다섯 개, 3을 새긴 策이 다섯 개……9를 새긴 策이 다섯 개, 10을 새긴 策이 다섯 개가 되게 한다. 세 번 걸어

---

50) 「周易四箋」, 卷八, p. 23b. 曰九曰六者 陰陽變動之標也.

서 천수(1, 3, 5, 7, 9)니 지수(2, 4, 6, 8 10)이니 하는 말은 그 策에 새겨져 있는 숫자를 두고 하는 말이라는 것도 이미 논한 바 있다.

 朱熹가 乾初九에서 "무릇 건을 만나서 이 효가 변하면 이 상을 보고 그 점을 완색하는 것이 마땅하니 다른 효도 이와 같다."(凡遇乾而此爻變者 當觀此象而玩其占也 餘爻倣此)라고 한 것은 乾초九가 변해서 소음八이 됨으로써 姤卦가 된 것이고, 다른 효도 이와 같다고 하는 것이 주자의 뜻이라고 丁若鏞은 주장하고 있다. 즉 주자는 여기서 분명히 "此爻變者 當觀此象"이라 했으니 주공이 역사를 지을 때 이미 변한 상을 보고 雜物과 撰德을 이루었다는 것이다.(여기서 잡물 찬덕은 「호체」를 논할 때 이미 논한 바와 같다) 환언하면 乾의 상을 본 것이 아니고 巽(건초九가 변해서 하괘가 巽이 된다)이며 姤의 상을 보고 易詞를 지었다는 말이다. 그러니 이 효(乾初九)가 변하면 이미 건이 아니니 건의 상에 구애되는 것이 아니고 巽과 姤의 상을 보는 것이라고 朱熹는 말한 것이니 이는 자신의 효변의 법과 같다는 것이 그의 주장이다. 그림으로 표시하면 다음과 같다.

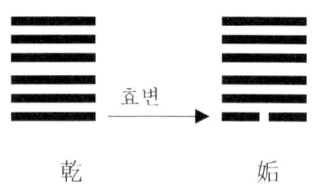

乾   姤

 乾九二에서 주자가 말하기를 "이 효의 변을 만나면 오로지 이 人을 봄이 마땅하다."라고 했다. 이미 9가 되면 이 1획이 이미 변하여 음이 된 것이다. 이미 음이 되면 이 1卦는 이미 변해서 同人이 된 것이다. 그러므로 '이 효의 변을 만나면'이라고 한 것이다. 주자의 가르침이 이와 같이 명확하지만 세상이 여전히 깨닫지 못하니 어째서일까?[51]

六. 卦의 爻變原理 • 387

"……이 人을 봄이 마땅하다"에서 人이란 下乾인 大人을 지칭한다. 二획이 九가 되면 八로 변해서 同人卦가 된 것이니 건의 덕으로 점을 판단해서는 안 된다는 것을 다시 한 번 강조하고 있다.

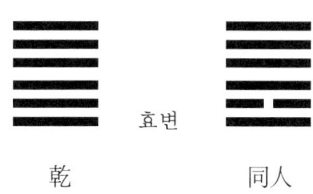

乾   同人
효변

위의 그림에서 二가 변해서 同人이 되었기 때문에 주자가 "이 효의 변을 만나면 오로지 이 人을 봄이 마땅하다"라고 한 것이라고 丁若鏞은 설명하고 있다. 즉 乾에서는 見의 상이 없는데 효변이 되어 同人이 되면 下卦가 離로 변하게 되니 離에는 見의 상이 있기 때문에 주자가 그렇게 설명했다고 하는 것이다. 따라서 주자는 효변의 법을 취했다는 것이다.

> 주자가 乾用九에서 말하기를, "무릇 서해서 양효를 얻은 것은 모두 9를 쓰지 7을 쓰지 않는다."라고 했다. 옛날의 서법은 오직 1효가 변하는 것에 한하고 건곤 2卦는 6위가 모두 변하는 원칙이 있는 바, 생각건대 다른 卦는 음양이 서로 섞이거 그 性氣며 才德이 획마다 같지 않아서, 6효가 모두 변하면 잡란하여 헤아릴 수가 없다. 그러므로 전부가 변하는 원리는 없는 것이다. 건곤 2卦의 경우는 그 성기며 재덕이 순연 무잡해서 正卦, 互卦가 혼합해서 하나의 물상과 하나의 괘덕

---

51) 「朱子本義發微」『易學緖言』, 卷二, p. 305. 朱子於乾九二曰値此爻之變者但爲利見此人旣已九則此一畫已變而爲陰矣旣已爲陰則此一卦已變而爲同人矣故曰値此爻之變也朱子之訓明確如此而世猶不悟何哉.

이 되니 비록 변해도 난잡하지가 않다. 그러므로 6효가 전부 변할 수 있는 것이다. 이것이 이른바 用九 用六이다. 用이라고 하는 것은 萬數之策을 세지 않고 그냥 쓰는 것이다.(「蓍卦傳」에 상세히 나타나 있다) 이 주공의 법은 384효를 취하여 모두 九六 두 자로 標章하여 이름했으니, 이것은 바꿀 수 없는 법칙이다. 屯, 蒙 등 여러 卦가 6획이 모두 변하면 九六이 參錯해서 九라고 이름을 할 수도 없고 六이라고 이름을 할 수도 없다. 그러므로 모든 卦는 이 원리가 없고, 다만 건곤만이 이 원리가 있는 것은 왜냐하면, 九六의 명칭이 확립되어 있기 때문이다. 이것은 비록 건곤 2卦라 하더라도 1효가 변하는 것과 6효가 모두 변할 수는 있어도 만약 두셋, 네댓 효가 착잡하게 변할 경우에는 건곤의 경우에도 이 법은 불가능한 것이다. 『주역』에 이 원리가 없기 때문에 주공이 이러한 易詞를 짓지 않았지, 만약 그러한 원리가 있다면 주공이 반드시 易詞를 지어서 법식을 세웠을 것이다. 이에 『焦氏易林』이나 郭氏筮法은 狡獪한 법을 크게 만들어서 1卦의 변이 드디어 각각 64卦를 얻게 된 것이니, 이렇게 되자 『주역』은 미친 것이다.[52]

효변의 법은 1爻변에 한한다는 것으로, 건곤의 用九用六은 예외의 규정을 두었다는 뜻이다. 건곤은 性氣며 才德이 순연하여 正卦 互卦

---

52) 「朱子本義發微」『易學緖言』, 卷二, pp. 305~306. 朱子 於乾用九曰 凡筮得陽爻者 皆用九而不用七 又曰 遇此卦六爻皆變者 卽此占之. 古之筮法 惟一爻有變 而乾坤二卦 則有六位全變之法 蓋以他卦 皆陰陽相雜 其性氣才德畫畫不同 若六爻全變 則雜亂而不可裁 故 無全變之法 若乾坤二卦 其性氣才德純然無雜 正卦 互卦混合爲一物象 卦德雖變不亂 故 六爻可全變 此所謂用九用六也 謂之用者 不揲萬數之策 因而用之也(詳見蓍卦傳) 且周公之法 取三百八十四爻 皆以九六 兩字 標以名之 此不易之法也 屯蒙諸卦若六畫俱變 則九六參錯 不可名九不可名六 故 諸卦無此法 惟乾坤有之 何則 九六之名得立也 且雖乾坤二卦能一爻有變 或六爻全變 而若夫二三爻四五爻之錯雜有變者 乾坤亦不能也 周易無此法 故 周公無此詞 如其有法 則周公必撰ил以立例矣 乃焦氏易林 郭氏筮法 大設狡獪之法 一卦之變遂各得六十四卦 於是乎 周易狂矣.

가 하나의 물상과 하나의 괘덕이 되기 때문에 특별히 6爻가 모두 변했을 경우를 표장하여 用九 用六을 두었지만, 여타의 卦는 강유가 혼잡하기 때문에 6爻가 모두 변하는 법은 없다고 했다. 만약 건곤도 6爻가 모두 변하지 않고 2개 또는 3개씩으로 변한 경우에는 효변의 법이 아니고 이 경우에는 萬數之策을 세어서 動爻를 결정해야 한다는 뜻이다. 효변에 만약 2爻이상의 변화법이 있다면 주공이 그러한 易詞를 지어 놓았어야 했다는 것이고,『周易』에 건곤 이외의 卦에는 이러한 易詞가 없는 것은『周易』의 효변법이 1爻에 한하는 증거라는 뜻이다.

> 주자가 坤初六에서 말하기를 "음수 六은 老이고 八은 少이니 그래서 음효는 六이 된다."라고 했다. 「대전」에 이르기를 "강유라는 것은 근본을 세우는 것이다."라고 했다. 주자가 6으로써 음을 삼는 것은 대개 또한 근본을 세우는 뜻이다. 덕은 이미 양이다. 6이 이미 노음이니 老는 변하지 않은 것이 없다. 어찌 음효로 볼 수 있겠는가? 공자 이르길, "潛龍勿用 陽在下也"라 했다. 공자가 9를 가리켜 양으로 한 것은 또한 立本을 위한 것이다. 그 덕은 이미 음이다.[53]

『周易』에서 九라고 하고 六이라고한 것은 이미 변했다는 뜻임은 전술한 바와 같거니와 이를테면 乾初九에서 공자가 "潛龍勿用 陽在下也"라고 한 것은 乾의 근본을 세운(立本) 것에 불과할 뿐 이미 初九는 그 德이 양이 아니고 음이라는 말을 여기서 또 다시 강조하고 있다.

이상과 같이 丁若鏞은 朱熹의『본의』에서도 효변의 근거를 이끌어

---

53) 「朱子本義發微」『易學緖言』, 卷二, p. 306. 朱子於坤初六曰陰數六老而八少 故謂陰爻爲六 大傳曰剛柔者 立本者也 朱子之以六爲陰 蓋亦立本之意 若其德已陽矣 六旣老陰 老無不變 豈可作陰爻看乎 孔子曰潛龍勿用陽在下也 孔子之指九爲陽 亦所以立本也 若其德已陰矣.

내기도 했으며, 胡炳文이 이르기를, "豫의 上六이 변하면 晉이 된다." 라고 한 것과, "巽九五가 변하면 巽下艮上의 蠱가 된다."라고 한 것이 라든지, 張淸子(송대역학자)가 이르기를 "巽九五는 곧 蠱六五의 변"이 라고 한 것과 "遯九三이 변하면 遯其否이다."라고 한 것이라든지, 李漢이 "坤六四가 변하면 震이 되고 震은 위는 허하고 아래는 실하니 囊의 상이 있다."라고 한 것 등은 모두 효변을 인정한 것으로 보면서[54] 그는 다음과 같이 효변의 이치가 참된 역의 원리임을 강조하고 있다.

> 생각건대 효변의 뜻은 천고에 寂廖했었지만, 그것은 至眞至實한 이치라고 생각한다. 그러므로 여러 유학자가 역을 해석하는 것이 가끔 이 효변에 있는 것은 비유컨대 짙은 구름과 안개 속에 하나의 별이 외로이 밝은 것이니, 얼마나 기이한가?[55]

효변의 법이 重雲疊霧 속에 가려져서 수천 년 동안 역도가 어두웠지만, 朱熹 등 몇몇 학자들은 이 법을 알고 있었음을 그의 역 해석 예

---

[54] 「朱子本義發微」『易學緖言』, 卷二, p. 306 참조. 胡炳文云 豫上六變則爲晉 又云 巽九五變則爲 巽下艮上之蠱. 張淸子云 巽九五乃蠱六五之變 又云 遯九三變則遯其否矣. 星湖先生曰 坤六四變則爲震 震上虛下實 有囊象.『周易傳義』, 卷七, p. 14a 참조. 卷十二, p. 44a 및 卷二十, p. 10b 참조. 李漢,『易經疾書(韓國經學資料集成98, 易經12)』, (서울:成均館大學校 大東文化硏究院, 1996), p. 334 참조. 한편 丁若鏞은『文獻通考』의「經籍考」에 실려 있는 都潔의『周易變體十六卷』은 오직 之卦爲主로 논했다고 하고, 이 책을 얻을 수 없음이 한이 된다고 했다.(『易學緖言』「茶山問答」참조. 馬端臨,『文獻通考』, (北京:中華書局, 1999), p. 1526 참조) 그러나 지금 우리는『四庫全書』「經集」「易類」에서 都絜의『易變體義十二卷』을 만나 볼 수 있다. 다만 卷數가 서로 다른 점은 궐의로 남긴다. 丁若鏞이 언급한 바와 같이 都絜의『易變體義』는 384爻를 모두 之卦爲主로 논하고 있다. 이 점에서 丁若鏞의 '播性'의 이론과는 다르다. 그러나 都絜 또한 乾之姤는 姤의 본체와는 다르다는 것을 언명하고 있다.(384爻 모두에 같은 식으로 언명하고 있다)

[55]「朱子本義發微」『易學緖言』, 卷二, p. 306. 案 爻變之義 千古寂廖 而以其爲至眞至實之理也 故 諸儒解易 往往有此 譬如重雲疊霧 一星孤明 何其奇也.

에서 논증해 보임으로써 자신이 주장하는 효변이 결코 근거 없는 설이 아님을 드러내고 있다.

효변이 명멸해 온 그 간의 내력을 丁若鏞은 다음과 같이 말하고 있다.

> 슬프다!『주역』이 鄭玄을 한번 遭遇한 것이 이미 大厄이었다. 우번, 순상이 근근이, 넘어지는 것을 붙들었지만 왕필이 일어났다. 다시 왕필을 만난 것이 大厄이었다. 李鼎祚, 朱晦菴이 면면히 맥을 이었으나 李光地가 다시 일어났으니, 제왕의 세력을 끼고 儒宗의 자리에 거해서 이것을 멸해서 없어졌으니,『주역』이 그렇지만 홀로 어쩌겠는가?56)

『周易』이 정현을 만나고 왕필을 거쳐『周易』의 진수가 거의 파괴되다시피 한 것을 李鼎祚, 朱熹가 겨우 붙들어서 어느 정도 되살아났지만 李光地가 나타나서『周易』은 또 한 번 수난을 당하였다고 안타까워한다.『周易』이 이러한 과정을 겪게 된 것은 생각건대 시대적 풍조에 말미암은 탓도 이를 부인할 수 없을 것이다. 그러나 여기서 丁若鏞이 정현이며 왕필, 그리고 이광지 등을 질타하고 있는 것은 어쩌면 時流에 영합하는, 바로 그러한 점을 아울러 경멸한 것인지도 모른다.

> 鄭과 王 두 사람은 모두 卦變, 효변을 말하지 않았지만, 같지는 않았다. 정씨는 그래도 물상, 호체는 사용했는데, 왕씨는 두 가지를 아울러 폐했으니 더욱 맹랑하다.57)

---

56) 「李氏抄中鈔」『易學緖言』, 卷三, p. 389. 哀哉 周易 一遭鄭玄 旣大厄矣 虞飜荀爽 僅僅扶顚 而王弼起矣 再遭王弼 旣大厄矣 李鼎祚 朱晦庵 綿綿延脈 而李光地又作矣 挾帝王之勢 據儒宗之位 以滅此 旣亡之 周易 抑獨何哉.

57) 「鄭康成易註論」『易學緖言』, 卷一, p. 205. 鄭王二家 皆不言卦變爻變 將無同

『周易』은 象의 학문인 바, 이미 논한 바 있듯이 易詞와 象이 일치하지 않을 경우에 정현은 「說卦傳」의 물상에 맞추어 경문을 뜯어고치고, 왕필은 아예 물상을 폐지하였던 것이다. 이러한 태도는 卦變(推移), 특히 爻變의 이론을 이들이 모르기 때문이라는 것이 丁若鏞의 생각이다. 가령 乾初九에 龍이 나오는데 「說卦傳」에서는 乾에 용이 안 나온다. 그래서 왕필은 「說卦傳」의 物象을 아예 무시해 버렸다. 易詞와 「說卦傳」의 物象이 일치하지 않을 경우 정현이 경문을 고친 예를 丁若鏞이 정리한 것을 보면 坤卦의 '履霜'에서 履를 禮로, '嫌於無陽'에서 嫌을 慊으로, 屯의 '不寧'에서 不寧을 能으로, 蒙의 '包蒙'에서 包를 彪로, '六五順以巽也'에서 巽을 遜으로, 기타 여러 곳에서 경문의 글자를 고치고 있는데 丁若鏞은 이를 꾸짖고 있는 것이다.[58]

> 鄭은 卦變, 爻變을 알지 못해서, 물상이 합치할 근거가 없게 되니, 그래서 많이 글자를 고쳤다. 이제 고친 글자를 살펴보면 본괘 물상과 전연 관계가 없으니 무슨 까닭으로 경문을 어지럽힘이 이와 같은지 알지 못하겠다.[59]

이상과 같은 丁若鏞의 주장들은 결국 역사의 해석에 그의 4법(원리)을 떠나서는 불가능하다는 것인데, 4원리 중 어느 하나라도 빠지면(모르면) 역을 풀 수가 없다는 뜻이다.

그러나 그의 4원리 가운데 推移와 物象과 互體는 그래도 九家의 역

矣. 然 鄭氏猶用物象互體 王氏並二者而廢之 益孟浪矣.
58) 「鄭康成易註論」『易學緖言』, 卷一, p. 207 참조.
59) 「鄭康成易註論」『易學緖言』, 卷一, pp. 207~208. 鄭不知卦變爻變則 物象無緣得合 所以多改字也 今觀諸改字 亦與本卦物象全然無涉 不知何故 亂經如此

六. 卦의 爻變原理 • 393

에도 있었지만 爻變의 법은 끊어져서 전하지 못했는데, 丁若鏞 자신에 이르러서 朱熹의 해석 예에 연계시키면서 비로소 이것을 크게 밝혔음은 역학사에 빛나는 공이라 할만하다.

> 漢 이래도 효변의 설이 끊어져서 師承이 없었으니 이것이 역이 어두워진 까닭이다. 辟卦 衍卦의 推移와 「설괘」의 물상과 호체의 넓게 취하는 것, 이 세 가지는 九家의 여러 역에도 능히 말했으나, 효변의 원리[義]에 이르러서는 한으로부터 지금까지 끊어져서 영향이 없으니 이것이 역을 읽을 수가 없는 까닭인 것이다.
> 효가 변하지 않으면 推移의 법 또한 통할 수가 없으니, 이것이 推移가 폐해진 까닭이다.……
> 효가 변하지 않으면 「설괘」의 물상 또한 합치하지 않으니, 이것이 「설괘」가 폐해진 까닭이다.……
> 효가 변하지 않으면 호체의 物 또한 모두 합치되지 않으니, 이것이 호체가 폐해진 까닭이다.[60]

위에서 효가 변하지 않으면 推移의 법이 통할 수 없다고 하는 것은 예컨대 乾의 九四가 변하면(즉 효변) 小畜이 된다. 小畜은 姤에서 推移한 것이니(一획이 四로 가다) 따라서 그 象이 躍이 된다. 그림으로 나타내 보이기로 한다.

---

60) 『周易四箋』, 卷一, pp. 13a~13b. 自漢以來 爻變之說絶無師承 此易之所以晦盲也 辟衍之推移也 說卦之物象也 互體之博取也 此三者 九家諸易皆能言之 至於爻變之義 自漢至今 絶無影響 此易之所以不可讀也 爻不變則 推移之法亦不可通 此推移之所以廢……爻不變則 說卦物象亦皆不合 此說卦之所以廢…爻不變則 互體之物亦皆不合 此互體之所以廢

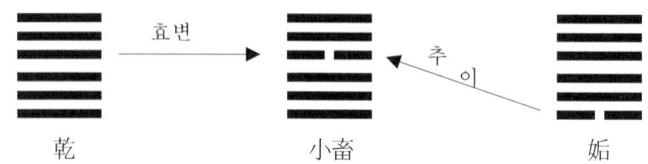

　위의 그림에서 乾의 四획이 변하면 小畜이 된다. 이것을 효변이라 한다. 小畜은 推移의 법에 따르면 '1陰의 卦'이기 때문에 姤에서 推移한 것이다 그런데 姤에서는 巽이 下卦이었지만 小畜으로 推移하면 上卦가 되었다. 巽의 物象은 股인데 股가 下에서 上으로 올라갔으니 뛰어 오른 것이 된다.(躍) 그래서 乾九四는 或躍在淵이 된다. 여기서 만약 爻變의 법을 모르고서 乾九四를 乾卦로만 보아서는 推移의 법이 통할 수가 없고 따라서 象이 맞지 않게 된다. 다음에는 爻가 변하지 않으면「설괘」의 물상 역시 합하지 않는다고 한 것은 위의 경우에서 이미 분명하게 되었다. 乾의 四획이 九四로 변하면 乾(小成卦)이 巽(小成卦)이 되었으니 巽은 鷄이다. 그런데도 불구하고 乾이 馬가 된다고 고집한다든가, 또 坤의 初六이 이미 변해서 震이 되었는데 坤에 龍이 있다고 이상하게 생각하는 것은 모두가 효변을 모르는 소치가 된다. 마지막으로 爻가 변하지 않으면 互體의 물이 합치하지 않는다고 한 것은 예컨대 屯의 六二가 변하면 互坤이 변해 互震이 된다.

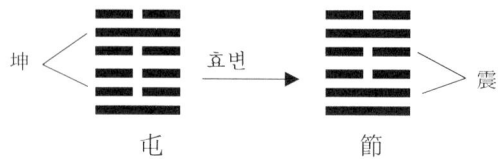

　위의 그림에서 효변을 모르면 屯의 下互가 坤이니 坤을 牛로만 보

고 屯이 변해 節이 됨으로써 下互가 震이 되어 龍인 줄을 모른다는 말이다.

丁若鏞은 이와 같이 推移며 물상이며 호체가 폐하게 된 근본원인은 모두가 효변의 원리를 모르기 때문이라고 했다. 효변이란 한 卦內의 내부상황이 변해서 다른 상황이 됨으로써 외부세계와 소통하는 변화이기 때문에, 이 본질적인 변화의 원리를 모르면 推移도 이해할 수가 없고, 물상도 어긋나고, 호체 또한 부합하지 않게 되는 것임을 강조하고 있는 것이다.

『周易』에서 효변이라는 변통의 법이 한번 어두워지므로 해서 易脈이 단절되었음을 두고, 다음과 같은 朱熹의 시에 부쳐 丁若鏞은 못내 안타까워하고 있다.

무지개다리 한번 끊어져 소식 없고,
만학천암이 짙은 연기에 가두어졌도다.

虹橋一斷無消息
萬壑千巖鎖翠烟[61]

여기서 '홍교'란 爻變을, '만학천암'은 推移, 互體, 物象 등의 諸法을 비유한 것임은 두 말할 필요가 없을 것이다.

---

61) 「與尹畏心」『與猶堂全書』③, pp. 226~227. 이 시는 「武夷櫂歌」 第一曲後段이다. 『朱子全書』(上海:上海古籍出版社, 2002), 冊12, 文集卷九, pp. 525~526.

七. 物象論

1. 象一般論

1) 象의 功能

象이란 무엇인가? 象이란 어떤 대상 그 자체가 아니라, 그것을 형용한 것이다. 『繫辭下傳』제3장에서 "역이란 상이요, 상이란 형용이다"(易者 象也 象也者 像也)라고 한 이 말은 『역』이란 다만 상 곧 형용일 뿐이라는 뜻이다.

성인이 하늘의 가르침을 듣기 위하여 세계의 틀을 짜려 했을 때 그 방법은 필경 실체를 본떠서 비슷하게, 형용해 놓을 수밖에 없었다는 것은 이미 말한 바 있다. 거기에는 필연적으로 하늘과의 약속이 개재할 수밖에 없었다는 것도 전술한 바와 같다. 그 약속이 바로 괘며 역사이다. 그 약속의 구성인자가 「설괘전」의 物象이다. 物이란 事와 物이다. 따라서 물상이란 사물의 상이다. 가령 「설괘전」에서 "乾이 말이 된다."(乾爲馬)라고 할 때 건이 말의 상이란 뜻이지 말이 건의 상이란 뜻이 아니다.

「계사하전」제2장에는 이렇게 쓰여 있다.

> 옛날 포희 씨가 천하에 왕 노릇할 때, 우러러 보아서는 하늘에서 상을 보고, 내려다보아서는 땅에서 모범을 보고, 새와 짐승의 무늬와

땅의 마땅한 측면을 보고서는, 멀리서는 사물들에서 취하고, 가까이는 몸에서 취하여 이에 비로소 8괘를 지었다.[1]

이렇게 해서 8괘를 그어 놓았다는 것은 무엇을 의미하는가? 성인이 만물의 모습을 보고 그것에서 본떠서 8괘를 그려 놓았으니, 8괘를 보면 거꾸로 그 상을 알 수가 있고 그 상은 만물의 상이라는 뜻이 된다. 「계사하전」 제1장에서는 다음과 같이 말하고 있다.

8괘가 열을 이루니 상이 그 가운데 있고…(八卦成列 象在其中矣)[2]

여기서 어떤 괘에다가 어떤 물상을 대응시켰는가, 그것이 바로 「설괘전」의 물상인 것이다. 이렇게 해서 「계사하전」 제12장에서 "팔괘는 상으로써 알린다."(八卦以象告)[3]라고 한 것이다.

따라서 상을 보고 괘를 그은 것은 괘의 획성과정이요, 괘에 나타난 상을 보고 역사를 추구하는 과정은 괘의 해석이라 할 수 있다. 괘를 긋고 나면 상은 그 속에 드러나니, 상에 따라 역사는 쓰여졌다. 易詞가 쓰여져서 비로소 길흉은 밝혀지게 되었다는 것이 「계사전」의 논리이다.

「계사상전」 제2장에는 이렇게 말한다.

성인이 괘를 설비하여 상을 보고 사(辭)를 달아 길흉을 밝혔다.(聖人設卦 觀象繫辭焉 而明吉凶)

---

1) 『周易四箋』 卷八, pp. 8b~9a.
2) 같은 책 卷八, p. 7a.
3) 같은 책 卷八, p. 14b.

8괘에 소속되는 모든 物을 묶어 놓은 것이 이른바「설괘전」인데, 이「설괘전」의 유래에 대해서 王充(B.C 27~100)은 그의 『논형』(論衡)에서 이르기를, 孝宣帝때에 河內의 女子가 老屋을 헐다가 잃어 버렸던 『易』,『禮』,『尙書』의 각 1편씩을 얻어서 바치니, 宣帝가 그것을 博士에게 보인 후에 『역』,『예』,『상서』에 각 1편씩을 더하였다고 하였다.(『隨書經籍志』에서도 같은 말을 하고 있다) 漢史에서는 이르기를, 秦火가 있는 후에 『역』에서 「설괘」 3편을 잃어 버렸는데, 선제 때에 이르러 하내의 여자가 노옥을 헐다가 그것을 얻었다라고 하였다.[4]

　「설괘전」의 내용이 믿을 만한 것이냐에 대해서 논란이 되어 왔다. 어느 때 누구에 의하여 만들어진 것인가에 대해서 정설이 없는 것은 물론,「설괘전」의 물상과 易詞의 물상이 일치하느냐 하는 것이 더 큰 문제점이 되었다. 역학사에서 상수파와 의리파가 갈라지는 연유도 사실은 이「설괘전」에 대한 태도의 차이에서였다고 할 수 있다.

　「설괘전」에서는 8괘를 8방에 대응시키는가 하면, 계절에 대응시키기도 하고, 육친(六親)에 비유되기도 했는가 하면, 신체에 비유되기도 했다. 또 짐승에 대응시키기도 했다. 무엇보다도 8괘를 天地水火雷風山澤의 형용으로 보았다.

　「설괘전」이 비록 작자의 자의의 소산일 가능성을 배제할 수 없다고는 하더라도 이미 이 책의 앞부분에서 거론하였듯이 그것은 성인의 하늘에 대한 약속, 자신과의 약속인 점에 그 의의를 찾아야 한다.[5]

　따라서「설괘전」이 가령 불합리해 보이는 부분이 있더라도 그것은 성인이 하늘과의 약속이었다고 본다면 그것은 바로 易詞를 푸는 열쇠

---

4) 같은 책 卷八, p. 28a.
5) 같은 책 卷四, pp. 15a~16a, (易論)참조.

가 된다고 할 만한 것이다.

2) 象에 대한 是非

『역』이 오직 상에 의해 이루어졌다는 말은 괘에도 易詞에도 다 같이 해당되는 말이다. 따라서 易詞를 해석하려면 상을 살펴봐야 한다. 다시 말하자면 성인이 作易할 때 상에 따라 괘를 그렸고, 괘가 포섭하는 물상에 의거하여 易詞를 지었으니 易詞를 해석하려면 그 역순에 따라 상을 살펴야 한다는 말이다.

그런데 이와 같이 易詞를 해석함에 당하여 易詞와 상이 불일치하는 경우가 생긴다면 실로 난관이 아닐 수 없다. 이럴 경우에 취하는 태도는 역학사상 대체로 다음의 세 가지 형태로 나누어 볼 수 있다. 첫째 易詞에 맞추어 「설괘전」을 고치는 방법, 둘째 「설괘전」에 맞게 易詞를 고치는 방법, 셋째 易詞와 「설괘전」의 대응관계를 무시해 버리는 방법이 그것이다. 첫째와 둘째 방법은 주로 한유들이 취한 태도인데, 첫째의 경우로는 순구가(荀九家)이다. 우번은 易詞에 맞추어 상을 찾아내었는데 이른바 일상(逸象)이라고 하는 것이며,(逸象은 마땅히 逸物이라 해야 옳다) 둘째의 경우는 정현이 해당되는데, 정현은 「설괘」와 易詞가 일치하지 않을 경우에 경문을 자주 고쳤다. 셋째의 경우로는 王弼과 程伊川을 들 수 있을 것이다. 왕필은 노장사상에 입각했고, 정이천은 그의 스승 호원(胡瑗, 993~1059)과 함께 理學에 입각한 점이 다르다.

한대의 역가들은 주로 괘상에 근거하여 『역』을 풀이하는 태도를 취하였기 때문에 「설괘전」이야말로 그들의 금과옥조였다. 순상, 경방, 마융, 정현, 송충(宋衷), 우번, 육적, 조신(姚信), 적자현(翟子玄)등 이른바 荀九家가 그 대표적인 인물인데, 이들이 보충한 일상을 九家逸象이라고 한다. 그 가운데서도 우번은 한역의 집대성자라는 이름에 걸맞게 혜동(惠棟, 1697~1758)의 『周易述』에 의하면 그가 보충한 일상은 323종이었다고 한다.6) 그러나 이 일상이 논리적 필연성이 있는지는 장담할 수 없다. 『역』을 해석함에 당하여 易詞에 있는 물이 「설괘전」에 없으면 易詞에 있는 물을 끌어다가 「설괘전」의 해당 괘의 밑에 붙이는 식으로 한 것이니 마구잡이식이 되었다. 만약 그가 만든 일상이 논리적 필연성에서 찾아 낸 것이라면 그 이유를 밝혀 놓았어야 했는데 그렇지가 못했다. 이러한 번잡한 폐단에 반기를 든 사람이 왕필이었다. 왕필의 역학은 得意忘象說, 取義說, 爻位說로 압축할 수가 있거니와 이른바 그의 得意忘象說은 너무도 유명하다. 왕필은 『周易略例』의 「明象」에서 다음과 같이 말하고 있다.

> 무릇 象이란 意를 표출하는 것이다. 언어란 象을 밝히는 것이다. 意를 다함은 象보다 나은 것이 없고, 상을 다함은 언어만한 것이 없다. 언어는 상에서 생겨나므로 언어를 찾아보아 상을 관찰한다. 상은 의에서 생기므로 상을 찾아 의를 관찰한다. 의는 상으로써 다하고 상은 언어로써 드러난다. 언어란 상을 밝히는 수단이니, 의를 얻으면 상을 잊는다.7)

이것은 「계사상전」 제12장의 "성인이 상을 세움으로써 意를 극진히 하고, 괘를 설비하여 진위의 실정을 다 드러내고, 말을 붙임으로써 그

---

6) 惠棟, 『周易述』(天津: 天津古籍書店, 1987), p. 487 참조.
7) 王弼, 「周易略例」, 楊家駱, 『周易注疏及補正』(臺北: 世界書局, 1963), p. 9.

말을 극진히 다하고…"(聖人 立象 以盡意 設卦 以盡情僞 繫辭焉 以盡其言)라는 문장을 해석한 것으로 볼 수 있다.8) 다시 왕필은 『장자』「외물편」을 원용하여 언어, 상, 의(意)의 관계를 다음과 같이 정립하고 있다.

> 올무는 토끼를 잡는 것이 목적이므로 토끼를 잡으면 올무를 잊어버리고, 통발은 물고기를 잡는 것이 목적이므로 물고기를 잡으면 통발을 잊음과 같다. 그러한즉 언어란 상의 올무이고, 상이란 의(意)의 통발이다. 그러므로 언어에 집착하면 상을 얻지 못하고 상에 집착하면 의를 얻지 못한다.9)

왕필은 부연했다.

> "상을 잊음이란 의를 얻음이다. 언어를 잊음이란 상을 얻음이다. 의를 얻음은 상을 잊음에 있고, 상을 얻음은 언어를 잊음에 있다. 그러므로 상을 세워 의를 다하면 상을 잊어도 된다. 획을 거듭하여 실정을 다 드러내면 획을 잊어도 된다."10)

한역설이 상에 의거해서 易詞를 해석하면서 굳이 상과 역사를 부합시키기 위하여 온갖 수단을 동원하여 참으로 괴상하고 난잡해 졌다. 왕필은 이를 비판하고 나선 것이다. 이러한 관점에서는 왕필의 입장에 이해가 가지 않은 바는 아니다. 하지만 왕필의 논설을 가만히 음미해

---

8) 朱伯崑, 『易學哲學史』一卷 (臺北 : 藍燈文化事業公司, 1991), p. 324.
9) 王弼, 「周易略例」, 楊家駱, 『前揭書』, p. 9.
10) 같은 책, p. 10.

보면, 마치 언어로 인해서 상을 얻지 못하게 되는 것인 양 논리를 펴고 있는 것이다. 그리하여 마침내 그는 뜻을 얻은 후에는 상을 잊는다는 데 그치는 것이 아니고 더 나아가서 "상을 잊음으로써 뜻을 얻는다."라고까지 말하게 된다. 이 말은 결국 "올무를 잊어야만 토끼를 잡을 수 있고, 통발을 버려야만 물고기를 잡을 수 있다."는 논리와 같아져서 『역』으로 하여금 玄學의 길로 들어서게 하고 말았다고 廖名春 등은 말한다.

이러한 왕필의 意는 정이천에 이르면 어느 덧 理로 바뀌게 된다. 廖名春 등은 다음과 같이 말한다.

> 理와 象의 관계에 대한 이천의 인식이 왕필과 다른 점은 두 사람의 철학체계에서 理가 차지하는 위치가 다르다는 점에 있다. 즉 정이는 理를 근본으로 삼았지만, 왕필은 無를 근본으로 삼았다. 더구나 왕필로서는 易象은 임의의 구조일 뿐이다. 상과 의리의 관계는 통발과 물고기의 관계, 올무와 토끼의 관계이다. 통발과 올무가 물고기와 토끼에 대해 갖는 본질을 체현하지 못했다. 통발과 올무는 다른 도구로 대체될 수 있으되 그것이 물고기와 토끼를 잡는 기능은 불변하다. 이것은 바로 문자 언어가 문자 언어로 표현되는 의리나 개념에 대하여 갖는 관계와 같다. 다시 말해서 왕필이 보기에 理와 상의 관계는 일원적관계도 아니고 틈새가 없는 것도 아니다.[11]

왕필의 意가 伊川에 이르러서는 理로 바뀌면서 그 틀이 없어진 것이라 했다. 그래서 이천은 「역전서」에서 "체와 용이 근원이 하나요, 드러남과 은미함이 사이가 없다"(體用一源 顯微無間)라고 했다. 理와 상

---

11) 廖名春(外), 『前揭書』, p. 469.

의 관계를 체와 용, 미와 현의 관계라고 보았다. 理는 『역』의 본체요 상은 理의 용이 되는 것이다. 理는 지극히 미미하여 보기 어려우나 상은 형체를 지닌 것으로 감지 될 수 있다. 그래서 상을 보아 理를 밝힐 수 있다는 것이다. 乾괘 初九를 두고 程頤는 이렇게 말하고 있다.

> 理는 형체가 없으므로 상에 가탁하여 義를 드러낸다. 乾은 龍으로 상을 삼는데, 용이란 것은 영험하게 변화하여 헤아리기 어렵다. 그러므로 건도의 변화, 양기의 소식, 성인의 진퇴를 형용한다.[12]

여기서 건은 龍으로 상을 삼는다(乾以龍爲象)라고 했는데(이 말은 乾以龍爲物이라 해야 옳다) 그것은 정이가 임의로 붙인 말이다. 「설괘전」에는 龍은 震에 배치하고 있을 뿐인데 이천은 용을 건의 상으로도 보고 있다. 굳이 「설괘전」에 의해 맞추려 하지 않고 易詞를 있는 그대로 해석하는 태도라고 할 수 있다. 그의 이러한 태도는 마침내 그 「역전서」에서 다음과 같이 말하게 된다.

> 길흉소장의 理와 진퇴존망의 道는 辭에 갖추어져 있다. 辭를 미루어 보고 괘를 고찰해 보면 변화를 알 수 있으니 象과 占은 그 가운데 있다.……내가 전술하는 것은 辭이다. 辭로 말미암아 意를 얻는 것은 사람에게 있다.

이 말은 象을 중간자로 개입시킴이 없이 辭와 卦만 상고하면 易詞를 터득할 수 있다는 뜻이며 象이나 占은 저절로 드러날 뿐이니, 오직

---

12) 『周易傳義』一, pp. 257~258 참조.

辭를 추구하도록 가르치고 있다. 사를 추구하여 意를 얻는 것은 사람에 있다는 말은 사람의 역량에 달렸을 따름이라는 말이 된다는 것은 이미 서언에서 말한 바와 같다.

여기서 伊川이 건은 용으로 상을 삼는다는 것이 어떤 의미를 갖는 걸까. 그것이 한역가의 逸象과는 어떻게 다른가 하는 것은 음미해 볼 필요가 있다. 한대의 象數易家는 「설괘전」으로 易詞를 푸는 입장이기 때문에 「설괘전」의 물상과 易詞를 대조해 보아 易詞에는 있는 物이 「설괘전」에는 없을 경우에는 易詞의 물을 「설괘전」에 첨가시키는 방법을 취하는 것이 가장 일반적 방편이었다. 그러나 伊川은 易詞에 있는 물을 따와서 「설괘전」에 첨가시키는 방법을 취하는 것이 아니고, 문장을 문자 그대로 해석한다는 데 차이가 있다. 이를테면 건괘에서 龍을 건의 물상으로 보는 태도는 양자가 같지만, 그 상의 2차적인 관계에 차이가 생긴다는 점이다. 환언하면, 용을 「설괘전」의 괘에 넣을 경우에는 「설괘전」에서 건괘 밑에 연달아 달아 놓은 다른 물과 새로 추가한 龍이라는 물이 서로 관련을 맺음으로써 형성되는 2차적인 상이 생길 수가 있지만, 「설괘전」에 넣지 않고 易詞에서만 단순히 용을 건의 물상으로 볼 경우에는 그러한 상관관계에서 생길 수 있는 2차적인 상이 생길 여지가 없다는 점이다. 여기서 2차적인 상이라 함은 건괘 이외의 다른 괘를 해석할 경우를 두고 하는 말이다. 즉 용을 건의 물상으로 보는 것은 어디까지나 건괘에 한하고 타괘에는 유추할 수가 없게 된다. 이것은 엄밀히 말해서 상이 아니고 통상언어일 뿐이다. 왜 그런가 하면, 一괘, 一효는 비록 一괘 一효지만, 그것은 이미 만사만물의 상을 포함하는 것이다. 다만 그 많은 만상 가운데서 어떠한 상을 추출하여 易詞를 쓸 것인가는 전혀 작역자의 자유의사였다고 해야 한다.

따라서 1효가 하나의 물상만을 취한 경우가 있는가 하면 둘 이상의 물상을 취한 예도 있는 것은 전혀 성인의 자의였다는 것은 앞서 논한 바 있다.13)

성인이 易詞를 지음에 당하여 抽象하는 원칙이 이미 이러하다고 한다면, 易詞를 「설괘전」과 관련시키지 않고 易詞 그대로 통상적 언어로 푸는 태도는 易詞를 상으로 보는 참된 태도라고는 할 수 없다 할 것이다. 따라서 伊川에 이르러 고유한 의미의 물상은 없어지고 다만 통상적 언어로서의 상만 남게 되었다고 할 수 있다. 대저 상이란 본뜬다는 뜻이었음은 전술한 바와 같다. 가령 地球儀란 지구를 본 뜬 것이지 지구는 아니다. 易詞를 이런 뜻의 상으로 보지 않고 통상언어로 해석하는 태도는 이미 상으로서의 『역』은 아니다.

2. 丁若鏞의 物象論

1) 物象論의 意義

『역』을 변화의 원리라고 보는 데 대해선 동서고금의 학자가 의견을 같이 한다. 다만 그 변화란 어떤 것인가를 두고서는 다를 수가 있었을 뿐이다. 한편 『역』을 상의 학으로 보는 것 또한 고금의 학자 사이에 다른 바가 없었다. 다만 상을 다루는 태도가 달랐을 따름이다. 정약용 또한 이 범주를 벗어나지 않는다. 전자에 관한 그의 논설이 이른바 그가 『역』의 三奧라고 했던 추이, 호체, 효변이고, 후자에 관한 이론이

---

13) 『周易四箋』卷一, pp. 13b~14a.

물상이다. 따라서 정약용이 파악한 古代易이란 전술한 바 있듯이 "추이, 호체, 효변에 입각한 설괘 물상론"이라고 할 수 있을 것이다.14)

　추이로써 세계의 틀을 짜 놓은 것이라면, 호체는 이 세계 틀의 구조에 대한 복합적 파악으로 세계 틀의 사실상의 확장과 수렴을 도모했다. 효변에 의해 구체적 상황의 본질적 변화가 야기하는 세계 틀의 전체적 변화파장을 통해 세계의 끝없는 확장을 수행했다. 그 확장이란 변화 그 자체이며 무궁한 운동이다. 그리고 필경 생명의 표상일 터이다. 건곤의 華蓋 아래 12벽괘와 50연괘가 절묘하게 어우러지는 이 체계는 혹은 강이 유를 밀어서 올라가고 혹은 유가 강을 밀어서 내려가며, 혹은 음이 가고, 혹은 양이 와서, 於焉之間에 변화가 생겨서 굴신영욕이며 길흉존망의 조짐이 昭著하지 않음이 없으니, 만약 64괘가 스스로 이루어 추이하지 않는다면 木强索莫하여 변화는 생기지 않았을 터이다. 이미 추이가 이처럼 생동함인데, 더하여 호체며 효변으로 그 끝없고 다양한 확장의 변화를 더하게 되었으니 정약용은 이것을 일러 "易有三奧"15)라고 한 바 있지만, 「계사상전」제5장의 "生生之謂易"란 이런 것을 두고 이르는 말이라고 해도 좋을 것이다.

　12벽괘가 변하여 50연괘가 되고 50연괘가 변하여 6효가 되는 이 변화를 두고 상술한 바와 같이 정약용은 '卦有三變'이라고 했지만, 이 3변에 이르면 실로 만상을 아우르게 된다.

　전술한 바와 같이 「계사전」은 이렇게 말한다.

　　　『역』이란 象이고 象이란 像이다16)

---

14) 李乙浩, 『茶山學의 이해』(서울: 현암사, 1997), p. 92.
15) 『與猶堂全書』②, p. 656참조.

정약용도 여기에 공명할 뿐 결코 다르지 않다.

> 易也者 象也17)
> 易之爲道 象而已18)
> 易之爲道 不外乎像象也19)
> 象也者 像也 像也者 似也20)

정약용은 이렇게 부연한다.

> 像이란 것은 비슷한 것이다. 오직 비슷하고 방불한 것에 의하여 象으로 삼는다. 上下에 두루 흘러 일정한 형태가 없다.21)

> 坎離艮震은 耳目手足이 아니다. 그 형용에 비겼을 뿐이다. 乾坤兌巽은 馬牛羊鷄가 아니다. 그 형용에 비겼을 뿐이다. 이것을 일러 象이라 하니 象이란 유사함이다.22)

「계사전」이 주장하고 정약용이 共鳴하였듯이 『易』이란 과연 상일 따름이라면, 이상에서 추구해온 그의 '삼오'는 바로 이 상을 찾기 위한

---

16) 같은 책 卷八, p. 12a.
17) 『易學緖言』, p. 282.
18) 같은 책, p. 284.
19) 『周易四箋』卷八, p. 12a.
20) 『易學緖言』, p. 474.
21) 같은 책 같은 곳.
  『周易四箋』卷一, p. 38a에서는 韓非子가 象의 語義를 설명한 것이 인용되어 있다.
22) 『周易四箋』卷八, p. 6a.

역정이었다고 해도 좋다.

「설괘전」의 물상을 두고 전술한 바와 같이 정약용은 이렇게 말한다.

> 易詞에서 상을 취함은 모두 「설괘」에 근본을 둔다. 「설괘」를 읽지 않으면 한 字도 풀 수가 없는데, 자물쇠와 열쇠를 버리고 門을 열려고 함은 매우 어리석은 일이다.[23]

> 문왕, 주공이 易詞를 순서를 따라 지을 때 一字一文도 모두가 물상을 취했다. 「설괘」를 버리고 『역』을 해석하려는 것은 六律을 버리고 樂을 지으려는 것과 같다.[24]

이처럼 물상의 정약용 역학에 있어서의 지위는 문을 여는 자물쇠요 작곡을 할 때 음계와도 같은 것이다. 하지만 한유들이 난관에 부닥치고 왕필, 이천이 비방했듯이 「설괘전」의 물상은 완전치가 않다. 여기에서 정약용의 혜안은 오히려 빛났다.

2) 物象의 補充

『역』이란 상이라고 하는 것에 대해서는 상수를 중시하는 입장이든 의리를 앞세우는 입장이든 아무런 이의가 없다. 그러나 「설괘전」의 물상만으로 易詞를 풀기에는 물상이 완전치가 못하다는 것은 위에서 말한 바 있다. 그 불일치의 난관에서 한유들은 종작없이 난잡했고, 왕필은 狂氣를 부렸고 程頤는 냉소했다

---

23) 같은 책 卷八, p. 28a.
24) 같은 책 卷一, p. 2b.

우선「설괘전」의 내용을 따져보기 앞서 이미 잠깐 보았던「설괘전」의 전래과정을 상기할 필요가 있다. 말이 조금 다르긴 하지만, 낡은 집을 헐다가 발견케 되었다는 부분은 일치하고 있다. 따라서 秦火를 거치면서『주역』이 비록 살아남긴 하였지만 순망치한(脣亡齒寒),『주역』또한 간접적 곤욕을 감내해야 했던 모양이다. 이 과정에서 일실되고 훼손되었을 가능성에 대해선 아무도 부인할 수가 없을 것이다.

　따라서「설괘전」의 작자부터가 분명치 못하다. 논란의 핵심은 공자가 과연「설괘전」을 지었느냐 하는 데서부터 생겨난다.「설괘전」이 공자의 작이란 것에 대해서 제일 먼저 의문을 제기한 사람은 歐陽修(1007~1072)였다. 구양수가 말문을 열자 기다렸다는 듯이 후대의 학자들도 이에 동조하고 나섰다. 정약용은 그의『주역사전』「설괘전」부분에서「설괘전」은 공자가 지은 것으로 일단 말하고 있다.

> 易詞가 상을 취함에는 모두가「설괘전」에 근본을 둔다.「설괘」를 읽지 않고서는 한 자도 풀이할 수가 없다. 자물쇠와 열쇠를 버리고 문을 여는 것은 참으로 어리석은 짓이다.……왕필이 일어나 외치길, 효가 만약 順에 합하면 하필 坤이 牛이어야 되는가. 義가 만약 健에 응하면 하필 乾이 馬이어야 하는가. 이로부터「설괘」를 물리쳐서『역』은 드디어 없어져 버렸다. 아! 6효가 변하여 文에 다다라서 象을 구하면 환연히 얼음이 풀리고 기꺼이 理는 따르는데 구양수의 무리들이 夫子의 글이 아니라고 말하니 어찌 그렇게도 망령스러운가.[25]

　여기서는 분명히「설괘」는 공자의 작이라 했다. 그런데 다른 데에서

---

25) 같은 책 卷八, p. 28a.

는 달리 말하고 있다. 즉

> 선유가 「설괘」를 공자의 작이라고 함은 깊고 정밀하게 궁구치 않은 것이다.[26]

그 이유를 이렇게 말한다.

> 물상을 취급하지 않으면 8괘는 원래 지을 필요가 없었다(괘가 아무 소용이 없다).「설괘」는 포희가 획괘할 시초에 天文(坎離日月)을 우러러 관찰하고, 地理를 숙여 살피고(艮兌가 山澤이 되다) 멀리는 물(物)에서 취하고(건곤은 말과 소가 된다), 가까이는 몸에서 취하여(艮震은 손과 발이 된다), 그 象을 완색해서 命名하여, 神明과 더불어 약속한 것인데 그러고서 공자를 기다렸다.[27]

그 증거로 그는 『書經』의 「堯典」의 羲·和의 직책에 따라 나오는 방위가 四方卦의 방위와 같으며, 「舜典」의 순수(巡守)의 차례 또한 그러하다고 했다. 夏易이 艮을 머리로 해서 『連山』이라 했고 商易이 坤을 머리로 해서 이름하여 『歸藏』이라 한 것 등은 이로써 그런 줄을 알 수 있다 했다.[28]

이처럼 정약용 자신의 입장이 서로 모순되고 있다. 다음과 같은 말을 함으로써 정약용은 도리어 구차하게 보인다.

---

26) 같은 책 卷一, p. 7a.
27) 같은 책 卷一, pp. 7a~7b.
28) 같은 책 卷一, p. 7b참조.

공자의 손으로 지은 것은 「설괘」의 序詞이다.29)

여기서 서사란 昔者聖人之作易也에서 易逆數也까지와 또 萬物出乎震으로부터 旣成萬物也까지이다.

다음은 앞에서 易詞와 물상이 일치하지 않는 경우 취하는 태도들을 대충 훑어 본 적이 있거니와, 이런 경우 정약용은 어떻게 하고 있는가를 보기로 하자.

「설괘」에서 正文이 없는 것은 모두 易詞에서 헤아려 보아서 그 例를 검증해 보면 알 수 있다.30)

여기서 易詞와 「설괘」를 대조해 보아 맞지 않으면 "易詞에서 헤아려 보아서"라고 하였는데, 어떻게 헤아려 본다는 뜻인가. 정약용은 침묵하고 있지만 그것은 「설괘」에 대한 정약용의 태도를 이해하는 관건이 된다.

그는 말하기를 "헤아려 보아서 그 예를 검증해 보면 알 수 있다."라고 했다. 여기의 검증이란 과연 구체적인 경우에 어떻게 하는 것을 말하는가? 여기에 대한 선행 연구의 견해를 찾아 볼 수 없거니와, 생각건대 "그 예를 검증해 보면"이라는 말은 다음과 같이 하는 태도를 지칭하는 것으로 생각한다.

우선 易詞와 물상이 부합되는 정상적인 경우에 있어서, 그의 추이, 호체, 효변의 이론이 망라되는 해석을 보고 일정한 모형을 파악해 낸

---
29) 같은 책 같은 곳.
30) 같은 책 卷一, p. 8a.

다. 그런 다음에 물상과 易詞가 부합되지 않는 易詞를 놓고(물상이 결여된 경우를 주로 가리킨다) 앞의 정상적인 모형에 입각한 해석방식대로 해석해 보면 그 흠결된 물상이 무엇이어야 하는가를 판명해 낼 수가 있을 것이다. 가령 泰初九의 효사를 예로 들어 살펴보기로 한다.

初九 拔茅茹 以其彙征吉

"초효가 변하면 泰가 升으로 간다. 升은 臨에서 왔다. 臨은 大震의 풀이다.(兼畫으로 해서) 乾에는 三脊이 있다. 그런데 그 象이 □이다. 泰가 升으로 변하면 大震의 草가 문득 1寸이 높아졌다.(전체 괘가 지금 높이 들렸다) □의 拔이다."[31]

여기에서 □안에 들어갈 물상은 반드시 '茅'가 되어야 한다.(茹는 茅根이다) 또 茅의 뿌리는 서로 이어 있어서 뽑으면 함께 일어나는 것이 마치 군자의 류가 추천하고 뽑는 것도 이 상이라 할 수 있다고 하는 것도 이를 뒷받침 해 준다 하겠다.

정약용이 泰初九에서 건의 물로 茅를 사용하고 있고, 위와 같이 그의 四法에 의거 해석하고 있다. 정약용은 실제로 「설괘전」에서 건괘 밑에 茅를 보충하였다.

정약용이 비록 물상을 보충하기는 하였지만 우번 등의 한유들처럼 마구잡이식으로는 하지 않고 검증을 거쳐 하였다. 그 예를 들면, 건초구에서 "潛龍勿用"을 주석함에 있어서 「설괘전」에서는 건괘에 龍이 들어 있지 않고 震卦에 들어 있는데, 건에 용이 들어 있는 효사가 나오니 용을 「설괘전」의 건괘 아래에 보충하는 식으로 우번은 일상을 만든

---

31) 같은 책 卷二, p. 30b.

것이지만, 정약용은 건초구에 나오는 용은 「설괘전」에 나오는 대로 震괘에 소속시켜 풀이했지, 「설괘전」의 건괘 밑에 용을 추가하는 따위의 태도는 취하지 아니 했다. 정약용이 건괘에 용이 나오는 까닭은, 건이란 震의 누적과정으로 보았기 때문이다. 이 점에 대해선 상술한 바 있다.

정약용이 「설괘전」의 물상을 보충하는 것은 한유들처럼 견강부회한 것이 아니었으며 그 구체적인 상황은 『주역사전』의 「설괘전」에 나타나 있다.

아무튼 정약용의 물상론에 있어서 가장 탁월한 부분이 있다면 바로 물상을 보충함에 있어서 원칙과 공식에 맞춰 일상을 찾아내었다는 점이다. 그의 「설괘전」 주석에는 그 까닭이 상세히 기록되어 있다. 이 점에 있어서 우번의 일상과는 본질을 달리 한다 할 것이다. 그가 찾은 일상은 91종[35] 정도이지만 그의 역학에서 빛나는 또 하나의 부분으로 생각한다.

---

35) 정해왕, 前揭論文, pp. 37~38 참조.

八. 結言

　　위에서 추구해 온 卦의 보편원리에 관한 이론들은 緒言에서 밝혔듯이, '易詞의 해석원리로서의 卦의 뜻'을 확립하려는 것이었다. 그러나 이 이론들이 易詞의 해석에 당하여 과연 그 해석의 원리로 타당하게 작용하는가는, 검증을 거치지 않고서는 결코 충분하다고 할 수 없을 것이다. 그렇긴 하지만 易詞의 전반에 궁하여 이를 검증한다고 하는 것은 이 책의 범주를 넘어선다고 판단되기 때문에, 하나의 爻辭의 해석을 보기로 드는 데 그치려 한다. 다만 이 검증의 진행은, "易은 筮를 主로 하지만 義理가 부쳐졌다."(易主於筮而義理寓焉,「讀易要旨十五, 寓義」)라고 丁若鏞이 말했듯이, 易의 원초적 성격으로부터 갖게 된, 「繫辭傳」의 이른바 '居觀' '動觀'이라는 '易의 두 가지 쓰임'을 연관시키는 과정에서 이를 나타내 보이려고 한다. 아울러 象과 變化라는 두 역동적 측면으로 파악되는 丁若鏞의 卦論을 그의 국가개혁의 理想에 연계시키고, 마지막으로 그의 易學을 전망해 보면서 나의 말을 끝맺기로 한다.

1. 易有二用

　　朱熹에 의하면 역은 복서를 위해 지어진 것이다. 그러나 역은 복서에서 비롯된 것이라는 데 대해서는 이론이 없는데 새삼스럽게 朱熹는 다시 이 사실을 강조하고 있는 까닭은 어디에 있는가? 복서에 대한 현대 지성인의 일반적인 알레르기성 반응은 朱熹의 시대에서도 조금은 공통적인 현상이었을 것으로 여겨진다. 그러나 복서를 떠나서는 역의 올바른 이해가 어렵다는 걸 朱熹는 강조했다고 여겨진다. 그렇다면 태초에 왜 복서가 필요했는가? 朱熹의 추리를 듣기로 한다.

> 易은 본디 복서를 위하여 지은 것이다. 고인은 순후하고 질박[淳質]하여 처음에는 글[文]과 뜻[義]은 없었다. 그래서 괘효를 그어서 "물(物)을 개발하고 일(務)을 이루었다." 그러므로 「繫辭傳」에 이르기를 "易은 어찌하여 지은 것인가? 易은 물을 개발하고 일을 이루어 천하의 도를 덮었으니 이와 같을 뿐이다."라고 한 것은 역의 대의가 이와 같은 것을 말한 것이다.[1]

고대인은 순질하여 어떤 사물에 임하여 두루 미루어 궁리할 줄 모르고 우왕좌왕하였을 것인 바, 성인은 이것을 민망스럽게 여겨 점을 치는 방법을 고안했다고 생각하는 朱熹의 사상은 "請天之命 而順其旨"가 성인 작역의 목적이라고 한 丁若鏞의 역론과 다르지 않다.

그러나 복서에 빠져들게 되자 백성들은 오로지 이에만 의지하려 하는 버릇이 생기게 되고, 스스로 추리하려는 의지가 없게 되어 마침내 이러한 성향은 사회일반의 풍습으로까지 진전하게 되었을 것이다. 드디어 성인은 '神道設敎'를 하게 되고 만민은 열복하게 된 것으로 朱熹는 보고 있다.[2]

---

1) 『朱子語類』, p. 1620. 易本爲卜筮而作 古人淳質 初無文義 故畫卦爻以開物成務 故曰 夫易 何爲而作也 夫易 開物成務 冒天下之道如斯而已 此易之大意如此.

設敎로까지 진전된 복서는 고대사회에서는 하나의 종교의식처럼 되었고, 이것은 자연스럽게도 祭政一致를 구현하는 하나의 계기가 되었을 것으로 생각된다. 역이 복서로 출발하여 고대사회의 하나의 종교의식이 되었겠지만 그것은 사회적 지반의 변천에 따라 이 복서로서의 易 또한 변천을 거듭하게 된다. 朱熹는 이렇게 말한다.

> 易은 본디 복서의 책이어서 후인들은 복서에 그치려고 하였다. 왕필에 이르러 노장을 써서 해석했다. 후인들은 단지 理만을 생각하고 복서를 생각지 않았다. 역시 틀렸다. 당초 伏羲 畫卦하던 때를 상상하면, 단지 양은 吉이고 음은 凶이었을 뿐 문자는 없었다.…… 뒤에 문왕이 그 밝지 못함을 보고 「단사」를 지었다. 혹 점쳐서 효를 얻어도 깨닫지 못하였다. 그래서 주공이 효사를 지었다. 그래도 여전히 이해하지 못하자 공자는 「십익」(十翼)을 지어 당초의 뜻을 모두 풀이했다.3)

丁若鏞 또한 위와 같은 朱熹의 생각과 다르지 않다. 그는 이렇게 말한다.

> 易은 筮를 주로 하지만 의리가 부쳐졌다.[易主於筮 而義理寓焉] 성인이 진퇴소장의 기세(12벽)를 살피고 승강왕래의 형상(50연괘)을 완색하여 그 사이에 의리를 부쳤다. 그러나 문왕 주공의 역사가 그 뜻이 숨긴 듯하게 부쳐져서 은미한 것이 밝지 못하여 드러나지 않았다. 공

---

2) 『朱子語類』, p. 1621 참조. 高明, 「易象探原」 『易學論著選集』 (台北:長安出版社, 1991), p. 343 참조.
3) 『朱子語類』, p. 1622. 易本卜筮之書 後人以爲止於卜筮 至王弼用老莊解 後人便只以爲理 而不以爲卜筮 亦非 想當初伏羲畫卦之時 只是陽爲吉 陰爲凶 無文字.……後文王見其不可曉 故爲之作彖辭 或占得爻處不可曉 故周公爲之作爻辭 又不可曉 故孔子爲之作十翼 皆解當初之意.

자「단전」에 이르러서 오로지 의리를 천명하여 그 효사의 은밀함을 열어 놓았다.「文言」「大傳」은 또 추리 연역하여 경계할 바로 하였으며,「大象傳」에 이르면 점서에 관계되지 않고 순전히 평시에 살피는 (居觀) 쓰임으로 되어서「대상전」으로써 경을 궁구하면 義를 얻을 수가 있게 되었다.「文言」이라 하는 것은 건곤의 모든 효에 해당되고,「大傳」에 있는 것은 中孚의 九二, 同人의 九五, 大過의 初六등의 무리이다.4)

丁若鏞에 의하면 易은 복서를 위해 지었지만 그 원리는 사시가 순환하는 천도(12辟卦)와 만물이 생화불식하는 형상(50衍卦)을 본떠서 지은 것이기 때문에 그 사이에는 성인이 의리를 부쳐 놓은 것이다.(寓義) 그러나 은미해서 쉽게 이해되지 않았기 때문에 문왕 주공이 易詞를 짓고 그래도 알기 어려워 다시 공자가 이른바 十翼을 덧붙였다는 내용이다. 그러나 의리의 근원은 문왕 주공에 있지 공자에서 비롯된 것이 아니라고 했다.5) 아무튼 공자는 의리로만 말한 것이니「文言」은 건곤의 모든 효에 해당되고,「大象傳」에 있는 中孚의 九二, 同人의 九五, 大過의 初六 등에서 주공의 효사를 의리로 천명한 것인데, 이러한 것들은 이른바 居觀 즉 "군자가 평상시에 그 상을 살피고 그 문사를 완색한다."6)고 한「繫辭傳」이 말하는『周易』의 이 용도에 제공되는 것으로 그는 말한다.

---

4)『周易四箋』, 卷一, pp. 17a~17b. 易主於筮 而義理寓焉 聖人察進退消長之勢(十二辟) 玩升降往來之象(五十衍) 而寓義理於其間 然文王周公之詞 其義所寓隱而不彰微而不著 至孔子象傳 則專闡義理其爻詞之微隱者 文言 大傳 又推演而爲之戒 至於大象傳 則不干筮家而純爲居觀之用 因傳以求經 則義可得矣 文言者 乾坤諸爻也 其在大傳者 如中孚九二 同人九五 大過初六之類 是也.
5)『周易四箋』, 卷一, p. 40b 참조.
6) 君子居則觀其象而玩其辭.

이 부분에 대해서 좀 더 상세히 고찰하기로 한다. 中孚九二의 경우를 보기로 하려 한다.

中孚의 九二는 "우는 학이 그늘에 있거늘 그 새끼가 어울려 우는구나. 내가 좋은 벼슬을 가지고 너희와 더불어 쏠리는 도다."(鳴鶴在陰 其子和之 我有好爵 吾與爾靡之)라고 했다. 여기서 爵을 술잔으로 해석하는 견해(예:胡炳文)도 있지만 아무튼 이 효사는 "鳴鶴在陰 其子和之"와 "我有好爵 吾與爾靡之"라는 두 가지의 象으로 구성되어 있다. 이것은 의리가 드러난 것이 아니다. 주공의 효사는 이처럼 은미해서 비록 의리가 부쳐졌지만 깨닫기가 어려운데, 공자가 이 효사에서 다음과 같은 의리를 천발해 놓았다.

> 군자가 집 안에 있어서 그 나오는 말이 선하면 천리 밖에서도 이에 응하니 하물며 가까운 데서야! 집 안에 있어서 그 나오는 말이 선하지 않으면 천리의 밖에서도 이에 어긋나니 하물며 가까운 데서야! 말은 몸에서 나와 백성에게 더해지고, 행동은 가까운 데서 발하여 먼데 나타나니 언행은 군자의 지도리[樞機]라 지도리를 발하는 것이 영욕의 주가 된다. 언행은 군자가 천지를 움직이는 것이니 삼가지 않을 수가 있겠는가?[7]

즉 학이 울고 새끼 학이 덩달아 우는 상과, 내가 가지고 있는 벼슬

---

[7] 「周易四箋」卷七, p. 3b. 孔子曰君子居其室出其言 善 則千里之外應之 況其邇者乎 居其室 出其言 不善 則千里之外違之 況其邇者乎 言出乎身 加乎民 行發乎邇 見乎遠 言行君子之樞機 樞機之發 榮辱之主也 言行 君子之所以動天地也 可不愼乎. 여기서 樞는 지도리(戶樞)를 말하고 機는 弩牙를 말하는데, 노아란 쇠뇌의 시위를 거는 곳이다. 전하여 사물의 가장 요긴한 곳을 뜻한다. 그러나 여기서는 樞機를 「지도리」의 뜻으로만 쓰기로 한다. 왜냐하면 丁若鏞이 여기의 樞機 밑에 "艮門之開閉"로 쓰고 있기 때문이다.

을 제후와 더불어 바람에 풀이 쏠리듯 하고 싶다는 두 가지 상에 부쳐서 공자는 言行이 원근에서 호응하는 의리를 말한 것이다.

여기서 中孚九二의 鳴鶴在陰과 我有好爵이라는 두 가지 상에서 공자가 愼言語라는 의리를 천발한 것에 대한 丁若鏞의 논증을 보기로 한다. 원문의 뜻을 손상시키거나 오도되게 할 위험을 막기 위해 직역으로 옮겨 본다.

먼저 九二의 효사 가운데 "鳴鶴在陰 其子和之 我有好爵 吾與爾靡之"에 대한 논증부터 살펴보기로 한다.

> 이것은 中孚가 益으로 간 것이다. 離는 飛鳥가 된다.(荀九家) 中孚는 大鳥이다. 巽은 潔白이고(說卦文) 그것이 象하는 것은 鶴이다. 두 입이 서로 향하고(上顚倒) 두 震이 상대하여 鳴하니(上倒震) 和鳴의 象이다. 그 효변은 益이 되어 坤은 母가 되니(今互坤) 母鶴의 鳴이다.(震爲鳴) 兌澤이 北에 있는데(上顚兌) 水南을 陰이라 하니(爾雅云) 鳴鶴在陰이다. 艮은 子가 되는데(三五互) 저편에서 和鳴하는 것은 子鶴이다. 益은 否에서 왔다.(四가 一로 갔다) 我란 乾王이니 乾王이 上에 있어서 그 巽으로 命하여(否互巽) 그 艮(二四互)을 震侯(四가 一로 갔다)로 봉해서 坤國(二四互)의 主가 되게 했다. 我有好爵이다.(爾란 艮男이다) 靡란 順이다. 震艸가 下에 있어(下今震) 巽風을 仰順하니(上本巽) 그 象이 靡이다.(草가 바람에 쏠리는 것을 靡라 한다) 乾王과 震侯(否上乾)가 다같이 巽命에 順하니(本天命) 吾與爾靡之이다. 天王의 家에 그 長子가 主器해서(太子가 되다) 侯로 봉해지지 않고 오직 小子에게 列爵分土된다. 이것이 艮少男이 爵을 받는 까닭이다.[8]

---

[8] 『周易四箋』, 卷七, pp. 3a~3b. 此中孚之益也 離爲飛鳥(荀九家) 中孚者大鳥也 巽爲潔白(說卦文) 其象鶴也 兩口相向(上顚倒) 兩震對鳴(上倒震) 和鳴之象也 其變爲益 坤則爲母(今互坤) 母鶴之鳴也(震爲鳴) 兌澤在北(上顚兌) 水南曰陰(爾雅

위에서 丁若鏞은 효변과 추이의 원리에 따라, 정체와 호체가 머금는 물상에 의거하여 두 가지 상을 논증한 것인데, 여기서 다시 愼言語라는 공자의 의리로 이어지는 과정을 보기로 한다.

君子居其室은 震夫巽妻가 同居하는 것을 말하는 것 즉, 益에서 上巽下震을 夫婦同居로 보고, 出其言이란 兌가 言이 되고, 震이 出이 되며, 善은 震이 仁이 되기 때문이요, 則千里之外란 互艮이 坤의 지경 밖에 있는 것이고, 應之란 二는 柔요 五는 剛이기 때문이고, 況其邇者乎란 初는 剛이고 二는 柔이기 때문이며, 居其室 出其言이란 下는 본디 兌였기 때문이고, 不善이란 본디 震이 아니었기 때문이고, 則千里之外違之는, 二五는 본시 모두가 剛이었기 때문이고, 況其邇者乎란 初와 二가 모두 剛이었기 때문이고, 言出乎身은 震에서 出하는 것이고, 加乎民은 二四가 坤이기 때문이고, 行發乎邇는 震이 行이 되기 때문이며, 見乎遠은 坤國의 밖을 뜻하고, 言行은 兌와 震을 말하고, 君子之樞機는 艮門의 開閉를 뜻하고, 樞機之發 榮辱之主也는 震은 榮이 되고 巽은 屈辱이 되기 때문이고, 言行 君子之所以動天地也는 否의 天地가 動하여 益이 된 것이며, 可不愼乎는 互艮이 節을 의미하기 때문이다.[9]

이상에서 丁若鏞은 공자의 말을 효사에서와 같이 효변과 추이를 전제로 하고 정체와 호체가 머금는 물상에 따라 논증한 것이다. 우리가 丁若鏞의 이러한 논증방식을 따르기로 한다면, 공자 또한 상수에 의거

云) 鳴鶴在陰也 艮則爲子(三五互) 彼和鳴者子鶴也 益自否來(四之一) 我者乾王也 乾王在上 以其巽命(否互巽) 封其艮男(二四互) 使爲震侯(四之一) 以主坤國(二四互) 我有好爵也(爾者 艮男也) 靡者 順也 震艸在下(下今震) 仰順巽風(上本巽) 其象靡也(草偃風曰靡) 乾王震侯(否上乾) 咸順巽命(本天命) 吾與爾靡之也 天王之家 其長子主器(爲太子) 不以封侯 唯小子 列爵分土 此所以艮少男之受爵也.

9) 『周易四箋』, 卷七, pp. 3b~4a 참조.

해서 의리를 천발했을 뿐이다. 다만 상수를 드러내 말하지 않았을 뿐 일자일구가 모두 괘효의 상에 의해 그의 十翼은 이룩된 것으로 볼 수 있을 것 같다. 실재로「繫辭傳」에 대한 丁若鏞의 해석은 모두가 위의 보기에서처럼 실증적이다.「繫辭傳」의 거의 모두가 괘효에 관계되어 논증되고 있을 뿐만 아니라, 揲蓍求卦에 관한 문장 또한 물리를 논증하는 과정에 다름 아니었다.

아무튼 中孚 九二의 효사에 부쳐 공자가 말하는 이러한 의리는 구체적으로 무슨 일이 있어서 점을 쳐 그 변화를 관찰하는 데 쓰이는 것이 아니고, 평시에 별일이 없더라도 군자가 거함에 있어서 살피고 완색해야 할 도리라는 것이다.「繫辭傳」을 보기로 한다.

> 군자가 평상시에는 그 상을 살피고 그 辭를 완색하며, 움직임에는 그 변화를 살피고 그 점을 완색한다. 이로써 "하늘로부터 도우니 길하여 마땅하지 않음이 없다."라는 것이다.10)

이에 대한 丁若鏞의 해설은 다음과 같다.

> 평시에 있어서는 괘효의 상을 살피고 성인의 詞를 완색하며 유사시에는 시책의 변화를 살피고 점친 사람의 점을 완색하여 오직 命에 順하여 受命함이 음향이 어울리듯 하여 감히 사의로써 스스로 방자하지 않는다. 그러므로 하늘의 도움을 받고 나아가서 마땅하지 않음이 없다.11)

---

10) 『周易四箋』, 卷八, p. 4a. 君子居則觀其象而玩其辭 動則觀其變而玩其占 是以自天祐之吉無不利.
11) 『周易四箋』, 卷八, p. 4a. 平居則觀卦爻之象 而玩聖人之詞 有事則觀蓍策之變 而玩筮人之占 唯命是順 受命如響 不敢以私意自恣 故受天之祐 無往不利也.」

위의 내용은 大有 上九의 "自天祐之 吉无不利."에 부쳐 공자가 부연한 것인 바, 평시에는 괘효의 상과 易詞를 살피고 완색하는가 하면 유사시에는 점을 친다는 내용인데, 이것이 '易有二用'이다. 두 경우 공통되는 것은 卦와 爻를 살피는 것이다. 다만 평시에 괘효를 살피는 것은 어느 특정한 괘효(점에서 얻은 괘효)를 살피는 것에 한하지 않고 전반적으로 괘효의 상을 두루 음미한다는 뜻이라면, 유사시에는 점을 쳐서 구체적으로 시책의 변화를 살핀다는 점에서 다를 뿐이다. 이것은 고대사회에 있어서 '지각 있는 자의 출처하는 도리'를 말한 것으로 생각된다.

그러나 복서 폐지론을 주장한 丁若鏞에 이르면 丁若鏞이 '易有二用'[12])이라고 말한 역의 이 두 가지 쓰임 가운데서 평상시의 것이 중시된다. 그는 군자가 역을 좋아하는 까닭을 그의 친구 尹畏心에게 주는 글에서 다음과 같이 말한다.

> 군자가 易을 좋아하는 것은 어째서입니까? 단지 승강왕래 진퇴소장의 상을 완색하고 경계할 뿐입니다. 卦가 推移하지 않고 효가 변동하지 않으면 성인이 어떻게 만물의 情을 체득하여 그 출처진퇴의 뜻을 살펴 흉을 피하고 길로 나아갈 수가 있겠습니까? 그 자리가 아닌데 그 자리에 버티면 흉하게 된다고 경계하고, 그 자리를 사양하고 물러나면 길하다고 기리며, 柔로써 剛을 타면 有厲하다고 하고, 귀로써 천의 밑에 있으면 大得이라 하였는데, 이것은 그 推移 변동으로써가 아닙니까? 이로써 수신하여 몸에 과오가 없고, 이로써 백성을 다스려 백성이 利澤을 입으며, 이로써 처세하여 그물에 빠지지 않고, 이로써 사물을 관찰하여 상서와 재앙, 화와 복이 오는 것을 가히 착오 없이

---

12) 『周易四箋』 卷七, p. 31a 참조.

예견할 수 있는 그러한 후에야 성인의 글이라 할 수 있을 것이거니와, 공자가 좋아하시고 맹자가 쓰신 것은 의거할 만한 바가 있어서일 것이외다.13)

「繫辭傳」의 문장이나 丁若鏞의 위와 같은 주장은 易이 고대인의 생활지침서요 신명의 계시록과도 같은 지위에 있었음을 뜻한다고 볼 수 있을 뿐만 아니라, 오늘날에 와서도 수신의 지침서가 될 수 있음을 말해 준다. 특히 卦는 易詞가 지어지기 전의 시대에 있어서 그것이 갖는 의미는 보다 막중한 지위를 갖는다 하겠다. 朱熹가 "八卦의 획은 본디 점서를 위한 것이다."14)라고 했는가 하면, "卦란 분명히 하나의 나무토막을 벽에 걸어 놓은 것이다."15)라고 한 말은 저간의 사정을 두고 한 말일 것이다.

2. 卦有兩面

나는 象과 變化를 괘의 두 얼굴이라 한다.

卦란 무엇인가? 이 물음은 곧 易이란 무엇인가라는 물음이 된다.

---

13) 「與尹畏心」『與猶堂全書』, ③, pp. 228~229. 君子之喜易也 何哉 亦唯是升降往來進退消長之象 是玩是戒耳 卦不推移 爻不變動 聖人將何所體萬物之情 而自審其出處進退之義 以之避凶而趨吉哉 匪其位而據之 則戒之爲凶 讓其位而下之 則美之爲吉 以柔乘剛則謂之有厲 以貴下賤則謂之大得 若是者 非以其推移變動乎 以之修身而身無過惡 以之治民而民蒙利澤 以之處世而不陷機辟 以之觀物而祥殃禍福之來可以逆覩無錯 夫然後方可謂聖人之書 而孔子之喜 孟子之用 爲有所依靠也
14) 『朱子語類』, p. 1622. 八卦之畫 本爲占筮
15) 『朱子語類』, p. 1663. 卦 分明是將一片木畫 掛於壁上 所以爲卦.

「緖論」에서 언급한 바와 같이 易은 시초에 卦만으로 성립된 것이었고, 그 다음에 이어지는 과정은 이 卦의 연역과정일 따름이라고 볼 수 있기 때문이다.

「繫辭傳」에서는 "易이란 象이며 象이란 본뜨는 것이다."(易者 象也 象也者 像也)라고 했는 바, 丁若鏞의 역학도 이와 다르지 않아서 "易也者 象也"라고 했다. 따라서 위에서 이제까지 추구해 온 卦의 보편원리 또한 象일 뿐이다. 12辟卦가 50衍卦를 펼치는 推移(卦變)를 卦의 획성으로 보든 존재형식으로 보든 그것은 결국 천도와 만물을 형용한 것이며, 설시하여 卦를 구하는 원리 또한 천도의 운행과 물리를 본뜬 것이며, 卦의 효변원리 또한 누에가 화하여 나방이 되는 물리를 본뜬 것이다. 이러한 것들은 모두 象이란 관점에서 같은 것인데, 易詞 또한 象일 뿐이다. 물론 義理만을 말한 爻辭도 있긴 있지만(보기:乾九三) 그것은 결국 爻象에서 말미암은 것이니 따지고 보면 象으로 귀착이 되어서 『周易』은 象 아닌 것이 없다.

이 象은 物에 대한 것이다. 서상에서 有物有象이며 物在象先이란 표현을 여러 번 사용하였듯이, 先物後象은 丁若鏞 역학의 근본정신이다. 推移란 卦의 이동이지만 그 이동은 곧 변화이고, 推移 이외의 卦의 존재형식으로서의 호체, 변역, 반역 등도 모두가 변화의 시각에서 이루어지는 것들이고, 卦의 효변원리는 더 본질적인 변화를 뜻한다. 이미 말한 바와 같이 효변이야 말로 굼벵이가 매미가 되듯, 역의 영원에의 지향을 의미한다. 세계의 영원을 상징한다 할까. 바로 이 효변에 대한 丁若鏞의 입론이야말로 그의 강력한 국가 개혁사상의 경전에서의 분출을 의미하는 것으로 생각된다. 그의 역학이 너무 비판적이라고 당대의 경학의 고봉 申綽(1760~1828)은 회의적 태도를 취했다.[16] 그러나 丁若鏞의 이러한 비판정신이야말로 학자적 양심을 보여준 것일 뿐 흠이 될 수 없다고 나는 생각한다. 하지만 그의 비판정신을 높이 사는 이유는 그의 비판정신이야 말로 그의 개혁정신의 발로라고 믿기 때문이다. 그는 자신의『周易四箋』을 스스로 夜光珠에 비겼듯이『周易』에서 이 비판으로 하여 천고에 빛날 개혁의 성과를 낳았다고 본다. 위에서 말한 卦의 원리는 丁若鏞의 개혁사상의 한 면모라고 하고 싶다. 이미 본론에서 언급한 바 있지만, 털끝 하나도 병들지 않은 것이 없어서, 지금 고치지 않으면 반드시 나라가 망한 뒤에라야 그칠 것이라고『經世遺表』에서 말했듯이, 당시의 예측할 수 없는 혼란과 부패를 좌시할 수밖에 없었던 선각자 丁若鏞의 비통한 심정을 생각하기란 참으로 괴로운 일이다. 長沙의 몸으로 다만 가슴 깊이 끓고 있는 개혁정치에 대한 理想이, 중풍으로 일그러진 그의 육신을 불태우며 踝骨三穿, 복사뼈가 세 번이나 파이도록 일로 저술에 매진할 수 있었던, 그 고동이 되었을 것으로 여겨진다. 그의 '一表二書'며 모든 저술의 궁극적 목적은 국가 개혁에 있었다고 해도 결코 틀린 말이 아닐 것이다.17)

---

16) 實是學舍經學研究會,『茶山과 石泉의 經學論爭』(서울:한길사, 2000), p. 138 참조. 申綽(1760~1828)의 역학노선에 대해서는『韓國經學資料集成 109』(서울: 成均館大學校 大東文化研究院, 1996), pp. 15~19 참조.

17) 丁若鏞이 살았던 시대(18세기 후반과 19세기 초)는 나라의 기강이 흔들리고 사회는 극도로 피폐하여 백성은 도탄에 빠졌다.『牧民心書』에서 그는 이렇게 말한다. "근년 이래로 조세와 부역이 번거롭고 무거우며, 관리는 멋대로 잔학한 짓을 하여 백성은 편히 살 수 없어 대개 난리를 생각하게 되었다. 요사한 말과 망령된 말들이 동에서 부르면 서에서 화답한다. 법에 비추어 처단한다면 백성은 하나도 살아남지 못할 것이다.(近年以來 賦役煩重 官吏肆虐 民不聊生 擧皆思亂 妖言妄說 東唱西和 照法誅之 民無一生)(『牧民心書』「應變」(與猶堂全書 17冊』, p. 90.)

그의 시문의 도처에서 나라를 근심하고 개혁을 기구한 바가 절실했다. 특히 당시의 세금 수탈이 얼마나 가혹했던가는 그의 시「哀絶陽」이 단적으로 이를 말해 준다 할 것이다.

이 시를 쓰게 된 동기를 丁若鏞은 이렇게 말한다. "이것은 가경 계해년 그의 推移며 互體며, 爻變 등 諸法에서 전개되는 卦의 동태를 바라보노라면 모두가 變化이고 모두가 그 象이다. 서상에서 卦의 보편원리를 나름대로 탐구한 방향은, 이 變化와 象이라는 두 측면을 포섭하려고 시도한 것이기는 하지만 결국 '易詞의 해석원리로서의 卦의 뜻'을 확립코자 함이었다. 여기서, 卦에 부쳐 '普遍的 概念 貯藏所'(A Universal Concept-Repository)라고 한 니담(Joseph Needham, 1900~1995)의 卦論

〈1803〉 가을 내가 강진에서 지었다. 노전에 사는 한 백성이 아이를 낳은 지 사흘만에 軍保에 편입되고 里正이 (못 바친 군포 대신에) 소를 빼앗아 가자 그 백성이 칼을 뽑아 자기의 양경을 스스로 베면서 말하기를, "내가 이 물건 때문에 이 곤액을 당한다."라고 했다. 그 아내가 그 양경을 가지고 관문에 나아가니 피는 아직 뚝뚝 떨어졌다. 울며 호소했으나 문지기가 막았다. 내가 듣고 이 시를 지었다.(此嘉慶癸亥秋 余在康津作也 時蘆田 民有兒生 三日入於 軍保 里正奪牛 民拔刀自割其陽莖曰 我以此物之故 受此困厄 其妻持其莖 詣官 門血猶淋淋 且哭且訴 閽者拒之 余聞而作此詩)"(『牧民心書』(與猶堂全書 17), pp. 30~31.)

「哀絶陽」
갈밭마을 젊은 여인 울음 소리 길어/ 곡소리 현문을 향해 하늘에 울부짖는다// 지아비 출정하여 못 돌아오는 것은 오히려 있을 수 있지만/ 예로부터 男絶陽은 아직 듣지 못했네// 시아버지 세상 뜨며 상복 이미 입었었고 갓난아기는 배냇물도 안 말랐는데/ 三代의 이름이 군적에 실렸다// 호소하러 가니 호랑이 같은 문지기 지켜 섰고/ 里正이 포효하며 외양간 소마저 끌고 갔네// 칼 갈아 방안으로 뛰어들어 자리엔 피 가득한데/ 스스로 한탄하네 "아이 낳아 이 고생과 재액 당했구나!"// 蠶室宮刑이 어찌 죄가 있어서며/ 閩 땅의 자식 거세함도 가여운 일이라// 生生之理는 하늘이 내린 이치여서/ 乾道成男 하고 坤道成女인 것을// 말 돼지 거세함도 차라리 슬프다 하겠거늘/ 하물며 뒤 이을 자식 생각함에 있어서야// 부호들은 일년 내내 풍악을 즐기면서도/ 쌀 한 톨 베 한 치도 바치는 일 없다// 다 같은 백성인데 어찌하여 후하고 박하단 말인가/ 객창에서 거듭 「鳲鳩篇」을 외운다//蘆田少婦哭聲長, 哭向縣門號穹蒼. 夫征不復尙可有, 自古未聞男絶陽. 舅喪已縞兒未澡, 三代名簽在軍保. 薄言往愬虎守閽, 里正咆哮牛去皂. 磨刀入房血滿席, 自恨生兒遭窘厄. 蠶室淫刑豈有辜, 閩囝去勢良亦慽. 生生之理天所予, 乾道成男坤道女. 騸馬豶豕猶云悲, 況乃生民思繼序. 豪家終歲奏管弦, 粒米寸帛無所捐. 均吾赤子何厚薄, 客窓重誦鳲鳩篇.)(『與猶堂全書』①, pp. 308~309). ※「鳲鳩」란 『詩經』의 편명으로서, 君子의 언행을 경모하는 내용을 뻐꾸기에 부쳐 노래한 것임. 鳲鳩는 布穀이라고도 하는 뻐꾸기를 뜻하며, 丁若鏞은 이 詩를 두고, "此詩一篇乃聖賢之極工帝王之要道果使曹國而有此人吾其興乎……"라고 했다(『詩經講義(與猶堂全書⑥)』, 卷二, p. 17b.)

은, 이 책과는 또 다른 차원에서, 縱橫의 座標上에 卦의 뜻을 갈래 지우고 있음은, 卦의 총체적이며 보편원리적인 해석의 중요성을 시사한다 하겠다.18)

3. 百世吾可俟

 일반적으로『周易』이 난해하게 여겨지는 주된 이유는,『周易』이 글이 됨은 본디 卦에서 비롯되었음에도 불구하고, 잡다한 개별적 이론들만이 분분할 뿐 卦에 관한 총체적 보편적 이론이 아직 정립되어 있지 않기 때문일 것이다. 다만 朱熹의『易學啓蒙』에서, 卦의 총체적 보편적 파악이라는 이 책의 의도와 조금은 유사한 뜻을 행간에서 발견할 수 있을 뿐이다. 그러나『易學啓蒙』은,「本圖書」에서는 河圖와 洛書를『周易』의 시원으로 다룸으로써『周易』을 도가에서 나온 한낱 흑백의 동그라미에 견강부회하는 또 하나의 始端이 되게 하였고,「原卦畫」은 '一分爲二法'을 畫卦의 원리로 제시했을 뿐 卦의 존재적 의미를 천발하지 못했는가 하면,「明蓍策」과「考變占」은 비록 揲蓍求卦의 원리를 나름대로 체계화하고 變占의 원칙을 확립하려한 공적은 이를 무시할 수 없지만, 충분한 이론적 근거가 없을 뿐만 아니라 합리성이 두루 사무치지 못하여 결국 독단에 빠지고 말았음은 이미 이 책이 도처에서 언급한 바와 같다. 요컨대 朱熹의『易學啓蒙』또한 한갓 卦의 단편적 이론에 그칠 따름이다. 나는 바로 이 점에 착안하여 잡다한 卦의 이론들을 일정한 관점으로 裁斷하고 整齊하여 갈래를 지워서 체계

---

18) Needham, *Science and Civilisation in China*, vol.2, pp. 322~329 참조

화합으로써 말하자면 '卦의 교통정리'를 도모하려한 것이었다. 여기에 즈음하여, 易詞의 일자일구까지를 모두 卦가 머금는 象의 원리에 의거하여 符節처럼 契合되게 해석하는 丁若鏞 易學을 만나게 된 것은 대단한 축복이요, 우리의 자존심을 세우기에 충분한 일이기도 했다. 그는 『周易四箋』이 완성되자 「두 아들에게 주는 家誡」라는 글에서, 『周易四箋』을 두고 "하늘이 도운 문자를 얻었다."(得天助之文字)[19]라고 했는가 하면, 아우의 易箋이 너무 자세하다고 나무라기까지 한 그의 중형 丁若銓에게 드리는 「上答書」에서 형의 말을 좇아, 옛 성인은 모든 微言妙義에 대해 실마리만 드러내어 사람들로 하여금 스스로 생각하고 스스로 깨닫게 했는데, 만약 하나도 숨긴 것이 없이 밝혀 놓으면 재미가 없을 것이라고 하면서, "易箋을 너무 자세하게 밝혀 놓았으니, 이 점에 대해서는 깊이 후회하는 바입니다."(今 此易箋 太詳太明 是則所深悔也)[20]라고 한 그의 말이 차라리 경이로울지언정 조금도 귀에 거슬리지 않는 까닭은 어디에 있을까? 아마도 丁若鏞 易學이 안고 있는 과학성, 정밀성, 그리고 정직한 논조와 비판적 사고가, 이른바 그의 '炯眼毒手'가, 합리적 사고에 길들여진 현대인에게 다른 어느 易論보다도 공감을 얻을 수가 있을 것 같기 때문일 것이다. 한편 격동기를 맞고 있는 현대인에게, 고뇌와 통한의 세월을 살았던 그의 기구한 삶과, 그리고 진화론적 사유와 탁월한 국가개혁이상이 저초하는 곳에 바로 정치하고 웅혼한 그의 易學이 사상적 기반으로 깔려 있다는 사실을 깨닫게 될 것은 그리 어렵지 않을 것이기 때문인지도 모른다. 미루건대 「茶山學」 특히 그의 易學은 장차 국내는 물론 범세계적으로

---

[19] 『與猶堂全書』, 3冊, p. 112.
[20] 『與猶堂全書』, 3冊, p. 301.

望風而靡하고, 당대 지성으로 하여금 등잔불의 심지를 자르게 할 것이라고 한다면 지나친 말이라고 할까. 『中庸』의 "質諸鬼神而無疑 百世以俟聖人而不惑"에서 '俟菴'이라는 號를 취했던[21] 丁若鏞! "三千年이라도 기다리겠노라."[22]라는 丁若鏞의 이 학문적 자부심과 고독은 그를 사숙하는 오늘날의 학인으로 하여금 많은 것을 생각하게 한다.

이제 이 책을 끝맺으며 정약용의 시 한 수를 여기에 옮겨 본다.[23]

군자는 물을 따르지 않고	君子不隨物
잡는 것은 오직 공정한 도리	所操唯公理
큰 스승 진정 여기 있느니	宗師實在玆
백세라도 나는 기다리겠노라	百世吾可俟

---

21) 『鄭寅普全集』, (서울: 연세대학교 출판부, 1983), 2冊, p. 73 참조.
22) 金泳鎬, 「『與猶堂全書』의 텍스트 檢討」 『丁茶山 硏究의 現況』, (서울:民音社, 1990), p. 25 참조. 金泳鎬는 '百世'를 '100년'으로 읽고 있다.
23) 「古詩二十四首」 『與猶堂全書』 ①, (詩 卷二) p. 136, 참조.

「그림 30」

十二辟卦進退消長之圖 (類聚之卦)

朴簹丙作此圖(2000.11.16)

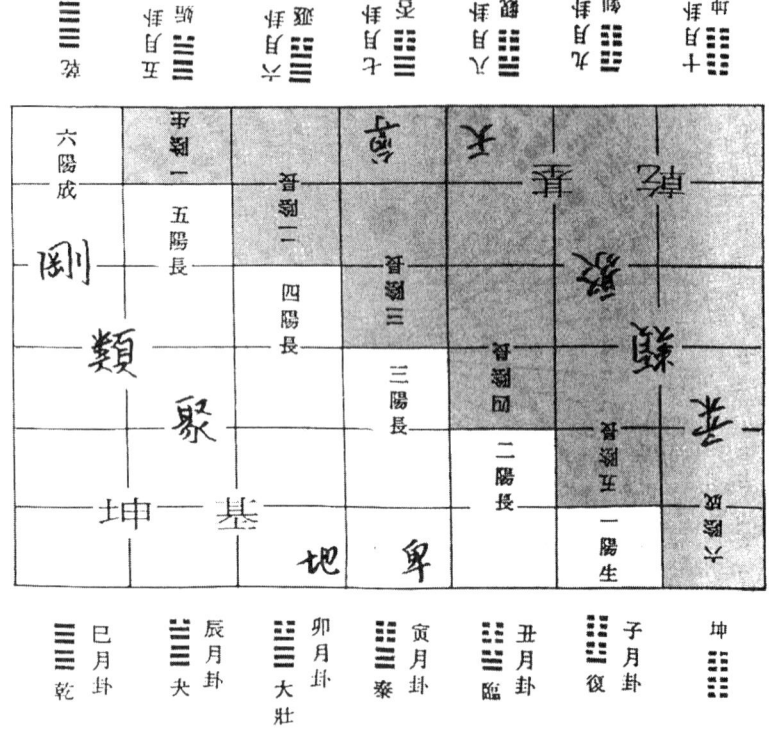

「그림 29」

五十衍卦之圖(群分之卦)

朴簑丙作此圖(1999.8.23)

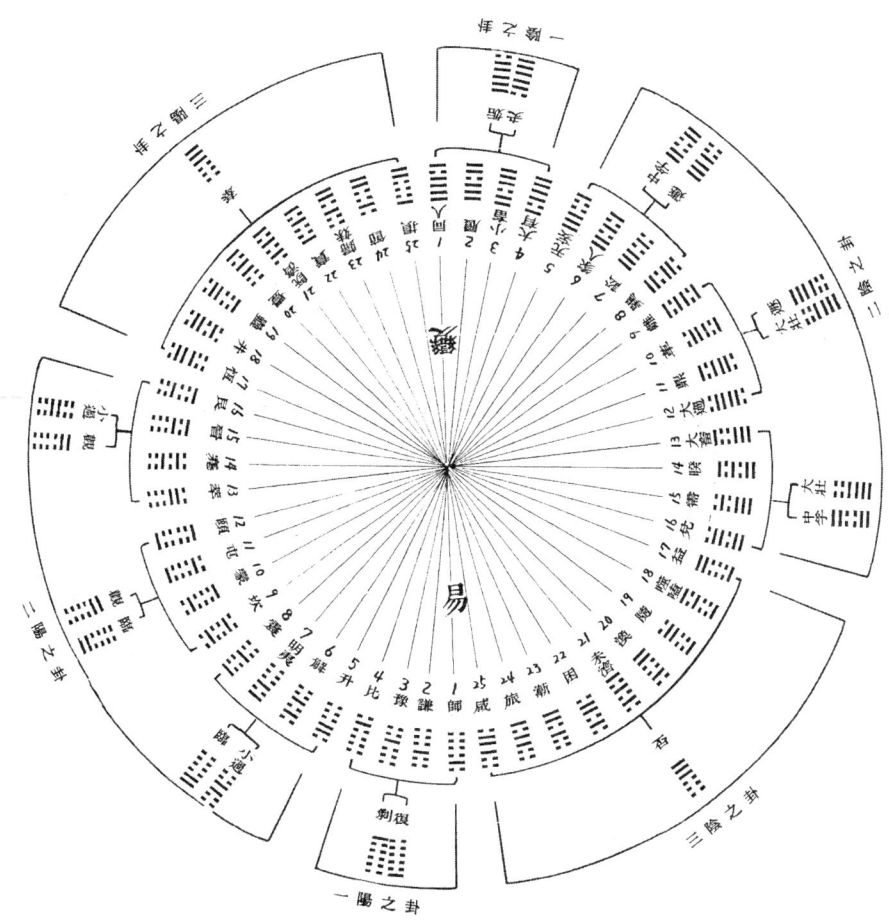

推移之圖

朴籌丙作此圖(1999.8.23)

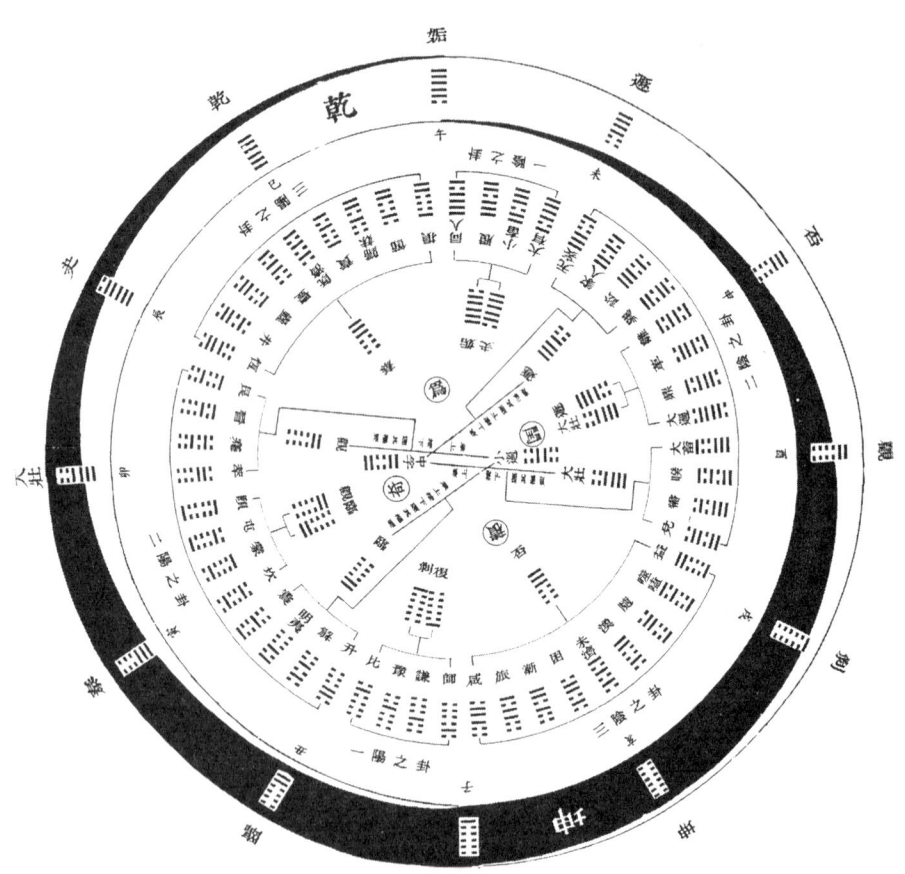

「그림 27」

六卦爲四時之本及坎離爲兩閏之本圖

朴簪丙作此圖(2000.11.24)

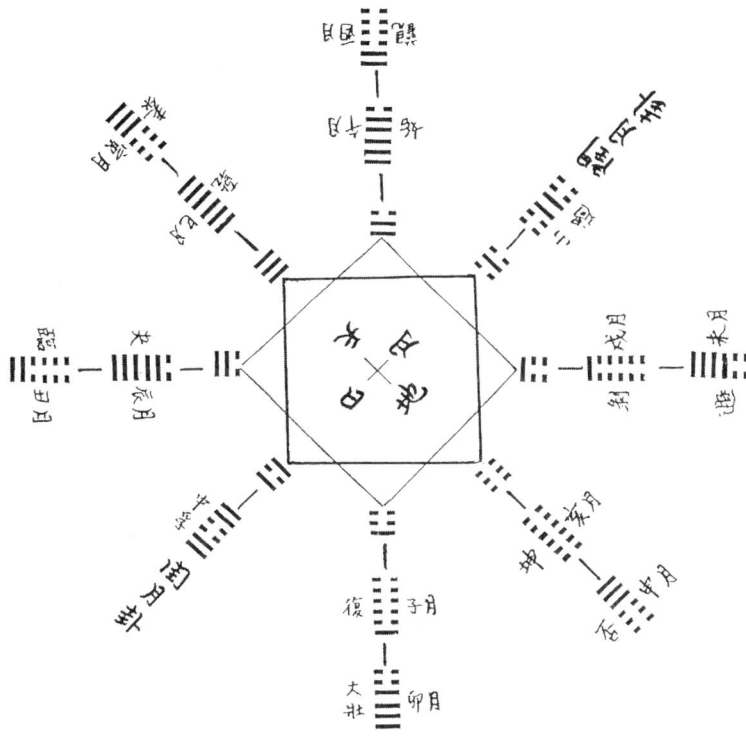

「그림 26」

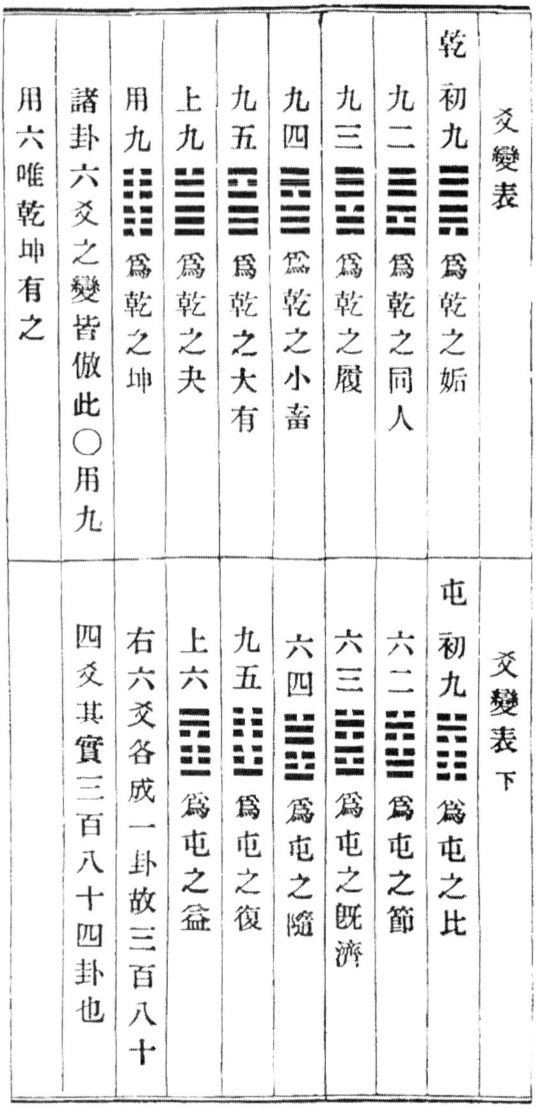

爻變表	乾 初九 ䷫ 爲乾之姤	九二 ䷌ 爲乾之同人	九三 ䷉ 爲乾之履	九四 ䷈ 爲乾之小畜	九五 ䷍ 爲乾之大有	上九 ䷪ 爲乾之夬	用九 ䷁ 爲乾之坤	諸卦六爻之變皆倣此 ○用九用六唯乾坤有之
爻變表下	屯 初九 ䷇ 爲屯之比	六二 ䷺ 爲屯之節	六三 ䷾ 爲屯之旣濟	六四 ䷐ 爲屯之隨	九五 ䷗ 爲屯之復	上六 ䷩ 爲屯之益	右六爻各成一卦故三百八十四爻其實三百八十四卦也	

「그림 25」

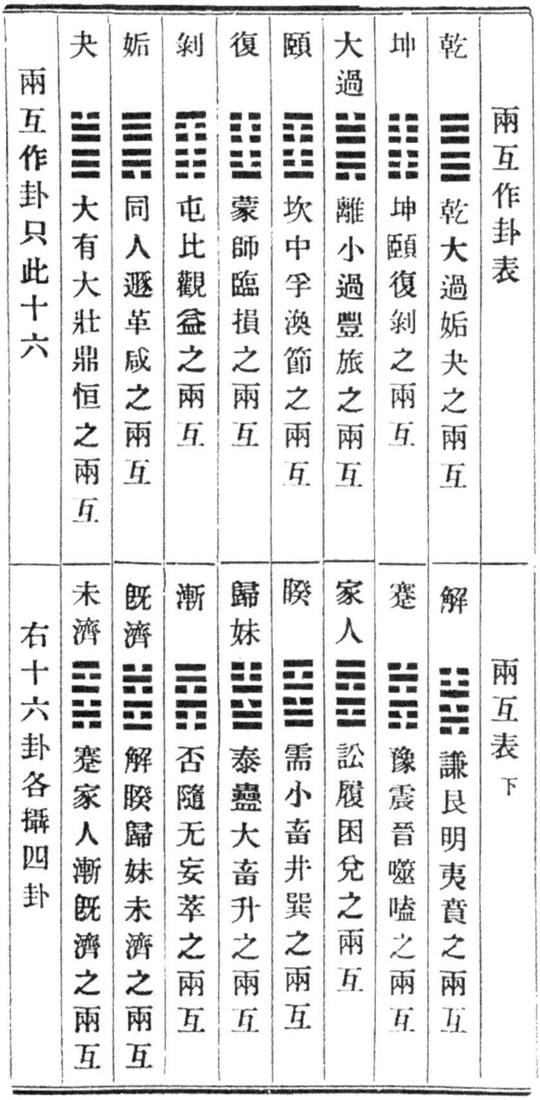

兩互作卦表		兩互表 下
乾 ䷀	乾大過姤夬之兩互	解 ䷧ 謙艮明夷賁之兩互
坤 ䷁	坤頤復剝之兩互	蹇 ䷦ 豫震晉噬嗑之兩互
大過 ䷛	離小過豐旅之兩互	家人 ䷤ 訟履困兌之兩互
頤 ䷚	坎中孚渙節之兩互	睽 ䷥ 需小畜井巽之兩互
復 ䷗	蒙師臨損之兩互	歸妹 ䷵ 泰蠱大畜升之兩互
剝 ䷖	屯比觀益之兩互	漸 ䷴ 否隨无妄萃之兩互
姤 ䷫	同人遯革咸之兩互	旣濟 ䷾ 解睽歸妹未濟之兩互
夬 ䷪	大有大壯鼎恒之兩互	未濟 ䷿ 蹇家人漸旣濟之兩互
兩互作卦只此十六		右十六卦各攝四卦

「그림 24」

諸卦取伏體皆倣此	兌 ☱ 下位离 上位坎	艮 ☶ 下位离 上位坎	離 ☲ 下位晝 上位夜	坎 ☵ 下位日 上位月	巽 ☴ 下位离 上位坎	震 ☳ 下位离 上位坎	坤 ☷ 偶一 陰二 陽三 离 陰四 陽五 陰六 坎	乾 ☰ 奇一 偶二 奇三 离 偶四 奇五 偶六 坎	位伏表
凡婚配之占取象如此	泰 ䷊ 下互正兌上互倒艮	否 ䷋ 下互正艮上互倒兌	恒 ䷟ 下正巽上互倒兌 九大 六過	咸 ䷞ 下倒震上正兌 九大 二過	蠱 ䷑ 下倒兌上正艮 三蒙 六	隨 ䷐ 下顚艮上正兌 四屯 六	歸妹 ䷵ 下顚兌上顚艮 卦見 本	漸 ䷴ 下正艮上顚兌 吉女 圖	胖合表 合○男少女老婚姻之配

「그림 23」

兼互表 只八卦	乾	坤	臨	遯	小過	中孚	觀	大壯	右所謂兼三才而兩之
	為兼畫之大乾	為兼畫之大坤	為兼畫之大震	為兼畫之大巽	為兼畫之大坎	為兼畫之大离	為兼畫之大艮	為兼畫之大兌	

倒互表 只六卦	乾	坤	坎	离	大過	頤	小過	中孚	下六卦无反對故取倒體
	无反對亦无互體	无反對亦无互體	二三倒艮 三四倒巽	二三倒兌 三四倒震	下顛兌 上顛巽	下顛艮 上顛艮	下顛震 上顛震	下顛巽 上顛兌	

「그림 22」

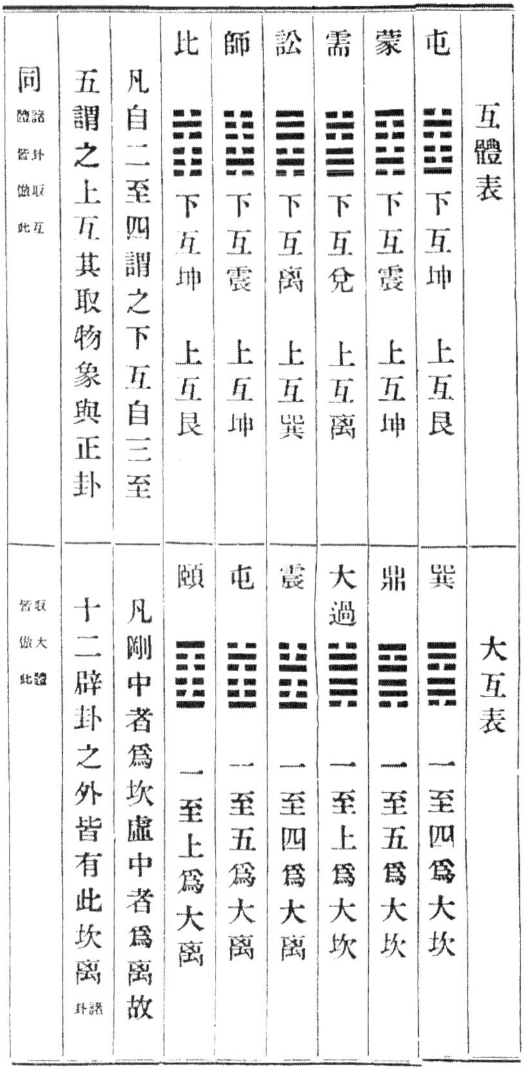

互體表								
	屯 下互坤 上互艮	蒙 下互震 上互坤	需 下互兌 上互离	訟 下互离 上互巽	師 下互震 上互坤	比 下互坤 上互艮	凡自二至四謂之下互自三至五謂之上互其取物象與正卦	同體諸卦皆倣此互

大互表								
	巽 一至四爲大坎	鼎 一至五爲大坎	大過 一至上爲大离	震 一至四爲大离	屯 一至五爲大离	頤 一至上爲大离	凡剛中者爲坎虛中者爲离故十二辟卦之外皆有此坎离卦諸	皆取倣大此體

「그림 21」

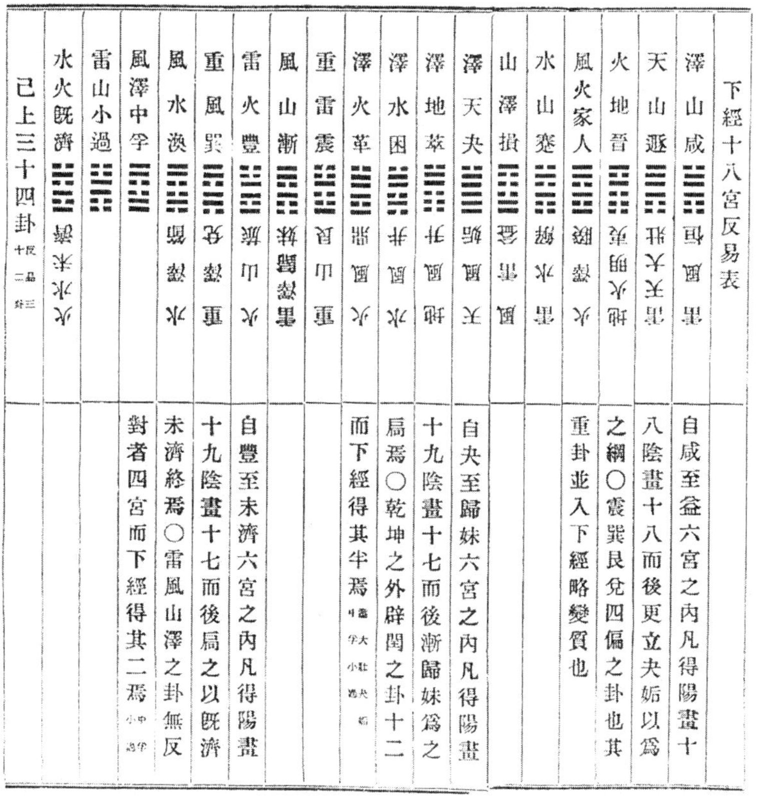

下經十八宮反易表	澤山咸	天山遯	火地晉	風火家人	水山蹇	山澤損	澤天夬	澤水困	澤火革	澤地萃	雷風震	雷火豊	風山漸	重風巽	風澤渙	雷澤中孚	雷山小過	水火旣濟	已上三十四卦
	自咸至益六宮之內凡得陽畫十八陰畫十八而後更立夬姤以爲之綱○震巽艮兌四偏之卦也其重卦並入下經略變質也					而下經得其半焉	自夬至歸妹六宮之內凡得陽畫十九陰畫十七而後漸歸妹爲之局焉○乾坤之外辟闔之卦十二				自豊至未濟六宮之內凡得陽畫十九陰畫十七而後局之以旣濟未濟終焉○雷風山澤之卦無反對者四宮而下經得其二焉							

「그림 20」

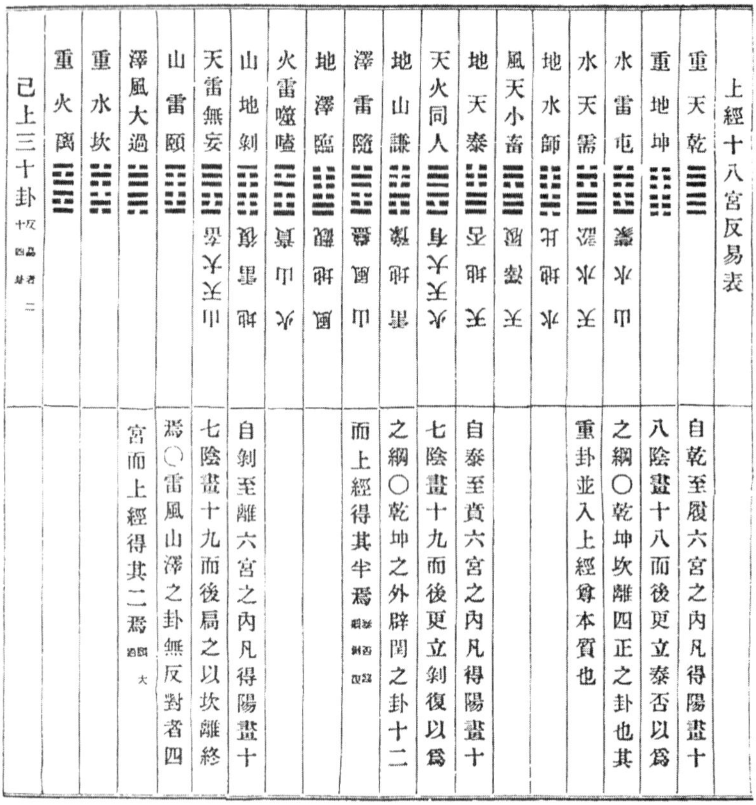

己上三十卦反易者二十四	重火離	重水坎	澤風大過	山雷頤	天雷無妄 澤山咸	山地剝	火雷噬嗑 遇音嗑	地澤臨 觀音臨	澤雷隨 蠱音隨	地山謙 豫倒謙	天火同人 大有倒同人	地天泰 否倒泰	風天小畜 履倒小畜	地水師 比倒師	水天需 訟倒需	水雷屯 蒙倒屯	重地坤	重天乾	上經十八宮反易表
			宮而上經得其二焉過圖大	爲○雷風山澤之卦無反對者	七陰盡十九而後局之以坎離終	自剝至離六宮之內凡得陽盡十		而上經得其半焉 嗑音嗑		之綱○乾坤之外辟閏之卦十二	自泰至賁六宮之內凡得陽盡十	七陰盡十九而後更立剝復以爲		之綱○乾坤坎離四正之卦也其	八陰盡十八而後更立泰否以爲	自乾至履六宮之內凡得陽盡十		重卦並入上經奪本質也	

440 • 周易反正

「그림 19」

交易變易兼反易表					交易兼反易表				
泰 橫看天地變	否 竪看地天交	旣濟 橫看水火變	未濟 竪看火水交	兼三易者只此四卦	需 倒正天水火天反交	大有 倒正火天天火反交	比 倒正地水水地反交	晉 倒正火地地火反交	兼交反者只此四宮

交易兼變易表					變易兼反易表				
咸 橫看山澤變	損 竪看澤山交	恒 橫看雷風變	益 竪看風雷交	兼交變者只此四卦	隨 倒看澤雷變	蠱 倒看山風變	漸 倒看風山變	歸妹 倒看雷澤變	兼變反者只此四卦

「그림 18」

諸卦取交易皆倣此	損 ䷨ 艮兌 上下 與咸交	咸 ䷞ 兌艮 上下 與損交	既濟 ䷾ 坎離 上下 與未濟交	未濟 ䷿ 離坎 上下 與既濟交	恒 ䷟ 震巽 上下 與益交	益 ䷩ 巽震 上下 與恒交	否 ䷋ 乾坤 上下 與泰交	泰 ䷊ 坤乾 上下 與否交	交易表
諸卦取變易皆倣此	中孚 ䷼ 小過之變	小過 ䷽ 中孚之變	離 ䷝ 坎之變	坎 ䷜ 離之變	頤 ䷚ 大過之變	大過 ䷛ 頤之變	坤 ䷁ 乾之變	乾 ䷀ 坤之變	變易表

「그림 17」

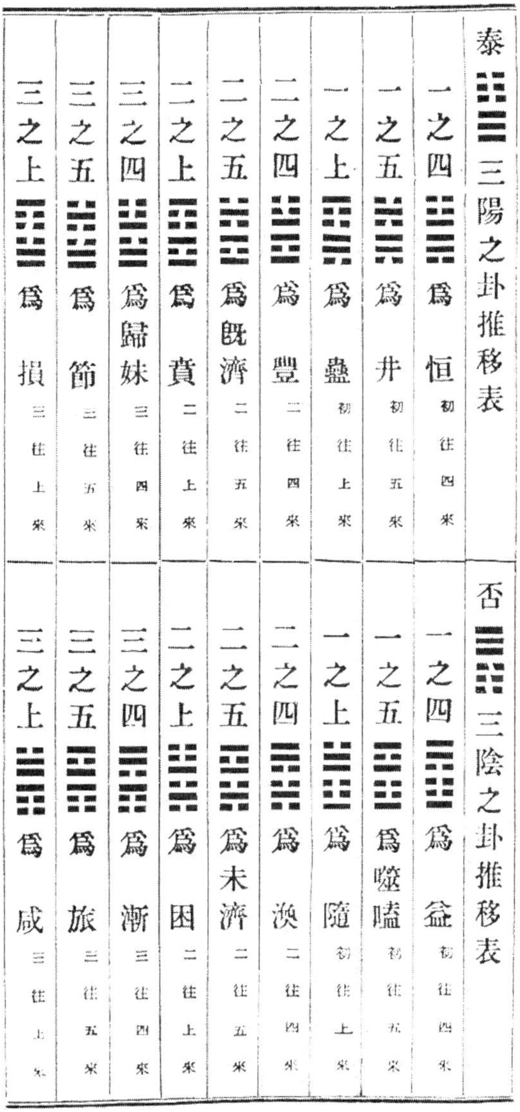

泰 ䷊ 三陽之卦推移表	一之四 ䷟ 爲恒 初往四來	一之五 ䷑ 爲井 初往五來	一之上 ䷑ 爲蠱 初往上來	二之四 ䷶ 爲豐 二往四來	二之五 ䷾ 爲既濟 二往五來	二之上 ䷕ 爲賁 二往上來	三之四 ䷵ 爲歸妹 三往四來	三之五 ䷻ 爲節 三往五來	三之上 ䷨ 爲損 三往上來

否 ䷋ 三陰之卦推移表	一之四 ䷩ 爲益 初往四來	一之五 ䷔ 爲噬嗑 初往五來	一之上 ䷐ 爲隨 初往上來	二之四 ䷺ 爲渙 二往四來	二之五 ䷿ 爲未濟 二往五來	二之上 ䷮ 爲困 二往上來	三之四 ䷴ 爲漸 三往四來	三之五 ䷷ 爲旅 三往五來	三之上 ䷞ 爲咸 三往上來

「그림 16」

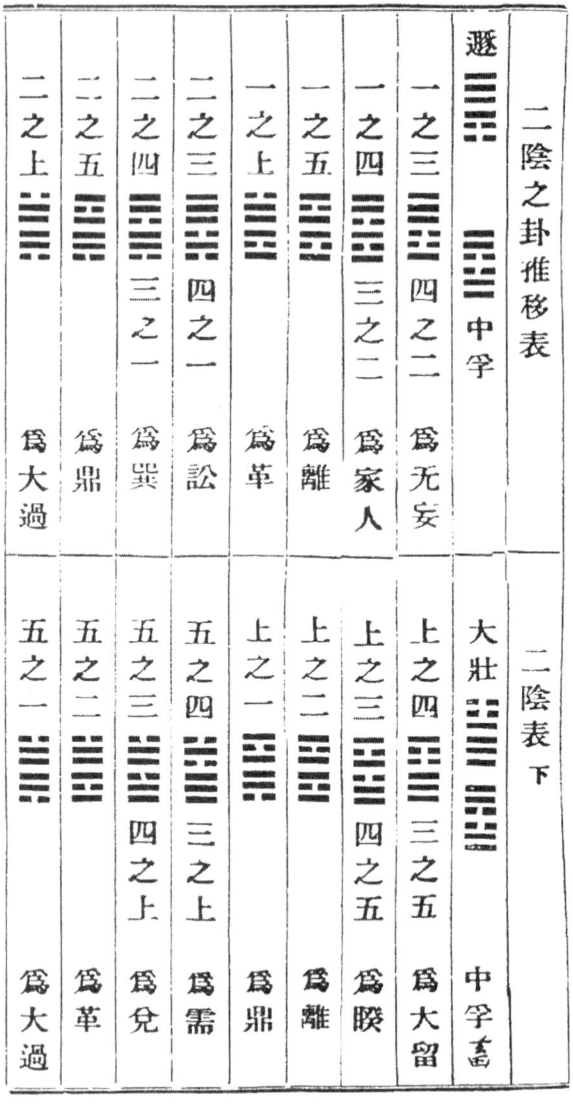

二陰表 下								
二陰之卦推移表	遯 中孚	一之三 四之二 爲无妄	一之四 三之二 爲家人	一之五 爲離	一之上 爲革	二之三 四之一 爲訟	二之四 三之一 爲巽	二之五 爲鼎	二之上 爲大過
	大壯 中孚	上之四 三之五 爲大畜	上之三 四之五 爲睽	上之二 爲離	上之一 爲鼎	五之四 三之上 爲需	五之三 四之上 爲兌	五之二 爲革	五之一 爲大過

「그림 15」

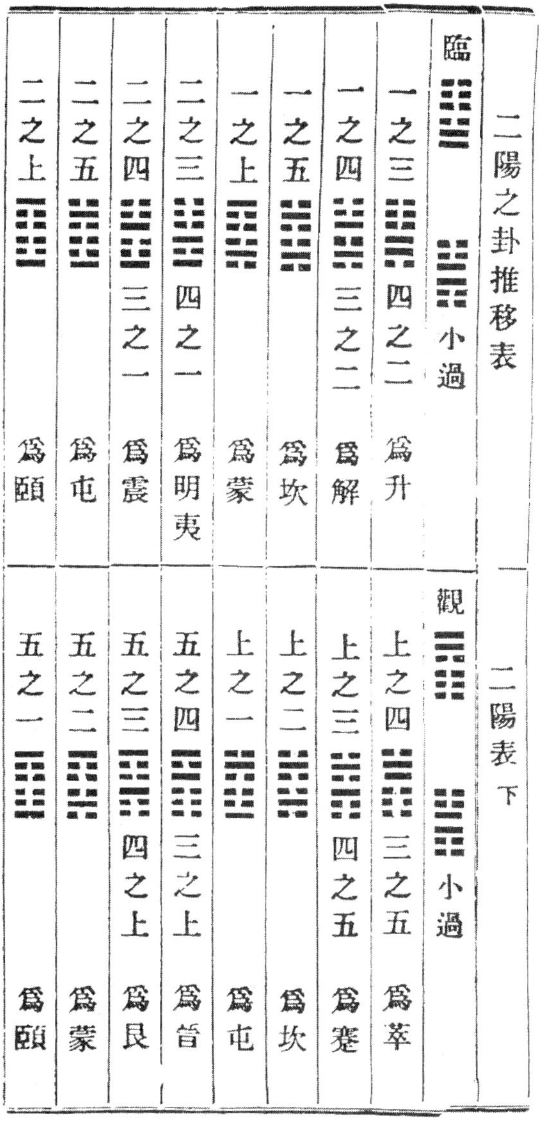

二陽之卦推移表								
臨	一之三	一之四	一之五	一之上	二之三	二之四	二之五	二之上
小過	四之二	三之二			三之一	四之一		
	爲升	爲解	爲坎	爲蒙	爲明夷	爲震	爲屯	爲頤

二陽表 下								
觀	上之四	上之三	上之二	上之一	五之四	五之三	五之二	五之一
小過	三之五	四之五			三之上	四之上		
	爲萃	爲蹇	爲坎	爲屯	爲晉	爲艮	爲蒙	爲頤

「그림 14」

一陽之卦推移表	復 ䷗ 剝 ䷖						右云一之二者謂復之初剛升	而爲二也（二初來往）其云上之二者	謂剝之上剛降而爲二也（上二來往）	餘倣此
		一之二 上之二 爲師	一之三 上之三 爲謙	一之四 上之四 爲豫	一之五 上之五 爲比					

一陰之卦推移表	姤 ䷫ 夬 ䷪						右云一之上之二者例同上	只言其之而不言其來者（指姤夬）	一陽一陰爲卦主也（爲易卦主少者）	餘倣此
		一之二 上之二 爲同人	一之三 上之三 爲履	一之四 上之四 爲小畜	一之五 上之五 爲大有					

「그림 13」

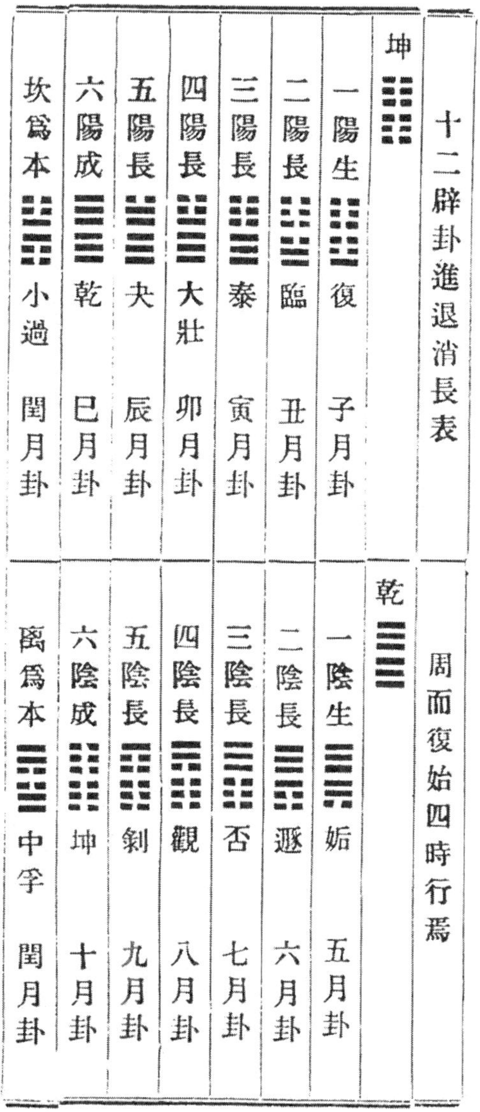

十二辟卦進退消長表	坤䷁	一陽生 復 子月卦	二陽長 臨 丑月卦	三陽長 泰 寅月卦	四陽長 大壯 卯月卦	五陽長 夬 辰月卦	六陽成 乾 巳月卦	坎爲本 小過 閏月卦
周而復始四時行焉	乾䷀	一陰生 姤 五月卦	二陰長 遯 六月卦	三陰長 否 七月卦	四陰長 觀 八月卦	五陰長 剝 九月卦	六陰成 坤 十月卦	離爲本 中孚 閏月卦

「그림 12」

六卦爲四時之本表

☷ 一陽生 ☳ 震 復一陽之本

二陽長 ☱ 兌 夬之本

三陽成 ☰ 乾

☰ 一陰生 ☴ 巽 姤一陰之本

二陰長 ☶ 艮 剝之本

三陰成 ☷ 坤

十二辟卦之進退消長其本已

著於八卦每以一卦當二月亦

四時也

坎离爲兩閏之本表

陽在中 ☵ 坎 小過之本

陰在中 ☲ 离 中孚之本

十四辟卦之中唯小過中孚不

受消長八卦之中唯坎离不受

消長蓋其卦形中正无所始終

其於四時之序无所當焉大傳

所云五歲再閏者小過中孚以

坎离爲本也

「그림 11」

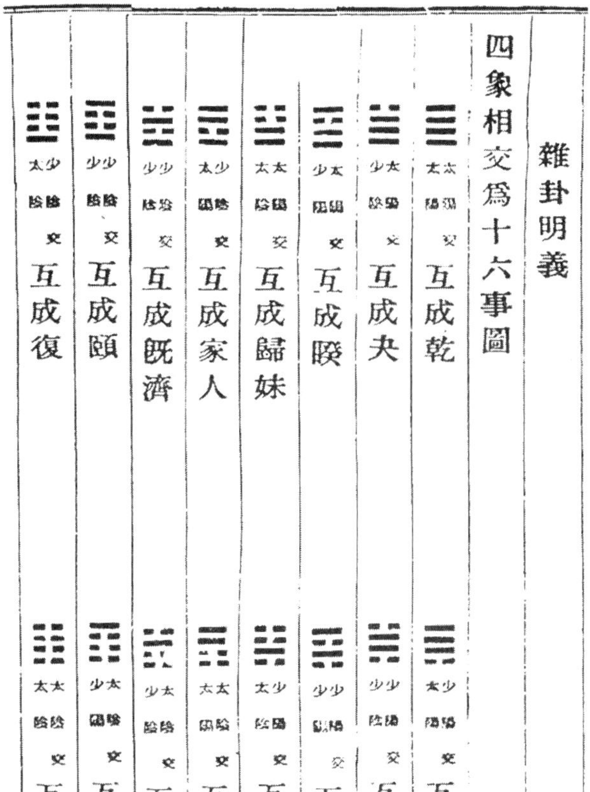

雜卦明義

四象相交爲十六事圖

太陽 交	太少 陽陰 交	少太 陽陰 交	少陽 交	太陽 交	太少 陰陽 交	少少 陰陽 交	少陰 交
互成乾	互成夬	互成睽	互成歸妹	互成家人	互成既濟	互成頤	互成復

太少 陽陰 交	少陽 交	少太 陽陰 交	太陰 交	太少 陰陽 交	少少 陰陽 交	太陰 交	少陰 交
互成姤	互成大過	互成未濟	互成解	互成漸	互成蹇	互成剝	互成坤

「그림 10-8」

「그림 10-7」

包離	包坎	包巽	包震	包坤	包乾	包兌	包艮
漸 濟未	晉 艮	否 旅	艮 蒙	剝 剝	遯 鼎	旅 蠱	觀 晉
離包	坎包	巽包	震包	坤包	乾包	兌包	艮包
益 噬嗑	坎	渙 否	屯 震 艮	比 豫	孚中 妄无	節 隨	觀 晉

「그림 10-6」

「그림 10-5」

包坎	包離	包艮	包兌	包乾	包坤	包震	包巽
䷧ 解	䷯ 井	䷬ 萃	䷟ 恒	䷷ 大過	䷆ 師	䷭ 升	䷮ 困
坎				坎	比	坎	咸
坎包	離包	艮包	兌包	乾包	坤包	震包	巽包
䷧ 解	䷚ 賁	䷢ 晉	䷵ 歸妹	䷥ 睽	䷏ 豫	䷗ 復	䷺ 渙
蹇	噬嗑		旣濟	家人	謙	明夷	未濟 漸

「그림 10-4」

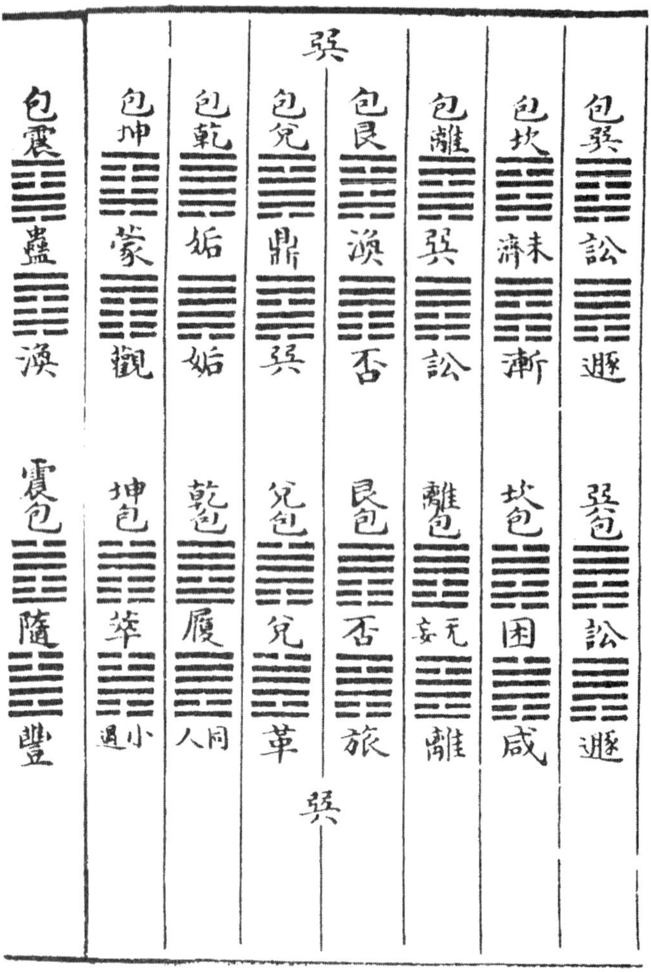

包巽 訟 遯
包坎 未濟 漸 困 咸
包離 巽 訟 妄无 離
包艮 渙 否 艮 否 旅 巽
包兌 鼎 姤 兌 革 兌 革 巽
包乾 姤 乾 履 人同
包坤 蒙 觀 坤 萃 小遇
包震 蠱 渙 震 隨 豐

巽包 訟 遯
坎包 困 咸
離包 妄无 離
艮包 否 旅
兌包 兌 革
乾包 履 人同
坤包 萃 小遇
震包 隨 豐

「그림 10-3」

震

包震	包巽	包坎	包離	包艮	包兌	包乾	包坤
明夷	隨	震	既濟	比	豐	革	復
臨	豐	明夷	師	震	泰	大壯	復

震包	巽包	坎包	離包	艮包	兌包	乾包	坤包
明夷	蠱	升	賁	艮	泰	小畜	謙
臨	渙	坎	損	蒙	節	中孚	師

震

「그림 10-2」

包乾咸恒	包兌遯小 过	包艮比豫	包離蹇解	坤 包坎豫謙	包巽萃 退小 師	包震謙師	包坤坤坤
乾包損益	兌包臨屯	艮包剝剝	離包頤頤	坎包師比 坤	巽包蒙觀	震包復復	坤包坤坤

「그림 10-1」

林黃中栗包體圖

包乾	包坤	包震	包巽	包坎	包離	包艮	包兌
乾乾	損益	大壯	履	睽	小畜	中孚	大有 小畜
乾包	坤包	震包	巽包	坎包	離包	艮包	兌包
乾乾	咸恒	革	姤	大過 乾	同人 大有	遯 鼎	夬 夬

「그림 9」

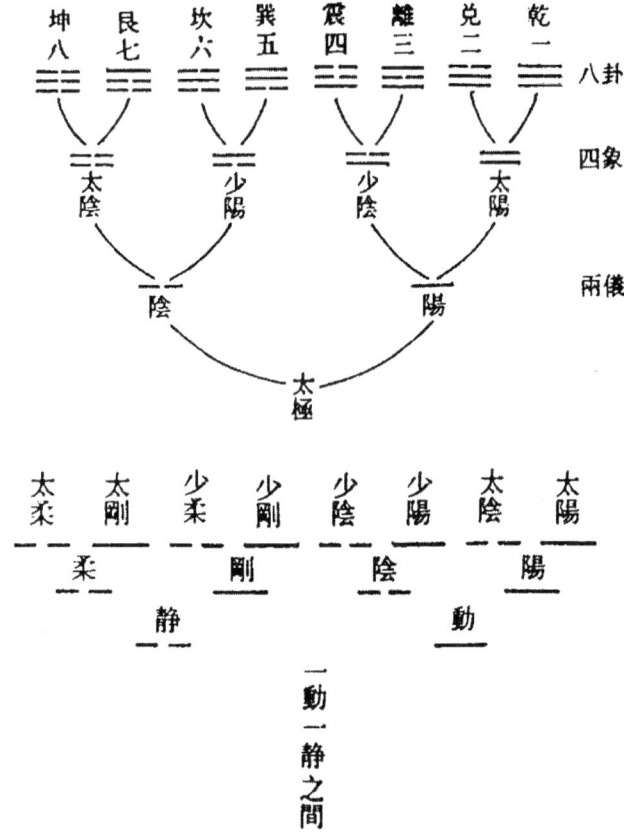

「그림 8」 伏羲六十四卦次序之圖

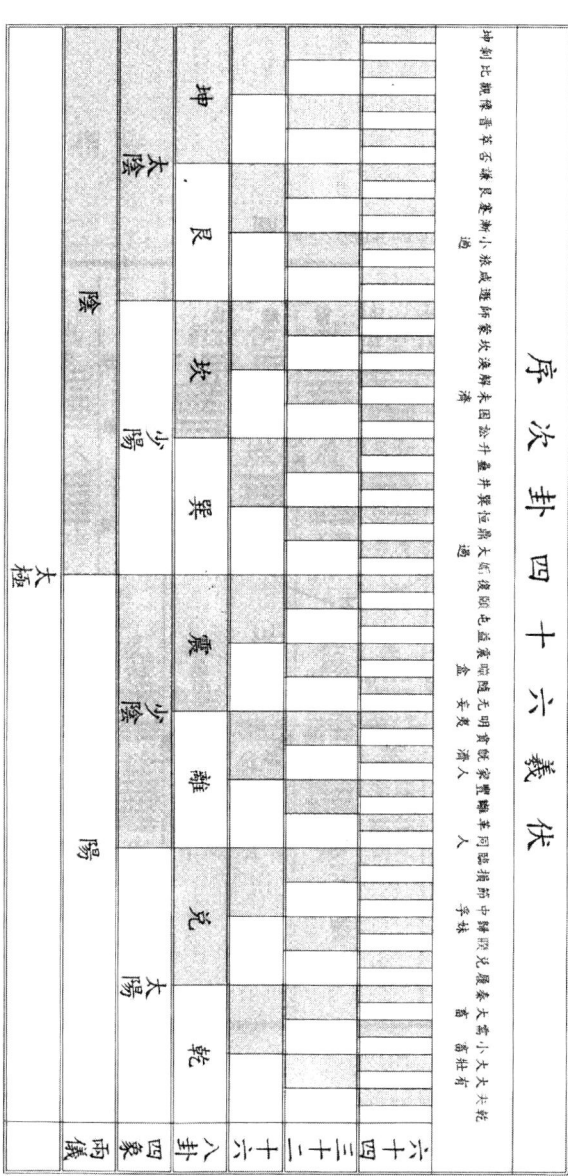

「그림 7」

	伏羲八卦次序之圖							
八坤	七艮	六坎	五巽	四震	三離	二兌	一乾	八卦四象兩儀
太陰		少陽		少陰		太陽		
陰				陽				
太極								

「그림 6-7」

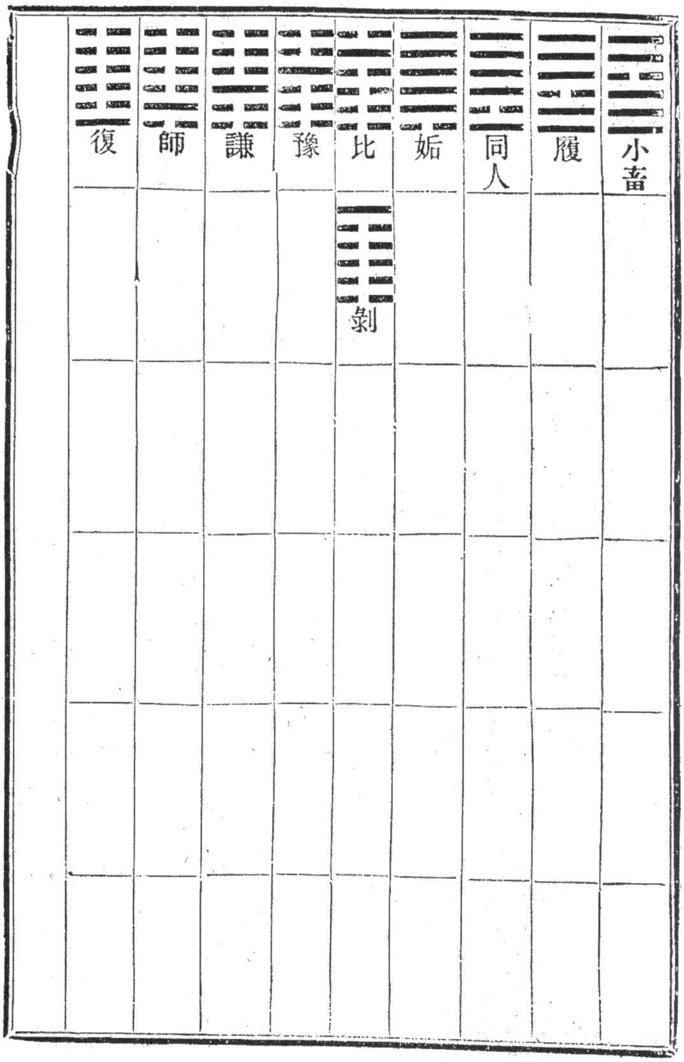

復	師	謙	豫	比	姤	同人	履	小畜
				剝				

「그림 6-6」

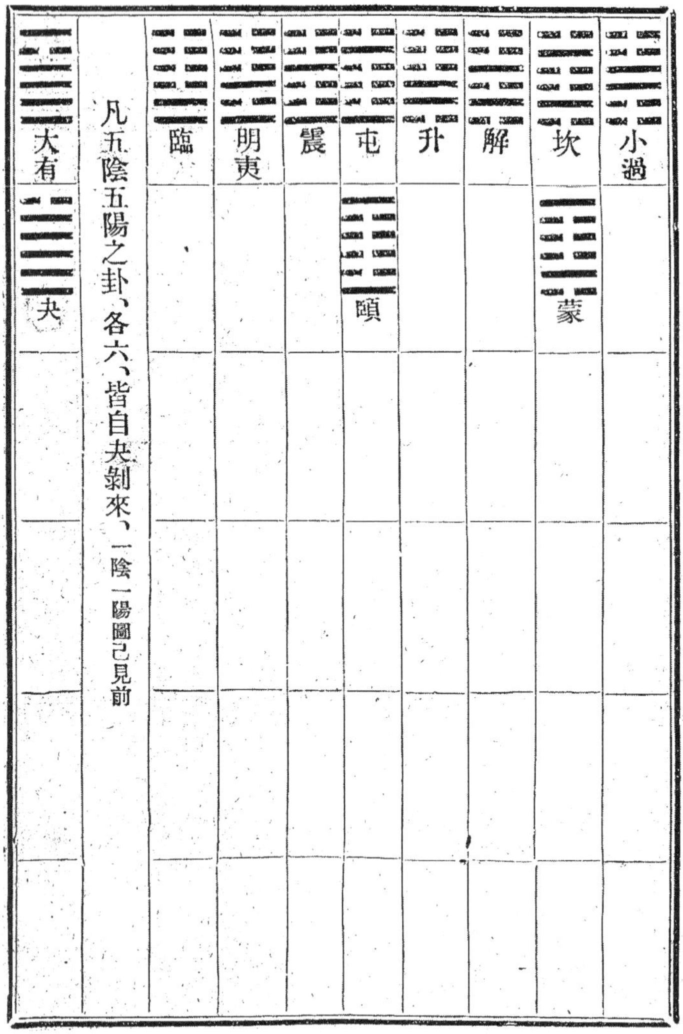

小過	坎	解	升	屯	震	明夷	臨	凡五陰五陽之卦、各六、皆自夬剝來、一陰一陽圖已見前	大有 夬
	蒙			頤					

「그림 6-5」

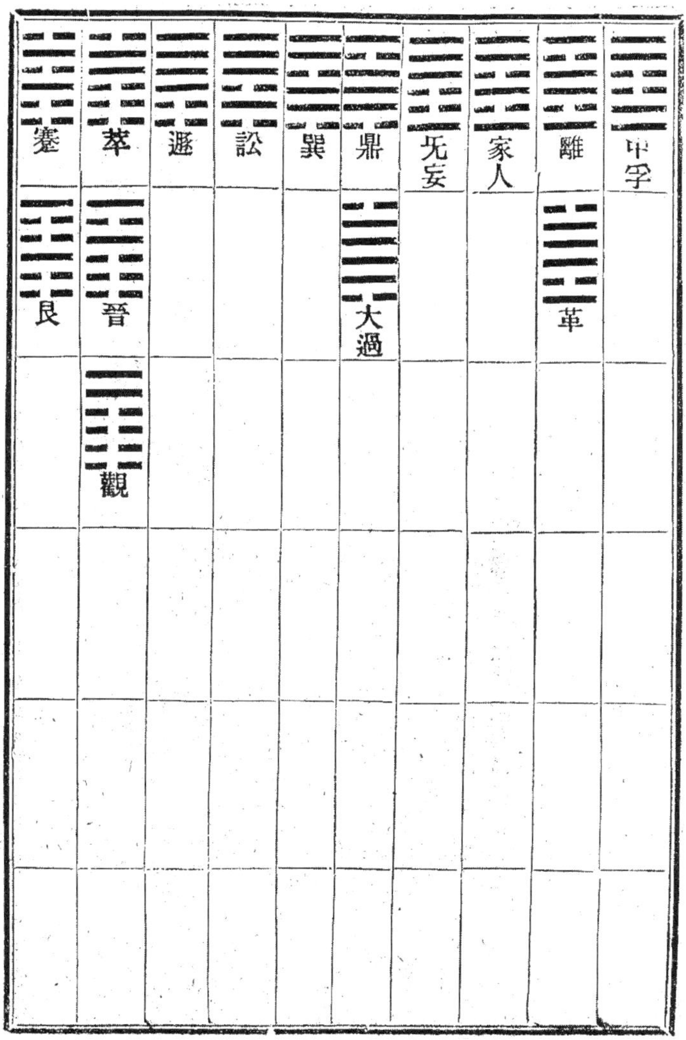

蹇	萃	遯	訟	巽	鼎	无妄	家人	離	中孚
艮	晉				大過			革	
	觀								

「그림 6-4」

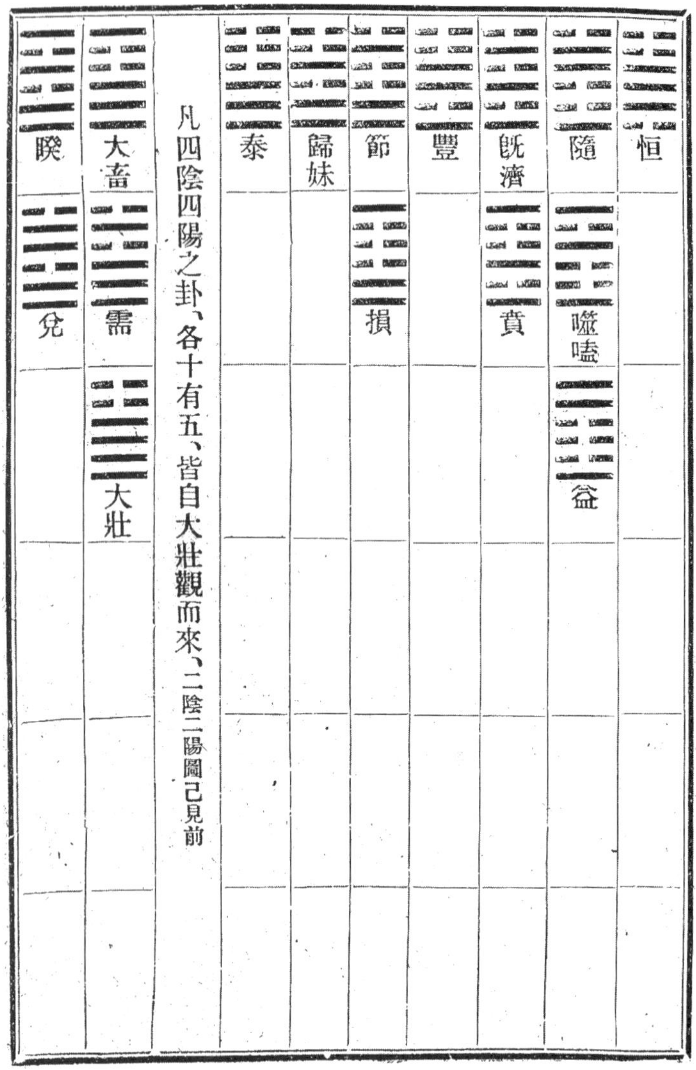

恒	隨	既濟	豐	節	歸妹	泰	凡四陰四陽之卦、各十有五、皆自大壯觀而來、二陰二陽圖已見前	大畜	睽
	噬嗑	賁		損				需	兌
	益							大壯	

「그림 6-3」

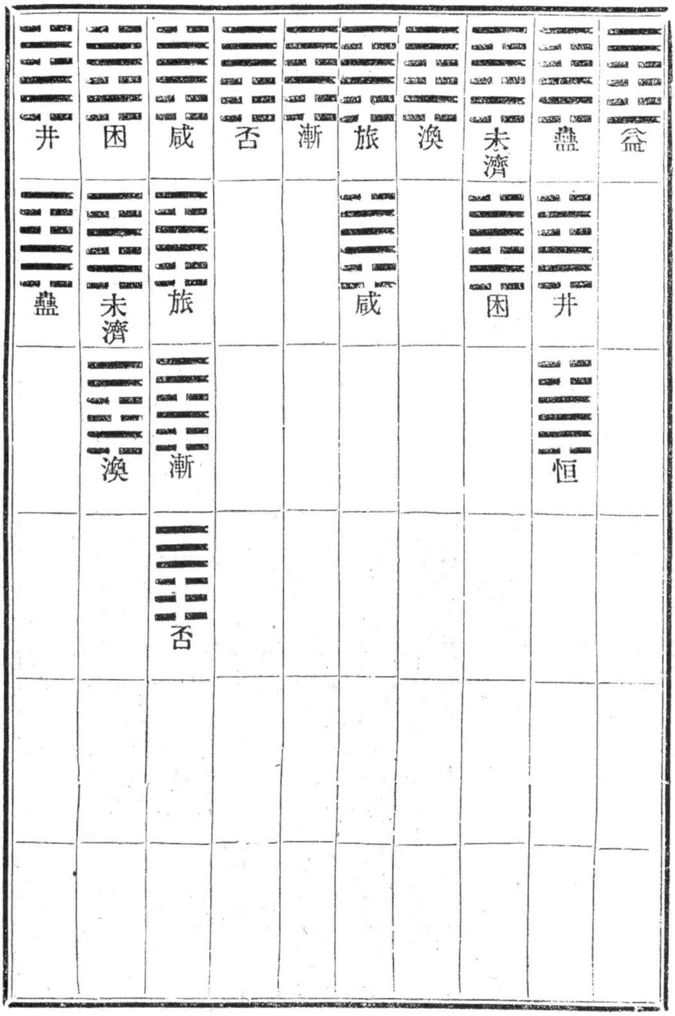

井	困	咸	否	漸	旅	渙	未濟	蠱	益
蠱	未濟	旅		咸		困	井		
	渙	漸						恒	
		否							

「그림 6-2」

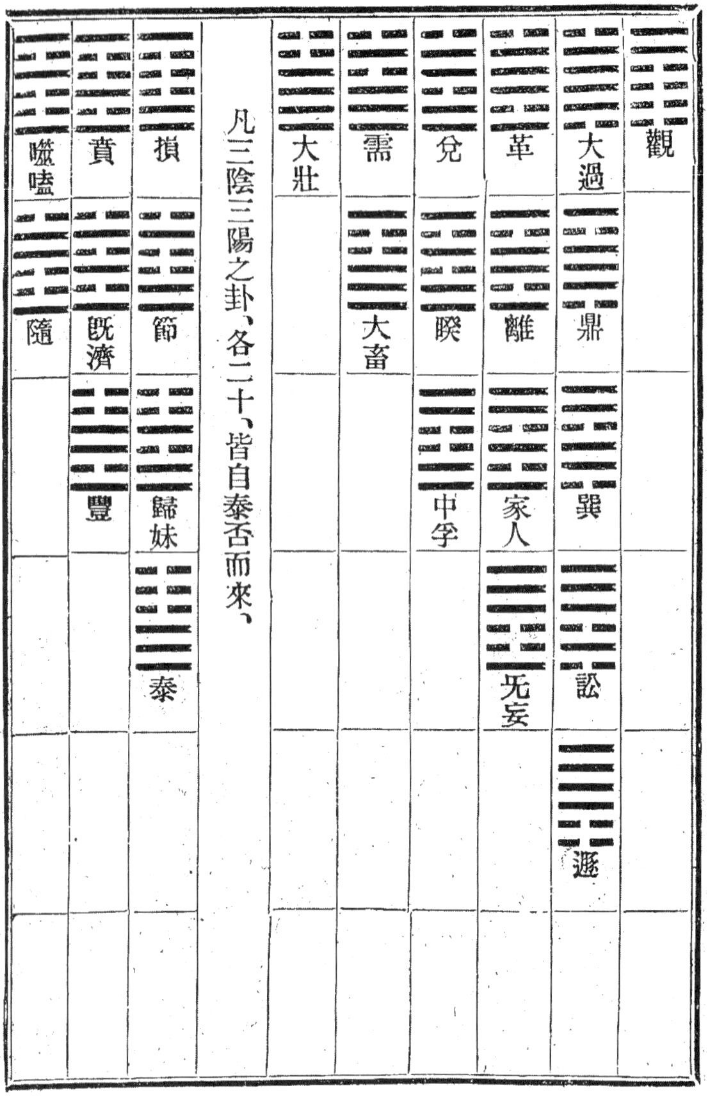

觀	大過	革	兌	需	大壯	凡三陰三陽之卦、各二十、皆自泰否而來、	損	賁	噬嗑
	鼎	離	睽	大畜			節	既濟	隨
	巽	家人	中孚				歸妹	豐	
	訟	无妄					泰		
	遯								

「그림 6-1」朱喜의 卦變圖

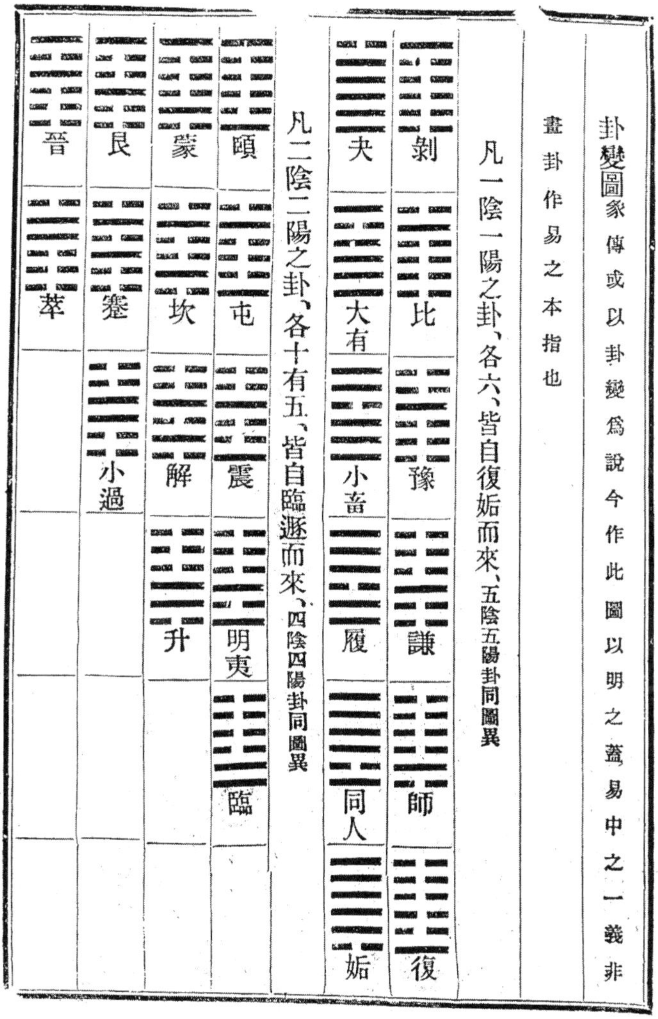

卦變圖豪傳或以卦變爲說今作此圖以明之蓋易中之一義非

畫卦作易之本指也

凡一陰一陽之卦、各六、皆自復姤而來、五陰五陽卦同圖異

夬	剝
大有	比
小畜	豫
履	謙
同人	師
姤	復

凡二陰二陽之卦、各十有五、皆自臨遯而來、四陰四陽卦同圖異

頤	蒙	艮	晉
屯	坎	蹇	萃
震	解	小過	
明夷	升		
臨			

「그림 5-3」

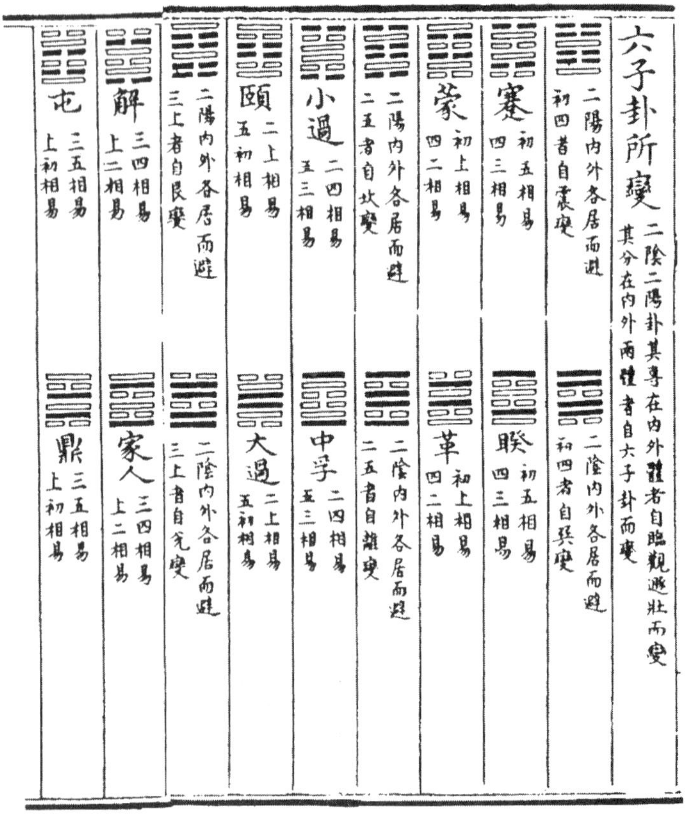

六子卦所變 二陰二陽卦其專在內外體者自臨觀遯壯而變
其分在內外兩體者自六子卦而變

震	初四者自震變
蹇	初五相易 四三相易
蒙	初上相易 四二相易
小過	二四相易 五三相易
頤	二上相易 五初相易
解	三四相易 上二相易
屯	三五相易 上初相易
巽	初四者自巽變
睽	初五相易 四三相易
革	初上相易 四二相易
中孚	二四相易 五三相易
大過	二上相易 五初相易
家人	三四相易 上二相易
鼎	三五相易 上初相易

「그림 5-2」

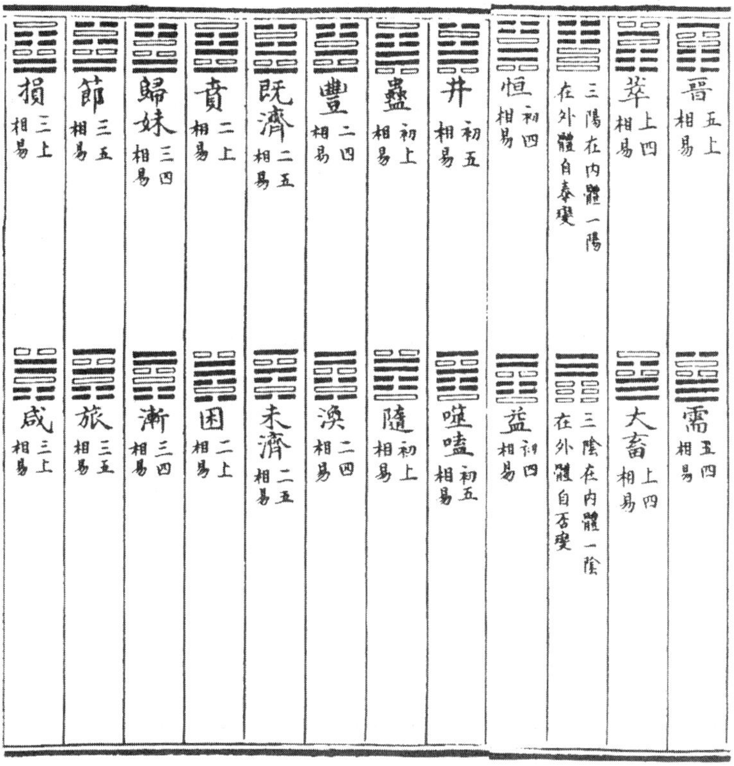

| 晋 五上 相易 | 萃 上四 相易 | 三陽在內體一陽在外體自奉變 | 恒 初四 相易 | 井 初五 相易 | 蠱 初上 相易 | 豐 二四 相易 | 既濟 二五 相易 | 賁 二上 相易 | 歸妹 三四 相易 | 節 三五 相易 | 損 三上 相易 |
| 需 五四 相易 | 大畜 上四 相易 | 三陰在內體一陰在外體自否變 | 益 初四 相易 | 噬嗑 初五 相易 | 隨 初上 相易 | 渙 二四 相易 | 未濟 二五 相易 | 困 二上 相易 | 漸 三四 相易 | 旅 三五 相易 | 咸 三上 相易 |

「그림 5-1」

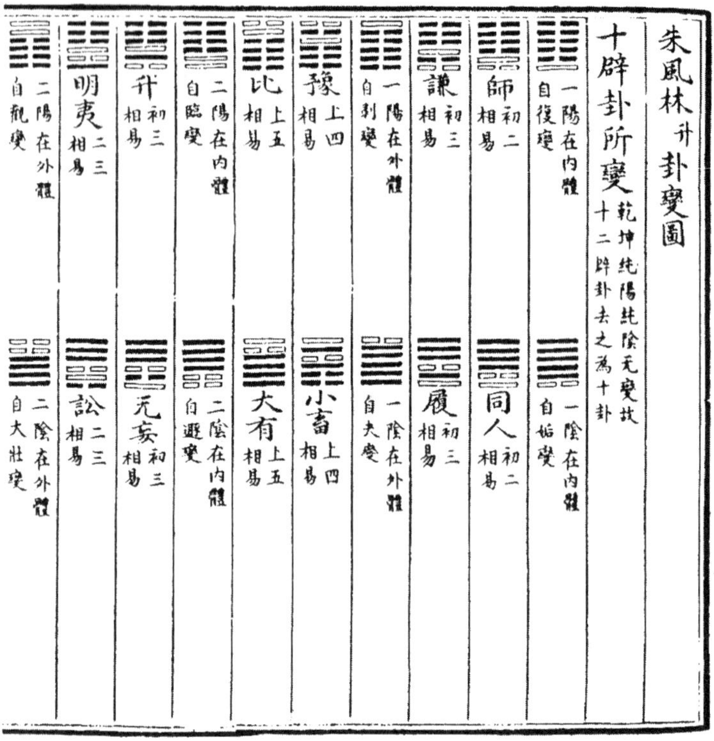

| 朱風林升卦變圖 |

「그림 4」

「그림 3-5」

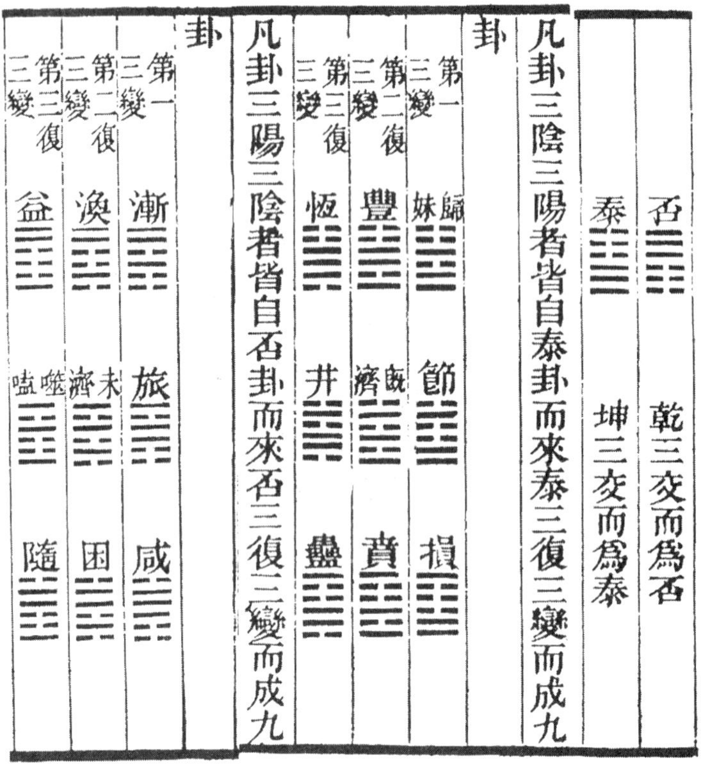

卦	卦		
第三變三復 第二變三復 第一變三復	凡卦三陽三陰者皆自否卦而來否三復三變而成九	第三變三復 第二變三復 第一變三復	凡卦三陰三陽者皆自泰卦而來泰三復三變而成九	泰 否

第三變	第二變	第一變		第三變	第二變	第一變			
益	渙	漸		恆	豐	歸妹		否	乾三爻而爲否
噬嗑	未濟	旅		井	既濟	節		泰	坤三爻而爲泰
隨	困	咸		蠱	賁	損			

「그림 3-4」

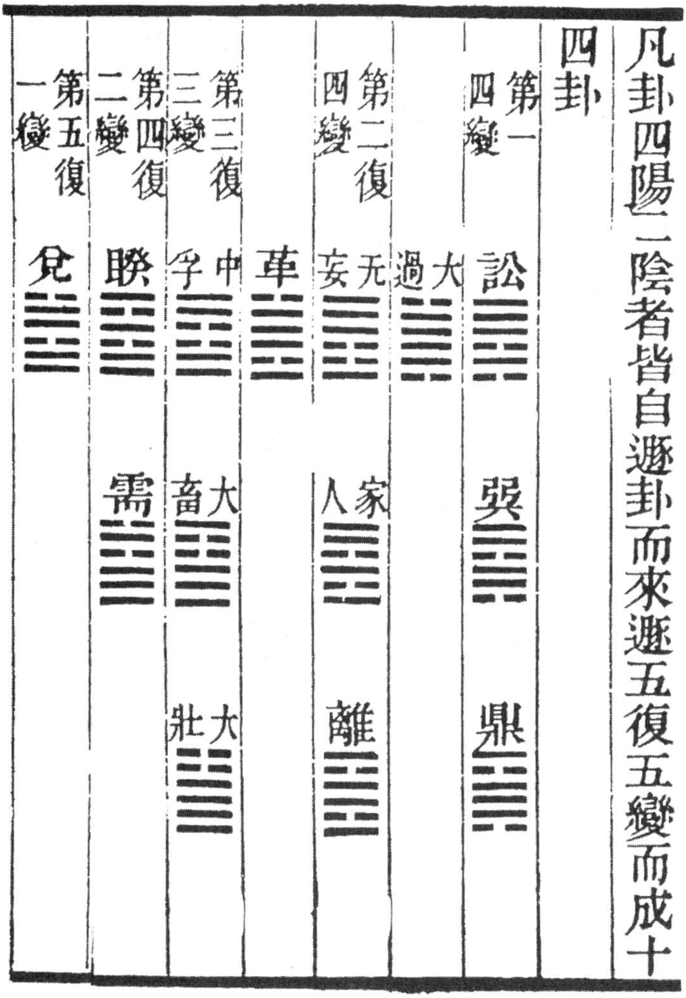

凡卦四陽二陰者皆自遯卦而來遯五復五變而成十
四卦
第一 四變 訟 巽 鼎
大過
第二復 四變 无妄 家人 離
革
第三復 三變 中孚 大畜 大壯
第四復 二變 睽 需
第五復 一變 兌

「그림 3-3」

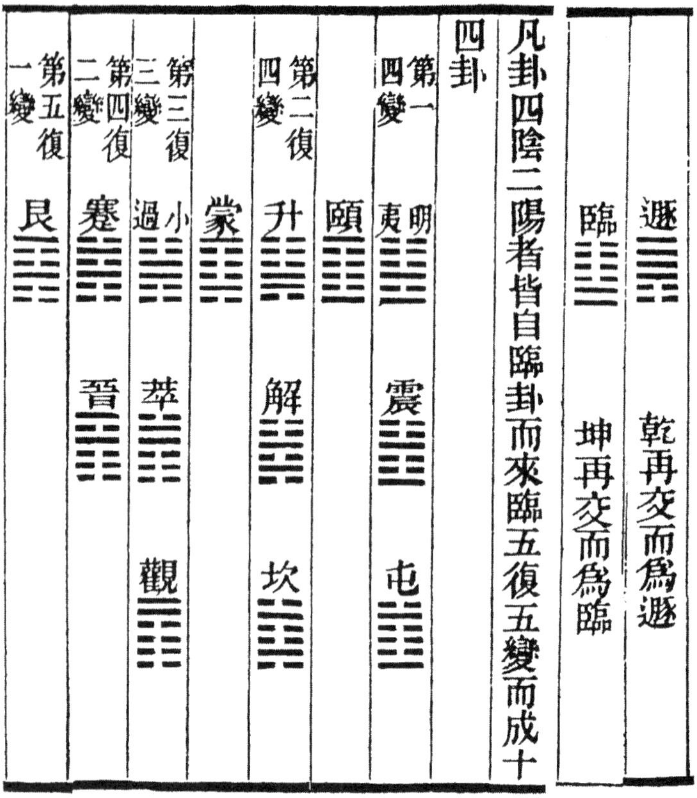

凡卦四陰二陽者皆自臨卦而來臨五復五變而成十四卦

乾再交而爲遯

坤再交而爲臨

遯

臨

第一四變 明夷

第二復四變 頤 震 屯

第二復四變 升 解 坎

第三復三變 蒙

第三復三變 小過 萃 觀

第四復二變 蹇 晉

第五復一變 艮

「그림 3-2」

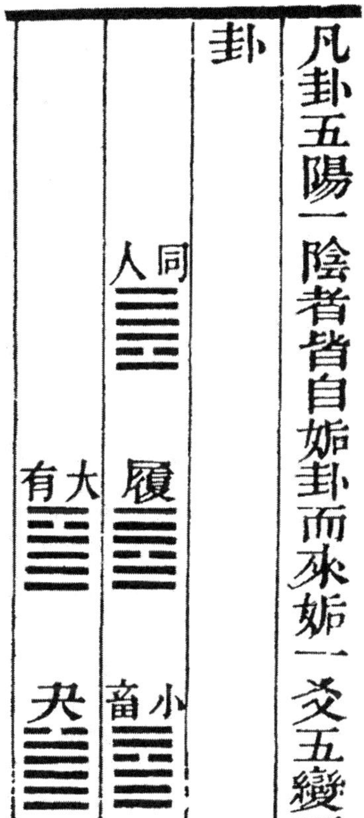

凡卦五陽一陰者皆自姤卦而來姤一爻五變而成五卦

同人 ䷌

履 ䷉

小畜 ䷈

大有 ䷍

夬 ䷪

「그림 3-1」

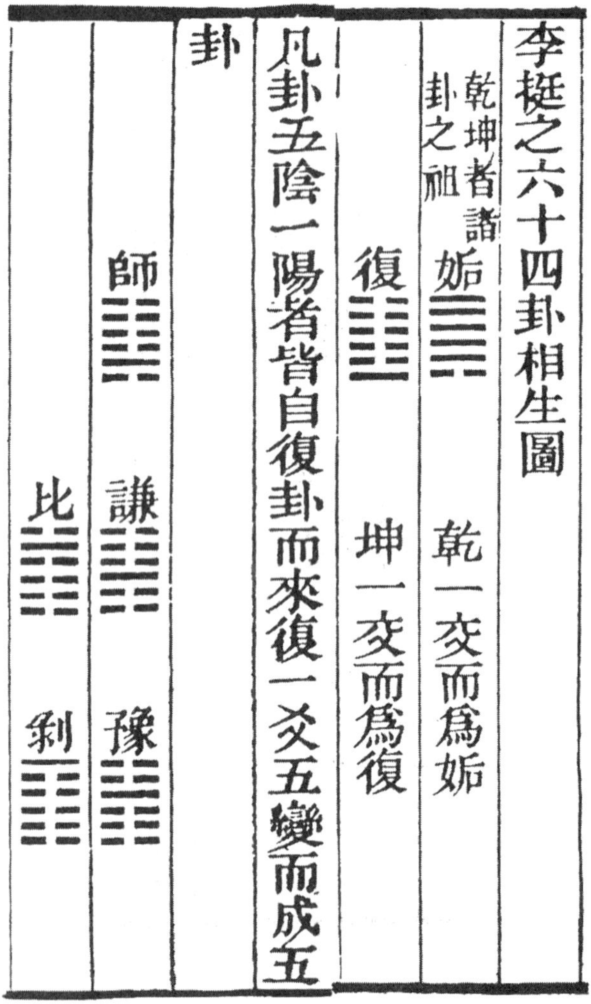

李梴之六十四卦相生圖

乾坤者諸卦之祖

姤 ䷫

復 ䷗

乾一変而爲姤

坤一変而爲復

凡卦五陰一陽者皆自復卦而來復一爻五變而成五卦

師 ䷆

謙 ䷠

豫 ䷏

比 ䷇

剝 ䷖

「그림 2-4」

坤卦下生三陽各六變反對變十二卦圖第八

「그림 2-3」

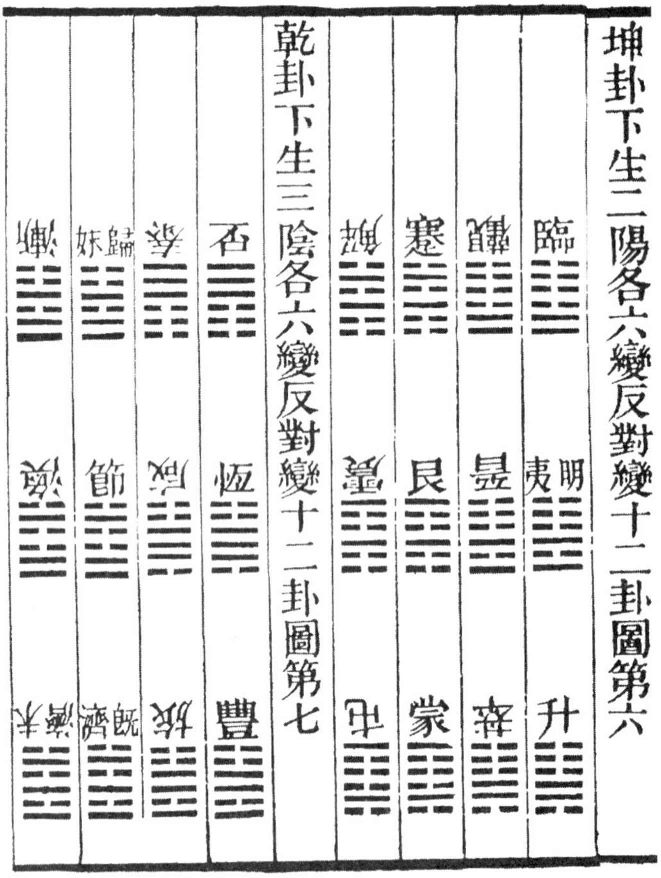

「그림 2-2」

坤卦一陽下生反對變六卦圖第四

復 師 謙

乾卦下生二陰各六變反對變十二卦圖第五

遯 訟 无妄

睽 兌 革

人 ䷿ 隨

「그림 2-1」

李挺之變卦反對圖

乾坤二卦爲易之門萬物之祖圖第一 舊本曰功成無爲圖

乾老陽 ䷀

坤老陰 ䷁

乾坤相索三變六卦不反對圖第二

坤體而乾來交 頤 ䷚

乾體而坤來交 大過 ䷛

孚 中孚 ䷼

小過 ䷽

坎 ䷜

離 ䷝

乾卦一陰下生反對變六卦圖第三

姤 ䷫

同人 ䷌

履 ䷉

夬 ䷪

大有 ䷍

小畜 ䷈

「그림 1-5」

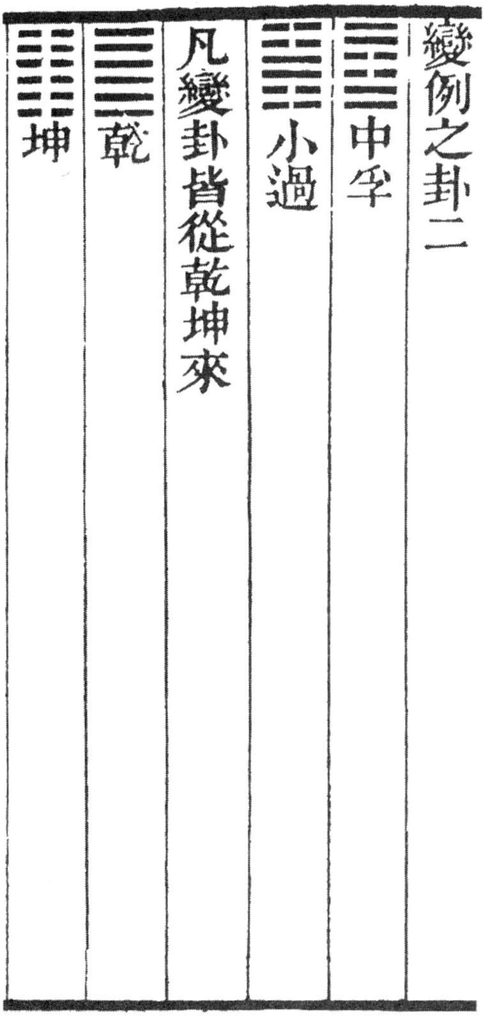

變例之卦二　中孚　小過　凡變卦皆從乾坤來　乾　坤

「그림 1-4」

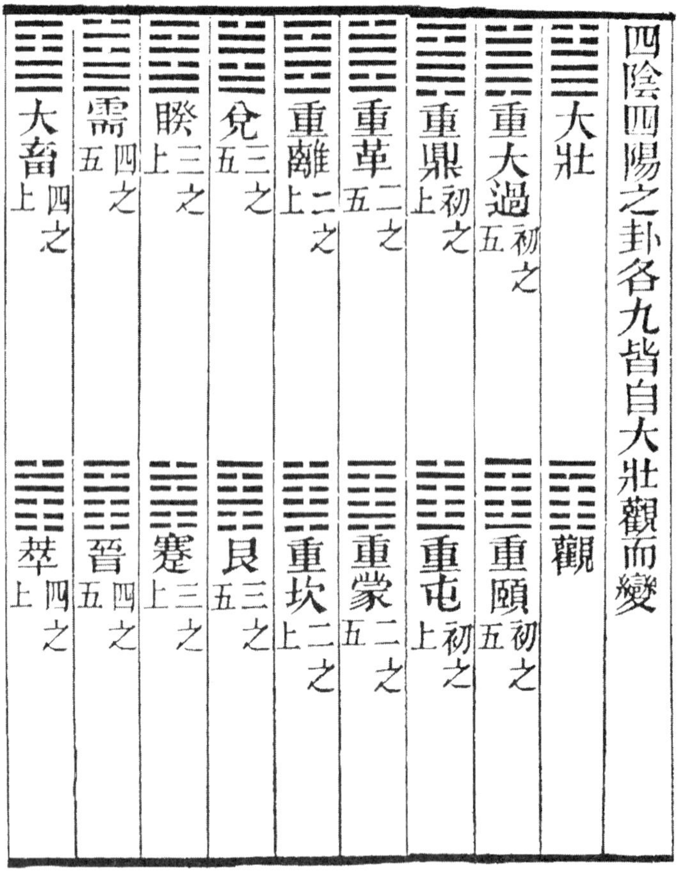
四陰四陽之卦各九皆自大壯觀而變
大壯
觀
重大過 初之五
重頤 初之五
重鼎 初之上
重屯 初之上
重革 二之五
重蒙 二之五
重離 二之上
重坎 二之上
兌 三之五
艮 三之五
睽 三之上
蹇 三之上
需 四之五
晉 四之五
大畜 四之上
萃 四之上

「그림 1-3」

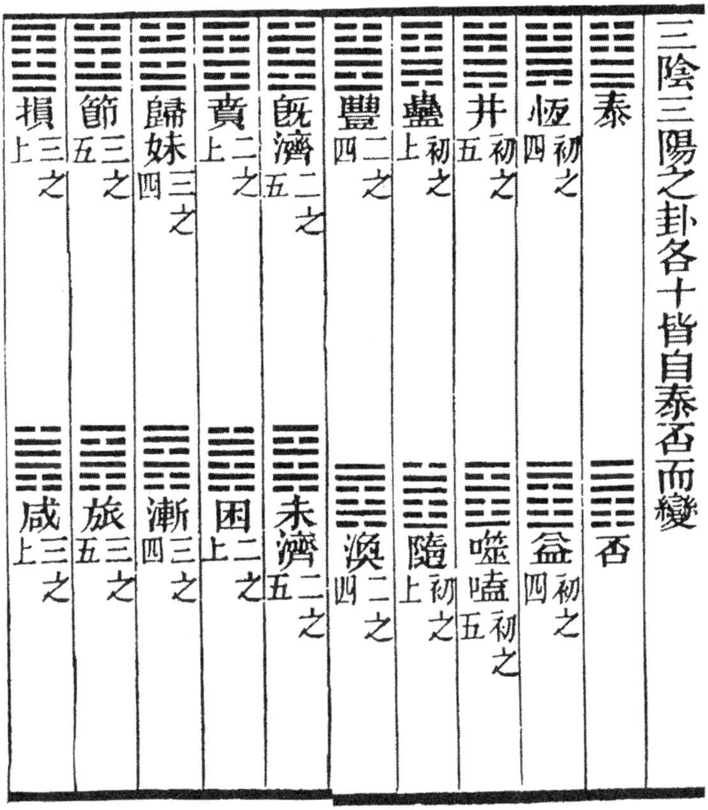

三陰三陽之卦各十皆自泰否而變

泰
恆 初之四
井 初之五
蠱 上之初
豐 二之四
既濟 二之五
賁 上之二三
歸妹 三之四
節 三之五
損 上之三

否
益 初之四
噬嗑 初之五
隨 上之初
渙 二之四
未濟 二之五
困 上之二
漸 三之四
旅 三之五
咸 上之三

「그림 1-2」

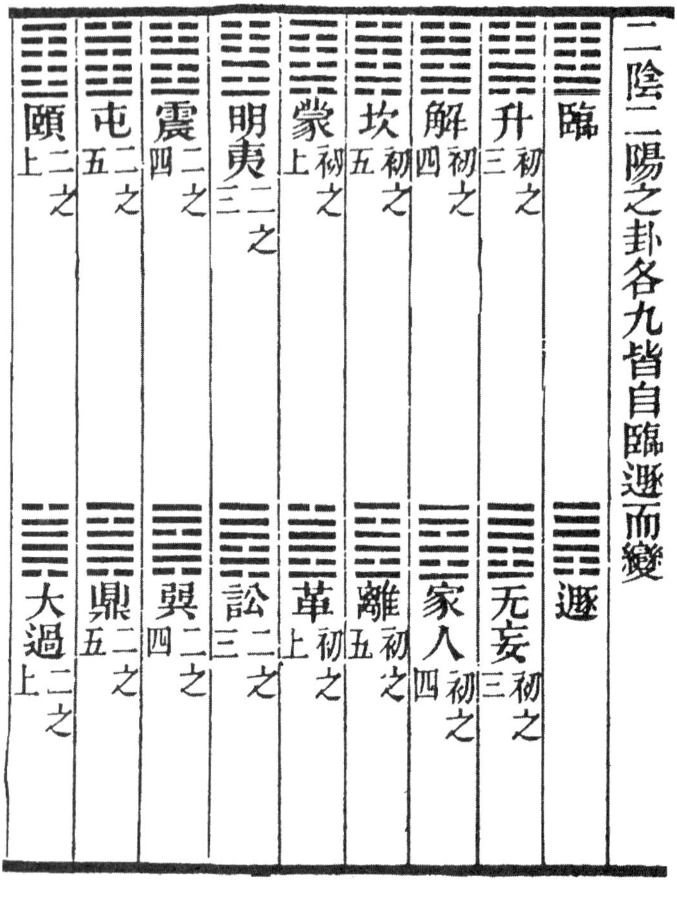

二陰二陽之卦各九皆自臨遯而變

臨　遯

明夷 二之三　无妄 初之三
蒙 二之上　家人 初之四
坎 初之五　離 初之五
解 初之四　革 二之上
升 初之三　訟 二之三
震 二之四　巽 二之四
屯 二之五　鼎 二之五
頤 二之上　大過 二之上

「그림 1」

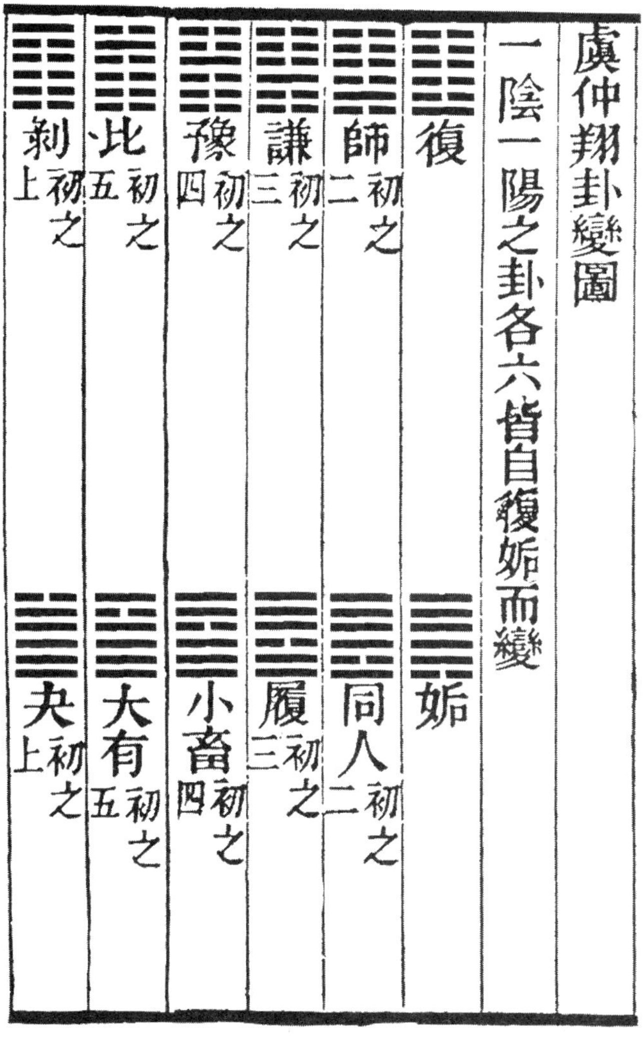

虞仲翔卦變圖

一陰一陽之卦各六皆自復姤而變

復
師 初之二
謙 初之三
豫 初之四
比 初之五
剝 初之上

姤
同人 初之二
履 初之三
小畜 初之四
大有 初之五
夬 初之上

參 考 文 獻

1. 工具類

郭璞, 『爾雅』, 大田:學民文化社, 1992.
呂紹綱, 『周易辭典』, 吉林:新華書店, 1992.
伍華, 『周易大辭典』, 廣州:中山大學出版社, 1993.
張其成, 『易學大辭典』, 北京:華夏出版社, 1995.
張英, 『淵鑑類函』, 臺北:新興書局, 1986.
許愼·段玉裁, 『說文解字注』, 臺北:天工書局, 1996.
諸橋轍次, 『大漢和辭典』, 東京:大修館書店, 1999.
『漢韓大辭典』, 서울:檀國大學校 東洋學研究所, 2008.
白川靜, 『字通』, 東京:平凡社, 1997.
『中國歷代人名大辭典』, 上海:上海古籍出版社, 1999.

2. 原典類

1) 丁若鏞에 관한 原典

丁若鏞, 『與猶堂全書』, 서울:驪江出版社, 1992.
丁若鏞, 『與猶堂全書補遺』, 서울:景仁文化社, 1975.
丁若鏞, 『周易四箋』, 서울:民昌文化社, 1995.
丁若鏞, 『易學緒言』, 서울:民昌文化社, 1995.
丁奎英, 『俟菴先生年譜』, 서울:民昌文化社, 1994.

2) 其他 原典

(1) 外國原典
江愼修, 『河洛精蘊』, 北京:學苑出版社, 1995.

顧炎武, 『日知錄集釋』, 長沙:嶽麓書社, 1996.
高亨, 『周易大傳今注』, 山東:齊魯書社, 1998.
高懷民, 『兩漢易學史』, 臺北:中華學術著作獎勵委員會, 1983.
『國語』, 吉林:吉林人民出版社, 1996.
屈萬里, 『屈萬里先生全集』, 臺北:聯經出版事業公司, 1984.
寄敖山房, 『易經備旨』, 上海:文藏書局, 1904.
金景芳, 『周易・繫辭傳新編詳解』, 沈陽:遼海出版社, 1998.
都絜, 『易變體義』, 臺北:廣文書局, 1994.
杜預, 『春秋左氏傳注』, 大田:學民文化社, 1990.
來知德, 『來注易經圖解』, 上海:江東茂記書局, 연대미상.
毛奇齡, 『仲氏易』, 臺北:廣文書局, 1974.
邵雍, 『皇極經世緒言』, 上海:校經山房, 1920.
邵雍, 『皇極經世易知』, 臺北:集文書局, 1981.
楊家駱, 『周易注疏及補正』, 臺北:世界書局, 1963.
永瑢・記昀, 『四庫全書總目提要』, 河北:人民出版社, 2000.
『禮記集說』, 朝鮮:內閣藏板, 1803.
吳澄, 『易纂言外翼(中國古代易學叢書17)』, 北京:中國書店, 1993.
王夫之, 『船山全書』, 長沙:嶽麓書社, 1996.
王應麟, 『翁注困學紀聞』, 臺北:臺灣商務印書館, 1978.
王引之, 『經義述聞』, 南京:江蘇古籍出版社, 2000.
熊十力, 『熊十力全集』, 武漢:湖北敎育出版社, 2001.
熊十力, 『體用論』, 北京:中華書局, 1996.
兪琰, 『讀易擧要』, 上海:上海古籍出版社, 1990.
兪琰, 『參同契發揮』, 天津:天津古籍出版社, 1988.
劉勰, 『文心彫龍全譯』, 龍必錕 譯注, 貴陽:貴州人民出版社, 1996.
李光地, 『周易折中』, 北京:九州出版社, 2002.
李鼎祚, 『周易集解』, 臺北:世界書局, 1963.
李衡, 『周易義海撮要』, 上海:上海古籍出版社, 1989.
李煥明, 『比較易學論衡』, 臺北:文史哲出版社, 1995.
張惠言, 『張惠言易學十書』, 臺北:廣文書局, 1970.
程顥・程頤, 『二程全書』, 臺北:臺灣中華書局, 1986.
程頤・朱熹, 『易程傳・易本義』, 臺北:世界書局, 1963.

『周禮』, 朝鮮:嶺營板, 연대미상.
朱伯崑, 『易學哲學史』, 臺北:藍燈文化事業股份有限公司, 1991.
朱伯崑(外), 『周易知識通覽』, 山東:齊魯書社, 1996.
朱震, 『漢上易傳』, 臺北:廣文書局, 1974.
朱熹, 『朱子全書』, 上海:上海古籍出版社, 2002.
朱熹, 『朱子大全』, 臺北:臺灣中華書局, 1983.
朱熹, 『朱子語類』, 北京:中華書局, 2004.
朱熹, 『周易參同契考異』, 天津:天津古籍出版社, 1988.
曾春海, 『晦庵易學探微』, 臺北:輔仁大學出版社, 1983.
陳夢雷, 『周易淺述』, 上海:上海古籍出版社, 1993.
蒼頡・鄭康成, 『易緯』, 臺北:新興書局, 1966.
焦循, 『易學三書』, 臺北:廣文書局, 1992.
馮友蘭, 『中國哲學史』, 臺北:臺灣商務印書館, 1996.
杭辛齋, 『學易筆談』, 臺北:廣文書局, 1992.
那文, 『帛書周易硏究』, 北京:人民出版社. 1997.
惠棟, 『周易述』, 天津:天津古籍書店, 1987.
胡廣(等), 『性理大全』, 山東:山東友誼書社, 1989.
胡廣(等), 『周易傳義大全』, 朝鮮:內閣藏板, 1760.
胡渭, 『易圖明辨』, 臺北:廣文書局, 1994.
黃宗羲 著, 沈善洪 主編 『黃宗羲全集』, 杭州:浙江古籍出版社, 2005.
黃宗羲, 『宋元學案』, 臺北:中正書局, 1954.
黃宗羲, 『易學象數論』, 臺北:廣文書局, 1981.
鎌田 正, 『春秋左氏傳』, 東京:明治書院, 2002.
高田 淳, 『王船山易學述義』, 東京:汲古書院, 2000.
公田連太郎, 『易經講話』, 東京:明德出版社, 1997.
今井宇三郎, 『易經』上 下, 東京:明治書院, 2001.
大野 峻, 『國語』, 東京:明治書院, 1998.
本田 濟, 『易學』, 東都:平樂寺書店, 1994.
山下 靜雄, 『周易十翼の成立と展開』, 東京:風間書局, 1974.
沈一貫, 『老子通』, 東京: 東洋大學出版部, 1909.
鈴木由次郎, 『漢易硏究』, 東京:明德出版社, 1963.
眞勢中州, 『漢籍國字解全書』, 東京:早稻田大學出版部, 1926.

焦竑, 『漢文大系』, 東京:富山房, 1994.
戶田豊三郞, 『易經注釋史綱』, 東京:風間山房, 1968.
Needham, Joseph. Science and Civilisation in China. Cambridge: Cambridge University Press,1996.
Pepper, Stephen C, *World Hypotheses*, Berkeley: University of California Press, 1970.
Schwartz, Benjamin I. *The World of Thought in Ancient China* Cambridge: Harvard University Press, 1985.
Wilhelm, Richard. *Lecture on the I Ching*, tran. Irene Eber. Princeton: Bolling Series, Princeton University Press, 1979.
Perkins, Pranklin. *Leibniz and China*─A Commerce of Light, Cambridge: Cambridge University Press, 2004.
Lamprecht, Starling Power. *Our Philosophical Traditions*─A Brief History of Philosophical in Western civilization, New York Appleton─Century─Crofts, Inc. 1955.

(2) 國內原典

徐敬德, 『花潭集』, 朝鮮, 乙巳殷山本.
申綽, 『易次故(韓國經學資料集成109, 易經23)』, 서울:成均館大學校大東文化硏究院, 1996.
李瀷, 『易經疾書(韓國經學資料集成98, 易經12)』, 서울:成均館大學校大東文化硏究院, 1996.
李滉, 『啓蒙傳疑(韓國經學資料集成88, 易經2)』, 서울:成均館大學校大東文化硏究院, 1996.

3. 一般文獻

1) 飜譯書

高懷民, 『中國古代易學史(先秦易學史)』, 숭실대동양학연구실역, 서울: 숭

실대학출판사, 1994.
廖名春(外),『周易哲學史(周易硏究史)』, 심경호 역, 서울:예문서원, 1994.
朱熹,『易學啓蒙』, 김상섭 역, 서울:예문서원, 1994.
다카다 아쓰씨,『周易이란 무엇인가』, 李基東 역, 서울:여강출판사, 1993.
야마다 케이지,『朱子의 自然學』, 김석근 역, 서울:통나무, 1996.
Lamprecht, Sterling Power,『西洋哲學史』, 金泰吉(外) 역, 서울:乙酉文化社, 2000.

2) 國內著書

朴鍾鴻,『朴鍾鴻全集』, 서울:민음사, 1998.
實是學舍經學硏究會,『茶山과 石泉의 經學論爭』, 서울:한길사, 2000.
李乙浩,『茶山經學思想硏究』, 서울:을유문화사, 1966.
李乙浩,『茶山의 易學』, 서울:민음사, 1993.
李乙浩,『茶山學의 理解』, 서울:현암사, 1980.
鄭寅普,『鄭寅普全集』, 서울:연세대학교출판부, 1983.
河岐洛,『朝鮮哲學史』, 서울:형설출판사, 1996.

3) 論文

(1) 外國論文(集)

顧頡剛,『古史辨』, 臺北:藍燈文化事業股份公司, 1993.
孫小禮,「Leibniz的二進制數與易圖符號」『21세기와 周易』, 서울:한국주역학회, 1998.
黃沛榮,『易學論著選集』, 臺北:長安出版社, 1991.
張政烺,『張政烺文史論集』, 北京:中華書局), 2004.

(2) 國內論文

金泳鎬,「『與猶堂全書』의 텍스트 檢討」『丁茶山硏究의 現況』, 서울:民音社, 1990.

金王淵, 「茶山 易學의 硏究」, 박사학위논문, 고려대학교 대학원, 1989.
『茶山實學思想論文集』, 서울:불함문화사, 1994.
朴籌丙, 「丁茶山 易學에 있어서 易理四法에 대한 硏究」, 석사학위논문, 영남대학교대학원, 1998.
鄭炳碩, 「易經象徵体系의 函義」『周易의 現代的照明』, 서울:汎洋社, 1993.
丁海王, 「周易의 解釋方法에 관한 硏究」, 박사학위논문, 부산대학교대학원, 1990.
韓國周易學會, 『周易의 現代的 照明』, 서울:汎洋社, 1993.
韓國周易學會, 『21世紀와 周易』, 서울:韓國周易學會, 1998.
韓國周易學會, 『周易硏究』, 第3輯, 서울:韓國周易學會, 1999.

Ph. D. Thesis

The Study on Trigrams and Hexagrams of I Ching
− centered on Chong Yak-yong(丁若鏞)'s I-Xue −

Park, Joo-Byung

Department of Philosophy
Graduate School
Yeungnam University

(Supervised by Prof. Dr. Jung, Byung-Seok)

Abstract

Trigrams and hexagrams(卦) and the oracle texts(易詞) compose I Ching but they were not organized at the same time. It is commonly believed that the oracle texts were written according to shiang(象) that trigrams and hexagrams have. So trigrams and hexagrams are the beginning and the bone of I Ching. But this refers only to the visible form. It doesn't mean that trigrams and hexagrams can be the beginning of I Ching without the places that they are based. Chong Yak-yong(1762~1836) said trigrams and hexagrams express things figuratively. But the expression is not one to one. It is one to multi. So they have the meaning of symbol. He said the shiangs of all things stayed trigrams and hexagrams and yao(爻) but saints chose only one or some to make the oracle texts.

It is because of the change of them that we can say the shiangs of all things stay trigrams and hexagrams and yao. Trigrams and hexagrams are all the changes themselves when we take a view of change. King hexagram(辟卦) makes the root and expanded hexagram(衍卦) regenerates from it and forms yaobian(爻變). Chong Yak-yong called these changes as 'three changes in I Ching' and trigrams and hexagrams can be eternal through the three changes. It is the same with the changes that starts from quin(乾) and kun(坤) and ends to jiji(旣濟) and mingyi(未濟) but repeats again and again. Quin and kun of Eight trigrams(八卦) can be the beginning, the door and window of I Ching. Kan(坎) and li(離) are the ends of I Ching but they are connected to quin and kun. So I Ching ends up with mingyi hexagram that means incompletion. Therefore the universe that I Ching symbolizes means the eternity. This is all the changes of trigrams and hexagrams.

Trigrams and hexagrams exist as a shape of change. The shape is shiang. It is the oracle texts that express these changes and shiang with a minimum words. So trigrams and hexagrams and the oracle texts are only the signs of all things in Chong Yak-yong's I-Xue. In a word, all is change when we take a view of change and all is shiang when we take a view of shiang. Hsi-tz'u Chuan(繫辭傳) expresses the former like this; "Only change follows(唯變所適).", and the latter; "I Ching is shiang and shiang is modeling(易者象也 象也者像也)." And the ultimate purpose of this study is to inquire how the changes and shiang include the time and space of I Ching. By the way, we feel I Ching is difficult. I think that it's because there's no systematic and interrelative theory about trigrams and hexagrams. So through this study I want to systemize the theories of trigrams and hexagrams by grouping them according to the characters. In other words I plan to control traffics; traffics of trigrams and hexagrams. Consequently, the direction of this study is to grasp the principles of all trigrams and hexagrams on the whole, not to inquire each trigrams and hexagrams one by one. In detail, first, how are trigrams and hexagrams drawn? Second, what principles make trigrams and hexagrams exist? Third, how are trigrams and hexagrams inspired by the Shang Ti(the Ruler Above, 上帝)? Finally, how are the changes of trigrams and hexagrams planned? Chong Yak-yong's I-Xue explains each word and each sentence of I Ching with shiang that all trigrams and hexagrams have. So it makes shiang consistent with the oracle texts. It is a great blessing to meet Chong Yak-yong's I-Xue and it is enough to arouse our pride.

附錄

야광주(夜光珠)가 침몰하면

　정약용(丁若鏞)의 「자찬묘지명(집중본)」과 그의 현손인 정규영이 1921년에 편찬한 「사암선생 연보」에 의하면(사암俟菴은 정약용의 호) 정약용이 40세가 되던 해(순조 원년, 辛酉, 1801)에 신유옥사(辛酉獄事)에 걸려들어 그 해 음력(이하 모두 음력) 2월 8일에 입옥되었다가 27일에 경상도의 장기로 귀양을 가게 되었다. 그 해 10월 '황사영(黃嗣永) 백서사건(帛書事件)' 때 다시 체포되어 입옥되었다가 11월에 강진으로 이배(移配)되었다. 무슨 죄가 그토록 무거웠던가. 「상례사전서」(喪禮四箋序)에서 그는 이렇게 말하고 있다.

> 강진은 옛날 백제의 남쪽 변방으로 땅이 낮고 비열한 풍속이 특이했다. 이때에 이곳 백성들이 유배된 사람 보기를 마치 큰 독(毒)과 같이 해서 이르는 곳마다 모두 문을 부수고 담장을 허물고 달아났다. 한 노파가 나를 가련하게 여겨 머무르게 해 주었다. 이후에 나는 창문을 막아 버리고 밤낮 혼자 외로이 처해서 더불어 이야기할 사람이 없었다. 이에 흔연히 스스로 경하하기를, "내가 여가를 얻었도다."[余得暇矣]라고 하고…….

　고독을 여가로 전환시킨 정약용. 그는 문을 닫아걸고 예서(禮書)를 읽게 되지만 이내 오직 『주역』 연구에만 몰두하게 되었다. 유배된 지 7년이 되기까지 네 번을 고쳐 다섯 번을 써서 드디어 『주역사전』(周易四箋)(처음에는 『周易心箋』이라 했다)이라는 정약용의 일생일대의 회심작을 완성하게 된 거다. 이때가 47세(순조 8, 戊辰, 1808)였지만 풍비(風痹)를 얻어 폐인이 된 지가 한참 되었다. 장자 학연(學淵)에게 주는 「학연에게 보이는 가계」[示學淵家誡]라는 글에서 "나는 지금 풍병으로 사지를 못 쓰니 이치로 보아 오래 살 것 같지 않다."[吾今風痹癱瘓理不能久]라고 했듯이 자신의 죽음이 멀지 않다고 생각한 그는, 이 책을 얼른 세상에 펴게 되기를 조바심하면서 경상도 사람 윤영희(尹永僖, 字는 畏心, 정조 10년에 문과에 급제하여 校理 등을 역임. 신유옥사 때 정약용에게 정보를 제공해 주는 등 평생 동안 정약용과 친한 친구였다.)라는 친구에게 서찰을 띄웠다. 이 서찰에서 문왕(文王)이 유리(羑里)의 7년 감옥살이에서 『주역』을 연역한 것에 빗댄 것은 아니라고 말하고 있지만 그 또한 귀양살이 7년 만에 『주역사전』을 완성하게 되었다면서 그 내력을 이렇게 말했다.

> 옛날의 성현들은 우환이 있을 적마다 『주역』으로 처리하였습니다. 내가 오늘의 처지를 감히 옛날 성현들께서 조우하셨던 바에 비기는 것은 아니지만, 그 고생스러움과 궁액을 만난 사정은 현불초(賢不肖)가 같은가 봅니다. 7년 동안 유락하여 문을 닫고 홀로 칩거하니, 노비들도 나와는 같이 서서 얘기도 하려고 하지 않았습니다. 그러므로 낮에 보는 것이라고는 오직 구름의 그림자와 하늘의 빛뿐이요, 밤에 듣는 것이라곤 벌레 소리와 바람결에 불리는 대나무 소리뿐이었습니다. 정적이 오래 되니 정신과 생각이 모여서 옛 성인의 글에 전심치지할 수가 있어, 자연히 울타리 밖으로 새어 나오는 불빛을 엿볼 수

가 있게 되었을 따름입니다.

옛 성현들이 우환이 있을 적마다 『주역』으로 처리했다는 말은 "역을 지은 분은 아마도 우환이 있었을진저."[作易者其有憂患乎]라고 한 공자의 말을 의미한다. 성현의 울타리 안에서 새어 나오는 불빛을 볼 수 있게 되었다고 자신의 공부의 경지를 겸손하고 완곡하게 표현했다. 그러나 그에게도 『주역』은 진정 난해한 경전이었던 모양이다. 『주역』 연구에 몰입하게 된 경위를 이 서간문에서 그는 이렇게 말하고 있다.

> 무릇 천하에 사고(四庫)의 많은 책과 이유의 비문[二酉之祕][1] 등 책이라고 이름한 것은 어느 것이나 실망하여 책을 덮은 적이 없었는데 홀로 『주역』만은, 바라보면 기가 꺾여 탐구하고자 하여도 감히 손을 못 댄 적이 여러 번이었습니다.
> 신유 년(순조1, 1801) 봄에 장기로 귀양가서, 가을에 나의 운명을 점쳐서 준지복괘(屯之復卦)를 만난 꿈을 꾸고 깨어나서는 기뻐하여, 처음에는 준(屯)했으나 그 준이 변하여 양(陽)이 돌이켜진다는 것이니 아마도 종국에는 경사가 있지 않겠는가라고 생각했었는데 그 점은 맞지 않았고, 또 서울로 체포되어 왔다가 다시 강진으로 귀양을 왔습니다. 그 이듬해 봄에 「사상례」(士喪禮)[2]를 읽고, 이어서 상례에 관한 여러 책을 읽어 보니 주(周)나라의 고례(古禮)는 대부분 『춘추』(春秋)에서 증거를 취하였다는 걸 알게 되어서 『춘추좌씨전』(春秋左氏傳)을 읽기로 하였습니다. 기왕 『좌전』(左傳)을 읽기로 한 것이니 상

---

[1] 중국 호남성에 있는 大酉山, 小酉山의 동굴에서 1천 권의 고서가 발견되었다. 전하여 많은 장서를 이르는 말이 되었다.
[2] 『儀禮』의 편명. 士가 부모의 상을 당하여 죽는 순간부터 빈소 차리는 때에 이르기까지의 예를 기록한 것.

례에 마땅치 않는 것이라 해도 널리 읽지 않을 수가 없어 마침내 『춘추』에 실려 있는 관점(官占)의 법에 대해 때때로 완색하여, 「진경중적제지서」(陳敬仲適齊之筮, 莊公 22년)와 「진백희가진지서」(晉伯姬嫁秦之筮, 僖公 15년)와 같은 곳의 상하(上下)를, 실마리를 뽑아내어 찾아 한눈팔지 않고 깨닫는 듯하다가도 도리어 황홀하고 어렴풋하여 도저히 그 문(門)을 얻을 수가 없었습니다. 의심과 울분이 심중에 교차되어 거의 먹는 것을 폐하려고 했습니다. 이에 모든 예서를 다 거두어 갈무리하고 오로지 『주역』 한 벌만을 책상 위에 놓고 밤낮을 이어 깊이 잠심하고 완색했으니, 대개 계해 년(42세, 순조 3, 1803) 늦은 봄부터는 눈으로 보는 것, 손으로 만지는 것, 입으로 읊는 것, 마음으로 생각하는 것, 필묵으로 쓰는 것에서부터 밥상을 대하고, 변소에 가고, 손가락을 튀기고, 배를 문지르는 것까지 어느 것도 『주역』이 아닌 것이 없었습니다.

그의 공부는 『예서』에서 『춘추』로, 『춘추』에서 『주역』으로 성난 불길처럼 옮아가게 되고, 이렇게 하여 그는 마침내 『주역』의 이치를 꿰뚫어 알아 가면서 『주역사전』의 집필에 들어갔다고 적고 있는데, 이 무렵에 그는 「우래십이장」(憂來十二章)이라는 시를 남겼다. 12장 가운데 제3장을 옮겨 본다.

　　一 顆 夜 光 珠
　　偶 載 賈 胡 船
　　中 洋 遇 風 波
　　萬 古 光 不 白

　　한 알의 야광주가

우연히 중국 장삿배에 실렸다가
바다 한가운데서 풍파를 만나니
만고에 그 빛을 다시는 볼 수 없네

『주역사전』을 쓰고 있는 자신과 그 연구의 성과를 두고 야광주에 비기고, 그러나 자신이 이대로 침몰하고 말면 만고에 『주역』의 빛은 다시는 볼 수가 없을 것이라고 탄식하고, 체념하고, 또 자부하고 있다.

정약용이 보낸 『주역심전』(周易心箋)에 그의 중형 정약전이 서문을 쓰면서 이렇게 말했다.

…… 만년에 바닷가(강진)로 귀양을 가서 『주역사해(주역심전)』를 지었는데 나는 처음에는 놀랐고 중간에는 기뻤고 끝에는 무릎이 굽혀지는 줄도 깨닫지 못했다.…… 미용(美庸:정약용의 字)은 동이(東夷)의 사람이요, 후생의 끝이다. 사승(師承)의 도움도 없었고 홀로 보고 홀로 깨쳤으나 조그만 칼로 가르고 베는 기세가 대를 쪼개는 것과 같다. 구름과 안개가 걷히면 노예도 하늘을 본다. 이제부터는 누가 미용을 삼성(三聖)의 양자운(揚子雲)이 될 수 없다고 말할 수 있으랴! …… 가령 미용이 편안하고 부하고 높고 영화로웠다면 반드시 이런 책을 이루지 못했을 것이다…… 미용이 뜻을 얻지 못한 것은 곧 아우 자신을 위해서 행운이요, 홀로 우리 유학계만 행운인 것이 아니다. 내가 미용보다 몇 살 위지만 문장과 학식은 그의 아래가 된 지 오래다. 거칠고 얕은 말로 이 책을 더럽힐 수 없으나 선배가 영락하면 백세(百世)를 기다리기 어려우니 하늘 아래 땅 위에 이 책을 만든 자는 미용이요 이 책을 읽는 자는 오직 나인데, 내가 또 어찌 한마디 칭찬이 없을 수 있겠는가. 단지 나는 바다 섬에 갇힌 죄인으로 죽을 날이 얼마 남지 않았으니 미용과 더불어 한세상 한 형제가 될 수 있으랴!

이 책을 읽고 이 책에 서문을 쓰는 것으로 또한 족하다. 나는 참으로 유감이 없다. 아! 미용도 또한 유감이 없을 것이다.

선배가 영락하면 백세(百世)를 기다리기 어렵다는 말은 '사암'(俟菴)이라는 정약용의 호에 빗대어 한 말이다. 사암이란 말은, "백세(百世)로써 성인을 기다려도 미혹되지 않는다."[百世以俟聖人而不惑]라는 『중용』의 한 구절에서 얻어 왔거니와 손암 자신이 죽고 나면 이 책을 후세에 성인이 나와야 알아볼 터인데, 성인을 두고 어찌 백세 즉 3천년을 기약하겠는가라는 뜻이다.[3]

불운이 행운이라는 정약전의 이 역설에 점두하는 사람은 많을 것이다. 이 저술이야말로 그의 만년 대작 정법삼서(政法三書)인 일표이서(一表二書)[4]로 표방한 그의 국가개혁 사상의 뿌리가 되었다는 사실을 아는 사람이라면 더욱 그러하다. 일표이서가 나오기 전이니 정약전은 차치하고라도 오늘날의 학자들이 정약용의 국가개혁사상을 논하면서 하나같이, 유배 초기에 확립된 정약용의 역학사상이 그의 개혁사상의 뿌리였음을 보지 못하는 것은 참으로 안타까운 일이다.

그는 「두 아들에게 보이는 가계」[示二子家誡]라는 글에서 다음과 같이 학연(學淵) 학유(學游) 두 아들을 꾸짖어 가르치고 있다.

내가 죽은 뒤에 아무리 정결한 희생과 풍성한 안주를 진설해 놓고 제사를 지내 준다 하더라도 내가 흠향하고 기뻐하는 것은, 내 책 한 편

---

3) '기다리다'라는 뜻을 가진 '사암'은, "귀신한테 물어도 의심이 없고 백세(百世)로써 성인을 기다려도 미혹되지 않는다[質諸鬼神而無疑 百世以俟聖人而不惑]."라는 『중용』의 한 구절에서 취했다고 담원(薝園) 정인보(鄭寅普)는 말한다.
4) 經世遺表(初名 邦禮草本, 未完, 56세), 牧民心書(57세 봄), 欽欽新書(58세 여름).

을 읽어 주고 내 책 한 장(章)을 베껴 주는 것보다는 못하게 여길 것이니 너희들은 그 점을 기어해 두어라.

『주역사전』은 내가 하늘의 도움을 얻은 문자이며 절대로 인력으로 통할 수가 있거나 지혜와 생각이 다다를 바가 아니다. 능히 이 책에 잠심하여 오묘를 두루 통하는 자가 있다면 곧 자손이며 벗이니 천재일우이더라도 애지중지하여 보통의 인정을 배로 하여 대하여라.……이『주역사전』과『상례사전』만 전습할 수가 있다면 다른 것들은 폐기한다 하더라도 괜찮겠다. 나는 가경 임술 년(순조 2, 1802) 봄부터 곧장 저술하는 것을 업으로 삼아, 붓과 벼루를 울타리와 담장으로 하고, 이른 아침부터 밤늦게까지 쉬지 않았다.[蚤夜不息] 왼쪽 어깨가 마비되어 마침내 폐인이 되고, 시력이 아주 어두워져서 오직 안경에만 의지하게 되었다. 이렇게 하는 것은 어째서냐? 너희들(두 아들)과 학초(學樵:중형 丁若銓의 長子)가 있기에 전술(傳述)하여 떨어뜨리지 않을 것으로 생각했는데, 지금 학초는 불행히 단명하였고, 너희들은 영락하여 사람이 적은 데다, 성미마저 경전을 좋아하지 않고 오직 후세의 시율(詩律)만을, 얕은맛을 조악하게 알고 있으니『주역사전』과『상례사전』두 책이 결국 멸하고 어두워져서 빛나지 못하는 지경에 이를까 참으로 두렵구나.

이 글은 "가경 무진 년(47세, 순조 8, 1808) 중하에 여유병옹(與猶病翁)이 다산정사에서 쓰노라."라고 되어 있으니『주역사전』을 완성하던 해가 된다.

이리하여 정약용은『상례사전』과『주역사전』두 책 가운데 특히『주역사전』만이라도 세상에 펴주길, 미거한 그의 아들들보다 그의 친구 윤외심에게 기대를 걸게 되었던 것이다. 「윤외심에게 드림」[與尹畏心]이라는 서찰은 그것을 위하여 쓰게 되었고, 이 서신의 마지막은 이렇게 끝맺고 있다.

> ……중풍으로 마비되고 뼈가 아파 죽을 날이 멀지 않았는데, 드디어 입다물어 펴지 않고 머금은 채 땅속으로 들어가면, 성인을 저버리는 것이 심하다고 스스로 생각하였습니다. 온 세상을 두루 살펴보아도 오직 그대만이 비루하다 하지 않고 버리지도 않을 것 같아 작은 종이에 침울한 심정을 대략 밝혔사오니, 그대는 잘 살펴 동정해 주십시오.

정약용은 자신의 『주역사전』을 두고 "하늘의 도움을 얻은 문자를 얻었으며"[得天助之文字]이며 "절대로 인력으로 통할 수가 있거나 지혜와 생각이 다다를 바가 아니다."[萬萬非人力可通智慮所到]라고 했다. 야광주에 비기기도 했다. 그것이 전해지지 않을까 애를 태운 건 당연하지 않는가.

附錄

天道를 묻다

　열 너덧 살 무렵이었다. 『주역』(周易)은 내게로 정명처럼 다가왔다. 광복이 되고 왜놈들이 물러갔지만 남북은 갈라지고 세상은 뒤숭숭하여 앞을 내다볼 수 없는 불안한 그 시절에 아버지는 역학 대가 이야산 [李也山, 名:達, 號:也山, 1889(己丑)~1958(戊戌), 延安人] 선생의 문하로 들어가시게 되었으니, 나는 저절로 『주역』을 접하게 된 거다. 농한기면 아버지는 부여로, 안면도로, 그리고 광천 등지로 야산 선생을 찾아가셨다. 일제 말엽에 난리를 피하려고 병화가 미치지 않는다는 '우복동'(牛腹洞)을 찾아 이사를 다녔던 아버지였기에, 공부를 한다기보다는 난세에 처하여 야산 선생을 정신적 지주로 삼았던 것 같다. 『주역』을 학문으로 공부한다기보다는 종교로 삼았다고나 할까. 『주역』을 주문으로 여기고, 야산 선생을 교주처럼 섬기고, '해인'(海印)이란 인영을 부적이려니 하고 남몰래 깃고대 속에 갈무리하고, '여의단'(如意丹)이란 환약을 선약인 양 몸에 지니고 다녔던 야산의 제자들은, 이리하여 병화며 무명악질을 피할 수 있으리라고 하나같이 믿었던 모양이니, 지금 생각해 보면 웃음이 절로 나온다. 그러나 비록 제자의 소행이었다고는 하지만 이 해인과 여의단으로 하여 선생의 여향(餘香)에 한 점 누를 남겼다고 하지 않을 수가 없다. 안타까운 일이다. 여의단이란 일종의 하제(下劑)에 불과했고, 해인이란 의상대사의 「법성게」(法性偈:

華嚴一乘法界圖)에서 문자를 빼고 도형만 색인 도장의 인영이었다.

　야산 선생은 앞이 조금은 보였던 모양이다. 많은 제자들을 이끌고 서쪽 바다 안면도로 들어가자 드디어 6·25가 터졌다. 야산 선생과는 달리 아버지께서는 많은 식솔들을 거느리고 피난길에 오를 수가 없었던지, 십리허에서 아홉 식구가 하룻밤 모기 밥이 되다가 이튿날 가족들은 굴비처럼 엮어서 집으로 돌아왔다. 돼지는 우리를 벗어나면 안된다고 하셨다. 낮에는 툭하면 방공호로 무슨 짐승처럼 기어들고, 밤이 이슥하면 아버지는 천문도(天文圖)를 손에 들고 하늘을 살폈다. 나는 아버지 곁에서, 장대를 휘두르면 금방이라도 우수수 떨어질 것 같은 총총한 별들을 덩달아 쳐다보면서 장대로 초롱초롱한 별 하나를 따고 싶었고, 은하수에 떠 있는 하얀 별들과 오작교와 견우직녀 이야기를 떠올리곤 했었다.

　아버지 곁에서 별을 헤아리며 마침내 학교(중학교 1학년)를 그만두고 차라리 야산 선생 밑으로 들어가 『주역』 공부나 하는 것이 좋을 듯하다는 아버지의 말씀에 나는 귀가 솔깃해져 있었다. 『주역』 공부도 공부지만 아들을 야산 선생 밑으로 보내는 것이 난리를 피하는 길이라고 생각하셨던 아버지에 대해 어머니는 단식으로 무언의 항변을 하시고…….

　이러구러 나의 소년 시절은 아이답지 않게 『주역』을 읽고, 시초(蓍草)를 헤아리고, 「홍범」(洪範)이며 「법성게」며 야산 선생의 「부문」(敷文) 같은 걸 염불하듯 달달 외우고 그리고 가끔 참선을 흉내내는 것에 재미를 느끼고 있었다.

　당시는 책이 퍽 귀할 때여서 아버지는 한 아름이 넘을 듯한 『주역』을 빌려다가 붓으로 두 벌씩이나 닥종이에 베끼셨고, 몇 해 뒤에 나는 원문뿐만 아니라 주자(朱子)의 『주역본의』(周易本義)를 철필로 한 벌 베꼈다. 겨울 방학을 기하여 꼬박 한 달쯤 방안에 틀어박혀 있어야 했는데, 기록을 보면 끝마친 날이 스물한 살 음력 정월 보름이었으니 이 무렵 나는 비로소 선철의 주석에 눈을 뜨기 시작한 셈이지만 원문은 뜻도 모르고 염불하듯 외우게 되었던 거다.

이듬해 섣달(1956년 1월)에 야산 선생의 한 제자인 이용성(李龍成) 목사를 따라 부여로 야산 선생을 뵈러 갔다. 밤에도 불을 켜지 않고 신문을 읽으신다는 야산 선생을 만난다고 생각하니 잔뜩 들떠 있었다. 선생은 예순일곱 연세에도 노인 티가 별로 나지 않았다. 조금 깡마르고 꼬장꼬장해 보였으며 강렬한 눈빛이 사람을 압도했다. 그러나 밤이 되자 불을 밝혔다. 불을 끄고 신문을 보실 수 있느냐고 차마 물어 볼 수도 없는 노릇이었다. 뜻밖에도, 선생께서는 피우시던 담배개비를 가리키시며 어느 쪽이 처음이고 어느 쪽이 끝이냐고 내게 물었다. 내 입이 붙어 있자 선생은, 피우는 것으로 보면 입에 닿는 부분이 처음이고 타는 것으로 보면 타는 쪽이 처음이라고 했다. 다시 또 담배를 쌌던 은박지를 펴고서는 어느 쪽이 겉이고 어느 쪽이 속이냐고 물었다. 또 답이 없자 선생께서는 이번에는 설명은 않고 혼자 생각해 보라고만 했던 것 같다.

야산 선생을 뵈온 지 이십 년이 넘어서고 있을 때였다. 어느 날 지금 국민대학교 교수인 김문환(金文煥) 박사가 대구를 지나는 길이라면서 내게 들렀다. '약전골목'에 야산의 제자가 『주역』 강의를 한다는데 만나 보지 않겠느냐고 했다. 말과는 달리 그는 그때 『주역』을 배우려고 매주 서울서 대구로 오르내렸던 모양이다. 야산의 제자라는 말에 귀가 쭝긋해져서 저녁 시간에 같이 갔다. 김병호라는 분이 아들과 같이 2층에서 자취를 하고 있었다. 나 또한 야산 선생의 제자라는 소릴 그가 듣고 반기면서 한다는 말이, 수요일에 서울에도 『주역』 강좌를 개설했다면서 대구의 수요일 강의를 나 보고 맡아 줄 수 없겠느냐고 했다. 공직을 핑계로 거절했지만 사실은 내가 아는 것이 없어서였다. 아마도 이때가 이른바 야산역(也山易)이 세상에 빛을 보기 시작할 때였던 것 같다. 야산 선생은 입버릇처럼, 코쟁이가 가마 가지고 모시러 온다고 했다. 가마를 타고 미국으로 가서 『주역』을 강의할 날이 오기 전에 우리가 먼저 가마를 가지고 그들을 모시러 가야한다고 이죽거리는 사람도 있을지 모르지만, 아무튼 아산(亞山) 김병호씨는 이미 고인이 되었고 지금은 그의 제자들, 그러니까 야산의 손제자들이 더러 『주역』으로 영남 일대에서 활개를 치는 모양이니, 가마를 탈 수 있게 될지는 모르겠다. 지금 서울에서 『주역』 강좌를 개설중이라는 대산(大山) 김석진이라는 분을 나는 모르지만 아마 김병호씨와 더불어 야산 선생 당시에 비교적 젊은 제자였던 모양이니, 세상에 드러난 야산의 직제자를 찾기란 이 사람을 빼고서는 어려울 듯싶다. 그들이 아산이라 하고 대산이라 하지만 내가 야산 선생으로부터 '단강'(丹岡)(미성년자에겐 '山'자 대신에 '岡'자를 썼다.)이란 호를 받았듯이, 그들의 호가 그 때 그 호인지 괜히 궁금해진다.

  1950년대까지만 해도 『주역』은 아직 번역판조차도 나오지 않았고 한문으로 된 『주역』 책을 구하기도 퍽 힘들 때였다. 조선조에 멋들어지게 간행된 내각장판(內閣藏板) 『주역전의대전』(周易傳義大全)과 그것을 대정 12년(1923)에 '조선도서주식회사'에서 책의 명칭을 바꾸어 철판활자본으로 간행한 『원본주역』(原本周易)과, 같은 회사에서 주자의 『주역본의』를 이름을 바꿔 간행한 철판활자본 『정본주역』(正本周

易)을 어렵게 만나 볼 수 있었는데 그게 전부인 줄로만 알았었다. 1960년대 중반 그러니까 내 나이 삼십대 초반에 이르러서야 나는 겨우 대만 판 왕필(王弼)의 『주역주』(周易注), 이정조(李鼎祚)의 『주역집해』(周易集解) 등을 구득할 수 있었지만, 이처럼 책을 늦게야 구하게 된 것은 살기에 바빴던 탓도 있었다. 아무튼 이런 책들을 접하자 망양지탄(望洋之嘆)이 절로 나왔다. 이때부터 나의 서가에는 『주역』뿐만 아니라 풍수지리, 명리(命理) 등 술수에 관한 책들도 하나의 코너를 이루게 되었다. 이 무렵 나는 주제넘게도 돈깨나 드는 고서 수집에 벽이 생겨서 마누라의 속을 꽤나 썩일 때였는데, 이용성 목사로부터 『황극경세서』(皇極經世書)에 대한 이야기를 가끔 들었고, 또 야산 선생이 그의 「부문」에서 '강절지경세'(康節之經世)를 강조한 바도 있고 해서 어떡하든 이 책을 구하려고 애를 태우다가 서울 인사동 골목의 온고당(溫古堂)이란 고서점에서 상해판 『황극경세서언』(皇極經世緖言)을 비싼 값에 구할 수가 있었다. 어렵게 느껴지는 원회운세(元會運世)의 수를 한 달 가량 불출호정(不出戶庭) 끝에 풀 수가 있었는데, 그때 나는 도통을 한 것으로 착각했던지 버럭 소리를 지르기도 하고 혼자 껄껄 웃기도 하여 마치 미친 사람 같았으니 참으로 가소롭지 않는가. 비록 역외별전(易外別傳)이라지만 『황극경세서』를 통하여 나는 소옹(邵雍)이라는 두 번째 스승을 만난 셈이다. 이때부터 『매화역수』(梅花易數), 『황극책수』(皇極策數), 『철판신수』(鐵板神數), 『하락이수』(河洛理數) 등에 관심을 갖기도 했다. 이 책들이 모두 소옹의 저작이랄 수는 없지만.

몇 해를 그러다가 어느 날 사흘돌이로 들락거리던 대구의 '남구서림'이라는 고서점에서 왜정 때 신조선사에서 발행한 『여유당전서』(與猶

堂全書)가운데 『주역사전』(周易四箋) 두 책(4책이 完帙)을 발견하고는, 세상에 정약용(丁若鏞)이 쓴 역전(易箋)도 있었구나 하고 덤덤히 책장을 넘기다가 나는 그만 헉, 하고 숨이 막혔다. 우연히 산삼을 만났다 할까. 나는 손을 덜덜 떨었다. 달라는 대로 얼른 주고 책을 낚듯이 하고는 허둥지둥 책방을 나왔다. 그리고는 한동안 아무 일도 없었노라 하고 그 책방에 발길을 뚝 끊어 버렸다. 이리하여 나는 사암(俟菴) 정약용이라는 세 번째 스승을 해후하게 되었고, 『주역사전』 두 책은 비록 산질본이긴 하지만 내 서실의 가장 내밀한 곳에 신주처럼 모셔지게 되었다. 그 후 경인문화사의 영인본 『여유당전서』와 여강출판사의 영인본 『여유당전서』를 입수하게 되었다.

날이 갈수록 다산을 사숙하는 마음은 차라리 병이 되어 깊어져 갔고 다른 책은 통 읽을 수가 없어졌다. 누가 내 앞에서 『주역』을 말할 때 나는 마음속으로 다산역(茶山易)을 말했다. 첫 유배지인 경상도 장기 땅을 소요하고 이배지(移配地)인 전라도 강진 땅을 찾아가길 여러 차례. 마산리(마현리) 장기읍성, 신창리 바다에서는 속이 상했고, 고성사(高聲寺)며 다산초당(茶山草堂)을 어슬렁거릴 때에는 화가 나 있었다. 다산초당! 그 서실의 문중방에 눈빛처럼 어리는 봄 바다 위로 그리움을 띄워 보고, 숨죽여 흐느끼는 문풍지 소리에 겨울밤의 긴 시름을 얹어 보던 그 마음이, 가만히 천 길의 변화를 헤아렸던가. 19년 유락(流落)이 훗날 이토록 사람을 위대하게 만드는 까닭은 뭘까? (순수한 귀양살이는 정확히 만 17년 6개월여이다. 순조 원년〈1801〉 음력 2월 8일 입옥, 동월 28일 출옥되어 長鬐로 유배, 같은 해 3월 9일 長鬐 도착, 11월에 康津으로 移配. 순조 18년〈1818〉 8월에 解配. 9월 14일에 本第에 도착. 경신년〈1800〉의 流落을 합쳐서 19년 流落이라고 다산은 『自撰

墓誌銘, 集中本』에서 스스로 말한다.)

 미꾸라지 양어장에는 미꾸라지의 천적인 메기를 조금 넣어 함께 기른다고 한다. 미꾸라지만 기르면 빈둥거리기만 하고 활기가 없지만 메기와 함께 기르면 메기에 쫓겨 잽싸게 몸을 사리는 미꾸라지는 그래서 더 잘 자라게 되고 살도 더 차지게 된다고 한다. 홍균(洪鈞)은 짓궂게도 사람을 두고서도 이같이 했나 보다. 그러나 정작 자신을 두고서는 진작 그런 줄을 깨치지 못하는 게 사람일 터이건만 다산은 달랐다. 다산의 위대성을 나는 여기에서 찾지만, 그러나 메기에 쫓겨 깜깜한 진흙 속에서 숨죽이는 미꾸라지를 생각하자면, 불운이 행운이라는 역설을 말하기란 참으로 고통스러운 일이다. 미꾸라지처럼 깜깜한 진흙 속에서, 열여덟 해 귀양살이라는 악당들의 그물 속에서도 도리어 다산은, 그들의 패악으로 하여 흔들리는 나라와 도탄에 빠진 백성을 걱정하고 연민했다.

 미꾸라지처럼 깜깜한 진흙 속에서, 다산이 제일 먼저 생각한 것이 『주역』이었다. "역을 지은 사람은 아마도 우환이 있었을진저!"[作易者其有憂患乎]라는 『주역』의 「계사전」(繫辭傳)의 말에 부쳐 다산 또한 자신의 우환(憂患)을 『주역』으로 처리했다고 스스로 말한다. 문왕(文王)이 유리성(羑里城:하남성 湯陰 북쪽)의 칠 년 감옥살이에서 『주역』을 연역한 것에 감히 비기는 것은 아니지만 그 또한 유락(流落) 칠 년(1801~1808) 만에 『주역사전』을 완성한 것이라고 그는 조심스럽게 말한다. 이른바 일표이서(一表二書)로 대표되는 다산의 국가 개혁사상의 뿌리는 그의 역학사상에 있다고 생각하거니와, 감히 나는 그의 고뇌와 슬픔을 헤아리면서 백발에 이르러서야 겨우 시시한 박사학위논문 하나를 작성할 수가 있었다. 이 논문에서 다산역이 근간을 이루기는 하지만 소옹이며 야산의 가지들이 조금은 부영(敷榮)하는지도 모르겠다.

문득 그 옛날, 별이 총총한 고향의 밤하늘이 그리워진다. 누가 장대를 휘둘렀는지 도시의 밤하늘엔 별들이 다 빠져 버린 모양이다. 고향에 갈 것이다. 정다산이 그리던 예천(醴泉)으로 갈 것이다. 군수로 고을살이를 하는 그의 아버지 정재원(丁載遠)의 임소(任所)를 찾아 열아홉 살 다산이 예천에 와서 반학정(伴鶴亭)에서 한동안 글을 읽고 「반학정기」(伴鶴亭記)를 쓰고, 경치 좋은 선몽대(仙夢臺)에 노닐고 「선몽대기」(仙夢臺記)를 남겼는데, 뒷날 강진 유배지에서 이때를 회상하며 아득히 그리워했었다.

데데한 이 논문이 세상에 선보이기 전에 부모님 산소를 찾아 고향에 가서, 그 옛날 아버지처럼 이슥한 밤 마당을 어슬렁거리며 총총한 별들을 쳐다보기도 하고, 어머니처럼 굶기도 하련다. 제수씨는, 반찬이 부실했나 싶어 어쩔 줄을 모를 것이고 아우는, 형님께서 무슨 시름이 계시냐고 묻겠지만 나는 대답을 못할 거다. 아버지를 따라 별자리를 살피고 달이 차고 이지러지는 과정을 관찰하여 그 방위를 나침반으로 파악하면서 납갑(納甲)의 이치를 터득했던 추억이며, 아버지의 말씀을 좇아 학교를 그만두려는 이 아들을 두고 단식으로 무언의 항변을 하시던 어머니 이야기를 나는 차마 하지 못할 것이다. 쓸쓸히 웃고는 내친 김에 표연히 길을 떠나 우선 다산의 묘소만이라도 찾아가려 한다. 마재[馬峴]의 소내[牛川] 곧 초천(苕川)(경기도 남양주시 鳥安面 陵內里)을 찾으면 되겠지. 묘소에 잔 올리고 잠시 머물다가 총총히 강진으로 내려갈 작정이다. 도중에, 동짓달 찬바람에 시린 손을 맞잡고 형 약전(若銓)은 서쪽 섬(玆山:黑山島) 가운데로 동생 약용(若鏞)은 남쪽 바닷가(康津)로 귀양길에 형제가 이별하던 나주읍에서 북쪽 오 리 지점에 있던 율정점(栗亭店)이 어딘가를 꼭 찾아봐야겠고, 차창에 기대어 나 또한 「율정별」(栗亭別)이라는 애끓는 다산의 시를 읊조리다가 강진 땅에 다다르면 제일 먼저 할 일이 하나 있다. 죄인이라고 박해하고 남의 종들조차도 같이 서서 말도 건네려 하지 않던 그때, 이 처지를 가련히 여겨 그를 거두어 주었던 동문 밖 한 노파의 주막집(東泉旅舍)은 집터라도 남았는지 찾아볼 것이다. 못 찾으면 어떤가? 아무데서나 나 또한 몇 잔 들이켜고서 다산이 밟았던 보은산방(寶恩山房:高聲寺)으로 만덕사(萬德寺:白蓮社)로 그리고 대둔사(大芚寺:大興寺)로 거닐고, 다산초당(茶山草堂)을 서성이고, 차나무 밭에서 茶山의 슬픈 시를 읊으리.

다산의 많은 저서며 시문들은 도처에서 창맹(蒼氓)과 더불어 한숨짓는다. 제갈량(諸葛亮)의 「출사표」(出師表)를 읽고 충신은 운다지만 다산의 「애절양」(哀絕陽)이며 「기민시」(饑民詩)며, 「산옹」(山翁)이며 '삼리시'(三吏詩)라 일컫는 「용산리」(龍山吏) 「파지리」(波池吏) 「해남리」(海南吏) 같은 분세질속(憤世嫉俗)의 탄식을 들으면 충신은 못되어도 우는 사람은 있으리.

야산과 강절을 거쳐 다산께 하늘[天道]을 물었건만 망도필묵(妄塗筆墨)이었을 뿐, 나는 아직 하늘의 말을 듣지 못했다.

찾아보기

1

10辟卦所變 70, 71
12辟卦 32, 41, 43, 48, 55, 60, 66, 75, 129, 157, 169, 182, 188, 190, 197, 200, 201, 203~205, 212, 213, 218~241, 292, 328, 336, 337, 340, 417, 424
50衍卦(五十衍卦) 157, 169, 186~190, 210, 211, 213, 219, 235, 240, 317
64卦次序圖 83, 84

ㄱ

加一倍法 92, 106, 120
剛柔往來說 62
居觀 414, 417
乾坤並建 75~77
乾坤父母卦說 62
乾坤衍 77
乾基 202, 203, 218
乾基坤基 74
兼體(兼互) 293
經卦 16
京房 48~50, 53, 61, 62, 200~205, 209~213, 252, 253, 255, 256, 325
經世衍易8卦圖 85
繫辭傳 18, 19, 23, 24, 32, 44, 45, 51, 52, 61, 93, 98, 124, 125, 127, 128, 130, 131, 138, 139, 141, 166, 181, 201, 203, 205, 213, 219, 240, 251, 256, 258, 261, 263, 266~268, 280~282, 286, 289, 295, 299, 308, 320, 324, 325, 327, 341, 342, 345, 346, 356, 357, 369, 379, 380, 414, 415, 417, 421, 423, 424
考變占 362, 364, 366, 427
顧炎武 96, 98, 258, 322
高亨 78
坤基 202, 203, 216
孔穎達 103, 136, 177, 216, 242, 244, 250, 322, 326
郭璞 371
關郎 329, 343
卦氣說 62, 210
卦變論 39, 48, 49, 57, 198, 199, 368
卦變說 48, 50, 53, 55~57, 60~64, 66, 70, 71, 73, 79, 98, 100, 101, 105~107, 123, 170, 175~178, 187, 198~200, 219
괘사(卦辭) 17, 18
交易 44, 102, 104, 166~168, 173~175, 182, 233, 234, 246~249, 370
歐陽修 409
窮理 55, 75
窮理盡性 55
權卦 341
『歸藏』 410

ㄴ

洛書 128
노양 152, 161, 181, 267, 341, 370, 383

노음 152, 161, 181, 267, 341, 370, 373, 383, 389
論衡 398

ㄷ

單卦 16, 17, 263~265
단사(彖辭) 17
彖傳 18, 19, 40, 48, 51, 71, 72, 74, 77, 97, 99, 100, 124, 176, 177, 182, 184~187, 212, 216, 239, 242~244, 268, 269, 312
大象辭 17, 18
大成卦 16, 218
大易傳 166
大體(大互) 292
大橫圖 84
倒體(倒互) 295, 296
動觀 414
董銖 99, 184~186
得意忘象說 400

ㄹ

라이프니츠 329
來知德 80, 82, 245, 248
留動 379

ㅁ

萬數之策 389
孟喜 48~50, 53, 55, 61, 201, 203, 204
모기령 92, 93, 96, 97
穆修 82
文言傳 18, 19, 79
문왕 408, 416, 417, 501

ㅂ

班固 169

反對 79, 102, 104, 208, 248, 310
半象說 311
反易 44, 173~175, 246, 248~251
胖合 104, 182, 303~306
旁通 79, 82, 246, 248
辟卦 32, 50, 55~57, 60, 64, 65, 69, 70, 75, 179, 186~191, 193, 195, 197, 198, 201~207, 209~213, 219, 223~226, 228~236, 240, 293, 325, 393
變例之卦 56, 179, 219, 225, 226, 234, 235, 240
變易 44, 46, 102, 104, 173~175, 182, 218, 233, 234, 240, 245, 246, 248~251
別卦 16
伏體 103, 155, 231, 298, 311
伏羲 126, 144, 164, 165, 168, 206, 244, 287
伏羲64卦次序圖 83, 276, 308
伏羲觀象說 127
伏羲八卦次序圖 83, 111
本物 160~162, 171, 203
飛伏說 62
費直 367

ㅅ

謝良佐 61
四分法 92
四象 150~164
三分一損說 342, 385
三易 173, 174, 245, 246, 249, 289, 296
三易說 245
三奧 174
參伍以變 345, 346

三天兩地 342
商瞿 61, 102
象辭 18
상사(象辭) 17
象辭傳 18
象一元論 22, 27, 30, 31, 33
象傳 18
上帝 142, 143, 149, 158, 160, 315, 316, 334, 349, 352, 381
序卦傳 19
序卦傳 76, 79, 240, 249
先天橫圖 84
先天橫排圖 84, 114, 128
說卦傳 19
說卦傳 22, 51, 52, 55, 61, 79, 95, 126, 144, 218, 294, 301, 302, 392
小象辭 17, 18
小成卦 16, 98, 221, 272, 288, 394
소양 152~154, 161, 267, 274, 275, 299, 341, 362, 373, 385
邵雍 35, 48, 82, 83, 85, 87, 90, 92, 105, 106, 119, 120, 127, 155, 214~218, 269, 329
소음 152~154, 161, 181, 267, 273~275, 299, 341, 360, 362, 385, 386
小橫圖 84
손숙오(孫叔敖) 20, 21, 154
荀九家 103, 399, 400, 419
荀爽 48, 49, 50, 52, 53, 61, 103, 212, 238, 258, 326
申綽 424
十翼 19, 126, 416, 417, 421
십익(十翼) 18
雙湖 237

○
아르케(arché) 159, 160
楊萬里 127
兩閏之卦 182, 229
兩儀 144~149, 153~156, 161, 162, 164, 165, 325, 334
兩互作卦 306, 307
『連山』 410
易有三變 32
易有二觀 292, 302
衍卦 32, 182, 190, 196~198, 219, 230, 232, 234, 328, 393
吳澄 163, 268, 269, 281, 284, 291, 311
王夫之 75, 81, 245, 248
王應麟 253, 259, 260
王充 398
王弼 28, 30, 61, 62, 72, 78, 98, 102~104, 177, 188, 216, 242~245, 252, 259, 326, 399, 499
우맹(優孟) 20, 21, 154
虞翻 44, 48~50, 53~57, 60~63, 66, 71, 78~80, 101, 153, 154, 176, 179, 206, 212, 219, 225, 226, 234~236, 238~240, 245, 248, 256~258, 308~311
熊十力 77
月窟 202, 214~216, 218, 241
魏伯陽 57, 67
魏樞 81
唯變所適 32, 296, 322
兪琰 57, 66, 285, 298
六十四卦 16, 57, 62, 166, 275
六子卦所變 70, 71
李光地 157~160, 176, 177, 273, 291,

367, 391
李蕘 143
李漢 96, 390
李鼎祚 50, 52, 80, 103, 391
李之才 57, 60~62, 66, 82, 179
因而重之 93~95, 274
一分爲二法 35, 92, 94, 97, 99, 105~107, 110, 116, 170, 177, 178, 427
一行 201, 204
林栗 263, 266, 267

ㅈ

子夏 261
雜卦傳 19, 79, 297
張惠言 82
再閏之卦 43, 224, 226, 235, 236, 238
前十卦 364, 365
田何 7
丁寬 7, 61
正卦 341, 346
程頤 28
鄭玄 48~50, 61, 135, 153, 245, 253, 255, 256, 258, 326, 327, 391
조셉 니담 354
種會 252
周公 17, 22, 29, 371, 372, 375
주공 408, 416~418
周濂溪 133
主變之卦 226
朱升 57, 70
朱震 57, 61, 62, 252, 260
朱熹 23, 31, 35, 39~44, 48, 52, 57, 65, 66, 71, 72, 78~80, 82, 84, 85, 87~92, 98~101, 104~107, 111, 112, 114, 120~123, 127, 128, 132, 134~136, 155, 168, 172, 175~178, 180, 182~184, 187, 189~193, 199, 200, 215~218, 226, 235, 236, 238~240, 242, 266~269, 277, 281, 284, 325, 328, 330~336, 338, 342, 344, 346, 353, 356, 362~368, 371, 382, 383, 386, 389~391, 393, 395, 414~416, 423, 427
重卦 16, 17, 42, 44, 57, 62, 82, 131, 168, 169, 170, 173~175, 220, 231~234, 247, 250, 252, 255, 257, 264, 265, 272, 278, 284, 288, 294, 306, 307, 357, 361, 369, 370
『仲氏易』 92
之卦(變卦) 366, 376, 377
地四象 120
陳夢雷 284
盡性 55, 75

ㅊ

蔡發 89
蔡元定 84, 89
天根 202, 214~216, 241
天四象 119, 120
焦循 309, 311
『초씨역림』 366, 367
焦延壽 48, 49, 64, 92, 204, 209, 211, 366
蜀才 103
推移 200, 205~209, 215, 219, 232, 233, 236~244, 246, 247, 287, 289, 290, 295, 301, 302, 378, 381, 392~395, 422, 424, 426
推移論 201, 234, 240, 244, 303

种放　82
取義說　400

ㅌ

太極圖　133
太極屋極說　129

ㅍ

八卦　16, 23, 32, 63, 83, 84, 87, 93~95, 98, 100, 101, 110, 118, 124~126, 128~131, 133, 145, 148, 150, 152~154, 159, 161, 162, 165~171, 174, 176, 181, 185, 187, 219~224, 229, 231, 248, 254, 256, 261, 263~267, 270, 271, 274, 281, 284, 288, 294, 296, 300, 309~311, 317, 326, 369, 423, 493
八卦次序圖　83
八宮卦變說　49
庖犧　42, 125, 130, 167, 246, 247

ㅎ

河圖　128, 135, 162
韓康伯　136, 216
杭辛齋　309, 311
虛象　175~177, 242, 244
惠棟　400
胡炳文　191, 192, 268, 281, 390
胡瑗　399
胡渭　96, 98, 164
互體　103, 167, 172, 174, 175, 182, 222, 247, 252, 381, 392, 394, 395, 426
黃宗炎　127
黃宗羲　49, 50, 270

橫圖　84
효사(爻辭)　18, 73, 81, 294, 297, 301, 304~306, 312, 369, 375~378, 382, 384, 412, 414, 416~421, 424
爻位說　400
爻體說　255
侯果　103, 153, 154
後十卦　364, 365

저자 약력

박주병(朴籌丙)

경북 예천 개포 출생(갑술생)
아호 順行
유천북부국민학교, 예천중학교, 예천농업고등학교 졸업
고교 재학중 제10회 보통고시 합격
고려대학교 법과대학 법학과 졸업(1962)
영남대학교 대학원 문학석사 학위(1999) 철학박사 학위(2001) 취득
1급 국가공무원 정년퇴직(1996)
영남대학교 대학원 철학과, 동 환경보건대학원
대구가톨릭대학교 철학과 등에서 철학 강의
대구한의대학교 사회교육원 객원교수(전) 대구향교 교수(전)
『選擧管理』에 수필 「法자의 풀이」 발표(1970)
'대구일보'에 수필 「어느 歸路」 발표(1971.1.15)
『隨筆公苑』 추천 완료(1984~1986)
한국문인협회 주관(문화공보부 문예진흥원 서울특별시 예총 후원)
한강축제 문학작품공모 수필부문(최우수작 1, 우수작 2, 가작 5) 최우수작
　　　당선(1986)
한국주역학회 회원 한국문인협회 회원 국제펜클럽 한국본부 회원(전)

저서 : 『周易反正』 『周易解釋의 네 가지 原理』 『陰陽五行命理學』

논문 : 「丁茶山 易學에 있어서 易理四法에 대한 硏究」 「周易의 卦에
　　　 대한 硏究」

수필집 : 『까치밥』 『매화』 『겁탈』 『다산의 여자』 『해당화는 창가에 만발
　　　 하고』 『그 침묵은 누구를 위함인가』(선집) 『혀 꼬부라진 소리로
　　　 당신을 부릅니다』(선집)

周易反正

초판 인쇄 2013년 5월 1일
초판 발행 2013년 5월 10일

글 쓴 이 | 박주병
펴 낸 이 | 하운근
펴 낸 곳 | 學古房

주　　소 | 서울시 은평구 대조동 213-5 우편번호 122-843
전　　화 | (02)353-9907　편집부(02)353-9908
팩　　스 | (02)386-8308
전자우편 | hakgobang@chol.com, hakgobang@naver.com
홈페이지 | http://hakgobang.co.kr
등록번호 | 제311-1994-000001호

ISBN　　978-89-6071-309-3　03140

값 : 30,000원

이 도서의 국립중앙도서관 출판시도서목록(CIP)은 e-CIP홈페이지(http://www.nl.go.kr/ecip)와 국가자료공동목록시스템(http://www.nl.go.kr/kolisnet)에서 이용하실 수 있습니다.
(CIP제어번호 : CIP2013004325)

※ 파본은 교환해 드립니다.

[그림 28]
推移之圖
朴簑丙作此圖(1999.8.23)

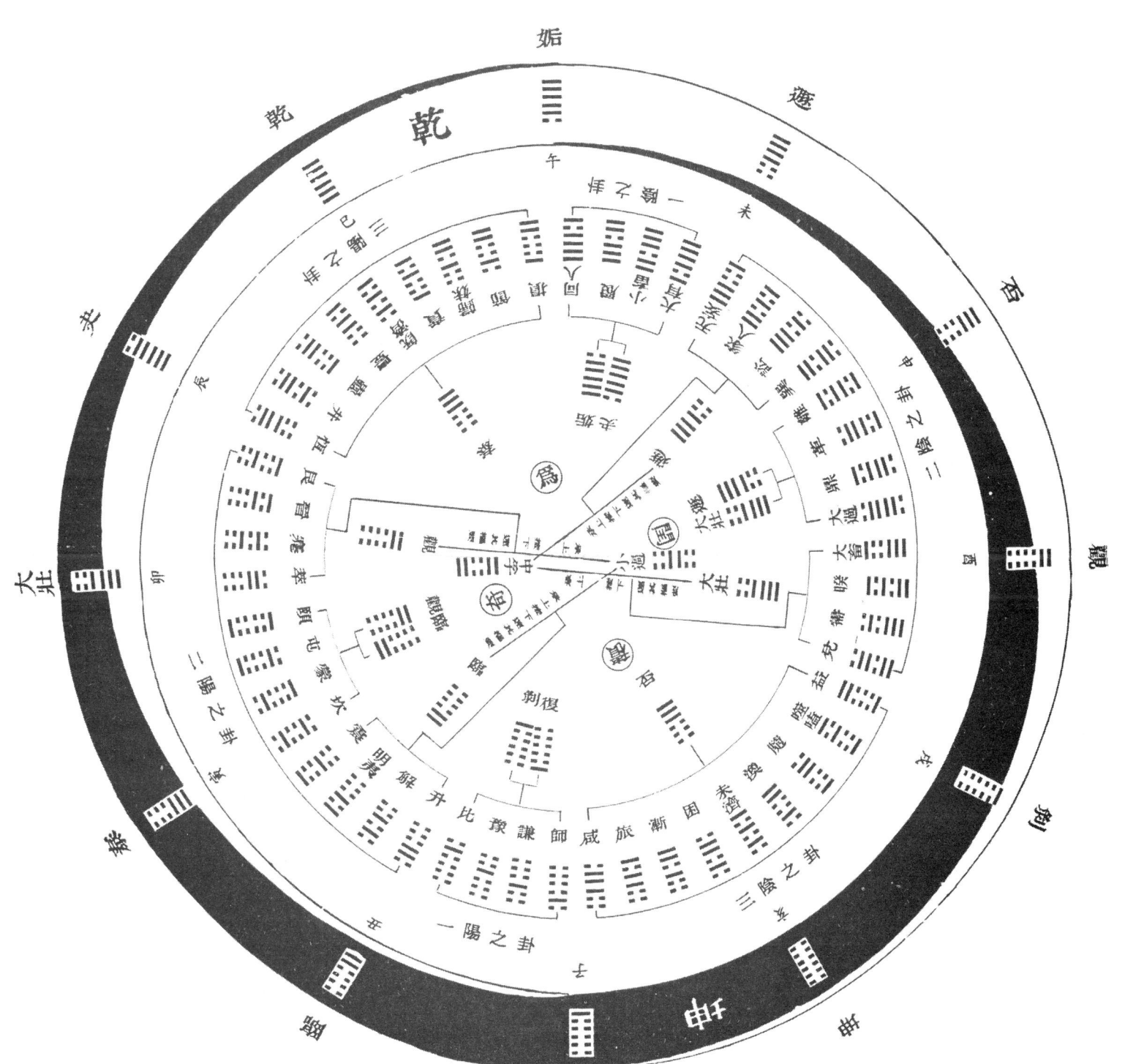

[그림 29]
五十衍卦之圖 (群分之卦)

朴箕丙作此圖 (1999.8.23)

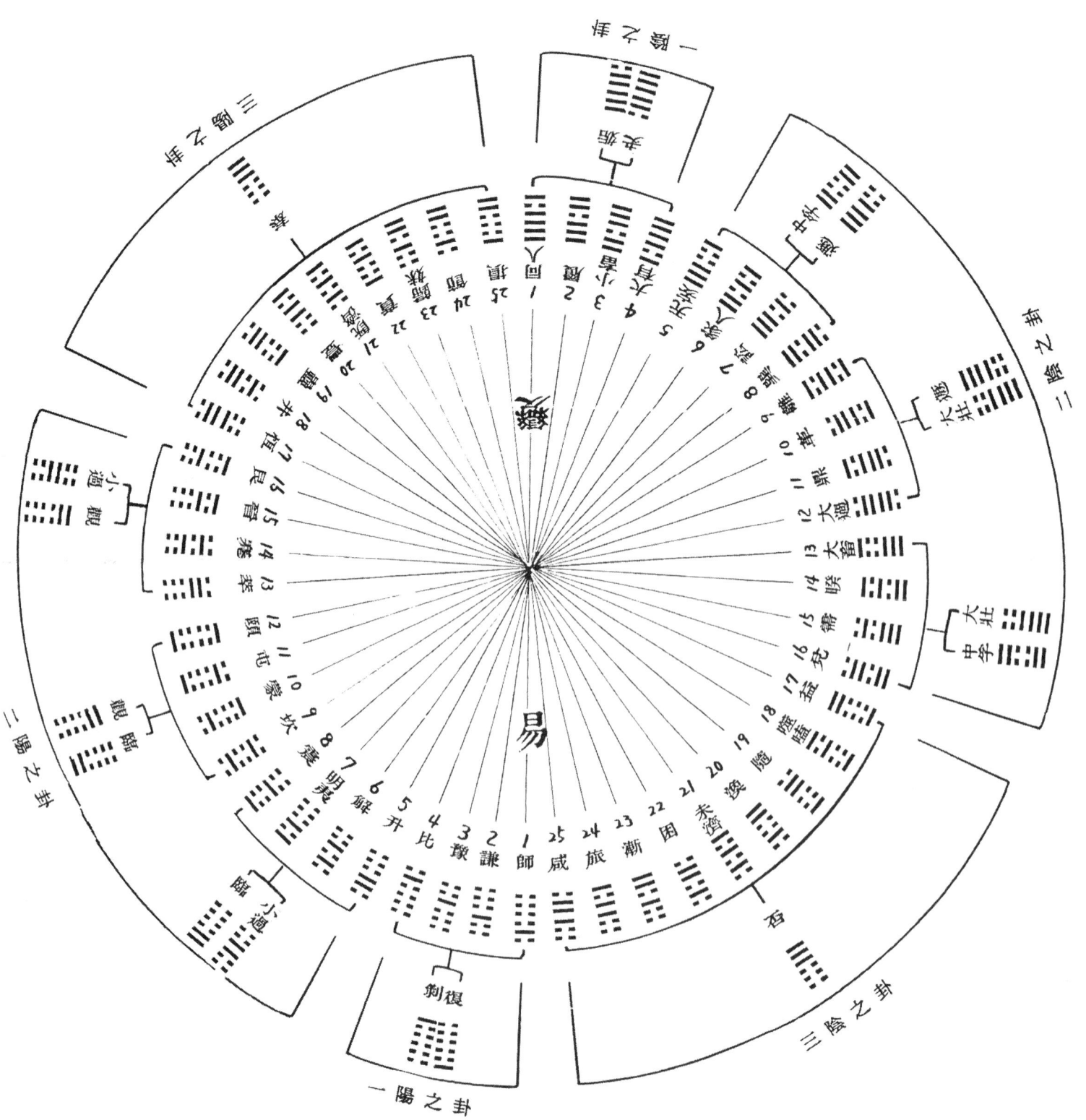